저자 약력

류성민

2013년 10월~현재	성균관대학교 경영대학 교수
2011년 9월	성균관대학교 경영대학 조기정년보장(Early-tenured) 부교수
2007년 5월	Suffolk University 종신재직(Tenured) 교수
2001년 9월~2007년 8월	Suffolk University(Boston, USA) 조교수,

경영학 박사(Ph. D) Baruch College, City University of New York, U.S.A 2001년

석사(M.B.A): 연세대학교, 본대학원 경영학과, 1994년

학부(BA): 연세대학교 사회학과 1992년

유통의 이해

ⓒ 류성민, 2022

초판 1쇄 인쇄일 2022년 1월 24일
초판 1쇄 발행일 2022년 2월 4일

지은이 류성민
펴낸이 김지영   펴낸곳 지브레인Gbrain
마케팅 조명구   제작·관리 김동영
편집 정난진·김현주

출판등록 2001년 7월 3일 제2005-000022호
주소 (04021) 서울시 마포구 월드컵로7길 88 2층
전화 (02)2648-7224   팩스 (02)2654-7696

ISBN 978-89-5979-677-9 (93320)

Am Omni Channel Approach

유통의 이해

류성민 지음

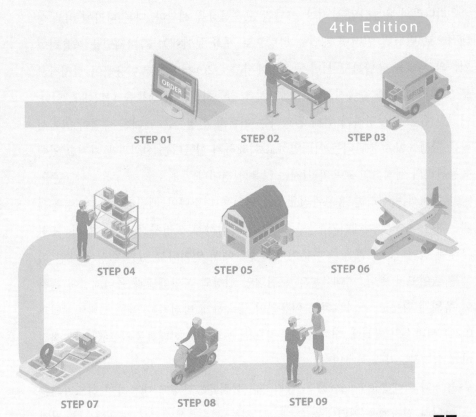

4th Edition

STEP 01   STEP 02   STEP 03

STEP 04   STEP 05   STEP 06

STEP 07   STEP 08   STEP 09

지브레인

우리나라의 유통산업은 지난 25년간 고속성장을 해왔다. 다른 나라에 비해 상대적으로 발달된 인터넷 채널을 바탕으로 재화 분야에는 옴니채널을 이용하여 기존의 채널을 융합하고 서비스 분야에서는 O2O 서비스를 이용하여 실시간으로 고객의 욕구를 충족시키며 고객가치를 창출하려는 현상들을 나타내고 있다. 이러한 유통을 설명하기 위해 등장하는 이론적 설명들은 난해한 측면이 있어서 많은 학생들이 유통관리를 어려워하고 이해하기 힘들다는 선입관을 가지고 있어 유통관리의 체계적인 교육이 쉽지는 않은 실정이다.

이 책에서는 이러한 유통관리교육의 난점을 다소나마 해결해 보고자, 유통의 기본적인 내용을 이해하기 쉽도록 좀 더 세심하게 설명하려고 노력했다. 또한 근래에 일어나는 사례들을 다루어 유통현장에서 일어나고 있는 현상에 대한 이해를 높이고자 했다. 현대유통의 보편적인 현상인 복합채널과 옴니채널에 관하여 폭넓게 다루고, 스마트폰을 이용하여 급속하게 발전하고 있는 모바일채널과 O2O 서비스의 발전에 대해서 집중적으로 논의하여 현대유통의 트렌드를 적절하게 설명하고자 노력하였다.

《유통의 이해(2nd Edition)》은 급변하는 서적유통환경에 대응하여 하드카피뿐만 아니라 전자책을 인터넷을 통해 공급하는 복수유통경로를 이용했으나, 전자책의 판매효과는 미미했다. 이에 《유통의 이해(3rd Edition)》과 《유통의 이해(4th Edition)》에서는 다시 하드카피만을 공급하고 전자책은 시장이 성숙해질 때까지 기다리기로 하고 중단했다. 유통의 이론을 말하기는 쉽지만 실제 그 이론을 이 책의 유통에 적용하는데는 쉽지 않음을 느끼고 있다. 책의 내용에 대한 완성도를 지속적으로 높여야 하는 중압감과 더불어 책의 유통에 대한 고민과 노력 역시 계속되어야 할 것으로 보인다.

이 책의 발간뿐만 아니라 유통학자로서의 책임을 계속할 수 있도록 많은 지원을 아끼지 않으신 성균관 대학교 이효익 교수님, 김태웅 교수님, 송교직 교수와 김정태 박사님 그리고 유한경, 이종현님에게도 이 자리를 빌어 깊은 감사를 드린다. 또한 이 책의 자료수집에 물심양면의 지원을 해준 성균관대 경영대학원 기수 경석사에게 큰 고마움을 전한다. 특히 재치 있는 삽화를 그려 주신 박상태 화백은 이 책의 숨은 공저자라 해도 과언이 아니다. 아울러 이 책의 편집에 노고를 아끼지 않으신 지브레인 김현주 주간님께 감사를 드린다.

2022년 겨울 류성민

CONTENTS

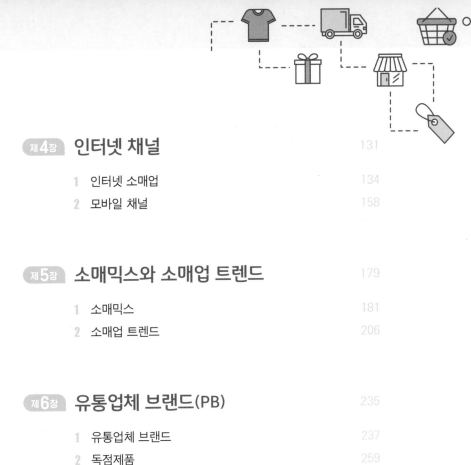

유통경로 구조의 설계

393

PART I

유통의 개념과 유통업태

제1장

유통의 개념과 가치

미국 온라인 여행사-항공사 사투

수수료 놓고 비행기표 예약-판매 서로 거부

미국 최대 온라인 여행사인 익스피디아닷컴expedia.com과 미국 3위 항공사인 아메리칸 에어라인American Airline의 사활을 건 싸움이 종착역을 향해 달리고 있다. 아메리칸 에어라인은 익스피디아닷컴의 높은 판매수수료에 종종 불만을 표시하곤 했다. 이에 익스피디아닷컴은 다른 비행사들의 티켓판매를 위한 비행스케줄은 상위에 배치하고 아메리칸 에어라인의 비행스케줄은 자사의 우선순위에서 밀어 내렸다. 소비자가 쉽게 찾지 못하도록 순위를 뒤로 미뤄서 아메리칸 에어라인에 불이익을 준 것이다.

이러한 갈등 후에 아메리칸 에어라인은 최대 온라인 여행사인 익스피디아닷컴에서 비행기표 판매를 하지 않기로 결정했다. 온라인 여행사인 오르비츠닷컴Orbitz.com에서 철수한 데 이어 두 번째 조처였다. 궁극적으로 이 같은 유통정책은 자사 홈페이지를 통해 직접 승객을 유치하고 티켓을 판매하겠다는 의도였다. 아메리칸 에어라인이 직접 비행기표 판매에 나서려는 것은 온라인 여행사들이 고객 확보라는 기능 하나로 수수료를 너무 높게 받고 있다는 생각에 직접 판매를 통해 이 수수료를 지불하지 않고자 했던 것이다. 또 아메리칸 에어라인은 항공사가 직접 비행기표를 판매하면 수수료 비용을 줄여 소비자가격을 낮춤으로써 소비자의 부담도 덜어줄 수 있다는 계산이었다.

실제 온라인 여행사를 통하면 세금과 수수료가 6~7% 정도 추가된다. 하지만 아메리칸 에어라인의 직접 판매 시도는 소비자에게 큰 호응을 얻지 못했다. 온라인 여행사에 익숙해진 소비자가 항공사 웹사이트를 찾지 않았던 것이다. 결국 아메리칸 에어라인은 다시 예전처럼 온라인 여행사에 표 판매를 맡기려고 했지만 익스피디아닷컴은 이를 거부하고 아메리칸 에어라인 비행기표를 팔지 않기로 했다.

따라서 아메리칸 에어라인도 이에 맞서 잠재고객에게 익스피디아닷컴 대신 프라이스닷컴 Price.com이나 카약닷컴kayak.com 등 다른 사이트를 이용하라고 권고하는 성명서를 냈다. 아메리칸 에어라인은 "최근 갈등으로 비행기표 판매가 감소하지는 않았다"고 밝혔다. 하지만 고객에게 카약이나 프라이스 같은 다른 온라인 여행사를 이용하라는 권고는 자사의 웹사이트에서 티켓을 충분히 팔지 못하고 있다는 것을 반증하는 것이며, 표 판매 감소를 막기 위한 조치라고 전문가들은 지적하고 있다.

〈매일경제〉 2013/07/21 기사 편집

① 유통의 개념

국민경제적 관점에서 유통은 생산자와 소비자 간에 상품과 정보의 흐름이 원활히 이뤄지게 하고, 나아가 생산과 소비를 효율적으로 연결시켜 국가경제활동이 활성화되게끔 하는 역할을 담당한다. 따라서 효율적이고 효과적으로 제조업체로부터 소비자에게 제품과 서비스를 전달하기 위한 관련 조직들의 상호작용을 다루는 유통경로의 관리가 필요하다.

유통경로란 고객이 재화나 서비스를 사용 또는 소비할 수 있게 하는 과정에 참여하는 상호의존적인 조직들의 집합체다. 즉, 부품공급자 → 생산자 → 소매상 → 소비자를 통해 재화나 서비스가 최종소비자에게 전달되는 경로를 '유통경로'라고 한다. 유통경로관리는 유통에 참여하는 경로 구성원들에게 수행해야 할 기능을 배분하고 이 구성원들이 효율적으로 기능을 수행하도록 관리하는 것을 의미한다.

유통경로의 개념이 효율성이나 효과성을 얻기 위한 행위를 중심으로 이뤄지기보다는 행위를 실행하는 조직들을 중심으로 정의되는 것은 중요한 의미를 갖는다. 제품을 최종소비자에 전달하기 위한 효율적인 유통경로는 여러 기능이 통합적으로 작용해야 하는데, 이러한 기능을 담당하는 조직들의 협력이 성공적인 제품유통을 가능하게 하므로 유통경로의 정의는 조직을 중심으로 이뤄진다.

경로 구성원끼리 서로 의존

조직들의 기능은 독립적으로 수행되는 것이 아니라 경로 상의 경로 파트너와 상호작용을 통해 이뤄지고, 유통의 기능을 수행해야 하는 조직 간의 상호작용에 따라 전체 유통경로의 효율성과 효과성이 결정된다. 예컨대, 제조업체는 표적시장이 원하는 제품을 생산하고, 소매상 같은 유통업체는 표적시장이 원하는 장소와 방법으로 제품을 판매해야 한다. 두 조직의 유기적인 협력이 없으면 해당 제품의 성공은 낮아질 것이다. 유통의 개념이 상호의존적인 조직의 집합체로 정의되는 것은 유통에서 경로 구성원 간 상호작용의 중요성이 강조된 것이다.

'상호의존'은 유통경로 구성원이 서로 의존할 수밖에 없는 상황을 의미한다. 예를 들어, 유통업체는 유통을 전문으로 하는 경로 구성원이고 제품의 생산에는 개입하지 않는다. 심지어 유통업체 브랜드(PB)의 경우에도 제조업체가 유통업체 브랜드의 생산을 담당한다. 결국 제조업체가 없으면 유통업체는 판매할 제품을 확보하지 못하여 생존하지 못할 것이다. 제조업체의 경우도 유통업체가 없으면 직접 유통을 담당하는 데 따른 고비용(고객 관리 및 서비스 비용, 물류비, 점포 운영비 등)을 초래하게 되어 고객의 가치창출에 어려움을 겪게 될 것이다. 즉 경로 파트너 없이는 홀로 생존할 수 없어 유통경로 구성원들은 서로 의존하게 되므로 유통은 상호의존적인 경로 구성원들의 네트워크라고 볼 수 있다.

상호의존적인 경로 구성원의 네트워크는 유통이 독립된 유통경로 구성원 각자의 독자적인 이익의 극대화를 추구하기보다는 상생을 통해 전체 경로 구성원의 상호이익의 극대화를 추구하는 윈-윈$^{win-win}$ 개념이어야 함을 의미한다. 따라서 유통경로 파트너와의 동반상생을 기본철학으로 하는 유통전략을 만들고 시행하는 것이 효율적인 유통경로를 확보하는 첩경이다.

애플 영업이익률 37.4%,
최대 협력사 폭스콘 1.5% 그쳐

미국 〈뉴욕타임스〉 표현대로 "전 세계에서 가장 많은 칭송을 받고 벤치마킹 모델로 자주 인용되는 기업"이 미국의 '애플'사다. 이런 찬사에 부응하듯 애플은 분기당 37.4%라는 사상 최대 영업이익률을 기록했다. 649달러인 아이폰4S 1대를 팔아 40%에 가까운 243달러를 남겼다는 뜻이다.

그렇다면 애플에 납품하는 협력업체들의 수익성은 얼마나 될까? 애플이 공개한 세계 153개 주요 협력사 중 대만 상장사 9곳의 영업이익률 평균은 작년 3분기 기준 3.2%였다. 애플이 30.8%의 영업이익률을 기록한 이 기간에 애플 협력사 중 부품 및 조립 의존도가 가장 높은 것으로 알려져 있는 대만 업체들은 한국 제조업의 영업이익률 평균(5%)에도 못 미치는 수익성을 보인 셈이다.

한국 제조업 중 평균 이상의 수익을 낸 곳은 애플 PC의 알루미늄 케이스를 공급하는 캐처 테크놀로지 등 3개사에 그쳤고 나머지 6개사는 1.5% 이하의 영업이익률을 보였다. 아이패드와 맥북 등을 조립하는 인벤텍어플라이언스와 페가트론의 영업이익률은 각각 1.3%, 1.2%였으며 애플에 터치패널을 공급하는 윈텍의 영업이익률은 0.6%에 불과했다. 인쇄회로기판(PCB) 제조사인 컴펙(-2.2%)과 아이폰 및 아이패드용 터치스크린 센서를 만드는 치메이이노룩스(-12.7%)는 아예 영업적자를 냈다.

게다가 휴대폰을 조립하는 대표적 협력업체인 폭스콘의 수

애플과 대만 폭스콘의 영업이익률

자료: 블룸버그

익성은 갈수록 악화하는 추세다. 아이폰이 처음 나온 2007년 1월 폭스콘의 영업이익률은 3.7%였다가 이듬해 1%대로 떨어졌다. 작년 2분기엔 0.9%까지 하락한 뒤 3분기에 1.5%로 소폭 상승했다. 반면 같은 기간 애플의 영업이익률은 18.7%에서 30.8%로 상승했고, 작년 4분기엔 37.4%로 치솟았다.

한 업계 관계자는 "애플이 혁신적인 제품으로 시대를 선도하고 있는 것은 사실이지만 대·중소기업이 동반 성장해야 한다는 한국적 관점에서 보면 애플은 이해하기 어려운 사업 구조를 갖고 있다"고 주장했다. 혁신적인 기술을 보유한 부품사를 높이 대우하는 '선한 구매자'인 동시에 일반 부품사들에는 단가 후려치기 등 '불공정한 계약'을 강요한다는 평가가 공존한다. 소비자들에겐 '트렌드 세터'의 상징인 애플이 부품업계선 '독이 든 성배'로 통하는 이유다.

〈한국경제〉 2012/02/09 기사 편집

2 유통기관의 가치창출

유통placement은 제품product, 가격price, 촉진promotion과 함께 마케팅믹스(4P)의 구성요소 중 하나다. 각 마케팅믹스는 소비자가 필요로 하는 가치를 창출해야 한다. 가치를 창출하기 위해 경로 구성원들은 제조업자의 판매를 용이하게 해주고 소비자의 욕구를 충족시키는 효용을 창출하여 이를 소비자에게 제공한다.

유통경로는 제품을 한 장소에서 다른 장소로 전달하는 장소place의 기능을 제공하고, 대량 생산된 제품을 잘게 쪼개 제품 구색을 형성하는 형태form로서의 기능도 한다. 또한 유통기관은 정보탐색이 용이하도록 접촉점을 제공하는 탐색search의 기능을 함과 동시에 생산자와 소비자 사이의 거래횟수transaction frequency를 줄임으로써 비용의 감소를 가져온다. 이렇듯 유통경로 구성원들은 생산자와 소비자에게 제공하는 다양한 종류의 혜택, 즉 가치를 창출해내야 한다.

그럼 유통기관이 창출하는 네 가지 종류의 가치를 알아보자.

1. 장소의 가치

최종소비자는 광범위한 지역에 퍼져 있고 제조업체는 주로 특정 지역에 위치해 있다. 이러한 까닭에 최종소비자와 생산자 사이에 지리적인 불일치가 발생하게 된다. 유통경로는 제품을 한 장소에서 다른 장소로 전달하는 장소place의 기능을 한다.

만약 유통업체가 없다면 제조업체는 물건을 직접 소비자에게 배달할 수 있도록 트럭과 창고 등의 물류시설에 투자해야 한다. 대기업의 경우에는 이러한 것이 가능하겠지만 중소 제조업체의 경우에는 많은 돈을 물류시설에 투자하기가 어렵다. 투자가 가능하더라도 많은 물류비용으로 인해 제품당 단가가 높게 형성될 수밖에 없다.

제조업체의 물류능력이 떨어지면, 제품의 구매를 원하는 소비자는 직접 제조업체를 방문하여 구매해야 한다. 이는 소비자로 하여금 많은 시간과 비용을 소모하게 만든다. 이 경우 제품가격뿐만 아니라 구매에 소모된 시간과 비용을 고려해야 하므로 제품당 구매비용은 상승하게 마련이다.

이에 따라 도매업체나 소매업체 같은 유통기관들은 제조업체로부터 제품이나 서비스를 구매하여 최종소비자에게 전달함으로써 이러한 지리적 불일치와 관련한 문제를 해결한다. 이것이 '장소의 효용'으로서, 소비자가 편리한 장소에서 제품이나 서비스를 구매할 수 있을 때 발생한다. 예를 들어 편의점은 소비자에게 장소의 이익을 가장 잘 전달하는 업태라고 할 수 있다. 소비자는 구매를 위한 긴 거리의 이동 없이 직장이나 주거지 근처의 편의점에서 쉽게 제품을 구매할 수 있다. 장소의 편의성을 제공하므로 편의점은 슈퍼마켓이나 대형마트 같은 업태에 비해 고객에게 비교적 높은 가격을 요구한다.

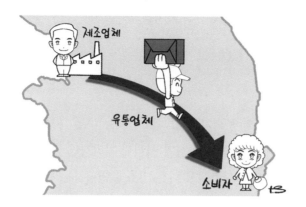

장소의 가치

　반면 대부분 교외에 위치하는 창고형 클럽은 긴 거리를 이동하여 제품을 구매해야 하므로 고객이 유통업체가 주로 담당하는 장소의 기능을 일정 부분 담당한다. 따라서 창고형 클럽은 장소의 기능을 고객에게 전가하는 데서 오는 비용 절감을 제품가격에 반영하므로 고객은 낮은 가격에 제품을 구매할 수 있다.

2. 형태의 가치

　소비자가 구입하고자 하는 제품의 종류와 양에서 제조업자와 소비자 간의 불일치가 존재한다. 제조업자는 규모의 경제를 실현하기 위해 소수의 제품라인을 대량생산하려고 한다. 이와 반대로 소비자는 필요한 제품들을 소량으로 구매하고자 한다. 즉, 제조업자의 소품종 대량생산과 소비자의 다품종 소량구매 욕구 사이에서 제품 구색의 불일치가 발생한다.

　이 문제를 해결하기 위해 유통업자들은 제조업체로부터 다량의 제품을 구매하여 소량단위로 나누어 최종소비자에게 판매한다. 소비자는 제품을 대량 구매하여 오랫동안 저장하고 소비할 필요가 없게 된다. 따라서 제품 구색의 불일치는 형태의 가치를 제공하는 유통경로 구성원에 의해 해소될 수 있다. 형태의 가치를 가장 많이 제공하는 유통업태는 낱개 판매를 많이 하는 편의점이며, 창고형 클럽

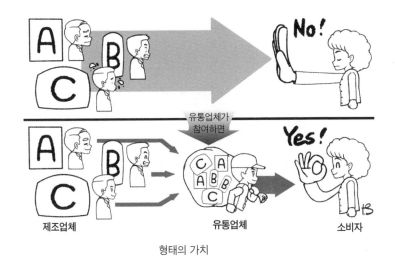

형태의 가치

은 박스로 파는 경우가 많으므로 상대적으로 형태의 가치를 적게 제공한다고 할 수 있다. 편의점은 형태의 편의성을 제공하므로 다른 업태에 비해 고객에게 비교적 높은 가격을 치르게 하고, 상대적으로 낮은 수준의 편의성을 제공하는 창고형 클럽은 고객에게 낮은 가격을 치르게 한다.

3. 탐색의 가치

유통업체는 유통경로의 양끝에 있는 제조업체와 최종소비자의 탐색을 용이하게 한다. 매개자인 유통업체가 없는 경우, 소비자와 판매자 사이의 거래는 직접 접촉하는 직접유통만 가능하다. 이 경우, 소비자는 제조업체들과 제조업체의 제품명들을 각각 기억해두고 그들과 직접 접촉하여 구매해야 한다. 이 경우 제품들을 비교하여 선택하는 과정은 상상할 수 없는 일이다.

직접유통을 이용하는 경우, 제조업체도 자신들의 제품을 구입하고자 하는 소비자에게 직접적으로 접촉하여 판매해야 하므로 소비자에게 제품의 제조뿐만 아니라 광고 및 판촉을 직접 제공하고, 주문을 접수하고, 제품을 공급해야 한다. 제조업체는 소비자가 어디에 위치하고 있으며 어떻게 그들에게 도달할 수 있는지를 알기가 어려우므로 이를 파악하기 위해서는 많은 탐색비용을 지불해야 한다.

탐색의 가치

제조업체의 브랜드가 잘 알려지지 않아 브랜드 가치가 높지 않은 경우, 광고나 쿠폰 등을 통해 제품을 알리는 데 많은 비용을 투자하지 않는다면 제품 판매에 어려움을 겪을 것이다. 하지만 브랜드 가치가 높지 않은 제품을 소유하고 있는 제조업체는 대부분 소규모 영세업체인 경우가 많다. 그러므로 많은 광고비용을 투입하여 직접유통을 위한 브랜드를 알리는 것은 쉽지 않은 일이다.

유통기관은 이러한 문제점을 해결하는 접촉점을 제공하여 소비자와 제조업체의 탐색과정을 용이하게 해주는 역할을 한다. 소비자는 대형마트나 백화점에 가면 원하는 제품을 쉽게 비교하여 구매할 수 있다. 따라서 유통업체의 존재는 소비자가 필요한 제품을 더 쉽게 찾을 수 있어 탐색비용을 줄이도록 해준다. 또한 유통업체들은 고객을 모으는 역할을 하므로 제조업체는 유통업체를 통해 소비자에게 쉽게 접근할 수 있다.

4. 거래횟수의 감소

제조업체와 소비자의 수가 많은 경우, 유통기관이 거래에 개입하지 않는다면 제조업체와 소비자가 직접거래를 해야 하기 때문에 거래횟수가 많아진다. 개개의 거래는 비용을 초래하기 때문에 거래횟수가 늘어나면 제조업체는 비용의 증가로 인해 제품가격을 올려야 한다. 이는 고객가치의 감소로 이어지므로 제조업체 입장에서는 거래횟수를 줄이는 것이 필요하다.

유통기관의 참여는 생산자와 소비자 간 직접거래에 비해 유통경로 상의 거래횟수를 줄여 거래비용을 감소시킴으로써 고객이 얻는 가치를 증진시킨다.

도표 1-1로 설명해보자. 그림은 총거래횟수 최소의 원칙에 따른 거래상의 경제성을 보여준다. 왼쪽 그림은 유통기관이 개입하지 않은 경우로, 직접거래가 이루

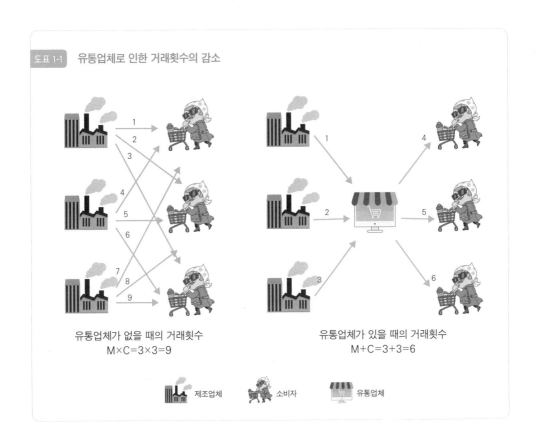

도표 1-1 유통업체로 인한 거래횟수의 감소

유통업체가 없을 때의 거래횟수
M×C=3×3=9

유통업체가 있을 때의 거래횟수
M+C=3+3=6

제조업체　　소비자　　유통업체

어져 소비자와 제조업체 간 총거래횟수는 9회가 된다.

소비자는 제품이나 서비스를 얻기 위해 많은 비용을 쓰게 된다. 이와 반대로 오른쪽 그림에서는 유통기관이 개입함으로써 거래횟수가 6회로 감소하게 된다. 따라서 유통기관의 개입으로 인해 거래횟수가 감소하게 되며 제조업체와 소비자 모두에게 실질적인 비용감소를 제공하게 된다. 실제로 유통기관이 없는 경우, 위에서 이론적으로 계산한 9회의 거래보다 훨씬 더 많은 수천 수만 건의 거래가 이루어져야 한다. 따라서 유통기관의 존재는 그만큼 비용감소의 가치를 제공하고 있다고 볼 수 있다.

🏪 ③ 유통경로 구조

실제 유통경로 구조는 매우 다양한데, 가장 기본적인 두 가지 유형의 유통구조에 대해 살펴보자.

첫 번째는 단순한 구조로서 생산자가 소비자에게 직접 제품을 공급하는 직접 유통구조다. 상품이나 서비스가 제조업체로부터 최종소비자에게 직접적으로 전달되는 특징을 가진다. 이러한 유통구조는 인터넷이나 카탈로그를 이용하여 고객에게 직접 판매하는 Dell 같은 기업에서 볼 수 있다. 그러나 이렇게 소비자에게 직접 제품을 판매하는 직접유통만을 주요 유통경로로 이용하는 제조업체는 매우 드물다.

두 번째는 제품이 생산자에서 중간상으로 전달되고, 중간상이 소비자에게 제품을 판매하는 간접유통구조다. 제품이 제조업체에서 소비자로 바로 전달되는 것이 아니라 다른 유통경로 구성원들이 포함되어 이러한 경로 구성원들에 의해 제품이나 서비스가 전달되기 때문에 간접유통구조라고 할 수 있다. 보통 일반적인 유통구조는 제조업자, 도매상, 소매상, 소비자로 구성된다.

간접유통구조는 유통기관들이 포함되는 유통경로를 구성하기 때문에 각각의 유통경로 구성원 간의 갈등의 조정, 상호 협조 도출 및 힘의 역학관계에 따른 역할분담 등 여러 가지 요소들을 고려해야 효율적인 유통구조를 만들 수 있으며 따라서 직접유통구조보다 훨씬 더 복잡하다. 그러나 소규모 제조업체일수록 유통기관을 이용하여 얻는 이점이 크기 때문에 간접 유통경로를 많이 이용한다.

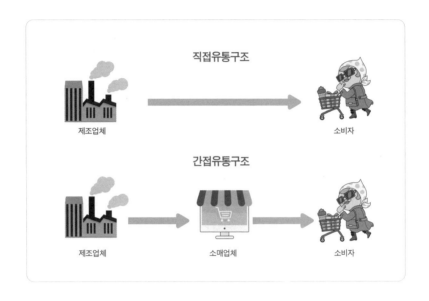

사례 유통단계 축소로 와인가격거품 확 뺀다

주류 수입업자에 소비자 직판 허용

한-칠레 자유무역협정(FTA) 체결에 따라 2009년부터 칠레산 와인에 부과하던 15% 관세는 없어졌다. 당연히 칠레산 와인가격이 떨어져야 정상인데 오히려 반대였다. 칠레산 대표 와인인 몬테스알파 수입원가(8,370원)를 기준으로 계산해보면 와인 1병에 붙는 세금은 5,711원에서 3,875원으로 1,836원 줄었다. 하지만 몬테스알파 판매가격은 2008년 3만 5,900원에서 해마다 올라 올해는 4만 4,000원까지 뛰었다. 1만 3,000원가량에 수입된 와인이 도매·소매 단계를 거치며 유통마진이 붙으면서 소비자에겐 4만 4,000원에 팔린 것이다. 정작 소비자는 FTA로 인한 관세 인하 이득을 전혀 누리지 못한 셈이다.

정부는 이 같은 현상이 수입 주류의 복잡한 유통과정 때문이라고 진단하고 주류 수입업자가 와인, 맥주, 위스키 등 수입 술을 직접 소비자에게 판매할 수 있도록 주세법 시행령을 개정했다. 주류 수입업자가 소비자에게 직접 수입 주류를 판매할 수 있게 돼 거래단계가 줄어들고 유통과정에서 경쟁이 촉진되면서 주류가격 안정에 기여하는 효과를 노리고 있다.

정부는 그간 수입과 유통, 판매를 분리한 것은 수입 주류의 유통 투명성을 확보하기 위해서였다며, 세금계산서 발행이 정착되고 주류사업자 간 주류구매카드 사용이 의무화됨에 따라 투명성을 높이는 편익보다 유통비용을 가중시켜 소비자가격을 올리는 부작용이 더 커졌다고 개정 이유를 밝혔다.

한편 신세계는 와인 수입사 신세계 L&B를 통해 와인을 직수입하여 수입사·도매상·소매점을 거칠 때마다 40%씩 마진이 붙는 가격거품을 거둬내겠다고 선언했다. 이 같은 '실험'이 성공한다면 소비자는 지금보다 훨씬 싸게 와인을 마실 수 있게 된다. 그동안 와인 유통구조는 수입사가 해외산지에서 수입해와 도매상을 거치거나 대형마트나 백화점에 직접 공급했다. 이 과정에서 수입사들과 도매상들이 높은 마진을 남겼다. 신세계는 유통단계에서 도매상을 배제하고 자체 마진도 20% 이하로 줄이는 방식으로 판매가격을 지금보다 10~50%까지 낮출 수 있다고 설명한다. 신세계 L&B 관계자는 "와인가격이 10만 원 이하이면 마진을 20%, 10만 원 이상이면 5~10%만 남길 것"이라며 "고가 와인일수록 다른 업체들과의 가격 격차가 더 커지게 된다"고 설명했다. 이렇게 되면 백화점에서 21만 원에 팔던 '샤토 탈보 2006'을 48.1% 싸게, 그리고 130만 원짜리 '샤토 무통 로쉴드 2001'은 46.9% 저렴하게 내놓을 수 있다는 게 신세계 측 설명이다.

이 같은 신세계의 행보에 와인업계는 바짝 긴장하고 있다. 신세계그룹은 전체 시장의 15%를 차지한 와인 유통시장의 최대 '큰손'이기 때문이다.

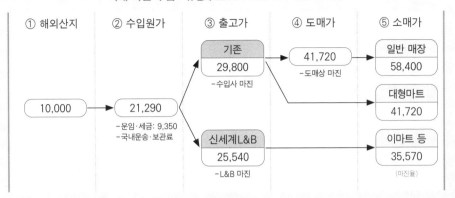

국내 와인 수입 · 유통구조 (단위: 원, 산지가격 1만 원짜리 와인)

① 해외산지 | ② 수입원가 | ③ 출고가 | ④ 도매가 | ⑤ 소매가

10,000 → 21,290
- 운임·세금: 9,350
- 국내운송·보관료

기존
29,800
- 수입사 마진

신세계L&B
25,540
- L&B 마진

41,720
- 도매상 마진

일반 매장
58,400

대형마트
41,720

이마트 등
35,570
(마진율)

와인가격 비교

와인명	신세계L&B 판매가	기본 백화점 판매가
샤토 무통 로쉴드 2001	69만 원	106만 원(현대)~130만 원(신세계)
샤토 탈보 2006	10만 9,000원	17만 원(롯데)~21만 원(신세계)
샤토 샤스 스플린 2004	7만 7,000원	18만 원(롯데: 할인가 15만 원)

정보로 무장한 소비자

최근 들어 와인 시장이 커지면서 와인을 싼값에 판매하는 수퍼마트 등과 기존 와인 소매점과의 경쟁도 심화했고 와인 지식으로 무장한 소비자도 늘어났다. 특히 와인 소비자들은 실시간으로 온라인 커뮤니티를 통해 본인이 구입한 와인 종류와 영수증을 올리며 가격을 공유하기 시작했다. 따라서 정부, 일부 수입업자, 그리고 정보로 무장한 소비자

와인값 떨어질까?
* 칠레산 몬테스알파의 경우

기존
수입상
약 1만 3,000원
↓
도매상
↓
소매상
↓
· 백화점
· 호텔
· 음식점 등
↓
소비자
4만 2,000~
4만 4,000원

개정 이후
수입상
약 1만 3,000원
↓
소비자
?

들의 증가로 와인 유통의 효율성은 증가할 것으로 보인다.

〈중앙일보〉 2021/6/16, 〈매일경제〉 2011/12/5, 〈한국경제〉 2009/5/6 기사 편집

④ 생산과 유통

유통경로 내에서 생산에 대한 평균원가는 분배에 대한 평균원가와 일치하지 않는다. 유통규모의 경제는 생산규모의 경제와 다르기 때문에 유통규모의 경제를 위해서는 자사가 생산하지 않은 다른 제품을 취급하여 유통에 투입된 시설을 최적으로 활용해야 한다. 그러므로 자사의 제품을 생산하는 생산업체인 동시에 타사의 제품까지 유통하는 유통업체가 되어야 하는데, 이는 쉽지 않다. 생산뿐만 아니라 장소, 형태, 정보탐색의 기능 및 유통과 관련된 수많은 거래를 직접 수행해야 하기 때문이다.

도표 1-2를 통해 살펴보자. 한 제조업체의 최적생산량은 Q_1이며, 이때 평균원가는 최소 생산비인 C_1이다. 이 제조업체가 제품을 직접 유통시키기로 했을 때 들어가는 평균원가는 C_2다. 최적유통량을 다루지 못하기 때문에 C_2는 최소유통원가가 아니다. 따라서 필요한 유통규모의 경제를 위해서는 다른 업체의 제품도 같이 취급하여 유통에 투입된 시설을 최적으로 활용해야 C_2보다 낮은 비용으로 제품을 유통할 수 있다.

문제는 생산뿐만 아니라 유통에서도 규모의 경제를 추구해야 하므로 이 제조업체는 생산업체일 뿐만 아니라 동시에 유통업체여야 한다는 점이다. 생산과 유통을 동시에 효율적으로 실행하기는 쉽지 않다. 왜냐하면 분업의 원리에 어긋나기 때문이다. 여기서 분업의 원리란 생산과 유통이 분리되는 것으로, 생산은 생산을 잘하는 조직이 하고, 유통은 유통을 잘하는 조직이 수행하는 등 경로 구성원들이 각자 전문성을 갖는 것을 말한다.

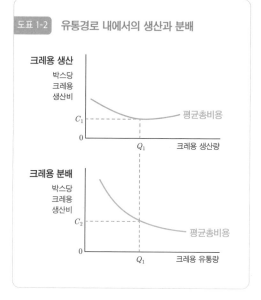

도표 1-2 유통경로 내에서의 생산과 분배

5 유통을 통한 경쟁우위의 확립

유통경로활동을 더 효과적이고 효율적으로 수행하기 위해서는 경쟁우위를 확립해야 한다. 경쟁우위란 자사의 이점이 단기간에 경쟁자에 의해 복제되지 않는 것을 말한다. 마이클 포터^{Michael Porter}는 경쟁우위 없이는 마케팅을 생각하지 말라고 할 정도로 경쟁우위는 중요하게 여겨진다.

최근에는 기업이 가격이나 프로모션 전략을 통해 경쟁우위를 확립하는 것이 점점 어려워지고 있다. 이러한 상황에서 유통경로는 경쟁우위를 얻기 위한 좋은 마케팅믹스 중 하나라고 볼 수 있다. 유통을 통한 경쟁우위는 상위전략, 조직, 인간의 능력 등이 조합되어 이뤄진 것으로 경쟁기업들이 쉽게 따라 하기 힘들다.

예를 들어 제조업체가 소매업자의 소매점에 직접 공급함으로써 소비자의 요구에 신속히 반응하고 유통을 통한 경쟁우위를 확립할 수 있다. TAL과 J.C. 페니^{J.C. Penney}의 사례를 보자. J.C. 페니는 공급자인 TAL이 J.C. 페니의 창고를 거치지 않고 직접 개별 판매점으로 셔츠를 배달하도록 한다. 이렇게 하나의 수직채널을 단축시킴으로써 J.C. 페니는 많은 비용을 절감했다. 또 TAL이 해당 제품의 수요예측, 재고 관리 등의 문제를 해결하므로 J.C. 페니는 수요를 예측하는 어려움이나 재고 관리의 문제점, 낮은 재고비용 등과 관련한 문제에 대한 걱정을 덜게 된다(8장 부록 8-2 "제조업체 TAL과 J.C. 페니의 새로운 유통망의 시도" 참조).

기업은 유통경로의 단계를 최소화함으로써 효율적인 유통시스템을 확립해 경쟁우위를 얻을 수 있다. Dell의 사례를 보자. Dell은 생산을 아웃소싱하여 대만의 콴타스^{Quantas}가 Dell PC를 생산한다. 따라서 흔히 생각할 수 있는 Dell의 유통경로는 '소비자(주문)-Dell(주문 처리)-콴타스(PC 생산)-Dell(창고)-소비자'가 될 수 있다. 물론 여기서 물류를 아웃소싱하여 페덱스^{Fedex}라는 회사가 콴타스에서 생산된 PC를 Dell의 창고까지 배송하고, 또한 Dell의 창고에서 구매자에게 배송하는 기능을 한다.

하지만 Dell은 위의 긴 유통 경로 대신 '소비자(주문)-Dell(주문 처리)-콴타스(생산)-소비자'로 줄였다. 콴타스는 생산된 PC를 Dell의 창고로 보내는 대신에 직접 구매자에게 배송시킨다. 따라서 콴타

스(PC 생산)-Dell(창고)의 경로가 생략되어 유통단계가 줄어든다. 물론 콴타스가 Dell의 이름으로 제품이용서와 각종 서류를 첨부해 구매자에게 배송하므로 구매자는 여전히 Dell이 모든 처리를 한다고 느낀다.

여기서 우리는 유통경로 디자인의 큰 원칙 중 한 가지를 배울 수 있다. 자신은 전문화된 분야에만 집중하고 경로 파트너가 적은 비용으로 더 잘할 수 있으면 그 파트너를 이용하는 것이다. Dell의 사례를 보면, PC는 Dell보다 콴타스가 훨씬 더 저렴하고 효율적인 생산을 할 수 있다. 콴타스는 Dell뿐만 아니라 다른 PC업체의 제품들도 위탁 생산하므로 Dell보다 부품 구매에 있어 대량구매에 따른 할인혜택을 더 누릴 수 있다. 따라서 Dell은 PC를 직접 생산하는 것보다 콴타스에 생산을 위탁하는 것이 더 효율적이다.

6 유통경로 구성원이 수행하는 기능들

유통경로는 제조업체의 판매를 용이하게 하고 소비자의 효용을 증대시키기 위해 여러 가지 기능을 수행한다. 유통경로의 기능으로는 정보제공, 물질적 소유, 법적 소유권, 위험분담, 촉진, 가격협상이 있다.

유통경로 구성원의 기능 중 하나는 정보제공이다. 정보는 유통경로 내의 모든 가능한 관계 사이에서 전달된다. 소매상은 소비자와 직접 접촉하는 중간상이기 때문에 소비자에 대한 정보를 얻을 수 있는 좋은 위치에 있다. 따라서 소매상은

고객 및 판매자료 분석을 통해 얻은 정보를 제조업체에 제공할 수 있다. 제공된 정보는 제조업체가 판매량을 조절하고 신제품을 개발하는 데 도움을 줄 수 있다.

유통경로 구성원은 제품을 물리적으로 소유하는 기능을 수행한다. 소유의 기능은 각각의 구성원들에 의해 수행되며, 소매상은 제조업체로부터 제품을 받고 최종소비자에게 제품을 판매할 때까지 그 제품을 물리적으로 소유한다.

유통경로기관은 취급하는 제품에 대한 법적 소유권을 갖는 기능을 수행한다. 제품에 대한 법적 소유권은 제조업체에서 유통경로를 따라 도매상이나 소매상을 통해 최종소비자에게 전달된다. 유통경로 구성원은 제품에 대한 법적 소유권을 가지면 해당 제품을 판매하거나 사용할 자격을 갖게 된다.

유통기관이 판매하는 모든 제품에 대해 해당 유통기관에서 소유권을 갖는 것은 아니다. 예를 들어 우리가 편의점에서 구매하는 신문의 경우, 신문사의 각 지사가 소유권을 갖고 편의점은 판매만 대행하는 경우가 많다. 또한 우리나라의 백화점은 10% 내외의 제품만을 법적으로 소유하여 판매하고 있고, 나머지 90%는 제조업체가 소유권을 가지고 백화점에 입점하여 직접 판매를 수행하고 있다. 백화점은 제조업체가 입점하여 판매한 제품에 일정 부분의 수수료를 부과하는데, 이를 '판매수수료'라고 한다. 이처럼 백화점의 판매행위는 극히 일부 제품만을 대상으로 이뤄지므로 유통기관으로서 백화점의 기능은 상당히 제한적이라고 볼 수 있다.

유통경로 구성원이 취급하는 제품을 소유하는 경우 위험이 수반된다. 특히 유통기관이 팔리지 않은 재고를 가지고 있을 때 위험이 발생할 수 있다. 예를 들어 구매한 에어컨이 잘 팔리지 않으면 유통업체는 손실을 보게 된다. 한때 월마트Wal-Mart, 토이저러스Toys'R'Us 같은 대형 소매업체의 경우 크리스마스 시즌을 위한 장난감을 동남아시아에서 주문하기를 꺼렸다. 장난감은 몇 달 전에 주문해야 하는데, 소매업체는 크리스마스 시즌에 그 장난감이 잘 팔릴지 아닐지 예측하기 힘들었던 것이다. 만약 장난감이 잘 팔리지 않으면 이미 주문한 제품들은 반환될 수 없고 재고에 대한 책임은 소매업체가 져야 했다. 따라서 유통경로 구성원은 위험을 감수하는 기능을 한다.

유통경로 구성원은 제품 판매를 촉진하는 기능을 수행한다. 촉진이란 광고, 판매 프로모션 형태 등의 설득 커뮤니케이션을 말한다. 소매업체는 수요를 자극하기 위해 쿠폰을 이용하거나 스페셜 디스플레이를 통한 인스토어 프로모션, 광고 등을 통해 제품 판매를 촉진한다.

마지막으로 유통경로는 가격협상의 기능을 하는데, 유통기관은 무료배송, 무료설치 등의 서비스 조건이나 가격을 협상한다. 대형마트나 백화점 등은 소비자와 가격협상의 여지가 많지 않지만, 자동차 대리점 같은 유통경로 구성원은 가능하다.

제한적인 유통기능을 수행하는 백화점

📖7 누가 특정 유통기능을 수행하는가?

유통경로에서 몇몇 경로 구성원들은 제거되거나 대체될 수 있다. 항공산업의 사례를 보면, 2007년 항공사들이 대리점 지급 비용을 없애기 시작한 이후 많은

유통경로를 단축한 대한항공

여행사대리점들이 유통경로에서 제외되기 시작했다. 항공사들이 대리점을 이용하지 않으면 대리점은 항공산업의 유통경로에서 제거될 수밖에 없다. 유통경로의 설계 시 특정 유통경로 구성원을 유통경로에서 제거할 수 있다.

하지만 제거된 유통경로 구성원이 수행하던 기능은 제거할 수 없다. 그 기능은 누군가가 실행해야 하는데, 다른 구성원들에 의해 대체되어 수행되거나 유통경로를 설계하는 회사에 의해 직접 실행되어야 한다. 즉, 유통경로 내의 한 구성원이 제거될 수는 있어도 그가 수행하는 기능은 제거될 수 없다.

대한항공과 아시아나항공의 경우, 국제선 발권업무를 대행하는 여행사(고객을 찾아내고 가격협상을 함)에 지급하는 발권수수료를 9%에서 7%로 인하하는 동시에, 대한항공은 중소 여행사에 지불하는 7%의 발권수수료를 2010년부터 아예 없앴다. 여행사대리점이 고객 확보 기능을 주로 실행해왔는데, 발권수수료를 여행사에 지불하지 않겠다는 것은 대한항공이 기존 대리점의 고객 확보 기능을 직접 수행하겠다는 의도로 해석할 수 있다. 이는 대한항공이 대리점보다 훨씬 더 효율적으로 고객을 확보할 수 있다고 판단을 내려 기존의 유통경로를 변경했음을 알게 해준다. 그렇지 않으면 고객을 확보하는 데 어려움을 겪게 되어 발권수수료를 절감하는 것보다 훨씬 더 큰 손실을 입을 수 있기 때문이다.

미국은 익스피디아닷컴, 오르비츠닷컴, 트래블로시티닷컴travelocity.com 등이 기존의 대리점들을 대체하며 대리점이 수행했던 고객 확보 기능을 하고 있다. 이들 여행전문 온라인 유통업체는 항공티켓뿐만 아니라 호텔, 렌터카 등의 영역에서 많은 고객을 확보하여 이들에 대한 항공사 및 호텔들의 의존도가 점점 높아지고 있는 실정이다. 이는 온라인 유통 전문업체들이 고객 확보 기능에서 기존의 대리점들이나 항공사, 호텔 등의 서비스 생산업체보다 효율적이었다는 것을 의미한다(제1장 도입 사례 "미국 온라인 여행사–항공사 사투" 참조).

각 유통경로 구성원은 전문화된 분야의 기능을 수행하지만, 특정 유통경로 구성원이 그 기능을 더 효율적이고 효과적으로 할 수 있으면 유통경로 설계자는 더 효율적인 구성원을 이용하여 유통경로를 설계해야 한다. 미국의 경우, 항공사 및 호텔 같은 업체들은 온라인 여행사를 적극 활용하여 티켓을 판매한다. 한국의 경우, 대한항공은 자사가 중소 여행사들보다 고객을 더 효율적으로 확보할 수 있다고 판단했기 때문에 중소 여행사들을 자사의 유통경로에서 제외하고 고객 확보 기능을 직접 실행했다.

유통경로의 디자인에 있어 중요한 원칙은 제품을 최종소비자에게 전달하기 위해 필요한 기능을 나열하고 각각의 기능을 가장 효율적으로 실행할 수 있는 유통경로 구성원으로 유통경로를 설계해야 한다는 것이다. 가장 효율적인 유통경로는 필요한 기능을 가장 효율적으로 실행할 수 있는 구성원들의 조합으로 형성된다. 따라서 자사가 특정 기능을 잘 할 수 있으면 직접 실행하고 다른 경로 구성원이 더 효율적으로 할 수 있으면 그 구성원이 실행하도록 해야 한다.

농산물 유통의 문제와 원인

우리나라의 농산물 유통은 흔히 고비용·저효율의 대표적인 예로 지목받아왔다. 농산물 유통구조가 현저히 낙후되어 있는 원인으로 여러 가지 요소가 거론되고 있는데, 그 중 하나는 국내 농산물 생산농가의 규모가 영세하거나 분산돼 있는 경우가 많아 생산자와 소비자가 직접 연결되지 못하고 있다는 것이다. 또한 농민단체나 영농조합에서 공동출하하는 사례가 늘고 있지만 규모가 영세해 공동출하 이점을 제대로 누리지 못하고 있다. 이에 따라 여전히 중간수집상(브로커)이나 단위농협을 거쳐 도매시장이나 대형 수요처(대형마트) 등으로 농산물이 판매되는 경우가 많다. 업계에 따르면 70~80%는 농협이나 중간수집상을 거친다.

흔히 말하는 밭떼기 거래는 중간수집상을 통해 일어난다. 이 과정에서 경험과 정보가 많고 거래관계에서 우월한 지위에 있는 상인들이 투기적 이익을 얻는 사례가 적지 않다. 근본적인 문제는 이러한 브로커 거래에서 농민이 보호받을 수 있는 장치가 없다는 점이다. 예컨대 밭떼기 계약을 할 때 계약금은 10~20%만 주고 중도금과 잔금을 차례로 주는 것이 일반적이다. 만약 시세가 크게 떨어지면 브로커들이 잔금을 주지 않고 계약을 일방적으로 파기하는 사례가 많다. 시세하락에 대한 손해를 고스란히 농가가 지게 되는 것이다. 한 대형마트 농산물 매입팀 관계자는 "배추, 무, 대파 등 시세 움직임이 큰 농산물에 수집상이 많이 개입돼 있다"며 "책임 없는 계약시스템이 가장 큰 문제"라고 말했다.

한국의 농산물 유통비용 구조(단위: %)

2009년 유통비용: 44.1%(직접비 14.4%, 간접비 16.6%, 이윤 13.1%)

구분	소비자 지불가격(100.0)			
평균	농가수취 55.9	유통비용 44.1		
구성별		직·간접비 31.0		이윤 13.1
		직접비 14.4	간접비 16.6	
단계별		출하단계 12.2	도매단계 9.3	소매단계 22.6

주) 2009년 조사지역 전체 평균경로가중평균치임 / 자료: 농수산물유통공사

가격이 급등해도 농가가 이익을 얻지 못하는 것은 한국의 농수산물 유통구조의 문제다. 배춧값이 폭등했던 지난해 김장철에 주부들은 한 포기에 3,000원 이상 주고 배추를 샀지만 농민들은 남는 게 거의 없었다. 산지에서는 배추가 포기당 500원에 팔려 나갔지만 도시 대형마트에서는 5~6배 비싸게 판매됐다. 이는 배추, 무 같은 농수산물의 유통비용이 최종가격의 70%에 달하는 데서 기인한다. 농수산물은 가격에 비해 부피가 크고 손상률이 높아서 다른 공업용 제품에 비해 유통이 차지하는 비용이 높다.

우리나라 농산물 가격의 급등 문제는 농산물 유통의 많은 부분을 책임지고 있는 가락동농수산물시장의 비효율적인 경매 시스템도 한 원인으로 작용하고 있다. 경매제도는 수급에 따라 가격 급등락이 심한 단점을 안고 있다. 따라서 가락동농수산물시장은 거래물량의 90%가량 점유하던 경매물량을 줄이고 농민과 도매인이 직거래하는 시장 도매인제도를 도입하는 다각화 전략을 시도하고 있다. 시장 도매인제도는 유기농, 고부가 가치작물을 생산하는 농민들의 가격교섭력이 커질 것으로 보인다.

실제로 프랑스의 헝지스시장에서는 경매 방식이 아니라 농가와 도매상인 간 협의를 거친 수의 거래 방식으로 거래된다. 이곳에서도 한때는 경매가 주요 거래 방식 중 하나였지만 산지 농가와 유통업체가 규모화되면서 굳이 경매를 고집할 이유가 사라졌다.

유통업체들의 '바잉파워'에 눌린 농가들이 불리한 가격을 받아들일 수밖에 없다는 것이 경매제도의 필요성을 말하는 국내 전문가들의 주장이지만, 헝지스시장에서는 특별한 문제 없이 운영되고 있다. 산지 농가 · 유통업체 간 '힘의 균형'이 맞아떨어져 투명한 거래가 가능해졌다는 것이다.

그렇다고 농산물 거래가격이 근거 없이 책정되는 것은 아니다. 프랑스 정부는 주요 농산물 200여 품목의 가격을 매일 공개하면서 거래에 활용할 수 있도록 했다. 농산물 가격은 산지와 각 지역 도매시장 등 130여 곳의 가격을 종합해 최고가와 최저가, 평균값을 집계한다. 그뿐만 아니라 운송비와 관련된 가격 또한 고지된다.

도매시장에서 농산물 구매자들은 이 같은 자료를 바탕으로 산지 농가와 자유롭게 가격을 협상한다. 가격의 기준이 되기 때문에 산지나 구매자들 모두 중요한 자료로 인식한다는 게 헝지스시장 측 설명이다. 다만 도매시장 상인들이 농산물을 산지에서 매입한 가격보다 더 낮은 값에 판매하는 것은 금지되고 있다. 시장을 혼란스럽게 할 수 있다는 이유에서다. 헝지스시장 국제관계 담당자는 "산지와 도매시장 가격, 운송비 등이 미리 고지되고 도매상은 이를 고려해 산지와 협의를 거쳐 가격을 결정한다"며 "그로 인한 문제는 아직까지 크게 발생하지 않았다"고 말했다.

사실 대형마트들도 대부분 산지 직거래를 한다고 하지만 실제로는 영농조합이나 단위농협, 중간수집상을 거치는 경우가 많다. 이와 같이 한국은 농수산물의 복잡한 유통구조로 인해 여러 가지 문제점을 안고 있다. 이러한 문제점을 해결하기 위해서는 농수산 품질의 표준화와 농가들의 대형화가 이루어져야 한다.

소규모 농가들이 많아 각각 다양한 품질의 농산물을 소량 생산함으로써 품질의 표준화를 이루지 못하고 있다. 표준화를 이루지 못하면 브랜드관리에 치명적인 약점을 지니게 된다. 우리나라는 각 마을이 기본단위(각 마을의 이름)로 브랜드가 이루어져 있는 경우가 많아 매출 5,000만 원을 넘긴 마을은 전체 대비 소수다. 그러므로 최소한 각 마을 내 상품의 표준화가 이루어져야 한다. 상품의 표준화 없이는 품질이 다양하여 브랜드를 유지하기 힘들다. 브랜드 가치가 존재하지 않을 경우, 판매는 매우 힘들어진다.

또한 농가들의 대형화가 이루어져야 한다. 대형화를 이루지 못하면, 대형 소매상의 경우 영세한 농민들과 개별 거래를 해야 하는데 이는 시간과 인력의 투입비용이 크다. 그러므로 농민들과의 직접거래를 기피하게 되고 거래횟수를 줄이며 많은 양을 몇 번의 접촉으로 살 수 있는 산지수집상과의 거래를 선호하게 된다. 브랜드의 표준화와 농가의 대형화를 통한 직거래의 비중을 높이지 않으면 중간수집상 등의 개입을 불러들여 거래횟수의 감소를 통한 가치를 창출해낼 수 없다.

〈매일경제〉 2016/5/9, 2012/5/24, 2008/3/10 기사, 〈PD수첩〉 2010/10/10 방송 편집

한국의 복잡한 농산물 유통구조

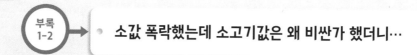
소값 폭락했는데 소고기값은 왜 비싼가 했더니…

7단계에 걸친 유통구조가 가격 50% 부풀렸다
"한우-음식점 가격연동제 실시해야"

산지 농가들이 소값 폭락으로 어려움을 겪고 있는 데 반해 음식점과 유통업체의 판매가격은 떨어지지 않아 사회적 논란이 일고 있다. 축산물품질평가원·농협에 따르면 한우 큰 암소(600kg)의 가축시장 거래가격은 마리당 369만 7,000원이다. 이는 같은 기간 596만 3,000원 대비 2년만에 38% 하락한 수치다.

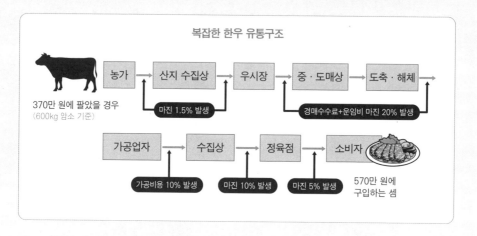

복잡한 한우 유통구조

370만 원에 팔았을 경우
(600kg 암소 기준)

농가 → 산지 수집상 → 우시장 → 중·도매상 → 도축·해체
마진 1.5% 발생
경매수수료+운임비 마진 20% 발생

가공업자 → 수집상 → 정육점 → 소비자
가공비용 10% 발생   마진 10% 발생   마진 5% 발생
570만 원에 구입하는 셈

최근 2년간 산지 한우와 송아지 가격이 40~60% 폭락했는데도 소비자는 가격 하락을 실감하지 못하고 있다. 농수산물유통공사(aT) 가격정보에 따르면 한우 등심(1등급) 평균 소매가격은 100g당 5,887원으로 같은 기간 7,461원 대비 21% 하락하는 데 그쳤다. 산지 소값이 하락해도 소비자가 보는 효과는 미미한 셈이다.

전문가들은 산지 소값 폭락에 비해 소비자가격 하락세가 더딘 이유로 복잡한 유통구조와 그로 인해 발생하는 높은 마진율을 꼽는다. 산지 농가에서 사육한 한우가 소비자의 밥상에 오르는 데 최대 7단계의 중간 과정을 거쳐야 한다. 이로 인해 농가의 손을 떠난 소를 소비자는 최대 50% 비싼 가격에 구매해야 한다.

농가가 키운 소를 우시장에 내놓는 일은 산지 수집상이 맡는다. 산지 수집상은 마리당

1.5% 수준의 비교적 낮은 마진율로 우시장에 소를 넘긴다. 산지 유통업자는 "소의 출하시기가 늦어지면 가격이 떨어지는 데다 살아있는 소를 오래 보관할 수 없어 낮은 마진을 보고 최대한 많은 소를 빨리 시장에 넘긴다"고 설명했다. 이 과정에서 한우 값이 폭락하더라도 출하시기를 놓치면 아예 소를 처분할 수 없어 농민들은 '울며 겨자 먹기' 식으로 소를 싸게 팔아 넘긴다.

공판장에서 소를 내놓은 뒤부터 가격이 천정부지로 치솟는다. 중간 도매상들은 도축ㆍ해체업자를 통해 가공업자 또는 수집상(음식점과 정육점에 고기를 납품하는 업자)에게 소를 넘기면서 20%에 달하는 마진을 남긴다.

한 수집상은 "중간 도매상들이 지육(도축 이후 머리, 다리, 내장 등을 제외한 부분) 400kg당 경매수수료와 운임비 명목으로 30만 원이 넘는 돈을 요구한다"며 "중간 도매상들이 관례처럼 내장과 곱창, 머리 부분을 가져가는 것을 포함하면 60만 원에 달하는 마진을 남기는 셈"이라고 말했다.

가공업자의 손질과 포장작업에 마진 10%가 발생하고, 수집상이 정육점에 물건을 넘기면서 마진 10%가 또 발생한다. 반면 동네 정육점 등 소매업체들이 가져가는 마진은 5~10% 수준에 그친다.

산지에서는 중간 도매상이 폭리를 취해도 어쩔 수 없다는 입장이다. 한 수집상은 "소를 싸게 팔려면 유통상인이 소를 산지에서 직접 구입해 도축해서 파는 수밖에 없는데, 대기업이 아닌 이상 도축ㆍ가공까지 직접 맡기는 어렵다"고 말했다. 국내 대형 유통업체 중 이마트 정도만 위탁영농과 자체 미트센터를 통해 중간 도매상을 거치지 않고 있다.

전국한우협회는 "한우 가격과 음식점 가격 간 연동제를 실시해야 한다"며 "정부가 2000년대 초반 실시했던 것처럼 음식점과 판매점에 적정 판매가를 고시해서 가격을 낮추는 것을 적극 유도해야 한다"고 말했다.

한 축산업계 전문가는 "복잡한 유통단계를 줄이고, 유통업체를 대형화해 가격 경쟁력을 높이거나 생산농가들의 조직ㆍ대형화를 통해 소비자까지 직거래하는 체계를 갖춰야 생산자는 제값을 받고, 소비자는 싼값에 쇠고기를 구입할 수 있다"고 말했다.

최근 육우 송아지 가격이 1만 원대로 폭락해 굶겨 죽이는 사태까지 발생한 육우는 고사 상태에 직면했다. 육우는 백화점ㆍ대형마트ㆍ슈퍼마켓 등 대형 유통업체에서도 외면받고 있다. 대형 유통업체 중 육우를 판매하고 있는 곳은 롯데마트 한 곳뿐이다. 농협마저도 육우를 판매하지 않고 자체 브랜드인 안심한우만 취급하고 있다. 단지 최근 농협 계열사인 서울우유에서 육우 소비를 활성화하기 위해 '달려라참깨'라는 식당을 개설하고 육우 판매에 나서고 있다.

한국낙농육우협회는 "대형 유통업체들은 미국·호주산 수입육은 취급하면서 우리나라에서 한우와 똑같은 환경 속에 등급을 판정받은 육우의 진입 자체를 막고 있다"며 "소비자에게 선택권을 줘 육우 소비를 촉진해야 한다"고 말했다.

한편 한 국내 대형마트는 처음으로 한우 경매에 본격적으로 뛰어들었다. 유통단계를 줄여 한우 가격을 획기적으로 낮추겠다는 전략이다. 이 회사는 국내 최대 축산물 경매 현장인 충북 음성 축산물 공판장의 '경매사(매매참가인)' 자격을 얻어 최근 월평균 200마리(약 140t) 정도만 경매를 통해 한우를 확보해왔으나 올 들어 이 방식을 통한 조달 물량을 크게 늘리기로 한 것이다. 이런 방식으로 한우 판매가격을 최대 10%가량 낮춰 판매할 수 있게 됐다고 밝히고 있다.

유통사가 한우를 확보하려면 전국 12개 공판장에서 이미 경매가 끝난 한우를 경매사로부터 지육(고깃덩어리) 형태로 구입해야 한다. 하지만 이 대형마트는 이번에 경매사 자격을 획득해 경매에 직접 참여하는 방식으로 중간 단계를 줄였다. 경매사에게서 지육을 사들이는 대신 1주일에 2~3회 3명의 전문가가 직접 경매 현장에 참여하고 있다.

또 이 회사는 위탁 영농을 통해 경매 전 단계에서 한우를 확보하는 방안도 병행하고 있다. 지난해 전남 영광의 한 농가와 계약해 한우 500마리(약 350t)를 위탁영농 방식으로 키우고 있다. 최근에는 한우를 부위별로 가공하는 '미트센터'를 자체 설립해 원가를 더욱 낮출 수 있는 토대도 마련했다. 그리고 자체 한우 유통량의 10%선인 위탁영농 및 직접경매참여 비중을 올해 안에 30%까지 늘릴 방침이다. 이 회사는 물량 확대와 미트센터 본격 가동 등으로 시세보다 최대 20%가량 싼 가격으로 한우를 공급할 수 있을 것으로 보고 있다.

〈한국경제〉 2016/1/20, 〈매일경제〉 2012/1/6, 〈경향신문〉 2012/1/11 기사 편집

1 유통경로(마케팅 채널)의 정의를 논하시오.

2 유통을 통한 가치창조의 네 가지 요소에 대해 논하시오.

3 간접^{indirect} 채널이 직접^{direct} 채널에 비해 광범위하게 쓰이는 이유를 설명하시오.

4 유통을 통해 얻을 수 있는 전략적 우위$^{competitive\ advantage}$들을 논하시오.

5 "유통기관은 없앨 수 있으나 그 기관이 행하는 기능은 없앨 수 없다"는 말에 대해 예를 들어 논하시오.

6 우리나라의 농산물 가격의 급등락을 가져오는 원인에 대해 논하고, 그 해결책을 고려하시오.

7 사례 "애플 영업이익률 37.4%, 최대 협력사 폭스콘 1.5%에 그쳐"에서, 애플의 경로 파트너(협력업체)와의 이익배분정책이 경로 구성원과의 관계에 미칠 장기적인 효과에 대해 논하시오.

8 부록 1-2 "소값 폭락했는데 소고기값은 왜 비싼가 했더니…"에서 각 단체의 주장을 분석하고 합리적인 소고기 유통을 위한 대안을 제시하시오.

1 다음 중 마케팅 채널의 정의로 옳은 것은?

① 시장으로 상품이나 서비스를 전달하기 위한 기업 내 시스템

② 고객이 제품이나 서비스를 사용 또는 소비하는 과정에 참여하는 상호의존적인 조직들의 집합체

③ 상품이나 서비스가 생산자로부터 최종소비자로 전달되는 경로

④ 마케팅 기능을 수행하는 조직 외부의 모든 기업들

2 우리나라의 산지 소값 폭락에도 불구하고 소비자가격은 그만큼 인하되고 있지 않다. 이에 대한 원인으로 지목되고 있는 것이 아닌 것은(부록 1-2 "소값 폭락했는데 소고 기값은 왜 비싼가 했더니…"에서)?

① 중간도매상의 폭리

② 소비자의 육우 소비 저조

③ 대형 유통업체의 한우 위주의 판매

④ 정육점의 마진율

3 유통기관의 가치창출 기능을 언급한 것은?

① 디자인   ② 형태   ③ 생산   ④ 거래밀도

4 우리나라 농산물 유통의 해결을 위해 선행되어야 할 가장 중요한 것은?

① 정부의 지원과 정책   ② 소비자의 우리 농산물 먹기

③ 중간상의 도덕성 확보   ④ 농산물 품질의 표준화

5 간접유통경로가 직접유통경로에 비해 개입되는 경로 구성원 수가 많음에도 불구하고 가치를 지니게 되는 이유는?

① 거래횟수를 줄여준다.

② 경로 구성원 간의 거래관계에서 고려해야 할 부분이 훨씬 단순해진다.

③ 제조업체와 소비자 간 서비스의 불일치 문제를 해결해준다.

④ 제품에 대한 소비자의 구매력을 높여준다.

6 다음 중 옳은 것은?

① 유통경로 기능은 제거될 수 없다.
② 유통경로 기능은 대체될 수 있다.
③ 유통경로조직은 제거될 수 없다.
④ 유통경로조직은 대체되지 않는다.

7 유통경로 구성원이 수행하는 기능이 아닌 것은?

① 정보제공   ② 생산관리   ③ 위험분담   ④ 가격협상

8 다음 중 아래의 (가), (나), (다)에 들어갈 적합한 내용(용어)을 순서대로 올바르게
나열한 것은?

> 생산은 조형의 가치를 창출하며 소비는 (가)의 가치를 창출함으로써 의
> 미를 지닌다. 그 과정에서 유통은 (나)의 가치와 (다)의 가치를 창출하여 생
> 산과 소비라는 두 부분을 연결함으로써 그 의미가 부여된다.

① 탐색-소유-조형   ② 조형-장소-탐색
③ 소유-탐색-장소   ④ 장소-소유-탐색

9 다음 중 유통경로에 대한 설명으로 올바른 것은?

> ㉠ 유통경로의 구성원들은 재화를 저장·수송·운반하며, 이 과정에서 양방
> 향으로 정보를 수집 및 교환한다.
> ㉡ 유통경로에서 제공되는 서비스나 아이디어는 소비자나 중간상뿐만 아니
> 라 생산자에게도 중요하다.
> ㉢ 유통경로 상 중간상은 생산자가 생산한 제품 구색을 생산자가 원하는 구
> 색으로 전환시켜주는 기능을 함으로써 의미를 지닌다.

① ㉠   ② ㉠, ㉡   ③ ㉠, ㉢   ④ ㉠, ㉡, ㉢

10 유통경로 구조^{channel structure} 중에서 직접채널이란?

① 제조업체 → 제조업체 인터넷사이트 → 일반소비자

② 제조업체 → 백화점 → 일반소비자

③ 제조업체 → 편의점 → 일반소비자

④ 제조업체 → 인터넷 오픈마켓 → 일반소비자

11 각기 다른 제품을 만드는 제조업체 5곳과 이들의 제품을 구매하고자 하는 소비자 4명이 있다고 가정하자. 유통업체가 한 곳 존재할 경우와 존재하지 않을 경우, 각각의 총 유통경로 횟수를 산출한 것은?

① 20, 9   ② 9, 20   ③ 10, 9   ④ 9, 10

12 아메리칸 에어라인과 익스피디아닷컴의 갈등에서 익스피디아닷컴이 받은 수수료는 아메리칸 에어라인을 위해 주로 어떤 기능을 제공한 대가인가?

① 애프터서비스   ② 재고 관리   ③ 고객 확보   ④ 정보제공

13 새로운 방식의 청소기를 개발한 중소기업인 ○○전자는 그 우수한 성능에도 불구하고 판매에 어려움을 겪고 있었다. 마침내 ○○전자는 AA홈쇼핑 업체와 계약을 맺고 TV 홈쇼핑 판매를 개시하여 소비자로부터 폭발적인 구매반응을 일으켜 창사 이래 최고의 성장을 이루고 있다고 가정한다면, AA홈쇼핑이 창출한 가치에 가장 합당한 것은?

① 장소의 가치   ② 형태의 가치

③ 탐색의 가치   ④ 거래횟수 감소의 가치

---

1 ②   **2** ④   **3** ②   **4** ④   **5** ①   **6** ①   **7** ②

8 ③   **9** ②   **10** ①   **11** ②   **12** ③   **13** ③

제 2 장

점포형 채널

국내 최초의 하드 디스카운트 스토어 700마켓… 그 운명은?

초저가격 내세워

물가상승이 최대 걱정거리로 떠오른 가운데 초저가격을 지향하는 가격파괴형 점포인 '700마켓'[*]에 대한 소비자의 관심이 높아지고 있다. 아직 점포 수가 많지 않아 지명도는 크게 떨어지지만 전국 최저가격에 물건을 판다는 소문이 확산되면서 점포 주변지역 주민의 발길을 끌어당기고 있다.

700마켓

국내 대표 대형마트인 이마트와 판매가격을 비교해보면 700마켓의 강점이 그대로 드러난다. 참이슬(360mL) 1병은 920원으로 이마트(940원)보다 20원 싸고, 맥심 모카커피(1.2kg)는 9,500원으로 이마트(1만 1,100원)보다 1,600원 저렴하다. 오뚜기 딸기잼(300g)은 1,850원으로 130원, CJ 찰밀가루(1kg)는 1,890원으로 90원 싸다. 빙그레 5,000 투게더 아이스크림(900mL)은 2,250원으로 이마트(3,800원)보다 무려 1,550원 덜 받고 있다. 이 밖에 여러 제품이 조금 낮거나 비슷한 가격으로 판매되고 있다. 조항준 700마켓 상무는 "우리나라 어느 점포보다 저렴한 가격에 상품을 팔고 있다"고 강조했다.

원가 줄여 저렴한 가격 유지

농수산홈쇼핑이 운영하는 700마켓은 국내 첫 '하드 디스카운트 스토어Hard Discount Store'로 평가받는다. 이 업태는 말 그대로 회사정책 결정 때 가격할인을 최우선순위에 올려놓는다. 다시 말해 상품가격에 전가되는 비용요소를 최소화함으로써 발생하는 이익을 가격할인 형태로 고객에게 돌려주는 개념이다.

700마켓은 매장 인테리어나 진열에 돈을 들이지 않는다. 진열대는 10~20년 전에나 볼 수 있는 투박한 선반 모양이고, 일손이 덜 가도록 상품은 박스째 진열한다. 매장 위치도 도심 외곽지역 이면도로 쪽에 마련해 임차료를 줄이고 있다. 인건비를 절감하기 위해 점포당

---

[*] 저자 주: 700마켓은 2010년 3월 'NS마트'로 이름을 바꾸고 기업형 슈퍼마켓(SSM)으로 전환했다. 그리고 이마트는 2012년 7월 NS마트의 23개 점포를 인수했다.

점원은 5명 정도만 둔다. 점포 광고나 홍보는 신문 전단지가 전부다. 심지어 매장 형광등도 어둡다고 느끼지 않을 정도로만 켜놓는다.

장애물 많아 난관 겪어…

700마켓은 이름에서 나타나듯이 생활필수품을 중심으로 700개 정도의 상품만 취급하고 있다. 팔리는 것만 집중 판매한다는 전략이다. 이마트가 수만 개를 판매하는 것과는 비교가 안 된다. 상품 구색이 변변치 않다 보니 소비자가 선택할 수 있는 상품 폭은 매우 좁다. 소비자 불만도 이 부분에 모아진다. 하지만 일상생활에 필요한 필수품이 200여 가지가 대부분인 것을 감안하면 품목의 선택과 집중을 하고 있는 700마켓의 전략상 어쩔 수 없는 상황이다.

점포 수가 적어 가격혜택을 누리는 소비자도 극히 제한적이다. 700마켓은 2006년 10월 1호점(수원 성대점)이 출범한 이래 지금까지 서울 한 곳을 포함해 수도권에만 12개 점포를 운영하고 있다. 적은 점포 수는 자체 브랜드(PB)상품 확보에도 걸림돌로 작용하고 있다. 가격혜택을 확대하려면 PB상품을 늘려야 하는데 그러기에는 점포 수가 너무 적은 것이다. 이에 따라 700마켓 측은 매장 최적화 작업 등을 거쳐 점포 수 확대계획을 마련했으나 결국 20여 개에 그쳤다.

또 다른 중요한 걸림돌은 대형마트들의 반응이었다. 선두업체들이 후발업체의 도전을 얌전히 보고 있지만은 않았기 때문이다. 700마켓 근처에 대형마트의 점포들을 출점시킨다든가, 700마켓 점포 근처에 위치하고 있는 대형마트 점포들의 거친 가격공세 또한 만만치 않았다.

쇼핑할 장소의 선택 폭이 넓어진다는 의미에서 700마켓의 존재는 소비자의 입장에서는 반가운 일이었다. 새로운 시도를 했던 700마켓은 그 성공 여부를 떠나 우리 유통업태의 진화와 발전에 의미 있는 발자취를 남겼다.

〈서울경제〉 2012/7/13, 〈매일경제〉 2008/3/18 기사 편집

1 소매상의 기능

소매상은 제조업체와 최종소비자 사이에서 서로 접촉하는 통로를 제공하는 경로 구성원이다. 이들은 재화와 서비스를 도매업체나 제조업체로부터 구매하여 소비를 목적으로 재화와 서비스를 구매하려는 소비자에게 판매하는 활동을 한다. 따라서 소매상의 고객은 재판매를 목적으로 구매하는 기관구매자가 아닌 최종소비자이다.

유통경로 내에서 소매상의 역할은 소비자의 욕구를 파악하고 그들이 원하는 제품을 원하는 시점에 그들이 원하는 방식으로 판매하는 것이다. 소비자가 원하는 방식, 그들의 다양한 욕구를 충족시켜야 하므로 다양한 형태의 소매점이 출현했다. 이러한 다양한 형태의 소매점은 규모, 업태, 점포 유무에 따라 여러 가지 분류가 가능하다.

소매상은 목표고객이 원하는 방식에 따라 제품을 파는 방식을 결정하는데, 통상 파는 방식에 따라 소매상을 구분지어 '업태'라고 한다. 한편, 제품의 특성을 이용하여 구분하는 것을 '업종'이라고 한다. 즉 업태에 의한 소매상의 분류는 '어떤 판매방법을 쓰는가'에 따라 결정되고, 업종에 의한 분류는 '무엇을 파는가'에 따라 결정된다. 따라서 두 소매상이 같은 품목을 판매하더라도 파는 방식이 다른 경우에는 다른 소매

다양한 소매업(왼쪽 위부터 시계방향으로 편의점, 창고형 클럽, 백화점(CC-BY-3.0; Crossmr), 대형마트)

업태로 구분될 수 있다.

과거에는 유통업체들이 제조업체와 수직적으로 연결되어 제조업체의 판매 대리기관으로 인식됨으로써 생산하는 상품을 중심으로 하는 업종 개념에 의해 분류되었다. 하지만 소비자를 중심으로 하는 마케팅이 주류를 이루면서 소비자의 요구를 충족시키는 것을 통해 성장하고자 하는 유통업체들이 등장했다. 이들은 제조업체의 판매대리 역할을 넘어 소비자의 대리구매 역할을 적극적으로 수용했다. 또한 소비자의 구매편리성 등을 고려하여 제품 판매를 실시함으로써 업태의 개념을 바탕으로 한 소매상의 분류가 등장하게 되었다.

소매상은 제조업체-도매상-소매상-소비자로 구성되는 전통적 유통경로 상 최종소비자와 직접 접촉한다는 점에서 제조업체의 판매성과에 큰 영향을 미친다. 소매상은 유통경로 상 제조업체와 소비자 사이에서 여러 가지 기능을 수행한다. 소매상이 제공하는 기능은 다음과 같다.

첫째, 소매상은 소비자가 원하는 상품 구색을 제공한다. 소매상은 여러 공급업자로부터 제품과 서비스를 제공받아 다양한 상품 구색을 갖춤으로써 소비자에게 제품선택에 소요되는 비용과 시간을 절감할 수 있게 하고 선택의 폭을 넓혀준다. 상품의 다양성^{variety}(즉 의류, 전자기기, 장난감 등 취급하는 상품라인의 수)과 상품 구색^{assortment}(한 상품라인 안에서 취급되는 품목의 수)은 개별 소매상의 전략에 따라 달라진다. 상품의 다양성은 취급하는 상품이 얼마나 서로 다른 범주의 상품으로 구성되어 있는가 하는 것으로 상품라인의 넓이^{width}를 의미하고, 상품 구색은 각 상품라인에서 얼마나 깊이^{depth} 있게 서로 다른 브랜드 및 모델을 상품으로 갖추고 있는가 하는 것이다.

일반적으로 전문점$^{specialty\ store}$은

카메라의 상품 구색. 여러 가지 종류의 모델과 브랜드 제시

상품라인의 폭이 좁은 대신에 취급하는 상품라인의 깊이가 있다. 반면, 편의점은 상품라인의 폭이 넓은 대신에 깊이는 거의 없는 편이다. 예를 들어, 토이저러스 같은 장난감 전문점은 취급하는 상품이 장난감에 국한되어 상품라인의 폭이 좁은 반면에, 다양한 종류의 장난감을 구비하여 장난감라인의 깊이가 있다.

둘째, 소매상은 제조업체의 제품을 양적 분할^{bulk breaking}하여 소비자에게 제공한다. 소매상은 제조업체로부터 대량의 제품을 구매하여 소량으로 나누어 소비자에게 판매한다. 코스트코^{Costco} 같은 창고형 클럽은 백화점, 슈퍼마켓 같은 전통적인 소매업태보다 대량단위의 제품을 저가에 소비자에게 판매한

소매업체의 양적 분할(bulk breaking)

다. 이러한 회원제 창고형 판매업태는 대량구매에 따라 고객에게 저가로 제공하기 때문에 이에 대응하기 위해 전통적인 소매상들은 하나를 사면 하나를 더 주는^{buy one get one free} 전략이나 여러 개를 묶어서 가격을 매기는 등의 전략을 취하기도 한다.

셋째, 소매상은 제품의 재고회전율과 마진을 이용하여 고객에게 가치를 제공한다. 재고회전율이란 평균적으로 보유하고 있는 재고자산이 판매를 통해 특정 기간 동안 회전되는 횟수를 말한다. 이 비율이 높으면 재고 관리의 효율이 좋거나 판매가 잘 되고 있다는 것을 가리킨다.

마진은 소매상의 판매가격과 구입가격 간의 차이다. 즉, 소매점이 상품을 판매함으로써 얻을 수 있는 이익의 크기를 의미한다. 전통적으로는 다양한 개인적 서비스를 제공하고, 그에 상응하는 높은 가격을 책정하는 것이 높은 마진과 낮은 재고회전율을 가져왔다. 하지만 불황기가 되면 소비자는 자신들이 제품으로부터

얻는 가치(고객이 제품으로부터 느끼는 이익과 제품의 구매와 관련된 비용의 차이)에 더 집중한다. 고객이 제품 구매 시 느끼는 비용에 제품가격이 미치는 영향이 크고, 판매가격을 낮추는 만큼 고객의 구매비용이 낮아지게 되므로 높은 재고회전율과 낮은 마진을 통해 가격을 낮추는 것도 성공요소 중 하나다.

넷째, 소매상은 소비자에게 무료 수리서비스 제공과 제품의 배송, 설치, 사용방법의 교육 같은 서비스를 제공한다. 동종 및 이종 소매업태들 간의 경쟁격화와 경쟁제품들 간의 비슷한 성능에 따라 소매상이 제공하는 양질의 서비스가 특정 제품 및 점포 선택에 결정적인 역할을 하는 경우가 많다. 따라서 소매상은 자신만의 특징을 나타낼 수 있도록 적합한 서비스를 찾아야 한다.

최근에는 같은 소매업태에서도 다양한 고객서비스를 제공하고 있다. 예를 들어 미국의 회원제 창고형 클럽에서는 소비자가 구입한 제품을 스스로 포장하는 서비스를 통해 직원을 고용하는 데 드는 비용을 줄임으로써 소비자에게 더 낮은 가격을 제공한다. 반면에 우리나라의 대형마트는 미국과 달리 고급화된 매장 분위기를 연출하고 매장 내에 많은 판촉사원들을 동원하여 다양한 서비스를 제공하고 있다.

🏪 ② 소매업태

소매상은 소매상의 기능인 상품라인의 넓이와 깊이, 양적 분할, 서비스 수준 등의 기준에 의해 여러 가지 업태로의 분류가 가능하다. 따라서 소매업태는 이들 기능들의 통합된 조합에 따라 매우 다양한 유형의 점포 소매상이 존재하게 된다. 이러한 점포 소매상의 형태는 보통 백화점, 대형마트(할인점), 전문점, 카테고리 킬러(대형할인전문점), 창고형 클럽, 편의점, 슈퍼마켓으로 분류된다. 여기에 본서는 1990년대 이전까지만 해도 우리나라 소매업의 큰 축이었던 전통시장을 추가하여 다룬다.

1. 백화점

백화점은 영어 표기인 Department Store에서도 알 수 있듯이 의류, 가정용 설비용품, 신변잡화류 등의 각종 상품들이 부문^{department}별로 구성되어 전문화되어 있다. 따라서 소비자는 백화점에서 필요한 제품을 일괄구매할 수 있다.

백화점은 소비자에게 제공할 수 있는 많은 수의 제품계열과 얕은 제품 구색_{shallow assortment}, 편리한 입지, 쾌적한 쇼핑 공간, 높은 질의 서비스 제공 등의 특징을 보이고 있다. 백화점은 소비자에게 제공하는 서비스에 관하여 다른 업태들과 구별되는 독특함을 가진다. 고용비는 다른 업태들에 비해 매우 높은데, 이는 백화점에 입점한 업체들이 소비자를 도와주고 정보를 제공하는 판매 관련 영업사원들을 고용하기 때문이다. 백화점은 주로 고가전략을 이용하며 독점적이고 값비싼 해외 브랜드(명품)를 제공하는 주요 판로다. 백화점에서의 고가 제품 구매가 소비자에게 사회적 지위와 관련된 만족을 줄 수 있다는 것도 백화점의 주요 경쟁우위의 원천이다.

우리나라 백화점의 경우 임대매장이 전체 매장의 90%로 매우 높은 비율을 차지한다. 백화점에 입점하는 업체들이 백화점 내의 매장을 임대하여 직접 판매를 하고 있다. 따라서 백화점 운영업체는 판매기능보다는 점포의 임대를 통한 판매수수료를 주요 수입원으로 하고 있다. 백화점 업계에서는 임대료 명목으로 받는 '판매수수료'의 부정적인 이미지로 인해 대신 '마진'이라는 용어를 사용하나 백화점 매출의 90% 정도가 임대료수입에서 발생하므로 마진이라는 용어를 사용하는 것은 부적절하다.

백화점의 총매출 중에

부동산 임대업에 치중하는 백화점

서 약 10%만이 백화점이 직접 제품을 구매하고 판매하는 데서 산출되고 있는데, 직매입을 통한 판매를 본기능으로 하고 있는 서구의 백화점과는 큰 차이를 보이고 있다. 따라서 우리나라의 백화점은 제품의 구매와 판매를 통한 유통업체로서의 기능보다는 임대업체로서의 기능이 훨씬 더 강하다고 볼 수 있다. 직매입 백화점을 표방한 NC백화점의 경우도 직매입 상품의 매출 비중이 30% 미만에 머무르고 있다. 하지만 브랜드 비중이 50%에 달하고 직매입 비중을 더 늘릴 예정이어서 기존의 우리나라 백화점들과는 차별화된 시도를 하고 있다.

대형마트의 등장과 합리적인 소비를 강조하는 소비자의 구매행위가 형성되기 시작하면서 우리나라의 백화점들은 차별화된 시도를 하고 있다. 현대백화점은 상류층을 겨냥한 고급 백화점으로 차별화를 시도하고 있다. 비교적 소수 점포만 운영하는 신세계백화점 그리고 50개 초반의 점포를 유지하는 롯데백화점 모두 쾌적한 쇼핑환경을 만드는 데 집중하고 있다.

이들 백화점은 매대를 빼고 영업면적을 줄이고 고객들을 위한 편의공간을 넓히고 있다. 어린이 책 미술관, 아쿠아리움, 각종 특별전 등 문화시설을 늘리고 고객이 편리하게 지나다닐 수 있도록 매장의 통로도 넓히며 백화점이 프리미엄 채널이라는 이미지를 확보하려고 하고 있다. 고급 문화공간을 통한 프리미엄 이미지를 통해 고객의 발길을 끌고 주요 매출은 해외 명품브랜드에서 내는 전략이다.

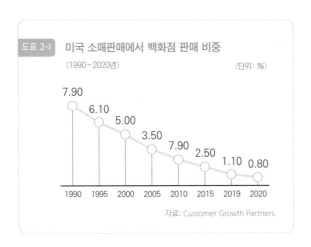

도표 2-1 미국 소매판매에서 백화점 판매 비중

(1990~2020년)　　　　　　　　　　　　　　　　　(단위: %)

7.90　6.10　5.00　3.50　7.90　2.50　1.10　0.80

1990　1995　2000　2005　2010　2015　2019　2020

자료: Customer Growth Partners

하지만 백화점 3사의 이러한 프리미엄 전략이 오프라인 점포의 저성장을 극복해 낼지는 지켜봐야 할 것으로 보인다.

　불황과 호황을 반복하며 생존하고 있는 우리나라의 백화점에 비해 미국과 일본의 백화점들은 비관적인 상황을 맞이하고 있다. 우리나라의 백화점의 주요제품이 해외패션과 명품 위주의 럭셔리 시장이 30% 이상인데 비해, 미국과 일본 백화점의 럭셔리시장은 2~3%에 불과하고 비교적 높은 가격의 백화점 상품은 실용적인 소비를 중시하는 미국과 일본 중산층의 관심을 끄는 데 실패했다. 또한 맞벌이부부의 비율이 상승함에 따라 여유 있는 쇼핑시간의 부족을 경험하고 있는 인구가 늘어나고 있다. 따라서 원하는 제품을 찾는데 많은 시간을 소비하게 하는 백화점의 자유형 레이아웃^{free flow layout}은 고객 확보에 불리한 여건으로 작용하고 있다(제5장 소매믹스와 소매업 트렌드 참조).

　지속적인 수익 감소를 경험하고 있는 프리미엄 백화점인 노드스트롬^{Nordstrom}은 가격인하정책을 실시하고 있으며, 메이^{May}와 페더레이티드^{Federated}는 좀 더 젊은 층으로 타깃마켓을 수정하는 등 각 백화점이 불황 타개에 몰두하고 있다. 삭스 피프스 에비뉴^{Saks Fifth Avenue}는 가격인하와 더불어 자체 브랜드^{PB: Private Brand}의 비중을 늘리며 분투했지만 결국 34개 백화점을 폐점하고 할인점 사업을 하겠다는 계획을 내놓았다. 하지만 시어스 백화점과 고급 백화점의 대명사 니먼마커스^{Neiman Marcus}가 113년의 역사를 뒤로하고 파산보호신청을 하는 등 백화점업계는 고전을 면치 못하고 있으며, 미국 전체 백화점 판매량은 해마다 지속적으로 감소하고 있는 상황이다.

　일본의 백화점 역시 미국과 마찬가지로 문을 닫는 점포가 늘고 있는 상황이다. 현재, 일본 국내 백화점 점포의 90%가 영업적자 상태다. 한 예로 기존 점포 매출은 전년 대비 3.1% 감소하며 14년 연속으로 줄어들었으며, 일본 최대 백화점인 미쓰코시이세탄홀딩스는 지난 2년간 11개의 백화점을 폐점했다. 백화점 매출이 부진한 것은 장기간 경기 침체가 지속되면서 소비자가 지갑을 닫고 있는 데다 할인점과 인터넷 채널의 공세가 치열해지고 있으며 고가 사치품을 대량 구매하던 중국 등 외국인 관광객 수요가 급격히 줄어들었기 때문이다. 특히 가정용품을 제외하고는 전 품목에서 판매 감소가 두드러지고 있다. 백화점 매출 중 3분의 1가량을 차지하는 의류 역시 줄어들고 있는 추세다. 중저가 의류업체와 인터넷 쇼핑몰 판매 호조가 백화점 매출에 직격탄이 되고 있다.

각 백화점들은 인원감축과 경비절감 등으로 버티고 있지만 한계가 있다. 일본 백화점들은 매출 감소를 극복하기 위해 중저가 브랜드의 매장을 적극적으로 유치하고 있다. 그러나 백화점들의 이러한 노력은 고급이미지를 추구하던 백화점의 포지셔닝을 오히려 악화시키는 결과를 초래했다. 또한 소득이 줄어든 소비자가 저가 상품에만 지갑을 열면서 일본 백화점의 설 땅은 갈수록 좁아지고 있다.

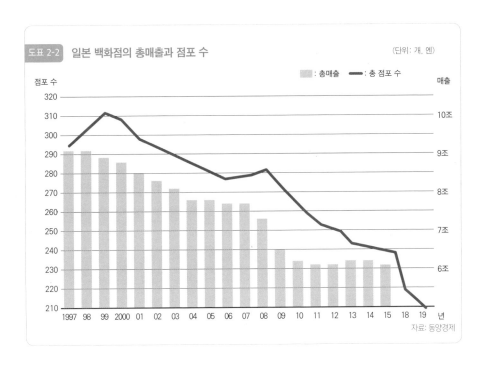

도표 2-2　일본 백화점의 총매출과 점포 수　(단위: 개, 엔)

사례 ## 백화점 옷값 50%는 매장 수수료…
재고 부담도 없어

의류는 "제값 주고 사면 바보"라는 불신이 뿌리깊게 박힌 대표적인 품목으로 꼽힌다. 산업연구원 분석에 따르면 국내 의류시장에서 정상가에 팔리는 옷은 30%밖에 안 된다. 이후 백화점, 대리점 등 '1차 유통시장'에서 20~30% 세일을 한 뒤 아울렛, 인터넷 등 '2차 유통시장'으로 넘어가 50%, 80%, 90% 등으로 할인율이 높아진다. 이렇게 할인을 통해 소진되는 물량이 60%에 이른다.

백화점 옷값, 절반이 수수료

업계 전문가들은 옷값을 부풀리는 주범으로 왜곡된 유통구조를 첫 번째로 꼽는다. 유통업체에 내는 수수료가 너무 많고, 재고 관리 부담이 큰 데다 제조 · 유통단계별로 발생하는 거래비용이 높아 제품가격에 고스란히 반영된다는 것이다.

공정거래위원회에 따르면 백화점 의류매장의 판매수수료율은 30%를 넘는다. 셔츠 · 넥타이 33.9%, 레저용품 32%, 잡화 31.8%, 여성 정장 31.7%, 란제리 · 모피 31.1%, 진 · 유니섹스 31%, 남성 정장 30.7% 등이다. 여기에 판매사원 인건비, 매장 운영비 등도 입점업체가 내기 때문에 실질적인 부담률은 50%를 넘는다는 분석이다.

이 같은 수수료는 입점업체가 백화점과 합의해 조정하거나 백화점이 제시하는 비율을 수용하는 경우가 대부분이었으나, 입점업체들은 이 같은 논의과정에 협상력

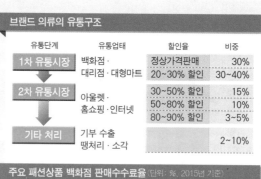

자료: 산업연구원 공정거래위원회

이 적어 불리하다고 느끼고 있다. 백화점 입점업체들은 세일을 할 때 할인율만큼 유통업체 수수료율도 감면하거나 수수료 인상에 상한선을 둬야 부담이 그나마 줄어들 것이라고 주장한다.

미국·유럽 등 해외는 백화점이 제조업체에서 물건을 사다가 직접 판매하는 '직매입' 체제이지만, 국내 백화점은 판매수수료만 받는 '위탁매입' 방식이어서 제조업체가 재고 부담을 진다. 흔히 '가두점'이라 부르는 대리점에서도 해외와 달리 대리점주가 언제든 반품할 수 있도록 계약하는 사례가 많아 제조업체가 재고를 책임지는 형태다. 상황이 이렇다 보니 의류업체들은 정가를 제조원가보다 3~4배 높게 매겨 팔기 시작한다. 실제 판매가보다 훨씬 높은 가격표를 붙여놓고 마치 대폭 할인해주는 것 같이 소비자를 현혹하는 '업태그up-tag'가 관행화되어 있다. 한 패션 컨설팅업체 대표는 "백화점들은 편안한 '수수료 장사'에 안주했고, 의류업체에는 애초부터 재고가 남아돌 것을 감안하고 가격을 책정하는 관행이 뿌리깊게 박혀 있다"고 지적했다.

후진적인 '할인 관행'의 함정

해외 유명 제조·직매형 의류(SPA) 업체들은 신제품을 출시한 뒤 해당 시즌에 80~90% 이상을 팔아치우는 정밀한 상품 기획력을 가진 것으로 평가받고 있다. 반면 백화점부터 아울렛까지 2~3년 이상 재고를 끌고 가면서 '할인, 또 할인'을 벌이는 국내 업체의 방식은 소비자의 신뢰를 스스로 무너뜨린다는 지적을 받고 있다. 국내 업체 가운데 '착한 옷값'이라는 문구를 내걸고 정가 부풀리기를 자제하는 대신 할인을 최소화하는 시도에 나선 곳도 있었지만 이렇다 할 효과를 보지 못했다.

의류업체들도 할 말이 없지는 않다. 한 업체 임원은 "백화점과 가두 대리점의 위상이 예전같지 않다고는 하지만 여전히 매출의 거의 대부분을 차지하는 중요한 채널"이라며 "유통방식에 변화를 시도하고 싶어도 백화점 바이어나 대리점주의 반발이 워낙 거세 엄두를 내지 못한다"고 했다. 최근에는 '더 자극적인 할인율'을 내세워야만 옷이 팔리는 '세일의 덫'에 빠졌다는 분석도 나온다. 한 업체 관계자는 "정상적인 시장에서 재고 처리가 이뤄지지 못하고 땡처리 등으로 넘어가는 일이 되풀이되면 결국 브랜드 이미지에 손상을 가져올 수밖에 없다"고 지적한다.

〈경향신문〉 2016/1/31, 〈한국경제〉 2016/1/22 기사 편집

2. 대형마트

대형마트는 저가 대량판매의 영업방식을 토대로 하여 전국 유명 제조업체 상표의 제품을 일반 상점보다 항상 저렴한 가격으로 판매하는 소매상을 말한다. 대형마트의 통상적인 특징은 항상 저렴한 가격에 판매하며, 불량품이나 재고가 아니라 정상적인 상품을 싸게 판매한다는 것이다. 대형마트는 상품라인은 광범위한 반면 상품 깊이^{assortment}는 얕다는 점에서 백화점과 유사한 제품 구색을 보이는 업태다. 즉, 여러 다양한 제품군을 취급하지만 한 제품군 내에서는 상품회전율이 높은 소수의 브랜드만을 취급하고 있다.

대형마트는 소비자에게 제한된 서비스를 제공하고 고객이 직접 서비스를 실행하는 셀프서비스가 주요 비즈니스 모델이다. 소비자가 원하는 상품을 골라서 카트에 넣고 계산대로 가져가면 판매원들은 계산만 하는 경우가 대부분이다. 일부 매장에서는 '셀프 체크아웃'이라 하여 계산도 고객이 직접 하도록 하고 있다. 따라서 백화점과 대형할인마트의 가장 큰 차이점은 백화점에 비해 대형마트는 낮은 수준의 서비스를 제공하는 대신에 상품을 상대적으로 낮은 가격에 제공한다는 점이다.

미국의 경우 대형마트는 식료품을 판매하지 않지만, 우리나라의 경우에는 지하층에서 식료품을 판매하여 구색에 있어 한 · 미간의 차이점이 있다. 우리나라의 대형마트는 식료품관을 고객 유인의 한 요소로 이용하여, 몇 가지 제품에 한해 일시적으로 초저가에 판매하여 고객을 마트에 끌어들이는 미끼상품전략을 쓰기도 한다. 연중 내내 상시저가정책을 사용하는 미국의 월마트와는 다른 판매 전략을 사용하는 것이다.

이마트, 홈플러스, 롯데마트, 월마트, 타겟^{Target} 등으로 통칭되는 대형마트는 세계적인 유통업의 변화를 주도하고 있었다. 그러나 아마존과 쿠팡 등으로 대표되는 온라인 채널의 급성장으로 인해 그 주도적인 위치가 흔들리고 있다.

우리나라 대형마트는 지속적인 점포 오픈으로 인해 높은 양적 성장률을 보였으나 근래 들어 20~30대의 구매비중이 감소하고 싱글족들이 늘어나면서 성숙기에 접어들면서 성장성이 둔화되고 있으며, 온라인 채널의 약진으로 인한 타격

을 크게 받고 있다. 유통
산업발전법(유통법)으로
인해 전통시장 1km 반경
안에서는 실질적으로 출
점이 불가능한 점도 대형
마트의 양적 성장에 걸림
돌이 되고 있다. 따라서
대형마트는 성장을 위해
여러 가지 방안을 강구하
고 있다.

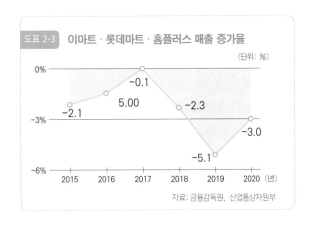

도표 2-3 이마트 · 롯데마트 · 홈플러스 매출 증가율

(단위: %)

자료: 금융감독원, 산업통상자원부

　대형마트는 3~4인 가구에 최적화된 상품을 팔고 있었기 때문에 장을 보면 각
상품의 값은 싸지만 포장단위가 커서 낭비를 하게 된다는 점 때문에 불황기에는
동네 슈퍼마켓을 선호하는 소비자가 늘어난다. 따라서 마진이 적은 대신 포장단
위를 크게 해 이익을 남겼던 관행을 깨고 식품을 적은 단위로 쪼개 판매하는 기
법을 시도하기도 한다. 일부 대형마트는 매장에서 구매한 즉석식품을 전자레인
지로 요리해 그 자리에서 먹을 수 있도록 시설을 확충했다. 소량 포장이나 도시
락 같은 즉석식품 등을 판매하는 편의점에서 익숙했던 풍경이 대형마트에서도
나타나고 있는 것이다. 이러한 경향은 1~2인 가구나 싱글족 등이 늘면서 편리
하면서 적은 양으로 포장된 상품을 찾는 사람들이 늘고 있는 현상과도 무관하
지 않다.

　대형마트는 구색의 변화를 통한 변신도 시도하고 있다. 의류매장을 늘려 대형
마트를 마치 백화점처럼 꾸미고 있으며, 따로 매장을 마련하여 보험 및 대출상품
의 판매를 시도하고 있다. 집에서 끓이거나 조리과정을 거쳐야 하는 반조리 상품
을 주력으로 선보이던 대형마트가 최근에는 전자레인지에 데우기만 해도 바로
즐길 수 있는 간편식을 늘리고 있다. 또한 명품 판매를 시작하면서 제품 구색에
있어 변화를 시도하고 있다. 병행수입을 통해 구입한 명품을 기존의 다른 제품들

과 함께 판매하는 것인데, 명품 판매가 대형마트의 매출에 미치는 영향은 아직 크지 않고, 할인점의 특성을 가진 대형마트에서의 명품 판매에 대한 적절성에 대해 논란이 지속되고 있다.

저렴한 가격을 통한 경쟁력 확보도 대형마트들의 공통적인 대응 전략이다. 이마트는 와인 1병 4,900원 판매를 시작하며 상시 초저가 상품들을 늘리고 있다. 롯데마트는 통 큰 치킨(1마리 5,000원)을 부활시키는 등 저가정책을 통한 가치소비의 이미지를 부각시키고 있다.

이러한 오프라인 매장의 변화와 더불어 대형마트의 자체 온라인 채널을 강화하고, 온라인과 오프라인의 연계를 통한 옴니채널을 구축하여 온라인 업체들의 공세에 적극 대응하는 전략을 구사하고 있다. (사례 '대형마트 온라인 채널에 올인' 참조)

 사례   대형마트 '온라인 채널'에 올인

홈플러스, 전 지점 온라인 기지로… 2021년까지 온라인 매출 4배
이마트, SSG닷컴, 새벽 배송 시작
롯데마트, 롯데온 론칭

이커머스의 공세로 마트 업계의 부진이 지속되는 가운데, 대형마트가 실적 개선을 위한 온라인 사업 강화하는 전략으로 부진 극복에 나섰다.

홈플러스는 "전국 140개 점포를 온라인 물류센터로 전환해 온·오프를 넘는 '올라인(올라운드)' 플레이어로 뛰겠다"며 온라인 사업 강화 의지를 피력했다. 현재 107개 점포에 온라인 물류 기능을 장착했고, 2021년까지 모든 점포를 고객 밀착형 온라인 물류센터로 만들 계획이다. 점포 설립 때부터 온라인 피킹 시스템과 물류를 염두에 두고 점포 후방 창고와 물류 차량 입출차 공간을 넉넉하게 지었기에, 이런 전략이 가능하다는 게 회사 측의 설명이다.

피커(장보기 전문 사원)를 1,400명에서 4,000명으로 늘리고, 신선식품 배송 차량도 1,000여 대에서 3,000여 대로 늘려 하루 배송 건수를 3만 3,000건에서 12만 건으로 늘릴 계획이다. 매장 전단과 상품 매대 연출물에도 지금 눈에 보이는 상품을 당일배송 받을 수 있다는 내용의 문구를 걸고 오프라인 매장을 온라인 쇼핑을 위한 '쇼룸'으로 활용하기 시작했다.

좌로부터 SSG닷컴, 롯데마트, 홈플러스

온라인 배송이 몰리는 지역에는 점포 물류 기능과 규모를 업그레이드한 '점포 풀필먼트 센터(FC)'를 구축한다. FC를 구축한 홈플러스 계산점의 경우 하루 온라인 배송 건수가 200건에서 1,450건으로 7배 이상 늘었고, 온라인 매출 증가율은 250%, 당일 배송률은 80%를 기록했다. 홈플러스는 2021년까지 10개의 점포에 FC를 구축한다.

홈플러스는 마트와 창고형의 장점을 결합한 '스페셜' 매장을 현재 16개 점에서 2021년까지 80개로 늘리고, '스페셜' 매장의 온라인 쇼핑몰 버전인 '더 클럽'을 열어 당일 배송 서비스를 시작한다. 또 신선식품을 강화하고, 유럽 최대 유통 연합 EMD와 아웃소싱 업체 리앤펑, 베트남 유통사 빈그룹 등과 협업해 차별화된 해외 상품을 선보일 예정이다.

이마트와 롯데마트도 부진한 오프라인 매장을 철수하고 온라인 사업을 강화한다. 신세계 그룹은 온라인몰 SSG닷컴을 출범한데 이어, 전용 물류센터를 기반으로 새벽 배송 시장에 뛰어들었다. 이마트의 통합 온라인 몰 SSG닷컴은 2019년 매출 8,442억 원을 올리며 전년 대비 28% 성장세를 기록했다. 거래액은 2조 8,732억 원으로 3조 원에 육박한다. 온라인 전용물류센터를 20개까지 늘릴 계획으로 2023년엔 10조 원을 달성한다는 계획이다.

전문가들은 "대형마트는 신선식품 등의 카테고리에 강점을 지니고 있기에, 이를 중심으로 온라인 사업전략을 짠다면 충분히 승산이 있을 것"이라며 "옴니채널 서비스와 함께 상품과 배송, 물류, 가격 등 차별화된 포지션을 강화한다면 실적 부진을 극복할 수 있을 것이다"라고 평가하고 있다.

〈더 스쿠프〉 2020/3/2, 〈디지털타임스〉 2020/2/16, 〈조선비즈〉 2019/7/25 기사 편집

3. 전문점

전문점^{specialty store}은 취급하는 상품라인이 한정되어 있으나 해당 상품라인 안에서는 매우 다양한 모델 및 브랜드를 취급한다. 전문점에는 의류, 가전, 오디오, 운동용품, 가구, 서적 등을 판매하는 점포들이 있으며 취급하는 상품계열 폭의 정도에 따라 세분화가 가능하다.

전문점의 경쟁적 우위는 깊이 있는 제품의 구색과 전문화된 서비스의 제공에 있다. 전문점은 소비자에게 구매와 관련된 여러 가지 전문지식을 제공하여 높은 수준의 서비스를 제공한다. 또한 제한된 상품라인에서 많은 모델과 브랜드를 제공하여 소비자의 선택 폭을 넓혀준다.

의류산업은 색, 사이즈 같은 다양한 형태의 재고와 소비자의 옷을 골라주는 등의 개인적인 관심과 함께 전문적인 상품 구색을 요구한다. 따라서 전문점은 의류산업에서 많이 이용되고 있다. 갭^{Gap}과 H&M은 성공한 전문점의 예다.

이러한 전문점은 미국에서 1970년대와 1980년대에 빠르게 성장했다. 하지만 저렴한 가격의 제공을 이용하여 고객이 얻는 가치를 향상시키기 위해 고객서비스를 줄이는 소매 트렌드로 인해 1990년대 중반에 이르러 성장률이 느려졌다. 또한 인터넷 채널이 주요 소비채널로 등장하면서 서킷시티, 라디오쉑과 같은 많은 전문점들이 폐업했고, 낮은 수익률에 고전을 면치 못했다.

우리나라의 경우, 기존의 의류전문점에 이어 20대 여성을 주 타깃으로 하는 헬스&뷰티 전문점이 근래 들어 본격적으로 발달하고 있다. 헬스&뷰티 전문점은 향후 의약품 판매가 허용되면 미국과 같이 드럭스토어 포맷을 이용한 본격적인 영업이 가능할 것이라고 보고 신규업체의 진입이 활발히 이뤄지고 있다. 현재 화장품을 비롯한 뷰티 부문 매출은 60%를 넘는 수준이며, 중저가 화장품의 새로운 판매 채널로 부상하고 있다.

헬스&뷰티용품 전문점은 유동인구가 많은 도심지에 점포를 내야 하기 때문에 초기 투자비용과 임대료가 많이 든다. 그리고 매장 수가 150~200개는 돼야 손익분기점을 넘을 수 있는 구조다. 현재 우리나라에서 헬스&뷰티 전문점이 새로운 유통채널로 각광받고 있어서 많은 기업들이 이 분야에 진출하고 있으나 올리브영을 제외하고는 지속적인 성장을 보이고 있지는 않다.

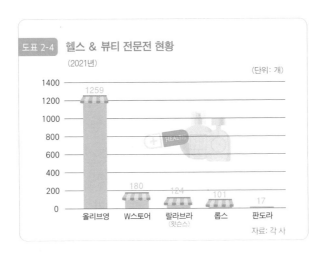

도표 2-4　헬스 & 뷰티 전문점 현황
(2021년)
(단위: 개)

올리브영 1259
W스토어 180
랄라브라(왓슨스) 124
롭스 101
판도라 17

자료: 각 사

4. 카테고리 킬러

카테고리 킬러category killer는 대규모 할인형 전문점으로서 특정 제품계열에서 전문점과 같은 깊이 있는 상품 구색을 갖추고 매우 저렴하게 판매하는 것이 원칙이다. 카테고리 킬러는 1970년대에 미국에서 처음 등장했으며, 1980년대와 1990년대 초반에 걸쳐 급격한 성장을 이룩했다. 현재 미국에서 가장 각광받고 있는 소매업태 중 하나로 스테이플스Staples, 홈데포Home Depot 등이 대표적인 카테고리 킬러다. 국내에서는 하이마트 (가전), 다이소(생활용품), 완구(토이저러스), 오피스 디포(문구), ABC마트(스포츠) 등이 대표적인 기업이다.

취급하고 있는 제품을 대량으로 구매하여 저가로 판매하기 때문에 해당 품목에 대해서는 주변 업태와의 경쟁을 없앴다는 의미로 '카테고리 킬러'라는 이름으로 불리고 있다.

카테고리 킬러는 한 가지 품목만을 취급한다는 점에서 전문점과 유사하나 기존 전문점이 높은 수준의 서비스와 깊이 있는 제품 구색으로 고가상품을 취급하고 있다면, 카테고리 킬러는 낮은 수준의 서비스와 대량구매에 따른 낮은 구매가를 바탕으로 저렴한 상품가격을 제시한다. 따라서 카테고리 킬러의 가장 중요한 경쟁적 무기는 구색의 깊이와 저렴한 가격이다.

깊은 구색 및 저렴한 가격의 장점을 이용한 미국의 완구전문 카테고리 킬러인 토이저러스가 1990년대 초반 미국시장의 40%를 석권하기도 했다. 이로 인해 주변의 백화점과 할인마트들이 완구제품의 구색을 줄여야 하는 지경에 이르기도 했다. 하지만 1990년대 후반 들어 뛰어난 공급망 관리를 통한 비용절감과 높은 고객흡입능력을 바탕으로 한 월마트의 저가공세에 시달린 토이저러스는 부진의 늪에 빠지게 되어 완구유통 1위 자리를 월마트에 내주게 되었고 결국 파산했다.

우리나라의 경우, 1990년대에 들어와서 카테고리 킬러들이 속속 등장하기 시작했다. 하이마트, 다이소를 비롯한 여러 업체들이 활발하게 영업하고 있으며, 홈인테리어 업체인 비앤큐, 가구업체인 이케아 등의 외국계 카테고리 킬러 업체들이 한국에 상륙해 영업을 하고 있다(부록 5-2 한국 1000원숍 경쟁 뜨겁다 참조). 하지만 일부 외국계 업체들은 철수하기도 했고, 미국에 비하면 아직 카테고리 킬러 업체들이 본격적인 성장을 보이지는 못하고 있다.

성장이 기대에 미치지 못한 원인으로는 대형마트와 인터넷이 짧은 시간에 성장하면서 카테고리 킬러들이 성장할 공간을 잠식했고, 상대적으로 높은 부동산 비용으로 강도 높은 회전율을 요구했기 때문이다. 하지만 가치소비를 추구하는 소비자의 증가는 카테고리 킬러 업태의 성장에 우호적인 환경으로 작용할 것으로 보여 조만간 본격적인 성장을 할 것으로 예상된다.

5. 창고형 클럽

회원제 창고형 클럽은 소비자에게 일정한 회비를 받고 회원인 고객에게만 저렴하게 할인된 가격으로 정상품을 판매하는 유통업태다. 취급품목은 가공식품, 잡화,

가정용품, 가구, 전자제품 등 3~4천 SKU(Stock Keeping Unit)에 이르며 일반적으로 저가에서 오는 낮은 마진을 고객의 연회비에서 보충하는 전략을 취하고 있다.

매장은 거대한 창고형으로 실내장식은 최소화하고 진열대에 상품을 상자째로 쌓아놓고 고객이 직접 고르게 하여 인건비를 최소화하고 있다. 묶음판매를 기본으로 하기 때문에 대량구매가 원칙이다. 고객에 대한 서비스는 극도의 제한된 형태로만 제공하여 제품가격을 최대한 낮추는데 모든 포커스를 맞추고 있다.

코스트코의 경우, 심지어는 고객이 구매에 사용할 수 있는 신용카드도 입찰을 통해 한 회사로 제한하여 그 회사로부터 낮은 카드수수료 혜택을 제공받는다. 이를 통해 경쟁력 있는 가격을 책정할 수 있는 것이다.

제품의 대량구매는 고객의 자동차 이용을 필수로 하고 있어 창고형 클럽은 거대한 주차장을 갖추고 있다. 주차장의 부지확보 때문에 미국의 창고형 클럽은 대부분 교외에 위치하고 있다.

연회비를 지불하는 회원들만 구매할 수 있는 점은 창고형 클럽에 몇 가지 장점을 제공한다. 첫째, 연회비를 지불한 소비자는 연회비 비용을 커버하기 위해 더 자주 매장을 방문하려고 한다. 그러므로 창고형 클럽은 소비자당 평균 연간 구매액이 높다. 둘째, 연회비를 지불한 고객은 자사의 소비자로 묶어둘 수 있어 타사로 가는 것을 방지할 수 있다. 셋째, 연회비는 상품의 마진을 낮출 수 있게 하여 창고형 클럽이 저렴한 가격에 제품을 공급할 수 있다. 이는 다른 업태와의 경쟁에서 유리한 요소로 작용한다.

Costco Membership

최근에는 온라인 업체인 아마존^{Amazon} 역시 연회비 99달러의 회비를 받는 프라임 멤버십을 통해 미국 내 이틀 무료배송, 무료 콘텐츠 스트리밍, 무료 책 대여 등 다양한 서비스를 제공하고 있다. 아마존의 연회비정책 성공은 연회비가 제공하는 이점들을 아마존이 누릴 수 있게 되었음을 의미하며, 이는 아마존의 경쟁력을 강화시키는 데 도움이 되고 있다.

코스트코와 샘스클럽Sam's Club 등이 미국의 대표적인 창고형 클럽이고 국내에서는 1994년 10월에 신세계백화점이 미국 프라이스클럽과의 제휴로 영등포구 양평동에 출점한 프라이스클럽(현재 Costco Wholesale)이 그 시초이다. 국내에서 코스트코의 성공은 현금결제를 통한 대량구매로 구입단가를 낮추는 한편, 제품 구매선을 국내에 한정하지 않고 가격이 저렴한 외국에서 제품을 공급받는 국제조달을 활용한 제품의 소싱에서 기인했다고 볼 수 있다.

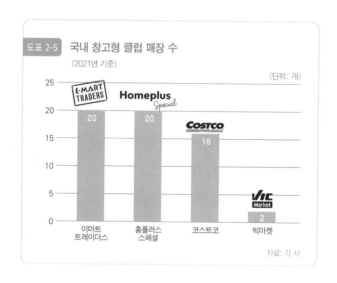

코스트코가 리드하는 국내시장이 합리적인 소비를 지향하는 소비자들의 증가를 바탕으로 지속적으로 성장하자, 국내의 대형 유통업체들이 창고형 클럽을 공격적으로 오픈하며 뛰어들고 있다. 신규매장의 지속적인 오픈으로 인해 겹치는 상권이 늘어나며 경쟁의 강도가 심해지고 있어 각 사가 어떻게 경쟁사와 차별화를 구현해낼 것인지는 계속 지켜봐야 할 것으로 보인다.

사례

코스트코 '저가 고집'…
코카콜라 납품가 올리자 한 달간 판매 중지

어느 날 창고형 클럽을 운영하는 한 최고경영자(CEO)가 〈시애틀 타임스〉 기자와 인터뷰를 하고 있었다. 기자는 평소 궁금했다며 "매장에서 핫도그를 얼마에 팔고 있죠?"라고 물었다. CEO는 "1달러 50센트에 팝니다"라고 답했다. 1985년부터 1달러 50센트에 팔기 시작한 핫도그 가격을 24년간 그대로 유지하고 있다는 것이었다. 기자는 신기한 듯 "핫도그 가격을 올릴 계획은 있습니까?"라고 질문을 던졌다. CEO는 "핫도그 가격을 올릴 수 있습니다. 그러나 그것은 곧 내가 죽었다는 것을 의미합니다"라며 웃었다.

창고형 클럽 코스트코의 창업자이자 CEO인 짐 시네갈 얘기다. 코스트코는 그 흔한 신문, 방송 광고조차 하지 않는다. 그럼에도 불구하고 코스트코는 지난 10년간 매출이 연평균 8.3%씩 증가했다. 금융위기가 채 가시지 않았던 2010년에도 매출이 9.1% 증가, 월마트(3.3%)를 압도했다. 순이익은 20%나 늘었다.

시 외곽에 자리잡은 미국의 코스트코

제1원칙은 가격… "물가 안정의 공로자 되겠다"

코스트코의 모든 전략은 고품질, 저렴한 가격으로 통한다. 코스트코 제품은 일반 슈퍼마켓이나 대형마트보다 10~20% 싸다. 쇼핑객이 50달러의 연회비를 내고도 코스트코에서 물건을 사는 이유다. 이를 위해 매장에서 판매하는 전체 상품 수는 월마트의 30분의 1 수준인 4,000여 개만 판매한다. 대형 슈퍼마켓의 10분의 1 수준이다.

신용카드도 미국, 캐나다, 일본에서는 아메리칸 익스프레스 카드만 받는다. 한국은 현대카드만 결제해준다. 카드 회사와 협상을 통해 카드수수료를 낮추기 위한 것이다. 유통업체의 마케팅 무기인 신문, 방송광고는 아예 하지 않는다.

인테리어는 1983년 시네갈 CEO가 비행기 격납고에서 출발한 전통을 계승하고 있다. 거의 안 하거나 최소화하는 수준이다. 매장에 들어서면 포장이 뜯겨지지도 않은 제품들이 상자에 담겨 선반에 쌓여 있을 정도다. 가격이 올라가는 것을 막기 위해 자체적으로 이익 상한선도 정했다. 일반 브랜드 제품의 상한선은 14%, 자체상표(PB)인 커클랜드 시그니처(커클랜드)의 상한선은 15%다. 납품가격이 높아 소매가격에 영향을 준다고 판단되면 판매를 중단하기도 한다.

2009년 코스트코가 코카콜라 제품을 한 달간 판매하지 않은 것은 유명한 사건이다. CEO 시네갈은 친구인 하워드 슐츠 스타벅스 회장과의 통화에서 "커피 가격을 내리지 않으면 스타벅스 커피를 진열대에서 내릴 수밖에 없네"라고 말한 뒤 일방적으로 전화를 끊어버린 적도 있었다. 이 일이 있고 나서 얼마 뒤 슐츠 회장은 시네갈에게 "당신의 정체가 뭔가? 가격경찰^{price police}인가?"라고 묻기도 했다.

이런 저가정책의 결과 코스트코의 영업이익률은 2~3%선에서 맴돈다. 그러나 코스트코는 전략을 수정하지 않고 있다. 이런 저렴한 가격 덕에 대부분 자영업자들로 구성된 법인고객 수는 매년 늘어 지난해 57억 8,900만 명을 기록하기도 했다.

자체상표 커클랜드의 대성공

커클랜드는 1995년 선보인 코스트코의 PB 제품이다. 이 브랜드는 코스트코 1호점을 세운 워싱턴 주 커클랜드에서 이름을 따왔다. 브라질, 멕시코 등에서 생산돼 전 세계 코스트코 매장에서 판매된다. 옷, 세제, 식품, 가전 등 커클랜드 제품은 전체 코스트코 매출의 약 20%를 차지한다.

커클랜드는 가격과 품질이라는 두 마리 토끼를 모두 잡았다는 평을 듣는다. 전문가들은 "커클랜드는 전형적인 PB 제품처럼 일반 브랜드보다 제품가격이 10~20% 저렴한 데다 품질도 뒤지지 않는다"고 평가했다. 한국에서 지난해 어그부츠와 골프채를 내놓았을 땐 소비자가 이를 사기 위해 매장에서 줄을 서서 대기하고, 구매에 실패한 사람들은 인터넷 카페 등을 통해 제품 구매에 나서는 일까지 벌어지기도 했다.

이런 판매력 때문에 프리미엄 브랜드들이 커클랜드와 제휴해 제품을 판매하기도 한다. 와인이 대표적이다. '샤토 마고 2004'는 한 병당 165달러이지만 '커클랜드 시그니처 마고

2005'는 17.99달러에 불과하다. 코스트코는 커클랜드 상표를 붙여 200여 종이 넘는 와인을 판매, 세계에서 가장 큰 와인 유통업체에 오르기도 했다. 맥캘란, 스타벅스도 커클랜드 상표를 붙여 제품을 판매한다.

사람을 귀하게 여기는 회사

"12만 명의 충성도 높은 친선대사들이 코스트코에 대해 긍정적인 이야기를 해주고 있다고 상상해보십시오. 이것이 가져올 이익은 정말로 대단할 수밖에 없습니다." 시네갈 CEO가 2006년 ABC방송과의 인터뷰에서 말한 내용이다. 코스트코에서 사람은 곧 회사의 경쟁력이다.

코스트코는 이런 철학에 따라 경쟁업체에 비해 높은 월급을 지급한다. 건강보험 등 각종 복지혜택도 준다. 2007년 코스트코 직원들은 시간당 평균 17달러의 임금을 받았다. 월마트의 시간당 임금은 10.38달러에 불과했다. 코스트코와 비슷한 창고형 할인매장인 샘스클럽Sam's Club에 비해서는 30% 이상 높다. 또 정직원과 계약직 등 모든 직원의 건강보험료 중 90%를 지원해준다.

코스트코는 2008~2009년 금융위기 시절 직원을 한 명도 해고하지 않았다. 당시 한 신문과의 인터뷰에서 "마이크로소프트, 보잉 등 기업들이 직원들을 줄이고 있습니다. 사람들은 공포를 느낍니다. 그러나 전 직원에게 해고 없이 난관을 헤쳐 나갈 방안을 생각해보자고 했습니다"라고 말했다. 그는 직원을 해고하지 않기 위해 2008년과 2009년에만 전 세계에 28개의 매장을 내고 신규 점포에 직원들을 배치하기도 했다.

〈Costco.com〉 2020/3/5, 〈매일경제〉 2015/7/2, 〈한국경제〉 2011/9/2 기사 편집

6. 편의점

상대적으로 소규모 매장인 편의점convenience store은 인구밀집지역에 위치해서 24시간 영업을 하며, 재고회전이 빠른 식료품과 편의품, 문구류 등 매우 제한된 상품계열과 상품 구색을 제공한다. 편의점의 주요 특징은 편의성인데 연중무휴 24시간 영업이라는 시간편의성, 접근이 용이한 지역에 위치하는 공간편의성(접

근가능성), 소량의 유명상표를 주로 취급하는 상품편의성을 특징으로 하고 있다.

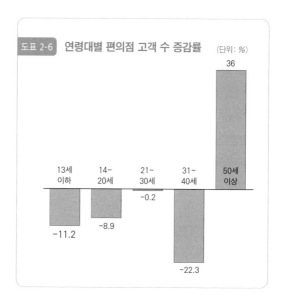

도표 2-6 연령대별 편의점 고객 수 증감률 (단위: %)

편의점은 슈퍼마켓보다 다소 높은 가격전략을 유지하는데, 이는 낱개판매로 인한 할인혜택이 없고, 24시간 운영에 따른 높은 인건비 비중 등 운영비용이 높은 데서 기인한다. 하지만 다른 업태들에 비해 편의점의 경쟁적 우위인 장소의 효용과 구매자가 24시간 구매가 가능한 시간의 효용 등의 편리성이 상대적으로 높은 가격을 상쇄하는 역할을 하고 있다.

1인 가구 비중이 매년 1% 정도 급속히 증가하고 있는 싱글라이제이션Singlization 현상이 나타나는 우리나라의 인구통계학적 환경은 편의점 업태에 유리하게 작용하고 있다. 1990년 9.0%에 불과했던 국내 1인 가구 비중은 2015년 27.1%, 2020년에는 31.7%로 높아져 경제협력개발기구(OECD) 국가 중 가장 빠른 증가세를 보이는 것으로 보고 있다. 2030년에는 전체 가구의 무려 3분의 1 이상이 될 전망이다. 소량구매를 하는 1인 가구는 소량 판매를 하는 편의점의 주요 고객이다. 특히 편의점에서 판매하는 간편식 시장은 급격히 성장하고 있어 식품제조업체들뿐만 아니라 각 유통업체들이 이 시장을 대상으로 각종 상품을 출시하고 있다.

급속히 노령화되고 있는 우리 사회도 편의점 업태에 유리한 환경을 조성하고 있다. 노년층이 이동거리가 짧은 근거리 쇼핑을 선호하는 특성을 이용하여 라면, 화장지, 생수 등의 생필품을 묶음형으로 판매하는 슈퍼형 편의점이 주택가를 중심으로 증가하고 있다.

50대 남성이 주 고객인 소주와 막걸리는 매년 20%, 15%씩 매출이 증가하고 있다. 원두커피보다 커피믹스를 선호하는 이들의 취향 덕택에 커피믹스 역시 이 기간 판매액이 급증하고 있다. 50대 여성은 생필품 수요가 많아 두루마리 화장지 및 1ℓ 이상의 대용량 우유, 달걀과 조미료, 세탁세제와 샴푸 등 이·미용 생필품 판매가 많아졌다. 따라서 1인 가구의 지속적인 증가 및 노령화 사회로의 진입은 편의점 업태에 긍정적인 환경을 제공하고 있다.

편의점은 여러 가지 형태의 특화된 포맷을 선보이며 다양하게 진화하고 있다. 위에 언급한 슈퍼형 편의점 이외에 슈퍼형 베이커리, 즉석요리 편의점이 증가하고 있다. 다양한 빵을 제공하는 베이커리형 편의점 등은 빵과 함께 유제품을 구매하는 구매특성으로 일반형 편의점보다 매출액이 더 높다. 커피전문점보다 가격이 훨씬 저렴한 카페형 편의점은 상대적으로 고가인 커피전문점과는 차별화를 시도하고 있다.

우리나라에서는 편의점이 제품의 판매 이외에 택배 및 해외서류 배송 서비스, 전동킥보드 충전서비스, 중고폰 수거서비스 등 독특한 서비스를 수행하기 시작했다. PB 상품개발과 같이 상품을 중심으로만 판매하는 전략에서 벗어나 서비스 판매를 확장하는 쪽으로 진화하고 있는 것이다. 또한 고급요트 및 고급자동차 등과 관련된 카탈로그를 비치하여 고객이 그것을 보고 연락처를 남기면 전문상담원이 연락하여 상담할 수 있도록 하는 고객 유치$^{lead\ generation}$의 기능을 실행하고 있다(제14장 복수유통경로 설계 참조).

한편, 일본의 편의점은 고객이 주문한 인터넷 구매상품을 수취하는 장소의 기능을 함께 수행하고 있으며 각종 요금수납의 장소로 사용되어 매출액의 절반 이상을 제품 판매 이외의 요금수납 대행서비스 분야에서 창출하고 있다. 이처럼 각국의 편의점은 해당 국가의 환경에 따라 다양한 형태로 진화하고 있다.

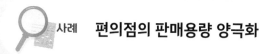

사례 편의점의 판매용량 양극화

1인 가구 증가로 간편식 증가

당장 필요한 것 소량구매'뿐만 아니라 생수 등 생필품 대용량도 잘 팔려

코비드19 여파 집근처 쇼핑도 한몫

소량 판매로 인식되어온 편의점에서 다양한 용량의 판매가 이루어지고 있다. 1인 가구는 급증하고 출생률은 바닥을 치며, 대가족이 줄어드는 사회상 변화로 편의점에서 혼족을 겨냥한 아이템들이나 용량이 소형화된 제품을 편의점은 주로 제공한다. 일명 '자취템'의 인기는 갈수록 높아진다. 한 예로 이마트가 최근 전기 밥솥 매출을 분석한 결과 지난해 3인용 이하 밥솥 매출이 전년보다 9%, 올해 상반기에는 전년보다 21% 증가했다. 주류업계에서는 1인 가구를 겨냥해 용량을 줄인 '미니주류' 출시가 줄을 잇고 있다.

간편식, 소형 가전 등 자취템은 가격이 상대적으로 비싼 편이지만 편리함을 무기로 1인 가구의 취향을 저격하고 있다. 대표적으로 CJ제일제당의 즉석밥 '햇반'은 일반 쌀과 비교하면 가격이 3배 이상 비싸지만 매년 매출이 두 자릿수로 성장하고 있다.

이렇게 1, 2인 가구가 자주 이용하는 편의점은 낱개 제품 등 작은 용량의 제품이 잘 팔리는 곳으로 인식돼왔으나, 최근 편의점에서 대용량 제품의 판매가 늘고 있다. 소비자 라이프 스타일이 변화하면서 편의점이 '당장 필요한 물건을 소량으로 구입하는 곳'에서 '집 가까이에서 장을 보는 곳'으로 인식이 바뀌고 있기 때문이다.

편의점 이마트24는 과일 제품의 판매량을 분석한 결과 5개들이 바나나인 '2+3 바나나' 제품이 1개들이 바나나보다는 8배, 2개들이 바나나보다는 7배 더 많이 팔린 것으로 나타났다고 밝혔다. GS25는 대용량 과일 제품인 '과테말라 바나나 6~8개입', '착한사과 1.8kg' 제품이 각각 과일 제품 매출 1위와 3위를 차지했다고 밝혔다.

생수, 휴지 등 생필품 제품도 대용량 상품이 더 잘 팔린다. 세븐일레븐은 6개들이 생수 번들 제품의 매출 비중이 꾸준히 늘어 2018년부터는 낱개 생수의 매출 비중을 뛰어넘었다고 밝혔다. 이마트24가 롤티슈 판매 수량을 분석한 결과, 30롤들이 대용량 '민생화장지' 제품의 판매량이 1, 2롤들이 상품의 판매 수량을 모두 합친 것보다 53% 더 많은 것으로 나타났다.

코로나19가 유행한 이후로는 편의점 대용량 제품에 대한 선호가 더욱 뚜렷해지고 있다. 코로나19가 급격히 확산한 최근 2주간 GS25, CU, 세븐일레븐, 이마트24 등 대형 편의점

4곳 모두 대용량 제품의 매출이 전월 동기 대비 늘어난 것으로 확인됐다. CU에 따르면 이 기간 5개들이 봉지라면의 매출은 19.9%, 6개들이 생수의 매출은 12% 늘었다. 이마트24의 대용량 휴지 매출도 같은 기간 12% 늘어난 것으로 나타났다. 업계 관계자는 "코로나19로 집에 머무는 시간이 늘어나면서 가까운 곳에서 대용량 먹거리와 생필품을 사고자 하는 고객이 많아진 것으로 보인다"고 말했다.

편의점 판매용량 양극화.

대용량 제품이 잘 팔리는 이유는 대형마트 대신 편의점에서 장을 보는 소비자가 늘어났기 때문인 것으로 분석된다. GS25의 과일 판매 분석에 따르면 주 판매 시간이 출근시간대인 오전 8~10시에서 퇴근하며 장을 보는 시간대인 오후 7~9시로 바뀐 것으로 나타났다. 업계 관계자는 "과거 편의점은 간편한 먹거리를 중심으로 즉시적인 소비를 하는 공간이었다"며 "하지만 최근에는 편의성을 중시하는 '가치 소비' 트렌드의 영향으로 집과 가까운 편의점에서 장을 보는 가구가 늘어나면서 대용량 제품이 많이 팔리는 것"이라고 말했다.

〈동아일보〉 2020/3/05, , 〈뉴스1〉 2019/6/5 기사 편집

7. 슈퍼마켓

슈퍼마켓은 식료품, 세탁용품, 가정용품 등을 중점적으로 취급하는 소매점으로 점포의 규모가 편의점에 비해 크고 마진이 낮으며 셀프서비스를 특징으로 한다. 한국의 슈퍼마켓은 다른 업태에 비해 식료품의 매출비중(약 85%)이 높기 때문에 불안정한 농수산품 가격에 민감한 매출 구조를 보이고 있다.

슈퍼마켓은 대공황으로 인한 극심한 불황으로 절약 소비패턴이 확산되던 시기인 1930년에 미국의 뉴욕에서 최초로 개점되었다. 슈퍼마켓이라는 새로운 형태의 소매업태가 생겨날 수 있었던 이유는 당시 미국의 가정환경과 연관이 있다.

자동차와 냉장고의 확산은 소비자로 하여금 1회 대량구매가 가능하도록 만들었고 대도시 거주자의 교외지역으로의 거주지 이동은 교외의 저렴한 지역에 슈퍼마켓 입지를 정할 수 있는 여지를 제공해주었다. 또한 제조업자상표의 증가로 전국의 제품 품질이 균등해진 점도 슈퍼마켓 발달의 한 원인이 되었다.

우리나라의 경우에는 1968년 뉴서울 슈퍼마켓이 효시이지만 기업형 슈퍼마켓은 1971년 8개의 독립점포를 그룹으로 만들어 출범한 새마을 슈퍼체인본부에 의해 시작되었다. 근래 들어, 대형 유통업체들이 슈퍼마켓 분야에도 뛰어들어 기업형 슈퍼마켓^{SSM: Super Super Market}(100~900평대 중형 점포)이 전국적으로 영업하고 있다. 성숙기에 접어든 대형마트 및 백화점을 대신해 대형 유통업체들이 새로운 성장동력을 슈퍼마켓에서 찾고 있는 것이다.

문제는 기업형 슈퍼마켓에 대한 영세한 동네 슈퍼마켓의 대응력이 약하다는 것이다. SSM 입점 이후 주변 소매점은 일일 매출액이 평균 30.8% 감소했고 상가권리금은 22.5% 떨어졌으며 부채는 16.2% 증가했다(중소기업중앙회기업형 슈퍼마켓 주변 소매점 300곳 실태조사 결과). 슈퍼마켓협동조합은 기업형 슈퍼마켓 규탄대회나 중소기업청의 사업조정제를 이용한 사업조정신청 등으로 대응하고 있으나, 대형 유통업체 측은 동네상인들의 반발을 부담스러워하면서도 시장경제원리상

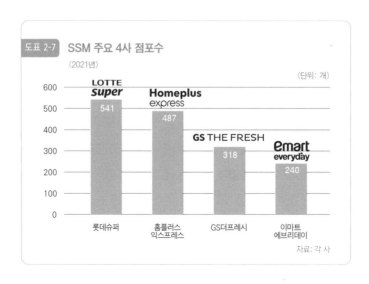

도표 2-7 SSM 주요 4사 점포수

(2021년)

(단위: 개)

경쟁은 당연한 현상이라는 입장을 취하며 분쟁이 적은 지역을 중심으로 출점하고 있다.

2010년 말에 유통산업발전법(유통법)과 대·중소기업상생협력촉진법(상생법)이 국회를 통과했다. 유통법이 전통시장과 전통상점가 반경 500m 안에 대형마트와 기업형 슈퍼마켓(SSM)의 출점을 한시적으로 제한하는 법이라면, 상생법은 지역골목상권의 소상공인까지 보호하자는 취지로 대기업의 투자지분이 51%를 넘는 SSM 가맹점은 직영점과 마찬가지로 사업조정신청 대상에 포함된다. 2013년 1월, 국회는 대형마트와 기업형 슈퍼마켓의 규제를 강화하는 유통법 개정안을 의결하여 반경 500m의 출점제한이 1km로 확대되고 매월 이틀간 공휴일에 휴점하도록 했다. 따라서 대형 유통업체들의 SSM 가맹점의 출점은 일단 일시적인 제동이 걸린 것으로 보인다.

전국 5만여 소매상을 회원으로 둔 한국체인사업협동조합은 최근 공동 브랜드를 개발해 마케팅에 나섰다. 상점들은 옛 간판을 떼고 '햇빛촌'이라는 이름을 사용한다. 같은 상표, 같은 가격의 소매상브랜드(자체 브랜드상품) 판매도 시도하고 있다. 가맹점 진열대에 따로 'PB존'을 만들어 중소기업들이 만든 좋은 품질의 제품을 판매하고 있다.

중소기업청의 지원을 받은 '나들가게'도 동네 슈퍼마켓들의 선진화된 시스템 도입, 경영지도 등의 종합컨설팅 제공 및 공동물류센터 건설 등을 통한 경쟁력확보를 목표로 도입되고 있다. 하지만 아직까지 그 실행 및 효과는 명확하지 않다.

일부 지방을 중심으로 동네슈퍼협동조합을 설립하여 기업형 슈퍼마켓에 대응하려는 움직임도 보이고 있다. 이들 협동조합

에 소속된 슈퍼마켓들은 대형 공급업체와의 거래에서 협상력을 높이기 위해 공동으로 제품을 구매하여 경쟁력을 제고하려는 시도를 하고 있다(제7장 사례: '동네 슈퍼와 전통시장 협동조합 만들기 열풍' 참조).

기업형 슈퍼마켓은 동네 슈퍼마켓에 비해 깨끗하고 포인트 적립혜택을 주는 등 서비스 수준이 높다는 장점이 있어 선호하는 소비자가 적지 않다. 동네 슈퍼마켓들도 서비스 수준을 높이고, 협동조합을 통한 공동구매 등으로 판매가를 낮출 수 있는 방안을 마련하고, 슈퍼마켓 고유의 공동 소매브랜드(PB) 발굴 등을 통한 경쟁력확보 등 자구책 마련에 나서야 할 것으로 보인다. 가격경쟁력의 확보 및 인기 PB 제품의 출시는 기업형 슈퍼마켓에 비해 경쟁우위를 확보하는 것이고, 이는 곧 동네슈퍼의 충성고객층을 양산시킬 수 있는 밑바탕이 된다. 동네슈퍼의 생존 여부는 궁극적으로 소비자에게 달려 있기 때문에 협동조합을 통한 경쟁력 확보방안은 바람직한 전략으로 보인다.

8. 복합몰

복합몰은 엔터테인먼트, 외식, 쇼핑 등 다양한 소비모드를 복합적으로 제공하는 쇼핑몰이다. 단순히 쇼핑뿐만 아니라 대중에게 쉽게 다가갈 수 있는 영화관을 포함하고 외식기능을 제공해 고객에게 편의성을 제공하는 것을 특징으로 한다.

국내 최초의 복합몰인 코엑스몰을 비롯하여 영등포의 타임스퀘어, 롯데몰 김포공항점 등이 복합몰의 전형을 보여주고 있다. 복합몰은 직접 상품을 취급하는 것은 아니지만 소매업체처럼 적절한 입주업체 선정을 통해 머천다이징 효과를 최적화해야 하므로 소매업의 노하우를 접목시켜야 한다.

복합몰은 단순히 엔터테인먼트, 외식, 쇼핑을 위한 업체들을 한 공간에 유치하는 것 이상의 기능적 효과를 노리고 있다. 첫째, 영화관 같은 엔터테인먼트 시설은 단순히 쇼핑센터를 방문하는 고객의 동선보다 복합몰을 방문하는 고객의 동선을 넓게 한다. 즉, 먼 거리를 이동하여 방문하는 고객의 방문거리를 확장하는 기능을 하고 있다. 또한 다양한 연령층이 영화를 즐기므로 이들을 복합몰로 유도하는 기능을 한다. 둘째, 복합몰 내 음식점의 존재는 고객의 복합몰 내 체제시간을 연장하는 기능을 한다. 셋째, 대형쇼핑업체의 존재 역시 엔터테인먼트 시설과 마찬가지로 근거리뿐만 아니라 비교적 먼 거리에 위치한 고객의 방문을 유도한다.

복합몰 이용자들은 소매판매시설을 가장 중요시하고, 영화관을 두 번째로, 그리고 음식점을 세 번째로 중요시하고 있다. 따라서 백화점이나 대형마트 같은 적절한 쇼핑업체 선정을 고객 유인효과의 중요한 요소로 고려해야 한다.

복합몰 내 각각의 소비모드는 시너지 효과가 있다. 영화관과 음식점의 상관관계(0.35)가 가장 높고, 쇼핑(소매판매)과 음식점의 상관관계(0.34)와 쇼핑과 영화관의 상관관계(0.27) 순으로 나타났다. 비록 정도의 차이는 있지만 각 소매모드가 긍정적인 시너지 효과를 뚜렷하게 보이는 이러한 결과는 복합몰의 존재이유를 제시해준다.

영화관 이용고객을 대상으로 한 백화점과 멀티플렉스 복합몰의 상관관계를 조사한 연구에서, 47~60%의 영화 관람객이 백화점 쇼핑이나 외식을 하는 데 평균 70분과 6만 원 내외를 소비하는 것으로 나타났다. 반면에 10~12%의 고객만이 쇼핑을 목적으로 복합몰을 방문하여 영화 관람을 했다. 따라서 영화관이 소매업체나 음식점의 매출에 기여하고 있음을 알 수 있으며, 영화 관람객의 약 4~7%가 백화점 매출에 기여하는 것으로 나타났다.

	소매판매	음식료	엔터테인먼트
소비특성	물건습득 소비	생리적 소비	경험적 소비
소비대상	구매행위와 구매대상 재화	음식 및 음료	경험
기능	소비활동 - 지리적 상권범위 확장 - 쇼핑나들이 유발	소비활동 연장 -체제시간 연장 -브랜드파워가 있는 식당은 재방문율 향상	소비활동 유도 -지리적 상권범위 확장 -시설이용자의 연령범위 확장

* 자료: Urban Land Institute, "Developing Retail Entertainment Destinations," 2001, pp, 40-42

9. 전통시장

전통시장이란 다수의 수요자와 공급자가 상시 또는 정기적으로 집합하여 물품을 매매하는 일정 규모 이상의 건물매장 또는 장터로서, 주로 근대적 유통시설이 본격적으로 개방되기 이전, 즉 대략 1980년 이전에 개설된 상설시장 또는 정기시장을 의미한다.

문제점들

가격경쟁력을 최대 장점으로 내세워 1990년대 이전의 유통시장을 주도하던 전통시장은 오늘날 다양한 욕구를 지닌 소비자의 눈높이를 맞추는 데 실패하여 경쟁력을 상실하고 있다. 따라서 대규모 투자를 통해 효율성을 추구해온 다른 유통업태들과의 경쟁에 뒤처지면서 그 존립마저 위태로울 정도로 소비자에게 외면당하고 있다.

전통시장의 침체 원인은 여러 가지를 들 수 있겠지만, 가장 중요한 원인은 최근 급격하게 일어나는 소비자 욕구의 변화에 대해 적절히 대응하지 못한 것이라고 할 수 있다. 전통시장은 소비자에게 쾌적한 쇼핑 환경을 제공하지 못하고 있다. 물리적 시설의 노후화는 채광·통풍·오폐수 처리 등을 어렵게 하여 시장이용에 큰 불편을 초래하고 있으며 화재 위험과 안전상의 문제도 야기하고 있다. 더욱이 오래된 전통시장일수록 화장실, 휴게실 등 기초 편의시설이 부족하고, 도로가 좁으며, 주차장이 부족해 변화하는 소비자의 욕구에 적절히 대응하지 못하고 있는 실정이다.

서비스 면에서도 소비자의 눈높이를 맞추는 데 실

주변의 입지조건이 좋아 비교적 성업 중인 강동의 길동시장

패하고 있다. 실제로 소비자가 전통시장을 찾지 않는 이유를 조사한 결과 원산지 표시 미비, 가격에 대한 불신, 품질수준 불신, 신용카드 사용 기피 등이 주요 이유로 나타나 이러한 부분에 대한 개선이 필요하다는 것을 알 수 있다. 기본적인 시설투자 외에 이러한 소프트웨어적인 개선이 동반되지 않으면 전통시장의 발전은 요원한 일이다.

반면, 다른 업태들은 지속적인 투자와 현대적 경영방식의 도입으로 지속적인 발전을 이뤘다. 1990년대에 들어와 백화점과 슈퍼마켓이 전통시장의 영역을 침범했고, 최근에 들어와서는 대형 유통업체들과 편의점 및 홈쇼핑, 온라인 쇼핑 등으로 이루어진 온·오프라인 점포들이 전통시장의 역할을 대신함으로써 전통시장의 침체에 결정적인 영향을 미치고 있다. 특히 대형 유통업체들은 편의시설, 상품거래 여건, 주차환경 등 여러 가지 면에서 전통시장을 압도하고 있고, 이러한 여건들은 점차 서구화되어가는 새로운 세대의 수요자들 욕구에 맞는 환경을 제공하고 있어 전통시장은 50대 이전의 소비자에게 외면당하고 있다.

많은 투자를 통해 시설 개선을 한 수유시장

활성화를 위한 노력과 효과

국회는 유통산업발전법(유통법) 및 대·중소기업상생협력촉진법(상생법)을 제정하여 전통시장 1km 이내에는 SSM 및 대형마트의 개점을 금지하는 등 전통시장을 보호하기 위해 나서고 있다. 유통법 및 상생법의 정책적 효과에 대한 여러 가지 의견이 나오고 있긴 하지만, 전통시장이 중흥을 위한 일정 시간을 확보한 것임에는 틀림없다.

정부 및 각급 지방자치단체들은 1조 7,000억 원 이상의 막대한 예산을 투입해 침체되어 있는 전통시장의 활성화를 위해 노력하고 있다. 하지만 전문성을 갖추지 못한 관련 공무원들의 유통에 대한 무지, 그리고 담당공무원이 수시로 바뀌면서 일관성 없는 정책실행 등의 문제를 드러내며 전통시장의 활성화를 위한 효율적인 정책집행이 되지 않고 있다.

한 지방자치단체를 예로 들어보자. 이 자치단체에 소속된 소상공인진흥회 추산 전통시장 수(인정시장 포함)는 330여 개다. 그런데 전통시장에 투자하는 금액을 보면 그 금액이 특정 시장에 지나치게 편중되어 있어 100개 시장만이 투자 대상으로 선정되었고, 그중에서 상위 10개 시장에 약 35%가량 집중되어 있다. 나머지 90여 개 시장이 65%, 그리고 이에 해당하지 않는 나머지 200개의 시장은 거의 아무런 투자를 받지 못했다. 이 지방자치단체의 시장 투자 방향을 보면 지역별 거점시장에 우선 투자하여 주변 시장에 긍정적인 영향을 주는 파급효과를 기대하며 전통시장 투자를 진행한다고 한다. 하지만 정부의 투자 결과를 봤을 땐 거점개발식 투자가 파급효과보다는 주변의 상권까지 흡수해버리는 역효과를 일으키고 있는 점을 간과하고 있다. 그리고 특정 시장 부흥효과마저도 투자가 끝나면 고객을 유지하지 못하고 매출 감소를 겪는 경우가 많아 투자의 목표를 전혀 달성하지 못하고 있다.

정부의 정책 및 실행 역시 실망스럽기는 마찬가지다. 선정된 전통시장을 발전시키기 위해 거액을 투입한 전통시장 발전 프로젝트들은 유통 매개체로서의 시장기능을 발전시켜 시장의 경쟁력을 제고하는 데 실패했다. 각 시장별 프로젝트들은 고객이 방문해야 하는 이유를 제시하지 못하고 의미 없는 스토리텔링의 개발이나 단순히 옛날의 향수를 자극하는 시도 등으로 젊은 고객층을 끌어들이지 못했다. 가시적인 변화만을 추구하고 단기적 성과를 올리는 데 집중하여 전통시장의 경쟁력을 강화시키는 데 기여하지 못한 것이다. 따라서 프로젝트가 끝나면 해당 시장이 다시 예전으로 돌아가버리는 결과를 초래하는 경우가 많았다.

상인들의 적극적인 자세 필요

전통시장의 중흥을 위해서는 지자체나 공공기관의 노력 이외에 상인들의 깨어 있는 의식과 노력이 필요하다. 점차 서구화되어가는 새로운 세대의 수요자들을 만족시키기 위해서는 상인들 스스로 능동적으로 다양한 시도를 해야 한다.

예를 들어, 신용카드 사용은 현대 소비생활의 기본적인 요소다. 신용카드를 사용하기 힘든 노점 형태의 상인들이 많긴 하지만 사용이 가능한 상인들 중에서도 왜 신용카드를 사용해야 하는지 이해하지 못하고 카드리더기 설치를 거부하는 상인들이 많은 실정이다. 또한 소비자의 보행거리를 확보하기 위해 그어놓은 노란선을 침범하여 매대를 설치하는 사례도 쉽게 볼 수 있다. 이는 해당 상인이 본인의 매대를 많이 설치할 수 있으나 오히려 도로를 좁게 만들어 고객에게 쇼핑의 불편함을 초래함으로써 오히려 고객이 해당 가게를 빨리 지나치게 하는 결과를 초래한다.

단일한 경영주체를 위주로 일사불란한 경영전략을 사용하는 대형 유통업태에 비해 다양한 점주들의 집합인 전통시장은 의사결정의 도출이 쉽지 않다. 하지만 지속적으로 역신장을 거듭하는 전통시장의 상황을 고려해보면, 상인들 간의 신뢰 및 협력, 그리고 능동적인 자세가 무엇보다도 절실한 상황이다. 서울 중곡제일시장의 경우, 상인들이 협동조합을 설립하여 건물 소유주와 임차인(상인) 분쟁 시 법률대행, 택배 서비스 등을 주도하며 전통시장의 중흥 가능성을 보여주고 있다(제7장 사례 "동네슈퍼와 전통시장 협동조합 만들기 열풍" 참조).

부록 2-1 ▶ 생활용품 스토어: 도큐핸즈

도큐핸즈는 생활용품을 주로 판매하며, 대형매장에 다양한 상품을 구비하고 있다. 원스톱 쇼핑이 가능하고 DIY 부품판매에 제작시설(목공소, 액자제작소 등)까지 구비하고 있다. 매장에서 판매하는 상품의 경우 일반 DIY 홈센터보다 고급품으로 판매하고 있으며 상품군의 종류도 다양하고 디자인과 실용성에 중점을 둔 상품들을 다수 취급하고 있다. 또한 특정 디자이너의 이름을 딴 고급 디자인 상품을 판매하기도 한다.

도큐핸즈는 손으로 만든 제품의 창조성과 기능성을 재현하여 사람의 손으로 창조된 희귀 제품들을 위주로 새로운 사업분야를 개척했다. 생활문화 창조를 테마로 하여 실용적인 소품부터 가구에 이르기까지 다양한 아이템을 판매하는 생활잡화 전문 대형 쇼핑몰이다.

특색

시부야 거리에서 경쟁업체가 개점한 백화점에 대응하기 위해 '지금까지 세상에 없던 물판점'이라는 콘셉트를 도입, '이토야'라는 문구점을 벤치마킹하여 '창조생활점^{Creative Life Store}'이라는 새로운 점포 개념을 개발했다. 풍부한 제품기능이라든지, 좀 특이한 제품을 찾아온다든지, 제품 사용법 등 고객이 필요로 하는 사항에 대해 상담을 제공하고 있다.

취급품목은 매우 다양하다. 일반적으로 팬시나 버라이어티용품 상점으로 알려져 있지만, 그 핵심은 프로가 사용하는 것 같은 특정 산업용 공구 및 소재 · 재료류를 공작매니아를 위해 제공하는 상품전개라 할 수 있다. 또한 그 상품에 대한 사용방법과 응용에 익숙한 점원이 자세히 안내 · 시연하는 점에서도 다른 상점과의 차별화를 꾀하고 있다.

매장의 특징

도큐핸즈의 특징인 플로어마다 동계상품을 전개하는 점포형태는 시부야점(1978년, 개점)에 기원을 둔다. 원래 시부야점의 대지는 도큐부동산이 오랫동안 소유하고 있던 땅이었지만, 비탈길에 면한 좁은 면적에는 일반 업태의 매장건물을 짓기 어려운 상태였다. 이러한 경사지를 역이용하여 주변 도로의 높이에 상점 출입구를 맞추어 세 종류의 바닥 높이를 설정한 뒤 'A', 'B', 'C' 알파벳의 병용으로 각 층을 표시('6B'='6층 B플로어' 등)하고, 이들 사이를 계단 복도 모양으로 연결했다. 이러한 연구에 의해 작은 층마다 1개 분야의 상품군을 확장하고,

한 개의 층에서 다른 층을 구경하게 함으로써 내점객의 기대감을 높여 쇼핑을 유도하는 식으로 구성되었다.

다품종을 소량 판매하고 있는 도큐핸즈는 각 상품의 전용면적을 최소화하여 많은 제품을 전시하고 있다. 기존의 제품을 진열할 수는 있으나 최소 면적만을 배정하므로 아이디어 신상품을 많이 배치할 수 있다.

도큐핸즈의 매장 디스플레이

구색

각 매장은 공구, 자전거, 배낭, 목재 등의 DIY 용품, 그리고 레저용 상품들이 빈 구석을 거의 남기지 않은 채 빼곡히 들어차 있다. 자신의 손으로 무언가를 만들기 좋아하는 어린이, 주부와 주말 목공들에게 인기 높은 '홈센터' 같은 곳이다.

도큐핸즈는 문구, 가방, 캐릭터 상품부터 취미용품, 생활용품, 일용잡화, 집수리에 필요한 갖가지 자재에 이르기까지 20여 만 종의 물건을 취급하며, 고품질의 다양한 제품, 유행상품과 독특한 선물까지 고루 갖추고 있다. 이렇게 많은 종류의 물건을 팔다 보니 웬만한 전문점에서 구할 수 없는 것도 이곳에서는 어렵지 않게 구할 수 있다. 그래서 "도큐핸즈에 가면 없는 게 없다"는 말도 생겨났다.

공구, 레저용품에서 인테리어, 문구, 목재에 이르기까지 일상생활에 필요한 것이면 모든 것을 갖춘 것이 도큐핸즈의 최대 매력이자 경쟁력의 원천이다. 일반 문구점이나 전문점에서 자신이 원하는 것을 찾지 못한 사람들일지라도 도큐핸즈에 가면 십중팔구 마음에 드는 상품을 손에 넣을 수 있다는 평가는 이처럼 폭넓은 상품구성에 뿌리를 두고 있으며 고객의 입과 입을 통해 전해져 브랜드 파워를 높이는 결과를 낳았다.

또한 도큐핸즈의 점원들은 물건을 사러 온 고객에게 "없습니다"라는 말을 하지 않는다. 고객이 찾는 물건이 없다 하더라도 "취급하지 않는다"고 잘라 말하지 않고, 추천할 수 있는 다른 상품은 없는지, 생산업체에 주문하면 구할 수 있는지를 먼저 조사해본다. 취급상품의 종류에서 타 업체들을 압도한다 할지라도 고객이 실망하지 않도록 최선을 다하는 모습을 보여주겠다는 각오다.

중간품 위주 판매

고객을 매장에 오래 머물게 하면서 즐거움을 만끽하게 하려면 완성품보다 거기에 들어가는 중간 형태의 부품을 파는 것이 바람직하다는 게 도큐핸즈가 내린 내부 결론이었다. 매장을 여기저기 돌아다니며 중간제품을 손에 넣고 이를 바탕으로 자신의 것을 만들어내는 즐거움을 준다면 고객은 다시 찾아올 것이라는 확신에서였다.

판매사원들(기능사원들)

완성품보다 중간 형태의 부품을 많이 취급하는 데도 함정은 있었다. 취급하는 상품이 많다 보면 고객은 자신이 원하는 것이 어디 있는지 잘 모르게 될 우려가 컸다. 진열된 곳을 찾아낸다 하더라도 어떤 것을 골라 어떻게 사용하고 결합시켜야 할지 모르기 일쑤다. 특히 공구와 조립용 부품은 고객이 판단에 애를 먹는 대표적 품목이다. 초극단적인 다품종 소량 판매방식은 듣기에는 그럴싸해도 사람의 손이 많이 가는 매우 효율이 나쁜 판매방법의 전형이다. 이에 대한 대책으로 도큐핸즈가 동원한 것이 전문지식을 갖춘 종업원의 매장 배치였다.

기능사원으로 불리면서 일반 종업원들보다 약간 큰 사이즈의 명찰을 달고 있는 이들 전문 종업원은 맡고 있는 코너에 관한 한 어느 누구에게도 뒤지지 않을 만큼 풍부한 상품지식을 갖고 있는 것이 최대 강점이다. 기능사원들이 오랫동안 축적한 지식을 바탕으로 고객에게 제품의 성질이나 사용법을 상세하게 설명하면 만족스럽게 물건을 산다는 것이다. 이른바 컨설팅 판매방식이다. 접착제 코너에서 일하는 전문지식 종업원은 접착제메이커에서 일하던 기술자를 뽑아서 매장에 배치했다. 도큐핸즈가 매장에 배치한 기능사원의 수는 현재 약 230명에 달하고 있다.

모두 특정분야에서 오랜 경험과 전문지식을 쌓은 후 도큐핸즈에 입사한 계약사원들이며 이들은 다른 매장으로 전환배치되는 법이 없다. 오직 자신이 갖고 있는 경험과 안목으로 고객의 쇼핑과 상품선택을 도와주라는 것이 도큐핸즈의 지시이자 당부이기 때문이다. 도큐핸즈에서는 정년퇴직자를 중심으로 하는 200여 명의 '기능사원'을 전면에 내세워 이 같은 문제에 대처하고 있다.

소수점포주의

도큐핸즈는 소수점포주의를 철저히 고수하고 있다. 고객이 간직하고 있는 현재의 이미지,

이를테면 '일단 가보면 무언가 찾을 수 있다'는 인상을 유지하기 위해서는 무차별적으로 점포를 늘리지 말아야 한다는 인식이 임직원들 사이에 뿌리박혀 있어서다.

일반 소매업체들에 비해 도큐핸즈의 점포 수는 태부족이다. 가격혁명의 진원지로 꼽히고 있는 100엔숍 '다이소'가 일본 열도에 2,400개 이상의 점포를 열어놓고 있고, 염가 캐주얼 의류의 파이어니어인 유니클로의 점포가 500개를 넘은 것과 달리 도큐핸즈의 점포는 고작 14개에 그치고 있다.

점포 수가 생존경쟁의 최우선 조건으로 당연시되고, 목 좋은 곳을 차지하려는 업체 간의 물밑싸움이 숨막히게 전개되는 소매업계의 현실에 비춰본다면 완전히 다른 장사 방식을 고수하고 있는 셈이다. 하지만 도큐핸즈의 명성과 장사방식은 일본 열도를 감동시키고 있으며 고객이 스스로 매장을 찾도록 매력을 뽐내고 있다.

SSM과 대형마트 영업규제 필요한가?

대형마트와 기업형 슈퍼마켓(SSM)에 대한 의무휴업이 본격 시행되면서 한 달에 두 번씩 공휴일에 대형마트와 기업형 슈퍼마켓은 문을 열지 않고 있다. 대형마트 영업규제를 찬성하는 쪽은 전통시장과 중소상인들을 보호하기 위해 필요한 조치라고 주장한다. 하지만 한편에서는 일자리가 줄어들고, 대형마트에 납품하는 농어민과 중소업체의 피해가 가중된다는 반론을 펴고 있다. 양쪽의 견해를 들어보자.

중소상인 · 국가경제 위해 필요(박주영 숭실대 중소기업학과 교수)

대형마트 및 기업형 슈퍼마켓(SSM)의 급속한 증가와 대형업체 간의 경쟁 심화는 지역상권의 중소유통 쪽에 커다란 어려움을 초래했다. 지난 5년 동안 문을 닫은 전통시장만 500개가 넘으며 그곳에서 생계를 꾸려나가던 상인들은 10만 명이 넘을 것으로 추산된다. 이는 기업형 슈퍼마켓 때문에 문을 닫은 동네 슈퍼마켓의 경우는 포함하지 않은 수치다.

영업시간 제한 및 강제휴무는 1년 365일 24시간 영업하는 대형마트, 기업형 슈퍼마켓과 경쟁하는 소상공인들을 위해서도 반드시 필요하다. 사실 이러한 영업시간 제한은 이미 유럽에서는 많이 시행되고 있는 조처다. 일례로 독일에서는 '상점 영업시간 제한법'으로 영업일과 영업시간을 엄격하게 제한하고 있다. 영업시간 및 영업일 규제는 중소상인들의 삶의 질 개선과 더불어 국가 경제적으로도 매우 큰 의미가 있다.

시장경영진흥원의 조사 결과에 따르면 대형마트 3개가 새로 들어서면 전통시장 10개가 문을 닫으며, 대형마트가 창출하는 일자리보다 전통시장에서 없어지는 일자리가 더 많다고 한다. 더욱이 전통시장과 동네 슈퍼마켓 상인들은 이 업종에서 퇴출되면 다른 업종으로의 전환이 어려운 사람들이 대부분이며, 임금근로자로의 취업도 매우 어려운 실정이다. 사회안전망이 부족한 현실에서 국가가 이들의 생계를 보장하기 위해서는 시장경쟁에서 퇴출된 이들을 국민의 세금으로 국가가 떠안을 수밖에 없을 것이다. 따라서 중소상인들이 시장에서 퇴출되기 전에 국가가 이들 영세상인을 위한 보호 장치를 만들고 자생력을 갖출 수 있도록 도와준다면, 가래로 막을 것을 호미로 막는 것이 될 것이다.

대형마트 영업시간에 대한 규제가 중소유통의 활성화에 실질적인 효과가 나타나기까지는 다소 시간이 걸린다. 최근 소비자 1,000명을 대상으로 한 조사에서 대형마트에서의 구매 빈도를 물어보니 10%만 매주 방문하고, 22%는 한 달에 3~4회, 48%는 한 달에 1~2회 방문한다는 응답이 나왔다. 이 조사 결과로 볼 때 대형마트가 쉬는 주에 장을 보지 못하는 소비자는 전체 소비자의 10%에서 최대 32%에 불과하며, 평소에 대형마트에서 장을 보지 않는 20%의 소비자를 포함한 60%의 소비자는 휴무일에 대형마트에서 장을 보지 않는다고 해도 크게 불편하지 않다는 결론을 내릴 수 있다. 결국 절반 남짓의 소비자는 대형마트에서 한 달에 1~2회밖에 장을 보지 않기 때문에 이들이 불편을 느껴서 전통시장이나 동네 슈퍼마켓에서 쇼핑하기 위해서는 적어도 1년 이상을 기다려야 할 것으로 예상된다.

그럼에도 불구하고 대형마트 쪽에서는 영업규제가 일자리를 줄이고, 중소기업을 도산시키며, 소비자의 불편만 가중시킨다는 논리로 연일 방송과 신문을 통해 파상공세를 펼치고 있다. 정말 영업시간 규제가 중소상인들에 대한 득보다 사회 전반에 주는 실이 더 많다고 자신한다면 대형마트 영업시간 규제로 없어진 일자리와 도산위기에 처한 중소 제조기업이 얼마나 되는지 공개적으로 명명백백히 가려볼 것을 제안한다. 또한 이 기회에 대형마트와 기업형 슈퍼마켓의 무차별적 공세가 야기하는 부작용들, 예컨대 지역자본 역외유출이나 지역 생산자의 판로 상실, 우월적 지위를 이용한 납품업체에 대한 단가인하 압력 등을 두고서도 시시비비를 가려보아야 할 것이다.

영업규제 해서는 안 된다 (이승창 한국항공대 경영학과 교수)

유통은 생물과 같다. 생물이 보존과 진화를 반복하며 변화해야만 살아남을 수 있듯이 유통 소매점도 시대의 다양한 요구와 변화를 담아내 늘 변화해야 한다. 그렇기 때문에 정부가 법적 강제력을 동원해 시장에 개입할 때는 신중해야 한다. 현재 정부와 일부 지방자치단체가 대형마트를 규제하기 위해 시행하고 있는 월 2회 의무휴업은 근본적으로 다음과 같은 몇 가지 문제점을 가지고 있다.

첫째, 고용의 실패다. 지난 일요일에는 1,032개의 대형마트와 기업형 슈퍼마켓(SSM)이 의무휴업에 들어갔다. 이는 전체(1,453개)의 71%에 해당하는 규모다. 그 결과 6,000명의 고용손실이 발생한 것으로 추정된다. 제조업을 포함한 모든 산업 가운데 '고용(직접 및 간접) 유발효과'가 가장 큰 산업이 바로 유통(도소매)업이기 때문에 이에 대한 규제는 매우 신중할 필요가 있다. 유통업은 제조업과 달리 하루를 단위로 시장에서 요구되는 물품을 받아 판매한다. 종업원을 시간 단위로 고용하는 경우가 많은 것은 이런 이유에서다. 이 경우 휴업은 곧바로 그 시간대에 해당하는 피고용인의 실직을 의미한다.

둘째, 유통의 실패다. 대형마트에 대한 영업규제는 생산, 운송 등 협력업체의 어려움으로 이어진다. 단적으로 주말 영업을 금지할 경우 채소와 과일 등 신선식품과 어패류 등을 생산하는 농어민뿐만 아니라 이를 운송하는 운송업체들이 곧바로 타격을 받는다. 날짜를 맞춰 생물을 잡거나 키운다는 것이 불가능할 뿐만 아니라, 현실적으로 새로운 거래처를 개척하기도 쉽지 않다. 1일 휴무는 이들에게 최소한 2~3일의 마이너스 효과를 가져오게 되는 셈이다.

셋째, 풍선효과에 따른 정책 실패다. 아마도 최근의 대형마트 영업규제 정책의 목표가 전통시장이나 동네상권 살리기에 맞춰져 있는 것으로 짐작되지만, 시장이 기대처럼 움직이지 않고 있다. 종전의 대형마트나 기업형 슈퍼마켓을 이용하던 소비자가 골목상권이나 멀리 떨어진 전통시장을 이용하는 데는 분명히 한계가 있을 것이다. 실제로 최근 대형마트에 대한 강제휴무제가 실시되면서 농협이 운영하고 있는 하나로마트 등 중형마트나 접근성이 높은 동네 편의점의 매출이 급증하고 있다. 특히 편의점의 경우 대형마트처럼 물품 할인행사 등을 실시하며 업태의 변신도 꾀하고 있는 실정이다. 물론 몇몇 전통시장의 일부 점포의 매출이 12%대 수준으로 증가했다고는 하지만, 서울 기준으로 226곳의 전통시장에 위치한 4만

9,000개 점포 전체로 놓고 봤을 때, 매출 효과는 미미해 보인다.

오프라인과 온라인 매출을 포함한 우리나라 도소매업의 연매출 규모가 이미 800조 원을 넘었다. 그러나 이를 통합적으로 조정하기 위해 필요한 전문연구기관은 부재한 형편이다. 이런 가운데 정치민주화를 바탕으로 유통경제민주화를 이루기 위한 노력의 일환으로 집행되고 있는 현재의 규제 위주 정책이 실패한다면 시장의 실패로 이어질 수밖에 없다. 이는 곧 고용 유발효과가 가장 큰 유통산업의 고용 실패로 이어질 것이며, 관련 협력체의 생산액 감소로 직결될 뿐만 아니라 경제주체인 소비자의 불편과 소비 감소로 인한 부정적 거시경제효과를 낳게 될 수 있다. 자유무역 시대가 최종적으로 성공하려면 자유유통 시대를 맞이하기 위한 유통산업의 경쟁력 제고가 전제되어야 할 것이다.*

---

* 저자 주: 2015년 11월 대법원은 "규제로 달성하려는 공익은 중대할 뿐만 아니라 보호할 필요도 큰 반면 대형마트 영업의 자유나 소비자 선택권 등의 본질적 내용이 침해됐다고 보기 어렵다"고 밝히며, 대형마트 영업시간을 제한하고 의무휴업일을 지정한 지방자치단체의 처분은 정당하다는 판결을 내렸다.

1 소매상의 정의를 논하시오.

2 소매상의 네 가지 기능에 대해 논하시오.

3 소매업태$^{retailer\ types}$를 구별하는 세 가지 요소에 대해 논하시오.

4 일부 대형마트의 명품 판매 현상에 대해 그 장·단점 및 효과에 대해 논하시오.

5 카페형 편의점의 저가 커피의 목표고객$^{target\ market}$에 대해 논하시오.

6 카테고리 킬러$^{category\ killer}$의 특징에 대해 설명하시오.

7 우리 사회의 1인 가구 증가와 노령화 현상이 대형마트와 편의점 등의 소매업태에 미칠 영향에 대해 논하시오.

8 유통산업발전법(유통법)과 대·중소기업상생협력촉진법(상생법)에 대해 조사하고 이 법들이 골목상권에 미칠 영향에 대해 논하시오.

9 우리나라의 헬스&뷰티 전문점의 현황을 파악하고 그 전망에 대해 논하시오.

10 부록 2-2 "SSM과 대형마트 영업규제 필요한가?"에서 양쪽의 입장을 정리하고 찬반을 논하시오.

11 전통시장이 역신장을 지속하는 이유를 설명하고 재래시장의 부활을 위한 대안을 고려하시오.

12 부록 2-1 "생활용품 스토어: 도큐핸즈"를 읽고, 일본의 도큐핸즈 같은 유통업체가 우리나라에 도입될 수 있는 여건에 대해 논하고 그 성공 가능성을 분석하시오.

참고문헌

2012 유통업체 연감, 한국체인스토어협회.

김윤희·이상호(2007), "엔터테인먼트형 복합상업시설의 국내외 사례분석을 통한 테넌트 믹스 특성 연구", 한국지역개발학회지 19 (3), 193-212.

배일현·요시모토 코지(2013), "유통업에서 후발기업의 추격전략에 관한 탐색적 연구: 일본 종합디스카운트 스토어 '돈키호테'를 중심으로", 한국물류학회지, 23 (58).

황세윤(2002), "복합상업시설이 다목적 구매형태에 따른 용도복합의 시너지효과에 관한 연구", 한양대학교 도시공학과 석사논문.

Merrick, Amy(2002), "*Department Stores Fight an Uphill Battle Just to Stay Relevant*," Wall Street Journal, March 2.

Nelson, Emily(2001), "*Too Many Choice*," Wall Street Journal, April 20.

Pereira Joseph(2001), "*Retailers Won't Share Their Toys*," Wall Street Journal, April 1.

1 전통적 유통경로 상 최종소비자와 직접 접촉하여 제조업체의 판매성과에 큰 영향을 미치는 것은 무엇인가?

① 제조업체   ② 도매상   ③ 소매상   ④ 기관구매자

2 소매상이 제조업체로부터 대량의 제품을 구매하여 소량으로 나누어 소비자에게 판매하는 것을 무엇이라고 하는가?

① 상품 구색   ② 소비자 분할   ③ 양적 분할   ④ 질적 분할

3 상품의 다양성^{variety}(즉 의류, 전자기기, 장난감 등 취급하는 상품라인의 수)과 상품 구색^{assortment}(한 상품라인 안에서 취급되는 품목의 수)은 개별 소매상의 전략에 따라 달라진다. 다음 중 전문점과 편의점에서 각각 더 강조되고 있는 소매상의 전략이 잘 연결된 것은 무엇인가?

① 전문점 – 다양성 – width   ② 편의점 – 다양성 – depth
③ 편의점 – 상품 구색 – depth   ④ 전문점 – 상품 구색 – depth

4 다음 중 소매상의 기능이 아닌 것은?

① 상품 구색   ② 양적 분할
③ 고객서비스 제공   ④ 상품제조

5 다음 중 상품라인은 광범위한 반면 상품 구색은 얕은 소매업태는?

① 대형마트   ② 전문점   ③ 카테고리 킬러   ④ 슈퍼마켓

6 한 가지 품목만을 취급한다는 점에서 전문점과 유사하나, 낮은 수준의 서비스와 대량구매에 따른 낮은 구매가를 바탕으로 저렴한 상품가격을 제시하는 업태는?

① 카테고리 킬러   ② 편의점   ③ 백화점   ④ 대형마트

7 미국이나 유럽의 동일 업태와는 달리 임대매장이 전체 면적의 90%로 매우 높은 비율을 보이고 있는 업태는?

① 카테고리 킬러　② 편의점　③ 백화점　④ 대형마트

8 카테고리 킬러들이 우리나라에서 기대 이하의 성장을 하게 된 원인이 아닌 것은?

① 대형마트의 단기간 성장　② 인터넷의 활성화
③ 높은 부동산 비용　④ 가치소비의 증가 추세

9 연회비를 지불하는 회원들만 구매할 수 있는 창고형 클럽의 장점이 아닌 것은?

① 연회비를 지불한 소비자는 연회비 비용을 커버하기 위해 더 자주 매장을 방문하려고 한다.
② 창고형 클럽의 소비자당 평균연간구매액이 높다.
③ 연회비는 상품의 마진을 낮출 수 있게 하여 창고형 클럽이 저렴한 가격에 제품을 공급할 수 있게 한다.
④ 연회비를 지불한 소비자의 제품에 대한 충성도가 높다.

10 우리나라나 일본의 편의점이 제공하는 독특한 기능(서비스)이 아닌 것은?

① 제품상담 기능　② 택배 기능
③ 인터넷 구매상품 수취장소 제공 기능　④ 고객 유치 기능

11 다음 중 소매업태$^{retailer\ type}$를 분류하는 데 이용되는 기능이 아닌 것은?

① 다양성^{variety}　② 제품 구색^{assortment}
③ 서비스^{service}　④ 위치^{place}

12 유통매장 운영에 있어 상품정책에 관한 의사결정 중 다음 사례에서 발견할 수 있는 부분을 의미하는 것은 무엇인가?

> · SM유통업체는 소비자, 집, 소비자의 반려생물(애완동물, 식물 등)을 위한 제품라인으로 구성된 상품 믹스를 가진다.
> · YH유통업체는 5만 개 이상의 제품을 판매한다.
> · NH유통업체는 10~120만 개 품목을, KH유통업체는 채소에서 소형발전기에 이르기까지 25만 개 이상을 판매한다.

① 상품 믹스 깊이product mix depth

② 상품 믹스 길이product mix length

③ 상품 믹스 넓이product mix width

④ 상품 믹스 일관성product mix consistency

13 일본의 생활용품 스토어인 도큐핸즈가 성공한 전략이 아닌 것은?

① 점포 수 확대를 통해 어디에서든 무엇이든 원하는 것을 얻을 수 있다는 이미지 구축

② 각 상품의 전용면적을 최소화하여 가능한 한 일상생활에 필요한 많은 것을 갖춘 것

③ 중간 형태의 부품 판매

④ 전문지식을 갖춘 종업원의 매장 배치

---

1 ③ 2 ③ 3 ④ 4 ④ 5 ① 6 ① 7 ③
8 ④ 9 ④ 10 ① 11 ④ 12 ③ 13 ①

제 **3** 장

무점포형 채널

TV 홈쇼핑: 없는 것 없이 다 팔아 급성장한 산업

홈쇼핑은 1977년 미국 플로리다주의 라디오 방송국 WWQT가 광고 대금 대신 받은 전기 병따개를 판 것으로 시작했으며, 1982년 미국 홈쇼핑 네트워크(HSN) 출범으로 홈쇼핑이 일 반대중들의 구매채널로 대중화되었다.

우리나라의 경우, 1995년 8월 삼구쇼핑(현 CJ오쇼핑)·한국홈쇼핑(현 GS홈쇼핑) 출범으로 시작된 TV 쇼핑 시대가 16년만에 매출 10조 원을 돌파했다. TV 홈쇼핑의 성장세는 계속 이 어졌다. 중소기업 제품을 전문으로 파는 '홈&쇼핑'까지 문을 열어 7개 업체가 영업 중이며 시장 규모는 더 커졌다. 하지만 최근 들어 한 자릿수의 성장률을 나타내며 과거대비 성장세 가 다소 둔화된 모습을 보이고 있다.

TV 홈쇼핑은 택배·카드 결제 시스템과 같은 첨단 인프라를 바탕으로 편리하게 물건을 사 고자 하는 소비자의 욕구를 채워주는 데 성공했다. 집에서 물건을 사고 싶지만 인터넷 사용 에 익숙지 않은 주부와 중장년층을 집중 공략한 것이 효과를 냈다. 여기에 소비자의 구입 편 리성을 고려한 세트형 제품 구성과 제품 반복 설명, 장기 무이자 할부와 같은 적극적 마케팅 이 힘을 보탰다.

백화점이나 할인점과 같은 오프라인 매장에 못지않은 다양한 상품 판매도 홈쇼핑의 특성 으로 꼽힌다. 홈쇼핑 방송 초기에는 유통망이 없는 중소기업의 소형 가전제품이나 아이디어 상품이 많았다. 요즘에는 해외 명품에서 외제차·아파트까지 거의 모든 상품을 판다.

TV 홈쇼핑 업체들은 첨단 유통 채널 개척에도 적극적으로 나서고 있다. 언제 어디서나 쇼 핑할 수 있도록 지원하는 유비쿼터스 환경 구축이 핵심이다. 스마트폰·태블릿 PC·소셜네 트워크서비스(SNS) 확대에 따른 발 빠른 전략이다. 이들 첨단 유통 채널을 통한 판매액이 전 체에서 차지하는 비중은 아직 작지만 전용 애플리케이션(앱)을 내놓고, 할인 혜택을 주는 등 경쟁적으로 서비스를 강화하고 있다. CJ오쇼핑은 '오클락 실시간 랭킹 서비스'를 통해 스마 트폰으로 실시간 인기 상품 리스트를 보여준다. 롯데홈쇼핑은 모바일 전용 상품을 내놓았다. 현대홈쇼핑은 SNS 서비스인 '카카오톡'과 연계한 상품 판매를 하고 있고, 리모컨 조작만으 로 상품 검색에서 결제까지 가능한 스마트 TV용 앱도 내놨다.

홈쇼핑 업체들은 혁신적인 배송에 집중하고 있다. 현대홈쇼핑은 당일 배송을 위해 지하철 안심배송을 도입했다. 지하철 안심배송은 지하철역에 설치한 해피박스(택배물품 보관함)로 고 객에게 물품을 전달하는 것이다. 고객은 편한 시간대에 상품을 찾아갈 수 있다. CJ오쇼핑은

'신데렐라 빠른 배송' 서비스를 시행하고 있다. TV 홈 쇼핑에서 오전 9시 30분 이전 주문 시 당일 밤 12시 전에 배송해준다. GS샵은 라이브 배송을 시작했다. 단순히 배송 날짜와 예상 도착 시간을 안내하는 것에 그치지 않고 현재 배송원이 어디쯤 와 있는지 지도상에서 볼 수 있으며, 배송원의 남은 배송지점 수와 함께 도착 예정시간을 분 단위까지 확인할 수 있다. 방문할 배송원이 누구인지 사진과 이름도 미리 확인할 수 있다.

홈쇼핑 업체들은 또 해외 진출을 통해 새로운 성장 동력을 찾고 있다. 그간 축적한 노하우를 바탕으로 좁은 국내 시장에서 벗어나 드넓은 해외 시장에서 돈을 벌겠다는 것이다. CJ오쇼핑이 인도에서 운영하는 '스타 CJ'는 중상류층 대상으로 판매도 하고 있다. 중국·대만에서 사업 중인 롯데홈쇼핑은 이 달 중순 베트남에도 현지 업체와 손잡고 홈쇼핑 방송을 시작한다. GS홈쇼핑은 중국·인도·태국 등지에 진출했다. 현대홈쇼핑은 중국 상하이에 현지 업체와 합작한 '현대가유홈쇼핑'을 운영 중이다.

최근 유통업 전반에 대한 규제가 강화되면서 홈쇼핑을 둘러싼 규제 환경 역시 타이트해지고 있는 실정이다. 일정기간마다 재승인을 받아야 하는 산업의 특성상 이러한 규제 강화 움직임은 홈쇼핑 업계 전반에 상당한 영향을 가져올 것으로 전망된다. 과학기술정보통신부는 TV 홈쇼핑 사업자와 납품업체 간 공정한 거래질서 확립을 목적으로 TV 홈쇼핑 불합리한 관행 개선 방안'을 마련하였으며, 구체적인 내용으로는 불공정거래행위에 대한 재승인 심사 강화, 과징금 상향 조정 및 협업을 통한 감시·제재 강화, 정보 공개 확대, 판매 수수료율 공개 등이 있다.

TV 홈쇼핑에는 빛과 그림자가 있다. 중소기업의 제품 판매와 성장에 기여한 공로가 빛이라면 판매 제품 가격의 30%를 넘는 수수료는 그림자다. 공정거래위원회는 TV 홈쇼핑 입점 업체의 수수료율이 평균 35%에 달해 홈쇼핑 업계의 수수료 인하를 유도해 가기로 했다. TV 홈쇼핑협회는 "중소기업과의 상생은 홈쇼핑의 고민"이라며 "다만 수수료에는 종합유선방송사업자(SO)에 주는 송출료 등 각종 부대비용이 들어간다. 마진율은 10~15% 수준"이라고 설명했다. 이렇게 TV 홈쇼핑 업체들이 지불하는 송출수수료의 지속적인 인상 또한 TV 홈쇼핑 산업이 해결해야 할 당면 과제이다.

〈미래한국〉 2019/10/4, 〈삼정PMG 2018 보고서〉,
〈한국경제〉 2016/1/13, 〈중앙일보〉 2012/2/5 기사 편집

1 무점포 소매상

소매상의 형태는 지금까지 살펴본 구색과 서비스 및 양적 분할 등에 따라 분류할 수도 있지만, 소매활동을 수행하는 데 필요한 점포의 유무에 따라 점포 소매상과 무점포 소매상으로도 나눌 수 있다.

무점포 소매상은 직접 판매, 카탈로그 소매업, 자동판매기, 홈쇼핑, 인터넷 소매업 등으로 분류된다. 이 같은 분류는 소매상이 고객을 접촉하는 수단을 중심으로 이뤄진 것이다. 직접 판매는 판매자가 소비자와 대면적으로 만나서 제품을 판매하는 것이다. 카탈로그 소매업은 판매자가 소비자에게 카탈로그를 보내는 것이고, 자동판매기는 자동판매기를 통해 제품을 판매하는 전략이다. 홈쇼핑은 TV 채널을 이용하여 고객에서 제품을 판매하며, 인터넷 소매업은 소매업체가 인터넷을 이용하여 소비자와 커뮤니케이션을 하는 것이다. 우리나라에서는 홈쇼핑과 인터넷 소매업이 높은 성장세를 보이고 있다. 최근 인터넷 채널의 급속한 발달로 인해 나타나는 여러 가지 현상을 다루기 위해 이 책에서는 인터넷 채널은 따로 4장에서 다룬다.

1. 무점포 소매상의 장점

무점포 소매상은 점포가 없다는 특징에 의해 여러 가지 이점을 가진다. 첫째, 교통난, 맞벌이 등으로 쇼핑할 시간 여유가 없는 소비자에게는 시간을 절약해주는 시간의 효용을 제공해준다. 굳이 바쁜 시간을 쪼개 점포에 나가 쇼핑할 필요 없이 집이나 직장에서 전화나 인터넷을 통해 제품을 주문할 수 있다는 것은 큰 장점 중 하나다.

둘째, 무점포 소매상은 마케팅 데이터베이스를 이용함으로써 매우 개인화된 서비스를 제공한다. 무점포 소매업체들은 소비자의 제품 구매 시 소비자의 주소,

구매물품 등의 정보를 모을 수 있다. 무점포 소매업체들은 이러한 소비자 데이터를 이용하여 소비자에게 그들의 개성에 적합한 개인화된 서비스를 제공할 수 있다. 예를 들어, 전기전자제품을 주로 구입하는 고객에게는 관련된 제품을 주로 소개하는 카탈로그를 보낼 수 있다. 소비자는 자신이 흥미를 가지고 있는 제품에 대한 정보를 얻었을 때 구매하고 그에 따른 만족을 느끼기 쉬우므로 개인화된 서비스의 제공은 무점포 소매상의 중요한 장점 중 하나다.

셋째, 무점포형 소매는 점포가 필요 없으므로 점포비용의 절감, 입지조건에 관계없이 목표소비자에게 접근하는 것이 가능하다. 이는 국경을 넘어서 제품을 판매할 수도 있다는 뜻으로, 많은 수의 고객에게 제품 판매를 할 수 있는 이점을 가진다. 또한 무점포는 가게임대료 등으로 지출되는 비용이 적어 점포형 소매에 비해 상대적으로 낮은 가격에 제품을 판매할 수 있다.

이와 같은 장점들로 인해 우리나라에서 무점포형 소매는 앞으로 지속적인 성장이 예상된다.

2. 무점포 소매상의 단점

무점포형 소매는 여러 가지 단점도 존재한다. 첫째, 소비자가 제품을 구매하기 전에 만져보거나 입어볼 수 없다는 점이 가장 큰 한계점이다. 그렇기 때문에 소비자는 제품에 대해 쉽게 확신을 가지지 못하며 구매를 망설이게 된다. 많은 소비자가 저가의 무점포형 소매를 이용하기도 하지만 그에 못지않은 수의 소비자가 상품을 직접 보거나 만져보고 구매하고자 한다.

둘째, 만져보거나 입어볼 수 없다는 한계점으로 인해 무점포형 소매는 점포형 소매에 비해 반품률이 높다. 반품은 낱개의 상품을 하나하나 처리해야 하므로 취급비용이 만만치 않고 그 비용은 대부분 소매업체가 부담하게 된다. 따라서 무점포형 소매상은 매출을 늘리는 것과 동시에 반품을 줄여야 하는 과제를 동시에 안고 있다.

셋째, 반품이 불편하다는 점은 소비자 입장에서도 반갑지 않다. 만약 소비자가 상품에 만족하지 못한다고 해도 매장으로 가서 물건을 반품하고 환불 받기가 쉽지 않은 경우가 많다. 반품 시에는 제품을 재포장하여 소매업체에 보내야 하며, 몇몇 경우에는 이러한 반품 비용을 소비자가 부담하기도 한다는 것도 결국은 무점포형 소매의 단점으로 작용한다.

무점포 소매상의 장점과 단점	
장점	**단점**
- 시간을 절약해주는 시간의 효용 제공	- 제품의 직접 확인 불가(가장 큰 한계점)
- 매우 개인화된 서비스 제공	- 높은 반품률
- 입지조건에 관계없이 목표 소비자에게 접근	- 반품 시의 불편함
- 각 고객의 잠재수요 자극	

2 직접 판매

직접 판매는 판매자가 소비자와 직접적으로 대면하여 제품을 판매하는 방식이다. 영업사원을 이용한 이러한 판매 전략은 가장 오래된 역사를 가진 무점포형 소매업의 하나다. 직접 판매는 산업재시장에서의 직접 판매와 소비재시장에서의 직접 판매로 나눌 수 있다. 이 책에서는 산업재시장의 산업재 판매보다 소비재시장의 소비재 판매에 한정하여 소비재 직접 판매를 기술한다.

1. 방문판매

방문판매는 판매자가 직접 고객의 집이나 사무실 등을 찾아 상품 및 서비스를 제공하는 판매방식이다. 방문판매의 특징은 판매원이 주기적으로 소비자가 편리해하는 장소에서 제품에 관한 설명과 더불어 현장판매를 한다는 것이다. 직접대면을 통해 고객과의 친분을 쌓을 수 있는 장점을 이용하는 것이다. 판매원들은 대부분 일정 교육을 받고 전속 계약직 형태로 회사에 고용되며 판매에 따른 수당을 받는다. 우리나라에서는 화장품, 생활가전, 건강식품, 학습지 등의 교육 분야에서 활발하다.

방문판매로 유명한 회사는 해외의 암웨이^{Amway}, 에이본^{Avon}, 타파웨어 ^{Tupperware} 등과 우리나라의 코웨이, 한국야쿠르트(사례: 방문판매… 여전히 잘 나가며 영역 확장·참조) 등이 있다. 타파웨어는 집주인을 섭외하여 그들을 통해 사람들을 모은 다음 타파웨어 파티를 개최하여 자사의 제품을 전시·판매하고 집주인에게는 할인을 해주거나 판매수수료를 지급하는 방식을 취한다. 에이본이나 암웨이는 판매량에 따른 판매 인센티브를 지급하는 방식을 위주로 하여 판매원이 자신의 매출액뿐만 아니라 자신이 채용한 하위 판매원의 매출액에 대해서도 커미션을 받는 판매방식을 취하고 있다.

방문판매는 주로 개발도상국이나 신흥시장에서 성장하고 있다. 방문판매가 개발도상국에서 활발히 이뤄지는 큰 이유 중 하나는 개발도상국의 유통 관련 기반시설의 부족 때문이다. 근대적인 유통업이 발달하기 위한 기초적인 사회간접자본이 부족하여 방문판매가 발달하는 것이다.

우리나라의 방문판매시장 매출액은 3조 5천여 억 원으로 꾸준히 늘고 있다. 고용창출 역할도 톡톡히 한다. 국내 방문판매원 수는 37만여 명으로 파악되고 있다. 4차산업혁명 시대에도 구시대적으로 보이는 방문판매가 꾸준히 성장하는 이유는 여러 가지가 있다. 모바일폰을 이용한 온라인 쇼핑이 쉽고 편할지는 몰라도 방문판매 특유의 일대일 스킨십의 장점을 대신할 수 없기 때문이다. 고객의 개인적인 특성을 파악해 응대하는 판매자로부터 특별히 대우받고 있다는 느낌을 주는 점은 방문판매의 장점 중 하나이다. 또한 과다한 정보에 노출된 소비자가 정보를 이해하고 분리하여 구매 결정에 사용할 수 있는 시간적 여유가 없는 소비자나 노년층 소비자들에게 직접 맞춤형 제품을 골라주는 대면 접촉이 효과적일 수 있다.

방문판매의 단점

방문판매는 여러 가지 한계점을 가지고 있다. 먼저 방문판매는 부정적 이미지를 가지고 있다. 판매원의 인간적 관계가 상업적인 이익을 위한 제품 판매에 이용되는 경우가 많아 상당수의 잠재고객이 방문판매에 대해 부정적인 생각을 가지고 있다. 일단 방문판매를 통해 제품을 구매한 경우, 소비자가 이전보다 더 호의적인 이미지를 갖는 것으로 나타난다는 보고가 있기는 하나, 방문판매의 부정적인 이미지를 없앨 만큼 강하지 않다.

방문판매의 또 다른 한계점은 여성들의 늘어나는 사회활동으로 인해 집을 방문하거나 전화를 통해 소비자를 만날 수 있는 가능성이 점점 낮아진다는 점이다. 따라서 대면접촉을 위한 시간의 부족 및 적절한 판매장소의 부족으로 인해 방문판매가 제한받는다는 것 또한 방문판매의 한계점으로 작용한다.

방문판매를 위한 판매자 고용이 점점 어려워진다는 것 또한 방문판매의 한계로 작용한다. 개발도상국들은 보통 높은 실업률을 보이는데, 높은 실업률은 인적판매를 바탕으로 하는 방문판매회사의 판매원 고용을 손쉽게 해준다. 하지만 대부분의 판매자는 방문판매회사에 고용된 것이 아니라 판매실적에 준하여 수입을 얻는 독립적인 유통업자로 활동한다. 또한 방문판매의 영업사원은 정규 직업을 얻기 전에 임시로 일하고자 지원하는 사람이 많다. 따라서 쉽게 고용할 수 있지만 이직률이 높은 것은 부인할 수 없는 사실이다.

방문판매를 통한 구매에 대한 소비자의 지각된 위험이 다른 무점포형 소매업의 제품 구매방식보다 더 높다. 이는 위에서 언급한 판매원의 이직률이 높다는 것과 연관되어 있다. 구매 후 서비스를 받기 위해 판매원과 연락을 시도했으나 이미 퇴직하고 없는 경우도 있어 적절한 시간에 적절한 서비스를 받기가 쉽지 않은 경우가 많다.

사례 **방문판매… 여전히 잘나가며 영역 확장**

온라인 시장의 급성장세에도 불구하고 방문판매가 여전히 매력적인 판매 채널로 자리잡고 있다. 대형마트와 편의점 등 소매채널 비중이 갈수록 커지면서 점차 영향력을 잃어가던 방문판매가 '맨 투 맨man to man' 방식으로 경기와 상관없이 소중한 충성고객을 손쉽게 확보할 수 있다는 장점 때문이다.

최근 들어 방문판매는 새 시대에 맞춰 제품군을 넓히고 디지털도 접목하는 등 새 옷으로 갈아입고 있다. '야쿠르트 아줌마'를 통해 요구르트 제품 '야쿠르트'를 국민 제품으로 키워낸 한국야쿠르트는 다양한 제품과 서비스로 재단장했다. 커피 음료 '콜드브루 by 바빈스키'와 치즈크림제품 '끼리치즈' 등으로 취급 품목을 늘린데 이어 가정간편식(HMR) 서비스 '잇츠온'을 내놨다. 또한 과일과 야채 추출물을 첨가한 '하루야채 마스크팩'으로 뷰티 시장에도 발을 내디뎠다.

'콜드브루 by 바빈스키'는 출시 18개월만에 누적판매량 2,200만 개, 매출 450억 원을 달성하는 성과를 냈다. 끼리치즈도 1년간 판매량 250만 개, 매출 120억 원을 기록해 야쿠르트 아줌마의 저력을 다시 한번 확인했다. 또한. CJ 등 다른 업체에 비해 뒤늦게 시장에 뛰어들었지만 기존에 구축한 대면對面 방식의 영업망을 앞세워 비교적 쉽게 건강기능식품 시장에도 안착했다.

1971년 서울 종로 지역에서 47명으로 출발했던 야쿠르트 아줌마는 현재 1만 3,000여 명이 활동하고 있고 이들이 하루에 만나는 고정 소비자만 1인당 평균 170~180명이다. 한국야쿠르트는 전체 건강식품 매출의 90%를 이들 야쿠르트 아줌마를 통해 올리고 있다. 1만 3,000여 명에 달하는 야쿠르트 아줌마는 전국 방방곡곡을 누비며 배달과 판매를 전담하는 국내 '방문판매' 시스템의 효시로 꼽힌다. 한국야쿠르트는 건강기

능식품 사업에서도 비슷한 전략을 앞세워 야쿠르트 아줌마들이 갖고 있는 카탈로그를 통해 제품을 주문하면 본사에서 택배로 집까지 배달해주는 전략을 이용하고 있다.

회사 관계자는 "한 지역에서만 20~30년을 근무하다 보니 고객들의 가정사까지 두루 알고 소소한 경조사까지 챙기는 아줌마들이 많다"며 "그만큼 친밀하다 보니 다소 고가의 제품도 스스럼없이 권유할 수 있고 실제 판매로 연결되는 비율도 높은 것"이라고 설명했다.

건국우유를 생산하는 건국유업&햄은 규모 면에서 다른 유업체보다 상대적으로 열세라는 단점을 방문판매 전략으로 보완하고 있다. 매일 새벽 배달원이 집집마다 방문해 유제품을 전달하는 가정배달이 이 회사 매출에서 차지하는 비중은 63%에 달한다. 대형 할인점이 전체 판매량의 20%를 책임지는 반면 배달 비중이 6%대에 그치는 업계 1위 서울우유와 비교하면 무려 10배나 높은 셈이다.

특히 이 비중은 불황이 기승을 부린 지난 3~4년간 별다른 변동 없이 그대로 유지되어 왔다고 건국유업&햄 측은 설명하고 있다. 건국유업&햄은 "대형마트 같은 일반 소매점은 할인 행사 유무에 따라 매출이 크게 달라질 뿐 아니라 판로를 확대하는 것도 만만치 않다"며 "10년 이상의 장기 고객이 많은 가정배달은 급성장하진 않지만 꾸준한 매출을 낸다"고 전했다. 특히 불황에 일단 허리띠를 줄이고 보는 소비자들도 굳이 우유배달까지는 취소하지 않는다는 것이다.

방문판매를 통해 가장 큰 수혜를 입은 화장품 업체들은 '방판 아줌마'의 상징이었던 커다란 화장품 가방을 벗어던졌다. 아모레퍼시픽은 지난 2015년 선보인 모바일 애플리케이션 '뷰티Q'를 활용해 방문판매 분야의 디지털 혁신에 나섰다. 뷰티Q는 이용자들에게 미용 정보와 특정 제품 사전 예약 등의 혜택을 제공한다. 또 '카운셀러 찾기 서비스'를 통해 신규 이용자가 쉽게 방문판매를 경험할 수 있도록 돕는다.

방문판매 이용자 중 37%가 뷰티Q를 사용하고 있다. 뷰티Q를 통한 구매 결제도 전체에서 18%를 차지한다. 아모레퍼시픽 관계자는 "현재 방문판매 채널의 이용객 수는 약 250만 명"이라며 1964년부터 방문판매를 시작한 아모레퍼시픽은 현재 3만 6,000명에 이르는 '카운셀러'를 통해 '설화수' 등 9개 브랜드를 방문판매하고 있다.

〈이코노믹리뷰〉 2020/1/23, 〈조선일보〉 2017/11/12 〈매일경제〉 2013/11/18 기사 편집

2. 다단계 네트워크

직접 판매기법 중에는 여러 단계에 위치하고 있는 판매원들을 이용하여 제품 판매를 하는 다단계 네트워크multilevel network가 있다. 암웨이, 에이본 등이 다단계 네트워크를 이용하여 제품 판매를 하는 회사인데, 고객이 신뢰할 수 있는 판매자가 권유하면 해당 제품에 대한 구매 의사가 높아지는 소비자들의 특성을 이용하는 판매 형태이다. 대부분은 제품을 구매하기 위한 소비자형 회원이지만 우리나라에 등록된 다단계 네트워크 판매원만 120만 명에 달한다(공정거래위원회 2020).

다단계 네트워크는 판매원이 되고자 하는 사람들을 고용하는 상위유통업자master distributor와 하위유통업자sub-distributor로 이루어져 있다. 상위유통업자는 하위유통업자를 고용하고 훈련시키는 역할을 하고 있다.

다단계 네트워크 내에서 유통업자는 촉진, 법적 소유권, 실질적 소유권 등의 기능을 수행한다. 다단계 네트워크 유통업자들에 의해 수행된 가장 중요한 기능은 촉진기능일 것이다. 왜냐하면 다단계 네트워크 유통업자들은 다단계 네트워크가 사용하는 유일한 촉진수단이기 때문이다.

다단계 네트워크의 소득원천은 세 가지가 있다. 첫째, 하위유통업자의 채용 시 본사가 상위유통업자에게 수수료를 제공하는 것이다. 보통 상위유통업자의 하위유통업자에 대한 교육명목으로 지불한다. 둘째, 하위유통업자에게 상품을 파는 것에 대한 수수료다. 상위유통업자는 본사로부터 물품을 구매하고 이를 하위구성원들에게 되팔아서 이윤을 얻는다. 셋째, 소득원천은 상품을 구매하여 사용하거나 소유하고자 하는 최종소비자에게 상품을 판매함으로써 생기는 마진이다.

도표 3-1에서 볼 수 있는 다단계 네트워크상 유통업자(판매자)의 수입원천은 ① 하위판매자 채용 시, 하위판매자가 지불하는 가입비 중의 일부를 본사로부터 제공받는 수수료다. 만약 채용커미션이 많을 경우, 유통업자가 제품 판매보다는 하위판매자를 찾는데 힘을 집중할 수 있는 문제점이 있다. ② 자신의 물건을 소비자에게 판매함으로써 수입을 얻는다. ③ 하위판매자의 물건 판매량을 자신의 판

매량으로 계산한 후 높아진 인센티브를 제공받는 방식으로 수입을 얻는다.

도표 3-1을 예로 들면, 일반 직접 판매의 경우 재닛^Janet의 최종소비자에 대한 판매액은 200달러이므로 판매수수료는 10달러(200달러×0.05)다. 하지만 다단계 네트워크에서는 하위유통업자의 판매액도 상위유통업자의 판매액으로 계산되므로 재닛의 서류상 판매수수료는 45.5달러(650달러×0.07)가 된다. 이 중에서 하위판매자들의 판매수수료로 수전, 켄트에게 5달러씩(100달러×0.05), 앤, 리사, 폴레트에게 각각 1.5달러씩(50달러×0.03), 그리고 캐서린에게 8달러(12.5달러-4.5달러)를 지불하는 것을 제외한 나머지가 재닛이 실제 수령하는 판매수수료다.

간혹 불법 다단계 네트워크로 인한 문제가 사회적 이슈로 대두되곤 하는데, 다단계 네트워크가 ① 가입 시 거액의 가입금 또는 고액의 물건을 사도록 하거나, ② 본사가 유통업자로부터의 반품을 거부하거나(합법은 본사가 85~90%의 구매가격에 되산다), ③ 하위유통업자 채용 시 상위유통업자에게 거액의 수수료를 제공하는 경우에 불법 네트워크인 경우가 많다. 거래의 원칙에 입각하여 판매자는 제품

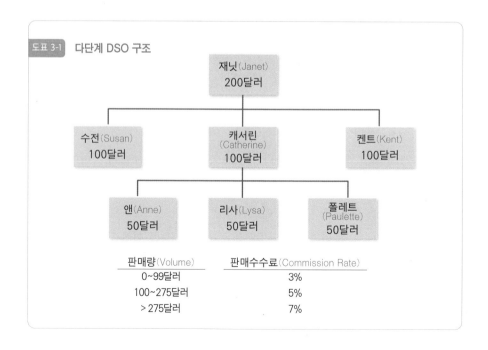

도표 3-1 다단계 DSO 구조

재닛(Janet)
200달러

수전(Susan)
100달러

캐서린(Catherine)
100달러

켄트(Kent)
100달러

앤(Anne)
50달러

리사(Lysa)
50달러

폴레트(Paulette)
50달러

판매량(Volume)	판매수수료(Commission Rate)
0~99달러	3%
100~275달러	5%
>275달러	7%

판매를 통한 보상이 주요 수입의 원천이 되어야지 하위판매자의 채용 및 하위판매자의 판매에서 수입의 대부분을 충당하는 것은 거래의 기본 원칙give and take에 위배된다.

중국의 경우, 불법 다단계 네트워크의 피해를 우려하여 에이본에 인적 판매를 허가하지 않고 가게를 통해서만 화장품의 판매를 허가하다가 최근에야 직접 판매를 허용했다.

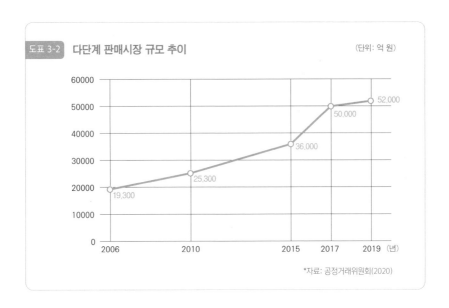

도표 3-2 다단계 판매시장 규모 추이 (단위: 억 원)

*자료: 공정거래위원회(2020)

3. 피라미드 방식

피라미드 방식pyramid scheme은 피라미드 회사의 유통업자가 되기 위해 환불이 불가능한 고액의 가입금이나 상품을 구매하도록 요구한다는 점에서 사기성이 있는 판매방식이다. 기존의 유통업자들은 이후에 참여하는 참여자들(하위판매자)에 의해 구입된 물품으로부터 발생하는 이윤의 일정 부분을 가진다. 따라서 상위판매자는 직접 물건을 팔지 않고도 수입을 얻을 수 있다.

이론적으로 보면, 제조업체나 유통업체는 그들이 제공하는 제품과 소비자가 지불하는 금액의 교환에 의해 수입이 결정된다. 그러나 피라미드 방식의 비즈니스는 이러한 룰을 따르지 않는 예외적인 경우다. 피라미드 방식은 하위판매자의 채용에 의해 상위판매자에 대한 보상시스템이 존재한다. 하위유통업자는 자신의 투자비용을 회수하기 위해 물건의 판매 대신 다른 하위유통업자를 찾는데 집중한다. 만약 유통업자가 하위구성원들을 더 이상 발견하지 못하면 마지막에 위치하는 구성원은 손실을 보게 되고 피라미드는 결국 무너지게 된다. 따라서 이러한 피라미드 방식의 보상시스템은 결국은 누군가가 손해를 입게 되어 경제적으로 불안정한 방식이며, 피해를 입는 구성원이 많을수록 사회적인 불안으로 이어지기 쉽다.

이러한 불안정한 방식의 피라미드 판매를 없애기 위해 합법적인 다단계 판매회사들은 자체의 윤리강령을 만들어 모든 구성원들이 이를 따르도록 하고 있다. 이른바 합법적인 다단계 판매의 윤리강령에 따르면, 다단계 회사에 가입하기 위한 가입비용은 낮아야 하고, 팔리지 않은 제품에 대해 다단계 회사에 반품이 가능해야 한다. 예를 들어, 90% 정도의 구매가격에 반품을 허용한다. 무엇보다도 하위유통업자의 채용에서 얻는 수입보다 최종소비자에 대한 제품 판매에 근거한 수입이 주요 보상이 되도록 비즈니스 모델을 만들어야 한다는 것이 윤리강령의 주요 내용이다.

낮은
가입비

팔리지 않은
상품에 대한 반품 가능

주요 보상을 최종소비자에
대한 제품의 판매에 근거

합법적 피라미드(다단계 판매)

③ 카탈로그 소매업

카탈로그^{catalog} 소매상은 소비자에게 카탈로그를 보내고 소비자는 카탈로그를 보고 전화나 메일로 제품을 주문한다. 의류, 의약품, 비타민 또는 스포츠 용품 등이 카탈로그를 통해 판매되는 주요 제품이다.

미국의 경우, 카탈로그 소매업이 매우 발달해 있다. 역사적으로 카탈로그 소매업은 도시에서 멀리 떨어진 시골지역의 소비자를 대상으로 할 때 성공적이었으나, 요즘에는 쇼핑할 시간이 충분치 않은 맞벌이가정에서 인기가 있다.

우리나라의 경우, 1987년 우체국에서 처음으로 카탈로그 소매를 시작한 이래 카탈로그는 통신판매를 대표하던 업태였으며, 1990년대 후반에서 2000년대 초반까지만 해도 TV 홈쇼핑사들과 함께 재벌 대기업들이 뛰어들면서 카탈로그 시장은 폭발적으로 성장했다. 그러나 2000년대 중반 이후 인터넷 쇼핑의 급속한 성장으로 카탈로그 채널은 점차 침체기에 들어서게 되었다. 대형 전문업체들도 카탈로그를 포기하고, 카탈로그 채널을 주요 채널 중 하나로 유지하던 일부 TV 홈쇼핑 업체들은 50~60대를 타겟으로 하는 카탈로그만을 제작하는 등 다른 채널에 비해 고객충성도가 높은 카탈로그 채널을 유지하려 했지만, 결국 50대 이상의 고객들도 모바일과 인터넷 채널에 익숙해지면서 대부분의 TV 홈쇼핑 업체들이 카탈로그 발행을 중지해 카탈로그 채널의 시장 규모는 전반적으로 축소되고 있다.

카탈로그 소매업의 독특한 특징 중 하나는 카탈로그를 통한 판매회사와 소비자 간의 장기적인 관계유지다. 소비자를 만족시키기 위해서는 소비자에 관한 세세한 정보들을 바탕으로 그들을 세분화된 시장으로 나누고 각각의 시장에 특화된 서비스를 제공해야 한다. 성공적인 카탈로그 업체들은 시장을 세분화하고, 각각의 세분화된 시장들이 관심을 가질 만한 카탈로그를 만들었다. 소비자는 자신이 흥미를 가지고 있는 제품에 대한 정보를 얻었을 때 구매하고 그에 따른 만족을 느낀다. 따라서 이러한 고객만족을 통해 카탈로그 소매업체들은 고객과의 장기적인 관계를 구축할 수 있다.

1. 카탈로그 소매업의 장점

카탈로그 소매업은 점포를 빌릴 필요가 없으며 기업들은 최소의 재고를 가지고 카탈로그 사업을 시작할 수 있다. 즉, 초기 시작비용이 상대적으로 적어서 위험도가 낮은 사업모델이다.

카탈로그는 전문화된 시장세분화를 통해 고객맞춤형 서비스를 제공한다. 소비자에 대한 구매 및 인구통계학적인 자료 분석을 통해 잠재고객을 선택할 수 있고 목표고객에게 그들이 원하는 정보를 제공할 수 있다.

카탈로그는 지리적으로 멀거나 외딴 지역의 소비자도 고객으로 유치할 수 있다. 우편으로 카탈로그를 배달하므로 상대적으로 저렴한 비용으로 목표고객에게 접근할 수 있으므로 고객 유치에 유리하다.

자신이 관심 있는 상품에 관한 카탈로그를 받은 고객은 그 카탈로그를 소지할 가능성이 높다. 또한 비싼(평균 1달러) 프린트 비용으로 인해 고급화된 카탈로그를 고객이 쉽게 쓰레기통에 버리기는 힘들다. 그러므로 카탈로그는 집 안에서 오랫동안 돌아다니게 되고 고객이 그 카탈로그를 다시 볼 확률이 많다. 그러므로 개인에 특화된 정보를 담은 카탈로그는 고객 유치에 유리한 매체다.

카탈로그 소매업의 장점

- 점포를 빌릴 필요가 없음
- 최소 상품으로 사업 시작 가능(초기 시작비용이 적어 위험도가 낮음)
- 시장세분화를 통한 고객맞춤형 서비스 제공
- 우편으로 배달하므로 저렴한 비용으로 목표고객에게 접근 가능
- 개인에게 특화된 정보를 담아 고객 확보에 유리

카탈로그 소매업의 실패와 성공:
시어스 vs 랜젠

시어스Sears는 1893년에 카탈로그 소매업체로 시작하여 100년 후인 1993년에 카탈로그 사업에서 철수했다. 100년만에 시어스가 카탈로그 사업에서 철수한 요인은 몇 가지 점에서 실수를 했기 때문이다.

첫째, 시어스는 고객의 주문을 처리하는 시설이 노후화되어 자동화된 주문 처리를 하지 못했다. 주문을 수기로 받아 적어 오류가 날 확률이 많았다. 따라서 고객이 주문한 제품을 제때 받지 못하거나 주문과는 전혀 다른 제품을 배달받기도 했다.

둘째, 고객정보를 저장하지 않아 카탈로그의 장점인 고객데이터를 분석하여 고객에게 특화된 정보를 전달할 수 없었다. 예를 들어, 옷을 사든 하드웨어 철물을 사든 고객은 똑같이 1,000페이지짜리 동일한 카탈로그를 받았다. 전혀 고객에 특화된 카탈로그를 공급하지 못했던 것이다. 시어스는 1992년에 33억 달러의 매출액을 기록했지만, 1억 7,500만 달러의 손실을 입고 1993년에 카탈로그 채널을 포기했다.

반면에, 랜젠Land's End은 성공적으로 운영되는 대표적인 카탈로그 회사다. 랜젠은 900만 명의 회원리스트를 보유하고 있으며, 45%의 고객은 지난 3년간 한 번 이상 구매한 적이 있는 회원들이다. 회원들이 주문을 하면 자동으로 고객정보를 읽어 고객이 쉽게 주문할 수 있게 한다. 주문된 제품은 90% 이상이 24시간 이내에 고객에게 배달된다. 만약 고객이 제품이 마음에 들지 않으면, 전액 현금으로 반환하고 반품 비용은 랜젠이 부담한다. 아이러니는 카탈로그 채널에서 참담한 실패를 맛본 시어스가 이 채널에서 성공적으로 영업 중인 랜젠을 인수하여 자회사로 거느리게 되었다는 것이다. 전문가들은 시어스가 랜젠을 어떻게 운영할 것인지 주의 깊게 지켜보고 있다.

*저자 주: 시어스는 2018년 10월 파산보호신청을 하며 설립 126년만에 역사 속으로 사라졌다.

2. 카탈로그 소매업의 단점

카탈로그 소매업은 인쇄와 메일 발송에 드는 비용이 발생한다는 단점이 있다. 인쇄 비용이 높으며 메일 발송 비용도 고려해야 할 사항이기 때문에 카탈로그 소매업은 그만큼의 비용 부담을 지니고 있다. 또한 제품 발송을 위한 택배업체의 이용 역시 비용을 초래한다. 그리고 전화 주문을 처리하기 위해 고용된 전문화된 직원들도 비용으로 작용한다. 높은 반품률은 카탈로그 업체를 괴롭히는 요소 중 하나다. 대량판매나 소량 판매의 여부와 상관없이 반품은 반드시 하나씩 처리되어야 하므로 대개 반품 비용을 감당해야 하는 카탈로그 업체의 부담으로 작용한다. 이러한 반품은 소비자가 제품을 직접 만져보거나 착용해보지 못하기 때문에 발생한다. 참고로 미국에서는 의류 반품의 경우 반품을 처리하는 데 평균 10달러 정도를 회사가 소비한다.

한국은 카탈로그 소매업에 관한 까다로운 규정이 존재한다. 한국은 카탈로그를 받겠다고 소비자가 허락하지 않는 이상 일반 대중에게 카탈로그를 발송할 수 없다. 반면 미국의 경우, 카탈로그 발송에 수취인의 허락을 구할 필요는 없다. 따라서 고객 유치의 장점을 가지고 있는 카탈로그를 잠재고객에게 보낼 수 없는 점은 한국에서의 카탈로그 소매업의 발달에 장애요소로 작용하고 있다.

3. 카탈로그 소매업의 이슈

카탈로그 소매업의 가장 큰 이슈는 "점포 소매업의 보완재인가, 아니면 대체재인가?" 하는 문제다. 대부분의 미국 백화점들이 점포형 소매업과 함께 카탈로그 소매업을 동시에 운영하고 있다. 따라서 각 채널에서 적절한 제품의 구색과 가격 정책이 중요한 문제로 대두된다.

카탈로그 소매업은 종종 다른 업태의 소매업과 동시에 다채널의 하나로 사용된다. 시장조사에 따르면 이 두 소매업 형태를 모두 이용하는 소비자는 단일채널을 이용하는 소비자보다 각 채널당 약 20% 더 제품을 구매한다고 한다. 이러한 결과는 점포형 소매업과 카탈로그 소매업이 상호보완적으로 작동하고 있다는 해석으로 이어질 수 있다.

카탈로그 소매업과 점포 소매업에 관련한 상품 구색 이슈가 있다. "점포형 소매업에서 카탈로그 소매업과 같은 상품을 팔아야 하는가, 아니면 다른 상품을 팔아야 하는가?"의 문제다. 카탈로그를 주로 이용하는 고객은 점포나 인터넷을 주로 이용하는 고객에 비해 상대적으로 부유한 경향이 있다. 따라서 카탈로그 채널에서는 좀 더 고가의 고급브랜드를 취급하는 것이 바람직하다.

가격 이슈와 관련해서는 "점포형 소매업과 카탈로그 소매업이 같은 가격으로 팔 것인가, 아니면 다른 가격으로 판매할 것인가?" 하는 문제가 있다. 같은 제품을 판매하는 경우에는 가격 이슈가 등장한다. 동일 가격인 경우, 주문 후 며칠을 기다려야 하고 물건을 직접 볼 수 없는 카탈로그가 상대적으로 불리하다. 하지만 각 채널에서 판매하는 제품이나 브랜드가 다르면 가격은 자연히 달라질 것이므로 문제가 없어진다. 보통 카탈로그 소매업의 고객층이 상대적으로 부유하므로 고가의 제품은 카탈로그 채널을 통해 공급하고, 상대적으로 저가의 제품은 점포형 채널을 통해 판매하는 것이 바람직하다.

카탈로그 소매업의 판매 채널로서의 그 효용가치에 낮아짐에 따른 카탈로그의 대체기능을 통한 역할 재정의에 관한 이슈가 있다. 모바일을 위시한 인터넷 채널의 급성장으로 인해 같은 무점포형 소매업의 하나인 카탈로그는 판매 채널로서의 그 효용가치가 떨어지고 있다. 당장 비용상으로도 카탈로그 채널은 제작 비용과 우편 비용면에서 인터넷 채널에 비해 불리하다. 반면 인터넷 채널은 고객을 확보하는데 높은 비용이 드는 단점이 있다. 이에 따라 판매보다는 고객데이터 분석을 통한 맞춤형 카탈로그로 고객의 관심을 끌고 이를 통해 고객을 확보^{lead generation}하는 채널로서 기능하는 카탈로그를 이용하는 사례도 늘고 있다(참조 사례: Williams-Sonoma사의 카탈로그를 이용한 옴니채널 전략; .14장 복수유통경로와 옴니채널 참조).

사례 **Williams-Sonoma사의**
카탈로그를 이용한 옴니채널전략

카탈로그가 사라져가고 있다. 인터넷이 카탈로그에 비해 더 많은 정보를 제공하고 관련 정보 제공 비용이 더 저렴하기 때문이다. 하지만 미국 홈퍼니싱 업체 윌리엄스소노마^{Williams-Sonoma}는 카탈로그에서 시작해 오프라인 쇼룸, 인터넷으로 이어지는 옴니채널 전략의 중요한 한 축으로 카탈로그를 적극 활용했다. 이 전략의 핵심은 각 채널의 역할을 분명히 하는 것인데, 카탈로그는 고객과 접촉하여 고객을 확보하는 채널로 그 역할을 재정의하고 활용했다. 그 결과 윌리엄스소노마는 동종 업종 기업대비 2배 이상의 지속적인 성장을 이어가고 있다.

윌리엄스소노마는 카탈로그 채널에 강점을 갖고 있는 회사였다. 그러나 인터넷이 등장하면서 카탈로그의 지위가 흔들렸다. 경영진은 카탈로그의 역할을 고객을 점포와 인터넷으로 끌어들이는 '고객 확보 기능'의 마케팅 채널로 재정의했다. 대신 과거 카탈로그에 부여했던 '상품 판매 채널'이라는 짐을 덜어줬다. 또 점포는 고객이 제품을 경험하고 체험하는 쇼룸^{show room}, 인터넷은 최종판매 채널 등으로 각 채널의 역할을 명확히 정의했다.

이렇게 역할이 정해지자 카탈로그는 변신을 시작했다. 단순한 제품 홍보에 그치지 않고 유익한 생활정보를 담기 시작했다. 또 불특정 다수의 고객을 대상으로 한 천편일률적 내용과 무작위 배포 방식도 포기했다. 대신 고객의 연령, 사는 지역, 구매 빈도, 연수입, 취미 등을 고려한 맞춤형 카탈로그로 변신했다. 계절이나 특정한 시기에 맞는 버전도 내놓았다. 월간, 분기별, 추수감사절 등 각기 다른 시기에 맞춰 내용을 달리했다. 고객의 관심을 끌 만한 내용들로 채운 것이었다.

고객의 필요에 따라 가치 있는 정보도 다르게 담았다. 어린이용 가구에 관심이 있을 것 같은 고객에게는 유기농 유아식 만들기 정보를 제공했다. 그 내용은 전문 육아잡지 수준이었다. 이렇게 만든 카탈로그 버전만 50여 개에 달했다. 발행 부수도 연간 4억 부에 이르렀다. 제품 구매에 큰 관심이 없다고 판단되는 고객에게는 분량이 적은 버전을 발송했다. 1년 이상 구매하지 않은 고객은 카탈로그 발송 명단에서 제외하는 것도 잊지 않았다. 윌리엄스소노마 카탈로그의 역할은 한 마디로 고객의 관심 확보였다. 관심 있는 제품의 소개를 통해 구매 심리를 자극하고, 그 다음에는 관심고객을 오프라인 매장에 넘겨서 오프라인 매장이 고객을 서비스하도록 했다.

카탈로그를 본 고객이 직접 매장을 찾으면 직원은 상담과 체험을 제공한다. 예를 들면 윌리엄스소노마 카탈로그를 통해 '새 집 꾸미기'를 주제로 한 다양한 상품 정보를 접한 고객이 매장에 가면 집 안 공간별 테마가 있는 진열 상품을 직접 보고 체험할 수 있도록 했다. 현장 직원은 방문한 고객에게 직접적인 판매보다는 더 많이 보여주고 상담하는 데 주력한다. 오프라인 매

장에는 부피가 작고 계절성이 있거나 화제가 될 만한 상품을 진열하여 '쇼룸'으로서의 역할을 극대화한다.

다음은 인터넷 차례다. 인터넷에서는 고객이 인테리어 팁 , 구매 정보 , 신상품 정보 등을 함께 볼 수 있고 구매를 결정한다. 온라인 쇼핑몰은 고객들이 기본 가구에 어울리는 30여 종류의 천fabric 등 다양한 상품을 볼 수 있도록 꾸몄다. 고객이 구매를 결정할 수 있도록 최대한 다양한 상품을 보여주는 것이다. 부피가 큰 가구류나 이미 잘 알려진 스테디 셀러 , 시즌이 지나간 상품 등도 보여주며 동일 고객으로부터 추가 매출을 올릴 수 있는 기회도 갖는다.

옴니채널을 통해 윌리엄스소노마는 지속적인 구매 및 재구매를 유도할 수 있다. 카탈로그, 매장, 인터넷은 각각의 확실한 역할을 담당하게 된 셈이다. 이런 카탈로그→매장→인터넷으로, 그리고 다시 카탈로그 및 매장으로 이어지는 채널을 통해 관심→체험→구매→재구매라는 선순환 구조를 만들어낸 것이다.

윌리엄스소노마처럼 온·오프라인의 다양한 채널을 성공적으로 활용하려면 고객에 대한 철저한 분석이 필요하다. 고객의 구매패턴을 알아야 채널별로 차별화된 서비스를 제공할 수 있기 때문이다. 윌리엄스소노마는 '추천 엔진recommendation engine'이란 프로그램을 개발해 고객의 인터넷 사용 행태와 오프라인 구매 실적에 따라 맞춤형 상품을 즉석 제안했다. 온라인 채널의 판매정보를 활용하여, 다양한 신제품에 대한 고객의 반응을 온라인에서 살피고 반응이 좋으면 오프라인 쇼룸에 진열하기도 한다.

이 같은 철저한 고객 분석에 필요한 것은 고객 데이터였다. 윌리엄스소노마는 데이터베이스로 만들어진 5800만 가구에 달하는 고객 정보를 갖고 있다. 이를 위해 윌리엄스소노마가 고객 동의를 얻어 수집하는 정보는 680여 종에 이른다. 이 데이터를 가공,고객을 세분화한 뒤 개인적인 상황에 맞는 제품을 제안함으로써 구매하게 만드는 것이다.

〈매일경제〉 2018/9/10, 2016/10/30, 〈한국경제〉 2011/5/26 기사 편집

4 자동판매기

    자동판매기란 동전을 투입하거나 카드를 넣으면 사용자가 원하는 물건이 자동으로 나오는 기계다. 자동판매기는 24시간 판매와 셀프서비스로 언제든 상품 구매가 가능하다는 장점을 특징으로 하며, 주로 파손 가능성이 적은 제품을 판매한다.

    국내의 경우 커피, 담배, 음료수, 즉석라면 등의 다양한 제품 범주에서 자동판매기가 이용되고 있다. 높은 인건비와 지가로 인해 점포형 소매업이 불리할수록 좁은 공간과 최소의 인력만을 필요로 하는 자동판매기의 잠재력이 돋보인다.

도심의 일반 자판기

    이제까지 자동판매기의 성장률은 높지 않다. 이는 자동판매기가 갖고 있는 몇 가지 단점들 때문이다. 첫째, 대체로 저가상품만을 구비하고 있어 제품의 구색이 한정되어 있다. 둘째, 자동판매기는 한정된 정보만을 제공한다. 진열된 제품이 유일한 정보인 경우가 많다. 셋째, 자동판매기는 블루칼라 노동자들이 주요 고객이나, 최근 블루칼라 노동자들의 수는 늘지 않고 있는 추세이다. 넷째, 거래가 실패하여 돈을 지불한 제품이 나오지 않을 경우 보상받기가 쉽지 않다. 따라서 거래 실패의 두려움 때문에 고가 제품을 판매하는 자동판매기는 성공하기 힘들었다.

    하지만 시간당 임금의 증가와 1인 가구의 증가 등의 변화는 자동판매기 채널의 시장확대에 우호적인 환경이 조성되고 있다. 시간당 임금의 증가는 기존의 오프라인 매장의 고용비의 증가로 이어지며 매장 유지 인건비를 줄이려는 시도로 이어지기 마련이다. 또한 소량구매 소량소비를 하며 쇼핑의 시간적 여유가 상대적으로 부족한 1인 가구의 증가는 소량 판매를 위주로 하며 거리상 이점 및 24시간 구매가 가능한 이점을 제공하는 자동판매기 채널의 확대를 가능하게 한다.

이런 환경변화를 바탕으로 자동판매기의 판매상품이 기존의 소액제품에서 중고가의 다양한 제품들이 판매되기 시작하면서, 자동판매기의 주요 이용고객이 확대되고 있다. 신용카드를 이용하거나 햄버거나 꽃을 구매할 수 있는 자동판매기가 도입되기도 하고 인터넷을 통해 정보검색이 가능한 새로운 비디오 키오스크kiosk 자동판매기도 등장하며 기존 자동판매기의 단점을 극복하려는 시도들이 나타나고 있다(사례 '자판기의 놀라운 진화' 참조).

사례 자판기의 놀라운 진화
- 태양열 자판기부터 럭셔리 자판기까지

1925년, 미국에서 근대적 자판기의 효시라고 할 수 있는 담배 자판기가 등장했다. 그 후 음료수, 팝콘 등 판매제품이 늘어났고, 편리함을 추구하는 인간의 욕구를 충족시키며 꾸준히 발전해왔다. 국내의 경우 1977년 롯데가 샤프Sharp사로부터 커피 판매기 400대를 사들이면서 자판기의 역사가 시작됐다. 현재 국내 자판기 수는 60만 대가 넘는다.

자판기는 인건비를 줄일 수 있다. 그뿐만 아니라 심야와 새벽 등 24시간 서비스를 제공할 수 있다는 장점도 있다. 이러한 장점들 때문에 빠른 성장세를 이어올 수 있었다. 하지만 지나치게 시장이 편중되면서 문제가 생겼다. 도심으로 몰린 자판기들은 24시간 편의점의 등장으로 공급초과가 됐다. 제품의 편중도 심각했다. 우리나라 전체 자판기의 절반 이상이 커피 판매기다.

선진국에서도 비슷한 어려움이 있었지만 다양한 해법을 통해 자판기시장을 키워나가고 있다. 스페인의 한 회사는 자판기에 태양열 발전기술을 적용해 경쟁자가 없는 해변과 산으로 시장을 옮겼다. 스페인에서 태양열 자판기는 이미 대중화되었다. 이제는 지중해의 해변은 물론, 영국의 골프장에서도 이용할 수 있다.

부유층을 사로잡은 럭셔리 자판기

태양열 자판기는 제품의 판매지역을 확장함으로써 경쟁을 피했다. 하지만 도심의 두터운 소비층을 유지하면서 기존 경쟁자들을 따돌릴 수 있는 방법도 있다. 바로 제품을 차별화하는 것이다.

채소 자판기

안경 자판기

지금까지 자판기는 주로 커피나 팝콘 같은 값싼 제품들을 취급했다. 선물 자판기와 과자 자판기가 등장했지만 역시 가격은 1,000원짜리 몇 장으로 충분했다. 그런데 최근 미국의 공항 등에 등장한 몇몇 자판기들은 이런 통념을 깨고 있다. 이 '럭셔리' 자판기들은 고급 향수 등 화장품은 물론이고 비싼 MP3(디지털 음악재생기) 아이팟^{iPod}까지 판매한다.

이 자판기들은 제품이 고가인 만큼 디자인도 세련됐으며 기능도 다양하다. 터치스크린$^{touch screen}$을 통해 쉽게 거래할 수 있고, 동전이나 지폐 외에 카드도 쓸 수 있다. 게다가 향수 자판기는 버튼을 누르면 소량의 향수가 뿜어져 나와 어떤 향인지 확인할 수 있다. 반응도 꽤 좋다. 라스베이거스의 맥카렌^{McCarran}국제공항은 럭셔리 자판기 설치로 짭짤한 수입을 올렸다. 같은 면적을 기준으로 했을 때, 지난해 이 럭셔리 자판기가 벌어들인 수익은 일반 매장에 비해 약 42배나 높았다. 덕분에 2005년 처음 소개된 아이팟 자판기는 현재 400곳이 넘는 곳에서 운영된다. 자판기는 손님을 귀찮게 하지 않고, 줄 서서 기다리게 만들지도 않는다. 급하게 가족에게 줄 선물을 사야 할 때, 이들을 이용하면 간단히 '가정의 평화'를 지킬 수 있다.

'별걸 다 파는' 이색 자판기들

고급품을 파는 것만이 차별화의 방법은 아니다. 비싸진 않지만 이색적인 물건을 팔아 차별화에 성공한 자판기들도 많다.

우리나라에서는 편의점에서 사물인터넷 자동판매기를 통해 혼밥 혼술을 즐기는 1인 가구를 대상으로 스테이크이나 삼겹살 등 1인분용 포장육을 판매한다. 이는 인터넷으로 연결된 자판기의 보관온도나 판매 제품의 유통기한 등 제품에 관한 정보를 실시간으로 확인하고 관리 가능한 ICT기술의 발달로 가능한 것이다. 또한 산업통상자원부는 소비자가 성인인증을 하면 냉장자판기의 문이 열리고 구매를 할 수 있는 주류자동판매기를 허용했다.

베스트바이 자판기와 강남고속버스 터미널의 네스프레소 자판기, 플라워 자판기.

자판기 천국으로 불리는 일본에 가면 온갖 종류의 특이한 자판기들을 볼 수 있다. 비좁은 공간과 높은 인건비 때문에 일본의 자판기 문화는 일찍부터 발달했다.

그중에서도 도쿄^{Tokyo}는 특히 다채로운 자판기를 자랑한다. 도쿄의 야구 경기장에서는 우산 자판기를 볼 수 있다. 갑자기 비가 올 경우, 관람객들은 우산가게보다 다소 비싼 가격에도 불구하고 기꺼이 이 자판기에서 우산을 산다.

도쿄의 기차역에는 꽃다발 자판기가 있다. 고객들은 기차를 기다리는 짧은 시간을 이용해 가족이나 연인에게 줄 꽃다발을 산다. 주 고객은 기차를 타고 출퇴근을 하는 사람들이다.

네덜란드에서는 포장된 식품이나 즉석식품이 아닌, 샐러드와 빵 등 신선한 식품을 파는 자판기가 인기다. 주로 일반 음식점들이 문을 닫는 심야에 판매가 많이 이루어진다.

뉴욕New York과 필라델피아Philadelphia에서는 아예 식당 전체를 자판기로 만든 업소들이 등장했다. 치킨과 햄버거, 파이 등 패스트푸드를 판매하는 이들 식당은 인건비와 공간을 절약할 수 있어서, 손님들은 기다리는 시간을 줄일 수 있어서 만족스런 표정이다.

이제 자판기 시장은 판매 인력을 대체하는 초보적인 수준을 훌쩍 넘어섰다. 판매지역은 물론이고, 판매제품에 있어서도 무한확장이 시작되고 있다. 명품백과 고급 목걸이를 사무실 앞 자판기에서 구입할 수 있게 될지도 모른다. 자판기를 통해 언제, 어디서, 무엇이든 구매할 수 있는 시대가 오고 있는 것이다.

〈핸드메이커〉 2021/6/7 〈중앙일보〉 2018/4/6 〈IGM 비즈니스 리뷰〉 2008/2/10 기사 편집

📇 5 TV 홈쇼핑

TV 홈쇼핑은 TV를 이용하여 상품 정보를 소비자에게 제공하고 전화, 인터넷, 및 휴대폰 등을 통해 상품을 판매하는 유통업태이다. 2011년 10조 원을 돌파한 우리나라의 TV 홈쇼핑 업태는 그동안 지속적인 고성장을 구가하고 있었으나 최근 들어 그 성장율이 다소 둔화되고 있는 추세이다.

우리나라 홈쇼핑 고객의 평균 객단가는 16~17만 원에 이르러 미국의 4~5만 원에 비해 매우 높은 구매액을 보이고 있다. 한·미 간의 객단가 차이는, 미국의 경우 주로 저소득층을 목표고객으로 하고 있는데 반해, 우리나라는 중산층을 주요한 고객으로 선정한 것에 힘입은 바 크다.

미국의 경우, 40%의 TV 홈쇼핑 고객이 구매하는 품목은 비교적 저렴한 보석류이며, 다른 주요한 품목 역시 저가의 화장품, 의류, 운동기구 등이다. 따라서 홈쇼핑 업계는 판매품목의 품질을 올리고 좀 더 고가의 의류를 판매하려는 시도를 했으나 성공적이지 못하고 있다.

우리나라의 경우 고가의 의류, 화장품, 전자제품 등을 포함한 다양한 제품군이 TV 홈쇼핑 채널에서 판매되고 있다. 근래에는 아파트(정확히는 아파트 판매 상담서비스)나 상조서비스 및 커플매칭과 같은 기존 상품군에서 벗어난 이색상품까지 판매하고 있다(본문 박스 사례 참조). 기존의 TV 홈쇼핑 회사들이 서로 크게 차별화되지 않았기 때문에 이 같이 독특하고 다양한 제품의 판매는 자사의 제품 구색의 차별화를 통해 타사와 자사를 차별화하려는 홈쇼핑사들의 시도로 보인다.

TV 홈쇼핑 업태는 타유통 업태와 달리 경기상황 변동에 따른 취급 상품을 비교적 쉽게 변경할 수 있다. 백화점이나 대형마트 등 오프라인 유통업체에 비해 고정된 상품을 취급할 필요가 없으므로 상품 구색을 유연하게 변화시킬 수 있어 소비자의 수요변화에 따라 기민하게 대처할 수 있다.

우리나라에서는 TV 홈쇼핑 제품이 고품질의 제품을 상당히 저가에 판매한다

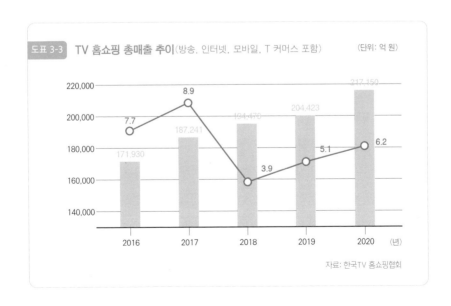

도표 3-3 TV 홈쇼핑 총매출 추이(방송, 인터넷, 모바일, T 커머스 포함)　　(단위: 억 원)

자료: 한국TV 홈쇼핑협회

는 인식을 고객들에 심어주는데 성공하여 TV 홈쇼핑 채널이 다른 채널에 비해 유리한 포지셔닝을 점유하고 있다. 창고형 클럽의 선두주자인 코스트코의 경우도 우리나라 홈쇼핑 채널과 유사한 고품질 저가격의 이미지를 가지고 있는데, TV 홈쇼핑의 이러한 포지셔닝은 코스트코와 마찬가지로 홈쇼핑 채널의 성장에 중요한 요소로 작용하고 있다.

1. 홈쇼핑의 발달요인

우리나라에서의 홈쇼핑의 성공은 크게 네 가지의 환경요소들이 결정적인 영향을 끼쳤다. 첫째, 케이블 TV의 성장으로 전국에 케이블 시청이 원활해졌다는 것이다. 1995년부터 2003년까지 케이블 TV의 가입 가구수의 증가로 인하여 홈쇼핑시장의 지속적인 성장이 가능하게 된 토대가 되어 왔다. 인기 홈쇼핑 채널이 케이블 TV에서 방영되고, 케이블 TV의 황금번호대를 차지하고 있는 것도 우리나라에서 홈쇼핑 업태의 성공에 중요한 요인으로 작용했음을 부인할 수 없다.

둘째, 한국인들의 신용카드 사용이 일반화되어 홈쇼핑 제품 구매에 대표적인 결제수단으로 사용되고 있다. 구매자들이 신용카드의 사용을 꺼려하는 경우 홈쇼핑 제품 판매 시 대금회수에 쉽지 않은 장애가 발생할 수 있다. 따라서 신용카드의 보급률 및 사용도는 홈쇼핑의 발달에 중요한 요소로 작용했다.

셋째, 좁은 지역에 많은 인구가 몰려 사는 한국의 상황은 택배비용의 저렴함으로 나타난다. 따라서 배송 및 반품에 있어 소요되는 낮은 물류비용은 홈쇼핑 채널의 발달에 긍정적으로 작용한다.

넷째, 홈쇼핑 업체들이 대기업을 모기업으로 하는 경우가 많아 구매자들이 안심하고 구매할 수 있다는 이점이 있다. 인터넷 쇼핑의 경우 판매자의 신용이 고객 불만족의 원인으로 작용하고 있어 거래의 안전성이 중요한 요소로 작용한다. 하지만 홈쇼핑은 브랜드파워가 있는 대기업이 운영하므로 구매자들의 제품 구매에 신용이 장애요소로 작용하지 않는다.

TV 홈쇼핑의 저성장과 혁신

2015년 백수오 사건 등에서 홈쇼핑 업체들이 보여준 행태는 대기업이 운영하여 신용에 유리하다는 분석을 무색하게 만든다. 대부분의 홈쇼핑 업체들은 효과가 없는 것으로 밝혀진 제품에 대해 이미 소비했다는 이유로 환불을 거부한 것이다. 각 사가 수백 억에서 천억 원대에 이르는 제품의 판매에 대한 환불을 거부하여 소비자의 이익은 도외시했다. 이는 기존의 홈쇼핑 업태에 대한 소비자의 신뢰를 깎아내리는 행태로 장기적으로 소비자의 신뢰를 바탕으로 성장해야 하고, 특히 소비자의 신뢰가 장점이었던 홈쇼핑 업계의 장점을 정면으로 부정하는 근시안적인 행태이다.

신뢰를 저버리는 행태와 더불어 유통환경은 점점 TV 홈쇼핑 업태에 유리하지 않게 흘러가고 있다. 오늘날의 TV 홈쇼핑 산업은 성숙기 진입에 따른 성장의 둔화와 모바일 쇼핑의 약진을 발판으로 한 인터넷 채널의 시장 잠식으로 점차 부진의 늪에 빠져들고 있다. 온라인 쇼핑이 크게 성장하면서 기존 고객이 대거 이탈하고, 케이블 가입자 수가 포화상태에 이르면서 TV 홈쇼핑 시장이 정체상황을 보이고 있는 실정이다.

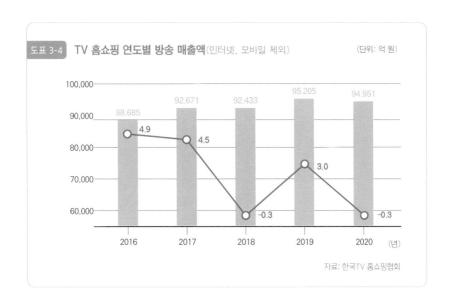

도표 3-4 TV 홈쇼핑 연도별 방송 매출액(인터넷, 모바일 제외)   (단위: 억 원)

자료: 한국TV 홈쇼핑협회

기존 TV 홈쇼핑 업체들은 모바일 쇼핑을 새로운 성장 동력으로 내세우며 온라인 채널의 시장 잠식을 만회하고 있다. GS홈쇼핑의 경우 모바일 채널의 취급액이 전체의 55%를 차지해 TV 홈쇼핑 채널을 능가하고 있다. 또한 유명 인플루언서를 쇼호스트로 이용한 모바일 방송을 하거나 AR을 이용하는 모바일 방송을 하는 TV 홈쇼핑사도 등장하는 등 모바일 채널은 TV 홈쇼핑 업태의 새로운 돌파구로 등장하고 있다.

 사례 **T커머스의 약진**

TV를 보면서 동시에 쇼핑까지 즐기는 양방향 데이터방송인 'T커머스 시대'가 성큼 다가왔다. T커머스는 'TV+커머스(상거래)'를 합친 말로, TV를 통한 상품 검색과 구매를 지원하는 디지털 방송을 뜻한다. T커머스도 별도의 채널을 운영해 상품을 판매하여 홈쇼핑과 유사하지만 홈쇼핑은 정해진 시간에 하나의 상품 정보를 시청자에게 일방적으로 전달하는 반면, T커머스는 상품소개 VOD를 이용하여 아무 때나 시청자가 주도적으로 여러 상품 정보를 확인할 수 있는 쌍방적 개념이다.

T커머스 시장 규모 (단위: 원)

2015년 2500억
2016년 1조
2017년 1조 8400억
2018년 2조 9800억
2019년 4조 1900억
2020년 5조 4100억

자료: 한국TV 홈쇼핑협회

T커머스 서비스는 KTH가 2012년 8월 세계 최초로 독립채널 방식으로 시작했는데, 2012년 IPTV의 보급으로 디지털 TV 전환율이 급격히 상승하면서 T커머스 시장이 만들어지기 시작했다. 최근에는 디지털 방송 가입자 수가 늘면서 성장세가 가파르자 홈쇼핑 업체들까지 앞다퉈 이 시장에 뛰어들고 있다. 한국T커머스협회에 따르면, 지난 2014년 800억 원대였던 T커머스 시장 규모는 2019년 4조 2,000억 원으로 약 50배 이상 성장했다.

T커머스 업계의 가장 두드러진 특징은 대기업 계열 단독 사업자들의 약진이다. 현재 T커머스 업체 10곳 중 5곳(K쇼핑, 신세계쇼핑, SK스토아, 쇼핑앤티, W쇼핑)이 단독 사업자고 나머지 5곳(CJ오쇼핑플러스, 롯데원TV, 현대홈쇼핑 플러스샵, GS마이샵, NS샵플러스)은 기존 5개 홈쇼핑 사업자가 함께 운영하고 있다.

TV 홈쇼핑 4사에 따르면 직전년도에 비해 50% 이상 성장했다. 이처럼 T커머스 채널이 호황을 누리자 TV 홈쇼핑 업계는 채널 확대에 적극적으로 나선다는 각오다. 각 사업자가 인기 채널 번호 확보에 나선 데다 양방향 서비스를 활용한 콘텐츠 차별화, 신기술 기반 쇼핑 서비스를 속속 선보이는 등 마케팅 공세를 강화하고 있다. KTH는 인공지능(AI), 증강현실(AR) 등을 활용한 새로운 쇼핑 서비스로 차별화에 속도를 낸다. AI 기반 대화형 쇼핑이 대표적으로, 국내 최초로 홈쇼핑에서 사용자 목소리만으로 상품 검색부터 결제까지 완료할 수 있는 이른바 '말로 하는 홈쇼핑'을 실현했다.

업계 관계자는 "TV 홈쇼핑이 '성장 한계에 봉착했다'는 평가를 받고 있는 반면 T커머스 시장은 점점 확대되고 있다"며 "T커머스에서는 TV 홈쇼핑보다 더 실험적이고 차별화한 방송이 가능하다"고 강조했다.

〈머니투데이〉 2020/5/20 〈뉴데일리경제〉 2019/6/7 기사 편집

인터넷 홈쇼핑(라이브 커머스)

인터넷 홈쇼핑은 인터넷 스트리밍 서비스를 판매자들에게 제공해 판매자들이 실시간 라이브 방송으로 제품을 소개하고 판매하는 채널이다. 기존의 기존의 TV 홈쇼핑이 일방향인데 반해 인터넷 홈쇼핑은 생방송 중에 시청자들이 코멘트나 질문을 할 수 있고, 이를 보고 판매자들이 즉각적으로 응답할 수 있어, 고객과 판

매자와의 상호작용이 가능한 양방향 미디어 커머스이다.

또한 시청자들끼리도 대화를 주고받으며 구매여부를 결정할 수 있어 판매자와 다수의 시청자들 간의 밀접한 순간네트워크를 형성한다. 이는 소비자들이 인터넷에서 찾는 정보보다 더 생생한 정보를 얻을 수 있고 개개인이 생각하지 못할 수 있는 측면으로 제품을 평가할 수 있어 구매에 도움을 받을 수 있다. 무엇보다도 기존의 수동적인 구매자로서의 소비자가 아니라 제품 구매에 적극 참여하는 능동적 소비자로의 기능이 가능하다.

인터넷 홈쇼핑은 온라인 채널과 기존 TV 홈쇼핑의 단점을 커버할 수 있는 기능을 제공한다는 점에서 성장할 수 있는 이유를 찾을 수 있다. 기존의 온라인 업체들은 사진이나 상품 설명 등 일방적으로 제공하는 정보만을 제공하거나 소비자들은 댓글들에 의존하는 경우가 대부분이었는데 반해 인터넷 홈쇼핑은 소비자가 궁금해하는 점을 판매자와 시청자들 간의 즉각적인 피드백을 통해 실시간으로 정보를 받으며 판매자가 직접 상품을 사용하는 모습의 시청을 통해 상품 및 상품의 이용에 대한 이해도가 높아진다.

또한 대부분의 인터넷 홈쇼핑 업체들은 모바일 웹과 앱을 기본으로 방송을 송출하므로 소비자가 언제 어디서나 방송을 시청하고 구매할 수 있다는 장점이 있다. 이는 기존의 TV 홈쇼핑이 제공할 수 없는 인터넷 홈쇼핑만의 장점이다. 특히 유투브 등을 통해 동영상 플랫폼에서 콘텐츠를 소비하고 정보를 취득하는 경향이 강해지는 트랜드는 인터넷 홈쇼핑이 성장하는 배경으로 작용하고 있다.

인터넷 홈쇼핑은 현재 중국의 e-커머스$^{e-commerce}$ 업체들이 왕성한 활동을 보이고 있다. 특히, 중국의 알리바바는 '타오바오 라이브'를 출시하여 중국 인터넷 홈쇼핑시장의 79%를 점유하고 있다. 거의 독점이라 할 수 있는 시장점유율인데, 알리바바는 코비드19사태로 오프라인의 판매가 힘들어진 중국의 오프라인 상인들에게 무료로 운영도구를 제공하여 신규방송을 전년에 비해 두 배로 늘리기도 했다.

우리나라의 경우, 인스타그램과 페이스북에서 활동하는 인플루언서들이 인터넷 홈쇼핑 스타일의 실시간 판매를 시작한 이래, 오프라인 백화점업체들을 필두로 카카오, 네이버, 티켓몬스터 등 온라인 유통업체들도 인터넷 홈쇼핑 채널에 적극적으로 뛰어들고 있다.

스마트폰 5G서비스가 활성화되면서 동영상 컨텐츠를 이용한 쌍방향 인터넷 홈쇼핑 채널은 더욱더 성장할 것으로 예측된다.

라이브커머스.

에이본^{Avon}은 화장품을 전문으로 판매하는 회사로, 미국을 비롯하여 전 세계 시장에서 다단계 프로그램을 운영하고 있다. 에이본은 '에이본 레이디'라고 하는 2만 5,000명의 판매원^{distributor}을 주력 판매 채널로 이용하고 있다. 이들 판매원은 자신의 판매뿐 아니라 자신들이 채용하고 훈련시키는 사람들의 판매에 대해서도 커미션을 받는 독립적인 판매자들로, 에이본 사업의 핵심 원동력이다.

에이본의 판매원들은 카탈로그를 이용하여 판매하는 방식을 이용하고 있다. 거리에서의 카탈로그 배포는 립스틱이나 페이셜크림 판매를 촉진시키려는 목적보다는 사람, 특히 미래의 에이본 판매원을 사로잡으려는 목적이 더 강하다. 일단 누군가를 붙잡아서 무상으로 화장을 고쳐주고 서비스를 제공한 다음, 서비스를 받은 사람의 이름과 전화번호를 받아 적는다. 그리고 곧바로 '뷰티 컨설팅 미팅' 스케줄을 잡는다. 바로 이 미팅에서 판매원은 에이본 판매의 이득을 열거하는 시간을 갖는다.

1990년대에는 에이본의 판매원 수가 정체돼 있었다. 이 시기에는 판매원에 의한 리쿠르팅보다는 주로 회사의 매니저에 의해 신규사원이 충원되곤 했다. 에이본이 라틴아메리카, 동유럽, 아시아에서 성장하고 있던 반면, 1999년까지 미국 내 에이본 레이디의 수는 이전 해에 비해 1%까지 감소했다.

새로운 CEO는 새 상표, 새 패키지, 새 광고 캠페인을 통해 나이 든 할머니 느낌의 브랜드에 활력을 불어넣는 데 포커스를 맞췄다. 또한 판매원들을 위한 '뷰티-어드바이스' 훈련을 실시하고 에이본의 온라인 판매확대를 추진했다. 그렇지만 에이본의 유통전략의 핵심은 판매원의 확대를 통한 성장에 있었다. 따라서 에이본은 다단계 프로그램을 확대 실시했고 결과는 성공적이었다. 미국 내 판매원 수는 2001년과 2002년에 3%까지 상승했으며, 전년에 전 세계적으로 총 60억 2,000만 달러였던 판매액은 한 해에 4%까지 성장했고 이익은 20% 상승했다. 에이본의 다단계 판매는 쇠락해가는 미국시장에서의 판매력에 다시 활력을 불어넣어주는 데 도움이 되는 듯했다. 하지만 2000년대 후반에 이르러서는 미국에서의 성장이 다시 정체되는 현상을 보이고 있다.

에이본이 당면하고 있는 문제는 외판원의 이직률이 높다는 것이다. 통상적으로 직접 판매 회사는 이직률이 높지만 에이본의 판매조직에서는 이보다 훨씬 더 높다. 예를 들어 한 에이본 판매원이 담당하는 구역에서 한 명의 외판원이 2주간 44명의 신규 지원자를 모으지만 그 중 38명은 떠난다. 에이본은 이직률을 줄이기 위해 리더가 신규 외판원의 판매를 증대시킬 수 있도록 돕는 훈련 세미나를 포함한 각종 프로그램에 투자하고 있다.

현재 다단계 마케팅의 주류는 초창기와는 다르다. 초창기 다단계 판매는 다른 사람을 끌어들여 충원하는 사람에게 수입을 지불하는 전략이 주류였는데, 이는 물의를 일으키거나 종종 비싸고 판매 불가인 상품을 하위판매자에게 전가하는 부작용을 낳기도 했다. 그러나 합법적인 다단계 회사에서 리더의 보수는 신입사원을 모집하는 데서만 근거하지 않고 해당 그룹의 총판매에 근거해서 결정된다. 그리고 이전의 다단계 판매방식에서는 그렇지 않았던 것과 달리, 판매원을 그만두면 초기에 투자했던 투자금의 상당 부분을 되찾아갈 수 있다.

〈Avon.com〉 2020, 〈Business Week〉 2013/11/1, 2003/6/2 기사 편집

1 무점포형 소매업의 장단점을 논하시오.

2 사례 "새롭게 주목받는 방문판매"를 읽고, 판매 외에 유통의 다른 기능을 위해 방문판매를 사용할 수 있는지 고민하시오.

3 직접 판매의 특색에 대해 논하시오.

4 다단계 네트워크의 수입원을 설명하시오.

5 카탈로그 소매업이 기존의 점포형 소매업을 잠식하지 않기 위한 방안들을 모색하시오.

6 피라미드 판매가 합법적인 다단계 네트워크와 다른 점에 대해 설명하시오.

7 우리나라에서 홈쇼핑 채널이 발달할 수 있는 여러 가지 환경요인에 대해 논하시오.

8 우리나라에서 인터넷 홈쇼핑(라이브 커머스)이 발달할 수 있는 여건에 대해 논하시오.

9 TV 홈쇼핑과 인터넷 홈쇼핑을 비교하고 향후 성장성에 관해 논하시오.

참고문헌

최경운(2007), "제조업체의 유통업체 브랜드 대응전략," 『LG Business Insight』, 12월 12일.
Bachman, Justin(2013), "Abon Has No Lipstick for This Pig of a Bribery Probe," Businessweek, November 1.
Brooks, Rick(2004), "A Deal with Target Put Lid on Revival at Tupperware," Wall Street Journal, February 18.
Brynes, Nanette(2003), "Abon Calling Lots of New Reps," Businessweek, June 2.
Coughlan, Anne, Erin Anderson, Louis Stern and Adel El-Ansary(2001), Marketing Channels, Prentice Hall Upper Saddle River, New Jersey.
Fong, Mei(2006), "China Approves Abon Direct Sales In Step That ends an 8-Year Ban," Wall Street Journal, February 28.
Levy, Michael and Barton Weitz(2005), Retailing Management, McGraw-Hill, Boston.

1 무점포형 소매업의 장점이 아닌 것은?

  ① 쇼핑할 여유가 없는 소비자에게 시간의 효용 제공
  ② 데이터베이스를 이용하여 개인화된 서비스 제공
  ③ 가게임대료 등의 비용이 적어 상대적으로 저가에 제품 판매 가능
  ④ 낮음 반품률

2 다단계 네트워크에서 유통업자의 소득원천이 아닌 것은?

  ① 하위유통업자 채용 시 본사가 상위유통업자에게 제공하는 수수료
  ② 상위유통업자가 본사로부터 물품을 구매하고 이를 하위유통업자에게 파는 것에
     대한 수수료
  ③ 최종소비자에게 상품을 판매함으로써 생기는 마진
  ④ 본사가 제공하는 광고촉진비 명목의 수수료

3 합법적인 다단계 판매회사들의 자체 윤리강령의 내용으로 볼 수 없는 것은?

  ① 상위판매자는 직접 물건을 팔지 않고도 수입을 얻을 수 있도록 해야 한다.
  ② 다단계 회사에 가입하기 위한 가입비용은 낮아야 한다.
  ③ 팔리지 않은 제품에 대해 다단계 회사에 반품이 가능해야 한다.
  ④ 하위유통업자의 채용에서 얻는 수입보다 최종소비자에 대한 제품 판매에 근거
     한 수입이 주요 보상이 되도록 비즈니스 모델을 만들어야 한다.

4 판매성과를 개선하기 위해 직접 판매 방식을 사용할 수 있는 환경이 아닌 것은?

  ① 많은 잠재적 소비자가 존재하는 것으로 판단되는 경우
  ② 유통 관련 기반시설이 부족한 경우
  ③ 인건비가 증가 추세인 경우
  ④ 높은 실업률을 보이는 경우

5　카탈로그 소매업의 단점이 아닌 것은?

　　① 인쇄와 메일 발송에 드는 비용 발생
　　② 제품 발송을 위한 택배업체의 이용 역시 비용 초래
　　③ 수취인의 허락 없이 배송되어 쉽게 버려지는 카탈로그
　　④ 높은 반품률

6　자동판매기의 단점으로 거리가 먼 것은?

　　① 한정된 정보만 제공한다.
　　② 거래 실패로 인한 보상의 어려움이 있다.
　　③ 목표시장 접근에 어려움이 있다.
　　④ 주요 고객층인 블루칼라 노동자들이 감소추세다.

7　우리나라에서 홈쇼핑의 성공요소로 볼 수 없는 것은?

　　① 케이블 TV의 성장　　　　　　② 신용카드 사용의 일반화
　　③ 낮은 물류비용　　　　　　　　④ TV 홈쇼핑 입점업체의 낮은 수수료율

8　우리나라 홈쇼핑의 장점이었으나 백수오 사건으로 인해 그 이미지가 퇴색된 요소는?

　　① 신뢰　　　　　② 물류　　　　　③ 빠른 배송　　　　　④ 정보 제공

9　에이본이 현재 당면하고 있는 문제는?

　　① 구색의 빈약　　　　　　　　② 판매원의 높은 이직률
　　③ 높은 가게 임대료　　　　　　④ 복잡한 유통단계

10 고객 유치에 효율적인 채널은?

　　① 방문판매　　　　　　　　　　② 자동판매기
　　③ 카탈로그　　　　　　　　　　④ TV 홈쇼핑

---

1 ④　　2 ④　　3 ①　　4 ③　　5 ③

6 ③　　7 ④　　8 ①　　9 ②　　10 ③

제4장

인터넷 채널

온라인 채널 전성시대

    온라인 쇼핑은 한국 경제의 한 축으로 굳게 자리 잡았다. 현대경제연구원 분석에 따르면 온라인 쇼핑의 부가가치 유발액은 67조 원에 달할 전망이다. 부가가치 유발액은 해당 산업의 수요로 인해 국민 경제 전체에서 직간접적으로 유발되는 부가가치를 뜻한다. 온라인 쇼핑이 만들어 내는 부가가치 유발액이 한국 경제의 '허리 역할'을 담당하고 있는 기간산업들의 부가가치 유발액을 뛰어넘는 수준이다. 석유정제업(23조 2,000억 원), 석유화학(39조 6,000억 원), 철강업(50조 6,000억 원)보다도 많은 부가가치를 유발한 것이다. 온라인 쇼핑의 가파른 성장세는 어제오늘 일이 아니지만, 어느덧 국가 기간산업만큼의 규모로 우뚝 올라선 것이다. 온라인 쇼핑 태동기인 2001년까지만 해도 온라인 쇼핑의 부가가치 유발액은 2조 8,000억 원 수준에 불과했다. 그랬던 것이 2012년에는 10배 가까이 늘어난 28조 원으로 뛰었고, 2015년 45조 원으로 급증했었다.

    현대경제연구원은 "온라인 쇼핑은 의류 · 패션, 생활용품, 가전 · 전자기기 등 제조업에 큰 파급 효과를 미쳤다"며 "부동산 · 임대산업, 정보통신 · 방송산업, 금융 · 보험, 운송산업 등에도 직간접적 파급 효과가 나타났다"고 말했다.

    숫자로 나타나는 경제적 효과 외에도 유통 단계 축소 등 무형의 효과 또한 상당하다. 한국 온라인 쇼핑협회는 "유통은 생산자와 소비자를 중개한다는 측면에서 혈액순환 역할을 하는데, 유통이 효율화되는 것은 경제 전반에 있어서 피가 잘 흐르게 하는 효과를 주는 것"이라며 "온라인 쇼핑으로 기존 유통채널의 판매마진에 비해 훨씬 낮은 마진율로 거래가 가능해진 만큼, 생산자 혹은 소비자가 더 많은 효용을 가져가게 됐다"고 주장했다.

    국내 온라인 쇼핑의 출발은 1996년 6월 1일 데이콤의 사내벤처가 연 온라인 쇼핑몰 인터파크였다. 이어 롯데가 사이버 쇼핑몰을 열었고 1997년에는 신세계닷컴, e현대, 한솔CNS를 비롯해 삼성몰 등 국내 대기업들의 투자가 가속화해 이듬해에는 300여 개로 늘었다.

    1998년 옥션이 인터넷 경매 서비스를 실시했고, 2000년 인터파크가 오픈마켓 컨셉의 G마켓을 설립하면서 기업이 아닌 '개인 판매자' 시대가 찾아오게 됐다. 오픈마켓은 판매자와 소비자를 중개해 거래가 이뤄지는 개념의 온라인 쇼핑몰을 뜻한다.

    2008년 SK텔레콤이 11번가 서비스를 시작하면서 오픈마켓은 전성시대를 구가했다. 이런 가운데 글로벌 기업인 미국 이베이가 2009년 인터파크로부터 G마켓을 인수해 세계적으로 화제를 모으기도 했다. 온라인 쇼핑 시장은 2010년경부터 티몬, 위메프 등의 소셜커머스의 등장, 그리고 2015년 이후 쿠팡의 적극적인 투자와 매출 급성장으로 인해 모바일 쇼핑으로의 무게중심을 급속히 옮겨가고 있다.

G마켓, 인터파크

1 인터넷 소매업

무점포 소매업에서 빠른 성장을 구가하고 있는 채널이 인터넷 소매업이다. 세계적으로 인터넷 쇼핑이 인기 있는 이유는 풍부한 정보를 제공하고 편리하며 경제적이기 때문이다. 전통적 마케팅은 기업에 의해 주도되고 중간상인을 통해 기업이 목표소비자를 찾아가는 활동인 데 반해, 인터넷 마케팅은 판매자가 소비자를, 그리고 소비자가 판매자를 찾아가는 활동이 인터넷을 이용해 원활하게 이뤄지도록 한다. 이 책에서는 인터넷 채널을 'PC를 이용한 인터넷 채널'과 '스마트폰을 이용한 모바일 채널'로 나누어서 접근한다.

인터넷 채널은 판매자가 인터넷을 이용하여 목표시장에 손쉬운 접근이 가능하고, 목표시장이 인터넷을 통해 재화나 서비스 구매를 쉽게 하게 한다. 인터넷 채널의 특징은 소비자와 판매자 간의 상호작용(쌍방향 커뮤니케이션)이 활발하다는 것이다. 이제까지의 마케팅은 한방향 커뮤니케이션으로 판매자가 기존의 4대 매체(신문, TV, 라디오, 잡지) 등의 일방적 통신수단을 이용하여 일방적으로 제품을 광고하고, 구매자는 제시된 제품을 구매할 것인지 여부를 결정해야 하는 수동적인 역할을 강요받았다. 하지만 인터넷은 구매자가 능동적으로 정보를 수집하여 이를 바탕으로 판매자와 동등한 위치에서 제품 구매를 할 수 있는 환경을 조성한다.

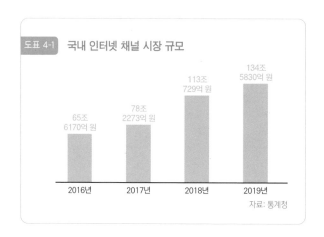

도표 4-1 국내 인터넷 채널 시장 규모

65조
6170억 원 (2016년)

78조
2273억 원 (2017년)

113조
729억 원 (2018년)

134조
5830억 원 (2019년)

자료: 통계청

인터넷을 통한 소비자와 판매자 간의 상호작용(쌍방향 커뮤니케이션)

　제품 출시 후 사용 후기를 인터넷에 올릴 수 있어 구매자와 판매자 사이의 적극적인 상호작용이 일어난다. 미국의 경우, 자동차 구매 시 예전에는 딜러가 정보의 우위를 가졌으나, 요즘에는 인터넷을 통해 소비자가 자동차의 생산가와 출고가에 관한 정보 및 다른 딜러들의 판매가에 대한 정보까지 접할 수 있어 딜러와 소비자가 대등한 입장에서 가격협상을 한다.

　세계 최고의 초고속 인터넷망, 첨단 모바일 및 보안 기술 등 인터넷 소매업의 발달에 필요한 기술 수준은 우리나라가 세계 최고다. 미국 정보기술혁신재단(ITIF)에 따르면 우리나라의 인터넷 광대역망은 15.92점으로 프랑스(11.59점), 스위스(10.78점) 등을 제치고 세계 1위를 차지했다(서울경제, 2008/8/19). 정보통신기술의 발달은 비교적 저비용으로 인터넷 쇼핑몰을 구축할 수 있게 하여 인터넷을 통한 판매가 손쉬워졌다.

　또한 인터넷 소매업의 지불에 주로 이용되는 신용카드 사용에 연말정산 혜택을 주고 있는 한국의 법적 환경은 인터넷 소매업에 우호적으로 작용하고 있다. 이러한 우호적인 기술적·법적 환경을 바탕으로 우리나라의 인터넷 소매업은 급격히 성장하고 있다.

한국에서 인터넷 소매업이 유난히 빠르게 성장하고 있는 또 다른 이유 중 하나는 시간적 여유가 없는 가정이 늘어나고 있기 때문이다. 1인 및 2인 가구가 급격히 성장하고 여성의 사회적 진출 또한 꾸준히 늘고 있어 여유있는 쇼핑을 즐길 시간이 점점 줄어들어 직접 오프라인 매장을 방문하는 것보다 집이나 사무실에서 빠른 주문이 가능한 인터넷 채널이 선호되고 있다.

또한 효율적인 배달네트워크의 발달에 기인하는 바가 크다. 한국은 국토가 넓지 않고 인구가 밀집되어 있어 택배업체들이 효율적인 배달네트워크를 구축할 수 있고, 빠른 시간 내에 비교적 저비용으로 물건을 전달할 수 있다.

우리나라에서 인터넷 소매업은 이미 모든 제품군을 판매하는 주요 채널로 자리 잡고 있다. 방문판매나 매장 방문으로 구매 전에 확인하고 구매하던 화장품도 인터넷 채널의 주요 품목이 되고 있다. 인터넷에 익숙한 10~20대 젊은이들이 쇼핑 무대를 오프라인에서 온라인으로 옮기면서 화장품도 매장이나 방문판매 대신 온라인 시장이 커지고 있다. 최근 3년간 온라인 전용 화장품 시장은 연평균 15%의 성장세를 보여왔다.

최근에는 펀드판매에도 인터넷 채널이 동원되고 있다. 온라인 펀드 판매창구인 '펀드슈퍼마켓'이 공식 출범하여 소비자가 증권사나 은행을 거치지 않고 저렴한 판매보수를 부과하는 각종 펀드를 인터넷에서 구매할 수 있다.

인터넷 채널은 재화의 판매뿐만 아니라 서비스의 판매에도 많은 영향을 미치고 있다. 전통적인 신문은 종이를 이용해서 고객에게 정보를 제공하나 인터넷은 신문사들의 유통에도 변화를 강요하고 있다. 기존의 오프라인을 이용한 신문의 배달은 인터넷을 이용한 기사의 배달로 바뀔 전망이고, 모바일 애플리케이션을 통한 신문사들의 기사제공은 일반화되고 있다.

요즈음의 주식거래는 상당 부분 온라인 거래로 실시되고 있고, 자동차보험과 상품은 인터넷이나 홈쇼핑에서 상당수가 판매되고 있다. 온라인금융연구소인 '온라인 파이낸셜 이노베이션스'에 따르면 기존 은행 지점 채널의 가치창출 비중은 지난 1985년 90%에서 1995년 75%, 2005년 35%, 2015년 15%, 2025년

5% 등 크게 축소될 것으로 전망하고 있다. 반면 온라인 비중은 2005년 25%에서 2015년에는 55%에 이어 2025년에는 80%로 높아질 것으로 예측하고 있다. 지점에서 직원의 얼굴을 보며 처리하던 금융업무가 인터넷을 통한 업무처리로 급격하게 변화하고 있는 것이다. 외국의 경우, 값싼 수수료, 높은 예금금리 등을 제공하는 순수 인터넷 전문은행이 인기를 끌고 있다. HSBC, ING 등의 회사들은 별도의 인터넷뱅크 사업부와 브랜드를 만들어 10여 개국에서 온라인 영업을 활발히 하고 있다.

우리나라의 경우 유통산업발전법의 시행으로 신규매장 출점에 어려움을 겪고 의무 휴업 등으로 인해 판매일수가 줄어들게 된 대형마트들은 인터넷 채널을 강화하는 방향으로 움직이고 있다. 아직 인터넷 부문의 매출이 오프라인 매출의 일부분에 불과하긴 하지만 고속성장을 하고 있으며 이러한 추세는 당분간 계속될 것으로 보인다.

 사례

중개·직매입 안 가린다… 유통업태 경계 무너져
온·오프라인 유통 구분도 없는 '무한경쟁'

다수 판매자와 다수 구매자를 중개하는 오픈마켓이 직접 상품을 매입 판매하며, 반대로 오프라인 대형 유통업체들은 온라인 채널을 위해 오프라인 매장이 보조하게 하는 등 최근 유통에서는 온라인과 오프라인의 경계가 사라지며 전면적인 경쟁이 시작되고 있다. 폭발하는 모바일 쇼핑 시장에서 고객을 선점하기 위해서라면 뭐든 시도하는 분위기로, 더 나아가 대형 오프라인 마트가 온라인 · 모바일 전용 물류센터를 대대적으로 짓거나 실시간 최저가 경쟁을 마다하지 않고 있는 것이다.

유통업계에 따르면 대표적 오픈마켓 11번가는 상품을 직접 매입 · 판매하는 서비스를 시작했다. 지금까지 11번가는 사이트 내 거래를 중개하는 오픈마켓 서비스에 주력했지만, 이제 전문 상품기획자(MD)가 선별한 상품을 구입해 소비자들에게 직접 팔고 재고와 사후관리까지 책임진다는 얘기다. 현재 대형마트나 쿠팡·티몬 등 소셜커머스 업체들의 영업 방식과 같다.

대표적 오픈마켓 업체인 G마켓이 단순히 거래 중개 역할에 머물지 않고 직접 상품을 선정해 고객들에게 적극적으로 제시하는 '딜(deal)' 형태의 거래를 늘리는 것도 같은 맥락이다. G마켓 '슈퍼딜' 상품의 경우 G마켓이 직접 사들인 것은 아니지만, G마켓 상품군별 영업실장이 가격·질·재고·트렌드(유행) 등을 직접 따져 엄선한 제품을 모바일 쇼핑에 가장 적합한 방식으로 소개한다는 점에서 쿠팡·티몬 등의 영업 방식과 유사하다. G마켓은 18개로 시작한 슈퍼딜 상품 수를 최근 네 배 이상인 84개까지 늘렸다.

반대로 쿠팡은 직접 상품을 사들인 뒤 소비자에게 파는 '리테일 서비스'뿐만 아니라 판매자와 소비자를 연결하는 '마켓플레이스(오픈마켓)' 서비스도 하고 있다. 아마존과 같이 직매입과 오픈마켓을 동시에 서비스하는 것이다. 유통업계 관계자는 "일단 이 사이트에 들어가면 없는 물건이 없다는 인식을 소비자들에게 심어주는 것도 전자상거래 업체의 중요한 경쟁력인만큼 소셜커머스가 오픈마켓 병행으로 자신들의 약점을 보완하는 셈"이라고 설명했다.

이마트가 올해 초부터 공격적으로 온라인 전문업체들과의 '최저가 전쟁'에 나서고, 서울·수도권 지역에 온라인 전용센터를 6개까지 늘려 현재 55% 수준인 당일 배송 비율을 두 배인 100%까지 끌어올리겠다는 계획을 실행하고 있다. 결국 마트는 마트끼리, 온라인몰은 온라인몰끼리 경쟁하는 구도가 더 이상 의미가 없어졌다는 판단에 따른 것이다.

롯데마트도 온라인몰과의 전면전을 하고 있다. 경기도 김포에 연면적 2만 9천 500㎡(지하 1층~지상 5층) 규모의 온라인 전용 물류센터를 완성했다. 1천억 원이 투입된 김포 물류센터는 2만 5,000여 개 상품(단품기준)과 현재 롯데마트의 온라인 1일 주문 건수(1만 건)를 모두 소화할 수 있는 능력을 갖췄다. 이 물류센터 완공으로 롯데마트 서울 서부 및 경기·인천 지역 11개 지점의 당일 배송 건수가 2~4배로 늘고, 당일 배송 시간대도 '오전 10시~오후 9시'에서 '오전 9시~오후 10시'로 2시간 늘었다.

유통업계 관계자는 "긴 소비침체 속에 유통업체들이 살아남기 위해서는 온·오프라인 가릴 것 없이 다른 유통사들이 성공한 영업방식을 모두 벤치마킹해 접목할 수밖에 없는 실정"이라며 "따라서 갈수록 유통업체들의 서비스 방식이 비슷해지고, 가격이나 배송 등 보편적 쇼핑 요소에서의 차별화도 쉽지 않을 것"이라고 전망했다.

〈조선일보〉 2019/5/12 〈한경〉 2016/4/13 기사 편집

또한 강제휴무를 하게 되어 매출에 손실을 입게 된 SSM 역시 시간에 구애받지 않고 쇼핑을 할 수 있는 인터넷 채널을 적극 활용하고 있다. 1일 인터넷 배송횟수를 늘리거나 주문 후 배송시간을 단축시키는 등 소비자가 편리하게 인터넷 쇼핑을 할 수 있도록 하고 있다.

인터넷 채널은 지속적으로 성장하여 세계 각 나라에서 주요한 유통채널로 성장하고 있다. 인터넷 채널이 가장 발달한 중국과 미국뿐만 아니라 우리나라와 영국을 비롯하여 일본 등의 나라에서 인터넷 채널이 급속도로 발달하고 있다(도표 4-2 참조). 미국에서는 2019년 온라인 채널이 오프라인 채널의 시장점유율을 추월했고, 성장율로만 보면, 중국, 미국, 한국, 영국, 일본 순으로 인터넷 채널이 성장하고 있다.

도표 4-2 온라인 유통 상위 5개국 매출

중국	$1,989.45
미국	$600.63
UK	$137.08
일본	$113.63
한국	$86.59

자료: eMarketer, 2019/04

1. 인터넷 소매업의 주요 소비자

인터넷 채널을 이용하는 주요 소비자에 대해 평균구매액과 이용률 및 활용도로 나누어 알아보자. 1~2인 가구가 늘어나면서 인터넷 채널에서도 소포장·소용량 제품들이 많이 팔리는 경향이 있으며, 대체로 인터넷 쇼핑의 객단가는 9만 원으로 해마다 증가하는 추세를 보이고 있다. 1회당 구매액으로 보면 30대가 약 9만 4,000원을 지출하여 가장 많은 지출을 하고 있고, 그다음으로 40대(9만 원),

20대(8만 4,000원), 50대(7만 5,000원), 10대(5만 원) 순으로 나타났다.

이용률로 보면, 20대가 인터넷 쇼핑 이용률 82.2%를 차지하며 가장 높은 이용률을 보였다. 20대를 좀 더 세분화하여 살펴보면 18~25세에 해당하는 소비자는 제품 구매를 위해 인터넷을 이용하는 경향이 있다. 반면에 26세~45세의 소비자는 제품 구매보다는 정보 탐색을 위해 인터넷을 이용하는 경향이 더 많다. 따라서 20대 이하에서는 판매에 좀 더 중점을 두는 인터넷 채널전략을 구사하고 다른 연령대에서는 정보 제공에 좀 더 노력을 기울이는 등 연령별로 차별화된 인터넷 채널전략이 필요하다.

미국에서는 평균적으로 연 3만 5,000달러에서 9만 달러 사이의 소득층이 주 이용자로 나타났고, 고등교육을 받은 소비자가 인터넷 채널을 더 많이 이용하는 경향을 보였다. 직업별로는 전문직이나 경영 관련 직업이 전체 인터넷 구매자의 32%를 차지한다. 성별로 보면 여성의 64%, 남성의 51%가 인터넷 쇼핑을 이용하는 것으로 나타나 한국과 마찬가지로 여성의 이용률이 더 높은 것으로 밝혀졌다.

2. 인터넷 채널이 유통구조에 미친 영향

탈중간상화

인터넷은 개개의 거래비용을 최소화할 수 있는 여건을 제공하여 탈중간상화 Disintermediation를 가능하게 했다. 탈중간상화란 유통업체들이 제거되고 제조업체들이 직접 소비자에게 제품을 판매하는 것이다.

주문 처리, 서비스, 교환, 촉진 등의 비용을 고려할 때, 거래횟수의 감소는 유통이 창출하는 가치 중 하나다. 하지만 탈중간상화는 인터넷이 모든 고객을 연결할 수 있으므로 기존의 유통업체를 거치지 않고 생산자와 소비자 사이에서 재화와 서비스의 직접거래가 가능하다는 의미다. 즉, 인터넷 채널은 개개의 거래비용을 최소화할 수 있는 여건을 제공하여 탈중간상화를 가능하게 했다. 고객정보의 분석을 통해 틈새시장niche market을 찾아내어 접촉할 수 있으며, 고객에 특화된 서비스를 제공할 수 있고, 고객은 신속성과 편리성이라는 점에서 결국 생산자가 직접 공급하는 인터넷을 선호할 것이라는 생각이었다.

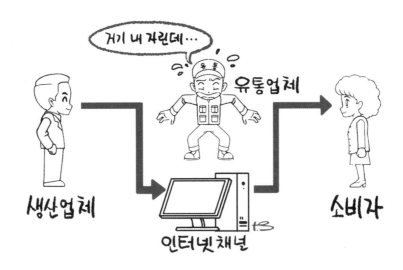

2007년 이전의 Dell의 유통구조는 탈중간상화의 가장 좋은 예다. Dell은 대량의 PC를 인터넷 및 카탈로그를 통한 직접채널로 소비자에게 판매했다. 탈중간상화는 Dell이 유통업체와 판매이익을 나눌 필요가 없다는 것을 의미한다. 그리고 가격인하정책을 실시할 경우, 이를 소비자에게 신속하게 적용할 수 있었다. HP의 경우 소매상이 기존에 비싸게 산 컴퓨터 재고를 모두 소진할 때까지 가격할인정책이 즉시 발휘되지 않았다. Dell의 직접 판매는 소비자의 주문 후 생산이 가능하여 재고를 줄이는 효과를 가져왔다. 하지만 HP의 경우에는 유통업체의 창고에 PC를 저장해야 하므로 상대적으로 수요예측이 더 중요하다.

하지만 탈중간상화는 유통의 보편적인 현상으로 나타나지 않았다. 탈중간상화는 생산과 유통의 분리라는 분업의 원리에 어긋났고, 직접 판매 시 수반되는 낱개의 주문 처리 및 배송에 들어가는 비용이 만만치 않았기 때문이다. 실제로, 1990년대 말에 등장한 많은 인터넷 소매업체들은 개개의 주문 처리를 위한 시설(컴퓨터서버, 자동화된 창고) 등으로 엄청난 비용을 지불해야 했고, 단기간에 비용을 감당할 만한 매출을 올리지 못한 대부분의 회사가 도산했다.

재중개화

직접채널로 유통업체를 없애는 탈중간상화보다 오히려 인터넷을 이용하여 중개기능을 강화하는 재중개화^{Reintermediation}가 유통의 주요 현상으로 나타났다. 재중개화란 인터넷 소매업체가 기존 유통경로에 추가되거나 기존 경로 구성원을 대체 또는 병립하여 중개자로서 생산자와 소비자를 연결함으로써 가치를 창출하는 것이다. 아마존닷컴$^{Amazon.com}$, 익스피디아닷컴, 오토바이텔닷컴$^{Autobytel.}$ ^{com} 등이 여기에 속한다.

미국의 경우, 익스피디아닷컴, 오르비츠닷컴, 트래블로시티닷컴 등의 온라인 여행사들이 기존의 대리점들을 대체하며 대리점이 수행했던 고객 확보 기능을 하고 있다(제1장 사례 "미국 온라인 여행사 – 항공사 사투" 참조).

미국의 오토바이텔닷컴은 자동차를 구매하고자 하는 소비자에게 자동차 및 자동차딜러에 관한 정보를 제공하여 소비자와 자동차딜러들을 연결시켜주는 중개기능을 실행하고 있다. 오토바이텔닷컴의 웹사이트에서 소비자는 자신의 집 근처에서 저렴한 가격에 판매하는 딜러를 손쉽게 찾을 수 있다. 따라서 낮은 가격을 지불하여 차를 구매할 수 있게 되어 소비자가 얻는 가치는 싸게 산 만큼 커지게 된다. 딜러 역시 고객을 쉽게 확보할 수 있는 이점을 누리게 된다. 따라서 재중개화현상으로 인해 유통경로를 길게 만들고 있음에도 불구하고 구매자와 판매자가 얻는 가치는 더 커지는 가치창출현상을 보이고 있다.

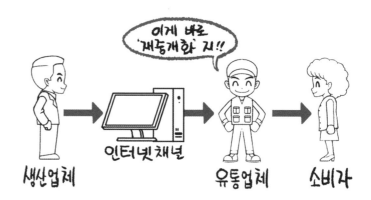

온라인 음원유통채널의 변화시도: 바른음원협동조합 출범

프로젝트 밴드 달빛요정역전만루홈런 이진원(1973~2010)의 갑작스런 죽음은 아직 기억되고 있다. 〈절룩거리네〉〈어차피 난 이것밖에 안 돼〉 등 대박까지는 아니더라도 히트곡을 낸 그의 음원 수입이 턱없이 적었다는 사실이 알려졌다. 가수 싸이가 강남스타일로 2012년 음원부분에서 25억 원 정도의 수익을 거둔 반면, 한국에서는 고작 6,500만 원 정도로 추정됐다. 이후 불합리한 음악시장 생태계에 대한 지적이 나올 때마다 이들의 사례가 언급되고 있다.

그 후 지금까지도 음원유통의 문제점은 여전하다. 특히 이진원 죽음 당시 가장 큰 문제로 지목된 음원 수익 분배 비율의 불공정성은 해결되지 않고 있다. 서비스 사업자 40%, 제작사 44%, 저작권자 10%, 실연자 6%로 분배된다. 저작권자에는 작곡 · 작사 · 편곡자가 포함됐다.

예컨대, 월 3,000원의 무제한 스트리밍 서비스로 100곡을 이용할 경우 수익은 음원서비스 업체(40%)에 1,200원이 배분된다. 제작사에게는 44%인 1,320원이 돌아가지만 100곡이 100개 제작사에서 제작됐다고 가정했을 때 1개 제작사에게 분배되는 실정산액은 13.2원이다.

멜론, 올레뮤직 등 대기업이 운영하는 음원사이트가 음원시장을 장악한 상황에서 카카오와 세계 최대 스트리밍 플랫폼 스포티파이Spotify가 국내 음원시장에 진출했다. 이 같은 현실에서 음악시장 생태계 복원을 위한 바른음원협동조합이 2014년 창립총회를 겸한 출범식을 열었다.

바음협 이사장으로 취임한 록밴드 시나위의 리더 겸 기타리스트 신대철 씨는 '나는 음악인이다. 음악을 하는 것이 가장 즐거움에도 음악을 하지 않고 이렇게 나선 이유는 아이러니하게도 음악을 하고 싶어서'라고 밝혔다. '예술가에게 배고픈이란 수식은 언제나 따라다녔다. 그러나 지금은 의미가 다르다'면서 '음악을 만드는 이보다 파는 이가 압도적인 수익을 올리고 있기 때문'이라고 지적했다.

생산자와 소비자가 모두 만족할 수 있는 플랫폼을 만드는 것이 목표다. '일부에서 냉소적인 시각이 있어요. 거대한 공룡 시장에 포유류가 들어왔다고 비웃을 수 있죠. 하지만 결국 포유류가 이겼어요.' 그는 대기업을 공룡, 자신들을 포유류에 비유한다. '빨간불이라도 다 같이 가면 건널 수 있습니다.'

바음협의 문제제기로 정부는 2015년 창작자 권익 강화를 위한 '음원 전송사용료 개선방안'을 발표했다. 안에 따르면, 수익배분 비율을 국제적인 기준으로 조정(음원 다운로드의 경우 플랫폼 회사의 몫을 기존 40%에서 30%로 줄이고, 스트리밍은 기존 40% 유지), **과도한 할인율 제한**(묶음상품 할인율 최대 75%를 65%로 하향 조정), **곡당 사용료 인상**(음원 스트리밍 월정액 3.6원에서 4.2원으로, 다운로드의 경우 360원에서 490원으로 조정), 음악산업발전위원회 운영을 통한 권리자–사업자 간 상생의 장 마련, 한국음반산업협회에 사용료 결정의 자율성 부여 등이 포함됐다. 하지만 이에 대해, 바음협 측은 "유료 음원 소비자들이 대다수 이용하는 '스트리밍 서비스'의 수익분배 비율은 변함이 없고, 이제는 사양화돼가는 '다운로드 상품'에 대해서만 수익 분배 비율이 조정돼 생색내기"라고 주장했다.

바음협이 가장 먼저 추진할 사업은 디지털 음원서비스 플랫폼 개발이다. 이를 통해 생산자에게 80%를 돌려주는 것이 목표라고 말했다. '업계 점유율 5%만 가져가도 가능할 것'이라는 예상이다. 이와 함께 디지털 음원 서비스 플랫폼 운영 및 콘텐츠 사업, 음원 유통, 캐스트 사업 등을 계획 중이다. 공연사업, 해외 음원 유치 사업 등도 장기적으로 계획하고 있다.

록그룹 넥스트 멤버 겸 솔로 가수 고 신해철은 '파란불이라도 사람을 밟고 가면 범죄'라며 대기업을 겨냥했었고, 힙합듀오 가리온 멤버 MC메타는 '음악인들이 음악만 하고 행복하게 웃을 수 있는 나라가 되는데 보탬이 됐으면 한다'고 바랐다. 바음협 출범 전부터 신대철을 지지해온 가수 리아는 '처음에는 힘들 것 같다'면서도 '해외 음원 유치 사업 등 다른 음원사이트와 차별되는 지점이 있어 희망이 있을 것으로 본다'고 봤다.

〈조선일보〉 2017/7/5, 〈뉴시스〉 2014/7/14일 기사 편집

저자 주: 2015년 바음협은 기술을 제공하기로 한 비손 컨텐츠와 MOU를 체결했고, 이후로도 플랫폼을 만들기에 심혈을 기울여왔다. 현재, 공개되진 않았지만 프로토 타입이 나와 있는 상황이나, 서버비용이나 음원 사용 비용 등 자금 문제가 발목을 잡아 플랫폼 사업은 빠른 진행을 보이지 않고 있다.

3. 인터넷 채널의 장점

인터넷 채널을 이용함으로써 소비자가 갖는 가장 큰 이점은 편리성이다. 편리성이란 소비자가 상품을 구매하는 데 있어 시간적·공간적 제약을 받지 않는다는 것을 말한다. 원하는 시간에 편리한 장소에서 제품을 구매할 수 있다는 것은 점포형 소매업과 비교해볼 때, 인터넷이 제공하는 큰 혜택이다.

인터넷 소매업은 인터넷을 이용하여 제품을 판매하므로 점포 임대료 및 판매원 인건비를 줄일 수 있어 다른 채널에 비해 비용이 저렴하다. 물리적인 진열공간이 필요 없기 때문에 저렴한 비용으로 상품의 전시, 판매가 가능하다. 사이버 공간에 전시하는 데 필요한 소프트웨어 개발비용과 실제 운용비용은 유형점포의 값비싼 획득, 운영비용에 비할 바가 못 된다.

제품들 간 비교가 용이하다는 것은 인터넷 채널의 또 다른 이점이다. 소비자는 검색엔진의 도움을 받아 해당 상품에 대한 여러 판매기업 간의 정보뿐 아니라 유사상품에 대한 정보까지 얻을 수 있다. 또한 인터넷 채널은 상품의 특성, 장점, 사용법 등 많은 정보를 손쉽게 제공한다. 반면에 점포형 소매업은 판매사원을 훈련시켜야 하고 또 이들이 숙달되면 다른 곳으로 스카우트되어 다시 판매사원을 고용하여 훈련시켜야 하는 단점이 있다.

인터넷 채널은 소비자뿐만 아니라 기업에도 여러 가지 이점을 제공한다. 첫째, 인터넷을 이용하면 정보처리의 효율성이 증가한다. 인터넷을 통해 주문을 받음으로써 저렴한 비용으로 주문 처리가 가능하다. 점포형 소매업과 같이 사람이 주문에 개입할 경우에는 인건비 및 주문 처리의 효율성을 고려할 때 비용이 많이 소요된다.

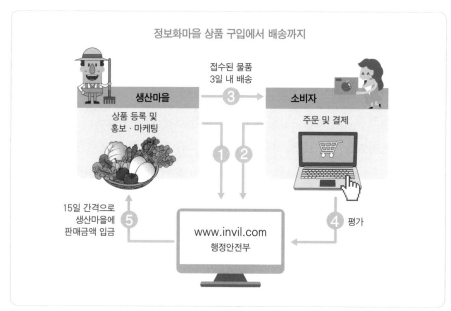

2002년부터 '정보화마을'이라는 브랜드를 만든 행정안전부의 웹사이트

243개 농촌마을이 이 사이트를 통해 소비자와 직거래 판매를 한다. 정보화마을은 정보화 사각지대인 농촌지역에 인터넷을 보급하고, 이를 통해 농가소득을 늘리기 위한 목적으로 2001년 행정자치부(현 행정안전부)가 시작했다. 현재 전국에 338개의 마을이 있다. 정보화마을로 선정되면 초고속 인터넷망·PC를 갖춘 마을정보센터와 마을 홈페이지 개설 비용 등으로 3억 원가량이 지원된다. 주민은 전자상거래를 통해 지역특산품과 농촌체험상품을 팔 수 있다.

둘째, 인터넷 채널은 소비자와의 관계를 좀 더 손쉽게 관리하게 한다. 인터넷을 통한 구매는 모든 기록을 서버에 저장할 수 있기 때문에 고객의 인구통계학적 자료(연령, 직업 등)와 구매행위(구매량, 구매빈도 등)를 연관시켜 분석하면 개별고객의 특성 및 욕구에 맞는 마케팅 전략을 수립하는 것이 가능하다. 따라서 인터넷 채널은 차별화된 재화와 서비스 제공으로 고객만족을 가능하게 한다.

셋째, 다른 무점포형 소매업과 마찬가지로 인터넷 채널은 물리적인 거리의 제한 없이 제품 판매를 가능하게 한다. 국경 밖으로의 판매도 비교적 손쉬워 이론적으로는 판매의 글로벌화도 쉽게 달성된다.

4. 인터넷 채널의 단점

인터넷 채널이 가지는 첫 번째 한계점으로는 실제 상품과의 접촉 부족을 들 수 있다. 인터넷을 통해 판매되는 상품은 직접 보거나 만져볼 수 없다는 한계점으로 인해 반품이 많다. 미국의 경우, 소비자가 여러 사이즈의 옷을 구입한 후 마음에 드는 옷만 고르고 나머지는 반품하는 경우가 많아 인터넷 의류판매업체들은 만족스런 판매량에도 불구하고 높은 반품률로 고전하는 경우가 많다.

둘째, 상품을 소유하기까지 시간이 걸린다는 것은 또 다른 단점이다. 특히 비교적 성격이 급하다고 인식되는 우리나라 사람들에게 부각되는 인터넷 소매업의 단점이다. 인터넷을 통한 상품구매는 주문까지는 매우 빠르지만 주문 후 창고에서 물건을 찾아 포장하고 배달하기까지 시간이 소요된다. 저가 상품인 경우, 주문 처리비용 때문에 가격을 부담스럽게 올리는 경향이 있다. 그리고 물류시스템이 효율적이지 않을 경우 이러한 단점은 더욱더 부각될 수 있다.

이러한 배달시간의 단점을 보완하기 위해서 최근 유통업체들은 '새벽배송' '일일배송' 등을 내세우며 주문 후 빠른 배달을 위해 많은 노력을 기울이고 있다. 과거와 달리 주문 후 몇 시간 안에 받는 것이 대세로 작용하고 있다. 빠른 배송을 위해서 유통업체들은 창고 및 물류시스템에 많은 자금을 투자하고 있다.

셋째, 인터넷 채널의 보안에 관한 우려가 존재한다. 소비자는 잘 알려지지 않은 인터넷 쇼핑 사이트나 인터넷 판매자를 통해 상품을 구매하는 것을 꺼린다. 일본 사람들의 경우, 보안에 대한 우려로 신용카드를 쓰는 것을 좋아하지 않고 현찰을 선호한다. 고객이 신용카드 사용을 꺼리는 경우, 신용카드 지불방식을 주로 이용하는 인터넷 소매업은 불리한 상황에 처하게 된다. 따라서 신용카드 이외의 지불방식을 제공하지 않는 한, 인터넷 소매업이 소비자의 주요 구매채널로서 이용되기는 힘들다.

5. 인터넷 채널의 이슈

인터넷 채널은 반품, 환불에 대한 소비자의 불만이 많다. 주문한 물건이 PC 화면에서 본 것과 달라서 교환을 요구하면 제품에 하자가 없어서 들어줄 수 없다고 대답하는 경우라든지 재고를 가지고 있지 않으면서 주문을 받아 몇 주 후 소비자가 거래를 취소해야 하는 사례도 있다. 소비자보호원에 따르면, 사회가 성숙해지면서 소비자 불만 상담 건수가 줄어드는 추세인데, 인터넷 쇼핑은 예외로 오히려 늘어나고 있다. 인터넷 소매업이 급속히 성장하고 있어 서비스 및 제반 체계가 성장속도를 따라가지 못해 소비자 불만도 함께 늘어가는 것으로 보인다.

반품 및 환불에 대한 소비자의 불만

원제품의 모조제품을 팔거나 제품불량으로 인한 불만이 많다는 것도 큰 문제점이다. 모조제품이 많이 판매되어 고객이 피해를 입어도 온라인 쇼핑 운영회사는 입점한 소매상의 책임이라고 하며 책임을 지지 않으려는 경향을 보인다. 따라서 일부 인터넷 쇼핑몰은 모조제품에 110% 보상이나 브랜드 보호 프로그램을 도입하는 등 나름의 보완책을 내놓고 있다. 소비자와 판매자 간의 신뢰를 형성하는 것이 중요하기 때문이다.

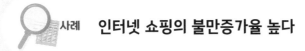

사례 인터넷 쇼핑의 불만증가율 높다

직장인 김 모씨는 얼마 전 A오픈 마켓에서 '마크 제이콥스' 스커트를 주문했다. 그러나 집에서 받아보니 '마크 제이콥'이라는 상표가 달려 있었다. 판매자에게 연락했더니 '짝퉁 제품인 것을 알고 구입했으면서 뭐가 문제냐'는 답을 들었다. 김씨는 "판매자는 분명 '마크 제이콥스'라고 게시글을 올렸다"며 황당해했다.

주부 박 모씨는 B인터넷 몰에서 티셔츠를 주문한 뒤 실물을 받아보니 컴퓨터 화면에서 본 것과 많이 달랐다. 판매자에게 환불을 요구했더니 "제품에 하자가 없으므로 들어줄 수 없다"는 답이 돌아왔다. 하는 수 없이 박씨는 직접 배송비를 들여 원하지도 않는 다른 상품으로 교환하고 말았다. 박씨는 "기대했던 상품이 아니어서 환불을 요청했는데 안 된다고 하니 어이가 없었다"고 털어놓았다.

이런 사례는 인터넷 쇼핑을 즐기는 소비자들은 누구나 한두 번쯤 겪어 봤을 불쾌함이다. 인터넷 쇼핑에서 경험하는 불만족은 소비자들이 남기는 상품평과 인터넷 쇼핑몰 업체들의 노력으로 일부 개선되고는 있지만 아직 부족한 점이 적지 않다. 실질적으로 온라인에서 이뤄지는 전자상거래에서 배송지연이나 연락 두절과 같은 피해를 겪어도 처리가 이뤄지지 않는 경우가 많아 사각지대에 놓인 피해자들이 속출하고 있다.

한국소비자원에서 받은 '2013년부터 2018년 6월까지의 인터넷 쇼핑 피해 현황' 자료에 따르면 2018년 상반기 소비자 신고 건수는 4,925건을 기록했다. 2013년 한 해(4,939건) 발생한 피해가 반기 동안 발생한 셈이다. 2017년 연간 피해 신고 건수는 9,898건으로 2013년과 비교해 5년간 2배로 늘어났다.

소비자들은 특히 계약취소나 반품, 환불과 관련한 부분에서 불만이 많은 것으로 나타났다. 올 상반기 서울시 전자상거래센터에 접수된 소비자 피해 사례에 따르면 반품·환불과 관련한 상담은 전체 상담 건수의 37.1%를 차지했다. 시스템 오류 관련 불만이 점차 감소하고 있다는 점에 비춰보면 반품·환불 제도는 아직 제자리걸음을 하고 있는 셈이다.

최근 3년간 일반 인터넷몰 업체들 실적을 들여다보면 대기업과 중소업체 간 거래액 증가율이 크게 다른 점을 확인할 수 있다. 5개 TV 홈쇼핑 업체들이 운영하는 대형 일반몰은 지난 3년간 67.1% 신장했지만 거래액이 수백억 원 규모를 밑도는 소규모 인터넷몰들은 30%대 성장에 그쳤다. 대형업체들이 이처럼 호성적을 거둔 것은 상대적으로 우수한 상품과 합리적인 가격을 내세웠다는 점 외에 '대기업이 운영하는 몰'이라는 소비자들의 신뢰감도 한몫한 것으로 풀이된다.

서울시전자상거래센터는 "믿을 만한 대기업들이 운영하는 쇼핑몰은 불만접수도 상당히 적어 소비자들이 믿고 구입하는 경향이 강하다"며 "반면에 오픈마켓은 소비자들이 배송이나 반품·환불 문제에서 불안해하는 경우가 많다"고 지적했다. 옥션 해킹 사건에서와 같이 개인정보 보안문제도 해결해야 할 과제다. 해커에 의한 정보유출이 불가항력적인 측면이 있다고 하더라도 유출을 신속하게 차단할 수 있는 백업시스템을 갖추는 등 보완책은 쇼핑몰 운영자들이 마음먹기에 달렸다는 지적이다.

〈스냅타임〉 2019/7/19, 〈한국경제〉 2018/9/10, 〈매일경제〉 2008/8/14 기사 편집

6. 인터넷 채널과 점포형 채널의 관계

인터넷 채널이 급속히 발달하면서 제조업체나 점포형 유통업체는 기존의 점포형 소매업과 더불어 인터넷 소매업을 동시에 이용하는 다채널전략을 사용하기 시작했다. 따라서 점포형 소매업과 인터넷 소매업 간의 역할분담에 대한 전략이 필요하다. 요즘은 식료품도 온라인으로 주문할 수 있다. 일정액수가 넘게 주문하면 배달도 가능하다. 하지만 식료품의 경우 쿠팡처럼 전형적인 온라인 소매업도 있지만 홈플러스처럼 근처 오프라인 지점에서 배달서비스를 하는 경우도 많아 기존 점포형 소매와의 협력을 바탕으로 식료품의 온라인 채널 공급을 하고 있다. 그러므로 이 경우에는 온라인과 점포형 소매업 간에 보완적인 관계를 유지하는 것이 필요하다.

따라서 향후 인터넷 소매업이 점포형 소매업을 대체할 것인가에 문제의 초점이 있는 것이 아니라, 인터넷 소매업과 기존 점포형 소매업의 관계를 어떻게 설정하여 효율적인 유통경로를 설계하느냐가 중요한 문제로 떠오른다. 기존 유통경로가 존재하는 상태에서 인터넷 채널의 도입을 고려할 때 당면하게 되는 세 가

지 이슈가 있다.

첫째, 인터넷 채널과 기존 점포형 소매채널 간 사업영역의 구분이다. 인터넷 채널이 점포형 소매채널에서 판매하는 제품과는 차별화된 제품을 제공할 것인가 하는 문제가 있다. 참고로, 나이키^{Nike}는 온라인 채널을 통해서는 비교적 고급제품을 판매하고 있고, 점포형 소매업체를 통해서는 상대적으로 저가의 제품을 제공하고 있다.

둘째, 기존 인터넷 채널과 겹치는 상품을 점포형 소매채널에서 제공하여 경쟁을 유발할 경우 가격은 어떻게 책정할 것인가 하는 문제가 있다. 동일 가격을 제시할 경우 발생할 수 있는 갈등을 어떻게 처리하느냐는 유통경로관리에 있어 중요한 문제다. 일부 회사는 본사 온라인 채널에서 파는 상품의 가격을 약간 높게 설정하고 점포형 대리점이나 간접채널에서는 할인하여 판매하도록 하여 갈등을 줄이는 방안을 쓰기도 한다(제14장 박스 사례 "Dell Myth: 유통회사는 사라지지 않는다" 참조).

셋째, 인터넷 채널을 점포형 소매채널을 보완하는 채널로 사용할 것인가 하는 문제가 있다. 인터넷 채널을 다른 무점포형 경로채널의 보완적 역할(인터넷에서 정보를 찾은 후 다른 무점포형 채널을 이용하여 고객 유치)로 사용한다든지, 아니면 점포형 소매업을 보조하는 역할로 사용하는 경우가 늘고 있다. 예를 들어 포드는 포드닷컴에서 포드자동차 소유주에게 자동차에 대한 정보제공, 대도시 교통정보 제공, 정비서비스 예약 등의 서비스를 통해 기존 유통채널인 딜러들의 서비스를 보완하는 역할을 하고 있다.

7. 인터넷 소매업의 잠재성과 발달 방향

인터넷 채널에서 팔 수 있는 상품의 한계는 어디까지인가는 논란의 대상이다. 재고 부담이 없는 서비스상품은 점포형 채널에 비해 인터넷 채널이 유통에 유리하다. 또한 인터넷 채널은 은행업무, 주식시장, 보험(자동차보험) 같은 금융서비스를 제공할 수 있다. 뿐만 아니라 항공티켓 발권 같은 여행 관련 서비스와 소프트웨어도 제공 가능하다. 이와 같은 서비스들은 재고 부담이 없으므로 다른 채널에 비해 인터넷 채널이 유리하다.

표준화된 제품 또한 인터넷 채널에 비교적 유리한 환경을 제공한다. 책 같은 표준화된 제품은 비표준화된 제품에 비해 점포형 소매점에서 제품의 품질을 확인한 후 구매할 필요성이 상대적으로 적기 때문에 인터넷 채널의 판매품목으로 적절하다. 하지만 근래에 들어서는 인터넷 채널에 유리한 상품뿐만 아니라, 식료품과 같이 점포형 소매업에 유리한 일반적인 상품 역시 주력상품으로 취급하기 시작했다. 유통법과 상생법 등으로 인해 제한을 받고 있는 대형마트나 백화점이 타개책의 하나로 인터넷에 눈을 돌리고 있다(제14장 "복수유통경로의 통합된 유통경로" 참조). 앞에서 언급했듯이 점포형 소매업과의 보완적인 관계를 유지하는 유통전략이 대세로 자리 잡을 경우, 인터넷 채널은 무한한 시장잠재력을 가지고 있다고 할 수 있다.

SNS 유통

급격한 성장이 예상되는 모바일 쇼핑에 비해 SNS를 이용한 유통은 아직 본격적으로 이뤄지지 않고 있다. 해외의 경우 소셜게임인 징가, 직업사이트인 링크드인, 그루폰 및 영화나 음반의 소셜펀 등의 영역에서 SNS가 활발히 이뤄지고 있긴 하지만 아직 SNS를 이용한 본격적인 유통으로는 이어지고 있지 않다.

도표 4-3에서 볼 수 있듯이 인터넷이 발달한 외국에 비해 우리나라 사람들의 SNS 가입률은 상당히 낮다. 따라서 낮은 가입률은 자연히 SNS 유통의 저조한 이용으로 이어질 수밖에 없다.

또한 SNS는 사람들 간의 관계를 바탕으로 하고 있는데, 많은 SNS 이용자들이 개인적인 관계를 상업적으로 이용하는 데 꺼리는 점도 SNS 유통에 불리한 요소다. SNS는 다양한 사람들이 상호작용을 하는 공간이므로 유통경로 구성원이 SNS를 이용할 때는 유통의 통로보다 아직은 고객과의 관계구축의 장으로 사용하는 경향이 있다. 하지만 많은 국내 기업들이 SNS를 일방적인 홍보의 경로로만

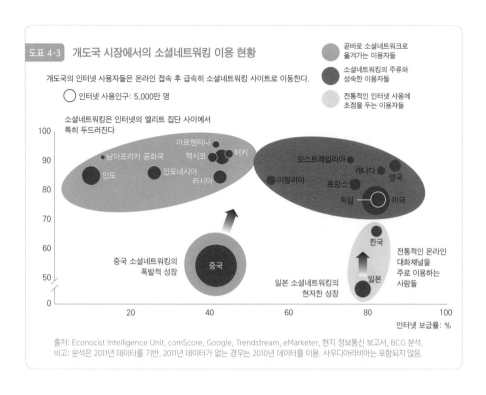

출처: Econocist Intelligence Unit, comScore, Google, Trendstream, eMarketer, 현지 정보통신 보고서, BCG 분석.
비고: 분석은 2011년 데이터를 기반. 2011년 데이터가 없는 경우는 2010년 데이터를 이용. 사우디아라비아는 포함되지 않음.

취급하여 기업SNS가 지루하거나 고객의 관심을 유발하는 데 실패하고 있다. 따라서 유통경로 구성원들은 SNS를 고객끼리 상호작용하는 통로로 이용하도록 하고, 고객과의 친숙한 직접대화를 통해 기업의 생생한 이야기를 전달하거나 고객이 SNS상에서 토로하는 불평불만을 적시에 처리하도록 해야 한다.

해외직구

인터넷 채널은 해외직접구매시장의 성장을 이끌고 있다. 2009년 1억 7,000만 달러였던 해외직접구매시장 규모는 2013년 11억 달러(약 1조 2,000억 원)로 6배 이상 성장했으며 2019년에는 30억 달러(약 3조 2,000억 원)까지 증가했다. 2019년 해외직구 건수는 4천만 건으로 역시 계속 증가하는 추세다. 이는 주로 합리적 소비를 가능하게 하는 인터넷 채널의 발달과 관련이 많다. 따라서 당분간 해외직접구매시장의 성장세는 계속될 것으로 보인다.

이렇게 해외직구가 성장한 가장 큰 원인은 가격이다. 국내와 해외 간 제품가격 차이가 소비자가 받아들이기에 지나치게 크기 때문이다. 적정한 수입·유통 마진 외의 폭리나 비합리적 유통구조 등이 국내에서 유통되는 제품가격을 왜곡하고 있는 상황에서 기존에는 소비자가 별다른 수단 없이 이를 감내할 수밖에 없었으나 유통채널과 정보통신 발달로 지금은 소비자가 직접 해외에서 원하는 물품을 손쉽게 구매할 수 있는 기회가 생긴 것이다.

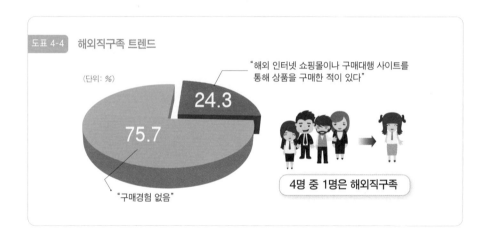

도표 4-4 해외직구족 트렌드

(단위: %)

24.3 "해외 인터넷 쇼핑몰이나 구매대행 사이트를 통해 상품을 구매한 적이 있다"

75.7 "구매경험 없음"

4명 중 1명은 해외직구족

심지어는 해외에서 팔리는 국산제품을 해외직구를 통해 구매하는 경우도 있다. 국내보다 해외에서 팔리는 가격이 훨씬 저렴하기 때문이다. 예를 들어 미국에서 구매한 국내 모 전자회사의 스마트 TV 65인치는 160만 원 정도로, 여기에 관세 32만 원, 운송료 25만 원이 붙어도 215만 원인데, 국내가격 450만 원보다 2배 넘게 싸다 보니 해외직구로 구매하는 경우가 생기는 것이다(SBS 8시뉴스, 2013/12/1).

해외직구가 성장하는 두 번째 원인은 국내에 없는 브랜드 및 다양한 상품을 구매할 수 있다는 점이다. 코스트코가 한국에서 선전하고 있는 이유는 한국의 소비자가 이제까지 구매하기 힘든 브랜드들을 매장에 비치할 수 있는 소싱력이 한 원인이듯이, 인터넷은 바야흐로 직구족에게 구색의 이점을 제공하고 있는 것이다.

　해외 직구족이 주요 구입품목으로 의류를 비롯해 건강식품, 전자제품, 핸드백 가방 등이다. 이 중 대기업의 일부 전자제품을 제외한 모든 품목에서 중소기업이 많은 편이다. 따라서 해외직접구매의 성장은 국내중소기업에게 위협이 되고 있다. 해외직구가 국내 중소기업에 걱정거리인 것은 중소기업의 내수 비중이 80~90%대에 이르기 때문이다. 실제로 해외직구족이 구매하는 제품은 중소기업이 판매하는 중소형 제품이 대부분이다. 배송료를 포함해 150달러(의류 200달러) 이상은 관세를 물어야 하기 때문에 그동안 저가 중소기업 제품이 많은 구매대상이 됐다.

　하지만 일부 중소기업에는 해외직접구매가 오히려 기회가 되기도 한다. 한류 열풍을 타고 한국 스타의 패션이나 화장품이 해외 직구족에게 인기를 끌고 있다. 드라마 〈별에서 온 그대〉에서 여주인공 천송이 역을 맡은 전지현이 입고 나온 '천송이 코트'를 사고 싶어서 해외 소비자가 한국의 인터넷 쇼핑몰에 몰려들기도 했다. 클릭 한 번으로 해외 고객이 직접 찾아오는 '역逆직구'는 국내 업체 시각에서 보면 온라인을 통한 해외 직수출이 되고 있다. 우리나라의 역직구 수출은 2018년 32억 5,000만 달러 961만 건으로 집계되어 해외직구 수입 27억 5,000만 달러(3,225만 건)보다 약간 많다(관세청 2019).

　해외직구는 그동안 고가에 구매하던 제품들을 저가에 구매함으로써 소비자의 복리후생이 늘어난 것으로 소비자의 합리적 소비행태를 보여주고 있다. 공간의 제약이 없는 인터넷 채널의 이점을 이용하여 해외에서의 직접구매라는 대안채널을 개척함으로써 그동안 국내에서 독점판매를 하면서 고가정책을 취하는 독점판매사의 행태를 막을 수 있다는 긍정적인 면도 엿볼 수 있다.

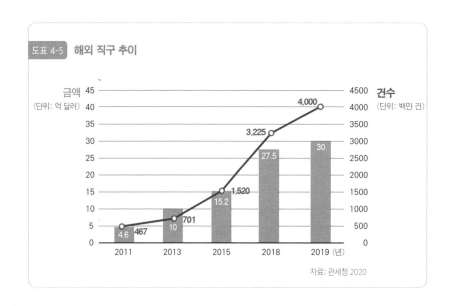

도표 4-5 해외 직구 추이

금액
(단위: 억 달러)

건수
(단위: 백만 건)

4.6 467 2011
10 701 2013
15.2 1,520 2015
27.5 3,225 2018
30 4,000 2019 (년)

자료: 관세청 2020

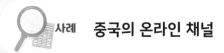 **사례**　**중국의 온라인 채널**

　지금까지는 국내 소비 행태에 따라 업계 판도가 달라지곤 했지만 앞으로 20년간 성장동력은 중국 시장이 될 것이라는 게 온라인 쇼핑업계의 예상이다. 중국인들이 국내 온라인 쇼핑을 이용하는 사례가 늘어나면서 한국 내 소비자들의 해외직구 금액보다 해외 소비자들의 '역직구' 금액이 더 많아질 것이라는 전망도 나온다. 중국인들이 한국 온라인 쇼핑몰에서 구입하는 금액만 한 해 8,000억 원에 달했다.

　중국시장 공략을 위해서는 개선해야 할 부분도 필요하다는 게 업계의 지적이다. 대표적인 것이 배송과 결제 방식이다. 가격 측면에서 중국계 배송업체를 사용할 수밖에 없고, 대금 결제도 수수료가 높은 '알리페이' 등 중국 기업의 결제수단을 활용해야 하는 상황이다.

　현재 온라인으로 쇼핑하는 중국 소비자 수는 중국 인구의 3분의 1인 4억 6,100만 명에 달한다. 전자상거래가 힘을 얻기 시작한 2007년의 4,600만 명보다 크게 증가한 수치다.

2013년 중국은 미국을 제치고 세계 최대 전자상거래 시장으로 발돋움했다. 닐슨 설문조사에 따르면, 중국 소비자 가운데 온라인으로 식료 잡화를 구매하는 비율은 절반 이상이어서 글로벌 수치인 4분의 1보다 훨씬 많다.

중국에서 꾸준한 성장을 기록해 온 다국적 소비재기업 유니레버^{Unilever}는 매출이 30여 년만에 처음으로 뒷걸음질했다. 유니레버는 중국 경기 둔화로 인한 소비심리 위축을 이유로 꼽았다. 하지만 중국 내 소매 트렌드를 자세히 들여다보면, 유니레버가 오프라인 매장에 집중하는 사이 수억 명의 중국 소비자들이 온라인 쇼핑을 즐기게 된 것 역시 원인임을 알 수 있다.

유니레버만 물리적 매장을 과신했던 건 아니다. 스위스 식품기업 네슬레는 최근 월스트리트저널(WSJ)과의 인터뷰에서 중국 내 소매 트렌드가 얼마나 빨리, 광범위하게 변하고 있는지를 제대로 간파하지 못했다고 말했다. 미국 소비재기업 콜게이트-파몰리브와 니베아로 유명한 독일 개인용품 제조·판매사 바이어스도르프도 오프라인 매장 재고 과잉 문제를 인정했다. ·

물리적 매장에서 소비자가 빠져나가는 '엑소더스(집단적 대이동)' 현상은 전 세계 소매업계를 교란시키고 있다. 그러나 중국의 경우 스마트폰의 침투 속도 같은 요인 때문에 훨씬 대규모로, 빠르게 이뤄지고 있다. 한때 판매상과 구매자로 북적였던 베이징 중관촌 전자상가 같은 오프라인 매장은 이제 텅 비었다. 일부 애널리스트들은 '타오바오 빌리지(Taobao villages)'로 인한 인력 부족을 경고한다. 이전 같으면 도시로 나와 저숙련 일자리를 채워줬을 농촌 주민들이 집에서 알리바바그룹의 타오바오 장터에 온라인 상점을 개설하거나 전자상거래를 이용할 수 있게 된 것이다. 한편 알리바바는 조만간 중국 내 50개 도시에서 익일 배송 서비스를 제공한다는 목표를 가지고 있다.

기존 대형 소매업체의 역할이 줄어들면서 이들의 매장 진열대를 장악했던 대형 소비재기업도 타격을 입고 있다. 네슬레 중국 식품·음료 매니징 디렉터는 "좋든 싫든 전자상거래는 우리 사업을 바꿔놓을 것"이라며 "온라인에서는(오프라인 매장 진열대에 해당하는) 화면 공간이 모두에게 동일하다"고 말했다.

한편 일부 다국적 소매업체는 중국에서 철수하거나 목표를 재고하고 있다. 베스트바이는 지난해 남은 중국 매장을 전부 매각했으며, 중국 온라인 업체들과의 경쟁이 힘겹다고 토로했다. 유럽 소매업체 메트로는 2013년 중국 소비자 가전사업을 접었다.

1996년 중국 시장에 진출한 월마트는 중국 최대 소매업체가 되겠다는 야망을 포기한 채 정체상태인 온라인 전략을 다시 짤 필요가 있다고 말한다. 현재 월마트는 중국 경쟁업체들의 전략을 모방해, 자사가 지분을 가지고 있는 중국 인터넷 쇼핑업체 이하오디엔^{Yihaodian}과 오프라인 매장을 연결하는 방식을 시도하고 있다. 쇼핑객은 휴대폰으로 주문한 뒤 매장에 들러 직접 찾아가거나 배송받을 수 있다.

한편, 유니레버는 알리바바 쇼핑사이트에 첫 온라인 매장을 개설했지만, 컨설턴트들에 따르면 이는 P&G 같은 경쟁사보다 한발 늦은 행보였다. 이 때문에 유니레버 제품은 눈에 덜 띄게 되고 알리바바 검색 순위에도 영향을 미쳤다. 뉴욕 소재 전자상거래·디지털 마케팅 리서치업체 L2의 한 관계자는 "한번 후발주자는 영원히 후발주자일 가능성이 크다"고 말했다.

〈뉴시스〉 2020/1/2, 〈매일경제〉 2016/5/29, 〈Wal-Street Journal〉 2015/6/16기사 편집

2 모바일 채널

인터넷 쇼핑은 PC를 통한 온라인상에서만 이루어지는 것이 아니라 스마트폰을 이용한 모바일 쇼핑으로도 이루어지고 있다. 초기에는 온라인 시장 매출은 PC를 이용한 인터넷 쇼핑이 모바일 쇼핑보다 압도적으로 많았었고, 스마트폰을 이용한 쇼핑이 많은 양의 매출로는 아직 이루어지지는 않았다. 한국온라인쇼핑협회에 따르면 2012년 인터넷 쇼핑은 37조 2,050억 원, 모바일 쇼핑은 1조 7,000억 원이었다. 하지만 이후 모바일 쇼핑 성장세는 계속 이어져 2015년 말에는 전체 온라인 시장 매출의 절반이 모바일 쇼핑이었고, 2016년부터는 모바일 채널이 PC를 이용한 인터넷 채널을 추월했다. 매년 온라인 채널(PC+모바일)의 성장률보다 더 높은 비율로 모바일 쇼핑이 증가하여 2020년에는 전체 온라인 쇼핑의 3분의 2(68.1%) 이상을 차지하며 모바일 채널이 인터넷 채널을 대표하는 주요한 채널로 등장하고 있다.

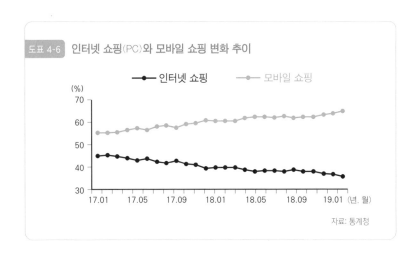

도표 4-6 인터넷 쇼핑(PC)와 모바일 쇼핑 변화 추이

자료: 통계청

1. 모바일 채널의 발달

모바일 쇼핑은 스마트폰이 대형화되면서 쇼핑의 편리성이 증가되는 현상과 관계가 깊다. 과거에는 스마트폰의 크기가 작아서 쇼핑을 하기에 불편한 점이 많았다. 하지만 대형화된 스크린은 여러 제품을 한꺼번에 놓고 비교하는 등 쇼핑의 편의성을 증가시켰다. 따라서 이용자가 1,000만 명을 넘어서면서 모바일 쇼핑은 점차 대형마트나 슈퍼마켓, 인터넷몰과 마찬가지로 새롭고 편한 주요 구매 수단으로 부상했고 인터넷 쇼핑은 물론 기존 유통의 판도를 바꿔놓고 있다. 이론적으로 모바일은 스마트폰과 태블릿을 포함하나 모바일 쇼핑이 주로 스마트폰을 통해 이루어지고 있기 때문에 여기서는 스마트폰을 중심으로 모바일 쇼핑을 기술한다.

모바일 채널이 급속히 성장하는 신유통 채널로 급부상하면서 온라인 유통업체뿐만 아니라 기존의 대형마트나 백화점 홈쇼핑 등 오프라인 유통을 위주로 영업했던 대형 유통업체도 모바일 채널 확장에 적극적으로 나서며 모바일 쇼핑 고객을 잡기 위한 경쟁이 치열하다. 이들 업체들은 자사의 모바일 앱을 이용해 검색과 주문을 유도하며 모바일 채널을 향후 유통의 승부처로 삼고 있다.

모바일 쇼핑은 젊은 소비자들의 이용이 보편화되고 있다. 특히 20-30대의 이용률은 70%가 넘어 다른 세대에 비해 높은 이용률을 보이고 있다. 이들은 스마트폰을 이용하여 단순히 재화를 매매하는 것에서 벗어나 각종 오프라인 서비스를 구매하는 것으로 거래대상을 확대하고 있다.

모바일 거래에서 여행 및 각종 서비스(이사, 호텔, 식당 등) 관련 구매가 가장 많이 차지하고 있는데, 이때 여행 및 기타 서비스의 최종 서비스 제공은 오프라인 현장에서 이루어진다. 즉 구매는 스마트폰을 이용한 모바일에서 이루어지지만 서비스는 오프라인에서 제공된다.

2. 모바일 쇼핑의 이용자와 이용행태

스마트폰이 널리 보급되면서 모바일 쇼핑 이용자 연령대도 점차 다양해지는 추세다. 조사에 따르면 모바일 쇼핑 이용자 40%가 20대, 45%가 30대로 나타났다. 이용객 10명 중 8명이 20~30대인 셈이다. 이 중에서도 사회생활을 막 시작하는 대학생과 젊은 직장인, 주부 등 25~34세가 모바일 쇼핑을 자주 이용한다.

스마트폰을 구매하는 50대 이상도 서서히 늘어나는 분위기다. 전문가 조사에서는 40~50대 모바일 쇼핑객은 전체 중 12%를 차지해 10대(2%)보다 오히려 모바일 쇼핑을 많이 즐겼다. 특히 코비드19의 영향으로 전세대에 걸쳐 모바일 쇼핑의 이용이 늘어난 가운데 50대에서의 사용률이 늘어나고 있다.

모바일 쇼핑이 대세로 뜨면서 고객들이 온라인몰에 접근하는 방식도 완전히 달라졌다. 대개 소비자들이 PC로 물건을 구매할 때는 네이버 등 포털에서 먼저 가격을 비교해 본 뒤 가장 저렴하게 파는 쇼핑몰에 접속한다. 하지만 모바일에서는 네이버 등을 거치지 않고 곧바로 본인이 선호하는 쇼핑몰 애플리케이션(앱)에 접속해 쇼핑하는 사례가 더 많다.

PC로 주문할 때는 가격비교를 통해 1인당 평균 14개 쇼핑몰에서 물건을 골고루 구입했다. 하지만 국내 스마트폰 사용자들이 다운로드하는 쇼핑몰 앱은 평균

4.5개며, 이 중 절반인 두 개 정도의 쇼핑몰 앱만 상시적으로 이용하는 것으로 나타났다(닐슨 코리아). 모바일 쇼핑이 대세로 자리잡을수록 '싼 가격'보다는 '쉽고 편리한 구매 환경'이 소비자 마음을 사로잡는 핵심 변수가 될 수 있다는 뜻이다.

3. 모바일 쇼핑과 쇼루밍

스마트폰은 오프라인 및 온라인 쇼핑의 경계를 파괴함으로써 PC를 이용한 인터넷 채널보다 오프라인 업체들의 어려움을 더 가중시키는 역할을 하고 있다. 이제까지는 오프라인과 온라인이 격리되어 있어 쇼루밍 현상은 일부 부지런한 소비자에 한정되어 있었다. 점포에서 제품을 확인하고 집으로 와서 PC를 통해서 인터넷에서 구매해야 하기 때문이었다. 하지만 이제 소비자들은 매장에서 스마트폰을 통해 정보탐색은 물론 구매까지 할 수 있다.

쇼루밍showrooming은 오프라인 매장에서 제품을 보고 온라인에서 최저가 상품을 구입하는 소비 행태를 말한다. 온라인 쇼핑몰에서의 정보만을 바탕으로 상품을 구매한 경우, 스크린에서 본 상품과 실제 상품 사이에 차이가 있는 사례가 많기 때문에 위험을 줄이고자 이같이 여러 채널을 이용하는 것이다.

쇼루밍의 장점으로 48%의 소비자가 가격을 최우선으로 제시했는데(박상원 2015), 오픈서베이Opensurvey(2018) 조사에서 82%의 소비자가 오프라인 매장에서 상품을 직접 확인한 후 모바일에서 구매한 경험이 있다고 하여 스마트폰을 이용한 쇼루밍이 보편화된 현상임을 알 수 있다. 쇼루밍의 동기는 미국 소비자에게서도 비슷하게 나타났는데, 47%의 소비자가 스마트폰을 이용한 쇼루밍 경험을 가지고 있고, 그 주요 이유로 가격(72%), 주문 전 확인(45%)을 꼽았다.

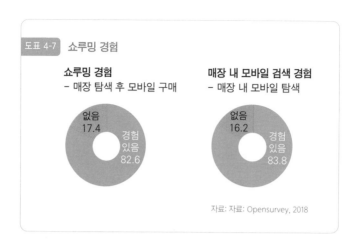

도표 4-7　쇼루밍 경험

쇼루밍 경험
- 매장 탐색 후 모바일 구매

없음
17.4

경험
있음
82.6

매장 내 모바일 검색 경험
- 매장 내 모바일 탐색

없음
16.2

경험
있음
83.8

자료: 자료: Opensurvey, 2018

아마존은 소비자들이 오프라인 유통업체의 매장에서 진열된 제품의 바코드를 읽어 아마존의 온라인웹으로 주문하도록 하여 오프라인 업체의 매장을 쇼룸화하는 쇼루밍 전략을 시행했다. 따라서 기존의 오프라인 업체는 매출 타격을 입을 수밖에 없었고, 그에 따른 대책으로 경쟁업체들은 매장의 쇼루밍화를 막기 위한 방안을 강구했다. 예를 들어 전자제품 전문 유통업체인 베스트바이Best Buy는 자사 매장의 바코드를 독특하게 만들어 아마존의 웹싸이트와 연동되지 않게 만들었다. 하지만 이런 정책은 베스트바이의 고객들을 떠나가게 만드는 결과를 초래했고 베스트바이를 위기상황으로 몰아넣었다(김대건 2014).

쇼루밍에 대응하는 오프라인 업체들의 대응은 다양하게 나타난다. 이마트의 경우, 전용 모바일 앱을 출시하여, 앱의 스캔기능을 통해서 가격표의 QR코드를 인식해 상품에 대한 각종 정보와 구매후기, 및 할인쿠폰 여부까지 확인할 수 있게 했다. 특히 앱을 통한 바코드 스캔으로 스캔된 상품을 고객의 집까지 배송해주는 서비스도 제공하고 있다. 이는 매장을 쇼룸화시키면서 편리한 서비스를 제공해 자사 매장에서 상품 판매가 이루어지도록 하는 것이다.

4. 모바일 쇼핑의 구색

모바일 채널에서는 패션의류와 잡화가 높은 비율을 차지하고 있으며, 생활용품, 화장품 등은 여전히 스테디셀러 아이템이다. 구매할 때마다 품질을 비교할 필요가 없고 매달 구매해야 하는 생필품 인기가 높다.

반면 〈오픈서베이 2018〉 자료를 보면 식료품의 경우 곡물류의 모바일 구매횟수가 가장 많았고 간편식과 냉장식품 등은 10% 정도의 소비자만이 모바일 주문을 했다. 따라서 아직은 소비자들이 식료품을 직접 확인하고 구매하는 구매 행태를 보이고 있어 모바일 구매보다 여전히 오프라인을 더 선호하는 경향을 나타내고 있는 것으로 보인다. 이는 온라인 업체들의 공세에 적극 대응해야 하는 오프라인 중심의 대형마트들에게 시사점을 주고 있다.

소비자의 제품 확인 욕구가 강한 경우 오프라인 매장을 쇼룸화하고 주문은 인터넷으로 하도록 하는 옴니채널 전략을 펴는 것도 대형마트들이 고려할 수 있는 방법 중 하나이다. 또한 일부 대형마트들은 오프라인 지점을 물류기지화하여 고객의 인터넷 주문에 근처 점포가 대응하여 배달해 물류시스템의 효율성을 높이고 있어 이미 존재하는 오프라인 점포들을 다각적으로 활용하는 방안을 고려할 필요가 있다.

그동안 불모지로 여겨졌던 보험에도 모바일 채널이 성장하기 시작했다. 특히 표준화된 제품 판매가 가능한 자동차보험의 판매가 그 성장세를 이끌기 시작했다. 또한 일부 보험사에서는 소액의 실손보험금 청구를 모바일을 통해 받기 시작했으며, 모바일 전용 금융, 보험 오픈마켓도 영업을 시작했다. 모바일 보험은 설계사 권유 없이 자발적으로 가입하는 경우가 대부분이어서 불완전판매 가능성이 낮다는 점이 보험사로서는 매력적이다.

하지만 그 한계는 분명하다. 모바일 특성상 상품 구조가 복잡하고 특약이 많은 중대질병, 암보험, 종신보험 같은 보장성 보험 등의 판매는 힘든 상황이다. 이 때문에 구조가 복잡한 상품 판매가 많은 생명보험사들은 모바일 판매에 아직까지는 적극적인 모습을 보이지 않고 있다. 모바일 가입이 가능하려면 상품 설계구조가 비교적 간단해 소비자가 별도 상담 없이 상품을 이해할 수 있어야 한다. 따라서 자동차보험, 여행자보험 등 구조가 비슷하면서도 단순한 상품들 위주로 모바일 채널이 성장할 것으로 보인다.

모바일 쇼핑 전성시대는 비단 우리나라에만 국한된 얘기가 아니다. 전 세계에서 가장 큰 인터넷 시장인 중국에서는 모바일 쇼핑 성장 속도가 우리보다 더 빠르다. 미국에서는 미국 온라인 쇼핑 중 45%가 모바일을 통해 이뤄지고 있는 것으로 추산됐다(온라인 캐시백 웹 사이트인 이베이츠 조사). 모바일 쇼핑이 주도하는 이러한 트렌드는 당분간 지속될 것으로 예측된다.

 사례 **모바일 쇼핑의 약진과 옴니채널의 가능성**

유통산업에서 변하지 않는 한 가지가 있다. 바로 유통시장은 끊임없이 변화한다는 사실이다. 유통산업은 지역 단위의 소규모 상점에서 백화점으로, 대형마트에서 인터넷으로 변화해왔다. 최근 스마트폰, 태블릿PC 등을 이용한 모바일 쇼핑이 일반화되면서 유통산업에 다시 한 번 변화의 바람이 불고 있다.

모바일 쇼핑 발전 양상에는 글로벌 트렌드가 있다. △20~30대 여성이 모바일 채널의 핵심이고 △온·오프라인이나 모바일 쇼핑 채널을 넘나드는 옴니채널omni-channel 소비자의 구매가 늘고 있으며 △모바일 채널에서 구매가 늘어날수록 특정 모바일 쇼핑 사이트에 지출이 집중되며 △검색을 통하지 않고 해당 모바일 쇼핑 사이트에 직접 접속해 구매가 이뤄진다는 점에서는 공통적이다.

모바일 쇼핑의 특징

한편 한국 시장만의 특수성도 있는데, 스마트폰만 사용하는 충성고객이 월등히 많은 반면 태블릿PC의 영향력은 작다. 미국은 아마존, 이베이 등 특정 사이트가 주도한다면 국내는 쿠팡, 오픈마켓, 소셜커머스 및 대형마트 등 다양한 업체에 의해 주도된다. 핀터레스트^{Pinterest} 등 쇼핑에 특화된 소셜미디어 플랫폼이 상대적으로 적은 점 등이 한국 모바일 쇼핑의 특징이다.

충동구매

모바일 쇼핑 채널은 독특한 특징이 있다. 먼저 "새로운 소비자가 등장했다"는 점이다. 모바일 채널의 주 소비자는 오프라인·온라인 채널 소비자와 행동 양태가 다르다. 모바일 화면에 공간적 제약이 있고, 이동 중 모바일 쇼핑을 하는 소비자가 많기 때문에 모바일 쇼핑 소비자는 타 채널보다 충동구매하는 경향이 강하다.

응답에 참여한 30대 직장 여성은 "퇴근길에 대형마트 모바일 앱에 접속해 몇 분만 쇼핑하면 생필품을 구매할 뿐 아니라 자택으로 배송까지 받을 수 있다"며 "출퇴근 시간이면 지하철에 앉아 습관적으로 소셜커머스의 모바일 앱에 접속해 '오늘의 딜' 같은 프로모션 페이지를 열어본다"고 밝혔다. 따라서 모바일 쇼핑의 경우 광고, 구전효과 등이 구매 동기를 유발하는 경우가 많다. 이 점에 주목해 업체들은 오프라인-온라인-모바일을 아우르는 통합 마케팅 전략을 구축해야 하며, 제한된 화면 내에서 구매 동기를 유발하기 위해 오프라인·온라인과 차별화된 광고가 필요하다.

고관여 제품

모바일에서 주로 판매되는 제품 역시 온라인·오프라인과는 다르다. 모바일에서 식료품, 세제·샴푸 등 생필품을 구매하는 비율은 오프라인에 비해 낮으나 액세서리, 화장품, 의류 등 '상대적 고관여 제품'은 모바일 및 온라인에서 구매율이 높고 항공권 등 티켓이나 쿠폰 구매는 온·오프라인 대비 높다. 특히 기저귀 등 유아용품 구매는 온·오프라인보다 모바일에서 가장 많이 이뤄진다. 이 때문에 가장 주된 모바일 소비자는 30대 여성, 특히 미취학 아동을 둔 전업주부다.

눈에 띄는 점은 모바일 소비가 증가해도 오프라인·온라인 소비가 줄어들지는 않는다는 것이다. 모바일 소비 빈도에 따른 온라인·오프라인 평균 소비액 변화를 조사해봤을 때 모바일로 주 2회 이상 소비하는 사람은 모바일로 소비하지 않는 사람에 비해 온라인에서 70% 더 소비하고, 오프라인에서도 3% 더 소비한다.

충동성 구매에 의한 모바일 쇼핑이 많다 보니 많은 사이트에서 '시간제 판매Time bound offer' 마케팅을 적극 활용한다. 대부분의 업체들은 모바일 앱 화면 전면에 상품 판매 관련 시간이나 수량의 제약을 표기하고, CJ오쇼핑은 구매시간 제한이 있는 '딜'을 모바일 앱 메인 화면에 배치했다. 이런 시간제 판매 마케팅은 기존 유통채널에도 도입되는데 홈플러스는 일별 행사 제품을 모바일 앱 메인 화면에 배치하고 무료배송, 모바일 전용 등 쿠폰을 제공한다.

결속력

모바일 쇼핑의 마지막 특징은 '결속력'이다. 모바일 쇼핑 이용자의 상당수는 검색 포털 사이트가 아니라 이미 깔아둔 모바일 쇼핑 앱으로 직접 접속한다. 조사에 따르면 CJ몰, GS샵, 11번가 등 특정 사이트 앱으로 바로 접속하는 경우가 전체 이용자 중 62%에 달했다. 특히 몇 개 사이트에 집중적으로 접속하는 예가 많은데, 의류 구매의 경우 주로 구매하는 특정 사이트가 2~3개라고 답한 비율이 56%로 4개 이상(31%)보다 많았다.

따라서 모바일 쇼핑 채널의 구매 전 정보탐색이 오프라인, 온라인보다 단순하다. 소비자는 모바일에서 필요에 따른 구매보다 즐거움을 위한 구매를 더 많이 한다. 모바일은 타 채널에 비해 고려에서 구매까지 이르는 시간이 짧고, 지인의 추천이나 광고를 보고 구매하는 경우가 많다. 그러므로 모바일 쇼핑 채널은 모두를 위한 다양한 종류의 상품을 판매하는 것보다 구매 성향 등을 반영해 개인에게 맞춘 제품·서비스를 제공하는 것이 중요하다.

옴니채널의 가능성

모바일로의 결속력은 오프라인 매장과의 연계를 이끌어낼 수 있다. 월마트는 오프라인 매장 내 실시간 구매 기록을 통해 모바일 구매를 유도하는데, 오프라인 매장 방문 시 모바일 앱으로 '인스토어 모드instore mode'를 실행하면 해당 매장 내 프로모션, 신제품 정보를 모바일로 제공받는다. 오프라인 매장에서 구매할 제품을 카트에 담아 결제 대기 라인에 들어가면 모바일로 '유관 상품'을 추천받을 수 있다. 만약 카트에 TV가 담겼다면 고객에게 TV설치대 관련 정보를 전달하는 식이다. 월마트는 이 프로그램을 도입한 후 모바일 매출이 40% 이상 증대했다. 국내 홈플러스 역시 지하철역 벽면에 제품의 QR코드를 제공해 스마트폰을 통한 주문 및 배송이 가능한 시스템을 제공하기도 했다.

업체가 모바일 쇼핑을 활용하는 데는 몇 가지 주의해야 할 점이 있다. 모바일을 주로 이용하는 '엄지족'을 잡아야 하고, 고객 경험을 향상시킬 수 있는 소셜미디어를 잡아야 하며, 소비자와 즉각적인 연결을 할 수 있어야 하고, 모바일 부문에 과감한 투자를 해야 하며, 파트너와 협동하는 것이다.

일본의 온·오프라인 의류 쇼핑몰인 '조조타운zozotown'은 이를 잘 활용했다. 조조타운은 어디서나 제품 구매가 가능한 모바일 앱 'Wear'를 출시했다. 소비자가 매장에서 제품의 바코드를 스캔하면 앱 내 '위시리스트'에 저장된다. 이후 매장을 떠나도 모바일을 통해 위시리스트에 있는 제품을 살 수 있을 뿐 아니라, 구매한 제품을 착용한 사진을 SNS에 올리고 공유할 수 있다. 이는 앱이 제품 구매의 장일 뿐 아니라 기존 스마트폰에 내장된 카메라 기능과 결합했고, SNS를 기반으로 온라인-오프라인을 결합한 옴니채널이라는 특징이 있다.

JITAM 2020 논문, 〈신동아〉 2014 6월호 기사 편집

웹밴^{Webvan}: 온라인 슈퍼마켓의 실패

인터넷 기반의 슈퍼마켓 사업 확장을 계획하고 있다면, 시작하기 전에 웹밴^{Webvan}의 사례에서 몇 가지 배우고 넘어가자. 웹밴은 인터넷을 통한 혁명을 일으킬 목적으로 식료품 산업에 10억 달러를 투자했다. 하지만 거대한 자동 주문 처리 기계는 너무 느려서 직원들이 직접 카트에 물건을 담는 것이 훨씬 효율적이었으며, 당초에 25억 달러의 투자금을 모으려던 계획도 닷컴 버블이 식으면서 달성 가능성이 희박해 보인다.

웹밴은 12억 달러의 투자금을 유치했으며, 이 금액은 온라인 유통에 대한 투자로는 아마존닷컴 다음으로 최대 규모다. 하지만 매우 적은 마진만을 남기는 슈퍼마켓 산업에서 혁명을 꾀하기란 쉬운 일이 아니었고, 경쟁자들은 모두 온라인에서 손을 떼고 웹밴만이 고군분투하고 있다.

온라인 사업을 위해 시스템을 구축하는 것은 소비자의 신선식품 구매 행태를 바꾸는 일에 비하면 쉬운 축에 속했다. 웹밴은 샌프란시스코를 첫 진출 시장으로 선정했는데, 1년 반 동안 지역 가구의 6.5%가 온라인 주문 시스템을 이용했지만, 절반은 재구매를 하지 않았다. 웹밴의 시스템은 유지비용이 높아 이 지역에서 1억 2,500만 달러의 매출을 올려야만 손익분기점에 도달할 수 있음에도 불구하고 현재의 매출은 3분의 2 수준일 뿐이다.

웹밴은 이러한 문제들을 극복하고 성공할 수 있을까? 안타깝게도 주어진 시간이 충분하지 않다. 투자금이 빠른 속도로 바닥나고 있기 때문이다. 10개 도시에서 영업을 유지하기 위한 비용은 분기당 1억 달러인데, 이제 남은 자금은 2억 1,200만 달러뿐이다. 웹밴은 2000년 9월에 첫 진출 시장인 샌프란시스코에서 흑자전환한다는 목표를 달성하지 못했고, 투자자들은 더 이상의 출자를 꺼리고 있다.

1999년 앤더슨 컨설팅(현 액센츄어)에서 400만 달러의 연봉을 포기하고 웹밴의 CEO로 취임한 조지 샤힌^{George Shaheen}은 이렇게 말한다. "2년 전 제게 닷컴 현상에 대해 어떻게 생각하느냐고 물어봤다면 당연히 버블이라고 대답했을 겁니다. 하지만 이 정도로 피를 보게 될 줄은 저도 몰랐죠."

하지만 애널리스트들은 웹밴의 현주소가 꼭 시장 상황의 변화 때문만은 아니라고 말한다. 충분한 테스트 기간도 없이 비용이 높고 대단히 복잡한 자동화 시스템을 26개 대도시에 한꺼번에 도입하려는 무리한 계획을 세웠다는 것이다. 이제 웹밴의 프로그래머들은 처음의 원

대한 청사진을 구현하기보다는 당장 매출을 늘릴 수 있는 전자 쿠폰 시스템을 구축하는 일 등에 집중하고 있다. 3년 내에 26개 도시에 진출하는 계획은 포기한 지 오래이며, 3,500만 달러를 들여 지은 창고도 비용 문제로 운영하지 않을 예정이다. 이에 이런저런 비용 절감이 원안대로 추진된다면 연말에는 간신히 100만 달러의 은행 잔고가 남는다.

웹밴의 주식은 고점 대비 99%가 떨어진 34센트에 거래되었고, 시가총액은 웹밴의 은행 잔고보다도 적은 금액이다. 지속적으로 1달러 이하에 거래되자 나스닥은 웹밴 주식의 거래를 정지시켰고, 실적 회복이 되지 않는다면 다음 단계는 상장 폐지다.

웹밴이 살아나지 못한다면 이는 인터넷 역사상 가장 거대한 실패 사례가 될 것이다. 벤치마크캐피탈Benchmark Capital, 세콰이어캐피탈Sequoia Capital, 골드만삭스Goldman Sachs, CBS 등은 웹밴에 7억 9,300만 달러를 투자했고, 다른 유수의 투자기관도 웹밴이 작년에 인수한 홈그로서HomeGrocer에 4억 3,000만 달러를 투자했다. 이제 와서 생각해볼 때 놀라운 것은 이러한 대규모 투자가 사업의 적절성이나 소비자 수요에 대한 기본적인 조사도 하지 않은 채 이뤄졌다는 점이다. 창업자인 루이스 보더스Louis Borders는 수학자 출신으로, 복잡다단한 재고 관리와 유통 시스템을 구축하는 데만 몰두했으며 "만들어놓으면 소비자가 올 것이다"라는 막연한 기대를 했다. (그는 지난주 웹밴의 이사회에서 물러났다) 이전에도 크로거Kroger 같은 선두 업체들이 온라인 슈퍼마켓 서비스를 구축하려는 시도를 했으나, 많은 소비자를 끌어들이는 데는 실패했다. 소비자는 쇼핑 그 자체의 경험을 즐기는 부분도 많았던 것이다.

하지만 창업자인 보더스는 경쟁자의 2시간 배송보다 월등한 30분 배송 등을 내세움으로써 자신만은 성공할 수 있다고 믿었다. 그는 이베이eBay 등에도 투자했던 벤치마크캐피탈 사의 데이비드 베이른David Beirne의 지지를 업고 다른 업체에게 주도권을 빼앗기지 않으려 더 크게, 더 빠르게 사업을 추진하고 투자자들에게 많은 약속을 했다. 특히 홈그로서와 경쟁 구도를 그리며 열기는 뜨거워져만 갔다. 투자은행들은 언제까지고 투자를 지속할 것처럼 보였다.

하지만 지난여름 인터넷 주들이 폭락하면서 홈그로서는 웹밴에 인수되었다. 스트림라인Streamline과 쇼플링크Shoplink 같은 다른 인터넷 식재료 배달업체들도 사업을 접었고, 피포드Peapod 같은 선발업체도 오프라인 슈퍼마켓 체인의 온라인 사업부로 귀속되었다. 웹밴도 살아남으려면 각고의 노력을 기울여야 한다.

샌프란시스코의 예를 보자. 이 지역에서 흑자를 내려면 하루에 3,000건의 주문을 받아야 하는데, 현재는 2,150건밖에 되지 않는다. 웹밴은 비용 절감을 위해 75달러 이하의 주문에는 4.95달러의 배달료를 부과하고, 30분 배송도 1시간 배송으로 수정했다. 주문이 뜸한 시간대에는 사무실들을 겨냥해 점심과 사무용품을 배달한다.

관건은 기존의 고객을 어떻게 끌어들이냐다. 현재 고객은 평균 분기당 1.8회만 주문하고 있을 뿐이다. 웹밴은 이메일 마케팅을 주요 고객층 – 아이가 있는 바쁜 주부들 – 으로 확대하고, 소비자가 원하는 품목들을 구비하고 있다(캘리포니아에서는 유기농 제품들이 이에 해당한다).

웹밴의 가격은 경쟁업체와 동등했지만, 할인쿠폰이 없고 '이코노미 팩'(기저귀와 화장지 등의 대용량 묶음 상품)이 없다는 이유로 소비자에게 외면받기 일쑤였다. 웹밴은 이에 이코노미 팩을 대량 입고하고 전자 쿠폰 시스템도 완비했다. 웹밴은 이러한 노력이 결실을 맺기를 바라면서 투자자들에게 샌프란시스코에서 흑자 전환을 할 수 있을 것이라고 설명했다.

웹밴에게 더 이상의 실수는 용납되지 않는다. CEO인 샤힌은 말한다. "두 군데의 주요 시장에서 흑자 전환이 가능하다고 본다. 이를 달성하면 추가적인 투자를 받을 수 있을 것이다. 만약 이를 달성하지 못한다면 우리의 미래는 암울하다. 더 이상 물러설 곳이 없다." 하지만 웹밴은 흑자를 달성하지 못하고 결국 역사의 저편으로 사라져갔다.

⟨Business Week⟩ 2013/1/17, ⟨New York Times⟩ 2001/12/4 기사 편집

피포드Peopod: 온라인 슈퍼마켓의 생존전략

온라인 식료품 쇼핑 서비스를 제공하고 있는 피포드는 "회사의 발전은 최종소비자에게 더 향상된 서비스를 제공하는 데 있다"는 것을 보여준다. 식료품 구매자들은 피포드 같은 온라인 식료품 스토어를 통해 일반적인 식료품 가게와 같이 물건을 고르고 선택할 수 있으며 시

간에 구애받지 않아도 된다. 이러한 서비스를 이용하는 고객은 공간적인 편리함과 빠른 배달 서비스에 큰 만족감을 느낀다.

위의 제도를 이해하기 위해서는 피포드를 포함한 식료품 유통업체들의 자본과 물류의 흐름이 이동되고 있다는 것을 알아둬야 한다. 시카고시장을 예로 들자면, 피포드는 로컬 푸드체인인 쥬얼 오스코Jewel-Osco라는 회사와 파트너십을 맺고 있다. 소비자가 피포드를 통해 상품을 주문하게 되면 피포드와 소비자, 로컬

파트너인 쥬얼 오스코는 동시에 상품을 준비하고 전달하는 과정을 함께하게 된다.

이러한 단계는 피포드의 온라인시스템에서 소비자가 로그인을 하는 순간부터 시작되며, 주문할 상품을 결정하고, 배달시간을 정하면 하나의 주문이 완성된다. 구매자의 이러한 활동은 주문 흐름의 일부분에 해당하는 것으로 이러한 비용은 구매자의 시간적 관점에서 기회비용으로 간주된다. 주문에 소요되는 비용이 좀 더 줄어든다면, 고객의 수고 또한 줄어들 것이다. 소비자가 필요로 하는 식료품 쇼핑 목록들을 통해 자동으로 소비자 가정의 냉장고, 냉동고, 선반 등에 어떤 제품이 재구매를 필요로 하는지 계속 추적이 가능하다고 가정해보자. 이러한 시스템들이 언뜻 보기에는 불가능한 것처럼 보일 수도 있으나 이미 기업들 간의 거래에서는 이런 제도가 정착되어 있다.

피포드의 소프트웨어 시스템은 이러한 시스템들을 모방하여 식료품 쇼핑에 도입하고자 노력했으며 주문에 소요되는 비용을 최소화하고자 했다. 매 시간 이 시스템에 접속돼 있다면 소비자의 가정에 어떠한 물품이 필요한지 알려주게 된다. 이러한 시스템은 주문하는 데 소요되는 시간을 절약하게 해줄 뿐만 아니라 심지어 필요로 하는 상품에 재고가 부족할 시 같은

카테고리 안에서 선택할 수 있는 대체상품의 가격과 리스트까지 상세히 알려준다. 예를 들어 '요플레'사의 딸기 요구르트를 구매하고자 했으나 품절이라면 구매자에게 그와 비슷한 '다 농'사의 딸기 요구르트라는 세컨드초이스를 알려주는 것이다.

그리고 피포드의 가입자는 편안한 시간에 언제든지 쇼핑이 가능하며 배송시간도 구매자의 편의에 맞춰 정할 수 있다. 마지막으로 주문은 피포드의 전문 쇼퍼들에게 전달되는데, 그 시점에 피포드는 다음 구매가 좀 더 용이하도록 예전의 데이터베이스를 기반으로 한 쿠폰과 프로모션 등 고객 맞춤 행사를 함께 알려준다. 고객으로부터 수집된 이런 데이터베이스는 제조업체의 마케팅 리서치를 위한 자료로도 제공되는데 거기에는 소비자의 판매가에 대한 반응과 구매성향, 선호도 등 무수한 데이터를 포함하고 있다. 이러한 자료는 결국 피포드가 좀 더 나은 서비스를 고객에게 제공할 수 있게 함으로써 서로 간의 좀 더 편리한 쇼핑문화를 형성하게 된다.

고객의 주문을 받으면 주문 실행은 쥬얼 푸드 스토어^{Jewel food store}에서부터 시작된다. 전문적인 지식을 가진 직원들은 각자 맡은 분야를 돌면서 주문에 맞춰 선반에서 주문 상품을 담는다. 특화된 상품에 맞는 직원교육을 실행하는 이유는 조금이라도 실수를 줄이고 소비자의 제품 만족감을 향상시키기 위해서다. 사실 주문은 피포드에서 받지만 물건은 쥬얼로부터 가져오기에 주문 즉시 쥬얼에서 재고를 체크하고 주문자가 원하는 상품이나 대체품이 있는지부터 확인하고 준비해야 한다.

모든 주문이 완료되면, 피포드는 피포드 고객만을 위해 익스프레스라인을 통해 좀 더 빠른 프로세스의 주문과 구매를 완성시킨다. 물론 이것은 피포드가 구매자를 대신하여 먼저 쥬얼에게 물건값을 지불하기에 가능한 일이다. 그뿐만 아니라, 피포드는 상품이 고객에게 배달되기 전에 먼저 주문에 대한 자금조달, 위험부담, 소유권 등 모든 분야의 책임을 안고 있다. 고객의 손에 물건이 배송되기 전에 발생할 수 있는 모든 책임을 피포드가 지고 있기에 위험을 감소하고자 상품에 맞는 적정한 배송관리도 하고 있다. 예를 들어 상품의 타입을 세 가지로 나누어 냉장, 냉동, 실온 제품에 맞는 배달용기도 사용하고 있다. 실질적으로 주문은 쥬얼에서부터 구매자의 가정으로 이어지지만, 모든 책임에 드는 비용은 피포드가 떠안고 있다.

배송직원은 구매자의 가정에 물건을 내려놓고 물건값을 지불받는 동시에 고객에게 다음 구매를 위한 쿠폰과 행사 카탈로그를 전달하고 모든 소유권이전과 함께 주문을 종료하게 된다.

이러한 시스템이 잘 운영되도록 피포드는 좀 더 발전된 컴퓨터 시스템, 물류 시스템, 구매와 배송 시스템, 직원교육 등이 필요했기에 많은 투자를 했다. 이러한 시스템을 가능하게 하기 위해서는 많은 투자가 불가피했지만 충분한 가치가 있다고 판단했다.

사실, 피포드가 이런 서비스를 제공할 수 있는 이유는 쥬얼이 피포드의 지분을 소유하고 있고, 소비자가 배송비용을 지불하고 있기 때문이다. 그러나 피포드의 원래 계획은 자금을 배송비용이 아닌 다른 수익원을 통해 확보하여 고객의 부담을 최소화하는 것이었다. 다른 수익원이라면 제조업체들에게 정보를 제공하고 홍보를 도우면서 얻게 되는 수익을 말한다.

피포드는 이미 고객의 데이터를 가지고 있기에 소비자의 구매성향에 맞게 제조업체에 정보를 제공함으로써 제조업체는 온라인 마케팅 리서치나 고객의 기호에 맞는 쿠폰을 발행할 수 있어 궁극적으로 제조업체에 판매를 증진시키는 효과도 얻을 수 있다. 피포드는 당연히 위의 활동들을 위한 자금을 제조업으로부터 조달하며 이러한 수입으로 전체적인 경영을 유지하는 데 힘쓰고 있다.

창립 후 처음 10년간은 큰 수익을 거두지 못했지만 벤처회사들을 중심으로 한 사회적 트렌드의 변화로 온라인 쇼핑이 유행하기 시작하면서 시간에 쫓기는 소비자에게 온라인 슈퍼마켓은 지속적으로 좋은 반응을 얻고 있다.

피포드의 시스템은 전통적인 식료품 쇼핑에서 볼 수 없었던 방식을 채택하여 특정 수요에 맞는 맞춤서비스를 제공하는 것이다. 비록 아직도 예전의 방법으로 직접 마트에 가서 고르고 본인의 눈으로 확인된 상품을 구매하고자 하는 고객도 존재하지만, 피포드가 타깃으로 하는 소비자는 제3자가 쇼핑을 대신 해주길 바라는 사람들이다.

"이렇게 누군가가 쇼핑을 대행해주기를 바라는 소비자가 증가한다면, 피포드의 전략이 급속도로 확산될 수 있을까?"라는 질문에 크게 세 가지 장애요소를 알아둘 필요가 있다. 첫째는 모든 소비자가 배송비용을 지불하면서까지 대행을 원하지 않을 것이고, 두 번째는 배송비용을 감당할 수 있다고 하더라도 구매액수가 적다면 액수에 대비한 배송비용이 너무 커 거부감을 주게 될 것이며, 마지막으로 미리 쇼핑목록을 작성하고 준비하지 않으면 계획적이지 못한 구매로 배송비만 많이 지불하게 되는 상황을 초래하게 된다는 것이다. 결국, 피포드의 서비스를 가장 효율적으로 활용하기 위해서는 계획적인 구매 목록과 많은 양의 물건을 한 번에 구입하는 노하우가 소비자에게 가장 유리하다는 결론을 내릴 수 있다.

Coughlan et al.(2012), *Marketing Channels* 내용 편집

1 우리나라에서 인터넷 소매업이 발달한 원인을 상세하게 논하시오.

2 인터넷 소매업의 주요 고객에 대해 설명하시오.

3 탈중간상화에 대해 논하시오.

4 재중개화에 대해 논하시오.

5 바른음원협동조합의 비즈니스 모델을 분석하고, 그 성공을 위한 조건들에 대해 논하시오.

6 인터넷 채널을 주로 이용하는 소비자에 대해 분석하시오.

7 모바일 채널 이용자의 이용행태에 대해 논하시오.

8 부록 4-1 "웹밴: 온라인 슈퍼마켓의 실패"와 4-2 "피포드: 온라인 슈퍼마켓의 생존전략"을 읽고, 온라인 슈퍼마켓이 성공하기 위한 조건들에 대해 고려하시오.

참고문헌

박상원(2015), 온·오프라인 융합 환경을 반영한 모바일 쇼핑서비스 서울대학교 대학원, p.48.
박재진(2017), 모바일 쇼핑 연구에 대한 메타분석 언론학 연구, 21(3), 6-28.
송승선(2020), 모바일 쇼핑의 지각된 가치가 만족도에 미치는 영향 건국대학교 대학원
이영환(2016), 모바일유통채널 특징이 고객충성도에 미치는 영향 호서대학교 벤처대학원
Comscore(2012), *State of the U.S. Online Retail Economy in Q1.*
Opensurvey(2018), 오픈서베이가 분석한 2018 모바일 쇼핑 트렌드 총정리
김혜진, 이정승, 송용욱, 김수경(2020), 모바일 쇼핑몰의 속성이 소비자의 충성도에 미치는 효과: 소비자의 O2O 서비스 경험 여부를 조절변수로 J. Inf. Technol. Appl. Manag. 27(3): 77~92

1 웹밴의 실패원인에 속하는 것이 아닌 것은(부록 4-1 "웹밴: 온라인 슈퍼마켓의 실패"에서)?

① 소량 판매   ② 배송시간

③ 충분한 수요 부족   ④ 할인쿠폰의 부재

2 오프라인 유통업체는 최근 온라인 유통채널을 추가로 도입하고 있다. 이는 한 유통업체 내의 오프라인 채널과 온라인 채널 간의 갈등을 유발하게 되는데, 이러한 갈등의 최소화를 위한 통합적 채널관리전략과 가장 거리가 먼 것은?

① 채널기능의 차별화   ② 판매상품의 차별화

③ 가격의 비차별화   ④ 타깃시장의 차별화

3 인터넷 소매업에 대한 설명 중 가장 거리가 먼 내용은?

① 카테고리 킬러형보다는 채널지원형을 추구하는 것이 더욱 안전하다.

② 소비자별 특성 및 욕구에 맞는 마케팅 전략 구사가 용이하다.

③ 타깃층 및 시장의 특성에 맞추어 온라인과 오프라인 채널을 차별적으로 적용하는 것이 유용한 전략이 될 수 있다.

④ 제품에 대한 실질적 확인의 어려움으로 반품비율이 높다.

4 인터넷 소매업의 장점으로 볼 수 없는 것은?

① 원하는 시간에 편리한 장소에서 제품을 구매할 수 있다.

② 점포 임대료 및 판매원 인건비를 줄일 수 있다.

③ 제품들 간 비교가 용이하다.

④ 상품을 소유하기까지 시간이 걸린다.

5 우리나라에서 인터넷 소매업이 급격하게 성장한 이유는 무엇인가?

   ① 시간여유가 부족한 가정이 증가하기 때문에
   ② 효율적인 배달 시스템의 발전 때문에
   ③ 정보통신기술의 발전 때문에
   ④ 위 세 가지 모두의 이유로

6 인터넷 소매업의 등장과 함께 (   ) 마케팅 전략이 중요해졌다. 다음 중 (   ) 안에 들어갈 내용으로 알맞은 것은?

   ① 모바일   ② 교차판매Cross-selling
   ③ 컴퓨터 기반   ④ 다채널

7 인터넷 채널의 부상이 유통구조에 미친 영향에 대한 설명으로 가장 거리가 먼 것은?

   ① 탈중간상화를 가능하게 했다.
   ② 고객정보의 분석을 용이하게 하여 틈새시장을 공략할 수 있게 했다.
   ③ 탈중간상화를 보편적인 유통현상으로 나타나게 했다.
   ④ 재중개화를 통해 가치를 창출한다.

8 우리나라에서 해외직구가 성장한 가장 큰 이유는?

   ① 국내와 해외의 가격차   ② 다양한 제품
   ③ 외제에 대한 선호도   ④ 국산제품에 대한 불신

9 모바일 채널에 대한 설명으로 가장 거리가 먼 것은?

   ① 온라인 시장 매출의 절반 이상을 차지한다.
   ② 복잡한 보험계약도 쉽게 판매 가능하다.
   ③ 쉽고 편리한 구매환경이 모바일 채널의 중요한 요소다.
   ④ 쇼루밍을 더욱더 쉽게 하고 있다.

10 모바일 채널의 주요고객은?

   ① 10 ~ 20대   ② 20 ~ 30대   ③ 30 ~ 40대   ④ 50대 이상

11 모바일 채널의 주요 특성이 아닌 것은?

   ① 충동구매 경향이 있다.
   ② 고관여제품 구매비율이 높다.
   ③ 가격 이외의 요소는 상대적으로 덜 중요하다.
   ④ 결속력이 높다.

---

1 ②   2 ③   3 ①   4 ④   5 ④   6 ④
7 ③   8 ①   9 ②   10 ②   11 ③

제5장 소매믹스와 소매업 트렌드

편의점의 상품 믹스

시장 규모가 크고 경쟁이 치열하다 보니 편의점은 더 이상 '담배 · 삼각김밥 가게'가 아닌 '과학'이 됐다. CU가 20년간 축적된 판매 데이터를 분석한 결과 입지별로 고객과 구매 패턴이 전혀 다른 것으로 나타났다. CU는 이에 따라 전국의 점포를 '주택가 · 오피스 · 원룸촌 · 대학가 · 학원가 · 공장지대 · 유흥가 · 도로변' 등 8대 입지로 분류하고 입지별 특성에 따른 특화 상품을 강화했다.

이에 따르면 입지에 따라 상품 배열은 물론이고 제품 종류나 비율도 달라진다. 최근 무더위로 매출이 급증한 얼음 음료의 경우 초 · 중 · 고 학생이 많은 가족 주택 입지에는 레모네이드 · 과일주스 같은 비非카페인 음료 비중을 늘리고, 커피도 향긋하고 부담 없이 즐길 수 있는 헤이즐넛 커피를 가장 잘 보이는 곳에 비치했다. 20~30대 직장여성 고객층이 두터워 트렌드에 민감한 오피스 주위에서는 모히토 · 망고에이드 같은 신제품 음료와 여성이 선호하는 아메리카노를 모둠 진열해놓는다. 같은 커피라도 유흥가 주변 점포의 제품 구성은 이와 다르다. 음주 후 달콤한 맛을 찾게 되는 속성에 맞춰 캐러멜 마키아토 같은 달콤한 커피류를 중심으로 판매한다.

주 고객의 주머니 사정도 편의점의 주요 변수다. 용돈을 쪼개 쓰는 대학생이 주 고객인 대학가 점포는 8대 입지 중 '가격 민감도'가 가장 높은 것으로 나타났다. 이에 따라 CU는 전국 대학교 안이나 인근 168개 점포에서 한 달간 신학기 할인행사를 했다. 학생들이 즐겨 찾는 빵 · 컵라면 · 문구류 등 10개 품목에 대해 물건을 덤으로 주는 1+1 행사를 시행했다. 그러자 이들 제품의 판매율이 지난해보다 282% 상승했다. 특히 끼니를 때울 수 있는 도시락 · 삼각김밥의 신장률은 400%가 넘었다.

군부대도 차별성이 뚜렷한 입지다. CU가 군부대 밀집지인 강원도 5개 지역을 분석한 결과 군인, 면회객, 인근 주민 순으로 편의점을 찾았으며, 초콜릿 등 달콤한 과자류를 주로 사가는 것으로 나타났다. 주 고객층인 군인의 소비 특성도 독특했다. 군인 월급이 많지 않은데도 다른 입지에 비해 가격에는 크게 민감하지 않아 할인행사를 해도 판매가 늘지 않았다. 대신 2+1, 3+1 등 추가 증정을 하면 매출이 급증했다. 군인에게는 '가격보다 양'이었던 것이다. 이들 점포에서는 주중과 주말의 매출 구성도 달랐다. 면회객 때문이었다. 이에 따라 주말에는 면회 온 이들을 위한 종이컵, 렌즈세정액, 칫솔, 여성 화장품 등의 진열을 보강했다. 이렇게 군부대 인근 점포를 운영한 결과 지난해 같은 기간보다 전체 매출이 17% 이상 신장했다.

1인 가구가 급격히 증가하면서 편의점의 소규격 생필품 수요도 늘고 있다. CU는 자취·하숙 학생이나 독신 직장인이 많은 '원룸촌' 입지에 최근 '다이소' 매대를 별도로 들였다. 휴지통·슬리퍼·빨래건조대 같은 생활용품은 기본이고 랜선·케이블선 등 철물점에서나 구할 수 있었던 물건까지 들여놓았다. 밥 없이 반찬만 따로 포장한 '반찬도시락'도 원룸촌 점포의 인기 상품이다. 집에서 요리를 잘 하지 않는 '1인 가장'이 장기간 보관할 수 있는 햇반 등 즉석밥은 박스째 대량 구입해놓는 경우가 많기 때문이다. 원룸촌 입지인 역삼점의 경우 반찬도시락 판매를 시작한 후 도시락도 함께 잘 팔리고, 단골 고객이 늘어났다.

'드라이브족', '레저족' 역시 편의점의 분석 레이더망을 피할 수 없었다. CU는 교외 국도변이나 휴게소 인근 점포 300여 곳에 차량용품 특화 매대를 설치해 청소용품, 방향제 등 70여 종의 차량용품을 판매하고 있다. 도로변 편의점을 찾는 화물차 운전기사들이 주 고객이다. 졸음을 쫓아준다고 해서 최근 젊은 층에 유행하는 에너지음료 판매도 입지별 차이가 뚜렷했다.

한편 최근 실내외 구분 없는 '원마일웨어'의 인기에 더불어 코로나19 시대에 건강관리를 위한 운동을 즐기는 이들이 늘면서 GS25는 레깅스를 비롯해 밸런스볼(마사지볼), 아사나링(테스링) 등의 제품을 판매하기 시작했으며, 세븐일레븐은 2019년부터 겨울 시즌마다 패딩조끼 등 방한의류를 판매하고 있다.

〈전자신문〉 2021/5/4, 〈중앙일보〉 2012/5/12 기사 편집

1️⃣ 소매믹스

소매업태들이 가진 독특한 기능들의 조합 이외에 소매상이 고려해야 할 중요한 요소는 소매믹스다. 소매믹스$^{retail\ mix}$는 여러 가지 요소로 이루어져 있지만, 상품 믹스, 가격, 그리고 점포의 레이아웃 등이 중요한 영향을 미치므로 이 책에서는 이들 세 가지 요소를 중심으로 다룬다.

모든 점포는 각자의 분위기를 가지고 있으며, 소매상은 목표소비자의 라이프스타일에 맞는 점포 분위기를 형성하는 것이 필요하다. 이러한 점포 분위기는 조

명, 장식, 음악의 종류, 점포 레이아웃 등에 영향을 받는데, 특히 점포의 레이아웃은 가장 영향력이 크다. 점포의 레이아웃에는 자유형 배치와 격자형 배치의 두 종류가 있다. 자유형 배치는 백화점과 같이 장소를 여유 있고 넓게 쓰지만 특별한 보행 루트가 없고 많은 제품의 진열이 가능하지 않다. 격자형 배치의 경우, 마트나 슈퍼마켓처럼 직각의 선반을 규칙적으로 배열하여 많은 제품의 진열이 가능하도록 한 것이다.

소비자의 가격에 대한 기대 정도도 소매점의 선택에 영향을 미친다. 구체적으로 고가나 저가 혹은 바겐세일의 시행으로 인한 가격의 할인이 있느냐 없느냐에 관한 것 역시 소매업의 중요한 요소다. 먼저 상품 믹스에 대해 알아보자.

사례　대형마트에도 명당이 있다. 매출 최고 2.6배

쇼핑 목적에 따라 매장 방문 빈도가 달라지지만, 대형마트에서 물건을 산 고객이라면 반드시 지나칠 수밖에 없는 장소가 있다. 바로 계산대. 최근 매출 둔화로 고민하는 대형마트업계가 '포스POS: point of sales 엔드캡'이라 부르는 계산대 바로 앞 진열대를 주목하는 이유도 마찬가지다. 대형마트에서 단위면적당 매출이 가장 높은 곳이다. 이마트가 매장 3.3m²(1평)당 매출을 분석한 결과, 계산대 앞 진열대는 1주일 평균 매출이 2,700만 원으로 일반 매장 평균(1,800만 원)보다 2.6배나 높았다.

대형마트 진열대의 과학

과거 계산대 앞 진열대에선 껌이나 초콜릿, 음료 등을 파는 것이 보통이었다. 최근에는 부피가 작은 장난감 등 어린이 상품이 인기다. 계산대에서 줄을 서서 기다리는 1~2분 동안 아이들의 호기심을 자극해 부모의 지갑을 열게 하는 판매 전술이다.

백화점이나 대형마트 곳곳에는 소비자의 구매 욕구를 부추기는 갖가지 '장치'가 숨어 있다. 매장 구성과 상품 진열을 통해 고객이 더 오래 쇼핑을 하게 하고, 더 많은 물건을 사게 하려는 것이다. 상품을 즉각 체험하는 매장은 광고·판촉보다 구매에 더 큰 영향을 미친다.

대형마트는 고객의 쇼핑 동선을 입구부터 시작해 시계 반대방향으로 순환하는 것으로 설정한다. 오른손잡이인 대다수 고객이 오른손에 힘을 주어 쇼핑카트를 밀면서 자연스럽게 왼쪽으로 방향을 틀기 때문이다. 아이스크림 등 냉동식품 코너가 매장 왼쪽 끝 계산대 바로 앞쪽에 있는 것도 이유가 있다. 쇼핑 막바지에 냉동식품을 집어들게 해 고객의 변심으로 인한 상품의 손실을 최소화하려는 계산이 숨어 있다.

백화점에서는 소위 '잘나가는' 브랜드가 메인 동선에서 벗어난 구석진 매장을 차지하는 경우가 종종 있다. 어차피 인지도가 높아서 고객이 알아서 찾아가기 때문이다. 롯데백화점 평촌점은 건물이 'ㄱ'자 형태로 만들어져 고객 시야에 사각^{死角}지대가 있는데, 대부분 인기 브랜드는 입구에서 바로 보이지 않는 곳에 입점해 있다.

사람의 시선은 보통 왼쪽에서 오른쪽으로 움직인다. 이 때문에 같은 진열대라도 인기 상품이나 마진이 큰 상품을 오른쪽에 놓는다. 상대적으로 가격이 저렴한 대형마트 PB^{Private Brand}(유통업체 브랜드)는 경쟁 상품과 함께 진열한다.

롯데마트 관계자는 "PB의 저렴한 가격을 먼저 보게 한 다음(오른쪽에 놓인) 비슷한 상품이 더 비싸게 팔리는 것을 확인시키는 의도"라고 설명했다. 상품 종류와 브랜드가 많은 소스류 판매대는 고객이 한눈에 여러 상품을 볼 수 있게 동일 상품을 위아래로 진열하는 기법을 쓴다. 같은 상품을 수평으로 진열할 경우 가지런하게 보이는 장점이 있지만, 위아래에 있는 상품을 보지 못하고 지나칠 수 있기 때문이다.

신세계백화점 관계자는 "소스류는 진열 방법에 따라 매출의 8~10%가 움직일 정도"라고 말했다. 백화점 매장 곳곳에 놓인 판매대의 높이는 82cm다. 고객이 허리와 팔을 구부리지 않고 자연스럽게 쇼핑할 수 있는 높이라고 한다. 몇 년 전까지만 해도 79cm가 업계 표준이었지만, 국민 평균 체형이 커지면서 판매대가 높아졌다.

백화점에 창문 달고 벽 허물기도

반대로 유통업체가 일부러 고객의 불편함을 조장할 수도 있다. 백화점 여성복 매장에서 옷을 갈아입는 피팅룸 안에 거울이 없는 것도 이 때문이다. 옷이 잘 어울리는지 확인하려면 다시 밖으로 나와 거울을 보는 번거로움을 감수해야 한다. 옷을 입고 나온 뒤 판매사원으로부터 "잘 어울린다"는 말을 들을 때 고객의 구매율이 더 높은 것을 노린 것이다.

백화점에는 창문과 시계가 없는 것이 보통이다. 고객이 해 지는 줄 모르고 쇼핑을 하라는 의도다. 롯데백화점 김포공항점 5층 가구매장은 업계의 오랜 금기^{禁忌}를 깨고 한쪽 면을 통유리로 만들었다. 롯데백화점 관계자는 "자연 채광이 되는 일반 가정집 거실을 연출해 고객의 구매의도를 높이려는 전략"이라고 말했다.

최근 중국인 관광객의 방문이 증가하면서 매장 구성이 달라진 경우도 있다. 롯데백화점 본점은 여성 영패션 매장 벽을 허물었다. 자신의 매장에 들어온 고객을 다른 매장에 시선을 돌리지 못하게 하는 불문율을 깬 것이다. 롯데백화점 관계자는 "손이 큰 중국인 고객은 짧은 시간에 여러 매장을 휙 둘러보면서 대량으로 상품을 사기 때문에 벽이 없는 매장을 좋아한다"고 말했다.

〈조선비즈〉 2016/6/1 기사 편집

1. 상품 믹스

어떤 소매업태의 카테고리에서 운영하든 소매상의 성공에 중요한 요소 중 하나는 상품 믹스^{Merchandise Mix}다. 상품 믹스는 목표고객의 욕구에 부응하여 상품의 구색을 맞추는 과정이라고 할 수 있다. 따라서 소비자는 원하는 상품을 원하는 장소에서 구입할 수 있게 된다.

유통업체는 목표고객에 대한 시장조사를 통해 어떤 제품을 선호하는지 실시간으로 파악해야 한다. 예를 들어, TV프로그램 〈나는 가수다〉 〈K-POP 스타〉의 인기도 편의점의 상품 믹스에 영향을 미쳤는데, 오디션 프로그램의 인기와 스마트폰 보급으로 길거리 음악감상족이 늘어 이어폰 수요도 급증했다. 이에 따라 서울 삼성동의 오피스가나 서울 노량진 등 학원가에 위치한 편의점들은 이어폰을 특화 판매하기 시작했다. 오피스 입지 점포에서는 다른 제품을 사러 들렀다가 이어폰을 보고 생각나서 사가는 충동구매가 많았고, 학원가에서는 학기 중 시험기간의 판매 신장률이 높았다.

최근 소비자의 취향에 따라 고유의 상품에서 벗어나 다양한 상품을 취급하는 경향이 최근에 두드러지고 있다. 롯데리아의 최근 제품 구성비를 보면, 햄버거의 비중이 지속적으로 하락하고 있고 커피의 비중이 급속히 증가하고 있으며 디저트나 치킨 같은 비주력상품의 비중이 지속적으로 늘고 있다. 롯데리아는 햄버거가게라는 포지션에 상관없이 주력상품인 햄버거의 의존도를 줄이고 햄버거 이외의 제품군의 비중을 늘리며 매출 신장을 꾀하고 있다. 또한 치킨 프랜차이즈인 BBQ 역시 주력인 치킨 이외에 커피와 햄버거까지 상품군에 추가하고 스타벅스코리아는 과일음료와 호박떡을 파는 등 고정관념에서 벗어나는 제품 구성을 보여주고 있다.

다양한 형태의 상품 믹스 전략

유통업체 간 경쟁이 치열해지면서 다른 업태들과 경쟁하기 위해 기존에 취급하지 않던 비전통적인 상품을 많이 취급하여 현재의 상품 믹스를 변화시키는 현상이 늘고 있다. 예를 들어 커피전문점인 스타벅스가 스무디(과일음료)나 떡을 판매하는 것이다. 이것은 Creaming approach와 Scrambling approach의 두 가지로 나누어볼 수 있다.

Creaming approach는 소매상이 자사의 주요 상품과 관련이 없으나 잘 팔리고 저마진인 상품을 판매하는 것을 말한다. 스테이플Staple(사무용품 전문 카테고리 킬러)의 경우 계산대 옆에서 생수병을 판매한다. 이러한 품목들은 저마진이지만 소비자의 강한 선호를 반영하고 있기 때문에 소매상은 위험도가 낮은 것을 즐긴다.

Scrambling approach는 소매상의 주요 상품과 관련이 없으나 고마진의 회

Creaming Approach
계산대 옆에 음료수를 비치하며 판매하는 문구 소매점

전율이 낮은 상품을 판매하는 것을 말한다. 이러한 제품들은 소비자의 강한 선호를 이끌어내지 못하므로 판매량이 적다. 하지만 제품라인을 지지하기 위한 촉진활동으로 포함되는 경향이 있다. 의류매장에서 시계를 판매하는 경우가 여기에 해당한다.

Scrambling approach와 Creaming approach는 현대의 많은 소매업체가 그들의 전통적인 상품라인을 확장한다는 사실을 보여준다. 예를 들어 시어스, 메이시^{Macy} 같은 소매상은 신용카드 서비스 같은 금융서비스를 제공한다. 이는 소매상이 자신의 소매기능을 보완하는 전문화된 금융서비스를 하나의 상품으로 만들어 판매하고 있어 상품 구색의 확장에는 제한이 없음을 보여주고 있다.

Scrambling Approach 핸드백과 선글라스 등을 함께 진열하여 판매하는 의류매장

사례

"랄라블라에서 삼각김밥·맥주를?"
…커지는 유사 편의점 논란

'편의점 근접 출점금지 자율규약 해친다' vs
'새로운 성장동력 찾으려는 업계 노력'

편의점 업계가 과밀출점에 따른 자율규약을 시행하면서 신규 출점이 제한된 가운데 최근 이른바 '유사 편의점'들이 등장하고 있다. GS리테일은 랄라블라에 식음료 코너를 강화한 테스트 매장을 운영하며 도시락과 삼각김밥, 햄버거 등은 물론 샐러드와 맥주, 우유, 음료수, 과자, 즉석밥, 냉동식품 등 다양한 식음료 제품을 판매하고 있다. 롯데슈퍼도 슈퍼 안에 편의점처럼 취식·조리 공간을 마련한 델리카페를 시범 운영 중이다.

업계에서는 이를 둘러싼 논란이 커지고 있다. 이들 유사 편의점들이 편의점 업계의 출점제한 자율규약을 무력화할 것이라는 지적이 나오는 반면, 융합시대에 고객편의를 위한 자연스러운 현상이자 유통업계가 새로운 성장동력을 모색하는 시도라는 주장이 맞서고 있다.

서울 강서구 우장산역 편의점과 한 건물에 있는 헬스&뷰티숍(H&B) 랄라블라 우장산역점이 유사 편의점을 둘러싼 갈등의 대표적 사례다. 2017년 1월 문을 열 당시만 해도 랄라블라는 식품을 거의 판매하지 않았고 CU와 시너지 효과가 나기도 했다. 그런데 랄라블라에서 도시락, 삼각김밥 등 식음료 상품 판매매대를 설치하고 취식 공간까지 마련하면서 사정은 달라졌다. 이후 편의점 매장의 매출이 감소하고 도시락 등 폐기비용도 2배 이상 늘었다는 것이다. 편의점의 매출이 눈에 띄게 줄면서 랄라블라에 항의도 해봤지만 소용이 없었다.

최근에는 롯데슈퍼도 '델리카페'라는 이름으로 슈퍼에 테이블과 전자렌지 등 취식 공간을 마련한 테스트 매장을 운영하고 있다. 편의점처럼 매장 안에서 즉석 식품과 볶음밥, 컵라면 등 간편식과 도시락 삼각김밥을 판매 중이다. 델리카페를 운영하는 두 매장 역시 2차선 도로 맞은편 CU 매장을 두고 있으며 인근에는 GS25 매장이 위치해 있다.

편의점 운영자들은 이를 유사 또는 변종 편의점이라 규정하고 비판의 목소리를 높이고 있다. 편의점 업계가 올들어 과밀출점을 막기 위해 마련한 근접 출점제한 '자율규약'의 근간이 흔들릴 것이라는 우려다. 랄라블라 측은 "기존 운영하고 있던 매장을 상권 분석에 따라 상품 구색을 강화하고 매대 진열 방식을 변경한 것"이라며 "상품 구성 비율도 과거 5%(식품) 대 95%(뷰티)에서 10% 대 90% 수준으로 변경된 것이고 가맹점이 아닌 직영점으로 근접출점과 변종 매장 논란 등과는 무관하다"고 밝혔다. 롯데슈퍼 관계자 역시 "신규 매장이 아닌 기존 영업하던 롯데슈퍼를 리뉴얼한 특화 매장으로 판매하는 상품도 기존 판매 제품과 동일하다"며 "업태 역시 편의점과 다른 기업형 슈퍼마켓(SSM)으로 변종 매장 지적은 억측"이라고 밝혔다.

최근 유통업계가 성장 한계에 직면한 가운데 이를 극복하기 위해 국내외에서 광범위하게 일어나는 융복합적 시도 또는 틈새시장 공략으로 봐야 한다는 반론도 있다. 실제 편의점만 먹거리를 팔 수 있다는 규정은 없으며, 편의점도 최근 플랫폼화를 추진해 화장품과 의류, 택배서비스 등 무한확장에 나서고 있다. 한 유통업계 관계자는 "이미 H&B스토어는 수년 전부터 식음료를 판매하고 있었고 편의점만 먹거리를 팔아야 한다는 법도 없다"면서 "랄라블라나 롯데슈퍼 등은 등록된 업종 자체가 편의점이 아니기 때문에 편의점 자율규약 문제를 적용할 사안은 아니"라며 "고객이 선호하는 상품은 얼마든지 팔 수 있는데 특정 매장만을 보고 유사 또는 변종 편의점이라고 규정하는 것은 무리한 시각"이라고 말했다.

컨슈머타임스 2020/1/20 머니투데이 2019/12/11 전자신문 2019/11/21

연관상품 진열

어떠한 제품을 함께 묶어 팔 것인지를 결정하는 것도 소매상에게 중요한 문제이며, 특히 매출에 영향을 미치는 중요한 요소다. 유통업이 본격적으로 발달하기 시작한 1990년대 이후로 지금까지 신선식품, 가공식품, 생활용품 등 비슷한 특성을 지닌 제품끼리 진열하는 카테고리식 진열방식이 주로 사용되어왔다.

하지만 근래에는 상품별 판매 분석을 통해 상호보완적인 제품들을 묶어서 판매하는 연관상품 진열이 늘어나는 추세를 보이고 있다. 연관진열은 '크로스 카테고리 머천다이징cross category merchandising'이라 불리기도 하는데, 크로스 카테고리라는 말에서 연상할 수 있듯이 서로 다른 카테고리를 하나의 테마, 용도, 상황, 객층에 맞게 함께 전개하는 것을 말한다. 정육제품과 쌈장, 소주와 돼지고기를 나란히 진열하여 판매하는 것이 그 예다.

연관상품 진열 돈가스와 소스는 함께 진열하여 판매한다.

연관진열을 기획할 때는 구체적인 생활 속에서 그 상품을 주로 어떤 사람들이 어떤 상황에서 어떤 니즈needs로 사용하는지 분석해야 한다. 즉, 특정 타깃이 동일한 상황 속에서 갖는 니즈에 대응하는 것이다. 또한 관련상품을 진열하는 것은 상품을 제안하기 위함이므로 소량진열을 원칙으로 하되 좀 더 폭넓은 선택을 원하는 고객은 본 매대로 유도해야 한다. 그리고 고객은 어디까지나 본 상품을 구입하기 위해 접근한 것이므로 계획에 없던 상품을 충동구매하게 하려면 관련상품이 부담 없이 구입할 수 있는 저가 상품이어야 한다.

최근 들어 연관진열에 주목하는 이유는 치열해진 경쟁상황이나 극심한 경기불황 여파와 무관치 않다. 우선 연관진열은 고객에게 상황을 제안해 잊었던 상품이나 계획에 없던 상품 구입을 적극 유도한다. 이로써 객단가(고객이 한 번 방문하여 산 총 금액)를 높여 매출을 향상시킬 수 있는데, 업체 간 경쟁이 치열한 상황에서 고객 수를 증대시키는 데는 한계가 있으므로 그 대신 객단가 향상을 위해 유통업체들은 연관진열을 적극 전개하고 있다.

또한 연관진열은 원스톱 쇼핑을 실현하고, 필요한 상품을 한꺼번에 구입할 수 있어 고객 편의와 흥미를 높여 점포 이미지를 제고할 수 있다. 어차피 시리얼은 우유에 타서 먹으므로 두 제품을 함께 진열해놓는 것이 고객이 따로따로 두 제품을 찾아 구매하는 것보다 고객의 쇼핑에 대한 만족도를 높이고 소비자에게 상품을 제안하여 소매업체의 매출을 늘리고자 하는 진열방식이다. 실제로 한 대형마트는 선블록 옆에 마스크팩을 진열해 매출을 30%가량 높인 경험이 있다(박스 사례 "마트의 연관상품 진열" 참조).

하지만 상호보완적인 제품을 일부러 연관진열하지 않고 분리진열하는 경우도 있다. 소매업체 판매량의 상당 부분이 충동구매에서 일어나기 때문에 일부러 상호보완적인 제품을 분리해 진열하기도 한다. 고객이 연관제품을 찾으러 다니는 사이에 발생하는 충동구매를 노리는 것이다.

그럼 어떠한 경우에 연관상품 진열을 하거나 분리진열을 할까? 일정한 규칙은 없으나 두 상품 사이에 연관관계가 매우 뚜렷하여 소비자가 두 상품을 동시에 소비해야 할 경우에는 분리진열을 하는 게 좋다. 어차피 두 상품을 사야 하므로 떨어져 있는 제품을 찾으러 가는 사이에 일어나는 제3의 제품 구매를 유도하는 충동구매효과를 노리는 것이다. 예를 들어, 우유 없이 시리얼을 먹기는 힘들기 때문에 두 상품은 분리진열을 한다.

하지만 소주와 돼지고기의 경우에는 상관관계가 그다지 높지 않고 돼지고기 외에 대체안주가 다수 존재한다. 따라서 이 경우에는 두 상품의 연관상품 진열을 하는 게 좋다. 평소에 소주를 보면 자동적으로 돼지고기를 안주로 먹어야 한다는 생각이 강하게 떠오르지 않고 다른 대체안주를 찾는 경우가 많을 때, 돼지고기를 바로 옆에 진열하여 돼지고기의 매출을 늘리는 전략을 사용하는 것이다.

마트의 연관상품 진열

　장기화되는 불황에 대형마트들의 '상품 진열 공식'이 깨지고 있다. 매장에 제품 카테고리 형태로 진열하던 기존 방식 대신 고객의 구매 패턴에 따라 연관진열하는 사례가 크게 늘어나고 있는 것이다. 상품의 원래 카테고리와 상관없이 전혀 다른 성격의 상품을 함께 판매하는 '연관진열'은 대형마트에서 보편화한 시스템이다. 생선 매장에서 화이트 와인을 팔고, 라면 매장에서 양은 냄비, 자동차용품 매장에서 졸음방지용 껌을 파는 식이다. 이마트에서 요리가 익숙하지 않은 초보 주부들을 위해 수산물·정육 코너에서 요리책을 같이 판매하자 서적 판매량이 10배 이상 뛰었다.

　1990년대 초반 대형마트가 나타난 이후 업계에선 카테고리식 진열 방식을 많이 사용해왔다. '신선식품', '가공식품', '생활용품' 등 비슷한 특성을 지닌 제품끼리 놓는 방식을 뜻한다. 그동안 연관진열 방식은 행사나 특수한 경우에만 사용했다. 하지만 최근 트렌드가 바뀌기 시작한 것이다.

　대형마트 업체 매장들을 들여다보면 특이한 연관진열 방식을 쉽게 찾을 수 있다. '감자 매장 옆에 카레', '생선 매장 옆에 화이트와인', '아령 옆에 초콜릿과 비타민 음료' 등 연관진열은 카테고리를 가리지 않고 일어나고 있다. '라면 옆에 양은냄비', '채소 옆에 세정제' 식으로 다양한 연관진열 방식을 실험하는 사례가 늘어나는 모습이다.

　이마트는 주류 매장 내 간편안주 상설 코너를 만드는 등 새로운 진열 방식으로 주류 매장을 개편했다. 예를 들어 20~30대 젊은 층이 선호하는 수입맥주 코너에는 '간편안주 진열 코

비비고 연관상품 진열

너'를 만들어 나쵸칩과 딥핑소스, 소시지 등을 진열하고 전통적인 육포와 김부각 등은 물론, 젊은 층들의 눈을 사로잡을 다양한 수입 스낵과 트렌디한 안주 등도 함께 놔두었다. 또한 소주와 사케 코너에는 가공어포와 가공치즈를, 양주 코너에는 육포 등을 고리 형태로 걸어 매장 곳곳에 비치해뒀다. 와인의 경우에는 와인 코너가 아닌 회, 스테이크 등 와인과 어울리는 신선식품 매장에 진열했다. 둘 다 기존과 달리 연관진열 방식을 택한 것이다.

테스트 차원에서 주류 매장의 변신을 꾀하고 있는 이마트는 벌써부터 주류와 안주류의 매출 시너지 효과가 크며, 13개의 테스트 점포를 선정해 주류 매장에 '레트로 안주'인 먹태를 연관진열한 결과, 전체 점포의 가공어포 분류 매출이 전년 비해 97% 증가한 가운데, 13개 점은 249% 신장했다. 주류와 가공어포를 동시 구매한 고객 수는 전년 대비 198% 증가했으며, 또 테스트 점포의 동시구매객수 비율은 그 외 점포들과 비교해서도 2배 이상 높았다. 수산 매장에 주류를 연관진열했을 때에도 양쪽 상품 모두 매출이 증가했다. 꼬막과 와인 2종을 함께 진열하자, 와인 매출은 전주 동기간 대비 2.5배 이상, 꼬막 매출은 2배가량 늘었다.

실제로 연관진열을 통해 매출을 높인 사례는 꾸준히 나타나고 있다. 이마트에 따르면 선블록 옆에 마스크팩을 진열해 매출을 30%가량 높였고, 정육매장 옆에 진열한 쌈장은 작년 동기보다 매출이 3배가량 증가했다.

〈매일경제〉 2019/3/25, 2013/5/25 기사 편집

상품 구색의 패러독스

마케팅은 고객의 욕구를 파악하고 그에 상응한 제품을 제공하여 고객을 만족시키는 것이다. 하지만 너무 다양한 제품을 제공하면 고객을 만족시키는 데 실패할 수 있다. 아니 만족시키기는커녕 고객이 제품을 선택하기 힘들게 만든다.

스탠퍼드 대학의 심리학과 마크 레퍼^{Mark Lepper} 박사의 실험에 의하면 너무 많은 제품들은 소비자를 혼란스럽게 하여 구매에 방해요인으로 작동한다. 연구 결과, 30가지의 선택안에 직면한 소비자 중 단지 3%의 소비자만이 실제로 제품을 구매했으나 6가지의 선택안만을 가진 소비자의 경우에는 30%가 제품을 구매한 것으로 나타났다.

고객은 잘못된 선택을 하지 않을까 걱정하여 많은 제품들 중에서 선택해야 할 때에는 오히려 선택할 수 없는 상황에 몰린다. 최선의 선택을 위해서는 주어진 제품들을 분석해야 하는데, 제품들을 평가할 지식이나 시간이 충분치 못한 고객은 평가할 제품들이 많을수록 최선의 선택을 하지 못할 가능성이 점점 더 커진다. 그러므로 지금 구매하여 나중에 후회하느니 차라리 구매하지 않는 대안을 선택한다. 특히 구매하고자 하는 제품에 대해 많은 지식이 없는 고객의 경우 이런 현상이 심하게 나타난다.

6가지 샴푸브랜드를 관리하는 프록터앤드갬블Procter & Gamble(P&G)은 72종의 팬틴Pantene, 19종의 퍼트Pert 등 각 브랜드마다 매우 많은 종류의 샴푸를 판매하고 있다. 이는 다양한 제품이 욕구가 다양한 고객을 만족시킬 수 있다는 논리에서 비롯되었으나, 다양한 제품을 유지하기 위한 R&D 및 브랜드 관리비용뿐만 아니라 고객의 선택을 힘들게 할 경우를 고려할 때 다양한 제품의 구비가 P&G의 이익에 어느 정도 도움이 될지는 미지수다.

비슷한 의미로 성장세를 구가하고 있는 모바일 쇼핑도 단순화의 법칙을 응용하고 있다. 한 화면에 최대한 많은 제품 사진을 노출시켰던 PC쇼핑 시절과는 달리 모바일 쇼핑은 메인 화면을

과거 3~4종의 제품을 진열했으나 최근에는 2종으로 단순화해 진열하여 고객이 쉽게 선택하게 한다.

시원하게 채우는 '직사각형 사진'을 배치하는 것이 특징이다. 화면이 작기 때문에 작은 사진 여러 개와 많은 쇼핑 정보로 시선을 분산하기보다는 한 번에 한 가지 제품을 볼 수 있는 '카드' 형태의 제품 사진을 하나만 보여주는 식이다.

PC를 이용한 인터넷 쇼핑 역시 단순화에 동참하고 있다. 온라인 채널에서 모바일 채널이 대세로 자리 잡자 오히려 모바일에서 나타난 변화가 PC쇼핑몰에 적용되고 있다. 11번가는 PC 홈페이지를 개편하면서 메인 화면에 노출되는 상품군 수를 30% 가까이 줄이고 화면을 단순화했다. 과거에는 모바일 쇼핑몰이 PC 쇼핑몰을 따라 했지만, 이제는 모바일 쇼핑이 보편화하면서 단순한 진열의 모바일 트렌드를 온라인 쇼핑이 따라가는 것이다. 단순화의 묘미는 오프라인뿐만 아니라 온라인 및 모바일 채널에서도 적극적으로 응용되고 있다.

 사례   편의점의 비밀, '진열 공식'

편의점은 우리의 생활리듬과 기후, 소비패턴 등을 모두 고려해서 만들어졌다. 심지어 상품 진열 하나에도 공식이 들어 있다. 여기에는 편의점 업계의 공통된 진열 원칙이 있는가 하면 브랜드별로 차이도 갖고 있다. 숨겨왔던 그들만의 비법인 셈이다. 우리가 몰랐던 편의점 상품 진열의 '비밀'을 파헤쳐본다.

진열에도 "공식이 있다"

편의점의 작은 공간에서 높은 효율을 내기 위해서는 나름대로 '진열의 법칙'이 필요하다. 편의점 업계는 "고객에게 최적화된 진열을 제공해 구매를 촉진시킨다"는 공통된 진열 공식을 갖고 있다. 여기에는 '쉽게' 3원칙이 따른다. GS25는 고객이 원하는 상품을 고객의 입장에서 보기 '쉽게', 고르기 '쉽게', 사기 '쉽게' 진열하고 있다. 상품을 용도 및 종류별 등으로 분류하거나 고객의 신장에 따라 진열 높낮이를 조절한다는 얘기다. 어린이가 만세를 부르며 과자를 고르거나 농구선수가 쪼그려 앉아 음료를 고르지 않게 말이다.

보통 대형마트 등 소비자 동선은 평균 3~4m 선이지만 편의점은 폭이 90cm에서 최대 1m에 불과하다. 먼저 도착한 손님이 맨 아래쪽에 위치한 물건을 보기 위해 쪼그리고 앉거나 몸을 구부린다면 뒤에 온 손님은 앞 손님의 몸에 '막혀' 옴짝달싹 못하게 된다. 그래서 편의점용 진열대는 일자형이 아니라 비스듬한 '사다리꼴'이다. 꼭대기 칸 진열대 너비는 약 25cm이지만 아래로 내려갈수록 진열대가 조금씩 넓어져 맨 아래쪽 진열대 너비는 43cm로 20cm 가까이 넓어진다. 허리를 숙이지 않고 고개만 살짝 내려도 맨 아래쪽 공간에 어떤 물건이 있는지 볼 수 있도록 만든 것이다. 맨 아래쪽 진열대는 상품을 세워서 진열하지 않고 상품명이 잘 보이도록 눕혀서 진열한다. 가격표도 20° 정도 비스듬히 눕혀놓아 몸을 굽히지 않고도 확인할 수 있도록 했다.

세븐일레븐은 가장 잘 팔리는 상품을 편의점 매대 최상단에 진열한다. 고객의 눈높이 위치와 일치하게 하기 위함이다. 상품의 크기에 따라 진열 위치도 달라진다. 예를 들어 칫솔과 면도기, 왁스, 소용량 가그린 등은 샴푸와 린스, 바디로션 등보다 매대 상단에 배치한다. 상대적으로 크기가 작은 제품이 더 잘 팔리기도 한다.

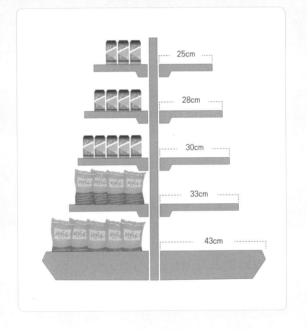

미니스톱에서는 즉석에서 조리한 패스트푸드를 계산대 바로 옆에 뒀다. 직원이 직접 조리한 상품을 유리로 된 쇼케이스에 진열해 계산 직전 고객들의 구미를 한 번 더 당기자는 전략이다.

수요가 높은 제품은 제일 안쪽에

음료, 주류, 유음료, 현금자동입출금기(ATM)는 편의점 어디에나 맨 안쪽에 위치해 있다. 음료와 유음료는 담배를 제외하고 매출이 가장 높은 상품군이기 때문이다. 소비자 수요가 가장 높은 상품군인 만큼 동선을 길게 해 고객이 냉장고로 이동하는 동안 다른 상품도 둘러볼 수 있도록 하는 것. ATM을 가급적 매장 안쪽에 두는 것도 같은 이유다.

하지만 매출이 가장 높은 담배는 판매원 바로 뒤쪽에 있다. 담배는 편의점 전체 매출 비중에서 40%가량을 차지할 만큼 판매 빈도가 높지만 단위 단가 역시 다른 상품에 비해 월등히 높아 '특별관리'가 필요하다. 편의점 평균 객단가는 약 6,000원으로 담배를 두 갑(1갑당 4,500원)만 사도 편의점 객단가를 훌쩍 뛰어넘는다.

1인 가구 대상 상품 믹스

통계청에 따르면 2020년 국내 1인 가구 비중은 전체의 31.7%로 4인 가구(22.5%)를 앞질렀다. 이들 1인 가구는 주로 20~30대 직장인에 집중돼 있다. 높은 구매력을 갖춰 유통가에서는 이들을 새로운 소비층으로 규정하고 있다. 편의점 업계도 브랜드별로 1인 가구를 겨냥한 상품 전략을 세우고 있다.

CU는 매장 내 먹거리 중심의 '아일랜드 카운터'를 마련, 1~2인용 소용량 조리 상품과 즉석식품 등을 진열해놓았다. 찐빵과 떡볶이, 오뎅, 즉석우동과 짜장 등 즉석면 등을 강화한 것이다. HMR(가정간편식)의 진열 면적도 늘렸다.

세븐일레븐은 고유가로 인해 대중교통 이용객이 증가하면서 편의점에서 간단하게 아침식사를 해결하는 사람이 많아지고 있다는 것에 착안, 도시락과 샌드위치, 김밥 등 신선푸드와 누룽지, 즉석죽 등 가공 푸드를 아침시간대에 집중 진열하고 있다.

미니스톱도 점포 내부에 변화를 주고 있다. 편의점에서 중앙에 위치한 상품군보다 벽면에 위치한 상품군의 매출이 높아지고 있기 때문이다. 이에 미니스톱은 향후 중앙의 곤도라 수를 줄이고 벽면의 런치케이스와 워크인 쿨러는 늘리는 등 변화를 주고 있다.

계절에 따라 달라지는 '진열 공식'

우리나라는 봄, 여름, 가을, 겨울의 아름다운 사계절을 갖고 있다. 철마다 바꿔 입는 옷들로 계절의 변화를 실감한다. 편의점 업계도 마찬가지다. 날씨의 변화에 따라 진열대도 새 단장을 한다.

GS25는 사계절마다 새 옷으로 갈아입진 않지만 하절기와 동절기로 구분해 진열에 변화를 준다. 매년 봄에는 황사에 대비해 렌즈 세정액과 가글용품 등의 재고를 늘리고 진열 면적도 확대한다. 그중에서도 가장 매출이 좋은 마스크는 고객의 눈에 잘 띄는 곳에 진열한다.

야외 활동이 본격적으로 시작되는 하절기(3~10월)에는 돗자리와 선크림 등을 진열하고 프링글스 등 테이크아웃형 과자의 재고를 늘린다. 휴가철에는 여행용 세정용품과 칫솔 등을 눈에 잘 띄는 곳에 진열한다. 즉석밥과 조미료, 통조림의 판매가 증가하는 시기이기 때문에 재고량도 늘린다. 바캉스 시즌을 위한 렌턴용 건전지도 진열대에 올려놓는다. 튜브류 아이스크림과 이온음료, 생수, 탄산음료, 아이스커피의 진열 면적을 확대한다. 여름철 판매가 증가하는 비빔면과 냉면류는 눈에 잘 보이는 곳에 진열한다. 살충제와 제습제, 탈취제의 구색도 강화하고 고객의 눈에 쉽게 띄는 곳에 둔다.

동절기(11~2월)에는 겨울 분위기 연출을 위해 호빵기를 가동한다. 캔커피와 유자차, 쌍화차 등도 온장고에 진열한다. 검정 스타킹과 레깅스 등 프리미엄스타킹의 진열을 확대하고 립케어 제품과 핸드크림 등 겨울철 피부관리를 위한 상품 구색도 갖춘다.

세븐일레븐은 우천 시에 대비한 전략을 갖고 있다. 우천 시 가장 요구되는 고급 정보는 비가 내리기 시작하는 시간과 강우량이다. 오전에 비가 오면 고객은 우산을 챙겨 나오지만 오후에 비가 올 경우 편의점에서 급하게 우산을 구입하는 경우가 많기 때문이다. 비가 많이 올 때는 접이식 우산보다는 장우산을 찾는 경우도 많다. 우비의 판매량도 증가한다. 이 밖에도 비나 눈이 내리면 우산 매대를 입구 바로 옆으로 전진 배치하고 온장고 음료와 찐빵, 어묵 등을 판매대 입구 쪽으로 이동시킨다.

〈PAX 경제 TV〉 2019/3/9, 〈매일경제〉 2016/2/29, 〈뉴시스〉 2012/9/6 기사 편집

2. 가격

대형마트 시대의 도래와 함께 소매업체의 가격경쟁력이 소매시장에서의 핵심 성공 요인으로 대두되고 있다. 따라서 제조업체가 중간상에게 제시하는 제품가격은 중간상의 판매성과와 소비자의 구매량에 큰 영향을 미치게 된다.

가격이란 판매자가 제공하는 제품과 부대서비스의 패키지에 대해 구매자가

최저가 포지셔닝 전략의 월마트.

지불하는 화폐량으로 정의되나 각 경로 구성원이 부과하는 제품가격은 그들이 수행하는 경로기능과 관련이 있다. 제조업체는 좀 더 좋은 매장위치를 점유하거나 도·소매업체들의 재고 부담을 덜어주기 위해 가격할인이나 소매업체에 대한 지원금을 제공하므로 정상가격이 지켜지는 경우는 매우 드물다. 가격할인의 유형으로 상시저가정책과 고저가격정책에 대해 살펴보도록 하자.

상시저가정책과 고저가격정책

상시저가정책^{EDLP: Every Day Low Price}이란 가격촉진과 특별판매가 거의 없이 1년 내내 일정하게 가장 낮은 가격을 책정하는 것을 말한다. 월마트가 상시저가정책을 잘 활용하는 회사로 알려져 있고, 우리나라의 대형마트들도 이 정책을 주로 쓰고 있다.

고객은 세일을 하는 제품의 경우 세일기간에 싸게 사려는 심리가 있으므로 세일기간까지 기다렸다가 원하는 제품을 사는 경향이 있다. 상시저가정책은 시간에 따른 가격의 불확실성을 제거할 수 있으므로 소비자의 입장에서는 필요한 제품을 즉시 구입할 수 있다.

상시저가정책과 반대되는 가격정책으로 고저가격정책^{High & Low Pricing}이 있다. 매일 판매하는 가격은 EDLP보다 상대적으로 높은 가격을 유지하지만, 세일기간에는 일시적으로 EDLP보다 더 낮은 가격을 제시하는 가격정책이다.

고저가격정책은 세일기간 중 고객을 유인하여 해당 상품뿐만 아니라 다른 상품도 더불어 파는 전략을 말한다. 유통업태 중에서 백화점이 고저가격정책을 주

로 이용하는데, 이 전략은 할인광고가 소비자에게 흥미를 불러일으켜 할인품목을 구매하러 오게 하는 유인책이 된다는 논리를 바탕으로 하고 있다. 소매업체 입장에서는 팔리지 않은 제품들의 높은 재고율을 세일을 통해 짧은 시간 내에 줄일 수 있다는 장점이 있다.

하지만 고저가격정책은 세일기간에만 판매량이 치솟기 때문에 재고 및 물류관리가 쉽지 않은 단점이 있다. 또한 평상시의 가격에 대한 고객의 신뢰도가 낮아 제품 및 소매업체에 대한 불신으로 이어질 위험이 있다. 고객이 평소의 가격이 공정치 않다고 느낄 때에는 배신감과 분노 등 부정적 반응을 표출하기 때문이다. 따라서 소매업체는 평소의 가격이 정상가격이고 세일기간의 가격은 소매업체가 손해를 무릅쓰고 재고정리를 위해 파는 가격임을 강조하여 홍보할 필요가 있다.

소매업체의 가격에 대한 고객의 신뢰는 가격에 대한 원가를 명확하게 공개할수록 높아진다. 소매업체가 원재료 가격의 상승으로 인해 가격을 올리더라도 신뢰하는 고객은 비교적 쉽게 수긍한다. 하지만 몇몇 소매업체가 할인행사 때 종전 가격을 실제보다 부풀려서 할인폭이 큰 것처럼 보이게 하는 사례가 적발되어 해당 소매업체의 가격제도에 대한 불신을 일으키는 경우도 있다. 이는 장기적인 측면에서 보면 매우 어리석은 행위라고 볼 수 있다.

참고로, 공정거래위원회에 따르면 '할인'이라는 표현을 쓰려면 종전에 적어도 20일 이상 판매한 적이 있는 가격 중 최저가격을 기준으로 해야 한다. 예를 들어, 이틀 동안 10만 원, 21일간 15만 원, 40일간 20만 원에 판매해온 제품을 할인할

때에는 종전 가격을 15만 원으로 표시해야 한다.

오픈 프라이스

제조업체가 소매업체에 제품을 제공할 때는 출하가격만을 제시하고, 소매업체가 자율적으로 가격을 결정하는 것이 오픈 프라이스^{open price}제다. 우리나라에서는 제한된 품목만을 대상으로 오픈 프라이스제를 시행하다가 최근 들어 그 품목을 대폭 늘리면서 본격적으로 시행하고 있다. 오픈 프라이스는 권장가격을 실제 판매가격보다 부풀려 표시한 뒤 할인해서 팔거나, 대리점 등에 설정한 가격이하로 재판매하는 것을 막아 가격경쟁을 제한하는 폐단을 근절하기 위해 1999년 처음으로 도입됐다.

이전에는 제조업체가 제품의 포장에 권장소비자가격을 명시했는데, 권장소비자가격은 제조업체가 자체 대리점망을 통해 공급하는 동네슈퍼마켓이나 편의점 등의 판매가가 될 뿐 아니라 대형마트에 대한 납품가 선정의 기준 역할을 해왔다. 하지만 소매업체 간의 경쟁이 심화되고 저가의 제품제공을 포지셔닝 전략으로 삼은 소매업태가 등장해 아이스크림과 같이 상시할인 품목들이 늘어나기 시작하면서 일부 품목들은 권장소비자가격제가 유명무실해졌다.

제조업체는 권장소비자가격을 이용하여 소매업체의 소비자가격에 영향을 미치는 대표적인 수단으로 이용하곤 했다. 예를 들어, 몇몇 제조업체는 높은 수준의 권장소비자가격을 통해 소형 소매업체에 대한 공급가격을 높은 수준에서 유지하고, 소형 소매업

오픈 프라이스로 인한 제조업체의 대리점 장악력 약화

체에 대한 높은 공급가격을 이용하여 대형 소매업체와 공급가협상을 했다. 따라서 권장소비자가격제도는 소매업체끼리의 가격경쟁을 제한하여 판매가격을 상승시키는 주요 요인의 하나였다.

미국에서도 1975년 이전에는 소규모 유통업자 보호를 이유로 권장소비자가격을 의무적으로 표시했다. 하지만 제조업체가 가격을 규정하는 것에 대해 공정거래에 관한 문제 제기가 빈번했다. 제조업체가 권장소비자가격의 조정을 통해 유통업체에게 일정 마진을 보장하여 유통업체 간의 경쟁을 저하시킬 수 있기 때문이다. 이로 인해 제조업체와 유통업체가 일정 이익을 보장받을 수 있어 제조업체는 유통경로를 쉽게 관리할 수 있게 된다. 하지만 이는 궁극적으로 소비자가 높은 가격에 제품을 구매해야 하므로 고객에게는 불이익이 된다. 따라서 미국은 1975년에 오픈 프라이스 제도를 도입하여 제조업체가 더 이상 권장소비자가격을 포장에 명시할 수 없게 했다. 일각에서는 미국 소매유통업의 발전이 오픈 프라이스 제도에 기인한다고 해석하기도 한다. 경쟁업체보다 싸게 팔기 위해 물류 효율화 등 비용절감을 통한 경쟁우위 확립에 노력했기 때문이다.

경쟁 상권에서 소매업체 간의 경쟁이 심할 경우, 오픈 프라이스를 통해 가격경쟁이 일어나면 고객은 낮은 가격에 제품을 구매할 수 있다. 하지만 박한 마진에 시달리는 소매업체가 제조업체에게 납품가를 낮추도록 압력을 가할 가능성이 커서 제조업체는 오픈 프라이스제로 인한 어려움이 가중될 것으로 보인다.

또한 권장소비자가격의 인상을 통해 소형 소매업체에 대한 공급가격을 올려 이를 통해 대형 소매업체와 공급가 협상을 하곤 했던 일부 제조업체로서는 권장가격이 없어지면 대형 유통업체에 대한 납품가격을 인상하기가 더 어려워질 것으로 예측돼 오픈 프라이스가 제조업체의 대형 소매업체에 대한 힘의 열세에 영향을 미치는 요소로 작용할 가능성이 크다.

오픈 프라이스는 제조업체의 유통경로관리에도 영향을 미친다. 주요 유통경로 중 하나가 프랜차이즈 대리점인 제조업체는 자체의 가격 가이드라인 제시를 통해 대리점의 이익을 보장하며 통제해왔다. 이는 대리점이 맡고 있는 중소형 소매점에 대한 가격영향력으로 이어진다. 하지만 장기적으로 대형마트의 가격경쟁이 가속화되면서 중소형 소매점을 관리하는 대리점에 대한 제조업체의 장악력이 약화될 수밖에 없다. 소비자가 대형마트 등에서 판매되는 가격을 정상가격으로 인식하고 더 비싸게 파는 중소형 소매점을 외면하게 되고 중소형 소매점의 매출 감소는 고스란히 대리점의 매출 감소로 이어진다. 따라서 열악해지는 이익 구조로 인해 고통받는 대리점이 제조회사의 유통경로에서 이탈할 가능성이 많아 지기 때문이다.

 사례   일부 제조사도 '대형마트 최저가' 결정할 수 있어

· **공정위, 소비자 혜택 증대 시 예외적 허용**
· **유통업체 실효성 의심 제조사가 악용 가능성도**

중소 제조업체가 대형마트에 제품을 납품할 때 대형마트가 제품가격을 무리하게 낮추면서 제조업체에 부담을 전가할 경우 제조업체는 원가에도 못 미치는 가격에 납품하다가 경영난으로 도산할 수도 있다. 이 경우 시장에서는 경쟁 업체가 사라지면서 다른 업체의 독과점이 발생하고 해당 제품의 가격은 더 올라가 결과적으로 소비자의 후생에 악영향을 줄 수 있게 된다. 제품가격이 낮아지는 것이 반드시 소비자에게 좋은 것만은 아닌 사례다.

앞으로 제조업체가 대리점이나 대형마트 등에 제품을 공급할 때 예외적으로 최저재판매가격을 지정할 수 있게 된다. 그간 최저재판매가격 유지행위는 무조건 위법으로 판단돼왔지만 앞으로는 공정거래위원회가 소비자 후생을 따져본 후 판단하겠다는 취지다.

인정	위법
브랜드 간 경쟁 활성화로 소비자 후생 증대	브랜드 간 경쟁이 저하돼 소비자 후생 감소
유통업자 간 서비스 경쟁 촉진	시장에서 유력한 지위를 가진 제조업자의 최저판매가 유지
소비자 상품선택권 확대	경쟁 유통업자 가격할인 억제를 위해 유통업체가 제조업자에 요청
신규 사업자 진입 가능성 확대	신규 사업자의 진입 가능성 감소

자료: 공정거래위원회

공정위는 이 같은 내용의 '최저재판매가격 유지행위 심사지침' 개정안을 행정예고했다. 개정안은 원칙적으로 위법인 최저재판매가격 유지행위에 예외조항을 규정했다. 최저재판매가격 유지행위란 제조업체가 대리점·마트 등 유통업체에 제품을 넘기면서 유통업체가 제품을 팔 때 최저가격도 정하는 행위다. 이번 결정은 최저재판매가격 유지행위에 대해 정당한 이유가 인정되면 허용해야 한다는 대법원의 판례를 수용한 결과다.

최저재판매가격 유지는 일반적으로 제품의 가격인하를 막아 소비자에게 손해가 된다. 그러나 공정위의 이번 결정은 유통업체의 최저가격 출혈 경쟁이 결과적으로 소비자 후생에 부정적으로 작용할 수 있다는 점, 가격 경쟁을 제한하더라도 서비스 질 개선 등 더 큰 소비자 혜택이 발생할 수도 있다는 판단에 따른 것이다.

공정위는 개정안에 "소비자 후생 증대가 크다고 인정되면 예외적으로 최저재판매가격 유지행위를 허용할 수 있다"는 내용을 담았다. 정당한 사유를 판단할 땐 시장 내 브랜드 간 경쟁이 활성화돼 있는지, 유통업체의 서비스 경쟁이 촉진되는지, 소비자 상품선택권이 다양해지는지, 신규 사업자가 유통망을 확보해 시장에 쉽게 진입할 수 있는지 등을 따지기로 했다. 공정위 관계자는 "최저재판매가격 유지가 소비자에게 더 큰 혜택을 준다는 사실은 최저가격을 설정하는 제조업체가 입증해야 한다"고 말했다.

다만 최저가격을 설정해 소비자 혜택을 떨어뜨리거나 경쟁을 제한하는 최저가격 유지행위는 여전히 위법이다. 시장점유율이 높은 대형 제조업체가 최저가격을 정하거나, 경쟁 제조업체 간 수익 수준을 맞추기 위해 최저가격을 공동으로 결정하는 행위(담합) 모두 법에 어긋난다. 유통업체가 경쟁 유통업체의 가격할인을 막기 위해 제조업자에게 최저가격을 설정하도록 요청하는 것도 법 위반이다.

공정위는 "제조업체가 최저가격 유지행위를 하는 경우 유통업체와의 계약을 통해 실행될 것이라면서 대형마트가 제조업체의 최저가격 유지에 동의하지 않는다면 재판매가격 유지행위 자체가 성립하지 않는다"며 "시장점유율이 낮은 제조업체가 대형마트와 같은 대형 유통업체를 상대로 재판매가격 유지계약을 체결하도록 강제할 수 있다고 보는 것은 비현실적"이라고 말했다.

대형마트들은 "공정위는 제조업체가 가격을 책정하는 조건으로 소비자 후생을 증대하는 경우라고 했는데, 기준을 어떻게 정해서 운영할지도 문제"라고 말했다. 그러면서 "제조업체가 악용했을 경우 소비자는 예전 대형마트 간 가격경쟁 때보다 비싸게 제품을 구입할 가능성이 있다"고 말했다. 아울러 공정위가 최저재판매가격 유지를 허용한 '소비자 후생이 증대하는 정당한 이유가 있는 경우'라는 조건이 추상적이어서 실제 적용 시 실효성이 있을지 미지수라는 지적도 나온다.

〈공정거래위원회 정책뉴스〉 2016/5/25, 〈경향신문〉 2016/5/23 기사 편집

3. 점포의 레이아웃

점포의 레이아웃은 소매업체의 내부 공간, 특히 매장의 물리적인 거리를 말한다. 점포 내의 효율적인 상품진열, 매장구성, 작업동작, 고객동선 등을 위한 일련의 배치작업이며, 이는 소매업체 내부공간의 배열을 결정하는 데 가장 기본적인 전략적 결정 중 하나다. 점포 레이아웃의 형태로는 자유형 배치와 격자형 배치가 있다.

자유형 배치는 진열 쇼케이스, 진열대, 계산대, 집기 등이 자유롭게 배치된 것으로 백화점, 의류점, 컴퓨터판매점 등에서 많이 이용된다. 소비자가 쇼핑하기에 자유롭고 점포 내 이동이 자연스럽다. 또 충동구매를 유발하며 융통성을 가지고 시각적으로 고객의 주의를 끈다는 장점이 있다. 그러나 자유형 배치는 다음과 같은 몇 가지 단점도 있다.

첫째, 고객이 원하는 제품을 찾기 위해 소비하는 시간이 많아져 전체적인 쇼핑시간이 길어진다. 물론 자유형 배치가 고객이 매장에서 물건을 찾아 헤매는 동

안 충동구매를 유도하여 매장의 매출을 증가시키는 이점을 제공하고 있기는 하지만 시간의 부족을 호소하는 현대인의 특성을 고려해볼 때, 이점보다는 단점이 좀 더 클 것으로 보인다.

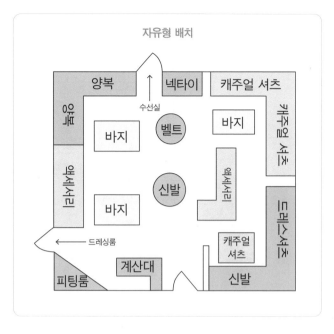

둘째, 그림에서 볼 수 있듯이 제품진열공간이 적어 공간을 효율적으로 이용하지 못한다. 이는 제품당 판매비용이 많이 든다는 단점으로 이어져 제품가격의 인상을 초래한다. 그러므로 저가를 무기로 삼는 대형마트나 창고형 클럽에는 어울리지 않고 고가상품이 많은 백화점이나 전문점에 어울리는 배치다.

셋째, 절도행위에 취약한 단점이 있다. 기존의 연구에 따르면, 미국의 소매상은 종업원 절도, 상점 절도행위, 공급자의 사기, 서류작업의 오류 등으로 손실을 입는다. 소매상은 상점 절도행위보다 종업원 절도에 의해 더 많은 손실을 보는데, 〈유통업체 보안조사National Retail Security Survey〉에 따르면 소매상은 점포당 매년 평균적으로 1,023달러의 손해를 본다.

소매형태 중에서 하드웨어, 목재, 정원자재공급업체가 직원 절도로 인한 비용손실이 가장 크다. 미국의 가장 큰 하드웨어 소매업체인 홈디포의 경우, 소유에 관한 지각이 자신이 일하고 있는 점포에서 제품을 훔치려는 유혹을 완화시키기 때문에 종업원들로 하여금 자사의 주식을 사고 보유하도록 장려하여 내부직원 절도를 줄이기 위해 노력한다. 월마트도 도난방지를 잘한 종업원에게 보너스를 지급하는 제도를 시행하여 경쟁업체보다 낮은 도난율을 유지하도록 노력하고 있다.

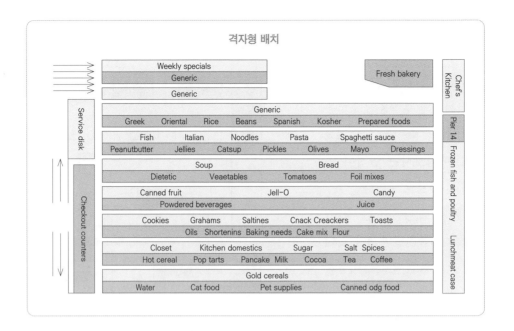

격자형 배치

격자형 배치는 진열 쇼케이스, 진열대, 계산대 등이 직각상태로 배치된 것으로, 소비자가 원하는 상품을 찾기가 용이하다. 단위면적당 제품진열공간이 많아 자유형 배치에 비해 제품당 판매비용이 저렴하다. 따라서 낮은 가격을 이용하여 고객에게 어필하는 슈퍼마켓, 카테고리 킬러, 대형마트 및 창고형 클럽 등의 업태에서 주로 이용되고 있다. 하지만 격자형 배치는 단조로운 구성으로 인해 소비자가 쇼핑과정에서 지루함을 느낄 수 있는 단점이 있다.

🏪 2 소매업 트렌드

우리나라의 경우 국가총생산에서 유통이 차지하는 비중은 주요 선진국과 비교해볼 때 비슷하거나 조금 낮은 수준이지만, 총 고용면에서 유통산업이 차지하고 있는 비중은 높다. 이러한 사실은 한국 내 유통산업의 생산성과 효율성이 주요 선진국에 비해 낮음을 보여주고 있다고 해석할 수 있다.

우리나라 유통의 역사를 살펴보면, 1963년에 신세계백화점, 그리고 1971년에는 현대식 슈퍼마켓인 한남슈퍼가 영업을 시작했다. 1989년에는 첫 편의점인 세븐일레븐이 들어왔고 1993년에는 대형마트인 이마트가 생겼다.

1996년 1월 1일부터 우리나라의 유통시장은 완전 개방되었다. 따라서 해외의 유통업체나 제조업체가 도·소매업에 단독 또는 프랜차이징 형태로 국내에 진출할 경우, 매장 면적과 점포 수의 제한을 전혀 받지 않게 되었다. 단, 백화점과 쇼핑센터에 대한 직접진출은 금지했다. 1996년 시장개방 이후 외국 유통업체들이 직접투자방식으로 전환하여 국내진출을 본격화했다. 이들은 창고형 클럽, 대형마트 등의 신업태를 중심으로 진출하고 있는 양상을 보인다.

2003년 이후로 한국에서는 대형마트가 시장점유율 1위를 차지하고 있다. 인터넷 쇼핑은 백화점을 제치고 두 번째로 높은 시장점유율을 보이고 있다. 인터넷 쇼핑이 급격히 성장하고 있는 데 반해, 백화점은 인터넷 쇼핑에 비해 낮은 성장률을 보이고 있다.

1996년부터 2012년 사이의 특징 있는 변화는 무엇보다도 무점포형 소매업의 약진이라고 표현할 수 있다. 존재가 미미했던 홈쇼핑과 인터넷 쇼핑이 엄청난 존재감을 과시하며 성장하고 있다. 반면, 자료에 나타나지는 않지만 재래시장은 매년 역신장을 보이며 지속적인 시장점유율 하락을 보이는 것으로 추정된다.

1. 제조업체에 대한 소매업체의 힘의 우위

유통업체는 제조업체에 대한 힘의 우위를 보이고 있다. 이러한 힘의 우위는 여러 가지 요인으로부터 나오고 있다. 첫째, 소매업체의 구매력은 제조업체에 대한 소매상의 힘의 우위를 가져오는 중요한 요소다. 규모의 경제를 달성하고자 유통업체가 제조업체로부터 상품을 대량구매하기 때문이다. 유통업체의 대량구매는 제조업체의 매출에 대한 기여도가 높아져 유통업체에 대한 제조업체의 의존도를

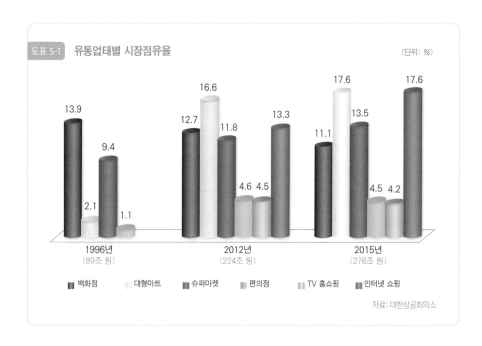

도표 5-1 　유통업태별 시장점유율 　　　　(단위: %)

13.9　2.1　9.4　1.1

1996년
(89조 원)

16.6　12.7　11.8　4.6　4.5　13.3

2012년
(224조 원)

17.6　11.1　13.5　4.5　4.2　17.6

2015년
(276조 원)

■ 백화점　　■ 대형마트　　■ 슈퍼마켓　　■ 편의점　　■ TV 홈쇼핑　　■ 인터넷 쇼핑

자료: 대한상공회의소

높이는 결과를 초래한다. 따라서 제조업체의 유통업체에 대한 의존도만큼 유통업체는 제조업체에 대한 힘을 얻게 된다.

월마트가 판매하는 엄청난 매출액에 비례하여 제조업체에 대한 월마트의 힘이 증가된다. 따라서 제조업체가 월마트를 통해 제품을 팔고자 하는 경우, 월마트가 원하는 대로 제품을 변경해야 하고 공급가, 공급량 등을 맞춰주어야 한다. 이러한 현상은 한국에서도 나타나고 있는데, 대형마트나 백화점이 제조업체에 대한 힘의 우위를 나타내는 여러 가지 현상이 벌어지고 있다.

둘째, 유통업체는 매장 진열 결정권, 즉 새롭게 출시된 많은 제품 중 무엇을 매장에 채울 것인지 결정할 권리를 가진다. 제조업체는 소비자에게 자사의 제품을 팔기 위해 매장의 좋은 위치에 자사의 상품을 진열하고자 하며, 따라서 이를 결정하는 유통업체는 제조업체에 대해 힘의 우위를 가지게 된다.

셋째, 유통업체는 제조업체에 비해 최종소비자와 가까운 거리에 위치하고 있다. 특히 소매업체는 소비자와 직접 접촉하여 제품을 판매하기 때문에 제조업체에 비해 소비자에 대해 더 많은 정보를 가진다. 고객의 인구통계학적 자료(성별, 나이, 직업 등)와 구매품목에 관한 풍부한 데이터는 유통업체가 제조업체에 비해 정보의 우위를 점할 수 있게 해주었다. 이제는

제조업체에 대한 유통업체의 파워 증가

제조업체가 유통업체의 고객정보를 절실히 원하는 시대가 되었다.

넷째, 정보통신기술의 발달도 유통업체의 영향력 증대에 기여했다. 유통업체는 재고 관리, 물품배송, 주문 등 유통의 여러 분야에서 기술혁신을 이룬 결과 점포 운영비를 대폭 낮추고 기업경영의 효율성을 배가시킬 수 있게 되었다. 특히, 소매업체의 배가된 정보수집능력으로 인해 어떤 제품이 어디서 얼마나 팔리는지에 관한 많은 정보를 얻을 수 있게 되었다. 따라서 예전처럼 제조업체가 강요하는 양의 재고를 가지고 있는 것이 아니라 자신들이 필요한 만큼의 재고를 유지하게 되었다.

2. 곤경에 처한 제조업체

유통업체 브랜드가 등장하고 여러 가지 배경에서 제조업체에 대한 유통업체의 파워가 증가함으로써 제조업체는 곤경에 처한 상황이다. 제조업체는 유통업체가 소비자에게 제공하는 높은 할인율 때문에 고통 받는다. 제조업체는 유통업체 간 심화된 가격경쟁 때문에 소매업체에 의해 가격할인을 강요받는다.

또 유통경로에는 입점비^{slotting fee}라는 것이 존재하는데, 제조업체는 제조업체의 상품(NB)을 매장에 진열해주는 소매업체에 입점비를 지불한다(제12장 유통경로구조의 설계 중 입점비 참조). 월마트의 경우 입점비를 전혀 부과하지 않는데, 그 이유는 고객이 유명제품을 사러 와서 다른 제품 또한 구매하므로 유명브랜드가 일으키는 매출이 입점비보다 훨씬 크기 때문이다. 잘 알려지지 않은 회사로부터 입점비를 받더라도 고객이 구색에 문제가 있다고 느껴 다른 경쟁업체를 이용한다면, 그 고객이 구매할 다른 제품의 잠재적 매출상실을 고려할 때 월마트는 결국 손해를 보게 된다.

유통업계에는 실패수수료^{failure fee}라는 것도 존재하는데, 이는 약속된 수준의 판매율을 달성하지 못한 제조업체에 대해 소매업체가 벌금을 부과하는 것이다. 유통업체는 신제품이 실패할 위험도가 80%에 달하므로 실패수수료를 부과해야 한다고 주장한다. 하지만 실패수수료의 존재는 소매상에게는 전혀 위험 부담 없이 장사를 할 수 있게 만들어주지만 제조업체가 위험을 모두 떠안는 결과를 초래하여 '고수익이면 고위험^{high risk high return}'이라는 기본적인 상원칙에 어긋나게 된다.

곤경에 처한 제조업체

사례

공정위, 대형마트 판매장려금 금지
"마진 외 별도수익 챙겨"
업계, "납품업체-소비자에 毒", 제도 폐지에 반발

공정거래위원회가 대형마트의 판촉 이외의 '판매장려금'을 법적으로 금지하는 '대규모 유통업 분야의 판매장려금 부당성 심사지침'을 제정해 발표했다. 심사지침은 법적 강제력은 없지만 위법 소지가 높은 사안을 구체적으로 제시하고 있기 때문에 사실상 해당업계에 구속력을 갖고 있다. 판매장려금은 대형마트가 납품업체로부터 물건을 사들이면서 판매 촉진에 필요한 비용이라는 명목으로 매입액의 일정 비율만큼 받는 돈이다.

공정위는 대형마트들이 납품받은 상품에 마진을 붙여 판매해 이익을 내면서도 납품업체에 별도의 판매장려금을 요구하는 건 문제가 있다고 본다. 대형마트가 제품 공급업체와 납품계약을 맺는 대가로 받는 판매장려금이 일종의 '리베이트' 성격을 띠고 있다는 판단에서다.

대형마트는 납품업체의 상품을 매입해 일정 마진을 붙여 판매하면서 별도로 납품업체 매출액의 5~8% 정도의 판매장려금을 요구해, 마진을 이중으로 챙긴다는 지적을 받아왔다. 업계에서는 3대 대형마트들이 챙기는 판매장려금 규모가 연간 수천억 원에 달할 것으로 보고 있다. 공정위 관계자는 "판매장려금은 대형마트가 납품업체에서 수익을 이중으로 챙기는 수단"이라며 "제약회사의 리베이트처럼 불합리한 제도여서 폐지하는 게 맞다고 본다"고 말했다.

심사지침에 따르면 앞으로 허용되는 장려금은 성과장려금, 신상품 입점장려금, 매대장려금 등으로 제한된다. 하지만 이들 장려금도 무작정 요구할 수 없다. 판매량 증가로 얻은 수익보다 장려금액이 더 많으면 안 된다.

그동안 유통업체들이 납품업체에 가장 많이 요구한 장려금인 '기본 장려금'은 금지된다. 이 장려금은 판매 실적과 관계없이 상품 매입금액의 일정 비율로 획일적으로 산정돼 납품업체의 불만이 가장 많았다. 한 해 상위 12개 대규모 유통업체가 받은 판매장려금의 80%인 1조 1,793억 원이 기본 장려금 명목이었다.

유통업체가 매입한 제품을 납품업체에 반품하지 않겠다며 받는 '무반품 장려금', 타업체의 가격인하 등 시장 상황에 대응하기 위해 받는 '시장판매가격 대응장려금', 재고를 없애기 위한 가격할인 비용을 메우기 위해 받는 '재고소진장려금', 유통업체 점포 폐점 시 발생하는 상품 소진 비용을 전가하는 '폐점장려금'도 금지된다. 공정위는 이번 조치로 납품업체들의 판매장려금 부담이 연간 1조 2,000억 원 이상 줄어들 것으로 추산했다.

공정위는 대형마트의 판매장려금이 중소기업과의 동반성장 취지에도 어긋난다고 본다. 2011년 공정위의 요구에 따라 롯데마트, 이마트, 홈플러스 등 3개 대형마트는 중소 납품업체의 판매장려금률을 3~5%포인트 낮췄으며 현재 장려금률은 매출액의 5~7% 수준이다. 납품업체가 부담하는 판촉행사비, 인테리어비, 물류비 등을 크게 늘려 판매장려금 인하분을 전가하고 있다는 게 공정위의 판단이다. 일부 대형마트는 판매장려금을 일시적으로 없앴다가 다시 부활하거나 품목별로 판매장려금을 받는 등 자의적이거나 편의적인 운용도 서슴지 않는 것으로 알려졌다. 실제로 공정거래위원회 납품업체를 상대로 판매장려금 갑질을 한 혐의로 한 편의점본사에 2억 3,000만 원의 과징금을 부과했다.

하지만 대형마트 업계는 판매장려금 제한으로 영업이익이 급감할 것이라며 강력히 반발했다. 한 대형마트 관계자는 "공정위 방침을 그대로 따르면 현재 6%대인 영업이익률이 2%대로 떨어질 것"이라며 "영업을 하지 말라는 것과 다름없다"고 말했다. 대형마트들은 "판매장려금을 폐지하면 그 피해가 중소 납품업체와 소비자에게 돌아갈 것"이라고 반발한다. 납품업체와 협의해 판매장려금을 결정하기 때문에 제약회사의 리베이트와 비교할 수는 없다는 주장이다. 대형마트 관계자는 "판매장려금을 없앤다면 납품단가를 인하하거나 소비자 판매가를 올려 이윤을 유지할 수밖에 없다"며 "결국 중소기업과 소비자에게 피해가 돌아갈 것"이라고 주장한다.

이러한 대형마트들의 주장은 판매장려금에서 얻는 이익이 만만치 않기 때문이다. 대형마트 업계 1위인 이마트가 2009년에 납품업체들에 부담시킨 판매장려금은 3,688억으로 당기순이익(5,680억 원)의 65%에 해당되고, 경품비(판촉비)와 반품금액까지 포함될 경우 4,737억 원(당기순이익의 83%)에 이르는 것으로 확인됐다(2010년 국정감사 준비자료). 이는 이마트가 납품업체들로부터 직접 사들인 상품매입액(직매입액)의 5.2%에 해당되는데, 납품업체들로서는 그만큼 이익률 저하를 감수한 셈이다.

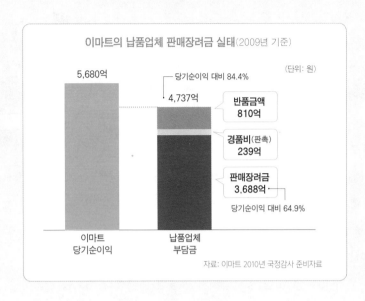

이마트의 납품업체 판매장려금 실태(2009년 기준)

(단위: 원)

5,680억

당기순이익 대비 84.4%

4,737억

반품금액
810억

경품비(판촉)
239억

판매장려금
3,688억

당기순이익 대비 64.9%

이마트
당기순이익

납품업체
부담금

자료: 이마트 2010년 국정감사 준비자료

저자 주: 이 같은 판매장려금 규모는 대형마트들이 사실상 판매장려금으로 이익을 내는 현실을 보여주며, 대형마트들이 공정위에 강력 반발한 이유도 이 때문으로 보인다

〈조선일보〉 2018/7/18, 〈한국경제〉 2013/10/7, 〈한겨레신문〉 2012/9/16, 〈동아일보〉 2012/9/17 기사 취합 편집

3. 제조업체의 대항

제조업체는 유통업체의 횡포에서 벗어나고자 여러 가지 방법을 강구한다. 제조업체의 여러 가지 시도는 주로 유통업체의 힘을 줄이기 위한 시도로 이어지고 있다. 먼저 제조업체는 소수의 유통업체에 대한 의존성을 줄이기 위해 다양한 유통경로를 개발한다. 상대적으로 소외된 소형 소매업체를 목표고객으로 삼아 이들만을 위한 제품을 공급하거나 대형 유통업체가 관심을 갖지 않는 아울렛을 통해 제품 판매를 시도하는 것이다. 그러나 이러한 전략은 자칫 기존의 소매업체와

갈등을 불러일으킬 수 있기 때문에 조심스럽게 추진해야 한다.

유통업체에 대항할 힘을 증가시키기 위해 일부 제조업체는 유통업체가 해야 할 기능을 직접 시행하여 유통업체의 제조업체에 대한 의존도

제조업체의 소매업체 재고 관리

를 높이는 방법을 사용한다. 예를 들어 벤더 중심 재고 관리$^{VMI: Vendor Managed Inventory}$가 있다. VMI는 공급업체가 유통업체 매장의 재고를 관리하는 것이다. 공급업체는 매장에서의 판매정보와 재고정보를 유통업체와 공유하고, 이를 바탕으로 빠르게 변하는 고객의 수요에 적극적으로 대응하여 재고를 보충하는 역할을 수행한다. VMI에서 더 나아가 공급업체와 유통업체가 공동으로 수요예측을 하여 미래의 수요에 적극적으로 대처하고 매출기회 확대 및 재고감소를 통한 관리의 효율성을 증대하려는 경우도 있다. VMI를 통해 여러 가지 이익을 실현하는 유통업체는 그 이익만큼 제조업체에 대한 의존이 증가하게 되므로 결국 제조업체는 유통업체에 대한 힘의 증가를 가져올 수 있다[부록 8-1 킴벌리 클락과 코스트코의 벤더 중심 재고 관리(Vendor Management Inventory) 참조].

일부 제조업체는 인터넷 채널을 이용한 D2C$^{Direct\ to\ Consumer}$전략을 이용해 제조업체 의존을 줄이려고 하고 있다. 나이키는 2017년부터 D2C 전략을 도입하고 2019년에 탈아마존을 선언한 뒤 모든 제품을 아마존에서 판매하지 않고 있다. 대신 자체 온라인몰에서 소비자에게 직접 판매하고 있다. 나이키의 이러한 전략은 최근 성장이 정체되어 위기감이 고조된 상황을 유통경로의 변화를 통해 극복해 보려는 의도로 보인다.

사례 **유통 공룡 안 거치고 직접 판매하는 D2C 시대**

신종 코로나 바이러스 감염증(코비드19)으로 인해 제조·유통 시장에 큰 변화가 일고 있다. 과거 제조업체들이 유통사 플랫폼을 통해 제품을 판매했다면, 이제는 자체 온라인 쇼핑몰을 만들고 제품을 직접 판매한다. 이른바 제조업체의 D2C 전략이다. 식품 등 제조업체들은 '위드 코로나' 시대의 도래로 D2C 시장이 성장할 것으로 보고 자체 온라인몰 사업을 꾸준히 강화하고 있다.

D2C^{Direct To Consumer}(소비자 직거래)는 제조업체가 유통업체의 플랫폼을 통하지 않고 자체 온라인몰에서 제품을 직접 판매하는 방식이다. 최대 강점은 유통 단계를 줄여 얻을 수 있는 가격 경쟁력이다. 유통업체에 판매 수수료를 내지 않아 제조업체가 이익을 늘릴 수 있다. 또 제조업체가 고객과 직접 소통하기 때문에 소비자 반응, 시장 트렌드를 보다 빠르게 읽을 수 있고, 이를 반영한 제품을 개발하는 데 효과적이다. 자체 온라인몰에 제품을 출시하고 소비자 반응이 좋으면 판매를 강화하고, 반대의 경우 제품을 보완해 새롭게 출시하는 게 가능하기 때문이다. 또한 제조업체들이 자체 유통 플랫폼을 구축하여 고객과 적극 소통하며 회사 정체성을 고객에게 심어줘 브랜드 가치를 높이는 데 큰 효과를 기대할 수 있다.

D2C 전략에 가장 적극적인 곳은 식품업계다. 코로나19 사태로 식자재는 물론 가정간편식(HMR)의 온라인 소비가 급격히 늘면서 자체 온라인몰 매출이 눈에 띄게 증가했기 때문이다. 식품업체들은 할인 혜택을 주고 자체 온라인몰에서만 구매할 수 있는 제품을 선보이며 소비자를 유인하고 있다. 실제로 국내 1위 식품업체 CJ제일제당의 자체 온라인몰 'CJ더마켓'의 한 해 1~9월 누적 매출이 지난해 같은 기간보다 50% 증가했다. 같은 기간 대상의 온라인몰 '정원e샵'의 매출도 23% 늘었다.

코로나19 직격탄을 맞은 패션 업계도 자체 온라인몰을 강화하고 있다. 가장 눈에 띄는 곳은 국내 대표 패션 기업 LF다. LF는 '종합 쇼핑몰'이라는 성장 방향을 잡고 수년 전부터 판매 상품을 확대해 나갔다. 그 결과 패션·뷰티·리빙을 망라한 다양한 라이프 스타일 영역에 걸쳐 4500여 개 브랜드를 판매하고 있고, 현재 회사 매출의 25~30%가 온라인몰에서 발생한다. 특히 코로나19 사태 이후 온라인몰 매출 증가 폭이 커졌다.

제조업체 D2C 전략의 한계도 있다. 막대한 자금을 들여 물류센터를 짓는 쿠팡 등 유통업체와의 배송 경쟁에서 밀릴 수밖에 없다. 한 유통전문가는 "쿠팡, 네이버 등 거대 온라인 유통 플랫폼과 경쟁해 승리하려면 제조업체의 온라인몰에 그 기업만이 지닌 특별한 뭔가가 있어야 한다"며 "아직은 D2C 초기 단계로, 각 기업이 어떤 무기를 장착할지 고민해야 한다"고 했다.

유통사의 과도한 납품 가격 인하에 반발⋯ 제조업체의 역공

D2C와 관련 일각선 유통업체와 거래에서 주로 을ᵉ 입장이었던 제조업체들이 "더는 유통사 플랫폼에 휘둘리지 않겠다"며 역공에 나섰다는 분석도 나온다.

국내에선 거대 온라인 유통 채널로 성장한 쿠팡과 몇몇 제조업체 간에 갈등이 일고 있다. LG생활건강은 지난해 쿠팡의 과도한 납품 가격 인하에 반발하며 쿠팡과 거래를 끊었다. 지난해 6월에는 "쿠팡이 대규모 유통업자라는 우월적 지위를 이용해 거래 과정에서 상품 반품, 경제적 이익 제공 요구, 배타적 거래 강요, 경영 정보 제공 등 갑질을 했다"며 공정거래위원회에 제소했다. 변신 자동차 로봇 '또봇'으로 유명한 완구 기업 영실업도 쿠팡과 납품 가격을 두고 갈등을 빚은 후 쿠팡을 통한 판매를 하지 않고 있다. 두 회사 모두 자체 온라인몰 사업을 강화하고 있다.

업계가 이번 쿠팡발 제조·유통업체 간 갈등을 바라보는 시각은 두 가지다. 우선 갈등의 골이 깊어지는 것이다. 아직 드러나지 않았지만, LG생활건강·영실업 외 쿠팡과 납품 가격 갈등을 빚은 제조업체가 더 있고, 공정위 조사 결과에 따라 쿠팡에 문제를 제기하는 기업이 늘 수 있어서다. 반대로 갈등이 사라질 수도 있다. 쿠팡의 영향력이 커지면서 제조업체들이 어쩔 수 없이 쿠팡과 거래를 계속해야 하는 상황이 발생하는 경우다. 온라인몰 사업을 강화하는 한 제조업체 관계자는 "쉽지는 않겠지만 유통업체에 휘둘리는 제조업체가 코비드19 상황을 계기로 역공에 나선 것은 분명하다"고 했다.

〈조선비즈〉 2020/11/12기사 편집

돈키호테의 다양한 시도와 삐에로쑈핑의 실패

돈키호테는 폭넓은 구색을 갖춘 종합 디스카운트 스토어로, 지역에 따라 차이가 있지만 거의 모든 점포가 24시간 운영하는 소매기업이다. 24시간 운영되기 때문에 편의점으로 볼 수도 있으나 영업전략, 운영방식 면에서 편의점과 많은 차이점들이 있다. 돈키호테는 1980년에 주식회사 저스트Just라는 상호로 설립되어 일용잡화품 등의 도매 및 소매판매 등을 통해 사업을 확대하여, 1989년에 현재의 상호와 점포형태인 돈키호테를 개점했다. 이후 소매업에 주력하고 사업규모를 확대하여 주식회사 나가사키야(일본 대형슈퍼)와 도이토 주식회사(일본 사이타마현의 지역슈퍼) 등을 인수하며 돈키호테 그룹으로 성장했고 하와이와 싱카포르에도 진출했다.

돈키호테의 경영실적

돈키호테의 독자적 점포 운영 컨셉과 독특한 인재육성 방법 등은 경쟁사와 명확하게 차별화되었으며, 그 결과 할인점 업계에서는 타사를 압도하는 매출로 동일업태 최대의 기업이 되었다. 장남감, 생활용품에서 명품가방까지 6만 종의 제품을 판매하는 돈키호테는 일본의 잃어버린 20년 동안 매출 700배를 기록했고 평당 매출이 업계 평균의 10배이다.

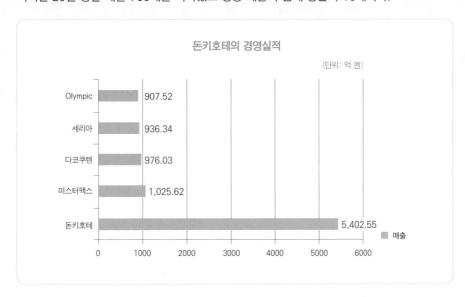

돈키호테의 경영실적

(단위: 억 엔)

	매출
Olympic	907.52
세리아	936.34
다코쿠텐	976.03
미스터맥스	1,025.62
돈키호테	5,402.55

돈키호테의 차별화 전략

돈키호테는 '상품 구색' '편리함' 그리고 '압축진열'이라고 하는 3가지 컨셉을 추구함으로써, 소비자 들이 쇼핑을 하기 위한 장소로 포지셔닝하여 다른 경쟁업태와 차별화를 실시하고 있다. 돈키호테가 다른 유통업체와 차별화되는 점은 저가격을 실현하면서도 편리함과 즐거움을 양립시키는 판매방법의 차별화를 도모함으로써 성공적인 비즈니스를 전개하고 있다는 것이다.

1. 상품 구색

• 상품개발

돈키호테는 2009년 '손님의 요구를 제품으로!'라는 캐치프레이즈를 표방하면서 '정열가격'이라는 PB 상품을 개발했다. '정열가격'은 단순한 저가격인 PB 제품과는 달리 품질의 좋은 점과 즐거움의 발견이라는 요소를 제품에 반영시킨 제품을 개발하여 현재 제품 수는 2,000개를 돌파하였는데 고객들로부터 높은 평가를 받고 있다. 제조업체보다 저렴한 가격으로 PB 제품을 제공함으로써 고객 만족도를 올리고 있기 때문에 이익률이 향상되고 영업이익 역시 확대되고 있다.

• 구매 시스템

돈키호테의 저렴함을 제공할 수 있게 하는 메커니즘은 일괄상담과 상품의 가치 재생에 있다. 본부가 1000개 이상의 거래처로부터 전 점포의 약 60%의 상품을 일괄로 구매함으로써 원가를 낮추고 있다. 돈키호테가 실시하고 있는 일괄상담시스템이라는 것이 있는데, 이것은 보통 본부가 일괄상담을 하고 조달을 약속한 후, 그 일정한 범위 내에서 각 현장의 각 담당자가 주문품목수와 개수, 가격 등을 임의로 결정하여 조달할 수 있는 시스템이다. 따라서 일괄매입의 효율성을 취하면서 일정 부분 구매권한의 이양을 통해 각 담당자는 구매의 자율성을 보장받고 있다.

2. 편리함: 심야영업과 저가격

• 심야영업

돈키호테는 스스로가 선구자로서 개척해 온 나이트마켓(심야영업)에 대한 강점을 가지고 있는데, 돈키호테의 한 점포당 다양한 제품 구색을 갖춘 풍부한 상품을 시간대와 상관없이 제공하는 전략은 소비자들에게 잘 먹혀들고 있다. "다른 가게가 문을 닫아도 돈키호테는 열려 있다"라는 구호 아래 풍부하고 다양한 제품 구색과 더불어 시간대와 상관없는 편리성 추구를 다른 기업과의 차별화 전략으로 삼고 있다.

심야영업의 경우 긴급성의 상품을 중심으로 심야영업을 실시하는 편의점과는 다르게 브랜드 제품, 전기제품, 어패럴 등이 산처럼 진열되어 있어 긴급성이 높은 상품과는 전혀 관계가 없는 상품을 중심으로 제공되고 있다는 것이 돈키호테의 특징이다. 이러한 전략을 통해 돈키호테는 밤 10시부터 새벽 2시까지 나이트타임으로 불리는 시간대의 매출이 전체의 50% 이상을 차지하며 주간매출보다 야간매출의 비중이 높은 편이다.

- 저가격 매커니즘

또한 돈키호테는 다른 도매기업의 재고 제품이나 도산된 회사의 상품, 그리고 남은 샘플 상품 등을 저렴하게 조달하여 상품의 가치를 재생하고 있다. 이러한 상품을 약 40% 정도 구매함으로써 전체적으로 돈키호테는 다른 경쟁 상대가 실현할 수 없는 저가격 상품을 제공하고 있다. 또 재고 관리를 위해 따로 인력을 두지 않는 등의 노력으로, 돈키호테의 매출액 대비 인건비 비중은 9%로 경쟁사보다 현저히 낮다.

제품가격도 각 매장마다 자율적으로 결정하도록 했다. 점포마다 주 고객층 및 임대료 등이 다르기 때문에 똑같은 제품을 똑같은 가격에 파는 방식이 오히려 비정상적이는게 돈키호테 측의 설명이다.

3. 압축진열

돈키호테는 소비자가 상품을 구매하게 만드는 독자적인 전략인 '압축진열'을 개발했다. 점

돈키호테의 진열방법 왼:CC-BY-2.0; Connie / 오른:CC-BY-2.0; DozoDomo

내에는 상품이 넘치고 있으며 그 많은 상품 덕분에 고객들은 질리지 않으면서도 즐겁게 쇼핑을 할 수 있게 하는 진열방법이다. 실제 돈키호테의 압축진열은 선반이나 벽, 통로까지 빽빽이 상품을 쌓아 올리고 압도적인 볼륨으로 정글과 비슷하게 판매장을 연출하는 것이 특징이다. 특히 대량으로 제품을 진열하는 잡다진열과는 달리 압축진열은 상품의 순번이나 조합, 보이는 방법 등을 치밀하게 계산하여 진열하고 좁은 판매장 공간을 상품으로 철저하게 채워 무질서 공간 및 정글을 형성한다. 일부러 물건을 집기 어렵게 만들고 호기심이 발동한 소비자들은 이리저리 뒤지다 좋은 상품을 발견하면 즐거움도 커지게 하는 전략이다.

1 통로의 앞쪽 선반은 상품을 낮게 쌓아 안쪽까지 상품 진열을 볼 수 있게 한다.

2 인기 상품은 눈에 잘 띄지 않는 안쪽에 숨겨 놓는다.
'상품정글' 안쪽으로 손님들을 유도하기 위해.

3 히트상품 옆에는 인지도는 없지만 성능은 유사하고 더 저렴한 상품을 진열한다.
손님이 무엇을 고를지 즐겁게 고민하도록.

돈키호테의 "압축진열"은 소비자에게 충동구매를 시키는 유인이 되고 있다. 충동구매를 발생시키는 요인으로서 "압축진열"은 소비자에 많은 상품들이 있는 것을 느끼게 한다든지, 저가로 판매를 한다는 이미지를 불러일으켜 판매에 긍정적인 심리적 영향을 주고 있다. 돈키호테 소비자가 구매하는 금액의 약 50% 이상이 사전의 계획 없이 점포내에서 구매의사 결정을 내리고 제품을 구매되고 있어 고객들이 돈키호태 매장 안을 돌아다니게 하는 돈키호테의 진열방식이 매출에 큰 영향을 미치는 요소 중 하나임을 유추할 수 있다. 이러한 돈키호테의 진열방법은 기존의 진열방법과는 많이 다른 방법임에도 불구하고 소비자들은 잘 적응하고 있다.

4. 매장마다 다른 구색

돈키호테는 프랜차이즈 시스템으로 운영되고 있지만 쿠키커터형의 획일적 표준화만을 지향하는 프랜차이즈의 특성을 과감히 버리고 상품의 구색을 매장마다 달리하는 전략을 쓰고 있다. 전체 상품의 60% 정도만 본사에서 공급하는 상품을 진열하고 나머지 40%는 매장마다 점장의 재량하에 상품을 선정하도록 했다. 예를 들면, 롯폰기 매장은 외국인 전용상품이 많고, 신주쿠 매장은 특이한 상품이, 오키나와는 고령손님이 많아 공간도 넣고 노인 특화상품을 많이 진열해 놓는다.

심지어는 일부 매장은 직원들에게 담당상품 구역을 정해서 구매, 진열, 가격 및 판매까지 모두 위임하기도 했다. 그러자 직원들은 어떻게 하면 상품을 잘 팔 수 있을까를 고민하면서 여러 가지 아이디어를 내고 경쟁적으로 현장 광고문구를 고안했다. 직원에게 자율을 주는 만큼 철저한 성과주의를 적용하여 실적에 따라 연봉을 조정했고 직급 또한 실적에 따라 결정하여 점원이 점장으로, 점장이 점원으로 되기도 한다.

이러한 톤키호태의 전략은 언뜻 이해가 되지 않을 수 있지만 매출의 50%가 사전구매계획 없이 충동구매식으로 이루어지고 있고 고객들의 호기심이 발동하게 하여 이리저리 뒤지다 좋은 상품을 발견하면 즐거움도 커지게 하는 전략을 고려하면 가능한 시도이다. 매장마다 다른 구색을 갖추도록 하는 전략은 다양한 제품을 찾는데서 오는 즐거움을 추구하는 고객층은 복수의 매장을 방문하여 찾는 즐거움을 배가시킬 가능성이 커지기 때문이다. 이는 곧 전체 돈키호테의 매출을 증대시키는 효과를 누릴 수 있다.

삐에로쑈핑의 폐점

우리나라는 경기악화에 의한 소비침체의 영향으로 업체 및 업태 간 경쟁이 점증하는 현상을 보이고 있다. 게다가 시장은 포화상태에 있어 슈퍼마켓이나 편의점을 비롯해 약국 및 드러그 스토어 등 모든 업태의 소매점포에서의 경쟁이 치열한 상황이다. 따라서 저가격을 컨셉으로 하는 돈키호테와 같은 모델은, 경기침체로 인해 소비자가 저가격을 지향하는 우리나라에서도 적용될 수 있는 소매모델이라 할 수 있다. 실제로 신세계그룹은 '돈키호테'를 벤치마킹한 만물잡화점 삐에로쑈핑을 개점했으나 6개점만을 오픈한 후에 결국 1

년 반만에 폐점했다.

삐에로쑈핑은 '펀&크레이지'를 콘셉트로 '재미있는 상품'과 '미친 가격'을 내세웠다. 하지만 업계에서는 삐에로쑈핑이 상품과 가격 중 어느 하나도 잡지 못했다고 지적했다. 백화점·대형마트·다이소 등 기존 유통업체들과 비교할 때 차별화 포인트를 만들어 내지 못했다.

삐에로쑈핑 매장에는 1000원대 생필품부터 명품까지 4만여 개 상품이 '압축진열'(바닥부터 선반, 천장까지 물건을 가득 채워 판매하는 형태)돼 있다. 매장을 좁은 미로처럼 만들어 고객들이 보물찾기 하는 느낌을 주는 것. 삐에로쑈핑도 이 부분을 그대로 옮겨왔다. 직원마저 '저도 그게 어딨는지 모릅니다'라는 문구가 적힌 티셔츠를 입고 있을 정도다. 삐에로쑈핑은 이를 통해 고객이 직접 매대 구석구석을 탐험하면서 매장에 오래 머무르도록 했다.

하지만 좋은 구경거리가 됐을 뿐 정작 소비자들의 구매 욕구를 자극하진 못했다. 삐에로쑈핑은 이마트와 겹치는 상품을 전체의 20%로 줄이고 대형 브랜드 대신 중소기업 제품을 위주로 상품을 구성했다. 다른 유통업계와 차별화를 위한 전략이었고, 확실히 다이소에 비해 구색이 다양했다. 하지만 소비자 입장에선 복잡한 매장에서 익숙지 않은 상품을 마주할 뿐이었다. 업계 관계자는 상품별로 코너가 나눠져 있는 돈키호테와는 달리 삐에로쑈핑은 정돈이 안 되고 어수선하다는 점을 지적했다.

가격 경쟁력도 떨어졌다. 삐에로쑈핑은 온라인 쇼핑에 익숙한 20~30대를 오프라인 매장으로 돌리기 위한 취지에서 기획됐다. 하지만 이커머스는 물론 경쟁사인 다이소나 대형마트들에 가격 면에서 밀렸다. 브라운 면도기 7840s' 가격은 15만 9,000원으로 온라인 이마트몰 가격과 똑같고 인터넷 최저가 (12만 4,000원)보다 비쌌다. '컴팩트 크린백 30X45X100매'의 삐에로쑈핑 가격은 3,380원으로 인터넷 최저가는 2,860원이었다. 이 밖에도 오리온 초코파이, 에너자이저 건전지, 쿠쿠 6인용 밥솥 등이 온라인 쇼핑몰에 비해 가격이 비싸게 책정됐다.

명품을 비롯한 고가 제품은 애초에 안 팔렸는데, 명품과 잡화점의 이미지가 맞지 않는 점을 간과했다. 돈키호테를 벤치마킹했지만, 돈키호테처럼 일본의 온라인 쇼핑몰

인 아마존 재팬보다 저렴한 상품들을 제공한 것을 고려하면 삐에로쑈핑의 실패는 예견된 것일지도 모른다.

이마트 관계자는 "전문점은 높은 임차료 등으로 수익 확보가 현실적으로 쉽지 않다"며 이마트의 경영효율을 높이고 경쟁력을 강화하기 위해 과감한 사업조정이 불가피했다며 삐에로쑈핑의 실패를 시인했다.

〈머니S〉 2019/12/31, 〈시사저널〉 2018/6/29, 〈T Times〉 2018/1/3 기사 편집

한국, 1000원숍 경쟁 뜨겁다

외국서 검증된 제품도 들여와

저렴한 가격으로 생활용품이나 인테리어 소품을 마련하려는 사람이 많아지면서 1000원숍 시장은 계속 커지고 있다. 다이소는 2조 원을 넘겨 지난 10년 동안 매출이 약 5배 이상 늘었다.

오프라인 유통업체들이 역성장과 각종 규제로 신음하면서 부진한 실적을 냈던 것에 비하면 5,000원 이하의 제품만 판매하는 다이소의 이 같은 매출 증가는 눈부신 것이다. 다이소의 매출액은 백화점 업계에서는 현대백화점을 앞서는 것이다. 다이소의 연 20%대의 신장률은 백화점 명품부문과 맞먹는 것으로, 양극화되고 있는 소비 트렌드가 반영된 것이란 분석이 나온다.

다이소 매출 및 영업이익 (단위: 원)

자료: 금융감독원 전자공시시스템

저렴한 가격 경쟁을 하던 국내 1000원숍 시장이 상품 경쟁도 시작했다. 처음에는 500원, 1,000원, 2,000원 등 싼 가격을 무기로 매출을 올렸지만, 시장에 뛰어드는 업체가 늘어나면서 싼 것은 물론이고 디자인이 좋고 아이디어도 튀는 상품 경쟁도 치열하다. 1000원숍이란 1,000원짜리 상품을 기본으로 대부분 1만 원 이하 상품으로 구성한 저가 균일가 매장을 뜻한다.

'1000원숍' 유통업체인 다이소에서는 최근 'ㅇ퍼프'라는 별명으로 통하는 상품이 가장 큰 인기를 얻고 있다. 퍼프는 파운데이션 같은 액체로 된 화장품을 피부에 바를 때 사용하는 스펀지를 말한다. 정식 이름은 '조롱박형 화장퍼프'이지만 "어린아이의 대변처럼 귀엽게 생긴 2,000원짜리 제품이 다른 화장품 매장에서 파는 1만 5,000원짜리 제품 수준의 품질"이라는 평가를 받으면서 별명이 붙었다. 올 들어 월평균 판매 개수는 6만 9,000개다. 다이소는 "중소기업 상품박람회에서 우연히 발굴한 제품인데 요즘은 품절 사태를 빚고 있다"며 "1000원숍 시장도 이제 싼 가격만으로는 고객의 눈을 못 끄는 시대가 왔다"고 말했다.

비행기 타고 건너오는 1000원숍 제품

서울 강남구의 지하철 분당선 한티역에 있는 '캔두도쿄 1호점'. 390m² 규모 매장에서

다이소

조롱박형 화장퍼프
다른 회사의 1만 5,000원짜리 제품과 비교해 품질이 떨어지지 않는다는 평가를 받아 인기
2,000원

브러시형 두피 마사지기
마사지와 함께 엉킨 머리도 쉽게 빗어준다고 해 긴 머리 여성들이 주로 찾음
3,000원

애드킬 초파리 트랩
부엌에 놔두면 초파리들이 액체에 빠져 죽는 구조로 주부들에게 인기
2,000원

버터

에그 프라이 비누
달걀 프라이 모양의 캐릭터 비누
2,900원

롤링 넥 마사지
혼자서 목과 어깨를 안마할 수 있는 도구
4,900원

실리콘 수세미
고슴도치 모양의 실리콘 수세미
2,000원

캔두도쿄

창틀 청소 브러시
겹겹의 블라인드를 한 번에 닦을 수 있는 문어발 모양의 도구
1,500원

에그타이머
달걀과 함께 냄비에 넣으면 노란 병아리가 하얗게 변하면서 달걀이 다 익었다는 걸 알려줌
2,000원

휴대용 비데
외부에서 공용 비데를 사용하기 꺼려질 때 간편하게 생수병에 연결해 사용하는 비데
1,500원

1000원숍 인기제품.

가장 눈에 띄는 건 아이디어 소품이었다. 병아리가 그려진 동그란 달걀 모양의 기구에 '에그타이머'라고 써 있었다. 달걀을 삶을 때 같이 넣고 끓이면 노란 병아리가 흰색으로 바뀌면서 달걀이 익었다는 걸 알려주는 제품이다. 매장을 찾은 한 고객은 "일본이 아기자기한 생활용품을 잘 만든다는 건 알고 있었지만 일본에서나 볼 수 있었던 재미있는 제품이 많다"고 말했다.

일본 100엔숍 시장 3위 업체인 캔두사가 연 이 매장의 월 매출은 3개월 만에 8,000만 원을 기록하고 있다. 캔두코리아는 올해 안에 매장 수를 20개로 확대한다는 계획이다. 캔두코리아 측은 "일본 100엔숍의 상품 종류는 한국보다 5~6배 많은 6,000여 개여서 한국에서 보기 힘든 상품이 많다"며 "상품의 70% 정도는 일본에서 들여오고 나머지는 한국의 아이디어 상품"이라고 말했다.

2014년 말 '버터'라는 생활용품 편집숍으로 1000원숍 시장에 뛰어든 이랜드도 상품개발 투자를 늘리고 있다. 버터는 젊은 층을 노린 캐릭터 상품이 많다. 기존 캐릭터를 사용하면 라이선스 비용을 내야 해 상품가격이 높아질 수 있어 아예 캐릭터 개발 디자이너 팀을 꾸렸다. 10여 명의 상품개발자가 해외 유통업체를 통하지 않고 중국, 홍콩, 대만 지역 공장에서 직접 물건을 가져와 가격을 낮추고 있다.

국내 1000원숍 시장의 선두주자로 전국 1,070개 매장을 운영하는 다이소도 전략을 대폭 수정하고 있다. 중국산이 많던 초기와 달리 국산품 비율을 70%까지 높였고, 105명의 상품 개발자가 국내 중소기업 상품 전시회와 일본·홍콩·싱가포르 등을 돌며 상품을 찾아다닌다.

인터넷에도 진출한 '1000원숍'

이미 PC 쇼핑몰·모바일 쇼핑몰과 백화점 등이 이 시장에 뛰어든 상태다. 현대백화점은 2014년 자사 온라인 쇼핑몰인 '현대H몰'에 다이소를 입점시켰는데, 작년 매출 신장률이 112%였다. 소셜커머스 티켓몬스터는 2014년 7월부터 5,000원 이하 상품 균일가전을 펼치고 있다. 티켓몬스터 측은 "저가 균일가전 매출이 작년에 비해 160% 증가하고 있다"고 말했다. G마켓·옥션도 작년 다이소몰을 입점시켰는데, 3월 매출이 입점 첫 달에 비해 3배로 늘어났다.

〈매경이코노미〉 2020/5/6, 〈아시아경제〉 2019/4/16, 〈조선일보〉 2016/4/27 기사 편집

1 소매업의 트렌드에 대해 논하시오.

2 대형 유통업체가 실행하고 있는 다양한 종류의 판매장려금에 관한 현황을 파악하고, 판매장려금이 유통경로 구성원(유통업체 및 제조업체)에 미치는 영향을 논의하시오.

3 효율적인 유통경로를 만드는 데 판매장려금이 어떠한 역할(긍정적 혹은 부정적)을 하는지에 대해 견해를 제시하시오.

4 사례 "공정위, 대형마트 판매장려금 금지"를 읽고 공정거래위원회의 결정과 대형 유통업체의 주장에 대해 논하시오.

5 유통업체에 비해 힘이 약한 제조업체가 취할 수 있는 대안에 대해 논하시오.

6 Creaming approach와 Scrambling approach를 비교하시오.

7 두 가지 형태(자유형과 격자형)의 점포 레이아웃을 비교하시오.

8 상시저가정책(EDLP)과 고저가격정책High & Low Pricing을 비교하시오.

9 부록 5-1 "돈키호테의 다양한 시도"를 읽고, 일본의 돈키호테 같은 유통업체가 우리나라에 도입될 수 있는 여건에 대해 논하고 그 성공 가능성을 분석하시오.

10 부록 5-2 "한국, 1000원숍 경쟁 뜨겁다"를 읽고 1000원숍의 향후 전망에 대해 논하시오.

11 부록 5-2 "한국 1000원숍 경쟁 뜨겁다"를 읽고 1000원숍의 향후 전망에 대해 논하시오

12 사례 "유통 공룡 안 거치고 직접 판매하는 D2C 시대"에서 D2C가 활성화되는 배경에 대해 논하시오.

13 사례 "유통 공룡 안 거치고 직접 판매하는 D2C 시대"에서 D2C가 성공하기 위한 조건에 대해 논하시오.

참고문헌

2012 유통업체 연감, 한국체인스토어협회.
배일현 · 요시모토 코지(2013), "유통업에서 후발기업의 추격전략에 관한 탐색적 연구: 일본 종합 디스카운트 스토어 '돈키호테'를 중심으로", 한국물류학회지, 23(58).
Nelson, Emily(2001), *"Too Many Choice,"* Wall Street Journal, April 20.
Pereira Joseph(2001), *"Retailers Won't Share Their Toys,"* Wall Street Journal, April 1.

1 상품 믹스 전략 중 Scrambling approach에 대한 설명으로 옳은 것은?

① 소매상의 주요 판매품과 관련이 없는 물건 중 고마진·저회전 상품을 판매하는 행위

② 문구점에서 음료수를 파는 행위

③ 소비자의 강한 선호를 반영하여 제품 선택

④ 소매상에게 위험도가 낮은 전략

2 연관상품 진열에 대한 설명 중 옳지 않은 것은?

① 상호보완적인 제품들을 엮어야 한다.

② 정육매장 옆에 쌈장을 진열하는 것이 좋은 예다.

③ 관련상품은 대량진열을 원칙으로 하여 고객의 동선을 낮춰야 한다.

④ 원스톱 쇼핑 실현으로 고객의 편의와 흥미를 높여 점포 이미지를 제고할 수 있다.

3 상품 구색의 패러독스에 관련된 설명이 아닌 것은?

① 너무 많은 제품은 소비자를 혼란스럽게 하여 구매에 방해요인이 된다.

② 제품들을 평가할 지식이나 시간이 충분치 못한 고객에게 많이 발생한다.

③ 구매하려는 제품에 대해 많은 지식이 없는 고객에게 많이 발생한다.

④ 다양한 제품이 다양한 욕구를 가진 고객을 만족시킬 수 있다는 논리에서 비롯되었다.

4 레이아웃의 유형 중 격자형에 대한 설명으로 옳지 않은 것은?

① 점포공간의 효율적 사용을 가능하게 하는 방법이다.

② 소비자가 쇼핑과정에서 지루함을 느낄 수 있다.

③ 흥미로운 쇼핑 분위기 연출이 가능하며 고객동선의 확장을 유도할 수 있다.

④ 재고 관리가 용이하다.

5 충동구매를 유도하며 소규모 의류점에 알맞은 형태로, 디스플레이와 동선을 자유롭게 구성하는 방식을 의미하는 점포 레이아웃은?

① 격자형^{Grid} 레이아웃　　　　　② 루프형^{Loop} 레이아웃

③ 자유형$^{\text{Free-flow}}$ 레이아웃　　　④ 부티크형^{Boutique} 레이아웃

6 오픈 프라이스에 대한 설명으로 옳지 않은 것은?

① 제조업체가 아닌 유통업체가 판매가격을 결정하며, 결정된 가격을 상품에 표시하는 것을 의미한다.

② 동일상품이라도 판매점마다 서로 다른 가격을 책정할 수 있다.

③ 소매점의 경쟁력 강화를 위한 차별화 수단으로 사용되어 가격인상을 유발한다.

④ 유통업체가 제조업체에 대응하여 힘의 증가를 가져올 수 있다.

7 소매점의 가격정책인 상시저가정책과 고저가격정책에 대한 설명 중 옳지 않은 것은?

① High & Low형은 EDLP형에 비해 물류관리에 어려움이 많다.

② High & Low형은 가격에 대한 소비자의 불신을 유발할 수 있다.

③ EDLP형은 단위당 낮은 마진을 높은 상품(재고)회전율(판매수량의 확대)로 극복한다.

④ High & Low형은 낮은 서비스 수준을 제공하므로 고품질의 상품을 상대적으로 낮은 가격에 판매하는 정책이다.

8 매장 진열에서 등장하는 유효진열범위 중 특히 골든 라인$^{\text{Golden Line}}$ 부분에 대한 설명으로 옳지 않은 것은?

① 점포 전체 매출에 많은 영향을 미칠 것으로 예상되는 위치

② NB$^{\text{National Brand}}$제품이 주로 진열되는 위치

③ 눈높이에서 10~30° 아래 사이에 위치한 진열대

④ 고객의 눈에 띄기 쉬우며 손이 닿기 편한 높이의 범위

9 '자유형 배치'의 단점이 아닌 것은?

① 원하는 제품을 찾기 위해 고객이 소비하는 시간이 많아져 전체 쇼핑시간이 길어진다.

② 단위면적당 제품진열공간이 적어 점포공간 이용이 효율적이지 못하다.

③ 절도행위에 취약한 구조다.

④ 단조로운 구성으로 쇼핑과정에 지루함을 호소하는 소비자가 발생한다.

10 유통업체는 제조업체에 대한 힘의 우위를 보이고 있는데, 이러한 힘의 우위가 가능해진 요인으로 볼 수 없는 것은?

① 유통업체가 다양한 종류의 상품을 대량구매한다.

② 유통업체가 매장 진열 결정권을 가진다.

③ 유통업체가 제조업체에 비해 소비자에 대해 더 많은 정보를 가진다.

④ 유통업체가 제조업체에 더 많이 의존한다.

11 제조업체에 대한 유통업체의 파워가 증가함으로써 발생할 수 있는 제조업체의 곤경과 어울리지 않는 설명은?

① 유통업체 간 심화된 가격경쟁 때문에 소매업체에 의해 강요되는 가격할인

② 공급업체가 유통업체 매장의 재고를 관리하는 벤더 중심 재고 관리[VMI: Vendor Managed Inventory]

③ 약속된 수준의 판매율을 달성하지 못한 제조업체에 대해 소매업체가 부과하는 벌금인 실패수수료[failure fee]

④ 제조업체의 상품을 진열해주는 소매업체에 지불하는 입점비[slotting fee]

12 유통업체의 횡포에서 벗어나고자 제조업체가 강구하는 방법이 아닌 것은?

① 기본장려금의 선지급

② 상대적으로 소외된 소형 소매업체만을 목표고객으로 삼아 제품 공급

③ 대형 유통업체가 관심을 갖지 않는 아울렛을 통해 제품 판매 시도

④ 공급업체와 유통업체의 공동 수요예측을 통해 관리의 효율성 증대

13 다음 지문이 설명하고 있는 것은 무엇인가?

> 대형마트가 납품업체로부터 물건을 사들이면서 판매촉진에 필요한 비용
> 이라는 명목으로 매입액의 일정 비율만큼 받는 돈

① 판매수수료   ② 판매장려금   ③ 마진   ④ 실패수수료

14 일본의 유통업체 돈키호테의 차별화 요소가 아닌 것은?

① 상품 구색   ② 편리함   ③ 압축진열   ④ 대량구매

15 유통업계에 존재하는 실패수수료[failure fee]에 대한 설명으로 올바른 것은?

① 제조업체가 소매업체의 매장에 상품을 진열해주는 대가로 지불하는 것이다.

② 유명브랜드에서 발생하는 매출이 실패수수료보다 크다.

③ 실패수수료의 존재는 제조업체가 판매위험을 모두 떠안게 만든다.

④ 실패수수료의 존재는 소매업체가 판매위험을 모두 떠안게 만든다.

16 삐어로쑈핑이 실패한 원인이 아닌 것은?

① 상품 구색
② 가격경쟁력
③ 어수선한 진열
④ 명품 판매

17 사례 "유통 공룡 안 거치고 직접 판매하는 D2C 시대"에서 D2C에 관한 기술로 옳지 않은 것은?

① D2C의 장점은 가격 경쟁력이다.
② 시장트랜드를 빠르게 읽을 수 있다.
③ 식품업계에서 가장 적극적으로 도입하고 있다.
④ 유통업체와의 배송경쟁에서 유리하다.

1 ①　2 ③　3 ④　4 ③　5 ③　6 ③　7 ④　8 ②　9 ④
10 ④　11 ②　12 ①　13 ②　14 ④　15 ③　16 ①　17 ④

제6장 유통업체 브랜드(PB)

유통업체 브랜드(PB)로 즐거운 유통업체 vs. 열 받는 제조업체

대형마트들이 제조업체 브랜드보다 가격이 20~40% 싼 PL제품으로 '가격혁명'을 일으키겠다고 선언한 직후 내놓은 각종 PB제품에 대한 소비자의 반응이 뜨겁다. 이마트가 제품 출시 첫날 하루 동안 86개 직영점에서 팔린 PB제품 판매량을 집계한 결과 즉석밥의 경우 PL제품 '왕후의 밥'(4개입·2,780원)이 2,158개 판매된 반면 시장점유율 1위인 CJ '햇반'(3개입·3,650원)은 1,081개가 팔렸다. 이마트 '태양초고추장'(3kg·9,900원)은 1,285개가 팔렸지만 대상의 '청정원 순창찰고추장'(3kg·1만 6,400원)은 고작 9개 팔리는 데 그쳤다.

대형마트들은 PB제품 매출 비중을 지속적으로 확대할 방침이다. 제조업체들은 대형마트의 이런 전략에 대응책을 강구하느라 부산한 모습이다. 한 생활용품 제조업체 관계자는 "PB제품 공급을 거부하면 매출이 줄어들고 반대로 하면 제조업체 브랜드가 고사枯死할 수 있어 고민 중"이라고 말했다.

제조업체들은 품질로 승부하는 1, 2등 브랜드만 살아남고 나머지 제조업체는 주문자상표부착생산(OEM) 수출업체처럼 할인점에 PB제품만 공급하는 업체로 전락할 것을 우려하고 있다. 한 음료업계 관계자는 "가뜩이나 덤이나 균일가 행사로 음료를 팔아도 남는 것이 없는데, PL제품과 가격경쟁까지 하라니 허리가 휠 지경"이라고 한숨을 쉬었다.

삼성경제연구소의 한 연구원은 "글로벌 유통기업인 월마트는 PB제품 비중이 40%, 테스코는 50%에 이른다"며 "세계 유통시장에서 할인점의 PL제품 확대는 추세인 만큼 국내 제조업체는 다양한 유통채널을 구축하거나 소비자가 돈을 아끼지 않는 가치 있는 제품 개발에 힘써야 한다"고 주장했다.

PB제품의 확대는 제조업체들이 PL 브랜드와 맞서 원가를 절감하게 돼 전반적인 생활물가도 내려가 소비자의 실질소득이 증가하는 효과를 가져온다. 하지만 PB제품이 지나치게 싼 가격에 초점을 맞추다 보면 제품 질의 전반적인 하락을 가져올 수 있다. 최근 한 대형마트의 완구제품이 안전상의 문제로 리콜된 것과 가루녹차 상품에서 기준치 이상의 농약이 검출돼 파장이 인 것이 대표적인 사례다.

---

* 저자 주: 위 사례에서 나타난 유통업체와 제조업체의 PB에 대한 입장과 이슈들은 시간이 흘러도 변하지 않고 지금도 논란의 중심에 있으며, 이러한 상황은 앞으로 상당기간 지속될 것으로 판단된다.

① 유통업체 브랜드

유통경로에서 유통업체의 영향력은 갈수록 커지고 있다. 구매력을 확보하게 된 유통업체의 영향력이 증대되면서 이를 바탕으로 제조업체가 맡아왔던 상품 기획, 생산, 홍보, 판매 등 상당 부분의 기능과 역할을 유통업체가 수행하게 되었다. 나아가 소비자 정보를 활용하며 각 소매업체가 자체 브랜드(PB)를 개발하고 시장점유율을 높임으로써 소비자가 이제까지 주로 사용해왔던 제조업체 브랜드(NB)는 강력한 도전을 받고 있다.

유통업체 브랜드(PB: Private Brand 또는 PL: Private Label)란 유통업체가 직접 개발하여 판매하는 브랜드로, 유통업체가 브랜드의 소유권을 갖고 관리하는 것이다. 통상 유통경로에는 제조업체가 브랜드를 개발하여 생산하고 판매는 유통업체가 하는 분업의 원리가 존재해왔는데, 유통업체 브랜드는 이와는 반대로 유통업체가 생산과 판매를 통합함을 의미한다.

PB는 스위스나 영국 등 유럽국가들에서 그 비중이 높다. 영국의 경우, 유통업체 브랜드는 매우 인기가 높은데, 영국의 모든 식품 판매의 약 36%를 유통업체 브랜드가 차지하고 있다. 테스코 Tesc는 매장의 거의 절반 가량을 PB 제품으로 채우고 있

이마트의 PB인 No Brand 콜라

으며 막스앤스펜서^{marksandspencer}는 매장의 모든 제품이 PB이다. 독일의 알디^{Aldi} 역시 PB 비율이 90% 이상이다.

한국은 1997년 이마트가 '이플러스' 우유를 선보이면서 유통업체 브랜드의 판매가 본격화되었으며, 홈플러스(2001년) 롯데마트(2003년) 등이 뒤따르면서 대형마트의 주력 상품으로 떠올랐다. 싼 가격과 나쁘지 않은 품질에 대한 소비자의 호응이 컸기 때문에 편의점 등도 2000년대 들어 PB 시장에 잇달아 뛰어들었다. 하지만 한국은 아직 다른 나라, 특히 40%대의 비율로 PB를 유지하고 있는 유럽의 나라들에 비해 낮은 수치를 보이고 있다. 그러나 대형마트 매출의 20% 및 편의점 매출의 30% 이상을 담당하며 유통업체브랜드는 급속히 늘어가고 있는 추세이다.

유럽보다는 낮은 비율이지만 미국도 PB 비중이 점점 높아지고 있는 추세다. 월마트를 비롯해 화장품 판매회사 세포라, 유기농 식품체인회사 딘&델루카 등 미국 유통업체는 단순 유통제품보다 마진이 높은 PB 제품 판매에 열을 올리고 있다. 최근에는 온라인 유통업체인 아마존이 커피를 포함한 식품과 기저귀, 세제에 이르기까지 각종 생활용품에서 PB 제품을 판매하기 시작했다. 아마존은 이미 패션 분야 PB인 락앤로, 노스일레븐 스카프 등을 운영 중이며, 이를 통해 월마트에 이어 미국에서 두 번째로 많은 의류를 판매하는 회사로 성장했다.

의류산업은 유통업체 브랜드를 활발하게 이용하는 산업 중 하나다. 의류산업에는 SPA^{Specialty Store Retailer of Private Label Apparel}라는 것이 존재하는데, 'SPA'란 기획·생산·판매 등을 한 회사에서 모두 담당하고, 생산된 물건을 그 회사의 자체 브랜드 이름으로 판매하는 소매점이다. 좋은 품질의 제품을 저렴한 가격에 공급할 수 있도록 중간상인 단계를 없앤 제조업과 유통업의 통합체를 뜻한다. 대표적인 SPA형 유통형태로는 일본의 '유니클로', 스페인의 '자라^{Zara}'와 스웨덴의 'H&M'을 들 수 있다. SPA란 용어는 일본에서 만들어진 것으로 미국이나 유럽에서는 '체인 스페셜티 스토어^{chain specialty store}'나 '스페셜티 스토어 리테일러^{specialty store retailer}'로도 불린다.

우리나라에서는 주로 대형마트, 편의점, SSM 등 점포형 소매업체들이 PB를 출시했으나, 최근에는 오픈마켓인 11번가, 옥션, G마켓이나 소셜커머스 업체인 티켓몬스터 및 홈쇼핑 업체들도 PB 제품을 판매하는 등 PB 제품은 모든 업태에서 개발되어 판매되고 있다.

도표 6-1 유럽국가 PB 시장 규모

1. PB의 진화단계

1970년대에 등장한 초기 유통업체 브랜드의 제품은 노브랜드$^{no\ brand}$나 매우 낮은 가격의 유통업체 브랜드였다. 하지만 1980년대 초반으로 넘어오면서 유통업체 브랜드는 가격에만 집중했던 것에서 벗어나 가격과 가치를 모두 중요시하는 모방시기에 들어서게 된다. 이 시기의 유통업체 브랜드는 제조업체 브랜드를 모방하여 그와 유사한 브랜드를 만드는 데 치중했다.

1980년대 후반을 지나면서 유통업체 브랜드는 고가격의 차별화 전략을 실시하게 된다. 독창적인 프리미엄 유통업체 브랜드제품을 시장에 내놓기 시작한 것이다. 실제로 미국의 고급 백화점들은 제조업체 브랜드보다 훨씬 비싸고 품질도 우수한 PB를 판매하여 구색의 차별화를 시도하고 있다. 우리나라의 경우, 프리미엄 PB는 당분간 눈에 띄게 많이 출시되지는 않을 것으로 보인다. 프리미엄 PB를 판매하기 적절한 업태인 백화점이 임대업 중심으로 이루어져 있어 프리미엄

PB를 만들 여건이 되지 못하기 때문이다.

백화점을 제외한 다른 업태의 유통업체들은 세분화된 시장별로 다른 가격대와 품질의 유통업체 브랜드를 제공하여 고객을 공략하고 있다. 홈플러스의 경우, '홈플러스 알뜰상품', '홈플러스 좋은상품', '홈플러스 프리미엄상품' 등의 이름으로 세분화된 소매업체 브랜드를 제공하고 있다. 또한 온라인 오픈마켓 업체들과 편의점업체들도 PB를 출시하고 있어 거의 전 업태에서 PB 출시가 활발하게 이뤄지고 있다.

최근에는 유통업체 브랜드를 자사의 유통채널이 아닌 다른 회사의 유통채널을 통해 판매하는 경향도 나타나고 있다. 올리브영은 자사 PB인 온리원을 신라아이파크인터넷 면세점 및 오프라인 면세점을 통해 판매하고 있다. 유통업체 브랜드가 자사의 채널만을 통해 판매하는 한계를 넘어 다양한 유통업체를 통해 판매할 수 있는 제조업체 브랜드의 장점을 따라 하며 채널확장을 추구하는 것이다.

도표 6-2 PB의 진화단계

타입 1	타입 2	타입 3
초기	모방시기	차별화 시기
· 가격	· 가격 · 가치	· 고가격 · 차별화
1970년대	1980년대 초	1980년대 말
노브랜드 매우 낮은 가격의 PB	제조업체 브랜드와 유사	창의적 프리미엄 PB
테스코 Value	테스코 Standard	테스코 Finest

2. 유통업체 브랜드의 타깃마켓

보통 경기가 악화될 때 유통업체 브랜드에 대한 선호가 늘어나는 경향을 보인다. 즉, 유통업체 브랜드 구매와 경기의 상관관계가 나타나 경기불황으로 인해 가계형편이 나빠질수록 유통업체 브랜드를 더 많이 구매하는 것이다. 이는 유통업체 브랜드가 제조업체 브랜드보다 상대적으로 싸기 때문인 것으로 보인다.

유통업체 브랜드의 주요 소비자는 미국의 경우 중산층이 많고, 한국과 유럽의 경우에는 저소득층이 주요 고객으로 등장하고 있다. 미국 유통업체 브랜드의 주요 소비자에 대한 시장조사에 따르면 저소득 계층과 고소득 계층은 모두 브랜드 네임에 영향을 받는 것으로 나타났다. 그들 모두 제조업체 브랜드에 대한 충성도가 높으나, 중산층의 경우에는 유통업체 브랜드를 선호하는 비율이 저소득층보다 높은 것으로 나타났다. 중산층 소비자는 유통업체 브랜드가 제조업체 브랜드에 비해 품질이 낮지 않으므로 상대적으로 저가인 PB를 구매하는 것이 현명한 소비라고 믿는 경향이 있기 때문이다.

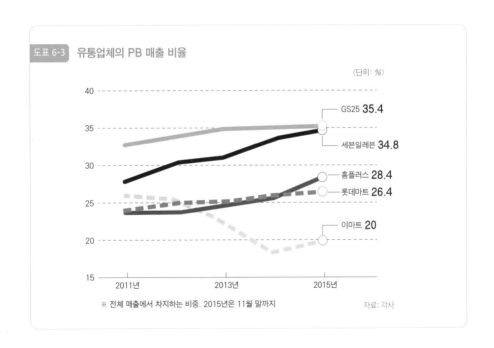

도표 6-3 유통업체의 PB 매출 비율

(단위: %)

GS25 **35.4**
세븐일레븐 **34.8**
홈플러스 **28.4**
롯데마트 **26.4**
이마트 **20**

2011년　　　2013년　　　2015년

※ 전체 매출에서 차지하는 비중. 2015년은 11월 말까지

자료: 각사

유통업체 브랜드의 소비자는 네 가지 유형으로 구분할 수 있다. 먼저 Random buyer는 유통업자브랜드와 제조업자브랜드 간의 품질 차이를 구별하지 못하며, 제조업체 브랜드와 유통업체 브랜드를 모두 구매하는 소비자다. Private label buyer는 품질 차이는 잘 느끼지 못하나 가격에 민감하여 항상 유통업체 브랜드만 구매하는 소비자다. 또 Brand buyer는 가격에 민감하지 않지만 품질 차이에는 민감하여 항상 제조업체 브랜드만 구매하는 소비자이며, Toss-up buyers는 가격과 품질에 모두 민감하여 항상 제조업체 브랜드만 구매하는 소비자다.

유통업체는 네 가지 유형의 소비자 중 Random buyer와 Toss-up buyer를 공략해야 한다. Toss-up buyer는 유통업체 브랜드의 품질이 낮다고 생각하나 가격에 민감하므로 유통업체 브랜드가 제조업체 브랜드와의 품질 차이만 줄일 수 있다면 저가정책을 수행하는 유통업체 브랜드를 구매할 수 있다. Random buyer는 특별히 어떤 제품을 사야 한다는 선호가 없기 때문에 이들을 공략하기 위해서는 유통업체 브랜드제품의 대량진열과 매장 내부 스페셜 디스플레이를 유통업체 브랜드에 배정하는 등 노출을 증가해야 한다.

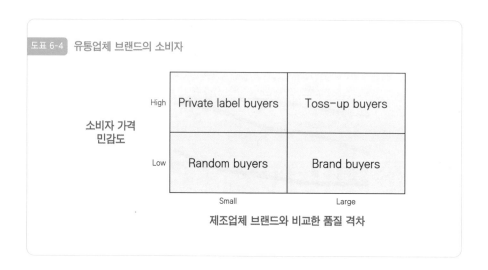

도표 6-4 유통업체 브랜드의 소비자

	Small	Large
High	Private label buyers	Toss-up buyers
Low	Random buyers	Brand buyers

소비자 가격 민감도

제조업체 브랜드와 비교한 품질 격차

3. 유통업체 브랜드의 종류

유통업체 브랜드는 제조업체 브랜드와의 가격 및 품질 격차에 따라 Generics, Copycat brand, Premium lite brand, 그리고 Premium PB의 네 가지로 나눠볼 수 있다.

Generic은 가격·품질 모두 제조업체 브랜드보다 뒤떨어지는 제품이다. 보통 브랜드명이 없는 경우에 Generic이라고 하는데, 브랜드에 대한 마케팅 비용이 필요없으므로 대체로 가격을 낮게 책정한다. 슈퍼마켓의 채소나 과일은 브랜드명을 갖고 있지 않은 Generic의 대표적인 예다. 이는 원래 소비자가 저가격의 상품을 위해서는 화려한 포장을 포기할 것이라는 생각에서 출발했다. 그러나 식료품점에서 노브랜드는 소비자가 품질이 좋지 못하다고 여겨 실패했다. 반면에 미국의 Generic drug는 소비자가 즐겨 찾는 제품인데, FDA가 안정성과 성능을 보장하기 때문에 소비자는 안심하고 살 수 있어서 성공할 수 있었다.

Copycat brand는 상품의 품질이 조금 떨어지나 20~30% 할인된 가격으로 제공하는 유통업체 브랜드다. 우리나라 유통업체 브랜드 매출의 상당 부분이

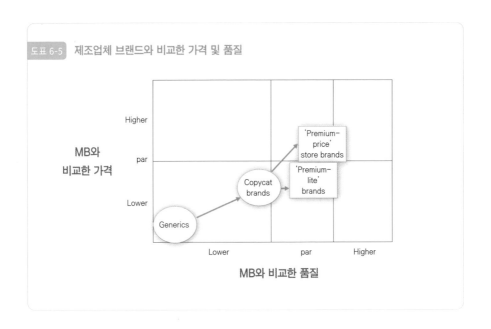

도표 6-5 제조업체 브랜드와 비교한 가격 및 품질

Copycat brand에서 나오고 있다. 따라서 우리나라에서 유통업체 브랜드의 이미지는 Copycat brand의 이미지와 겹치고 있는 실정이다.

Premium lite brand는 상품의 품질은 더 좋으나 가격이 같은 제품을 말하며, '홈플러스 좋은상품'이 여기에 속한다. 상대적으로 브랜드 인지도가 떨어지지만 제조업체 브랜드와 같은 가격대에서 팔리고 있는 Premium lite brand의 고품질을 소비자가 인식할 수 있느냐가 이 브랜드의 성공요소다.

Premium PB는 고품질이나 가격이 같거나 조금 더 높은 제품을 말하며 프레지던트 초이스^{President choice,} 테스코 파이니스트^{Tesco Finest}가 그 예다. 품질이 우수하면 브랜드를 굳이 따지지 않는 실용적인 면이 좀 더 강한 미국 사람들에게는 Premium PB가 어필하고 있다.

노브랜드 제품과 브랜드 제품을 함께 진열하여 판매

노브랜드로 팔리고 있는 슈퍼마켓의 채소

4. 유통업체 브랜드 전략

유통업체 브랜드의 브랜드 전략에는 하위브랜드 전략, 독립브랜드 전략, 협력브랜드 전략의 세 가지가 있다. 먼저 하위브랜드^{sub brand} 전략은 계열사를 통한 브랜드의 하향적 확장 개념으로 제품을 출시하는 것으로, 테스코 파이니스트^{Tesco Finest}가 여기에 속한다. 상위브랜드의 브랜드 이미지를 이용하여 후광효과를 얻고자 하는 전략이다. 당연히 낮은 홍보비용이라는 이점이 있으나 하위브랜드의 품질 문제 등이 있을 경우 상위브랜드의 브랜드 이미지가 나빠질 수 있는 단점이 있다.

독립브랜드^{independent brand} 전략의 사례로는 샘스 초이스^{Sam's Choice}가 있는데, 이는 월마트의 유통업체 브랜드 이름이다. 독립브랜드에 대한 충분한 홍보가 뒷받침되지 않으면 소비자는 독립브랜드가 유통업체 브랜드인지 알기 쉽지 않다. 따라서 일부 유통업체는 독립브랜드 하나를 만들고 이를 전 제품에 사용하는 전략을 사용하기도 한다. 코스트코의 예를 들어보자.

코스트코의 경우 커클랜드^{Kirkland}라는 독립브랜드가 있다. 이것은 브랜드 확장전략으로 같은 브랜드 이름을 다른 종류의 제품에 사용하는 것으로, 식료품, 의약품, 옷, 건전지 등에 사용한다. 브랜드는 소비자가 기대할 수 있는 가치를 의미하는 것인데, 전혀 다른 종류의 제품에 같은 이름을 쓰는 독립브랜드 전략은 전 제품이 일관된 품질을 유지하지 못할 경우 성공하기 힘들다. 고객이 브랜드로부터 나오는 제품들의 다양한 품질로 인해 제품의 이미지를 구축하기 힘들기 때문이다. 하지만 이 전략은 적은 비용으로 소비자에게 유통업체 브랜드를 인식시킬 수 있는 장점이 있다.

독립브랜드를 만들 경우, 우리나라의 일부 유통업체는 제조업체 브랜드와 유사한 이름을 사용하여 제조업체가 수십 년간 키워온 브랜드를 손쉽게 이용하려는 경우도 간혹 있다. 제조업체 빙그레의 대표브랜드 바나나맛 우유의 경우가 대표적이다. 이는 힘이 약한 제조업체의 위치를 악용하는 것으로 위법이냐 적법이냐를 떠나서 유통업체와 제조업체의 상생을 위해 기본적으로 지켜야 할 규범^{norm}이다.

마지막으로 협력브랜드^{cooperative brand} 전략은 제조된 유통업체 브랜드, 즉 제조업체와 소매상 브랜드를 모두 표시하는 것을 말하는데, MPB^{Manufactured Private Brand}라고도 한다. 롯데마트는 자사 PB 상품의 포장 겉면에 PB 제품을 생산하는 납품사를 크게 표시하여 MPB를 적극 추진하고 있다. MPB는 PB의 일종이지만, 상품 전면에 납품업체 브랜드도 함께 표시한다는 점에서 기존 PB와 차별화된다. 힘이 약한 중소 납품업체를 보호하는 측면에서 상생경영의 한 예라고 볼 수 있다. 하지만 MPB가 제조업체에 미치는 장기적 영향에 대해서는 심도 있는 논의가 필요하다.

5. 유통업체가 유통업체 브랜드로부터 얻는 이점

소매업체가 자체 브랜드(PB)를 판매하는 경우 어떠한 이점이 있을까? 먼저, 소매업체는 유통업체 브랜드를 통해 상대적으로 낮은 가격에 높은 마진을 얻을 수 있다. 소매상은 유통업체 브랜드로 인한 이윤을 도매상이나 제조업체와 나누지 않아도 되기 때문에 유통업체 브랜드로부터 높은 이윤을 산출해낼 수 있다. 평균적으로 제조업제품(NB) 대비 4~6%p의 마진 개선 효과가 있다. 특히 식료품 부문의 PB 제품은 8~10%p까지도 마진 개선을 기대할 수 있는 것으로 추정된다.

둘째, 유통업체 브랜드를 통해 다른 유통업체와의 직접적인 가격경쟁을 피할 수도 있다. 유통업체 브랜드는 한 유통업체에서만 판매되는 브랜드이므로 다른 유통업체에서는 구할 수 없다. 따라서 유통업체 브랜드는 한 제조업체로부터 구매한 동일 브랜드를 각각 판매하는 경우에 발생하는 유통업체들의 경쟁을 발생시키지 않는다.

셋째, 소매업체는 유통업체 브랜드가 그 소매업체의 점포에서만 팔리기 때문에 유통업체 브랜드가 소비자로부터 사랑받을 경우, 소비자의 점포충성도를 증가시킬 수 있다. 한 조사에 따르면 유통업체 브랜드의 10% 증가가 점포충성도의 3% 증가를 이끄는 것으로 나타났다. 고객은 소매업체를 방문하여 인기 있는 유통업체 브랜드뿐만 아니라 다른 제품들도 함께 구매하는 경우가 많기 때문에 인기 유통업체 브랜드의 존재는 매장의 매출액을 증진시키는 데 중요한 역할을 하게 된다.

최근 편의점 업계는 유통업체 브랜드에서 신성장 동력을 얻고자 하고 있다. 인기 PB를 개발하여 이를 통해 점포충성도를 증가하려는 노력을 하고 있는 것이다. 특히 도시락과 커피 등의 아이템에서 PB 제품을 집중적으로 개발하고 있다. CU, GS25, 세븐일레븐 등은 1,000원대의 커피 PB를 개발하여 고급 커피전문점과 차별화를 두고 있으며, 1만 원대 이상의 고급도시락도 출시하는 등 다양한 PB 판매를 통해 스토어트래픽을 증가시키고 있다(제2장 점포형 소매업에서 "1인 가구 증가와 편의점의 성장" 사례 참조).

사례 **유통 공룡 테스코 흔드는 PB 전문
Hard Discount Store 알디**^{Aldi}

글로벌 유통시장에 지각변동이 일어나고 있다. 기존의 틀을 완전히 깨는 유통의 '신세계'가 열리고 있는 것이다. 1980년 이후 단 한 번도 연간 매출이 감소하지 않고 성장해오던 월마트의 신화가 최근 막을 내린 것이 대표적이다. 월마트는 2016 회계연도 매출이 지난해보다 줄어들면서 적자를 내는 매장을 폐쇄하는 등 구조조정을 단행했다. 긴 불황에 보다 합리적인 소비를 택하는 소비자들이 늘면서 백화점의 시대가 저물고 유통업체 브랜드의 위상이 빠르게 높아지고 있다. 물류 시스템에도 드론이 도입되는 등 혁신에 혁신이 이어지고 있다. 또한 유통시장의 주도권이 오프라인에서 온라인·모바일로 빠르게 넘어가고 있다. 이 때문에 세계 각국에서는 새로운 유통 트렌드가 빠르게 확산되고 있다.

영국 유통업계에서 알디와 리들^{Lidl} 등 저가형 마트 성장세가 가파르다. 값싸고 품질 좋은 제품을 판다는 이미지를 앞세워 테스코 등 기존 공룡들 영역을 잠식하며 새로운 유통강자로 떠오르고 있는 것이다. 글로벌 시장조사기관인 칸타월드패널에 따르면 알디와 리들의 영국 내 소매시장 점유율은 2011년 5%에서 2015년 10%로 2배 증가했다. 같은 기간 테스코 등 대형 유통회사들의 점유율이 오히려 하락한 것과 대조적이다.

이들의 성장세는 당분간 계속될 것으로 예상된다. 테스코와 모리슨 등 기존 대형 슈퍼마켓 체인은 실적 악화에 매장을 줄이고 있지만 알디와 리들은 반대로 매장을 계속 늘리고 있다. 영국 내 알디와 리들 매장은 현재 각각 500개, 600개 수준이지만 향후 6년 내 2배 이상으로 늘린다는 계획이다. 알디의 확산 성공비결의 중심에는 상품의 90% 이상을 점유하고 있는 PB상품이 있는데, 알디는 영국에서 1위 유통업체인 테스코보다 평균 22%가량 저렴하게 이들 제품을 판매하고 있다.

영국 런던의 한 알디^{Aldi} 매장은 20여 종의 커피와 티가 진열돼 있지만 유명 브랜드 제품은 네스카페 단 하나에 불과했다. 대신 커피는 알카페^{Alcafe}, 티는 딥코맷^{Dipcomat}이라는 알디의 PB제품들이 진열대를 가득 메우고 있었다. 다른 코너도 상황은 비슷했다. 음료 코너에는 코카콜라나 펩시콜라는 물론 유명 브랜드 물도 찾아볼 수 없었다. 모두 알디 자체 PB상품이 그 자리를 대신하고 있었다. 그리고 고기, 유유, 주스, 냉동피자, 요구르트, 누들 등 거의 대부분 상품군에서 'Aldi' 로고가 붙은 상품을 찾을 수 있다.

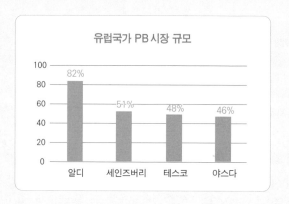

알디는 PB제품의 유통단계를 축소하고 마케팅, 광고비를 줄여 일반 제조업체 브랜드보다 저렴한 가격으로 판매했다. 예를 들어 런던 알디 매장에 진열돼 있는 PB 콜라 상품 'VIVE COLA'는 2ℓ 상품이 0.42파운드다. 인근 매장에서 팔리는 1.5ℓ 코카콜라(1.61파운드)보다 값도 크게 낮고 양도 많은 것이다.

또한 인건비 등 비용도 최소화했다. 상품 수를 1,500~3,000개 정도로 한정해 물류비용을 줄였다. 테스코(2만 5,000~4만 5,000개)의 10분의 1 수준이다. 직원 숫자도 줄여 인건비를 낮췄다. 상품은 박스에 담긴 채로 매장에 진열되기 때문에 직원들 손길이 덜 갈 수밖에 없는 구조. 특히 기자가 찾은 매장 각 코너에도 비어 있는 박스가 종종 눈에 띄었다. 조금이라도 진열된 상품이 줄어들면 바로 직원들이 물건을 채워넣는 국내 마트와 대비되는 모습이었다.

마진도 고객을 위해 양보했다. 다른 대형마트들 마진이 18% 안팎인 것에 비해 알디의 마진은 12% 정도인 것으로 알려졌다. 순이익률도 2%로 테스코의 절반에 불과하다. 가격을 위해 품질을 포기한 것도 아니다. 사실 핵심 경쟁력은 가격보다 품질에 맞춰져 있다. 테스코보다 가격은 낮지만 품질에서는 절대 뒤떨어지지 않겠다는 전략이다. 품질이중보장^{Double} Guarantee 제도가 이 같은 자신감을 보여주는 예다. 고객이 알디의 식품에 100% 만족하지 않을 경우 교환이나 환불을 해주는 제도다. 매장에서 만난 한 소비자는 "테스코가 집에서 더 가깝지만 일부러 알디 매장을 찾는다"며 "품목은 테스코보다 적지만 필요한 물품은 거의 다 있을 뿐만 아니라 가성비가 훨씬 뛰어나기 때문"이라고 말했다.

국내에서도 이마트가 '노브랜드' 라는 브랜드를 통해 하드디스카운트 스토어를 시도하고 있다. 아직 알디나 리들만큼의 구색을 갖추고 있지는 못하지만 다수의 점포를 개장하며 점포 수를 지속적으로 늘리고 있다. 노브랜드는 글로벌 소싱을 통해 구색의 다양성을 추구하고 있으나, 1인 가구의 증가 및 가성비를 중시하는 트렌드를 맞추어 품질경쟁력을 갖춘 제품들을 싼 가격에 제공할 수 있는 소싱능력에 그 성공 여부가 달려 있다.

〈신세계 트렌드리포트〉 2019/12/27 〈매일경제〉 2016/4/16 기사 편집

6. 유통업체 브랜드의 한계점

앞서 살펴봤듯이 유통업체 브랜드는 많은 이점을 가지고 있으나 한계점 또한 갖고 있다. 먼저 유통업체는 제품개발과 디자인의 전문가가 아니다. 이는 분업의 원리에 어긋나게 된다. 또 유통업체 브랜드는 제조업체 브랜드에 비해 더 큰 위험성을 가진다. 광고 등에 많은 비용이 들어갈 경우, 실패 시의 재고 부담을 고스란히 소매상이 책임져야 하기 때문이다.

유통업체 브랜드의 경우, 해당 유통업체가 입점비^{slotting fee}를 받을 수 없기 때문에 추가적인 수입이 없다는 것도 단점이다. 제조

반포의 No Brand Store.

업체의 물건을 진열하여 판매만 하는 순수 소매상의 기능을 할 때에는 제조업체로부터 장소 제공의 의미로 입점비를 받을 수 있었다. 이와 달리, 자체 브랜드의 판매는 제조업체로부터 받을 수 있는 입점비가 없다는 단점이 있다.

마지막으로 너무 많은 유통업체 브랜드의 존재는 소비자로 하여금 선택의 폭이 좁다고 느끼게 한다. 즉, 제조업체 브랜드 제품의 부족으로 인해 소비자는 구색이 많지 않다고 느낄 수 있다. 실제로 1990년대 초반 시어스는 너무 많은 유통업체 브랜드를 매장에 진열하여 고객의 외면을 받았다. 후에 시어스가 유통업체 브랜드의 비중을 줄인 것은 당연한 조치였다.

사례

PB로 가격거품 뺐다더니…
NB보다 비싼 상품 많아

이마트가 자체 브랜드(PB) 간편식 제품으로 판매 중인 '피코크 동태전'. 사옹원이라는 업체에서 생산한 이 제품은 10g당 233원에 팔린다. 성분이 똑같은 사옹원의 일반브랜드(NB) 제품인 '사옹원 동태전'보다 15%(36원)가량 비싼 가격이다. 이마트에서 300g짜리 PB 동태전을 사면 사옹원 제품보다 1,080원 더 줘야 하는 셈이다. 대형마트들은 "PB 제품은 가성비(가격 대비 성능)가 좋은 제품"이라고 홍보하지만 실상은 그렇지 않았다. 가격이 싸면서도 품질을 차별화한 상품이라는 주장도 사실과 거리가 있는 것으로 나타났다.

같은 제품, 높은 가격… PB의 배신

유통업체 브랜드 시장이 커졌지만 유통업체브랜드 본연의 가격 경쟁력은 사라지고 있다. 품목이 늘어나면서 유통업체들이 '날림 PB'를 찍어내고 있다. 유통업체가 상품 설계를 하고 제조업체에 단순 생산만 맡기는 유통업체브랜드의 제조과정도 변질됐다. 지금은 개발부터 생산까지 모두 제조업체가 전담한다. 유통업체들은 제조사가 개발하고 만든 상품을 그대로 공급받아 PB 상품으로 진열하고 있다. 포장만 다르고 내용물이 같은 '붕어빵 PB'가 나오는 이유다.

유통업체 브랜드제품이 유통단계를 축소해 제조원가가 줄어드는 장점이 있는데도 유통회사들은 더 높은 가격을 매기고 있다. 잘 안 팔리는 중소기업 상품에 대기업 PB를 붙이면 제품 가치가 올라간다는 점을 노린 전략이다.

유통사, "중소기업제품 판로 확대 고려해야"

같은 유통업체 브랜드라도 유통업체별로 가격이 다른 제품도 있다. 롯데칠성이 GS25의 PB로 납품한 '함박웃음 맑은 샘물'은 500원이지만 롯데마트 PB인 '초이스엘 샘물'은 300원이다. 이에 대해 롯데마트는 "할인행사를 자주 하기 때문에 상품의 가격이 수시로 변동된다"고 설명했다. 이마트에서 피코크 브랜드로 판매 중인 건조과일과 간편식도 다른 대형마트에서 팔리는 같은 성분의 NB상품보다 비쌌다. 이마트 관계자는 "피코크 브랜드는 일반 PB와 달리 고급 브랜드를 추구하고 포장재 비용 등이 반영돼 일부 품목에서 더 비쌀 수 있다"고 말했다.

유통업체들은 또 '붕어빵 PB', '바가지 PB'라는 비판에 "일부 PB 제품이 NB제품보다 비쌀 수 있지만, PB의 순기능을 봐야 한다"고 주장하고 있다. 특히 인기가 낮은 중소기업 제품에 PB 브랜드를 붙이면 주목도가 높아져 판매에 큰 도움이 된다고 주장했다. 이마트 관계자는 "PB를 통해 중소기업 상품의 해외 판로를 확대해 동반성장 토대를 마련하고 있다"고 말했다. 이마트는 2013년 홍콩 왓슨그룹에 PB 식품 128개를 공급하면서 PB 수출을 시작, 2년만에 미국·홍콩·몽골 등 6개국에 진출했다.

하지만 PB의 순기능을 더 확대하기 위해 유통회사의 새로운 접근이 필요하다는 게 전문가들의 지적이다. PB제품으로 이익을 늘리는 데 치중하기보다 제품력 개선에 투자하는 장기적인 안목이 있어야 한 단계 더 도약할 수 있다는 진단이다.

〈서울경제〉 2021/3/24, 〈매일경제〉 2016/3/3 기사 편집

7. 유통업체 브랜드의 제조업체에의 영향

모든 유통업체 브랜드는 아웃소싱을 통해 생산자가 제조를 하는데, 유통업체 브랜드의 매출이 늘어나면 제조업체 브랜드의 매출이 줄어들기 때문에 유통업체 브랜드가 생산자와 유통업체의 관계에 미치는 영향이 매우 크다. 그러므로 유통업체 브랜드는 유통업체의 브랜드이긴 하지만 제조업체도 관심을 가져야 할 매우 중요한 문제다.

가격이 저렴한 유통업체 브랜드는 제조업체 브랜드의 점유율을 빼앗을 수 있지만 시장을 리드하는 점유율 1위 제품의 매출에는 큰 영향을 미치지 못하는 경우가 많다. 그 대신 유통업체 브랜드는 2, 3위 제품에 위협이 될 가능성이 크다. 실제로 PB 시장이 성숙한 영국의 경우 제품군별 1위 제품이 대략 40%의 시장점유율을 차지하고 PB 제품이 41%, 나머지 브랜드들이 19% 정도를 나타내고 있다. 결국 1등 제조업체 브랜드와 유통업체 브랜드가 시장을 반분하고 있는 것이다.

유통업체 브랜드를 관리하는 대형마트는

유통업체 브랜드로 인한 제조업체의 어려움

가격이 저렴해진 만큼 소비자의 혜택이 늘어나며, 브랜드 경쟁력이 약한 중소기업의 판로 확보에 도움을 준다고 주장해왔다. 실제로 30%의 업체가 '안정적인 판로 확보'를 위해 PB 제품을 만든다고 답했다.

이론적으로 유통업체 브랜드의 생산을 통해 제조업체는 추가적인 이익을 얻으며, 유통업체와 원활한 관계를 유지할 수 있다는 이점이 있다. 하지만 유통업체의 자체 브랜드에 대한 제조업체의 시각은 부정적이다. 유통업체 브랜드의 존재로 소비자는 선택의 폭이 넓어져서 즐겁지만, 제조업체는 자사의 제조업체 브랜드가 납품하는 유통업체 브랜드와 매장에서 경쟁해야 하고, 가격 선정 및 제품의 위치 등에서 유통업체 브랜드에 비해 불리한 입장이므로 부정적인 시각을 가질 수밖에 없다.

제조업체가 유통업체 브랜드의 마케팅을 신경 쓸 필요가 없으므로 마케팅 비용을 절감할 수 있다는 이유로 소매상은 납품 제조업체에 저가의 공급가를 강요하기도 한다. 유통업체에 대한 의존도가 높아지면서 제조업체는 더욱 약자가 되어 유통업체가 부당하게 낮은 공급가를 요구할 경우에도 제대로 저항하지 못하게 된다. 이 경우에는 제조업체가 유통업체의 단순 하청업체로 전락할 수도 있다.

유통업체 브랜드로 인해 유통업체에 대한 의존도가 높아지면서 제조업체 브랜드가 브랜드파워를 잃게 되는 경우도 발생한다. 각 유통업체들의 경쟁적인 유통업체 브랜드 개발로 인해 더욱 우수한 품질의 유통업체 브랜드를 만들어내게 되었고, 그 결과 경쟁력이 약한 제조업체 브랜드뿐 아니라 어느 정도 시장지위를 구축한 제조업체 브랜드마저도 위협을 느끼게 되었다. 유통업체 브랜드가 매출을 키워주니 단기적으로는 제조업체에 도움이 되지만, 소비자가 유통업체 브랜드를 제조업체 브랜드의 대체재로 인식할 경우, 제조업체 브랜드에 대한 고객의 인지도가 떨어지고 브랜드파워는 줄어들게 마련이다. 이 경우, 제조업체는 자사의 브랜드를 잃게 되고 회사 존속이 어려워질 수 있다. 실제로, 유통업체의 파워가 강해짐에 따라 유통업체 브랜드의 개발이 더욱 활발해져 제조업체 브랜드로 확실한 자리매김을 하지 못한 브랜드는 유통업체에 대한 제품 공급이 어려워지는 현상이 발생하고 있다.

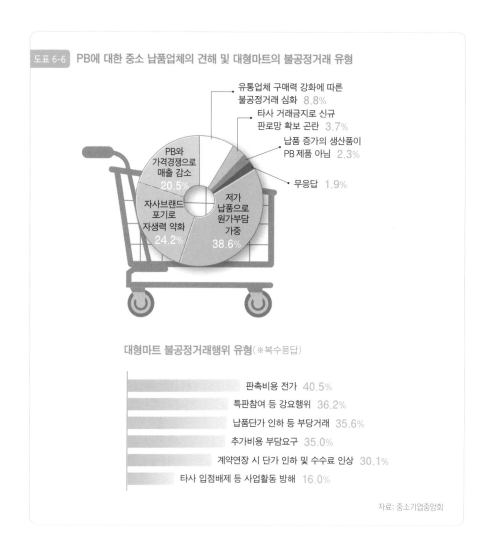

도표 6-6 PB에 대한 중소 납품업체의 견해 및 대형마트의 불공정거래 유형

유통업체 구매력 강화에 따른
불공정거래 심화 8.8%

타사 거래금지로 신규
판로망 확보 곤란 3.7%

납품 증가의 생산품이
PB제품 아님 2.3%

무응답 1.9%

PB와
가격경쟁으로
매출 감소
20.5%

자사브랜드
포기로
자생력 약화
24.2%

저가
납품으로
원가부담
가중
38.6%

대형마트 불공정거래행위 유형 (※복수응답)

판촉비용 전가 40.5%

특판참여 등 강요행위 36.2%

납품단가 인하 등 부당거래 35.6%

추가비용 부담요구 35.0%

계약연장 시 단가 인하 및 수수료 인상 30.1%

타사 입점배제 등 사업활동 방해 16.0%

자료: 중소기업중앙회

8. 유통업체 브랜드의 품질 이슈

유통업체 브랜드와 관련한 이슈는 품질이다. 소비자는 제조업체 브랜드와 유통업체 브랜드가 품질이 같은지에 대해 의문을 품게 되며, 대부분 PB의 품질에 대한 소비자의 인식은 좋지 않다. 대형 유통업체가 막강한 판매 채널을 앞세워 제조사에 납품원가를 최대한 낮춰달라는 요구를 하게 되고, 유통업체의 요구를

거절하기 어려운 제조업체는 채산성을 맞추기 위한 원가절감과정에서 함량 미달의 제품을 공급할 가능성이 있기 때문이다. 실제로 한국소비자보호원의 조사에 의하면 대형마트가 판매하는 자체 브랜드(PB) 상품이 제조업체 브랜드(NB)보다 가격은 낮지만 소비자 만족도는 떨어지는 것으로 나타났다.

대형 유통업체 PB의 품질 문제가 언론에 보도되는 경우가 많다. 그 예가 대형 우유회사들이 아웃소싱으로 생산하는 대형마트의 PB 품질 논쟁이다. 빙그레는 자체 브랜드 '바나나맛 우유'를 돋보이게 하기 위해 이마트에 납품하는 '이마트 바나나맛 우유'의 품질이 상대적으로 낮다고 이야기한다. 빙그레 제품의 원유함량 비중이 86%인 데 비해 이마트 제품은 80%로 원유 대신 물을 많이 섞는다는 것이다. 빙그레 측은 "유통회사가 시장점유율 1위 회사에 PB 제품을 만들라고 요구하는 건 '제 살 깎아 먹으며 죽으라'고 말하는 것과 같다"며 '빙그레 바나나맛

빙그레 바나나맛 우유 vs. 이마트 바나나맛 우유				매일유업 매일우유 ESL vs. 이마트 우유		
			자료: 빙그레			자료: 매일유업
	빙그레 바나나맛 우유	이마트 바나나맛 우유			매일우유 ESL	이마트 우유
제조회사	빙그레	빙그레		제조회사	매일유업	매일유업
용량	240ml	220ml		용량	1,000ml	1,000ml
단위(ml)당 가격	3.4원	2.8원		가격	2,170원	1,550원
원유함량 비중	86%	80%		우유등급	1A등급	1등급
				생산라인	ESL 라인 (우유팩 속까지 살균처리)	일반 생산라인

자료: 〈동아일보〉, 2009/2/9

우유'와 '이마트 바나나맛 우유'를 소비자가 완전히 별개의 제품으로 인식하도록 용기와 용량을 다르게 만들고 있다"고 전했다.

이마트 우유를 생산하는 매일유업의 '매일우유 ESL'과 '이마트 우유'의 품질도 다른 것으로 알려졌다. 매일우유 ESL은 공장 내 'ESL 라인'에서 생산하는 국내 최고의 '1A등급'이지만 이마트 우유는 일반 라인에서 만드는 1등급이라는 것이다. 이러한 품질 문제가 계속해서 제기될 경우, '싼 게 비지떡'이라는 말처럼 결국 고객이 PB 제품을 외면할 문제가 있어 우리나라 전체 유통업체 브랜드에 대한 인식 저하로 이어질 수 있다.

유통의 본원적인 경쟁력은 '경로 파트너와의 협력관계 구축을 통한 경쟁력 확보'라는 사실을 인식하고 수직적 동반상생을 추구하는 현명함이 필요하다. 실제로 국내 소비자의 경우 절반에 가까운 49%의 응답자가 유통업체 브랜드가 제조사브랜드를 대체할 좋은 대안이 될 수 있다고 생각하는 반면에, 대부분의 유통업체 브랜드가 제조사브랜드 제품만큼 질이 좋다는 데는 29%의 응답자만이 동의했다 (자료: Nielsen Report 2014). 이는 국내 소비자의 유통업체 브랜드에 대한 브랜드 충성도(24%)가 제조사브랜드 충성도(31%)보다는 낮은 결과로 이어져 국내 PB 제품시장이 성장하려면 제품 질에 대한 신뢰 구축이 좀 더 이뤄질 필요가 있다.

9. 제조업체의 유통업체 브랜드 대응전략

제조업체의 유통업체 브랜드에 대한 대응전략은 크게 네 가지로 나누어볼 수 있다. ① 자사브랜드와 유통업체 브랜드를 모두 공급하는 이중전략, ② 제조업체 브랜드를 강화하며 제조업체 브랜드만을 공급하는 전략, ③ 유통업체 브랜드만 전문으로 생산하는 전략, ④ MPB^Manufactured Private Brand를 출시하는 전략이다.

첫째, 제조업체 브랜드와 유통업체 브랜드를 모두 공급하는 이중전략은 국내의 많은 제조업체가 취하는 전략이다. 이론적으로는 남아도는 잉여생산시설을 활용해 유통업체 브랜드를 공급하는 것이다. 하지만 제조업체는 유통업체 브랜드와 차별화되는 제조업체 브랜드만의 가치를 창출해내야 하는 것이 이중전략의 전제조건이다. 그렇지 않으면 소비자가 제조업체 브랜드와 유통업체 브랜드의 차이점을 인식하지 못하고 가격이 싼 유통업체 브랜드를 선택할 가능성이 많아진다. 유통은 유통을 전문으로 하는 유통업체가 유리하고, 상대적으로 저가에 제품을 제공할 수 있는 유통업체 브랜드가 가격경쟁력에서 제조업체 브랜드에 비해 유리하다. 따라서 차별화된 가치는 상품의 혁신성 및 실질적 기능의 향상 등 상품에서 증진시키도록 해야 한다.

둘째, 제조업체 브랜드 강화전략은 유통업체 브랜드를 공급하지 않고 제조업체 브랜드만을 생산하는 전략이다. 이는 업계에서 선두브랜드를 가지고 있는 제조업체들이 주로 취하는 전략이다. 이 경우, 가격을 무기로 단순한 기능에 집중하는 유통업체 브랜드의 특성을 고려하여 기능이 다양하고 고급화된 제조업체 브랜드를 만들어 제공하는 전략을 사용한다. 질레트, P&G 등 소비재에서 강한 브랜드를 형성하고 있는 기업들이 제조업체 브랜드 강화전략을 펴고 있다. 그리고 광고 캠페인을 통해 고급스런 자사브랜드를 강조하여 유통업체 브랜드들과의 차별화를 꾀하고 있다.

제조업체 브랜드 강화전략은 선두업체들이 멀티브랜드^{multi-brand}전략을 쓰는 경우가 많다. 자사의 대표 브랜드 이외에 경쟁업체의 브랜드에 대항하는 후발 브랜드를 출시하여 후발 브랜드를 이용해 경쟁업체를

제조업체 브랜드(롯데식품)와 유통업체 브랜드(홈플러스)가 함께 진열되어 판매되고 있는 매장

따돌리기 위한 전략이다. 또는 후발 브랜드와 대표 브랜드 등 다수의 브랜드를 이용하여 소매상의 매장 점유율을 높이기 위해 쓰기도 한다. 하지만 멀티 브랜드 전략은 여러 브랜드의 개발과 홍보 및 유통에 한정된 자원을 분산시켜야 하는 단점이 있다.

따라서 유통업체 브랜드와의 경쟁이 격화될수록 자금이 충분치 못한 제조업체는 멀티 브랜드로 인해 오히려 해당 제조업체의 발목을 잡을 가능성이 커진다. 그러므로 제조업체 브랜드 강화전략은 핵심 브랜드를 선택하여 집중하는 브랜드의 정비를 우선적으로 요구하고 있다. 실제로 멀티 브랜드 전략을 쓰는 것으로 유명한 P&G는 유통업체 브랜드와 차별화가 힘든 식품 브랜드들은 과감히 정리하고, 유통업체 브랜드가 진입하기 힘든 건강, 미용 브랜드들에 집중하여 R&D투자 및 마케팅에 집중하고 있다.

셋째, 유통업체 브랜드만을 전문으로 생산하는 전략은 업계에서 확고한 위치를 차지하고 있지 못한 제조업체들이 주로 취하는 전략 중 하

MPB브랜드

진열 사진은 롯데백화점에 입점한 '더폴햄갤러리'이며, 현대백화점과 신세계백화점에는 '더폴햄'이라는 브랜드로 입점했다. '팀스폴햄'이 롯데백화점의 MPB브랜드이기 때문이다.

나다. 우리나라처럼 인건비 등의 비중이 큰 국가에 위치하는 업체들보다는 인도나 중국 등에 공장이 있어 상대적으로 저렴한 비용으로 제품생산이 가능한 업체들이 쓸 수 있는 전략이다. 이 전략은 유통업체 브랜드를 생산하는 제조업체

의 비용절감을 위한 끊임없는 노력을 전제하고 있다. 자사보다 더 낮은 비용에 유통업체 브랜드를 생산할 수 있는 제조업체가 나타날 경우, 언제든지 교체당할 위험이 있기 때문이다.

넷째, MPB^{Manufactured Private Brand}는 유통업체 브랜드이긴 하지만, 종전의 유통업체 브랜드와는 달리 제품을 생산하는 제조업체의 브랜드명을 유통업체의 브랜드명과 함께 제품 전면에 크게 표시하여 소비자의 제조업체 브랜드에 대한 인지도를 높이고자 하는 전략이다. 일명 '더블촙^{Double Chop} 전략'으로, 롯데마트의 경우 상품에 제조업체 브랜드명과 롯데마트 브랜드명을 공동으로 표기하여 MPB를 적극적으로 수용하고 있다. 브랜드는 제조업체 브랜드로 하되 품질은 롯데마트가 보증해 판매까지 책임지는 전략이다.

종전의 유통업체 브랜드는 제조업체의 인지도 상승에 영향을 줄 수 없기 때문에 언제든지 해당 제조업체가 교체될 수 있는 위험이 있는 반면에 MPB는 소비자가 해당 유통업체 브랜드를 생산하는 제조업체의 브랜드 인지도를 높이기 때문에 유통업체가 쉽게 다른 제조업체로 해당 유통업체 브랜드의 생산을 바꿀 수 없는 장점이 있다. 따라서 자사브랜드에 대한 소비자의 인지도가 낮은 업체들이 MPB브랜드의 생산을 통해 자사의 인지도를 높이고자 할 때 사용할 수 있는 전략이다. 제조업체의 브랜드가 MPB에 드러나므로 해당 제조업체가 MPB의 품질관리에 주력하여 유통업체 브랜드에서 발생하는 고질적인 품질저하 가능성을 없애는 장점이 있다.

2 독점제품

제조업체 브랜드이지만 유통업체 브랜드와 유사한 기능을 하는 독점제품^{exclusive product}이 있다. 독점제품은 유통업체의 입장에서 붙여진 이름으로, 한 유통업체가 독점적으로 한 브랜드를 취급하여 판매하며 다른 유통업체는 그 브랜드를 취급하지 않는다. 브랜드는 제조업체가 소유하고 있지만, 그 브랜드가 특정 소매업체를 통해서만 판매되므로 소매업체의 입장에서 그 브랜드를 '독점브랜드' 또는 '독점제품'이라고 부른다. 예를 들어, 미국의 케이마트$^{K\,mart}$는 장난감 '몬스터^{Monster}'를, 토이저러스는 '어번 밀리터리$^{Urban\,Military}$'를 각각 독점적으로 취급하며 판매하곤 했다.

이러한 독점제품 채용의 주요 이유는 소매업체 간의 가격경쟁 때문이다. 극심한 저마진에 시달리는 소매업체들이 독점적으로 취급하므로 타 소매업체와 가격경쟁을 할 필요가 없는 독점제품의 비율을 늘리고 있다. 실제로 독점제품의 경우 소매업체가 40~50%의 매출총이익$^{gross\,profit\,margin}$을 기록하는 반면에 비독점제품의 경우 20~30%에 그치고 있다.

 사례 **백화점들의 차별화: 직수입하여 독점제품 확보**

" 다른 백화점에선 살 수 없습니다"

대형마트들이 가격 차별화, 즉 더 저렴한 가격에 물건을 공급하기 위해 글로벌 직소싱을 하고 있다면 백화점들은 비가격 차별화, 즉 자신만의 색깔을 가지기 위해 글로벌 브랜드를 직수입해 들여오는 사례가 늘고 있다. 최근 들어 유통업계 간 진입 장벽이 허물어지고 경쟁이 심화하면서 다른 백화점과 차별화를 꾀하고 최신 트렌드를 재빨리 따라잡아 고객들의 눈높이에 맞추기 위해서다.

올해 젊은 여성들 사이에서 큰 인기를 얻었던 프랑스 명품 브랜드 '고야드'는 압구정동 갤러리아백화점에서만 살 수 있다. 갤러리아백화점이 프랑스 고야드 본사와 독점계약을 맺고 물량을 직접 매입해오고 있기 때문이다. 일반적으로 국내 백화점들은 입점업체에서 판매수수료를 받지 직접 물건을 매입하지는 않는다.

신세계백화점은 이달 본점 명품관 1층에 핸드백 편집매장(단일 브랜드가 아닌 여러 브랜드를 한데 모아놓은 매장) '핸드백 컬렉션'을 오픈하면서 모두 10개의 '신세계 자주편집샵'을 가지게 됐다고 밝혔다. 지난달에는 아웃도어용품 매장 '하이어 53529', 넥타이 전문 매장 '타이컬렉션'을 열었다. '자주편집샵'은 신세계백화점 바이어가 상품기획부터 발주, 매장 배치까지 직접 관리하면서 국내에 소개되지 않은 외국 유명 브랜드를 판매하는 매장 형태. 판매상품의

백화점들이 차별화된 제품을 제공하기 위해 자신만의 브랜드를 외국에서 직수입하는 사례가 늘고 있다. 사진은 신세계백화점 본점에 있는 캐주얼의류 편집매장 '블루핏'(신세계백화점 제공)

50%는 신세계백화점이 수입업체를 거치지 않고 외국에서 직수입하는 것이다. 신세계백화점 관계자는 "올해 들어 이달까지 42%의 매출 신장률을 보이고 있다"며 "자주편집샵을 계속 확대해 지난해 매출 90억 원에서 올해 200억 원, 내년에는 450억 원까지 매출을 끌어올릴 계획"이라고 밝혔다.

롯데백화점도 현재 제럴드다렐, 타스타스, 핫다이아몬드 등 8개 브랜드를 독점으로 직수입하고 있으며, 해외 명품 직매입 편집숍 '탑스TOPS'를 운영하여 200여 개 해외 유명 브랜드 상품을 판매하고 있다.

〈조선비즈〉 2021/3/30 한겨레신문 2008/9/23 기사 편집

소매업자들은 그들의 장난감을 공유하기를 원하지 않는다

한 여성이 〈몬스터 주식회사〉라는 영화에 나오는 9.99달러짜리 마이크^{Mike}와 설리^{Sulley}로 불리는 주인공 패키지를 구매하기 위해 월마트 스토어를 찾았다. 아이들이 이 캐릭터를 너무 좋아해서 구매하기 위해 왔다는 31세의 이 엄마는 잠시 후에 무척 당황스러워했다. 그녀를 당혹스럽게 한 것은 바로 마이크와 설리는 오직 케이마트에서만 구매할 수 있다는 광고였다.

장난감 제조업체가 오직 하나의 소매업체에만 자사의 특정 제품을 제공하는 것은 장난감 산업에서 오래된 유통방식이다. "당신의 아이가 국가방위군의 군인같이 차려입은 '지 아이 조'의 영웅 캐릭터를 원하나요? 그것들은 오직 토이저러스에만 있습니다." 대형마트인 타겟^{Target} 역시 'Parents' Play & Learn의 교육적인 장난감 라인인 게임과 퍼즐을 오직 자사의 상점에서만 팔고 있다. 또 다른 대형 소매업체인 시어스로벅^{Sears Roebuck}은 인기 있는 어린이 텔레비전 프로그램의 'Blue's Clues' 장난감을 독점으로 팔고 있다.

이러한 트렌드의 유행은 부분적으로 장난감 소매업자들의 치열한 가격경쟁에 지쳤기 때문이기도 하다. 최근에 많은 할인체인점들이 고객을 상점으로 유인하기 위해 대폭 할인된 가격의 장난감 광고를 하고 있다. 경쟁자들은 이러한 가격인하에 맞추기 위해 즉각적인 가격전쟁에 들어간다. 그 결과 장난감 소매업자들 사이의 수익이 일반적으로 떨어지고 있다.

독점제품들의 경우, 다른 소매업체에는 해당 제품이 공급되지 않기 때문에 저가에 판매되지는 않는다. 소매업체들이 전형적으로 일반 장난감의 20~30%를 마진으로 책정하는 데 반해, 독점 장난감은 40~50%를 마진으로 책정한다. 이처럼 독점제품들은 무경쟁으로 인해 수익마진에 대한 압력을 받지 않는다고 독점제품들을 많이 공급하고 있는 마텔^{Mattel}사는 지적하고 있다.

토이저러스는 장난감 판매를 활성화하기 위해 독점제품의 비율을 점진적으로 높이려고 한다. 회사 웹사이트는 'R-독점들'이라는 페이지에 30개가 넘는 독점브랜드와 카테고리 리스트를 보여주고 있다. 또 다른 장난감 소매업체인 케이비토이스^{KBToys}사는 1,400개의 체인을 소유하고 있는데, 독점 장난감의 비율을 급속히 올리고 있다. 1,400개 상점 체인들의 올해와 작년 휴가기간의 베스트 판매 품목은 집에서 아이들이 노래방을 작동할 수 있도록 한 음악적인 장난감인 '댄스 디바'다. 이것은 KB 상점에서 독점적으로 판매한다.

장난감 산업에서 대량생산제품의 적은 이익마진을 상쇄하기 위해 독점 공급상품 비율을 늘리는 것은 전혀 놀랄 일이 아니다. 소매업체 브랜드^{Private Brand}가 늘어나고 있는 것과 맥을 같이하고 있는 것이다. 그러나 독점판매제품은 장난감 소매업자들에게 위험요소가 될 수도 있다. 대부분의 장난감 제조업체들이 독점제품을 위한 텔레비전 광고를 하지 않는다. 독점제품의 경우, 다른 채널을 통한 판매가 막혀 있으므로 독점제품이 팔리지 않고 선반 위에 가득 차 있을 위험이 항상 존재한다. 반면에 일반 장난감들은 좀 더 폭넓게 광고가 실시되고 있고, 제조업체들이 팔리지 않은 재고의 반품을 받아주기도 한다. 하지만 이러한 편의는 독점제품의 경우 거의 일어나지 않는다.

이러한 경향은 또한 많은 부모들을 불만스럽게 만든다. 한 곳에서 모든 크리스마스 선물을 사는 대신에 부모들은 여러 상점을 방문해야 한다. 부모들은 월마트에서 바비 인형과 슈렉 캐릭터를 구매한 후에 '몬스터들'을 사러 케이마트에 가야 한다고 툴툴거린다.

생산자들은 독점제품에 대해 복합적인 마음을 가지고 있는데, 왜냐하면 부분적으로 소매업자에게 마케팅 파워가 옮겨가는 것을 걱정하기 때문이다. 바비를 생산하는 마텔은 크리스마스 기간에 독점제품 판매계약을 체결하라는 압력을 받아왔다고 말한다. 한 예로 바비의 어린 동생인 '할로윈 켈리'의 경우, 대형마트 타겟이 독점적으로 판매했다. 하지만 마텔은 소매업자들로부터 많은 독점제의를 거절했다. 그 주된 이유는 소매업체들이 독점 장난감으로 충분한 판매량을 올릴 수 있는가에 대한 의문이 있기 때문이다.

그러나 소매업체들은 독점 장난감의 추진을 계속할 것이라고 말하고 있다. 한 가지 예는 토이저러스에서 인기가 쇠락한 'Cabbage Patch brand'를 회복시키려는 데서 관찰할 수 있다. 이 인형은 1980년대에 인기를 끌었지만 최근에는 그 인기가 떨어지고 있다. 토이저러스에서는 올해 이 인형라인에 대한 권리를 사들였다. 이 인형은 토이저러스의 독점상품이기 때문에 이전 가격의 4배보다 비싼 개당 80달러에 팔고 있다.

1 유통업체 브랜드의 네 가지 구매자에 대해 설명하시오.

2 MPB에 대해 설명하고, MPB가 제조업체에 미치는 장·단기적 영향에 대해 설명하시오.

3 소매업체가 제조업체에 비해 힘의 우위를 가질 수 있는 요소에 대해 설명하시오.

4 우리나라에서 유통업체 브랜드가 초래하는 주요 이슈들에 대해 논하시오.

5 유통업체 브랜드로 인해 진퇴양난의 위치에 처해 있는 제조업체가 취할 수 있는 장·단기적 대응전략에 대해 논하시오.

6 독점제품과 유통업체 브랜드의 차이점 및 공통점에 대해 논하시오.

7 부록 6-1 "소매업자들은 그들의 장난감을 공유하기를 원하지 않는다"에서 소매업자들이 장난감 제품의 유통업체 브랜드를 추진하지 않고 독점제품의 비율을 늘리는 이유에 대해 장난감 산업의 특성 및 소비자의 입장을 고려하여 논의하시오.

참고문헌

최경운(2007), "제조업체의 유통업체 브랜드 대응전략", LG경제연구원.
Branch, Shelly(2003), *"Going Private Label,"* Wall Street Journal, December 3.
Pereira, Joseph(2001), *"Retailers won't share their toys,"* Wall Street Journal, December 4.

1 다음 중 NB와 PB 상품에 대한 설명으로 옳은 것은?

① 전체 판매상품 혹은 매장 진열상품 중에서 PB 상품의 구성비가 많을수록 점포 이미지에 부정적인 영향을 미칠 수 있다.

② PB 제품이란 브랜드로 정착하지 못하거나 브랜드화될 가능성이 거의 없는 모방 및 표절 제품 등을 의미한다.

③ 소비자는 일반적으로 NB를 더욱 선호하는 반면, 유통업체들은 PB를 더욱 선호하는 경향이 있다.

④ PB 상품은 NB에 비해 상품에 대한 인지도, 품질에 대한 인지도 등은 떨어지나 상대적으로 소비자가 지불하는 가격 면에서 저렴하다.

2 유통업체 브랜드의 소비자 유형을 설명한 것 중 옳지 않은 것은?

① Random buyer는 유통업자브랜드와 제조업자브랜드 간의 품질 차이를 구별하지 못하며 제조업체 브랜드와 유통업체 브랜드를 모두 구매하는 소비자

② Private label buyer는 품질 차이는 잘 느끼지 못하나 가격에 민감하여 항상 유통업체 브랜드만 구매하는 소비자

③ Brand buyer는 가격에 민감하지 않지만 품질 차이에는 민감하여 항상 제조업체 브랜드만 구매하는 소비자

④ Toss-up buyer는 유통업체 브랜드제품의 대량진열과 매장 내부 스페셜 디스플레이 등 노출을 증가시키는 전략으로 공략해야 한다.

3 미국에서 독점장난감에 대한 트렌드에 대한 설명으로 틀린 것은(부록 6-1 "소매업체들은 그들의 장난감을 공유하기를 원하지 않는다"에서)?

① 독점장난감은 일반 장난감에 비해 마진이 높다.

② 독점장난감은 소비자의 점포방문을 증가시켜 타 제품의 판매를 촉진시킬 수도 있다.

③ 장난감 소매업체는 PB장난감보다는 독점장난감을 선호한다.

④ 제조업체는 독점장난감의 공급을 선호한다.

4 유통업체가 자체 브랜드(PB)의 도입을 지속적으로 확장하고자 하는 이유 중 합당하지 않은 것은?

① 협상에서 대체재의 존재 유무는 NB 제조업체와의 협상에서 유리한 고지를 점령할 수 있게 해준다.

② PB 제품이 인기 있을 경우, 소비자의 점포에 대한 고객충성도를 높여 단골고객 확보 및 유지가 용이하다.

③ PB는 NB보다 빠르게 매출액을 증가시킬 수 있게 해준다.

④ 브랜드 네임보다 품질 대비 합리적인 가격에 대한 선호가 높은 고객그룹의 확보가 용이하다.

5 다음 중 소매업체가 PB를 판매하는 이유가 아닌 것은?

① 소매업체 자신의 운명을 통제할 수 있다.

② 다른 소매업체와의 차별화가 쉽다.

③ 소비자가 PB를 더 선호한다.

④ PB는 해당 소매업체가 독점한다.

6 브랜드 전략을 다룰 때, 제조업체에 딜레마를 안겨주는 채널관리 이슈는?

① 하나의 NB로 제품을 판매하는 것

② 하나의 PB로 제품을 판매하는 것

③ NB와 PB로 제품을 판매하는 것

④ 노브랜드로 제품을 판매하는 것

7 다음 중 PB의 주요 이슈와 관련된 제조업체의 관점이 아닌 것은?

① NB와 PB의 경쟁

② NB의 브랜드파워 감소

③ 마케팅 비용 증가

④ 소매업체로부터 저가의 공급가를 강요받음

8 슈퍼마켓의 채소나 과일은 일반적으로 브랜드명을 갖지 않는데, 이는 다음 유통업체 브랜드 정책 중 어떤 것에 가까운가?

① Copycat brand

② Premium PB

③ Premium lite brand

④ Generic

9 유통업체가 PB를 통해 얻을 수 있는 이점이 아닌 것은?

① 낮은 가격으로도 상대적으로 높은 마진을 얻을 수 있다.

② 타 유통업체와 동일 제품에 대한 가격경쟁을 피할 수 있다.

③ 소비자의 점포충성도를 높일 수 있다.

④ 제조업체와 갈등을 해소하고 긍정적인 관계를 형성하는 데 도움이 된다.

10 MPB^{Manufactured Private Brand}란 무엇인가?

① 제조업체와 유통업체 모두의 브랜드가 표시되는 것

② 유통업체의 브랜드가 표시되는 것

③ 제조업체의 브랜드가 표시되는 것

④ 국가인증 브랜드를 표시하는 것

11 유통업체의 입장에서 PB로 인해 발생하는 단점이 아닌 것은?

① 광고 및 재고에 대한 부담이 발생한다.

② 제조업체로부터 받는 입점비^{slotting fee}를 포기해야 하는 데서 오는 수입감소가 우려된다.

③ 제조업체 브랜드 선택의 폭을 제한하게 되어 소비자의 충성도가 낮아질 우려가 상승된다.

④ 낮은 가격으로 소비자의 매장 방문 횟수를 증가시킬 수 있다.

12 다음을 설명하고 있는 유통업체 브랜드 전략은 어느 것인가?

> 브랜드 확장전략의 일종으로 같은 브랜드 이름을 다른 종류의 제품에 사용하는 것이다. 전 제품이 일관된 품질을 유지하지 못할 경우 성공하기 힘들다는 단점이 있는 반면, 적은 비용으로 제품을 소비자에게 인식시킬 수 있는 장점이 있다.

① 하위브랜드 전략sub-brand strategy

② 협력브랜드 전략co-operative strategy

③ 독립브랜드 전략independent brand strategy

④ MPBManufactured Private Brand

13 유통업체 브랜드(PB)와 관련한 설명으로 옳은 것은?

① PB와 NB가 경쟁인 상황에서 매장 내 진열위치 및 가격 등의 선정이 제조업체에 유리한 입장이므로 제조업체는 PB에 대해 긍정적인 시각을 갖는다.

② PB의 존재와 성장은 NB와 공정하게 경쟁하므로 브랜드파워 증가로 이어질 수 있다.

③ PB로 인한 매출증가는 장기적으로 제조업체의 경쟁력 강화에 도움이 된다.

④ 낮은 제조단가 설정으로 인해 PB의 품질이 NB에 비해 낮을 가능성이 높다.

14 제조업체 브랜드이지만 특정 유통업체에만 공급하는 브랜드 전략은?

① MPB

② exclusive product

③ national brand

④ private brand

15 독점제품을 취급함에 있어서 언급될 수 있는 위험으로 옳은 것은(부록 6-1 "소매업체들은 그들의 장난감을 공유하기를 원하지 않는다"에서)?

① 제조업체에서 제품에 대한 촉진을 직접 실시해야 한다.

② 제조업체 입장에서 소매업체의 판매성이나 채널 수의 한계로 인해 판매수량이 상대적으로 낮은 것을 감수해야 한다.

③ 무경쟁으로 인해 수익마진에 대한 압력을 받지 않는다.

④ 제조업체에서 재고에 대한 위험부담을 감수해야 한다.

16 MPB^{Manufactured Private Brand}의 설명으로 옳지 않은 것은?

① 유통업체 브랜드이긴 하지만, 제조업체의 브랜드명을 함께 표시하여 제조업체 브랜드에 대한 인지도를 높이고자 하는 전략

② '더블촙^{Double Chop} 전략'으로도 불린다.

③ 언제든지 해당 제조업체가 교체될 수 있는 위험에 노출되어 있다.

④ 유통업체 브랜드에서 발생하는 품질저하 가능성을 없애는 장점이 있다.

1 ①　2 ④　3 ④　4 ③　5 ③　6 ③　7 ③　8 ④　9 ④
10 ①　11 ④　12 ③　13 ④　14 ②　15 ②　16 ③　17 ②

PART II

유통경로 구성원 간의 상호작용

제7장

유통경로 구성원 간의 힘의 구조

이마트와 농심의 힘겨루기

"물량 더 달라.", "그건 곤란하다." 이마트가 가격인하로 CJ제일제당 등 제조업체와 갈등을 빚고 있는 가운데 이번에는 농심과 힘겨루기를 하고 있어 눈길을 끌고 있다. 화두는 신라면이다. 대형마트 간 가격인하 전쟁을 촉발한 이마트가 최근 신라면을 가격인하 품목에 넣으려고 하면서 두 회사 간 갈등의 골이 싹트고 있다.

이마트 처지에서 보자면 이번 가격경쟁에서 신라면 가격인하가 갖는 파급력은 매우 크다. 지금까지 행사상품으로 나온 적도 없고, 라면의 대명사인 신라면 가격을 내리면 '이마트는 값이 싼 곳'이라는 인식을 확고하게 심어줄 수 있다. 이마트는 이달 들어 수차례에 걸쳐 농심 측에 신라면 물량을 더 달라고 요청했지만 돌아온 답변은 부정적이었다.

농심은 같은 가격에 공급하고 이마트는 마진을 포기했기 때문에 많이 팔수록 매출과 수익이 늘어나는데도 물량을 늘려주려 하지 않는다. 당장에는 좋지만 사전에 충분한 물량을 확보한 뒤 신라면 판매가격을 내리려는 이마트의 포석이 나중에 가격인하 압박으로 돌아올 수 있다는 우려 때문에 농심이 방어적 입장을 취한 것이다.

이와 함께 대형마트의 신라면 판매가 늘어난 데 비해 상대적으로 다른 유통업체를 통한 신라면 판매가 크게 줄어들면 대형마트에 대한 농심의 대항력이 떨어지게 될 것이란 우려도 깔려 있다.

또한 농심은 유통업체들과의 거래에서 가격체계가 망가질 수 있다는 이유에서도 거부하

고 있다. 이마트가 가격을 내리면 다른 대형마트도 덩달아 가격을 내릴 것이고, 이는 대형마트에서 신라면 판매 증가로 이어진다. 이렇게 되면 동네상점도 판매가격을 낮출 수 있게 납품가격을 내려달라고 요구할 게 뻔하다. 이미 햇반 가격인하로 CJ가 그런 고충을 겪고 있다. 전문가들은 "신라면의 대형마트 판매비중은 전체 판매량의 20~30% 수준"이라며 "중소형마트나 동네슈퍼, 편의점 등이 대형마트와 비슷한 요구를 해올 경우 전체적인 영업이 힘들어진다"고 했다. 이번 사안은 유통업체와 제조업체 간 힘겨루기의 상징적 사건이다. 가격 · 판매 여부 결정권을 유통업체가 갖고 있는 상황이지만 그나마 대형마트에 대항할 수 있는 협상력을 가진 제조업체가 농심이기 때문이다.

농심은 지난 24년간 단 한 번도 대형마트 등 유통업체의 가격할인 요구에 응하지 않았다. 이번에도 농심은 신라면의 강력한 브랜드파워를 바탕으로 유통업체에 제 목소리를 내고 있다. 만에 하나 이마트가 농심 측 입장을 무시하고 힘으로 밀어붙이면 납품 중단이라는 최악의 상황도 배제할 수 없다. 이 때문에 이마트는 선뜻 '신라면 가격인하 카드'를 꺼내지 못하고 있다. 지난 2차 가격인하 때에도 신라면을 인하품목에 넣으려다가 막판에 자체 브랜드(PB) 라면으로 바꿨다는 후문이다. 결국 이마트가 가격인하의 칼을 뽑을 것인가에 대해 주목하고 있다. 판매가격 결정은 유통업체 몫이지만 가격 결정은 단순한 셈법으로는 결정되지는 않는다는 것을 모두 알고 있다.

〈매일경제〉 2010/1/20 기사 편집

1 유통경로 구성원의 힘

유통경로는 경제적 가치의 교환뿐만 아니라 독립적인 경로 구성원들 간의 사회적 상호작용을 통해 경제적 가치를 창출하는 경로다. 유통경로 구성원들 사이의 힘power의 우위/열위를 바탕으로 거래를 하고, 거래를 하는 도중에 생길 수 있는 갈등을 조정하며, 지속적인 거래를 통해 서로 간에 신뢰를 발달시킨다. 따라서 유통경로는 경로 구성원들 간의 관계 속에서 발생할 수 있는 사회적 현상들에 의해 영향을 받는 하나의 사회시스템으로 볼 수 있다.

유통경로에서 힘이란 한 경로 구성원이 다른 경로 구성원의 마케팅 의사결정에 영향력을 행사하고 변화를 불러일으킬 수 있는 능력이다. 힘의 남용, 강압, 착취, 불공평 등 부정적인 의미를 내포하고 있지만 적절하고 현명하게 사용하면 경로 구성원들의 이익을 조정하여 공동의 이익을 창출해낼 수 있다. 그러므로 힘은 그 자체로 긍정적·부정적 의미가 부여되지 않고, 사용자에 따라 그 결과가 영향을 받는 중립적인 개념이다.

유통경로 구성원은 단독으로 생산 및 유통 등 모든 기능을 전부 수행할 수 없으므로 다른 경로 구성원의 협조 없이는 최종소비자에게 제품을 효율적으로 전달할 수 없다. 다른 경로 구성원의 협조가 필요하여 관계를 시작하는 순간, 그 구성원과의 관계에서 힘의 역학관계가 성립한다. 즉, 경로 구성원이 경로 파트너의 협조가 필요한 만큼 그 경로 파트너는 협조가 필요한 경로 구성원에 대한 힘을 소유하게 된다. 따라서 유통경로 상 거래파트너에 대한 힘의 우위나 열위 혹은 동등한 힘의 소유 같은 상대적인 힘의 존재가 나타난다.

힘은 거래파트너가 존재해야 발생하는 상대적인 개념이므로 경로 파트너가 존재하지 않는 경우는 당연히 유통경로 상의 힘이 존재하지 않는다. 예를 들어, 소매업체가 PB를 아웃소싱으로 생산하지 않고 직접 공장을 짓고 생산할 경우, 생산 관련 경로 파트너의 도움이 필요 없는 수직적 통합을 하게 되므로 PB와 관련된 소매업체의 생산업체에 대한 유통경로 상의 힘은 존재하지 않는다. 또는 제조업체가 인터넷을 통해 소비자에게 제품을 직접 유통하면 유통경로 상에서의 거래파트너가 존재하지 않으므로 이 경우에도 힘은 존재하지 않는다.

힘은 상대적인 개념이고 유통은 경로 구성원의 상호 협력이 필요한 경우가 대부분이므로 유통경로관리에서는 힘은 존재할 수밖에 없다. 따라서 유통경로 구성원은 힘의 존재를 당연히 인식해야 하고, 경로 파트너와의 관계에서 힘의 우열에 대한 객관적인 분석을 해야 한다. 힘의 우위가 어느 쪽에 있느냐에 따라 거래의 주도권이 결정되며, 독립적인 회사인 유통경로 상의 구성원들이 자사의 이익을 극대화하려는 동기를 갖기 마련이므로 힘의 존재에 대한 인식은 유통경로 구성원에게 중요하다.

② 힘의 원천

특정 경로 구성원의 파트너에 대한 '힘'은 그 파트너의 특정 경로 구성원에 대한 '의존도'에 따라 결정된다(Emerson, 1962). 경로 구성원 A가 경로 구성원 B에 의존이 심할수록 경로 구성원 B는 경로 구성원 A에 대해 힘을 갖는다. 결과적으로 힘과 의존도는 같은 개념으로 간주된다. 따라서 어느 특정 경로 파트너 회사와의 관계에서 그 파트너사가 자사에 대한 힘을 줄이고자 하면, 그 파트너사에 대한 자사의 의존을 줄이면 된다.

경로 구성원의 의존도(또는 힘)에는 두 가지 원천이 있다. 첫째는 경로 구성원이 경로 파트너가 필요한 자원을 보유하고 있는가이고, 둘째는 경로 구성원이 현재의 파트너 이외의 대안이 존재하는가의 여부다.

첫째, 경로 구성원 B는 필요한 자원을 얻기 위해 경로 구성원 A에 의존해야 하기 때문에 A는 B에 대해 힘을 갖는다. 필요한 자원에 따른 의존도를 측정하는 방법 중 하나는 경로 구성원 A가 경로 구성원 B의 판매나 이윤에 차지하는 비율(%)을 측정하는 것이다. 그 비율이 높을수록 경로 구성원 A는 더 중요해지며 경로 구성원 B는 A에게 더 의존하게 된다. 예를 들어, 소매업체에 대한 제조업체의 힘의 원천은 그 제조업체가 소유하고 있는 브랜드파워다. 브랜드파워가 높을수록 소비자가 그 브랜드를 구매할 가능성이 크므로 소매업체들은 해당 브랜드를 제조업체로부터 구입하여 판매해야 한다. 그렇지 않으면 제품의 구색 면에서 경쟁 소매업체에 뒤지게 된다. 따라서 소매업체는 브랜드파워가 큰 브랜드를 소유하고 있는 제조업체에 의존하게 된다. 따라서 소비자에게 인기 있는 브랜드를 소유하고 있는 제조업체는 소매업체에 대해 힘을 갖게 된다.

소매업체들도 제조업체에 대해 힘의 우위를 갖는 경우가 많아지고 있다. 소매업체의 제조업체에 대한 우위는 소매업체가 끌어들이는 많은 소비자다. 특히 대형마트는 많은 고객을 매장에 불러들이므로 대형마트에 납품하는 제조업체는 많은 판매량을 기대할 수 있다. 브랜드파워가 크지 않은 제조업체는 대형마트에 물건을 납품하는 것만으로 적지 않은 양의 매출을 올릴 수 있으므로 그 제조업체는 대형마트에 자사브랜드의 매출을 의존하게 된다. 매출의 의존도가 높을수록 대형 소매업체는 제조업체에 대한 힘의 우위를 갖는다.

많은 소매업자가 제조업체에 대해 힘의 우위를 갖기도 하지만, 예외도 존재한다. 삼성 파브, LG 휘센, 농심 신라면과 같이 몇몇 제조업체는 많은 소비자에게 사랑받는 브랜드를 소유하고 있다. 소비자가 이들 제조업체의 브랜드를 구매하고자 점포에서 제품들을 찾으면, 구색을 갖춰야 하는 유통업체는 고객이 원하는 제품들을 구매해서 진열해야 한다. 그렇지 않으면 고객은 원하는 제품들을 판매하는 다른 점포로 가게 되므로 소매업체는 삼성, LG, 농심 등의 제조업체들에 해당 제품들의 공급을 부탁하게 된다. 인기제품들을 구매해서 진열해야 하는 절실함이 강할수록 소매업체는 해당 제품을 소유하고 있는 제조업체의 결정에 의존하게 된다. 따라서 소비자에게 인기 있는 제품일수록 그 제품을 소유한 제조업체는 소매업체에 대해 힘을 갖는다.

둘째, 경로 구성원에 대한 자원의 중요도와 더불어 또 다른 힘의 근원은 대안의 존재 여부다. 경로 구성원 A가 경로 구성원 B에게 제공하는 자원이 힘에 영향을 미치지만 그 자원이 다른 경로 구성원 C에 의해 제공될 수 있는지를 살펴봐야 한다. 즉, 경로 구성원 A에서 경로 구성원 C로 교체가 가능한지 '교체 가능성'도 살펴봐야 한다.

비록 A가 B에게 많은 자원을 제공했을지라도 경로 구성원 B가 A를 대신할 다른 유통경로 구성원(A의 경쟁자)을 쉽게 찾을 수 있다면 A에 대한 B의 의존성은 낮아지고 A의 힘도 작아지게 된다. HP와 컴팩^{Compaq}의 합병사례를 살펴보자. 그들이 합병하기 전에는 각각 소매판매의 40%와 30%를 차지했다. 그러나 HP가 컴팩과 합병하자 소매업체의 HP에 대한 의존^{dependence}은 70%대로 증가했고 소매업체에 대한 HP의 힘도 그만큼 커졌다. HP가 소유하는 힘의 증가는 결국 소매업체들의 이익침해로 나타날 우려가 있었다. 이를 염려한 소매업체들은 HP에 대한 의존성을 줄이기 위해 소니^{Sony}나 이머신$^{E\ Machines}$ 같은 PC 제조업체들의 제품을 좀 더 구매했고 베스트바이^{Bestbuy}는 자사의 PB PC를 출시함으로써 HP에 대한 의존도를 줄였다.

2011년 9월, 애플은 A5, A6 등 차세대 모바일 칩을 TSMC에서 공급받는 계약을 체결했다. 애플이 대만 반도체업체인 TSMC에 아이폰과 아이패드의 핵심 부품 생산을 맡기기로 결정한 것은 '탈삼성'을 추진하겠다는 강한 의지가 있었다. 삼성의 최대 고객사로 등극한 애플은 삼성에 대한 의존도가 갈수록 심해지자 의존도를 낮추고자 구매 전략선을 바꾸는 강수를 둔 것이다. 삼성전자도 애플의 차세대 칩 공급에만 매달리던 사업구조를 개선해 자체 모바일 칩 브랜드로 다양한 고객사에 모바일 칩을 공급하는 전략을 사용하기 시작했다. 애플과 삼성전자는 이처럼 상대방에 대한 의존도를 줄이는 작업을 통해 힘의 우위를 빼앗기지 않으려는 노력을 하고 있다.

우리나라는 유통의 각 업태별로 독과점인 경우가 많다. 백화점의 경우 상위 3사의 시장점유율은 80%가 넘으며, 대형마트의 경우도 마찬가지다. 하지만 이에 납품하는 제조업체의 경우는 삼성, LG로 대표되는 가전산업을 제외하고 대부분의 산업에서 독과점을 형성하고 있지는 않다. 따라서 제조업체에 대

HP와 컴팩의 합병으로 인한 의존성을 줄이기 위해 소매업체들이 소니나 이머신의 PC 구매량을 늘림으로써 소니나 이머신이 뜻하지 않은 이익을 올리게 되었다(Businessweek).

해 대형 유통업체는 대안의 존재 면에서 힘의 우위를 가지고 있다. 따라서 위에서 언급한 삼성 파브, LG 휘센, 농심 신라면과 같이 특정 브랜드들이나 가전사업의 대표 브랜드들만이 유통업체에 대한 힘의 열위를 상쇄하고 있다.

 사례 **장난감 제조업체의 토이저러스 일병 구하기?**

2000년대 중반, 장난감 소매업 부문에서 한때 부동의 1등이었던 토이저러스가 월마트에 밀려 2위를 차지했으며 다년간 이익을 내지 못해 점점 위기에 몰리고 있었다. 만약 토이저러스가 파산한다면 제조업체들은 하나의 중요한 유통업체를 잃어버릴 위험에 처하게 되고 시장에는 단 하나의 대형 소매업체 월마트만 남게 되는 결과가 초래된다.

토이저러스가 파산할 경우, 장난감 제조업체의 월마트에 대한 의존성이 급격히 증가하고 그만큼 장난감 제조업체에 대한 월마트의 힘이 증가할 가능성이 높아지게 된다. 월마트가 공급업체를 압박하여 낮은 공급가를 얻는 것으로 널리 알려져 있으므로 대형 장난감 유통업체 중에서 월마트만이 남을 경우, 월마트가 증가한 힘을 바탕으로 장난감 제조업체에 공급가를 낮추도록 압력을 행사할 것은 불을 보듯 뻔한 일이었다. 따라서 장난감 제조업체들은 토이저러스의 파산을 막아 월마트에 대한 의존도가 높아지는(즉, 월마트의 힘의 증가가 나타나는) 최악의 상황을 피하고자 했다.

토이저러스가 파산할 경우 월마트에 대한 의존성이 과도해질 것을 두려워한 제조업체들이 토이저러스에 자발적으로 독점 장난감을 공급하여 토이저러스를 돕게 되었다(Wall Street Journal 2004/11/10).

따라서 장난감 제조업체들은 자발적으로 토이저러스에 독점 장난감^{exclusive toy}을 공급했다. 독점 장난감이 토이저러스의 제품 구색의 독특성 및 차별화를 가져와 토이저러스의 판매력에 도움을 줄 것으로 기대한 것이다. 또한 독점 장난감은 다른 유통업체와 가격경쟁을 할 필요가 없기 때문에 토이저러스가 비교적 높은 마진을 취할 수 있다.

보통 독점제품의 경우, 제조업체와 유통업체가 공동부담으로 제품을 광고하나, 제조업체들은 자신들이 전액 부담하여 토이저러스만이 자사들의 장난감을 팔고 있다는 것을 광고했다.

저자 주: 오프라인의 월마트뿐만 아니라 온라인의 아마존과의 경쟁에서도 밀리기 시작한 토이저러스는 장난감 제조업체들의 지원에도 전세를 뒤집을 수가 없었다. 2010년대 들어서 태어나는 신생아 수가 크게 줄어들면서 장난감 시장 자체가 축소되었고, 어린이들도 스마트폰이나 태블릿 같은 디지털기기를 선호하게 되어서 토이저러스가 공급하는 전통적인 장난감의 인기가 떨어졌다. 결국 2017년 9월 토이저러스 미국 본사는 파산법원에 파산보호를 신청했고 2018년 3월 미국 내 모든 매장의 문을 닫았다.

3 경로 구성원의 힘의 조절

경로 구성원의 거래상대방에 대한 힘은 그 구성원에 대한 거래상대방의 의존성에 의해 측정된다. 따라서 힘의 조절은 거래상대방의 의존성 조절을 의미한다. 만약 한 경로 구성원이 거래상대방의 수를 늘린다면 각각의 상대방에 대한 의존성을 줄일 수 있으며 상대방에 대해 힘의 증가를 가져오게 된다. 즉, 증가된 유통경로 파트너의 수는 힘의 향상을 이끈다. 반대로, 한 경로 구성원이 거래상대방의 수를 줄인다면 각각의 상대방에 대한 의존성은 증가하게 되며 다른 유통경로 구성원에 대한 힘은 감소하게 된다. 즉, 감소된 유통경로 파트너의 수는 파워의 감소를 의미한다.

제조업체에 대한 유통업체의 힘의 조절이 더 많은 대안 제조업체들과 비즈니스 관계를 시작함으로써 이뤄지는 것과 마찬가지로 유통업체에 대한 제조업체의 힘의 조절 역시 대안 유통업체의 확보를 통해 이뤄질 수 있다. 대안의 존재를 통해 제조업체와 유통업체 간의 힘의 조절에 성공한 좋은 예로 토이저러스의 사례를 들 수 있다(박스 사례 참조). 토이저러스 사례는 경로 구성원 사이에서 힘의 구

대안의 증가가 힘의 증가를 가져온다

조가 어떻게 그들의 경영관계와 경영전략에 영향을 주는지를 잘 보여주고 있다.

HP와 컴팩의 합병에 대한 유통업체들의 대안추구나 토이저러스를 도와 대안을 갖고자 하는 제조업체들의 행위는 모두 경로 파트너에 대한 힘의 열위를 줄임과 동시에 힘의 증진을 가져오고자 하는 사례들이다. 하지만 경로 구성원에 대한 힘의 우위 추구가 항상 좋은 것은 아니다. 예를 들어, 제조업체와 부품업체의 관계에서 제조업체가 한 부품을 10개의 부품업체로부터 구매하면 많은 대안으로 인해 제조업체의 힘이 늘어나지만, 구매량이 10개의 업체로 나눠지기 때문에 부품업체는 부품을 생산하기 위한 원재료 구매 시 대량구매에 따른 할인^{volume discount}을 받을 수 없게 되고 대량생산에 따른 생산비 절감혜택을 누릴 수 없게 된다. 따라서 각 부품생산업체의 생산단가가 높아져 제조업체에 공급하는 부품 공급가가 높게 형성되므로 결국 제조업체는 높은 구매비용을 지불해야 한다. 이러한 현상은 2000년대 이전 미국의 자동차산업에서 흔히 볼 수 있었다. 이 경우, 과도한 힘의 소유가 구매의 효율성에 긍정적으로 작용하지 않음을 알 수 있다.

이처럼 유통경로 구성원 간의 관계에서는 힘의 조절을 통해 유통경로 상의 효율성을 증진시키는 전략이 중요하다. 특히 경로관계를 유지하고 있는 경로 파트너들의 숫자를 줄여 자신의 힘을 약화시킴으로써 효율성을 제고하는 방안이 필요하다. 제조업체와 구매업체의 관계에서는 제조업체의 구매량을 소수의 부품업체에 몰아주는 전략이 필요하다. 구매량이 소수에게 집중되면 소수의 부품업체들은 대량생산에 따른 생산비를 줄일 수 있고 원재료 구매 시 구매할인을 통한 제조원가의 절감을 가져올 수 있다. 따라서 부품업체들은 낮은 공급가로 부품을 제공할 수 있게 되어 구매업체는 구매의 효율성을 증진시킬 수 있다. 하지만 소수의 부품업체에 과도하게 의존하게 될 경우, 증진된 힘을 이용한 부품업체의 기회주의적 행위(부품가를 부풀리는 것과 같은)를 초래할 수도 있으므로 신중하게 시행되어야 한다.

둘째, 경로파트너들의 숫자를 늘려 효율성은 떨어지지만 예측할 수 없는 상황에 일어날 경우에 대비하여 리스크를 관리하는 것도 필요하다. 예를 들어 2011

년 태국의 홍수로 인해 많은 부품업체들이 공장을 가동하지 못하여 포드나 도요타는 제때 부품을 공급받지 못해 완성차 제조에 어려움을 겪기도 했다. 또한 2000년 필립스 멕시코 공장의 화재로 에릭슨은 마이크로칩을 공급받지 못한 여파로 업계 최하위로 떨어지는 경우도 있었다. 또한 2020년의 코로나바이러스는 전 세계의 수많은 공장을 폐쇄하게 만들기도 했다.

이러한 예기치 못한 자연재해에 대비할 수 있는 방법 중 하나는 경로파트너의 숫자를 늘려 리스크를 줄이는 것이다. 이는 또한 소수의 부품업체의 기회주의적 행위가 발생할 시에 다른 부품업체를 통해 부품을 공급받아 피해를 줄이거나 피할 수 있는 장점이 있다.

힘의 우위를 가지고 있는 경로 구성원의 경우에는 위에 언급한 방안을 이용하면 힘을 줄이는 방향으로 조절하기가 비교적 쉽다. 하지만 힘이 약한 경로 구성원은 힘을 늘리는 방향으로 힘을 조절하기가 쉽지 않다.

특히, 힘의 원천이 구조적인 경우, 즉 경로 구성원이 독과점적인 지위를 차지하고 있는 경우에는 구조적 요인이 변동되지 않는 한 힘의 획득은 쉽지 않다. 예를 들어, 대형마트시장의 80% 이상의 M/S를 가지고 있는 대형마트 3사에 대응하여 힘의 증진을 꾀해야 하는 제조업체들의 경우 대형마트의 독과점구조가 바뀌거나 대안적인 채널이 생겨나지 않는 한, 대안의 부재로 인해 힘의 증진은 제한

대안을 늘리면 힘의 증가를 가져오지만 실적에는 부정적인 영향을 끼칠 수 있다.

적이다.

가전산업의 경우, 주요 제조업체는 삼성 및 LG라는 두 독과점업체 체제로 편제되어 있다. 이런 경우는 다른 산업의 제조업체들에 비해 두 제조업체가 독과점인 대형마트업체에 대해 힘의 열위를 덜 느낀다. 두 회사라는 대안만을 가지고 있는 경우 한 회사로부터의 제품 수급에 실패하는 경우에는 다른 한 회사의 제품만을 진열하게 되어 결국 소비자로부터 해당 대형마트의 구색이 빈약하다는 느낌을 주게 된다. 따라서 가전산업의 경우 국내 두 제조회사의 독과점구조는 유통업체들에 대한 힘의 구조에 긍정적인 요소로 작용한다.

힘이 약한 제조업체는 대안의 증가를 취할 수 있는 방안을 모색할 수 있다. 대기업 위주의 대형 유통업체만의 편중에서 벗어나 대안채널의 이용 및 육성이 한가지 방안이다. 그 예로 동네슈퍼를 이용하는 방안을 고려할 수 있다. 하지만 수많은 동네슈퍼들을 상대하기 위해 대리점을 이용하는 경우는 거래비용의 증가를 초래한다(제9장 사례 "슈퍼마켓협동조합, 서울우유 가격차별 규탄" 참조). 따라서 이 방안은 거래비용의 절감을 위해 동네슈퍼들의 공동구매(박스 사례 "동네슈퍼와 전통시장 협동조합 만들기 열풍" 참조)를 통한 구매력 확보가 선행되어야 한다.

동네슈퍼의 활성화는 동네슈퍼만의 문제가 아니라 제조업체에게는 대안의 증가를 가져오게 된다. 이는 대형 유통업체와의 관계에서 일정 부분 힘의 열위를 상쇄하여 제조업체의 이익을 도모할 수 있는 여건이 된다. 따라서 동네슈퍼의 활성화는 건실한 제조업체의 발달을 도모하고 대형 유통업체들과 중소 유통업체들과의 경쟁을 통한 효율적 유통경로의 발달에 중요한 영향을 끼친다.

구조적 요인이 변동되기 힘든 경우에 취할 수 있는 힘의 증진방안은 경로 파트너가 원하는 자원, 즉 브랜드력을 증진시키는 방안이 있다. 하지만 브랜드력을 갖추기 위해서는 여러 가지 자원(예를 들어 R&D 투자를 이용한 제품의 품질제고, 효율적인 유통망 건설 및 일관적인 메시지 전달 등)이 투입되어야 한다. 이는 단기간에 이뤄지기 쉽지 않은 중장기적인 노력을 요구한다. 실제로, 브랜드력을 이용한 힘의 획득을 이룩한 경우는 몇몇 제조업체의 브랜드에 한정되고 있는 실정이다.

사례   동네슈퍼와 전통시장 협동조합 만들기 열풍

　골목상권에 협동조합 바람이 거세게 불고 있다. 협동조합을 통해 골목상권의 어려움을 극복하기 위해서는 협동조합의 원칙과 기본에 대한 조합원들의 이해가 뒷받침돼야 한다는 지적이다. 한국협동조합연구소는 "협동조합 열풍은 소상공인의 절박함에 대한 방증으로 해석된다"며 "협동조합이 잘 운영될 수 있는 생태계를 만들고 지도자를 육성해야 한다"고 말했다.

　협동조합을 제대로 운영하기 위해서는 모범사례들을 벤치마킹할 필요가 있다는 게 전문가들의 조언이다. 이들은 대표적인 벤치마킹 사례로 부산의 골목가게협동조합과 서울의 중곡제일시장협동조합을 꼽았다.

　부산 골목가게협동조합은 '나들가게 부산협의회' 소속 동네슈퍼와 편의점 주인 등 200여명이 모여 결성했다. 이 조합은 공동브랜드 사용, 공동구매, 공동마케팅 등으로 힘을 키워 대형마트나 기업형 슈퍼마켓(SSM)과 경쟁하고 있다. 조합 측은 조합원들이 발주한 상품들을 점포까지 배송해주는 도매물류센터를 이달 말 열기로 했다며 495㎡(약 150평) 규모의 물류센터 중 50㎡(약 15평)를 동네슈퍼 안테나숍으로 꾸밀 예정이다.

　서울 중곡제일시장은 상인들의 자구노력이 돋보이는 전통시장이다. 2003년 설립된 이 시장의 협동조합은 SSM과의 공존, 건물 소유주와 임차인(상인) 분쟁 시 법률대행, 택배서비스 등을 주도하며 전통시장 혁신 모델을 보여주고 있다. 여느 전통시장과 달리 이 시장은 SSM과 공생하고 있다. 전통시장의 취약점인 공산품은 SSM이 판매하고, 신선식품은 전통시장이 제공함으로써 소비자가 '원스톱 쇼핑'을 할 수 있는 구조다. 이 조합은 또 건물주와의 협상력을 키우기 위해 고문변호사를 두고 있다. 박태신 중곡제일시장협동조합 이사장은 "앞으로 출자금을 지속적으로 늘려 점포 매물이 나오면 조합 명의로 매입할 계획"이라고 말했다.

　또한 영세자영업자나 비정규직의 협동조합 설립도 늘어나는 추세다. 한국퀵서비스협동조합이 그 예다. 퀵기사들이 수수료 절감과 권익 향상 등을 위해 만들었다. 일반 퀵회사들이 기사들에게 떼는 수수료는 23%이지만 협동조합은 15%만 뗀다. 협동조합 설립만으로 한 달 수입이 30만 원가량 늘었다는 게 조합원들의 얘기다.

　서울자전거협동조합은 영세 자전거 부품업체들이 모여 만든 조합이다. 유통단계를 줄여 삼천리 등 대기업 제품보다 40% 이상 싸게 판매하면서 수익을 늘리겠다는 계산이다. 한국개발연구원(KDI)의 한 연구위원은 "이전에는 사회적 약자들이 일을 하려면 남에게 고용돼야만 할 수 있었지만 협동조합기본법 시행 이후에는 협동조합을 만들어 스스로 주인이자 노동자로 일할 수 있게 됐다"면서 "고용 안정성을 느낄 수 있다는 것도 (협동조합의) 큰 이점"이라고 말했다.

재정부에 따르면 캐나다 퀘백주 협동조합의 10년 후 생존율은 44.3%로, 일반기업 19.5%보다 훨씬 높았다. 협동조합은 이윤 창출보다 조합원의 권익 보호를 더 중시한다. 기본법 51조는 출자금 규모에 따른 배당을 10%로 제한하고 있다. 반면, 참여 실적에 따른 배당은 전체의 50%를 넘도록 규정했다. 재정부 협동조합정책관은 "무작정 돈의 논리에 휘둘리지 않고 노력한 만큼 배당을 받을 수 있어 협동조합 설립 신청이 점점 늘어나는 추세"라고 전했다.

협동조합 vs. 주식회사

		협동조합 *	주식회사
소유제도	소유자	조합원	주주
	투자한도	개인의 출자한도 제한	원칙적으로 출자제한 없음
	지분거래	없음	지분거래 가능
	가치변동	출자가격 변동 없음	주식시장에서 수시 변동
	투자상황	상환책임 있음	상환책임 없음
통제제도	의결권	1인 1표	1주 1표(주식 수에 비례)
		다수의 평등한 지배	소수 대주주의 지배
	경영기구	조합원이 선출한 경영자	주주가 선출한 이사회
		이사회에서 선출한 경영자 또는 선출직 상임조합장	이사회에서 선출한 경영자 또는 대주주의 자체경영
수익처분제도	내부유보	내부유보를 강하게 선언	내부유보는 제한적
		사회적 협동조합은 100% 유보	내부유보는 제한적
	이용배당	협동조합 배당의 원칙	없음
		출자배당에 선행함	없음
	출자배당	출자금 이사로 이해	위험을 감수한 대가로 간주
		배당률의 제한(일부 미실시)	배당률 제한 없음

* 자료: 기획재정부

〈한국경제〉 2017//9/20, 2013/3/20, 〈서울신문〉 2013/3/23 기사 편집

🏪 4 경로 구성원 간 힘의 사용

힘power과 힘의 사용the use of power은 별개의 개념이다. 힘을 소유하는 경로 구성원이 어떤 목적을 달성하기 위해 그 힘을 사용할 수도 있고, 힘을 사용하지 않기로 결정할 수도 있기 때문이다. 힘의 사용은 유통경로 구성원 간의 관계 및 성과에 깊은 영향을 미치므로 경로 파트너에 대해 힘을 사용할지 사용하지 않을지의 결정은 경로 구성원들이 고려해야 할 중요한 쟁점이다.

경로 구성원들은 원하는 것을 얻기 위해 경로 파트너에 대해 힘을 사용한다. 대형마트의 공급업체에 대한 압력이 그 예다. 대형마트는 많은 소비자를 보유하고 있기 때문에 공급업체들은 대형마트 매장에 제품을 전시하기를 매우 원한다. 또한 대형마트는 공급업체로부터 다량의 제품을 구매하고 있어 공급업체의 대형마트에 대한 의존도는 매우 높다. 따라서 최종소비자로부터 인지되는 대형마트의 브랜드파워 및 공급업체의 높은 의존도는 대형마트의 공급업체에 대한 힘의 원천으로 작용하고 있다. 이러한 힘의 존재를 이용하여 일부 대형마트는 과거에 공급업체들에게 1+1 마케팅buy one get one free에 참여하도록 강요하기도 했다.

경로 구성원 간의 힘의 사용은 유통경로관리에 있어 중요한 문제다. 힘의 사용은 경로 구성원 간의 관계에 긍정적·부정적 영향을 미치므로 궁극적으로 경로의 효율성에도 영향을 미친다.

대형 소매업체들의 자사의 이익만을 위한 힘의 사용은 해당 공급업체들의 손실을 초래하는 한 요소가 되고 있다. 따라서 이러한 힘의 사용은 대형 소매업체와 공급업체 사이에서 갈등을 불러일으켜 두 경로 구성원 간의 관계의 질이 저하되는 현상을 초래한다(사례 "공정위, '갑질' 대형마트 3사에 과징금" 참조).

사례

공정위, '갑질' 대형마트 3사에 과징금
238억 9000만 원…단일사건 사상 최대

상품대금을 제멋대로 깎거나 납품업체 직원을 불러 상품을 진열시키게 하는 등 갑질한 대형마트 3사에게 238억 원이 넘는 과징금 폭탄이 떨어졌다. 공정거래위원회는 대형마트 3사에 대해 대규모유통업법 위반 혐의로 238억 9,000만 원의 과징금을 부과하기로 했다고 밝혔다. 이는 대규모유통업법 시행 이후 단일 사건으로는 최대 과징금이다.

A 대형마트는 2013년 8월부터 2015년 1월까지 23개 납품업자에게 시즌상품을 반품하면서 완구류 등 시즌상품이 아닌 1만 4922개 제품(1억 원)도 함께 떠넘겼다. 또 일정 기간 동안 전체 점포의 40% 이상에서 판매되지 않은 상품도 '체화재고상품'이라는 이름을 붙여 1만 6792개(3억 8,000만 원)나 반품했다. A 대형마트가 대규모유통업법 적용을 회피하기 위해 납품업자에게 반품 요청 메일을 보내게 한 뒤 이를 명목으로 제품을 반품한 정황도 파악됐다. 대규모유통업법은 직매입 거래의 경우 원칙적으로 반품을 금지하고 있다. 크리스마스 등 특정 기간이나 특정 계절에만 판매되는 '시즌 상품'의 경우 구체적 조건을 약정한 경우에만 반품을 허용한다.

공정위는 정당한 이유 없이 납품대금을 깎아 지급하고 공정위 시정 결정에도 인건비를 납품업체에 전가한 B 대형마트를 검찰에 고발하기로 했다. 공정위가 '시정조치 불이행'을 이유로 업체를 검찰에 고발하는 것은 이번이 처음이다. B 대형마트는 2014년 1월부터 2015년 3월까지 4개 납품업체에 줘야 할 납품대금 중 121억여 원을 '판촉비용분담금' 명목으로 공제하고 주지 않았다. 공정위는 B 대형마트가 매달 전체 매입액의 일정 비율 또는 일정액을 공제한 점, 사전에 약정을 체결한 점 등을 고려할 때 공제액이 판촉 비용 분담으로 볼 수 없다고 판단했다. 오히려 이 같은 방식은 '기본장려금' 규제가 도입되자 이를 피해가기 위한 눈속임에 가까웠다. 공정위는 지난 2013년 10월부터 대형마트의 '기본장려금' 수취를 금지했다. 납품 대금 대비 일정 비율을 지급하는 기본장려금은 판매 촉진 노력에 대한 납품업자의 자발적 지급이라고 볼 수 없다는 것이다. B 대형마트는 이 규제가 도입되자 이듬해부터 이름만 바꿔 납품업체들에게 장려금을 받아온 셈이다.

앞서 공정위는 B 대형마트의 이런 부당 행위를 적발해 시정을 요구했으나 B 대형마트 측은 명칭을 '기본장려금'에서 '판촉비용분담금'으로 바꿔 달았을 뿐 갑질을 멈추지 않았다. 인건비 전가 행위 역시 공정위가 적발해 시정을 요구했으나 납품업체로부터 파견받던 판촉사원을 이용하면서 그 인건비를 납품업체에 떠넘긴 것으로 확인됐다. 한편 C 대형마트는 5개 점포 리뉴얼 과정에서 245개 납품업체 직원 855명에게 상품 진열 업무를 시킨 것으로 나타났다.

<뉴시스> 2016/5/18, <세계일보> 2016/5/18 기사 편집

힘의 사용을 통해 발생하는 경로 구성원 간의 관계악화가 힘을 사용하는 측에도 좋지 않은 영향을 미치는 사례는 이마트와 빙그레, 그리고 이마트와 매일유업의 경우를 통해 볼 수 있다. 이마트의 유제품 관련 PB 제품을 생산하는 빙그레와 매일유업이 PB 제품의 우유함량을 자사의 NB보다 낮게 유지하거나 NB보다 낮은 질의 우유를 사용하여 PB를 생산함으로써 거래당사자들 간에 갈등을 빚은 바 있다(6장 "유통업체 브랜드의 품질 이슈" 참조). 따라서 자사만을 위한 일방적인 힘의 사용은 결국 부메랑이 되어 힘을 사용한 경로 구성원의 손실로 돌아올 수 있다.

일방적인 힘의 사용은 결국 부메랑이 되어 돌아옴

일방적인 힘의 사용은 갈등을 일으켜 장기적으로 손해를 초래한다.

일방적인 힘의 사용을 통한 관계악화는 완성품 제조업체와 부품업체 사이에서도 발생한다. 부품업체는 제조업체로부터 완성품에 들어가는 관련 부품을 개발해달라는 주문을 받았으나 이후 제조업체로부터 "생산계획이 변경됐으니 거래를 취소하겠다"고 일방적인 통보를 받기도 한다. 보통 구두계약에 의해 거래가 성사되는 경우가 많아 거래취소 통보를 받아도 법적인 보호를 받기가 힘들다.

이러한 일방적인 힘의 사용은 힘의 우위에 있는 경로 구성원이 단기적인 목표달성을 할 수 있을지 모르나 유통경로의 장기적인 효율성에는 부정적으로 작용하기 쉽다. 완제품 조립에 많은 부품을 사용하기에 수많은 부품납품업체들과의 협력관계가 중요한 경로 구성원의 경우 특히 힘의 사용에 유의해야 한다. 일방적인 힘의 사용은 결국 경로 효율성을 떨어뜨려 힘을 사용하지 않았을 경우보다 더 못한 결과를 초래하기도 하기 때문이다(사례 "대기업 갑질, 알고 보니 결국 손해로 돌아왔다" 참조).

경로 구성원이 힘을 소유한다고 해서 항상 그 힘을 사용하는 것은 아니다. 힘의 사용이 항상 이상적인 결과를 가져오지는 않기 때문이다. 힘의 사용을 절제한 사례도 쉽게 찾을 수 있다. 월마트의 최근의 움직임을 살펴보면, 이전과 비교했을 때 공급업체에 대한 압력행사가 줄어들었음을 보여주고 있다. 월마트는 원재료값의 인상으로 공급업체들이 저마진의 고통을 호소하자, 합리적인 주장이라고 생각되면 예전처럼 납품가를 내리도록 과도한 압력을 넣지 않았다. 이로 인해 공급업체들은 마진의 압박에서 벗어나게 되었고 월마트가 자신의 이익뿐만 아니라 공급업체를 고려하는 유통경로정책을 실시함으로써 협력적인 분위기 생성에 앞장서게 되었다. 즉, 월마트와 공급업체 간의 협력을 이끌어내게 된 것이다. 이처럼 협력은 거래비용의 감소 및 예측하지 못한 상황에 유기적으로 대응할 수 있는 관계를 만들어낸다.

위 사례들은 힘의 우위를 이용한 힘의 사용이 항상 유통경로의 효율성을 보장하지는 않는다는 것을 보여주고 있으며, 오히려 절제된 힘의 사용이 효율성을 증진시키는 방안이 되기도 한다는 것을 알 수 있다. 힘의 사용으로 낮은 납품가 같은 단기적 이익을 올릴 수 있을지는 모르지만, 갈등으로 인한 브랜드의 훼손은 장기적인 매출 저하로 이어져 단기적 이익을 잠식하고 더 큰 손해를 불러올 수 있다. 소비자의 인식은 쉽게 바뀔 수 있는 것이 아니기 때문이다. 그러므로 힘의 우위에

절제된 힘의 사용을 통한 장기이익

있는 경로 구성원은 유통경로의 효율성을 위해 자사만을 위한 힘의 사용을 절제할 필요가 있다.

 사례 **'대기업 갑질', 알고 보니 결국 손해로 돌아왔다**
GM·크라이슬러 등 협력업체 관계악화로 대당 144달러 손해봐

미국의 유명 자동차메이커들이 협력업체들과의 관계악화로 차 한 대당 144달러를 손해봤다는 연구결과가 나왔다. 많은 대기업들이 부품업체에 '납품단가 후려치기' 등을 통해 수익성 개선을 시도하지만 결국은 '갑'질의 대가가 수익에도 마이너스 요인으로 작용한다는 시사점을 던져주고 있다.

미국의 대기업-중소기업 상생 전문 연구조사기관인 플래닝 퍼스펙티브는 연례보고서를 통해 포드, GM, 피아트크라이슬러 등 미국의 자동차메이커들이 공급업체들과의 관계가 좋지 않아 금전적인 손해를 보고 있다고 지적했다.

이 연구기관은 435개 부품회사들을 대상으로 설문조사한 결과 포드, GM, 피아트크라이슬러가 공급업체와의 관계 조사에서 최하점을 받았으며 일본 자동차메이커인 도요타와 혼다 모터스가 최고점을 받았다.

플래닝 퍼스펙티브는 대기업과 부품업체들의 관계가 자동차 회사의 수익에 어떤 영향을 미치는지 연구했다. 그 결과 GM과 피아트크라이슬러는 차 한 대당 144달러를 손해봤다. 이는 GM과 피아트크라이슬러가 도요타와 혼다모터스만큼 부품업체와의 관계를 개선했을 때를 가정해 추산한 수익을 지난 2014년 수익에서 뺀 것이다. 지난해 GM은 총 7억 5,000만 달러, 피아트크라이슬러는 총 6억 6,100만 달러를 놓친 셈이다.

플래닝 퍼스펙티브는 보고서에서 "자동차 부품 공급업체들은 관계가 좋은 자동차 제조업체에 그들의 최신 기술을 제공하고 있었으며 그렇지 않을 경우 최신 기술을 제공받지 못해 경쟁 도태와 매출 감소라는 유 · 무형의 손실을 입는 것으로 조사됐다"고 설명했다. 플래닝 퍼스펙티브 측은 "최고의 경영은 공급업체들과 관계 개선을 하는 것이지만 경영 우선순위에서 밀리고 있다"며 "자동차 제조업체들은 공급업체들을 전화로 갑자기 부르거나 부품단가를 낮추는 등의 행동을 개선해나가야 한다"고 주장했다.

〈매일경제〉 2015/5/19 기사 편집

아마존은 어떻게 공급자를 압박하나?

아마존은 미국 전자상거래에서 45%의 막강한 점유율를 자랑하고 있다. 하지만 그 이면에는 아마존이 높은 점유율을 이용하여 공급자들에 대해서 강압적으로 힘을 사용하고 있다. 뉴욕타임즈는 전현직 아마존 직원들, 셀러들, 공급자들과의 인터뷰를 통해 어떻게 공급자들을 착취하는지를 밝혀냈다.

첫째, 투미^{Tumi}라는 고급 가방 메이커는 아마존이 소비자 수요를 잘못 예측하여 적절한 아마존 재고를 유지하지 못하면서 더 많은 마케팅 관련 비용을 요구하는 것에 대해 불만을 품고 다른 유통업체를 통해서도 판매를 시작했다. 하지만 몇달 후 아마존은 다른 유통업체를 통해서 판매하는 것을 중지하라는 편지를 보내며 그렇지 않을 경우 1억 5천만 명의 아마존 회원을 포기해야 할 것이라고 협박했다.

둘째, 아마존은 풀필먼트 서비스^{fulfillment service}에는 공정한 가격을 제시했지만 그 외의 서비스인 재고에 대해서는 높은 비용을 부과하는 방식으로 공급자들에게 비싼 비용을 지불하게 했다. 또한 공급사가 자체박스를 이용하는 경우에는 1달러 더 부과하기도 하였는데, 이 마저도 2016년에는 아마존의 로고가 있는 박스를 이용한다고 공급자에게 통고하여 선택의 여지를 없애버렸다.

셋째, 아마존은 판매자의 다른 사이트 판매가를 실시간으로 추적하여 그곳에서 더 싸게 팔면, 아마존 제품페이지에서 그 판매자의 제품 구입 버튼과 장바구니 버튼^{Buy Now Add to Cart Button}을 없애버렸다. 비타컵^{VitaCup}이라는 비타민과 영양제가 함유된 커피를 제조하는 회사가 배송은 느리지만 낮은 비용을 요구하는 쥴리^{Zulily}라는 전자상거래 사이트에서 아마존보다 낮은 가격에 판매를 했다. 이를 안 아마존이 조치를 취하자 아마존에서의 판매가 급감하여, 비타컵은 쥴리를 포기할 수밖에 없었다. 아마존은 모든 물건을 싸게 판다는 이미지를 만들기 위해 아마존이외의 곳에서 싸게 파는 업체가 있다면 가만히 두지 않는 것이다.

법률상, 판매자는 자유로이 가격을 정할 수 있다. 따라서 가격통제의 법률적 문제를 피하기 위해 공급업체와의 판매조건 등을 협상할 때 두 명의 아마존 소속 변호사가 입회한다고 전직 아마존 직원들이 폭로했다.

미 의회의 조사에서, 아마존은 싼 가격을 고객에게 제공하기 위해서 제품 구입 버튼과 장바구니 버튼 비제공 방법을 쓴다고 주장했으나, 상당수의 공급자들은 다른 상거래 사이트에서 판매가격을 올려 아마존의 버튼 삭제를 피하고 있는 실정이며, 몇몇 공급자들은 오프라인 유통강자인 월마트와의 관계도 끊는 경우도 있다.

네째, 아마존은 공급자가 광고비를 내고 광고를 해도 아마존의 PB상품이 먼저 나오도록 알고리즘을 조작하기도 했다. 실제로 아마존에 월 20만 달러의 광고비를 지불하는 비타컵의 경우, 검색창에 비타컵이라고 적어도 아마존의 PB상품광고가 나오기도 했다. 하지만 그나마 광고를 하지 않은 경우에는 평균 24%의 즉각적인 매출 감소를 겪어야 했고, 약 10주 후에는 55%의 매출 감소가 나타났기 때문에 공급사들은 쉽게 광고를 포기할 수 없었다.

다섯째, 아마존은 잘 팔리고 있는 제품을 석연치 않은 이유로 판매리스트에서 삭제하고 자사의 PB상품을 리스트에 올리기도 했다. Plugable이라는 회사는 자사의 랩탑 독킹스테이션이 아마존의 가장 인기 있는 100대 전자제품으로 선정되었지만 어느날 갑자기 소비자불만이 많다는 이유로 판매리스트에서 퇴출되었다. 하지만 소비자들의 평가는 우호적인 것들밖에 없었고, 항의 끝에 4일만에 리스트에 복귀되었지만 이미 10만 달러의 매출 손실을 입은 뒤였다. Plugable은 다른 온라인 유통업체를 대안으로 찾아보았지만, 아마존은 전기전자제품 온라인 판매의 95%의 시장점유율을 자랑하고 있었기에 이는 쉽지 않은 일이었다. Plugable 측은 "우리는 지금 예측할 수 없는 이유로 언제든지 우리를 망가뜨릴 수 있는 파트너와 상대하고 있다"며 불만을 터뜨렸다.

〈NY Times〉 2020/1/3 기사 편집

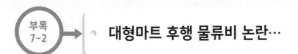

대형마트 후행 물류비 논란…

'납품업체가 부담해야 하는 물류비인가'를 두고 '경제 검찰' 공정거래위원회와 A 대형마트가 맞붙었다. 공정위가 납품업체에 일명 '후행後行 물류비(유통업체 물류센터에서 매장까지 드는 물류비)'를 A 대형마트가 최근 5년간 300여 개 납품업체에 떠넘겨 왔다는 혐의(대규모유통업법 위반)로 시정 명령과 함께 4,000억 원대 과징금을 부과하는 내용의 제재 절차에 착수했다. 공정위는 대형마트의 이익을 위해 물류센터를 이용하는데, 그 이후 발생한 물류비까지 납품업체에 부담시키는 것은 거래상 우월한 지위를 이용한 불공정거래라는 입장이다.

식품업체에서 라면을 납품할 경우를 예로 들어 보자. 물류 허브센터가 대전이라면 식품업체는 대전 센터까지 라면을 배송하고 해당 물류비(선행 물류비)를 부담한다. 그런데 라면이 대전 센터에 도착한 이후 마트의 전국 각 지점까지 배송할 때 발생하는 후행 물류비도 식품업체가 부담한다.

한 중소 납품업체 대표는 "거래 계약서를 쓸 때 후행 물류비 명목으로 제품 단가를 3~5% 인하해 납품하기를 요구한다"며 "3대 대형마트들뿐만 아니라 백화점·편의점은 물론 소셜커머스 업체도 마찬가지"라고 설명했다. 그리고 "판촉비·판매장려금과 달리 물류비는 무조건 내야 하는 비용이다. 얼마인지도 정확히 알 수 없이 일방적으로 내야 해 말도 못 하고 끙끙 앓아왔던 내용인데 공정위가 처음 건드렸다"고 말했다.

물류비 떠넘기기에 대해 과징금을 부과하는 것은 이번이 처음이다. 후행 물류비를 납품업체에 부담시키는 건 유통업계에서 일반화된 관행인데다 과징금이 최종 확정될 경우 단일 유통업체 역대 최대 규모라 파장이 예상된다. 문제는 공정위가 겨눈 '후행 물류비' 관행이 A 대형마트만의 상황이 아니란 점이다. 다른 대형마트 및 백화점, 온라인 업체들까지 포함할 경우 과징금은 1조를 넘어설 것으로 보인다.

공정위 고위 관계자는 "물류센터까지만 배송하고 싶은 납품업체도 무조건 각 지점까지 배송해야 한다. 최종 납품 장소가 각 지점이라면 납품업체가 물류센터에서 마음대로 물건을 빼거나 관리할 수 있어야 하는데 사실상 그렇지 못하다"고 말했다. 그는 "상식적으로도 물류비란 배달하는 곳까지 부담하는 것이지, 배달 이후 발생하는 비용까지 포함하는 건 아니다"고 덧붙였다.

그러나 이에 대한 반론이 나온다. 한 법학전문대학원 교수는 "유통업체와 납품업체가 납품 장소를 물류센터로 약정하지 않은 이상 각 지점까지 상품을 납부하는 데 들어가는 비용은 납품업체가 부담하는 것이 민법에 부합한다"고 설명했다. 또 다른 법학교수 출신 업계전문가는 "물류센터를 이용하면 물류비·재고 관리비를 절감할 수 있기 때문에 유통업체는 물론 납품업체에도 이익이다. 그런데도 물류센터가 오로지 유통업체의 이익을 위한 것이라고 단정할 수 없다"고 지적했다.

A 대형마트는 총력을 다해 방어에 나섰다. 방패로 공정위 출신 인사가 다수 포진한 한 법률사무소 공정거래팀을 선임해 방어 논리를 준비 중이다. A 대형마트 관계자는 "물류센터가 없던 과거에는 납품업체가 물류비를 부담해왔다"며 "물류센터를 만들면서 이용료 개념으로 후행 물류비를 낸 것"이라고 말했다. 납품업체도 물류센터 이용을 통해 적잖은 혜택을 봐 왔다는 것이다. A마트는 또 "후행 물류비를 받지 않는 대신 납품업체에 전국 지점에 배송하라

고 하면 가능할지 의문"이라며 "만약 마트가(후행 물류비를) 부담한다고 하더라도 물류센터 설립·유지 비용이 현실적으로 상품 가격에 반영될 가능성이 높다"고 덧붙였다.

경쟁 대형마트에도 불똥이 튀었다. 공정위가 A 대형마트 외에 다른 대형마트들은 물론 백화점 온라인 유통업체 등 다른 업체에까지 혐의가 있는지 들여다보고 있어서. 한 대형마트 공정거래 담당임원은 "후행 물류비를 유통업체에 부담하라고 한다면 유통 비즈니스 자체가 성립될 수 없다"고 말했다.

〈중앙일보〉 2019/11/20, 2019//1/22 기사 편집

---

* 저자 주: 10개월 후, 공정위는 공정위전원회의 최종심결(법원의 판결에 해당)에서 A 대형마트의 주장을 받아들여 후행 물류비에 대해서 제제하지 않기로 결론 내렸다.

1 힘의 정의를 논하시오.

2 유통경로 구성원 간의 힘과 효율성의 관계에 대해 논하시오.

3 유통경로 구성원 간의 힘과 힘의 사용에 대해 구분하시오.

4 힘의 두 가지 원천에 대해 논하시오.

5 힘의 근원인 의존을 조절하는 방법에 대해 논하시오.

6 대안을 통한 힘의 조절에 대해 예를 들어 논하시오.

7 대형 유통업체에 비해 힘이 약한 제조업체들이 강구할 수 있는 힘의 증진방
   안에 대해 논하시오.

8 협동조합이 유통경로 구성원 간의 힘의 역학관계에 미칠 영향에 대해 논하
   시오.

9 협동조합이 만들어낼 수 있는 긍정적 효과에 대해 논의하시오.

10 부록 7-1 "아마존은 어떻게 공급자를 압박하나?"를 읽고, 힘의 사용과 소비자
   이익의 관계에 대해서 논하시오.

11 부록 7-2 '대형마트의 후행 물류비 논란'을 읽고 후행 물류비에 대한 양측의
   주장을 비교 분석하시오.

참고문헌

Businessweek, "*Wal-Mart Eases Its Grip*," 2004.12.16.
Emerson, Richard M.(1962), "*Power-Dependence Relations*," American Sociological Review, 27.
Pereira, Joseph(2004), "*Toys `R' Us Suppliers Pitch In*," Wall Street Journal, November 10.

1 유통경로에서 ( )은(는) 한 경로 구성원이 다른 경로 구성원의 마케팅 의사결정에 영향력을 행사하고 변화를 불러일으킬 수 있는 능력이다. 다음 중 ( ) 안에 들어갈 내용으로 알맞은 것은?

① 힘 ② 유통채널의 다각화
③ 구성원 간 커뮤니케이션 ④ 구성원 간 신뢰

2 유통경로에서 힘이 발생하지 않는 경우는 다음 중 어느 것인가?

① 유통경로 구성원이 브랜드파워가 높은 브랜드를 가지고 있을 때
② 유통경로 구성원이 다양한 경로 파트너와 거래할 때
③ 소매업체가 PB를 아웃소싱으로 생산하지 않고 직접 공장을 지어 생산할 때
④ 소매업체를 통한 매출이 제조업체가 직접 판매할 때보다 높을 때

3 유통경로에서 제조업체가 소매업체에 대해 힘의 우위를 가질 수 있도록 하는 직접적 원천이 아닌 것은?

① 제조업체의 브랜드파워 ② 타 제조업체와의 네트워크
③ 유통채널의 다각화 ④ 소매업체가 필요로 하는 자원 보유

4 부품업체들에 대해 힘의 우위가 있는 제조업체가 힘의 조절을 위해 취할 수 있는 행동은?

① 최대한 많은 부품업체와 거래 ② 소수의 부품업체와 거래
③ 대안 유통업체의 확보 ④ 유통경로파트너의 수 증가

5 한 경로 구성원은 거래 상대방의 수를 ( )시킴으로써, 각각의 상대방에 대한 ( )을 줄일 수 있으며, 상대방에 대해 ( )의 증가를 가져오게 된다. 다음 중 ( ) 안에 들어갈 내용으로 알맞은 것은?

① 증가, 힘, 의존성 ② 증가, 의존성, 힘
③ 감소, 힘, 의존성 ④ 감소, 의존성, 힘

6 유통경로에서 경로 구성원 간 힘의 사용에 의한 영향에 대한 설명으로 틀린 것은?

   ① 경로 구성원 간의 관계에서 갈등을 쉽게 야기할 수 있다.

   ② 경로의 효율성에 영향을 미친다.

   ③ 경로 구성원 간의 관계에서 공포를 쉽게 일으킬 수 있다.

   ④ 힘의 일방적 사용은 협조적인 경로환경을 만들 수 있다.

7 경로 구성원 A의 B에 대한 힘을 측정하기 위해서는 B의 A에 대한 (   )을 측정해야
   한다. 다음 중 (   ) 안에 들어갈 내용으로 알맞은 것은?

   ① 기대성   ② 정직성   ③ 우호성   ④ 의존성

8 유통경로에서의 '힘power'과 '힘의 사용the use of power'의 관계에 대한 기술로 옳
   은 것은?

   ① 힘과 힘의 사용은 각각 별개의 개념이다.

   ② 힘과 힘의 사용은 똑같은 개념을 달리 표현한 것이다.

   ③ 힘은 힘의 사용으로 이어진다.

   ④ 힘의 사용은 힘을 느끼게 해준다.

9 경로파트너들 간의 (   )의 총합이 증가하면 힘의 총합이 (   )한다. 다음 중 (   )
   안에 들어갈 내용으로 알맞은 것은?

   ① 효율성, 감소   ② 의존성, 감소

   ③ 신뢰, 증가   ④ 의존성, 증가

---

1 ①   2 ③   3 ②   4 ②   5 ②

6 ④   7 ④   8 ①   9 ④

제8장

유통경로 구성원 간의 신뢰

신뢰를 팝니다

웬만해서는 지갑을 열지 않는 소비자를 공략하려고 유통시장에선 '신뢰 마케팅'이 한창이다. 불경기 탓에 소비심리가 위축되고 있지만 값이 비싸더라도 신뢰를 주는 상품과 서비스가 소비자의 눈길을 끌고 있는 셈이다.

불고기 전문 레스토랑인 '불고기 브라더스'는 두 달여 전 한우 메뉴를 내놓았다. 대부분의 외식업체들이 수입산 쇠고기로 1천 원짜리 메뉴 등을 내놓으며 저가 전략을 쓴 것과 정반대의 행보다. 불고기 브라더스는 줄곧 오스트레일리아(호주)산 청정육을 취급한다며 안전한 먹거리임을 강조해왔지만, 불황을 돌파할 열쇠로 더욱 강화된 '신뢰'를 선택한 것이다. 값은 오스트레일리아산보다 한우를 썼을 경우 1인분에 3천 원가량 더 비싸다. 하지만 역발상은 실제 매출 증가로 이어졌다. 불고기 브라더스 사당점의 경우 지난해 12월 매출이 전년 같은 기간보다 30%나 늘었다.

미국산 쇠고기 파동 등으로 먹을거리 안전에 대한 소비자의 욕구가 어느 때보다 높아진 상황도 '신뢰 마케팅'에 불을 당겼다. 이에 따라 국내에 진출한 외국 유통업체나 수입 농수산물 전문업체들도 '신뢰'를 앞세운 열띤 마케팅 경쟁을 펼치고 있다. 칠레에 본사를 둔 다국적 농축산품 전문업체 아그로수퍼는 지난 20일 소비자의 수입 돼지고기에 대한 불안감을 해소하고자 '생산 이력제'와 '각종 국제 표준규격 도입' 등을 소개하는 기자간담회를 열었다. 지난해 국내에 수입된 칠레산 돼지고기에서 발암물질인 다이옥신이 검출된 이후 국내 소비자의 수입 돼지고기 불신이 커진 상황을 타개하기 위해서다. 오스트레일리아 축산공사는 지난 21일부터 '키즈 러브 비프Kids Love Beef' 캠페인에 들어갔다. 오스트레일리아산 쇠고기는 아이들에게도 안심하고 먹일 수 있다는 점을 강조하려는 것이다.

온라인 쇼핑몰들도 '믿고 살 수 있는 곳'이라는 소비자의 인식을 불황 타개책의 관건으로 삼고 있다. 업계 관계자들은 '신뢰 마케팅' 도입이 매출에 긍정적인 영향을 끼치고 있는 것으로 분석했다. 온라인 오픈마켓 '11번가'는 판매자 공인인증제와 '위조품 110% 보상제'를 실시하고 있다. 11번가는 "110% 보상제 같은 신뢰 정책의 효과를 톡톡히 보고 있다"며 "110% 보상제를 실시한 후 두 달간 평균 매출이 보상제 실시 전보다 20%가량 증가했다"고 설명했다.

〈한겨레신문〉 2009/01/28 기사 편집

1 신뢰

한국소비자원에 따르면 인터넷 쇼핑몰 관련 소비자 불만 상담 건수는 연 2만 건 이상이다. 또한 2013년 서울시 전자상거래센터의 조사에 의하면 인터넷 쇼핑몰 이용 중 피해를 경험했다고 응답한 비율은 28.2%다. 이는 온라인쇼핑협회가 제시한 올해 인터넷 쇼핑시장 성장률보다도 높다. 불만증가율이 시장성장률을 앞서는 셈이다. 한국소비자원 관계자는 "사회가 성숙해지면서 소비자 불만 상담 건수가 줄어드는 추세인데 인터넷 쇼핑몰은 예외"라고 지적한다. 피해 내용은 제품 불량·하자에 따른 청약철회 관련이 37.8%로 가장 많았고 배송지연(18.6%), 허위·과장광고(13.6%), 상품 정보 오기(7.4%)가 뒤를 이으며 여전히 높은 불만 비율을 나타내고 있다. 이런 피해는 결국 소비자의 불신을 낳고 있다.

이와 같은 소비자 불만으로 인해 불안한 소비자는 인터넷을 통한 거래를 망설일 수밖에 없다. 따라서 이로 인해 발생할 수 있는 거래감소는 선의의 판매자나 소비자 모두에게 불리하다. 하지만 신뢰성 있는 유통업체의 존재는 소비자의 불안감을 감소시켜 거래를 발생시킨다.

농협이 운영하는 안심축산 브랜드를 예로 보자. 안심축산 브랜드만 100% 사용하는 한우 전문 식당인 안심한우마을식당이 인기 있는 이유는 고기 값이 주변 식당은 물론 웬만한 정육점보다 싸고 농협에서 공급한 100% 한우만 쓰니 믿고 찾는 손님이 많기 때문이다. 농협은 축산물가격 안정을 위해 자체 브랜드인 '안심축산'을 내놓고 일반 식당이나 정육점 중 농협이 제공하는 안심축산물만 취급하면 안심축산물 상호를 쓸 수 있게 하고 있다. 안심축산물의 종류는 한우와 돼지, 닭, 오리 등으로 100% 국산이다. 따라서 우리 축산물만 취급한다는 안심한우마을에 대한 신뢰는 고객이 안심하고 한우를 구매할 수 있게 되어 한우소비를 촉진시킨다.

유통경로 구성원 간의 신뢰는 신뢰자의 감시나 통제 없이 신뢰를 받는 거래파트너가 신뢰자를 위해 일할 것이라는 믿음이다. 신뢰가 성립하기 위해서는 몇 가지 조건을 갖춰야 한다. 첫째, 경로 구성원(신뢰자)의 신뢰를 받는 경로 파트너에 대한 완전한 통제가 없어야 한다. 예를 들어 제조업체가 제품납기일을 맞추지 못할 경우에 대비하여 유통업체가 그 제조업체에 압박을 가할 수 있는 힘을 소유하고, 또한 실제 압박을 가한다면 해당 유통업체는(납기준수에 대해) 제조업체를 신뢰할 필요가 없다. 왜냐하면 유통업체의 압박으로 그 제조업체는 납기시간을 준수할 것이기 때문이다. 따라서 신뢰자가 원하는 행위를 파트너가 행하도록 하는 통제가 존재하는 경우, 신뢰는 성립되지 않는다.

둘째, 신뢰를 깨뜨릴 경우(즉, 배신할 경우), 신뢰하는 측은 상당한 타격을 입어야 신뢰가 성립된다. 즉 위의 경우를 예로 들면, 공급업체가 제품납기일을 맞추지 못할 경우 재고 부족out of stock으로 인해 판매를 하지 못한 유통업체는 재정적인 손실을 보아야

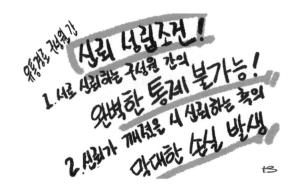

한다. 재정적인 손실이 클수록 유통업체가 공급업체를 신뢰할 것인가 신뢰하지 말아야 할 것인가는 중요한 문제가 된다. 이 경우, 유통업체는 제조업체를 신뢰할 것인가 아니면 신뢰하지 말고 다른 제조업체를 물색할 것인가를 심각하게 고려해야 한다. 반대로 그 제조업체가 납기일을 맞추지 못한 경우 유통업체가 쉽게 다른 제조업체를 물색하여 선반을 채울 수 있다면, 신뢰가 깨지는 경우에도 재정적인 손실이 발생하지 않는다. 따라서 해당 유통업체는 공급업체를 신뢰할 필요가 없다. 그러므로 이 경우에는 경로 파트너에 대한 신뢰 여부가 성립하지 않는다. 결론적으로 신뢰가 성립하기 위해서는 신뢰하는 경로 구성원이 신뢰를 받는 경로 구성원에 대한 완벽한 통제가 이뤄지지 않고 신뢰가 깨졌을 경우에는 신뢰하는 경로 구성원이 손실을 감수해야 한다.

사례   **일본은 어떻게 소재·부품 강국이 됐을까?**

　중소기업-대기업 간 탄탄한 연대도 일본의 소재·부품 경쟁력을 높이는 한 축이다. 일본은 중소기업과 대기업 간에 계열 구조로 밸류체인에 해당하는 각각의 기업들이 수십~수백 년간 상호협력적 관계를 맺어왔다.

　일종의 주종관계처럼 안정적 소재 개발 및 납품이 대기업의 경쟁력 향상으로 이어지며 공생하는 '의리인정義理人情' 관계가 산업계 전반에 형성돼 있다. 의리인정이란 일본 사회와 기업문화를 설명하는 데 쓰이는 말 중 하나다. 일본 봉건사회 속에서 형성된 개념으로 상대를 배려하고 그에 대한 은혜를 갚으며 돌보는 것이 모든 관계의 전제다. 예컨대 전지 재료 회사인 '히타치카세이'가 2차전지 음극재 분야의 강자로 성장한 것은 수요처인 '산요'가 공고한 협력자로 있었기 때문에 가능했다. 단지 원하청 관계가 아닌, 기술 개발부터 소재 가공, 조립, 공정에서의 업무 협의 및 미세 조정 등까지 긴밀하게 협력한다.

　후카가와 유키코 와세다대 교수는 "독일과 마찬가지로 일본에서는 기업 간 신뢰가 생기면 개발 노하우는 물론 사업 전략까지 공유할 정도로 긴밀히 협력한다"고 설명했다. 한국의 한 전문가는 "일본 소재 업체들은 제품 개발 초기부터 고객사와 협업하는 'ESI Early Supplier Involvement 전략'을 구사하고, 완제품 업체들은 암묵적 구매 약속과 기술·자금 지원으로 힘을 보탠다"고 말했다.

　이렇게 개발한 소재·부품 기술 노하우를 철저히 감추고 있는 점도 일본이 기술 경쟁력을 지킬 수 있는 이유다. 후발주자가 따라오지 못하도록 높은 진입장벽을 쌓는 것도 경쟁력을 유지하는 비결 중 하나다. 일본은 주요 소재 기업의 해외 매각이나 합작 투자를 배제하고 있다.

〈중앙시사매거진〉 2019/8/23

2 신뢰의 차원들

신뢰는 다차원으로 이루어진 복잡하고 거대한 개념이다. 따라서 신뢰는 쉽게 설명하거나 측정하기 힘들지만, 보통 정직성, 신용성 그리고 우호성의 세 가지 하위개념을 통해 측정할 수 있다.

정직성honesty은 거래상대방이 정직하게 정확한 정보를 알려주는 것을 말한다. 예를 들어, 공급업체가 시장에서의 원재료 가격의 동향을 제조업체에 정직하게 알려주고 공급가를 책정하는 행위다. 공급업체가 원재료 가격을 속이는 부정직한 행위는 공급가를 비정상적으로 높게 책정하여 이익을 취하는 기회주의적인 행위로 연결되기 쉽다.

신용성credibility은 이전에 약속했던 행위를 성실하게 실행하거나 약속된 성과를 보여 상대 경로 구성원이 그 파트너를 믿을 수 있는 것을 말한다. 예를 들어, 한 제조업체가 유통업체에 대한 제품납기일을 항상 잘 맞추고, 그 제품의 품질이 기대했던 수준을 맞추는 경우, 유통업체는 제조업체가 신용할 만하다고 믿게 된다.

우호성benevolence은 한 경로 구성원이 거래상대방의 이익에 관심을 가지고 자신의 이익뿐만 아니라 공동의 이익을 얻는 방향으로 행동하는 것을 말한다. 우호성은 불확실한 환경에서 거래하는 경우에 그 특성이 명백히 드러난다. 예를 들어, 원자재 난으로 부품의 공급이 불확실한 경우, 부품업체는 기회주의적인 행동을 하여 부품가를 시장가격 이상으로 높이거나 고가의 구매를 약속하는 구매업체에 물량을 돌릴 수 있다. 하지만 거래상대방에게 우호적인 경로 구성원은 그러한 행위를 하지 않고 약속한 물량을 현 시장가격에 기존의 거래기업에 공급한다. 그러므로 거래상대방이 우호적인 행위를 할 것이라고 신뢰하는 것은 불안정한 외부의 환경이 초래하는 불안정성을 줄이는 효과를 얻을 수 있다.

우호성은 공동의 이익을 위하며 상대방의 이익까지 고려한다는 개념에서 볼 수 있듯이 자사의 정직한 정보제공인 정직성이나 약속된 행위를 하는 신용성에 비해 한 단계 높은 신뢰의 차원이다. 다른 경로 구성원의 이익에까지 관심을 가지고 경영활동을 하는 것은 상당히 많은 수준의 상호작용과 정직성과 신용성이 전제되지 않으면 성립하기 힘들기 때문이다.

신뢰의 차원

 사례 **단돈 700원에 팔아도 남는 물티슈의 비밀**

한울생약이 제조한 물티슈는 이마트 에브리데이 국민가격의 대표 히트상품이다. 출시 후 50일 만에 107만 개가 팔렸다. 같은 기간 이마트에서 판매된 물티슈 200만 개 중 절반에 해당한다. 가격은 100매에 700원. 비슷한 사양의 물티슈보다 30% 저렴하다. 이마트에서 이제까지 출시한 물티슈 상품 중 판매 속도가 가장 빠르다. 세일 없이도 연중 700원에 파는 물티슈가 어떻게 가능했는지 꼼꼼히 알아봤다.

비결은 유통 구조 단순화와 상품 기획에 있었다. 이마트는 유통업체 이익을 줄여 가격을 낮추는 할인 구조로는 지속이 어렵다고 봤다. 1년 내내 싸게 팔리려면 상품 자체가 달라야 한다고 판단했다. 이마트 바이어는 국내 최대 물티슈 제조업체 중 하나인 한울생약과 직접 생산계약을 맺었다. 일반적으로 상품 수만 종을 취급하는 유통업체는 생산자와 직거래하지 않고 중간 유통업자와 계약한다. 하지만 이번에는 달랐다. 제조업체인 한울생약의 계열사 한울허브팜이 직접 이마트에 물건을 납품하자 물건 가격 중 15%가량을 차지하는 판촉비와 유통 수수료가 줄었다.

이마트가 기획 단계부터 '연간 500만 개를 팔겠다'고 제조업체에 확약한 것도 원가 절감에 크게 기여했다. 500만 개는 작년 이마트에서 가장 많이 팔린 물티슈 브랜드 판매량(72만 개)보다 7배 많다. 한울생약 쪽은 "물티슈는 원자재 가격 등락에 따라 한 달 사이에도 제조

원가가 30~50% 오르내린다"며 "이마트가 연간 500만 개 판매를 약속하지 않았다면 국민가격 물티슈는 나오지 못했을 제품"이라고 말했다.

물티슈 주요 원재료인 폴리에스테르 가격은 국제유가에, 레이온 가격은 면화 가격과 함께 움직인다. 한울생약은 원자재를 공급하는 섬유회사, 부직포 회사 등과 협의해 원료를 저렴한 가격에 확보했다. 원자재 구입 가격을 낮춘 것만으로 제조원가가 10~15% 절감되는 효과가 나타났다. 한울생약 측은 저렴한 제품을 생산하나 "제조 마진은 업계 평균 수준인 5%가량으로 같다"고 설명했다. 제조·유통 단계에서 이미 원가를 줄였기 때문에 판매가가 낮아도 제조업체와 유통업체 모두 손해를 보지 않는 구조를 만든 것이다.

이 제품은 이마트에서 판매하는 물티슈 50종 중 최저가다. 하지만 단순히 싸다고 팔리지는 않는다. 국민가격 물티슈는 다른 물티슈보다 한 장씩 톡톡 뽑아 쓰기가 쉽다. 물티슈와 물티슈 사이를 3번 겹치게 접는 기존 제품과 달리 4번 접는 방식을 적용해서다. "한 장만 뽑고 싶은데 줄줄 딸려나와 불편하다"는 고객 불만사항을 바이어가 제조업체에 전달했고, 한울생약 직원들은 전 세계에서 30년 이상 당연하게 써온 접지 구조를 4중으로 고안해 특허까지 냈다. 앞장과 뒷장이 겹치는 면적을 줄여 물티슈 뒷면이 길게 늘어지지도 않는다. 한 번 쓰고 버리는 물티슈 특성상 낭비하는 부분이 없도록 장당 크기도 줄였다. 대부분 물티슈는 길이 200㎜, 폭 150㎜로 제작한다. 하지만 국민가격 물티슈는 길이 180㎜에 폭 135㎜로 딱 어른 손바닥만 한 크기다. 물티슈를 만드는 원단 폭이 3240㎜여서 180㎜로 18번 자르면 못 쓰고 버리는 자투리 원단이 없다.

새로운 상품 개발로 제조업체와 유통업체 모두 이득을 봤다. 국민가격 물티슈가 예상보다 빠른 속도로 팔리면서 70% 선이었던 한울생약 공장 가동률은 81%까지 올라갔다. 한울은 국민가격 물티슈가 꾸준한 매출을 올리면 고부가가치를 내는 마스크팩이나 중환자·신생아용 구강티슈 등 타 제품 개발에도 투자할 계획이다.

이마트는 물티슈 상품 개발로 '집객 효과'를 톡톡히 봤다. 이마트에 따르면 국민가격 물티슈 구매 고객 중 70%가 6개월간 이마트에서 물티슈를 한 번도 구매하지 않았던 고객이다. '마트에 살 게 없다'고 발길을 돌렸던 고객이 국민가격 상품 덕에 마트를 다시 찾았다는 설명이다.

〈매일경제〉 2019/10/23 기사 편집

3 신뢰의 효과

유통경로관리에서 왜 신뢰가 중요한가? 경로 구성원 간의 관계에서 신뢰의 존재는 유통경로의 효율성을 증진시키고 경로 구성원 간의 관계를 발전시키는 중요한 역할을 하기 때문이다. 신뢰가 유통경로관리에 미치는 효과는 몇 가지로 나누어볼 수 있다.

첫째, 경로 구성원들 사이에서 정확하고 시기 적절한 정보교환을 촉진한다. 이러한 정보교환은 제조업체가 부품업체와 부품업체의 경영환경, 부품시장을 더 잘 이해할 수 있도록 한다. 또한 소매업체와 완성품 제조업체의 정보교환은 소매업체가 제조업체의 기술 정도 및 제품트렌드를 이해할 수 있는 기반이 되고, 제조업체는 소비자의 수요 및 제품욕구에 관한 정보를 얻게 된다. 편의점 세븐일레븐은 '버드와이저' 맥주로 유명한 앤호이저부시^{Anheuser Busch}에게 각종 프로모션에서 사용할 수 있도록 고객정보를 줬다. 앤호이저부시는 또 주문배달예측시스템을 테스트하기 위해 세븐일레븐의 데이터를 사용하고 있다. 그 대가로 앤호이저부시는 세븐일레븐에 신제품을 제일 먼저 내놓을 기회를 주고 있다.

반대로, 경로 구성원들이 서로 믿지 못한다면 정보교환을 활발하게 하지 않는다. 실제로 미국의 경우, 소매업체들이 자사의 제품 판매정보나 소비자 특성과 관련된 제품 구매 등의 중요한 정보를 공급업체와 공유하는 것을 꺼리는 경향이 있다. 조사에 의하면 37% 정도의 소매업체만이 공급업체와 정보를 공유한다. 이러한 조사결과는 결국 많은 공급업체가 소매업체의 도움 없이 독자적인 시장조사를 통해 제품개발을 해야 한다는 것을 의미하는 것으로 신제품 개발비용의 증가는 물론 신제품의 성공에 영향을 미치게 된다.

둘째, 신뢰는 갈등을 줄이는 역할을 한다. 경로 구성원 간에 갈등이 발생할 경우, 신뢰하는 경로 파트너와는 우호적인 관계를 유지하므로 갈등의 원인에 대한 대화가 가능해진다. 또한 경로 구성원 간의 대화는 갈등을 줄이는 방안을 서로 강구할 수 있게 만들어 갈등을 줄일 수 있는 확률을 높인다.

셋째, 경로 구성원 간의 신뢰는 거래비용을 줄인다. 거래비용이란 계약 및 모니터링 비용을 포함해 거래에 수반되는 전반적인 비용을 말한다. 경로 구성원들이 서로를 신뢰하면 한쪽이 약속을 이행하지 못했을 경우의 나열과 그 경우에 보상해야 하는 액수 등과 같은 구체적인 항목의 논의가 필요 없기 때문에 계약 체결에 들어가는 시간과 비용을 줄여준다. 또 성과에 대한 믿음은 구매업체가 공급되는 상품의 품질을 검사하거나 공급시장가격의 동향을 파악하는 행위 등으로 공급업체를 감시할 필요가 없게 한다. 마찬가지로, 신뢰는 협상비용도 감소시키는데, 서로 신뢰하는 경우 한쪽이 약속을 이행하지 못해도 해결책을 쉽게 찾으나, 신뢰하지 못할 경우 해결책의 모색에 시간이 소모되어 비용을 초래하게 된다.

넷째, 신뢰의 존재는 유통경로 구성원들 간의 협조를 증가시키는 역할을 한다. 신뢰는 거래파트너들이 서로 믿고 정직한 행동을 하도록 유도하기 때문에 서로 협력적인 행동을 보인다. 예를 들어 원재료 값의 인상이 예측될 때, 부품업체는 구매업체에 부품을 미리 좀 더 구매함으로써 가격인상에 대비하도록 하여 구매 비용의 절감에 도움을 줄 수 있다. 또한 소매업체는 제조업체에 시

신뢰의 효과

장의 트렌드에 관한 정보를 제공하여 제조업체의 신제품 개발에 정보를 이용할 수 있게 하고, 제품수요에 관한 예측을 공유하여 제조업체가 수요 대비 공급량을 적절하게 조절할 수 있게 한다. 이는 궁극적으로 소매업체와 제조업체 모두에게 혜택이 돌아간다.

삼성전자-KT 스마트폰 공급망 선진화 협력: CPFR 도입

삼성전자와 KT가 모바일 분야에서 상호공급계획 예측프로그램(CPFR) 연동을 시작한다. 종합가전유통기업이 아닌 이동통신사업자와 제조사 간 CPFR 연동은 국내 첫 사례다.

CPFR^{Collaborative Planning Forecasting Replenishment}은 유통업체와 제조사가 공동 수요예측을 통해 생산량 조절과 품질 향상을 최대화하기 위해 맺는 협력 계약이다. 판매 생산 계획(S&OP)은 한 기업 내부의 공급망관리(SCM) 영역인 데 비해 CPFR은 수요예측, 생산, 물류, 판매까지 전체 공급망을 아우르는 관리 체계다.

CPFR은 1995년 월마트와 제약회사인 워너램버트^{Waner-Lambert}간의 협력이 최초의 사례였다. 월마트는 CPFR을 통해 제품의 리트 타임을 절반으로 줄이고, 판매량을 큰 폭으로 증가시키는 성과를 거두었다.

두 회사 간 CPFR이 시작되면 KT와 삼성전자 CPFR 담당자들이 매주 공동으로 수요 예측을 실시하고, 여기에 맞춰 KT용 스마트폰 생산량을 탄력적으로 조절하게 된다. 이는 양사에 상당한 유통·생산 효율성을 가져다줄 수 있다는 기대를 준다.

KT는 '페어 프라이스' 제도를 시작하며 모바일시장 유통 선진화에 앞장서겠다고 공언한 상태이다. 보조금을 투입해 재고를 처리할 명분이 경쟁사보다 적다. 제조사와 사전 수요 예측을 통한 적정 생산량 조절 필요성이 더 높다. 반대로 재고를 걱정하며 물량을 줄이다가 일시에 소비자가 몰려 공급이 부족해지는 사태도 미연에 방지할 수 있다.

삼성전자 입장에서도 여러 모로 이득이다. 2000년대 초반 국내에 CPFR을 처음으로 도입한 삼성전자는 국내 하이마트나 미국 베스트바이를 비롯해 30여 개 대형 유통업체들과 계약을 맺고 있다. '재고→할인→이미지 하락'의 악순환 대신 '적시공급→악성재고 방지→프리미엄 이미지 강화'로 이어지는 선순환 고리를 유지하는 것이 핵심이다. 업계 관계자는 "국내 스마트폰 시장에서도 이처럼 프리미엄 제품의 이미지를 굳히겠다는 전략"이라며 "협력업체의 부품 생산에서도 재고 문제가 줄어들 것"으로 전망했다.

삼성전자와 KT 두 회사 모두 최근 모바일 분야에서 재고로 인한 아픈 경험을 했다. 세계 최고 SCM 능력을 자랑하는 삼성전자이지만 유독 스마트 모바일 기기 시장에선 실수가 잦았다. 갤럭시탭 7.0 모델은 시장 수요를 지나치게 확대 예측한 탓에 20만 대가량의 재고를 처분하지 못하고 있는 것으로 알려졌다. SK텔레콤과 LG유플러스 등 이동통신사업자들 역시 팔리지 않은 갤럭시탭 7.0 모델을 처분하느라 진땀을 뺐다.

갤럭시S2는 판매 초기 예상보다 높은 인기로 공급량을 제대로 맞추지 못하기도 했다. 이통사들 간 갤럭시S2 수급 경쟁을 벌여야 했을 정도다. 당시 삼성전자 관계자는 "잘 팔리는 건 좋지만 웃을 수는 없는 상황"이라며 난감해했다.

한편 KT는 스마트패드 생산업체 엔스퍼트 간 재고를 둘러싼 분쟁으로 고민이다. 엔스퍼트와 협력 부품업체들은 최근 공정거래위원회에 KT가 20만 대 규모 스마트패드 구매 계약을 완전히 이행하지 않고 있다고 신고했다. 시장에 내놓은 K패드의 성능에 따른 수요 예측을 제대로 하지 못한 것이 원인이 됐다. 당시 KT는 이 제품 3만 대를 우선 공급받고, 다음달 검증 통과를 조건으로 17만 대를 추가 계약했다. 문제는 3만 대 중 절반도 시장에 나가지 못한 것. 1만 8,000여 대의 K패드 재고를 떠안은 데다 사용자의 불만마저 빗발쳤다.

모바일 시장은 '졸면 죽는다'고 불릴 정도로 워낙 빨리 변하는데다 유통구조마저 일반 가전제품과 다르기 때문에 고도화된 SCM 전략 없이는 언제든지 이런 사태가 재발할 수 있다. 모바일 유통업계에 처음으로 CPFR를 도입하는 두 회사의 움직임이 주목받는 이유다.

하지만 CPFR이 정착되기 위해서는 업체 간의 신뢰가 전제돼야 한다. 삼성전자와 LG전자는 해외에서의 CPFR에 대한 경험을 바탕으로 국내에서도 이를 확산하려고 고심 중이다. 그러나 CPFR를 도입하기 위해서는 POS 정보, 즉 판매 데이터를 공유해야 한다. 문제는 국내 유통업체들이 반발하고 있다는 점이다. 자사 고유의 영업 정보를 노출하는 데 대한 부담 때문이다.

이런 사례는 가전 시장의 경우 아주 심각하다. 해외와 달리 국내에서 삼성전자와 LG전자는 제조사인 동시에 '디지털프라자'와 '베스트샵'이라는 각각의 유통 채널을 운영하고 있다. 그러다 보니 많은 경우 한 지역에서 협력사이기도 한 다른 유통업체들과 경쟁 구도에 놓여 있다. 유통업체로서는 이들을 '제조사'로만 간주하고 판촉 계획이나 POS 정보를 맘놓고 공유하기는 힘들다는 게 속내다. 그나마 앞서간다는 삼성전자와 하이마트의 CPFR도 지점별 POS 정보가 아닌 전체 POS 정보를 공유하는 데 그치고 있는 이유이기도 하다.

생활용품 업계도 사정은 크게 다르지 않다. 특히 화장지, 기저귀 등 필수용품의 경우 특정 유통업체가 지나친 가격 인하를 단행할 경우 다른 유통업체와 해당 제조업체 간 CPFR 협약이 깨질 가능성이 있다는 점도 CPFR 도입에 걸림돌이 되고 있다.

블로그 Sojin 2020/2/29, 〈전자신문〉 2011/11/10, 2009/5/18 기사 편집

4 신뢰의 발달: 어떻게 신뢰를 발달시킬 것인가?

경로 구성원 간 신뢰의 형성에는 여러 가지 요인이 영향을 미친다. 구성원 간의 관계의 특성, 즉 관계를 맺은 시간 및 관계의 만족도 같은 특성이 신뢰를 발전시키는 데 영향을 미치며, 경로 구성원 간의 힘의 구조도 신뢰 형성에 결정적인 영향을 끼친다.

첫째, 신뢰는 오랜 기간 동안의 거래^{long term relationship}를 통해 형성되므로 거래기간이 길수록 신뢰를 형성할 가능성이 크다. 경로 구성원들은 장기적인 관계를 통해 경로 파트너들과 거래와 관련된 경험 및 개인적인 관계를 축적할 수 있다. 그러므로 대체로 오랜 거래 경험이 있는 경우에는 거래상대방에 대한 정보가 축적되어 경로 파트너에 대해 잘 알게 되고, 적어도 오해에 의한 결별이나 단기적인 이익추구에 의한 결별 가능성은 줄어든다. 또한 오랜 거래 경험을 통해 경로 파트너를 이해하고 경로 파트너가 처해 있는 환경을 이해하게 된다. 경로 파트너에 대한 정보와 그 회사가 처한 환경에 관한 정보가 많을 때 신뢰가 증가하기 쉽다. 반대로 이에 대한 정보가 궁핍한 경우 분쟁과 오해가 발생할 가능성이 높고, 따라서 신뢰가 감소하기 쉽다.

둘째, 신뢰할 수 있는 자질이 있는 경로 파트너와는 신뢰를 쉽게 형성할 수 있다. 거래기간이 길고 거래빈도가 많다고 반드시 신뢰가 형성되는 것은 아니다. 신뢰는 자질 있는 상대방을 선택하여 거래를 시작하고 오랫동안 관계를 유지할 때 형성되기 쉽다. 신뢰성 있는 자질을 보유한 거래파트너는 자사의 이익만을 추구하거나 단기이익을 위한 기회주의적인 행동을 덜 하게 마련이다. 그러므로 거래파트너를 선정할 때, 자질 있는 거래상대방을 선정하는 것은 신뢰 형성에 중요한 요소다.

셋째, 경로 구성원 간의 거래관계를 통한 만족감을 통해 신뢰를 형성할 수 있다. 경로 구성원들이 관계를 맺고 유지하는 이유는 궁극적으로 경제적 이익을 취하자는 것이므로 경제적 만족은 신뢰 형성의 가장 근본적인 요인으로 볼 수 있다. 거래당사자들은 거래를 통해 발생한 경제적 보상이 자신이 기대하고 있는 보상수준에 부합하거나 초과할 때 만족감을 가지며 거래를 계속 유지하게 된다. 반대로 경제적 이익이 충분치 않다고 생각할 때에는 불만을 가지게 되고 다른 경로 파트너를 찾아 나서기 쉽다.

넷째, 경로 파트너와의 갈등해소를 통해 신뢰를 형성할 수 있다. 갈등은 심리적 긴장과 저항을 불러일으켜 신뢰를 저해하는 요인으로 작동한다. 유통경로는 독립적인 경로 구성원이 서로 협력을 통해 전체 유통경로의 효율을 올리고 그에 따른 이익을 나누는 것이다. 따라서 독립적인 구성원들 간의 갈등은 항상 일어날 수 있고 당연한 것으로 여겨야 한다. 중요한 것은 구성원 간에 갈등

1. 거래시간에 비례

2. 신뢰할 수 있는 자질에 비례

3. 거래관계를 통한 만족감

4. 파트너와의 갈등해소

5. 구성원 간의 힘의 균형

경로 구성원 간 신뢰의 형성요인

을 해소하는 메커니즘(예: 정기적인 모임)을 발달시키는 것이다. 경로 구성원 간의 갈등해소는 지속적인 관계를 가능하게 하여 신뢰발달에 긍정적으로 작용한다.

다섯째, 경로 구성원 간의 힘의 구조는 신뢰 형성에 중요한 영향을 미친다. 경로 구성원 간의 힘이 불균형power asymmetry하면 강력한 힘을 가진 경로 구성원은 자신의 목적을 위해 힘이 약한 경로 구성원에 대해 영향력을 행사하는 경향이 있어 힘이 약한 경로 구성원들은 힘이 강한 거래상대방에 의해 착취당할 가능성이 많다. 그러므로 힘의 불균형이 심하면 신뢰가 형성되기 힘들다.

경로 파트너들 간의 힘의 총합total power은 신뢰 형성에 긍정적으로 작용한다. 힘의 총합이란 거래파트너들의 상호의존의 합을 의미한다. 즉, 경로 구성원 A와 B의 관계에서 A의 힘과 B의 힘을 합한 것이다. 힘이 의존성으로부터 유

래하기 때문에 경로 파트너들 간의 힘의 총합이 증가하면 의존성의 총합^{total} $_{interdependence}$도 증가하게 된다. 의존도가 높다는 것은 거래파트너와의 거래에서 얻을 수 있는 이익이 많다는 것을 의미한다. 따라서 얻을 수 있는 이익을 미래에도 계속해서 취하기 위해 경로 구성원은 거래의 지속성을 해치는 행위를 자제하게 된다. 예를 들어, 자신의 단기이익만을 추구하기 위해 납품업체가 거짓말을 꾸며 공급가를 높이는 것과 같은 기회주의적인 행위를 자제한다. 그러므로 힘의 총합이 클 경우, 거래당사자 간의 신뢰를 발달시키기 쉽다.

B2C 거래에서 신뢰를 발달시키는 법

B2C$^{Business\ to\ Consumer}$ 거래에서 신뢰를 발달시키는 방법에는 몇 가지가 있다. 먼저 11번가의 사례를 살펴보자. 11번가는 모조제품에 대해서는 110% 환불을 원칙으로 한다. 모조제품에 대해 상당수의 소비자가 불평·불만을 겪고 있지만 몇몇 오픈마켓 사이트들은 이러한 문제점을 해결하고자 노력하지 않는다. 11번가는 이 문제를 개선하기 위해 적극적인 행동을 취하여 소비자로부터 신뢰를 얻고자 한다. 패밀리레스토랑 빕스^{Vips}는 소비자의 가족을 농장으로 초대하여 농산물 수확을 경험하게 함으로써 빕스에서 사용하는 농산물에 대한 걱정을 덜어주고 있다.

농산품의 원산지를 밝히도록 하는 제도를 시행하여 신뢰를 발달시키는 방법도 있다. 우리나라는 쇠고기의 생산에서 유통까지 원산지와 등급 등을 모두 알려야 하는 이력추적제를 실시하고 있다. 쇠고기 이력추적제는 사육 한우와 육우에 '개체식별번호'를 부착하고 도축·유통단계에서도 식별번호를 계속 부여하여 소비자가 쇠고기의 원산지와 등급을 소상히 알 수 있게 해주는 제도다.

정부는 단속반을 유통업체에 파견하여 거래내역서에 기록된 쇠고기의 개체식별번호와 냉장고에 보관된 쇠고기의 식별번호가 일치하는지 살펴본 뒤, 이 식별번호가 판매대에 소포장으로 진열된 쇠고기의 식별번호와도 일치하는지 확인한다. 만약 이들 번호가 일치하지 않는다면 쇠고기 원산지와 등급이 조작되어 판매되고 있을 가능성이 있다. 소비자는 휴대전화나 이력추적시스템 등에 번호를 입력하여 소의 사육자, 종류, 원산지, 출생일, 등급, 도축장 등을 확인할 수 있다.

킴벌리 클락과 코스트코의 벤더 재고 관리

미국의 서부지역에 위치한 코스트코 상점에서는 킴벌리 클락^{Kimberly Clark}사의 매장 제품 진열 관리책임 하에 기저귀 제품인 하기스^{Huggies}가 매장에 진열되기 시작했다. 이 거래 방식 하에서 재고를 보충하는 책임은 소매상이 아니라 제조사에 있다. 다시 말해, 대형 소매업체가 개별상점의 세부 판매정보를 제조사와 공유하여 고객이 상품의 부족을 인식하기 전에 제조사의 데이터분석가가 먼저 상점의 재고상황을 확인하여 품절상태를 미연에 방지하는 방식이다.

몇 년 전만 해도 주요 소매업체와 공급업체 사이에서 재고수량 같은 자료공유는 생각조차할 수 없었다. 그러나 코스트코홀세일^{Costco Wholesale Corp}과 킴벌리 클락 사이의 협정은 미국 소매업계에 전면적인 변화를 요구했다. 미 전역에서 월마트 스토어^{Wal Mart Stores}와 J.C. 페니, 타겟^{Target Corp.}에 이르기까지 강력한 소매업체들은 공급업체가 공장에서 상점 선반까지 제품을 단순히 배달하는 것 이상으로 적극적인 역할을 책임지도록 압력을 가하고 있다.

이러한 변화는 경우에 따라 과잉재고상품에 대한 소매업체의 비용을 제조업체가 책임지도록 요구하는 의미다. 코스트코와 킴벌리 클락의 협력방식은 공식적으로 '벤더 재고 관리 Vendor Management Inventory(VMI)'라 불린다. 이 방식에서 공급업체는 상점에 근무하는 선반진열직원을 제외하고는 소매업체 재고를 관리하는 데 포함되는 모든 것을 감독하고 그에 따르는 비용을 지불한다.

대형 소매업체들이 갖는 주요 관심은 제품 가공 공급사슬을 따라 증가하는 비용의 절감이다. 소비자 입장에서 이 같은 VMI는 낮은 가격에 제품을 구매하는 것이 된다. 실제로, 미국 내 일상용품 중 세제류의 경우, 매년 1.5% 정도 가격하락을 가져오고 있다. 이러한 현상에는 '유통채널의 관리'가 큰 몫을 담당했다.

소매업체와 공급업체의 협력

좀 더 일반적인 관점에서, 소매업자와 공급업자 사이의 더 나은 협력은 컴퓨터 네트워크 같은 기술 진보로 가능해졌다. 또한 세계적인 확장과 통합으로 소매업체의 파워가 더 강력해진 결과이기도 하다. 많은 학자들은 소매업체와 공급업체가 유통망에서 더 긴밀하게 협력하게 될 것이며, 궁극적으로 유통경로에서의 성공에 결정적으로 작용하는 요인이 될 것이라고 언급한다.

몇몇 평가에서, 코스트코와 킴벌리 클락 사이의 긴밀한 협력은 다른 업체들에게 모델이 되고 있으며, 또한 최근 두 회사의 수익강세를 설명하는 데도 도움이 되고 있다. 지난 2년간 킴벌리 클락은 점차적으로 VMI 프로그램을 확장하여 현재 44개 소매업체와 VMI 방식으로 재고를 관리한다.

제조업체는 매장 분위기와 시장의 반응을 살피도록 직접 직원들을 현장으로 파견한다. 제조업체의 한 직원은 매일 새벽 본사 데이터분석가에게 보고서를 보낸다. 보고서에는 담당 5개 매장의 재고상황과 진열상태, 경쟁제품의 가격 그리고 소매업체 매장 담당자 및 소비자와의 인터뷰 내용이 담겨 있다.

최근에는 공급업체 현장조사 직원이 매장에서 소비자가 카트(손수레) 바구니 하단부에 제품을 걸쳐놓는 것을 확인하고 본사 브랜드 매니저에게 제품포장을 넓히지 않도록 주의시킨 사례와 특정 매장 주변에 은퇴자 요양센터가 입주하여 종종 성인용 기저귀가 품절된다는 보고가 공급업체 본사 관리자에게 전달되어 해당 데이터분석가가 이 보고를 반영하여 공급량과 재고 수준을 조정한 사례가 있었다.

협력의 효과

정보화 시대가 가져다준 이러한 점을 받아들인 기업은 경쟁우위를 달성할 수 있다. 실제로, 킴벌리 클락이 공급망에서 달성하는 비용절감은 하기스가 경쟁제품 P&G의 팸퍼스 Pampers를 누르고 미국 전역에서 판매되는 이유이기도 하다.

VMI는 재고 관리를 위한 노동비용의 절감뿐만 아니라 코스트코에 창고이용비용의 절감을 가져다준다. 이 방식을 적용하기 전에는 소매업체가 매장에 한 달 평균판매량을 재고로 보유해야 했지만, 적용 후에는 좀 더 효율적으로 제품 보충이 이뤄지므로 2주치의 재고만 보유하면 되었다. 따라서 재고부서 인력뿐만 아니라 저장비용 측면에서도 비용절감을 이룰 수 있다.

이 시스템의 도입으로 소매업체의 매장선반에 제품이 품절되는 상황은 거의 발생하지 않고 있다. 이것은 품절out of stock 문제가 거의 발생하지 않는다는 것을 의미하는 것으로, 찾는 특정 품목이 없다면 대다수 소비자가 매장에서 빈손으로 나가게 되어 매출을 증진할 기회를 잃어버리는 것이므로 소매업체와 공급업체 모두에게 중요한 문제다. 품절로 인한 소매업체의 평균 손실 예측액은 대략 11% 정도다.

따라서 소비자에게 매장에 제품이 항상 비치되어 매장에 가면 필요한 제품을 살 수 있다는 확신을 주는 것은 중요하다. 코스트코의 경우, 비용을 낮추기 위해 전통적으로 각 종류에 1개의 유명상표제품과 자사의 PB상표인 커클랜드 제품만 진열하기 때문에 품절사태는 제품 판매기회 자체를 잃는다는 점에서 더 중요한 의미를 갖는다.

킴벌리 클락의 경우, 소매업체의 재고를 관리하고 주문을 감독하기 위해 24명의 직원을 고용했지만, 작년에 순이익은 51% 증가했다. 또한 킴벌리 클락은 이 같은 공급유통망의 정비로 인해 지난 2년간 약 2억 달러어치의 비용절감을 이뤘고 금년에도 7,500만 달러의 비용절감을 예측하고 있다.

비상상황 대비

킴벌리 클락 데이터분석가의 임무는 각 상점의 재고 수준이 품절위험은 없지만 가능한 한 낮은 수준을 유지하도록 하는 것이다. 사무실 내에서 이들은 특정 매장 소비자의 변덕과 특정한 상황이나 요구사항에 따라 주문량을 조절한다. 예를 들면, 어느 도시는 소음법령으로 월요일 아침 일찍 납품을 받아야 하는 것과 같은 상황들이 있다.

불만사항은 공급업체의 소비자 서비스 상담사가 담당한다. 소매업체 매장 관리인이 특정 매장의 보수로 인해 공급업체의 서비스 상담사에게 납품취소를 요청하면 공급망 라인을 따라 배송 중지 지시가 즉시 하달되어 배송은 중지된다.

이러한 효율적인 배송체계는 새로운 문제를 발생시키기도 한다. 한번은 소매업체 매장 관리인이 몇몇 납품에 문제가 있다고 불만을 호소했다. 공급업체 관리자는 해당 소매업체 13개 매장을 방문, 확인하여 배송기사가 우연히 예정된 매장에 제품을 하역하지 않고 다음 매장에 하역한 사실을 확인했다. 현재는 공급업체가 주문매장을 구분하는 간단한 종이카드를 사용하여 문제를 해결했다.

제조업체의 부품업체와의 관계

공급유통망의 중요성은 킴벌리 클락이 자신의 부품공급업체에 동일한 원칙을 적용하려는 시도로 이어지고 있다. 요즘에는 지난 2년에 걸쳐 50% 가까이 부품업체의 창고재고 수준을 낮추어 한 달 동안 소매업체에 납품되는 기저귀 공급량보다 더 낮은 수준을 유지하고 있다.

하지만 부품 구매 부문이 회사의 구매유통망에서 아직 약한 고리로 남아 있고 원재료 구매 부문에서의 유통망 혁신은 더디게 진행되고 있다. 따라서 구매효율성에 대한 노력은 재고감소에 집중되고 있다. 예를 들어, 기저귀에 사용되는 벨크로 탭^{Velcro tab}의 구매에 있어 킴벌리 클락은 벨크로 USA^{Velcro USA Inc.}와 전자우편을 통해 주단위로 생산계획에 대한 정보를 공유하기 시작했다. 이를 통해 벨크로 탭 재고 수준을 60%로 낮추어 수백만 달러를 절감할 수 있었다.

유통망에서 비효율성으로 인해 초래되는 비용은 높다. 케이마트^{K mart Corp.}는 취약한 공급인프라 구조로 인해 부분적으로 자사의 이익이 떨어졌다고 지적했다. 그리고 제조업체와 긴밀한 협조에 필요한 시스템을 포함해 케이마트^{K mart}의 기술혁신을 위해 앞으로 2년에 걸쳐 140억 달러를 사용할 예정이라고 했다.

결론

킴벌리 클락은 모든 코스트코 매장의 하기스 기저귀의 재고를 관리하는데, 이를 벤더 재고관리라고 한다. 킴벌리 클락은 기저귀 재고를 관리하기 위해 각 코스트코 매장의 판매 자료가 필요하다.

만약 코스트코가 킴벌리 클락을 신뢰하지 않는다면 킴벌리 클락에 판매 자료를 공개하지 않을 것이다. 보통 유통업체는 각 매장에서 판매되는 가격을 공급업자와 공유하는 것을 꺼린다. 공급가를 협상하는 데 유리한 환경이 조성되지 않기 때문이다. 또 각 매장에서 판매되는 가격정보와 상품 정보가 경쟁업체로 흘러들어갈 수 있는 문제가 생기므로 정보교류를 꺼린다. 그러므로 킴벌리 클락이 정보를 남용하지 않는다는 신뢰가 없으면 VMI는 시행되기 힘들다.

이러한 킴벌리 클락의 벤더 재고 관리는 재고율을 낮춰주며 비용을 절감하는 효과를 가져왔다. 코스트코는 재고 문제에 대한 걱정을 하지 않아도 되고 소비자 신뢰도는 증가했다. 또한 저장시설에 대한 비용을 줄이고 기저귀 재고를 관리하는 종업원 수를 줄일 수 있었다.

제조업체 TAL과 J.C. 페니의 새로운 유통망의 시도

새로운 시스템

8월 어느 토요일 오후, 한 주부가 애틀랜타에 위치한 J.C. 페니 상점에서 흰색 드레스셔츠를 샀다. 월요일 아침, 홍콩에 있는 직원은 이 판매기록을 컴퓨터로 확인하고, 수요일 오후에는 대만 소재 공장직원이 애틀랜타 상점에 동일한 수량만큼 보충할 셔츠를 발송박스에 포장한다.

제품생산에서부터 유통까지의 신속한 진행과정은 J.C. 페니를 유통혁명의 중심에 놓았다. J.C. 페니처럼 신속한 상품재고회전이 목표인 기업에서는 자사의 PB상품 여유분을 상점에 재고로 거의 두지 않는다. 10년 전쯤 J.C. 페니는 미국 전역에 수천 개의 창고를 두었지만, 이제 서서히 창고의 수를 줄이고 있다.

새로운 공급유통망 프로세스는 J.C. 페니의 관여를 최대한 낮추는 데 그 특색이 있다. 전체 공급프로그램은 셔츠 제작회사인 홍콩 소재의 TAL 어패럴TAL apparel이 디자인하고 운영한다. 이 회사는 북미지역 소매업체 매장에서 셔츠 판매 데이터를 직접 모으고 컴퓨터로 수량을 산출해낸다. 그런 다음, 과거 판매 자료를 근거로 하여 특정 상점에 상표, 디자인 스타일, 색상 및 크기에 따른 이상적인 재고 수준과 제조방법을 결정한다. 그리고 생산된 제품을 소매업체의 창고를 거치지 않고 소매업체의 각 매장에 직접 배송한다.

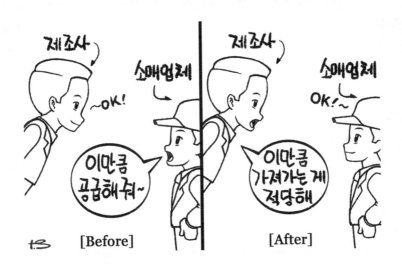

따라서 제조업체는 소매업체에 무엇을 얼마나 구입할 것인지를 묻는 입장이 아니라, 그동안 얼마나 많은 셔츠를 사갔는지 통보하는 입장으로 바뀌게 되었다.

홍콩의 TAL 어패럴은 이름 없는 거대회사로, 미국에서 판매되는 8개의 셔츠 제작회사 중한 곳이다. 이 회사와 미국 소매업체의 긴밀한 관계는 세계적인 제조산업에서 일어나는 힘의이동현상 중 일부분이다. 소매업체들은 비용을 낮추면서도 소비자의 선호에 보조를 맞추려노력하기 때문에 변화하는 요구에 신속하게 응답할 수 있는 제조업체에 좀 더 의존하게 된다. 이러한 현상은 심지어 판매예측이나 재고 관리 같은 정밀한 영역까지 재치 있는 제조업체가 대신하기 시작하면서 생겨나게 되었다.

이들 제조회사가 자신들보다 더 낮은 비용으로 더 효율적으로 잘 수행할 수 있기 때문에소매업체들은 한때 핵심적으로 생각하던 일부 기능들을 제조업체에 기꺼이 양도했다.

10년 전 거래 초창기, J.C. 페니는 관례적으로 창고에 6개월치 재고를 보유하였고 매장에는3개월치 재고를 보유했다. 하지만 지금은 거의 0%에 가까운 재고를 보유하고 있다. 제조공장에서 의사결정을 내리기 때문에 TAL은 소비자 요구 변화에 즉각적으로 반응할 수 있다.즉 판매가 급감하는 경우에는 생산을 줄이고, 판매가 급상승하는 경우에는 생산을 촉진한다.이 시스템은 제조업체와 소비자가 직접적으로 연결되는 형태로, 공급유통망의 미래의 모습이다.

비용을 절감하고 할인판매되는 상품을 감소시키기 위해 소매업체는 전반적으로 보유재고량을 낮추려고 해왔다. 그것은 공급자와 좀 더 긴밀한 업무진행이 필요함을 의미한다. 월마트는 전 세계 공급업체에 컴퓨터 시스템을 도입시키는 노력을 해왔다. 이 시스템을 통해 공급업체들은 자신의 상품이 전체적으로 얼마나 팔리고 있는지와 심지어 개별 매장에서 얼마나 팔리고 있지를 추적할 수 있다. 또한 수요예측 및 월마트 구매담당자와의 의사소통이 수월해졌다. 그러나 월마트는 여전히 모든 제품을 창고에 집하 · 배급하고 있다. 이는 공급업체가 스스로 제품수량을 조절하지 못하게 하는 한계점으로 작용한다.

힘의 이전과 신뢰

제조업체에 넘어간 소매업체의 힘은 소매업체 비즈니스의 핵심 중 일부다. 한 소매업체 관계자는 다수의 소매업체가 공유하기 꺼리는 부분인 재고 관리를 아웃소싱하는 것은 상당히중요한 기능을 넘겨주는 꼴이라고 언급했다. J.C. 페니에게도 이 시스템은 달갑지 않은 처사였으므로 TAL과 수년간 일하면서 신뢰를 쌓은 후에야 이러한 결정을 내렸다.

그러나 현재는 J.C. 페니가 TAL과 한걸음 더 진보된 협정을 운영 중이다. 즉, 새로운 셔츠

스타일디자인 및 시장 반응 처리를 위탁하고 있다. 뉴욕과 댈러스에 있는 TAL의 디자인 팀이 새 디자인을 내놓으면 한 달 이내에 공장에서 10만 벌의 새로운 셔츠가 생산되어 시험대에 오른다. 이 제품들은 시험적으로 J.C. 페니의 50개 매장에서 판매되고, 한 달 후에 판매데이터를 분석해서 소매업체가 아닌 제조업체 TAL이 직접 생산할 셔츠의 종류와 색상 그리고 수량을 결정한다.

TAL이 디자인에서부터 생산에 이르기까지 전 과정을 관리하기 때문에 테스트 단계에서 실제 판매로 돌입하는 데까지 4개월 정도 소요된다. 이는 J.C. 페니가 독자적으로 진행하는 것보다 빠른 속도다.

고객이 매장에서 제품을 구매하면 일종의 투표가 이뤄진 것으로 간주할 수 있는 이 시스템은 마케팅 관리자보다는 소비자가 신제품 스타일을 선택하는 방식으로, 신속한 프로세스는 수익을 높이는 데 중요한 부분이다.

실패에서 배우기

TAL은 유통망 운영의 어려움을 단단히 배웠다. 1988년, 판매 손실에 대한 두려움과 도매영업에 대한 이해가 부족한 상태에서 TAL은 미국 셔츠 취급 도매업체인 데이몬홀딩스 Damon Holdings Inc.를 인수하여 실패를 맛보았다. 상품 구매경쟁(사재기)으로 창고는 유행이 지난 2년치 재고로 넘쳐났다. 10달러짜리 셔츠를 3달러에 처분해야 했고, 결국 TAL은 데이몬홀딩스를 폐업시키고 5,000만 달러의 손해를 입고 말았다.

그러나 이 경험으로 아시아 공장과 미국 매장을 직접 연결하는 좀 더 효율적인 방법에 대해 고민하게 되어 남들보다 유리한 출발선상에 위치할 수 있었다.

비슷한 시기에 TAL은 J.C. 페니에 PB셔츠를 공급하기 시작했다. 당시 J.C. 페니는 경쟁사보다 2배 많은 9개월치 재고를 보유하고 있었다. TAL은 J.C. 페니에게 이 문제의 해결책을 제시했다. 즉, J.C. 페니 창고에 대량으로 재고를 적재하는 대신 TAL이 J.C. 페니 매장에 직접 셔츠를 공급하는 방법이었다.

J.C. 페니는 회의적이었지만, 절약되는 비용이 막대하다는 점을 인식했다. 또한 이러한 시스템은 J.C. 페니가 고객의 요구에 더 빨리 반응할 수 있게 해줄 것이었다. 그동안 인기상품이 재입고되는 데 수개월이나 걸렸던 소매업체 측에서는 나중에 할인행사를 해야 하는 비인기상품 보유 대신 핫 아이템을 덜 파는 쪽으로 결정을 내리곤 했기 때문에 TAL의 제안은 상당히 매력적이었다.

하지만 J.C. 페니의 각 파트마다 문제점을 지적하고 나섰다. 창고담당 중역은 TAL이 정시에 맞추지 못하거나 올바른 매장에 배달하지 못하는 경우, 이 계획은 비참한 결과를 초래할 것이라고 주장했고 기술전문가들은 양사의 컴퓨터 시스템이 호환되지 못할까 우려했다. 따라서 계획은 수년간 유보되다가 재고 수준을 전면적으로 감소시켜 효율성을 개량하라는 J.C. 페니 고위관리자의 지시로 전격적으로 시행되었다.

TAL은 아시아에 시스템을 구축하기 위해 1년여의 시간을 소요했다. TAL은 우선적으로 매장 한 곳에 시험적으로 시스템을 적용한 후, 1997년 6월에 본격적으로 북미 전 J.C. 페니 매장에 시스템을 적용하기 시작했고 예상대로 재고량은 감소했다.

이런 과정에서 한 가지 명백하게 부정적인 면이 있었다. 매장에 특정 스타일의 제품이 품절되면 지역창고에서 재빨리 보충받을 수 없었다. 그러나 TAL은 고객만족을 유지하기 위해 때때로 값비싼 항공운임을 지불하고서라도 매장에 제품을 신속히 공급했다.

TAL은 또 다른 기회를 감지했다. J.C. 페니의 판매예측은 수시로 과대-과소 예측되었다. 소매업체는 오래된 예측 소프트웨어 탓을 했지만, TAL은 좀 더 독창적인 생각으로 문제를 해결했다. 이제껏 홍콩에서 미국 매장의 수요를 예측해왔다. 하지만 제조업체가 매장에서 직접 판매 실적을 얻을 수 있게 하여 소비자의 경향을 파악하고 즉각적으로 생산 프로세스에 반영하도록 소매-제조 양 업체는 합의했다.

'오토파일럿'

TAL은 J.C. 페니의 1,040개 북미 매장에 대한 PB 셔츠 제품의 이상적인 재고 수준을 예측하는 프로그램을 구축했다. TAL의 목표는 얼마나 자주 재고목록을 보충해야 하는가였다. 그 해결책이 오토파일럿autopilot이다.

TAL의 예측프로그램은 J.C. 페니가 다른 상품에 이용하던 시스템을 앞서나가기 시작했고, 몇몇 셔츠 제품은 이전에 매장에서 보유하던 재고 수준의 50% 정도를 유지하게 되었다.

시스템에 흠이 없지는 않다. 판매에 대한 예측이 빗나갔을 때 제조업체는 다른 주문을 미뤄두고 J.C. 페니에 공급할 제품을 우선적으로 생산해야 한다. 또한 제시간에 맞춰 배송하기 위해 선박운임보다 10배 비싼 항공운임을 감당해야만 하는 고통스러운 결정이 뒤따르기도 한다.

TAL은 이제 한 단계 더 발전된 수준을 구상하고 있다. TAL과 J.C. 페니가 합작투자로 다른 제조회사의 공급망을 관리해주는 합작투자사joint venture를 설립하길 바라고 있다. TAL은 이미 속옷 분야에서 이와 같은 부분을 진행 중이며 J.C. 페니도 이 아이디어를 심각하게 고민 중이다.

1 유통 파트너 간 신뢰의 정의에 대해 논하시오.

2 신뢰가 성립되기 위한 요건에 대해 논하시오.

3 신뢰의 세 가지 차원(하위개념)에 대해 논하시오.

4 신뢰가 유통경로 구성원 간의 관계에 미치는 영향에 대해 논하시오.

5 유통경로 구성원 간의 신뢰를 발달시킬 수 있는 요건들에 대해 논하시오.

6 사례 "삼성전자와 KT의 CPFR 도입"을 읽고, 두 회사의 CPFR 시스템의 성공
  적인 운영을 위한 필요조건들에 대해 논하시오.

7 부록 8-1 "킴벌리 클락과 코스트코의 VMI"에서 두 회사가 얻는 이익에 대해
  논하시오.

8 부록 8-2 "TAL과 J.C. 페니의 새로운 유통망의 시도"에서 두 회사의 협력관
  계에서 신뢰가 차지하는 비중(신뢰의 중요성)에 대해 논하시오.

9 부록 8-2 "TAL과 J.C. 페니의 새로운 유통망의 시도"에서 J. C. 페니가 얻는
  이익에 대해 논하시오.

10 부록 8-2 "TAL과 J.C. 페니의 새로운 유통망의 시도"에서 두 회사의 협력이
   힘의 구조에 미치는 영향에 대해 논하시오.

참고문헌

Chiles, T., J. McMackin(1996), "*Integrating variable risk preference, trust and transaction cost economics,*" Academy of Management Review, 21(1).

Doney, Patricia M. and Joseph P. Cannon(1997), "*An Examination of the Nature of Trust in Buyer–Seller Relationships,*" Journal of Marketing, 61(April).

Kahn, Gabriel(2003), "*Invisible Supplier Has Penney's Shirts All Buttoned Up,*" Wall Street Journal, September 11.

Kumar, Nirmalya, Lisa K. Scheer and Jan-Benedict E. M. Steenkamp(1995), "*The Effect of Perceived Interdependence on Dealer Attitudes,*" Journal of Marketing Research, 32(August).

Moorman, C., G. Zaltman, R. Deshpande(1992), "*Relationships between providers and users of market research: The dynamics of trust within and between organizations,*" Journal of Marketing Research, 29(3).

Nelson, Emily(2000), "*Kimberly–Clark Keeps Costco in Diapers, Absorbing Costs Itself,*" Wall Street Journal, September 7.

Sojin 블로그 https://qkqxld1115.tistory.com/16

1 코스트코와 킴벌리 클락이 VMI를 실행하기 위해 가장 필수적인 요소는(부록 8-1 "킴벌리 클락과 코스트코의 VMI"에서)?

① 힘의 우위   ② 낮은 갈등

③ 철저한 계약서 작성   ④ 신뢰의 존재

2 유통경로 구성원들 사이에 신뢰가 성립하기 위한 조건은 무엇인가?

① 경로 구성원(신뢰자)의 신뢰받는 경로 파트너에 대한 완전한 통제가 있어야 한다.

② 신뢰를 깨뜨릴 경우(즉, 배신한 경우), 신뢰하는 측은 상당한 타격을 입어야 한다.

③ 신뢰를 깨뜨린 경우에도 신뢰하는 측은 재정적 손실이 없어야 한다.

④ 타 구성원이 제 기능을 하지 못할 경우에 대비하여 압력을 가할 수 있어야 한다.

3 신뢰의 하위개념(또는 차원) 중 다른 두 가지 차원보다는 한 단계 높은 수준의 상호 작용을 요구하는 신뢰는?

① 정직성honesty   ② 신용성credibility

③ 우호성benevolence   ④ 의존성dependence

4 신뢰의 개념을 측정하기 위한 하위개념 중 이전에 약속했던 행위를 경로 파트너가 실행하거나 성과를 보여주어 상대 경로 구성원이 그 파트너를 믿을 수 있는 것을 뜻하는 신뢰는?

① 정직성   ② 신용성

③ 우호성   ④ 의존성

5 패밀리레스토랑 빕스는 고객의 신뢰를 얻기 위해 어떤 시도를 했는가?

① 원산지 증명서 공개   ② 탁 트인 주방공간 설계

③ 고객의 농장방문   ④ 110% 환불제도 도입

6 시장에서 원자재의 가격폭등으로 인해 부품의 공급이 불확실한 환경에서 경로 파트너의 이익을 위해 행동할 때 드러나는 신뢰의 하위개념은?

① 정직성　　　　　　　　　② 신용성
③ 우호성　　　　　　　　　④ 의존성

7 제조업체가 유통업체에 대한 제품납기일을 맞추거나 그 제품의 품질이 기대했던 수준을 맞추는 경우, 유통업체는 제조업체에 대해 (　)의 신뢰를 갖는다. 다음 중 (　) 안에 들어갈 내용으로 알맞은 것은?

① 정직성　　　　　　　　　② 신용성
③ 우호성　　　　　　　　　④ 의존성

8 유통경로 구성원 간의 관계에서, 신뢰에 의해 나타나는 효과 중 하나는?

① 의존성 증가　　　　　　　② 정보교환의 증가
③ 갈등 증가　　　　　　　　④ 거래비용 증가

9 다음 중 거래비용의 설명으로 옳지 못한 것은?

① 계약에 필요한 비용
② 계약 체결에 필요한 시간
③ 공급시장가격의 동향 파악에 드는 비용
④ 물품 구매비용

10 다음 중 경로 구성원 간 신뢰의 형성에 영향을 미치는 요인이 아닌 것은?

① 오랜 시간 동안의 거래　　② 경로 구성원의 자질
③ 경로 구성원 간의 계약　　④ 경로 구성원 간 힘의 구조

11 다음 중 신뢰의 발달에 대한 설명으로 옳지 않은 것은?

① 경로 구성원 간 거래관계를 통한 만족감은 신뢰를 형성할 수 있다.
② 거래기간이 길고 거래빈도가 많으면 반드시 신뢰가 형성된다.
③ 경로 파트너와의 갈등해소는 신뢰를 형성하는 바탕이 될 수 있다.
④ 힘의 불균형이 심하면 신뢰가 형성되기 힘들다.

12 경로 파트너들 간의 힘의 총합total power이 (   )하면 신뢰는 (   )한다. 다음 중 (   ) 안에 들어갈 내용으로 알맞은 것은?

① 감소, 감소   ② 감소, 증가   ③ 증가, 감소   ④ 증가, 증가

13 경로 파트너들 간의 힘의 불균형power asymmetry이 (   )하면 신뢰는 (   )한다. 다음 중 (   ) 안 에 들어갈 내용으로 알맞은 것은?

① 감소, 감소   ② 감소, 증가   ③ 증가, 감소   ④ 증가, 증가

14 코스트코와 킴벌리 클락이 VMI를 실행하기 위해 가장 필수적인 신뢰의 차원(부록 8-1 "킴벌리 클락과 코스트코의 VMI"에서)은 무엇인가?

① 정직성   ② 신용성
③ 우호성   ④ 의존성

15 TAL이 J.C. 페니의 점포에 PB 셔츠를 직접 공급하고자 할 때, J.C. 페니 쪽이 어떤 신뢰의 차원을 우려했는가(부록 8-2 "TAL과 J.C. 페니의 새로운 유통망 시도"에서)?

① 정직성   ② 신용성
③ 우호성   ④ 의존성

---

1 ④   2 ②   3 ③   4 ②   5 ③   6 ③   7 ②   8 ②   9 ④
10 ③   11 ②   12 ④   13 ②   14 ②   15 ②

제 9 장

유통경로 구성원 간의 갈등

대형마트·제조업체 '납품가격 충돌'

대형마트와 제조업체 간 대충돌의 전주곡인가,
가격파괴 과정에서의 일시 혼선인가?

이마트의 12개 생필품 가격인하로 촉발된 대형마트 간 '가격전쟁'이 이제는 제조업체와의 충돌로 번지고 있다. 과도한 가격인하에 대해 제조업체들이 반발하면서 CJ 햇반, 해태 고향 만두, 오리온 초코파이 등 주요 품목의 납품이 일시 중단됐기 때문이다. 이 같은 갈등은 10 여 년 전 까르푸와 월마트가 국내에 진출할 당시 유통업체들의 저가경쟁으로 제조업체와 첨 예한 마찰을 빚은 데 이은 2차 제조-유통전쟁으로 번질 가능성도 배제할 수 없다.

이마트의 가격인하 품목 중 납품이 일시 중단된 상품은 한결같이 품목별 1위 브랜드들이 다. 따라서 대형마트들이 PB 상품을 만드는 점유율 2위 이하 업체들에 가격을 좌지우지하며 영향력을 행사해온 것과는 딴판인 양상이다.

CJ제일제당은 이미 행사제품인 '햇반 3+1'을 이마트 측이 발주해도 공급하지 않고 있다. 이마트에 이어 롯데마트, 홈플러스까지 10원 차이를 두고 인하경쟁을 벌이자 CJ 측은 마트 3사에 "당초 인하 가격(2,980원)보다 가격을 더 내리면 공급에 차질을 빚을 수 있다"는 입장 을 전달했다.

CJ그룹에서 분리된 생활용품업체 CJ라이온도 마트 3사에 제품 공급을 중단하겠다고 공식 통보한 뒤 현재까지 납품하지 않고 있다. 해태제과는 이마트 가격인하 상품인 용량 1,228g 짜리 '고향만두'(3,950원)의 공급을 끊었다. 대신 1,440g짜리 제품을 4,630원에 납품하고 있다. 오리온의 경우 마트 측과 가격 갈등으로 공급을 일시 중단했다가 공급을 재개할 예정 이다.

제조업체들이 '슈퍼 갑'으로 불리는 대형마트와 신경전을 마다하지 않는 것은 전국에 30 만 개가 넘는 동네슈퍼 등 일반 소매점의 불만을 무시할 수 없기 때문이다. 제조업체 A사 관 계자는 "전체 매출에서 소매점이 차지하는 비중이 60%를 넘고, 소매점 쪽의 영업이익도 대 형마트에 비해 훨씬 높다"며 "마트 간 가격전쟁으로 고객을 더 빼앗기고 있는 동네슈퍼들의 불만이 극에 달한 상황"이라고 말했다. B사 관계자는 "제조사가 박리다매 판매를 하는 것도 한계가 있어 이대로는 한 달을 버티기가 힘들다는 데 업계가 공감하고 있다"고 전했다.

그러나 이마트는 현재의 갈등이 '제조업체는 생산, 유통업체는 판매'라는 선진 시스템을 정착시키기 위한 과도기적 상황이라는 입장이다. 또한 가격파괴를 통해 정부와 소비자에게 물가안정에 앞장서고 있다는 이미지를 심을 수 있어 당장은 손해여도 전체적인 손익계산서는 '남는 장사'라는 속내다.

이에 대해 홈플러스와 롯데마트 등 경쟁업체들은 다소 회의적이다. 롯데마트 관계자는 "지금은 이마트에 맞서 '이에는 이' 식으로 대응하고 있지만 출혈경쟁이 장기간 유지되긴 어렵다"며 "이마트가 가격인하 정책을 포기하면 우리 역시 대응을 멈추고 정상가격으로 돌아갈 것"이라고 말했다.

업계에선 가격파괴에 이은 공급 중단 사태가 대형마트와 1위 제조업체 간의 힘겨루기라고 보고 있다. 대형마트의 매출이 정체 또는 뒷걸음질 치는 상황에서 CJ제일제당, 농심, 진로 등 대형 제조사들을 길들이지 않고선 돌파구를 마련하기 어렵다는 판단에서다. 대형마트들은 근래 들어 온라인몰과 SSM(기업형 슈퍼마켓)으로 고객을 빼앗기면서 매출이 12% 감소했다.

실제로 이마트는 지난번 가격인하 품목에 생필품의 최고 브랜드파워를 가진 농심 '신라면'을 포함시키려 실패한 것으로 알려졌다. 이마트 관계자는 "소비자가 많이 찾고 가격 민감도가 높은 상품의 가격을 내려야 효과가 나타난다"며 "가격파괴가 1등 제조사를 통제하기 위해서라는 것은 말도 안 된다"고 주장했다. 그리고 "앞으로 제조사와 협의를 통해 물량 공급을 지속하는 한편 20~30개 품목을 추가 인하하고, 현재로선 물량 확보가 어렵지만 최종적으로 농심 신라면과 진로 참이슬 가격도 내릴 것"이라고 강조했다. 하지만 소비자에게 인기 있는 브랜드를 소유하고 있는 1위 제조업체들과 갈등을 초래하면서 이마트가 가격인하라는 목적을 달성할 수 있을지는 지켜봐야 할 것으로 보인다. 최근 제조업체들과의 갈등을 원만히 처리하지 못하고 일부 대형마트와 편의점들이 공정거래위원회의 공정거래위반 심사에 회부되기도 했다.

〈뉴스코프〉 2021/4/20, 〈한국경제〉 2010/01/19 기사 편집

1 유통경로 상의 갈등

항상 갈등 없는 경로 구성원 간의 평화로운 관계만이 좋은 것인가? 우리 대부분은 갈등이 없는 관계가 좋은 것이고 갈등이 많은 관계는 좋지 않은 것이라고 생각하기 쉽다. 하지만 갈등이 적을 때도 사실 경로관계가 조화를 이루고 효율적인 유통경로라고 판단하기는 어렵다. 경로 갈등이 없다는 것은 사실 경로 구성원들 간에 서로 관심이 없는 결과일 수 있기 때문이다.

경로 구성원 간의 결속력이 낮은 경우에도 갈등이 낮게 나타나기 쉽다. 하지만 낮은 결속력은 서로 간의 미래에 대한 지속적인 관계유지에 관심이 없다는 것을 의미하여 유통경로의 저조한 성과로 이어진다. 따라서 경로 구성원 간에 활발한 대화와 교류가 필요하다는 것을 알려준다.

갈등은 경로 구성원 간의 상호작용과정에서 한 경로 구성원이 자신의 목표를 달성함에 있어 다른 경로 구성원이 이를 방해하고 있다는 인식이 존재하는 상태다. 하나의 독립적인 기업들이 상호작용을 하는 것이 유통경로이므로 갈등은 상호의존관계에 있는 유통경로 구성원 간의 관계에 보편적으로 존재한다. 유통경로를 경로 구성원들이 자원과 정보를 교환하며 의존하고 있는 하나의 사회시스템으로 볼 때, 시스템을 구성하는 독립된 경로 구성원들이 자사의 이익을 최대화하고자 하므로 채널 구성원 간의 갈등은 필연적으로 존재한다는 전제하에 거래관계를 유지해야 한다.

따라서 갈등을 무조건 피하거나 있어서는 안 되는 것으로 여길 것이 아니라 가까운 경로 파트너와의 관계에서 자연스럽게 생성되는 일이라고 간주해야 한다. 서로 가깝게 일을 하다 보면 당연히 논란의 소지가 발생하기 때문이다. 그러나 이런 갈등이 발생했을 때에도 서로 간의 전반적인 믿음은 유지되어야 하고 논란의 끝에는 성과를 더 올릴 수 있는 결과를 이끌어내야 한다. 경로 구성원들은 서로 의견교환을 하고 다른 견해로 인한 충돌을 경험하면서 더 성장할 수 있기 때문이다. 따라서 유통경로의 성과를 증진시키기 위해서는 갈등을 죄악시하고 은폐하려 하기보다는 갈등의 생성배경에 대한 분석과 갈등해결의 메커니즘을 발전시키는 것이 중요하다.

② 갈등의 유형

유통경로관계에서 한 경로 구성원이 거래파트너에게 의존하는 정도가 높을수록 갈등의 정도가 커지게 된다. 거래상대방에 대한 의존이 많다는 것은 그 상대방에게 기대하는 이익이 많다는 의미이므로 그 이익이 침해당했을 때 나타나는 갈등의 정도도 높아진다. 예를 들어, 매출의 상당 부분을 한 유통업체에 의존하는 제조업체는 그 유통업체와의 갈등에 따른 이익의 침해가 크지만, 유통업체에 대한 매출의존도가 낮은 제조업체의 경우에는 갈등에 따른 이익의 침해가 적다.

유통경로 상의 갈등은 크게 세 가지 유형으로 볼 수 있다. 첫째, 수평적 갈등 horizontal conflict으로, 유통경로에서 동일한 계층에 있는 동종의 유통업체 사이에서 발생하는 갈등이다. 이는 종래에는 주로 '경쟁'이라는 현상과 동일시되었다. 예를 들어, 이마트와 홈플러스 간의 경쟁은 수평적 갈등이다. 이러한 갈등은 가격인하나 서비스 확충 등의 현상으로 나타나 소비자의 복리후생에 긍정적으로 작용한다. 따라서 소비자의 시각에서는 수평적 갈등은 긍정적인 면에서 바라볼 수 있다. 하지만 수평적 갈등으로 인한 해결책이 제조업체에 대한 공급가 인하 압력으로 나타날 경우, 해당 제조업체는 적절한 마진을 확보하는데 어려움을 겪을 수 있다.

둘째, 업태 간 갈등intertype conflict으로, 유통경로 상의 동일계층에 있는 상이한 업태의 유통업체끼리의 경쟁에서 기인한 갈등이다. 시장상황이 지속적으로 변화하므로 이에 적응하려는 업태들이 충돌하는 경향이 있다. 예를 들어, 신선식료품을 강화하려는 대형마트와 신선식료품 전문 업태인 슈퍼마켓이 경쟁을 하는 경우에 업태 간 갈등이 일어난다. 1인 가구의 증가에 대응하여 대형마트가 소량포장과 즉석식품을 강화하는 전략은 편의점의 전통적인 구색을 베낀 것으로, 이는 결국 대형마트와 슈퍼마켓 두 업태의 경쟁을 격화시키는 결과로 나타났다.

특정 브랜드와 관련하여 유통업태 간 갈등이 발생하고, 브랜드를 소유한 제조업체가 업태 간 갈등의 원인을 제공했다고 유통업체가 인식할 경우 업태 간 갈등은 제조업체와 유통업체 간의 수직적 갈등으로 이어지기도 한다. 예를 들어, 우유의 경우 동네슈퍼마켓과 대형마트 및 편의점이 공통으로 판매하는 제품으로 업태 간 경쟁품목이다. 대량으로 구매하는 대형마트나 편의점(본부)의 경우 소량구매로 대리점을 통해 구매해야 하는 슈퍼마켓에 비해 대량구매 및 짧은 유통경로에 따른 상대적 저가 구매가 가능하다. 이는 결국 동네슈퍼와 우유제조업체와의 갈등으로 이어지곤 한다(사례 "슈퍼마켓협동조합, 서울우유의 가격차별 규탄" 참조).

셋째, 수직적 갈등^{vertical conflict}으로, 유통경로 상에서 상이한 계층에 속하는 유통경로 구성원 간의 갈등이다. 자사의 이익을 최대화하려는 동기를 지닌 독립적인 경로 구성원들이 협력하여 경로의 효율성을 증진시켜야 하므로 유통경로 상에서 수직적 갈등은 피할 수 없다. 이 책에서는 효율적인 유통경로 설계를 중심으로 논의를 이끌고 있으므로 주로 수직적 갈등에 대해 논의하도록 한다.

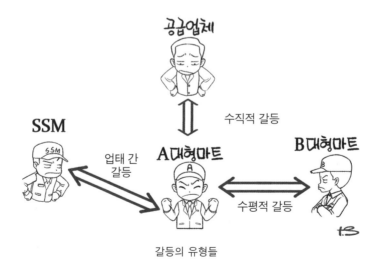

갈등의 유형들

사례 ## 슈퍼마켓협동조합, 서울우유의 가격차별 규탄

    대형마트와 가격차별을 하고 있다며 서울우유와 갈등을 빚고 있는 슈퍼마켓 상인들이 단체행동에 나섰다. 한국슈퍼마켓협동조합연합회(이하 연합회)는 상봉동 서울우유 본사 앞에서 조합원 300여 명이 참석한 가운데 규탄대회를 갖고 서울우유 측에 공급가격의 인하와 공동구매계약의 수용을 촉구했다.

    연합회에 따르면 서울우유는 흰 우유를 대형마트에 1ℓ당 1,850원에 공급하는 데 반해 슈퍼마켓에는 1,950원에 공급해오고 있다. 대형마트의 경우 서울우유와 직접 거래하는 반면 슈퍼마켓은 대리점을 통하기 때문에 대리점 마진으로 가격 차이가 나는 것. 하지만 연합회 측은 "대리점에 시중 도매업종에서 찾아볼 수 없는 30%라는 높은 마진을 보장하고 있다"며 충분히 가격인하의 여지가 있다고 주장하고 있다.

    또한 슈퍼마켓 50~200여 곳이 하나의 단위로 서울우유와 직접 공동구매를 하면 대형마트와 같이 대리점 마진이 안 붙어 공급가격이 내려갈 수 있다며 서울우유 측에 슈퍼마켓과 공동구매할 것을 요구했다.

    서울우유 측은 이에 대해 "슈퍼마켓의 공급가격은 개별 대리점과 슈퍼마켓 간 거래를 통해 형성되는 것이어서 본사가 관여할 사항이 아니다"라며 "또한 공동구매의 경우 대형마트처럼 물건을 대량으로 받는 대로 그때그때 대금을 치를 수 있는 여건을 연합회가 갖췄는지 의문"이라고 말했다.

〈푸드투데이〉 2008/12/10 기사 편집

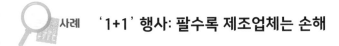

사례 '1+1' 행사: 팔수록 제조업체는 손해

소비자의 입장에서는 1+1 행사가 가격할인의 효과가 있기 때문에 반갑다. 행사를 주관하는 대형마트도 소비자에게 낮은 가격에 팔기 때문에 1+1 행사를 적극적으로 실행해야 한다는 입장이다. 하지만 이를 납품하는 제조업체는 마진을 챙기기 쉽지 않아 반갑지 않은 경우가 많다.

공급업체들은 대형마트들이 '최저가격'을 내세워 납품가 인하를 강요하면서도 자신들의 최소 마진 10%는 결코 양보하지 않고 있다고 주장한다.

이에 따라 납품업체들은 '최저가격'의 부담을 그대로 떠안는 것은 물론, 거래를 계속하기 위해 역마진을 감수하는 경우까지 발생한다. 대형마트의 납품단가 인하는 △이벤트 행사 강요 △최저가로 납품단가 맞추기 △모자라는 재고 채워주기 등 다양한 형태로, 그리고 일상적으로 이뤄진다. 한 식품업체 관계자는 "대형마트들은 점포마다 일주일에 한두 번씩 인근 경쟁점포에 가격조사를 나간 뒤 본사에 조사내용을 보고하면, 본사 바이어가 납품업체 담당자에게 납품가격을 낮춰달라고 요구한다"고 말했다. 한 마트에 납품가격을 낮춰주면 또 다른 마트가 가격인하를 요구해 납품가 인하의 악순환이 되풀이된다는 설명이다.

또 다른 식품업체 관계자는 "대형마트들의 납품가 인하 등 요구를 수용하지 않으면 상품 진열공간을 줄이거나 행사 판매 공간을 사용하지 못하게 하는 등 곧바로 불이익이 오기 때문에 들어줄 수밖에 없다"고 하소연했다. 이 관계자는 한 회사의 경우 매장에서 바로 판매가격 변경이 가능해 가격을 자기네 마음대로 내린 뒤 원래 가격과 차이가 나는 금액만큼 물건을 더 달라고 요구한다고 전했다. 그래서 납품업체들이 짜낸 묘안이 이마트에는 2kg짜리를 납품하고 홈플러스엔 1.5kg짜리 제품을 납품하는 식으로 용량을 달리한 제품을 납품하는 방식이었다. 그러자 대형마트들은 100g당 판매가격을 경쟁업체와 비교하며 납품가 인하를 요구했다.

한 생활용품업체 관계자는 "용량을 달리하고, 세트 구성을 달리한 제품을 여러 종류 만들다 보니 제조원가가 올라가고 있다"고 말했다. 이 관계자는 "무엇보다 부담이 되는 것은 1+1 행사"라며 "1+1 행사의 경우 납품업체는 많이 팔수록 손해가 커져 솔직히 물건이 적게 팔렸으면 싶을 때도 있다"고 털어놓았다. 1+1 행사의 수익구조를 납품업체 쪽 처지에서 분석해보면 이해가 간다. 권장소비자가격 1만 원인 제품을 대형마트에 6,500원에 납품할

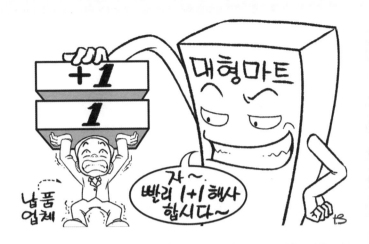

경우 이 제품의 원가와 판매관리비를 합친 가격은 5,000원으로, 납품업체는 1,500원의 영업이익을 얻게 된다. 하지만 이 제품을 1+1로 판매하면 납품가는 6,500원으로 같지만, 제품의 원가와 판매관리비는 5,000원+5,000원으로 1만 원에 이르게 된다. 이럴 경우 1+1 제품을 팔 때마다 3,500원의 손실이 생기게 된다.

　한 중소 육가공업체는 잦은 대형마트 행사 참여로 적자폭이 커져 납품을 포기했다. 이 회사 관계자는 "우리 품목이 대형마트의 대표 미끼상품이어서 모든 대형마트를 합쳐서 거의 1년 내내 1+1 등의 각종 행사에 참여했다"며 "회사 이미지 제고와 홍보를 생각해 행사에 참여했지만 더 이상 적자를 감당할 수 없어 납품을 포기했다"고 말했다.

〈매일경제〉 2013/12/11, 〈한겨레신문〉 2006/8/9 기사 편집

3 갈등의 원천

경로 구성원 간의 갈등은 여러 가지 원인에 의해 발생한다. 효율적인 유통경로를 구성하기 위해서는 각 구성원이 역할을 분담해야 하는데, 역할이 불일치하고 상황에 대한 인식이 불일치할 때, 또는 독자적인 이익만을 추구할 때 갈등이 발생한다. 또한 전체 유통경로의 목표에 대한 각 경로 구성원의 목표가 불일치하거나 담당해야 할 영역에 대한 의견의 불일치가 존재할 때 갈등이 일어난다.

1. 역할의 불일치

효율적인 유통경로를 유지하기 위해서는 각각의 유통경로 구성원들이 맡겨진 역할을 효율적으로 수행해야 한다. 이는 각각의 경로 파트너들의 역할에 대해 전체 경로 구성원들의 명확한 이해와 동의를 전제로 하고 있다. 하지만 일부 경로 구성원이 경로 파트너와의 역할분담에 대한 의견일치를 하지 못한 경우에는 경로 구성원 간 역할 불일치가 발행한다.

경로 구성원 간의 역할 불일치는 갈등이 발생하는 원인을 제공한다. 예를 들어 프랜차이즈 가맹점은 본사가 가맹점에 대한 폭넓은 촉진지원을 제공하도록 기대하지만 본사는 좁은 의미의 촉진만을 고려하고 있을 때, 혹은 본사는 가맹점이 품질유지, 가격정책, 홍보 및 광고, 가게의 청결유지 등에 관한 규정을 엄격하게 지키기를 기대하지만 가맹점은 이러한 규정을 철저히 따를 필요가 없다고 생각할 때, 역할의 불일치가 발생한다. 이 경우에는 프랜차이즈의 브랜드 가치의 하락을 야기하며 이는 궁극적으로 매출하락을 가져오게 된다. 따라서 서로 간의 역할에 대한 기대가 불일치할 경우 갈등이 발생하게 된다.

2. 인식의 불일치

경로 구성원들이 같은 상황에 대해 다른 반응을 보이는 경우, 즉 현 상황에 대한 인식의 차이로 인해 갈등이 발생하기도 한다. 예를 들어, 제조업체는 자사의 브랜드가 제품 수명주기상 성숙기에 위치하고 있다고 생각하여 소매업체가 촉진 전략에 협조해주기를 바라지만, 소매업체는 해당 브랜드가 쇠퇴기에 접어들었다고 보고 더 이상의 촉진전략은 무의미하다고 느끼는 경우, 두 경로 구성원 간에는 브랜드의 수명주기상의 위치에 관한 인식의 불일치가 존재한다. 따라서 이러한 인식의 불일치로 인해 경로 구성원들이 전체 유통경로의 성과를 증진시키는 전략이 아닌 각각의 성과만을 취하는 전략들을 수립하기도 한다.

3. 기회주의적 행동

경로 상대방의 기회주의적 행동도 유통경로 구성원들 간의 갈등을 야기하는 중요한 원인이 된다. 예를 들면, 홍수나 지진 등과 같은 우발적인 자연재해로 인해 공장을 가동할 수 없어 시장에서 특정부품의 공급이 부족할 때, 수요-공급의 불일치로 인한 구매가의 상승이 나타나곤 한다. 이 경우 부품공급업체가 현 거래 상대방에게는 공급이 부족해 제때 부품을 공급할 수 없다고 거짓말을 하고, 높은 구매가를 제시하는 업체에 그 물량을 넘기는 행위는 전형적인 기회주의적 행동이다.

또는 구매자와 공급자 간의 정보의 불일치가 발생한 경우, 이를 이용해 공급가를 부풀리는 행위나 프랜차이즈 본부에 지불하

기회주의적 행동으로 인한 갈등

는 로열티가 매출액을 기준으로 되어 있을 때, 이 로열티를 줄이기 위해 가맹점이 본부에 매출액을 거짓 보고하는 것도 기회주의적 행동의 일종이다. 경로 구성원이 이러한 기회주의적 행동을 할 경우, 당연히 경로 구성원 간의 갈등이 발생한다.

 사례 샤넬-롯데 결별

세계적인 명품브랜드 샤넬과 국내 롯데백화점의 싸움이 샤넬의 롯데매장 철수로 일단락됐다. 롯데와 샤넬의 줄다리기에서 샤넬의 '입김'이 힘을 발휘하지 못하자 결국 짐을 싸서 떠나게 된 것이다. 샤넬은 2000년대 초반까지만 해도 국내에서 몇 안 되는 명품브랜드로서 각 백화점 1층 화장품 매장의 간판으로 군림해왔다. 매출순위로도 전체 화장품브랜드 중 1, 2위를 다퉈왔기 때문에 매장 면적이나 위치 등을 조정하는 데 있어 언제나 백화점과의 관계에서는 '갑'의 존재였다.

그러나 근래 들어 사정이 많이 달라졌다. 지난해 가을 롯데백화점 본점이 매장 진열(MD) 개편을 위해 입점한 화장품브랜드 24개의 매출을 집계한 결과 샤넬의 순위는 5위에 머물렀다. 1위는 국산브랜드인 아모레 설화수, 2위는 에스티로더, 3위 랑콤, 4위 디올 등의 순이었다. 그런데도 샤넬은 롯데백화점 본점을 비롯해 대부분의 백화점에서 1층 화장품 매장의 가장 넓은 면적과 눈에 가장 잘 띄는 위치를 차지하고 있으며, 수수료 인

센티브 등 각종 혜택도 누리고 있다. 이에 롯데는 샤넬 측에 실적 중심이라는 '원칙'을 앞세우며 매장 위치와 면적 변경을 요구했고 샤넬은 이를 끝까지 받아들이지 않았다. 샤넬 측은 매출성적이 새삼스러운 것도 아닌 상황에서 롯데 측이 강경하게 나온 것은 다른 이유가 있는 게 아니냐며 반발하고 있다.

롯데백화점의 화장품 전체 매출에서 샤넬이 차지하는 비중은 6%대에 불과해 롯데 입장에서는 샤넬이 빠져도 매출에 큰 타격이 없다. 이 같은 계산에서 롯데는 전에 없이 세계적인 브랜드 샤넬을 상대로 강공을 폈고 결국 "자꾸 그러면 나간다"는 샤넬 측의 최후통첩에도 눈썹 하나 까딱하지 않을 수 있었다. 샤넬 입장에서는 국내 화장품 매장 64개 중 롯데백화점이 25개로, 매출비중도 40% 이상을 차지하고 있어 철수할 경우 손실이 적지 않은 상황이다. 그러나 샤넬은 "매출보다 중요한 것은 브랜드 이미지"라며 끝내 자존심을 굽히지 않았다.

콧대 높은 해외 명품브랜드와 국내 최대 백화점 간의 갈등으로 관심을 끌며 샤넬화장품이 롯데백화점의 7개 주요 점포에서 철수한 지 석 달이 지난 현재 양측은 결별 이후 각기 매출이 호조여서 현재 상황에 대해 만족한다는 입장이다. 롯데백화점에 따르면 샤넬화장품이 있던 소공동 본점 매장에 국산화장품 '설화수'와 수입화장품 '케빈어코인'이 들어간 뒤 해당 매장 매출이 전년 동기 대비 178.9%나 급증했다. 같은 기간 롯데 본점의 전체 화장품 매출 신장률(33.1%)을 5배 이상 웃돈다.

롯데백화점 측은 샤넬화장품이 빠져나간 이후 매장의 영업효율(단위면적당 매출)이 크게 높아져 오히려 도움이 됐다는 분석이다. 또 롯데백화점은 샤넬화장품이 빠진 7개 점포의 화장품 매출 신장률도 23.5%(본점은 33.1%)로 전국 25개 점포의 전체 신장률(21.1%)보다 높았다고 덧붙였다.

샤넬 측도 롯데와 결별했어도 화장품 매출이 줄지 않았다고 강조한다. 롯데백화점에서 철수한 뒤 인근 신세계, 현대백화점 등 샤넬 매장으로 고객이 몰리는 '집중효과'가 발생해 기대 이상의 성과를 얻고 있다는 게 샤넬 측의 설명이다. 실제로 롯데 본점과 가까운 신세계 본점의 샤넬화장품 매출은 전년 동기보다 51%나 늘었다. 이는 신세계 본점의 전체 화장품 매출 신장률(38%)보다 높아 롯데 본점의 샤넬 고객이 신세계백화점 본점 매장으로 이동한 것으로 추정하고 있다.

〈헤럴드경제〉 2010/4/1, 〈연합뉴스〉 2009/1/20, 〈한국경제〉 2009/5/4 기사 편집

4. 영역의 불일치

영역의 불일치는 경로 구성원 간에 각자의 활동영역에 대해 합의가 이뤄지지 않는 경우를 가리킨다. 유통경로 구성원 간 담당구역에 관한 갈등으로 하겐다즈 Häagen Dazs의 사례를 들 수 있다. 고가격 프리미엄 아이스크림을 제조·판매하는 하겐다즈는 도매상을 통해 아이스크림을 판매해왔으나 1980년대 중반에 도매상들의 마케팅 활동을 통제하려고 함으로써 경로갈등을 유발했다.

하겐다즈와 도매상들은 누가 뉴욕 시의 대형 소매체인에 대한 공급을 담당할 것인가 하는 문제로 갈등을 겪었다. 하겐다즈는 도매상들이 시장 확대를 위해 적극적인 노력을 하지 않는다고 비난했고, 도매상들은 하겐다즈가 이익이 많은 뉴욕 시의 대형 소매체인에 대한 직접공급을 통해 공급망을 차지하려 한다고 비난했다.

하겐다즈는 천만 인구의 뉴욕 시에서 영업하는 대형 슈퍼체인에 직접공급을 하고자 했으나 뉴욕 주의 도매 프랜차이즈는 뉴욕 시도 뉴욕 주에 속하므로 당연히 자사가 공급해야 한다고 주장했다. 결국 하겐다즈의 포기로 결론난 이 사건은 경로 구성원 간의 갈등이 매우 다양한 원인에 의해 일어나고 있음을 보여주고 있다.

제조업체의 복수유통경로정책으로 인해 경로 구성원 간 갈등을 일으키기도 한다. 제조업체는 기존의 오프라인 채널에 온라인 채널을 추가한 복수유통경로를 통해 매출을 증가시키려 하곤 한다. 그러나 유통업체들은 온라인 채널로 인해 매출액을 잠식당할 수 있기 때문에 제조업체들이 온라인 채널을 포기하도록 강요한다. 예를 들어, 미국의 자동차 제조회사들은 프랜차이즈 대리점 체제를 통해 자사의 자동차를 판매하고 있다. 해당 회사에 속한 대리점들은 제조회사가 인터넷을 통해 판매하지 못하도록 압력을 행사한다. 기존의 대리점을 통하지 않고도 자동차 판매는 가능하지만, 법적으로 판매 후 3년 이내의 애프터서비스를 제공해야 할 의무가 있는 제조회사는 엄청난 비용을 들여서 서비스경로를 구축해야 하는 문제가 발생한다. 또한 대리점이 반발할 경우 발생하는 판매량의 감소를 단기적으로 극복할 방안이 없는 자동차 제조회사는 대리점들의 압력을 무시할 수 없다. 만약 제조업체가 무리수를 두어 자동차를 직접 판매할 경우 갈등은 필연적으로 발생한다.

 사례 **LG생활건강의 온·오프라인 갈등과 해결책**

2019년 연간 온라인 화장품 거래액은 10조 원을 넘어섰으며, 작년 대비 20% 이상 증가했다(통계청 2019). 특히 모바일 쇼핑 거래액은 전체 화장품 온라인 쇼핑 거래액에서 60%의 비중을 넘어서고 있어, 모바일을 중심으로 성장세가 이어질 것으로 보인다. 폭발적인 온라인 매출 성장세를 반색할 법도 하지만, 화장품 기업들 입장에서 현재 상황은 '진퇴양난'이다. 온라인 채널을 키우자니 가맹점주들 반발이 극심하고, 변화하는 소비패턴이나 향후 매출을 생각하면 온라인 판매를 안 할 수도 없는 노릇이기 때문이다.

LG생활건강이 로드숍 브랜드 더페이스샵과 자사 브랜드 편집숍 네이처컬렉션의 온라인 직영 쇼핑몰을 폐쇄했다. LG생활건강 측은 "온라인 등 유통환경 변화에 따른 가맹점주들의 반발이 커짐에 따라 지난해 오픈마켓 판매를 중단한 데 이어, 이달 자사 온라인 쇼핑몰을 폐쇄했다"고 밝혔다. 더페이스샵 가맹점은 261개, 네이처컬렉션 가맹점은 322개다. LG생활건강은 더페이스샵과 네이처컬렉션 홈페이지에 안내문을 띄우고 "회사 내부정책으로 인해 온라인몰이 구매 서비스를 종료하게 됐다"고 밝혔다. 현재 이들 직영몰은 상품 소개와 오프라인 매장 안내 등을 위한 홈페이지로 활용되고 있다.

더페이스샵 홈페이지에 온라인 쇼핑 서비스 종료 안내문이 떠있다. 더페이스샵 홈페이지 캡처

회사 측은 온라인 직영몰 폐쇄는 가맹점주와의 상생을 위한 조치라고 강조했다. 회사 측은 온라인몰을 중단하기 이전에도, 오프라인 매장으로 판매를 유도하기 위한 시도를 해왔었으나, 결국 특단의 방법을 강구하게 됐다며 LG생활건강은 쿠팡을 비롯해 소셜커머스 및 오픈마켓에서 공식 판매를 하고 있지 않다. 이는 시대적 흐름에 따라 온라인 판매도 중요하지만, 오프라인 가맹점도 중요하다는 판단 때문이라고 말했다

더페이스샵은 2005년부터 온라인 직영몰을 운영해왔다. 초기에는 반발이 없었지만, 온라인 쇼핑이 활성화되고 화장품 로드숍의 불황이 시작되면서 가맹점주들과의 갈등이 불거졌다. 점주들은 매출 부진의 원인을 본사의 온라인 사업 강화로 꼽았다. 쿠팡 등 이커머스와 온라인몰 등에서 할인판매를 진행하면서 공정한 경쟁을 할 수 없게 됐다는 것이다. 이에 LG생활건강은 오픈마켓 판매를 철수했지만, 본사와 계약되지 않은 비유통 판매가 여전히 성행하면서 점주들의 불만은 계속됐다.

LG생활건강이 온라인 사업 중단이라는 카드를 꺼내 들었지만, 업계 반응은 냉랭하다. 화장품 업체 한 관계자는 "상징성은 있지만 실효성이 있는지 의문"이라고 했다. 화장품 업체들이 자사 온라인몰에서 거두는 매출 비중이 적기 때문이다. 가맹점주들도 비슷한 입장이다. 더페이스샵 가맹점주 박모씨는 "면세 화장품 불법유통 등 비정상적으로 유통되는 오픈마켓의 할인판매를 통제해달라는 게 점주들의 요구"라며 "직영몰 폐쇄는 해결책과 거리가 멀다"고 말했다. 다른 점주도 "온라인 쇼핑몰 중단으로 인해 브랜드 이미지가 나빠지면 회사와 점주 모두 힘들어지는 것 아닌지 우려된다"고 했다.

한편 아모레퍼시픽이 운영하는 화장품 로드숍 '아리따움' 가맹점주들 사이에서 최근 때 아닌 '오딧세이' 사재기 대란이 났다. 남성 화장품 오딧세이를 가맹본사에서 공급받는 가격보다 쿠팡에서 직접 구매하는 값이 절반 가까이 저렴했기 때문이다. 본사가 온라인에 제품을 싸게 공급하는 건 어제 오늘 일이 아니지만, '온라인 판매가'가 '가맹점주 공급가'보다 절반 가까이 저렴한 적은 오딧세이가 처음이었던 것이다. 아리따움 가맹점은 아모레퍼시픽 본사로부터 ▲일반 오딧세이 2종 세트를 3만 2,500원에 ▲오딧세이 블랙 2종 세트를 4만 1,250원에 공급받고 있다. 쿠팡 소비자가와 비교하면 무려 각각 1만 3,750원, 1만 4,250원이나 차이가 난다. 쿠팡 판매가가 가맹점 공급가 대비 각각 42%, 35% 저렴한 셈이다.

일명 '오딧세이 사태'는 로드숍 본사의 온·오프라인 공급가 차별을 적나라하게 보여준다는 지적이다. 가맹점주와의 갈등은 이곳만의 문제가 아니다. 이니스프리가맹점주협의회(협의회)는 서울 용산구 아모레퍼시픽 본사 앞에서 집회를 열고 "본사가 매출 신장에만 집중해 온라인에서 가격 질서를 파괴하고 있다"며 "불공정한 할인분담금 정산정책을 시정하고 판촉

행사 때 가맹점과 사전에 협의해달라"고 요구했다. 점주들의 핵심 주장은 온라인과 동일가격 공급, 쿠팡 등 소셜커머스 공급 중단 등이다.

이 같은 고민을 안고 있는 아모레퍼시픽은 이니스프리·아리따움·에뛰드 등 로드숍의 온라인 매출을 가맹점주와 나누는 '마이샵' 프로그램을 도입했다. 고객이 특정 오프라인 매장을 지정하고 온라인 직영몰에서 제품을 구매하면, 해당 매장과 판매 수익 일부를 나누는 방식이다. 온라인에서 구매한 제품을 해당 오프라인 매장에서 반품할 수도 있다. 아모레퍼시픽 관계자는 "직영몰 규모가 크지 않아 점주에게 돌아가는 혜택은 적지만, 이를 시작으로 다양한 방법론을 연구할 방침"이라고 밝혔다.

〈뉴스핌〉 2020/09/01, 〈문화경제〉 2019/10/1, 〈조선비즈〉 2019/6/16 기사 편집

5. 목표의 불합치

경로 구성원의 목표들 간의 양립 불가능성에 의해 경로갈등이 발생할 수 있다. 만약 유통경로 구성원의 유통전략이 경로 파트너로부터 지지되지 않으면 목표 불합치로 인한 갈등을 겪게 된다. 유통경로 구성원들은 상충되는 목표를 추구한다. 예를 들어 경로 구성원들 간에 성장성과 수익성 목표에 대한 의견 불일치가 발생할 수 있다. 소비자가격을 책정할 때 대규모 제조업체는 신속한 시장침투를 위해 저가격을 원하나, 소형 소매업자들은 수익성 증대를 위해 고가격을 원할 수 있다.

목표 불합치로 인한 갈등의 사례로 나이키와 풋라커^{Foot Locker}를 들 수 있다. 풋라커는 나이키로부터 제품을 구매하여 판매하는 스포츠 용품전문 카테고리 킬러다. 나이키가 프리미엄브랜드 전략을 추구하는 반면, 풋라커는 저가격을 중심으로 한 박리다매전략을 추구했다. 풋라커는 나이키가 꺼리는 하나를 사면 하나를 더 주는^{buy one get one free} 전략을 사용했다. 따라서 두 회사 사이에 서로 양립할 수 없는 목표들로 인한 불합치가 발생했다. 이에 나이키는 풋라커에 프리미엄브랜드인 에어포스원^{Air Force One}의 공급량을 줄임으로써 풋라커와 갈등을 빚었다. 풋라커는 나이키로부터의 구매를 줄여 보복하려 했고, 나이키 역시 풋라커에 대한 공급을 줄여 보복했다(부록 9-1 "공룡들의 충돌: 나이키-풋라커의 갈등" 참조).

사례 　　**동네슈퍼 4,000여 곳 농심 라면 안 팔기 운동, 왜?**

　동네슈퍼 주인들이 농심 쪽의 마진 빼가기에 발끈해 농심 상품 치우고 안 팔기에 나섰다. 네이버 카페 '좋은슈퍼만들기운동본부'는 농심 제품 안 팔기 운동에 들어가 4,000여 명의 동네슈퍼 주인이 동참하고 있다고 밝혔다. 지난해 말 농심이 라면값을 올리면서 권장소비자가는 6%만 올리고 대리점이 슈퍼에 공급하는 납품가는 12% 높이는 방법으로 소매 유통점 마진을 채갔다는 게 이유다.

　서울의 한 동네슈퍼와 대리점의 거래명세서를 보면, 신라면 멀티팩(5개들이)이 8개 들어 있는 한 상자 납품가는 11월 말 2만 400원에서 12월 초 2만 3,700원으로 3,300원 올랐다. 반면 신라면 1개의 권장소비자가 인상분은 50원밖에 안 돼 동네슈퍼가 신라면 멀티팩 8개들이 한 상자를 팔아 추가로 얻는 이익은 2,000원에 지나지 않는다. 동네슈퍼 주인 쪽에서 보면 가격 인상 전에 비해 상자당 1,300원 정도 손해를 보는 셈이다.

　안성탕면 멀티팩 8개들이 상자 납품가도 1만 8,700원에서 2만 1,300원으로 올라 같은 방식으로 계산하면 동네슈퍼는 가격 인상 전보다 상자당 600원씩 손해를 본다. 이 슈퍼 주인은 "제조업체가 가격을 인상할 때는 소매상의 마진율을 떨어뜨리지 않는 게 유통업계의 관행인데, 농심이 스스로 업계의 관행을 깼다"고 주장했다.

　이 카페에서는 '농심제품 안 팔기 운동'에 참여하는 방법으로 농심 라면만 할인판매를 하지 않거나 잘 보이지 않는 곳에 진열하는 방식 등이 제안되고 있다. 농심 라면은 소비자값 그대로 받고, 진열선반 앞쪽에 삼양과 오뚜기 등 농심의 경쟁업체 제품을 진열하자는 것이다. 좋은슈퍼만들기운동본부 엄대현 카페지기는 "농심 영업본부에 불공정거래에 대한 문제 제기를 했지만 공식적인 답변을 듣지 못했다"고 말했다. 이에 대해 농심 쪽은 "납품가는 대리점과 소매점 간의 문제"라며 "제조업체는 대리점의 가격 결정에 관여할 수 없다"고 밝혔다.

〈한겨레신문〉 2012/1/3 기사 편집

4 갈등의 역기능

경로 구성원 간의 갈등은 경로성과에 부정적인 영향을 미칠 수 있는데, 이를 '역기능적 갈등'이라고 한다. 갈등의 역기능은 다양한 형태로 나타난다.

첫째, 갈등의 가장 큰 역기능은 비용과 시간, 노력이 낭비된다는 것이다. 따라서 경로 구성원 간의 갈등은 단기적으로 경로의 효율성을 낮추는 결과를 초래하기 쉽다.

갈등은 경로 구성원으로 하여금 자사의 이익이 침해당했다고 생각하게 만들기 때문에 자사의 이익만을 위해 기능을 수행하게 하며, 따라서 전체 유통시스템을 비효율적으로 만든다. 예를 들면, 소매업체와 제조업체 간의 갈등이 심화되는 경우, 소매업체는 제조업체의 제품을 취급하지 않아 소매업체와 제조업체 모두의 매출에 부정적인 영향을 준다(부록 9-1 참조). 또는 제조업체의 공급 감축을 우려하여 소매업체가 재고를 과다 보유하는 경우, 전체 유통시스템 상의 재고비용 증가로 유통경로의 효율성이 저하된다.

둘째, 역기능적 갈등은 경로 구성원들 간의 협조를 저해한다. 즉, 갈등이 발생하게 되면 경로 구성원들은 다른 구성원들에 의해 효율적으로 수행되던 기능을 자신이 직접 수행함에 따라 업무의 중복이 발생하는 등 경로업무의 비효율성이 증대된다.

셋째, 경로 구성원들은 상호 불신으로 인해 유통경로 상에서 발생하는 정보를 공유 교환하지 않으려는 행동을 취하게 된다. 이러한 상호 불신은 구성원들 간의 접촉빈도를 줄임으로써 상대를 이해시킬 기회를 줄어들게 한다. 경로 구성원들이 갈등에 의해 경로 상에서 발생한 정보를 공유하지 않는다면, 경로활동을 조정하고 갈등을 해소하는 데 효과적이지 못하다.

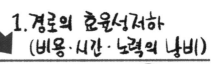
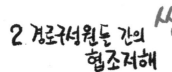

갈등의 세 가지 역기능

 사례   노브랜드와 이마트24의 갈등

이마트의 자체 브랜드(PB)인 '노브랜드' 매장 입점을 둘러싼 갈등이 '을과 을'의 싸움으로 번지고 있다. 이마트가 노브랜드 가맹사업을 시작하면서부터다. 대기업 직영점에 적용하던 규제는 가맹사업으로 바뀌면서 느슨해졌고, 동일업종 근접출점 금지와 같은 소상공인 보호 장치는 허물어졌다. 유통재벌의 골목상권 침해를 호소하던 소상공인들은 또 다른 소상공인 '가맹점주'와 싸워야 할 처지가 됐다.

2015년 저렴한 '감자칩'으로 시작한 노브랜드 제품은 식품과 생활·가전 등 전 영역으로 확대됐으며, 가성비를 내세운 노브랜드 전략은 적중했다. 2016년부터는 오프라인 매장이 들어섰다. 7개에 불과했던 노브랜드 매장은 3년만에 210개로 늘어났다. 2015년 270억 원을 기록한 노브랜드의 연간 매출은 2,000억 원을 넘어섰다.

소비시장의 변화와 별개로 '유통 공룡'이 된 노브랜드의 거침없는 행보는 기존 골목상권에는 위협이 됐다. 동네슈퍼의 주력 상품들은 노브랜드 이름을 달고 '낱개 포장'돼 판매된다. 이 때문에 소상공인들은 노브랜드 매장을 '변종' 기업형 슈퍼마켓(SSM)으로 본다.

노브랜드 취급 품목이 늘어나면서 노브랜드 매장 입점을 둘러싼 갈등도 커졌다. 입점을 앞둔 예정지마다 이마트와 지역 상인·시민단체 간 분쟁이 이어졌다. 지역 상인들이 이마트에 맞서기 위해 택한 방법은 사업조정제도다. 대·중소기업 상생협력 촉진에 관한 법률(이하 상생협력법)은 대기업이 중소기업 경영에 나쁜 영향을 미칠 우려가 있을 때 중소기업자 단체가 사업 조정신청을 할 수 있도록 규정하고 있다. 하지만 대부분의 사업조정은 결렬된다. 실제로 이마트는 전주와 울산 등 지역에서 노브랜드 직영점 출점을 준비하다 모두 철회한 바 있다. 이마트 관계자는 "사업조정에 들어가면 상대방이 회사에서 도저히 받아들일 수 없는 조건을 내거는 경우가 많다"며 "손해보면서 운영할 수는 없는 노릇"이라고 말했다.

직영점 출점이 가로막힌 이마트가 택한 우회로는 가맹사업이다. 가맹점은 전체 개점비용 공개의무가 없다. 대기업에서 개점비용의 51% 이하를 부담하면 사업조정 대상에서도 제외된다. 지역 소상공인의 반발에도 불구하고 노브랜드 제주 아라점이 문을 열 수 있었던 것도 가맹점이라는 특수성 때문이다. 제주 아라점 개점에 대한 이마트 비용 부담 비율은 30%에 달하는 것으로 알려졌다. 가맹사업 추진 이후 노브랜드 출점은 다시 속도를 내고 있다.

갈등과 분쟁 책임 가맹점주 몫으로

가맹사업을 계기로 이마트는 그동안 노브랜드 확장에 발목을 잡았던 인근 소상공인과의 도의적인 상생협약에서도 공식적으로 손을 뗄 수 있게 됐다. 가맹점 출점 이후 벌어지는 각종 분쟁과 갈등에 대한 책임은 고스란히 가맹점주 몫이 된다. 대기업과 소상공인 간 상생문제가 처지가 비슷한 자영업자 간 다툼으로 변질된 것이다. 이마트 관계자는 "노브랜드 가맹점은 이마트가 아니라 개인이 하는 것"이라며 "주변에 슈퍼나 편의점이 있다고 해서 개인 자영업자에게 장사하라 마라 강요할 수는 없지 않은가"라고 말했다.

노브랜드 입점으로 인한 피해를 호소하는 소상공인 가운데는 편의점 이마트24의 점주들도 있다. 이마트24 울산 성남·현대점을 포함한 5곳은 이마트 노브랜드의 근접출점으로 피해를 봤다며 영업정지 가처분신청을 제기했다. 가맹점사업자의 영업지역 안에서 동일 업종의 계열회사 직영점이나 가맹점을 설치해서는 안된다는 가맹사업거래의 공정화에 관한 법률(이하 가맹사업법)을 위반했다는 취지다. 이마트24는 노브랜드 오프라인 매장 출점 전까지 노브랜드 제품을 판매했고 실제 취급 품목도 상당수 겹친다. 소송을 제기한 5곳 가운데 3곳(평택 숭양점·인천 마전점·청라봄점)은 이마트 측과 비공개 합의 후에 소를 취하했다. 이마트 측에서 노브랜드로 인한 피해를 인정하고 배상을 해준 셈이다.

하지만 정작 법원으로 간 편의점주들은 잇따라 패소했다. 법원은 가맹본부인 이마트24와 계열회사인 이마트는 별도의 독립적인 법인사업체이기 때문에 이마트는 가맹사업법을 지킬 의무가 없다고 판단했다. 울산 현대점은 1심 패소 후 폐업했고, 성남점은 2심까지 패소한 뒤 대법원 판결을 기다리고 있다.

이런 가운데 최근 한국공정거래조정원은 같은 사안에 대해 법원과 다른 판단을 내렸다. 이마트24 영업지역 내 노브랜드 출점은 가맹사업법 위반이라며 이마트 측이 가맹점주에게 손배배상금을 지급하고 폐점 비용을 청구하지 않을 것을 주문했다. 하지만 해당 조정 결과를 놓고 가맹점주와 이마트 측의 뜻이 달라 조정은 끝내 결렬됐다. 조정원의 판결은 법적 구속력이 없기 때문에 조정사례로 남는 데 그친다. 이에 한 국회의원은 "골목상권 보호라는 법의 취지를 실현할 수 있도록 상생협력법 시행규칙을 개정해 사업조정 대상 기준을 새로 만들어야 한다"고 주장했다.

경향신문 2019.06.08 기사 편집

5 기능적 갈등

경로 구성원 간의 갈등이 항상 역기능만 갖는 것은 아니다. 적정수준의 갈등은 적절한 해결 메커니즘의 활용으로 더 나은 관계를 만들기도 하며, 유통경로 구성원들이 각자의 성과를 향상시키도록 만든다. 이를 '기능적 갈등'이라고 한다.

갈등이 긍정적으로 작용하여 성과를 올리는 순기능적 역할에 대해 예를 들어 설명해보자. 도표 9-1의 그래프는 경로갈등과 경로성과 간의 관계를 보여준다. C_1은 성과에 영향을 미치지 않으나 갈등수준이 C_1 이상이 되면 성과는 P_2 수준 이하로 악화된다. 그러나 경로 구성원들이 C_1-C_2 사이에서 서로 협력하여 갈등을 해소하려는 노력을 함으로써 마침내 성과는 P_1 보다 높은 P_3 수준에 이르게 된다. 이 그래프는 갈등이 발생하고 이를 해결하는 과정을 통해 경로 구성원들의 성과를 더 향상시킬 수 있다는 것을 보여주고 있다.

기능적 갈등이 긍정적 결과를 가져다주는 상황은 다음과 같다. 먼저 경로 구성원들이 자주 효과적인 의사소통을 할 기회를 가짐으로써 정보교환을 활발하게 만드는 경우다. 이렇게 증가된 커뮤니케이션 기회는 고충처리와 갈등해결의 공식창구와 표준절차를 마련하는 데 도움을 준다. 또 과거의 사례를 조사하여 과거 행동을 비판적으로 분석하여 갈등의 근본원인을 찾고, 이에 대한 적절한 조치를 취할 경우에도 긍정적인 결과를 가져온다.

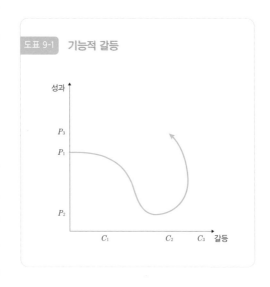

도표 9-1　기능적 갈등

이외에도 경로 구성원들이 개별 구성원보다 전체 구성원의 이익을 증대하는 방향으로 경로자원을 균등하게 배분하는 데 합의한 경우나 갈등을 해소할 방법을 정형화함으로써 구성원들 간의 관계가 안정적이 될 경우, 또는 특정 경로 구성원에 의한 무차별적인 힘의 남용을 제한하고 자원의 균등한 배분을 보장하는 등 경로 내 구성원들 간에 힘의 균형을 유지할 경우 등이 갈등의 순기능을 통해 얻는 결과라고 할 수 있다.

경로 구성원들은 경로 파트너와의 협력적인 관계를 이루기 위해서는 불가피하게 시끄러운 논쟁을 겪을 수도 있다는 것을 항상 인식해야 한다. 경로 구성원들은 경로 파트너와의 갈등을 인내할 수 있어야 한다. 더 나아가 갈등을 경로관계 발전을 위한 성장통으로 기꺼이 받기는 자세가 필요하다. 이러한 기능적 갈등은 효율적 채널을 만드는 데 큰 영향을 미친다. 기능적 갈등은 힘이 강한 경로 구성원들에게 긍정적인 경고를 주어 힘이 약한 파트너와 관계를 이루면서 결과적으로 조화로운 관계를 이룰 수 있도록 한다.

이와 같이 이론적으로는 모든 갈등이 순기능적 효과를 가져올 수 있다. 그럼에도 불구하고 대다수의 갈등이 순기능보다 역기능을 초래한다는 사실 또한 잊어서는 안 된다. 따라서 유통구조에서 좀 더 나은 성과를 바란다면, 경로 구성원들은 충분히 대화하고 협조하며 서로의 입장을 표명해야 한다.

적절한 갈등관리는 생성된 의견충돌을 좀 더 건설적인 갈등으로 이끌어줄 것이다. 물론, 갈등이 때로는 더 크고 중대한 갈등을 이끌어 불만과 긴장을 생성하는 것이 사실이지만 갈등의 존재를 기꺼이 받아들이고 해결하려는 노력을 하지 않는다면 궁극적으로 큰 손해를 초래한다는 것을 잊지 말아야 한다.

사례 **P&G와 프랑스 하이퍼마켓의 기능적 갈등**

가격 책정은 P&G와 프랑스의 하이퍼마켓 체인들의 관계에 오랫동안 갈등을 제공했다. 하이퍼마켓이란 1950년대 말부터 유래한 것으로 주로 교외에 위치하며 한 스토어 안에 식료품과 비식료품을 함께 구성하여 판매하는 곳을 말한다. 한국의 대형마트와 유사한 업태로 미국의 대형마트는 식료품을 판매하지 않고 있어 햐이퍼마트와 차이점이 있다

몇몇 하이퍼마켓들은 자신들의 마켓파워와 인지도를 이용하여 공급자들을 대상으로 남다른 가격정책을 시도했다. 보통은 물품을 구매할 때 선불로 제조업체와 마진에 대해 협상하지만 하이퍼마켓들은 딜레이드 마진delayed margin이라는 명목 아래 브랜드의 인지도와 상품 판매 후 매출에 따른 수익금을 받고자 했다.

'French Exception'이라 불리는 이러한 형태의 지급은 다른 유럽 지역에서는 볼 수 없는 것으로 상당한 액수에 육박했다. 한 하이퍼마켓 체인의 연간 수입에서 딜레이드 마진이 적게는 8%에서 많게는 30%까지 차지하는 형태를 보여 비평가들은 딜레이드 마진이 소비자가를 인상시키고 이미 많은 파워를 가지고 있는 하이퍼마켓의 파워를 증가시킨다고 지적했다.

이에 대항하여 1999년 P&G는 딜레이드 마진의 지급을 거부했고 하이퍼마켓들은 P&G 제품의 구매를 거부했다. 그로 인해 많은 스토어에서 한동안 팬틴 샴푸, 올레이Olay 핸드 크림, 팸퍼스 기저귀 등을 찾아볼 수 없었다. 하이퍼마켓의 저항은 P&G의 신상품 출시에도 지장을 주었다.

하지만 점점 더 많은 제조업체들이 보이콧에 동참하면서 유통업체들은 힘겨워하기 시작했다. P&G가 가지고 있는 시장점유율과 강한 브랜드파워를 무시할 수 없었기 때문이다. 초창기에는 P&G가 이러한 문제를 다루는 것이 불가능할 것으로 보였으나, 결국에는 프랑스 하이퍼마켓의 마진 정책들이 얼마나 불합리한 것인지를 확인시키고 관례적인 방법이었던 마진 산출방식을 합리화하는 계기가 되었다.

Coughlan et al.(2012), *Marketing Channels*

6 힘의 구조를 고려한 갈등해결방안

도표 9-2는 유통경로 구성원들이 어떻게 갈등을 다루는지를 개념화하는 한 가지 방법을 보여주고 있다. 이 틀은 힘의 구조를 바탕으로 유통경로 구성원들의 갈등처리방법을 다루고 있다.

힘이 약한 경로 구성원들끼리 관계가 이루어져 있는 경우에는 서로 갈등을 적극적으로 해결하기보다는 회피하고자 하는 성향을 보인다. 서로 간의 힘이 약하다는 것은 결국 상대 회사에 대한 의존도가 낮다는 것을 의미한다. 낮은 의존도는 경로 구성원들이 경로 파트너로부터 기대하는 이익이 많지 않다는 것을 의미한다. 따라서 기대할 것이 별로 없는 파트너와 갈등해결을 위해 노력할 필요가 없다고 판단을 내리고, 의존도가 낮은 경로 구성원들은 종종 최소의 정보교환을 하며 갈등에 대해 논의하는 것을 피하는 경향이 있다.

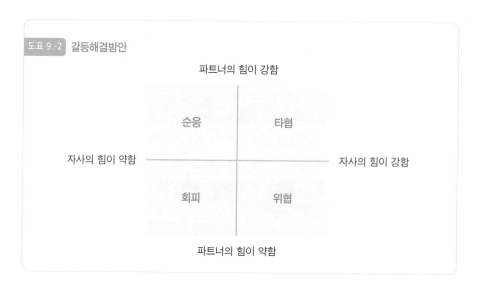

도표 9.-2 갈등해결방안

힘이 약한 경로 구성원과 힘이 강한 구성원 간의 관계에서는 힘이 약한 쪽이 강한 쪽에 순응하여 갈등을 해결한다. 자신의 목표보다 상대방의 목표에 초점을 맞춤으로써 거래관계를 지속시키는 결과를 얻는다. 순응은 상대방과의 관계지속을 통해 미래의 이익을 추구하는 방법 중 하나다.

힘이 약한 경로 구성원과 힘이 강한 구성원 간의 관계에서는 힘이 강한 쪽이 약한 쪽을 위협하여 갈등을 해소하는 전략을 쓸 수 있다. 이것은 거래상대방의 목표는 무시하면서 자신의 목표를 추구함으로써 제로섬게임을 하는 전략을 포함한다. 이러한 방안은 표면적인 갈등은 없앨 수 있지만, 힘이 강한 구성원이 자사의 목표달성만을 강요하므로 힘이 약한 경로 구성원과의 잠재적인 갈등(겉으로는 불평하지 않지만 속으로 불평하는)을 악화시키고 불신을 조장하는 상황을 초래할 수 있다.

두 경로 구성원이 서로 힘이 강한 경우에는 타협이 현명한 대안으로 떠오른다. 어느 한 경로 구성원이 자사의 목표만을 강요하면 상대 파트너는 소유하고 있는 힘을 이용하여 보복할 수 있으므로 위협은 좋은 대안이 아니다. 따라서 서로 한 발씩 양보하여 접점을 찾아 두 회사 모두에게 유리한 방향으로 갈등해결책을 모색한다. 타협은 종종 양쪽 모두가 쉽게 수긍할 수 있어서 해결방안을 빠르게 찾을 수 있는 장점이 있다.

도표 9-3을 통해 대기업의 불공정거래에 대한 중소기업의 대처방안을 살펴보

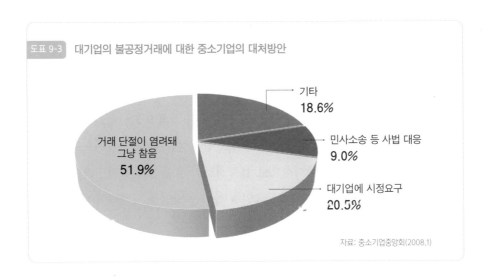

도표 9-3 대기업의 불공정거래에 대한 중소기업의 대처방안

기타
18.6%

민사소송 등 사법 대응
9.0%

거래 단절이 염려돼
그냥 참음
51.9%

대기업에 시정요구
20.5%

자료: 중소기업중앙회(2008.1)

면, 많은 기업이 불공정하다고 느끼면서도 힘이 약하므로 상대방의 요청을 받아들이는 것으로 나타났다. 약 52%의 중소업체가 힘이 센 상대방의 요청을 수용한다. 반대로 적극적인 대처를 하는 중소기업은 비교적 소수인데, 약 30%의 기업만이 소송이나 문제에 대한 시정권고 등의 적극적인 행동을 취하는 것을 알 수 있다.

기업 간 힘의 불균형이 심한 상태에서 힘이 약한 쪽이 힘이 강한 쪽의 일방적인 힘의 사용을 막을 방법은 많지 않다. 우리나라의 경우 정부는 힘이 약한 쪽을 보호해주는 제도를 시행하고 있다. 예를 들어, 정부는 기업호민관실을 운영하여 불공정거래 집단신고제나 구두발주·납품 취소에 대한 징벌적 손해배상제도를 도입하고 납품 후 부당검수로 인한 대금결제 지연이나 특허 공유를 내세운 거래도 규제하려고 시도하고 있다.

공정거래위원회는 불공정거래의 근절을 위해 하도급계약 추정제도를 시행하고 있다. 이는 계약서 없이 구두로 작업을 지시받은 하도급업체가 원사업자(대기업)에게 서면으로 계약내용 확인을 요청할 수 있고, 이에 대해 원사업자는 15일 안에 인정 여부를 회신하지 않으면 계약이 자동 성립한 것으로 규정하는 것이다.

이러한 제도가 어느 정도 효과를 발휘할 수 있을지는 미지수다. 예를 들어, 정부는 중소기업이 원자재값 상승으로 단가인상 요인이 있으면 대기업에 협의를 요청하는 '납품단가 조정협의의무제'를 도입했다. 만약 대기업이 요청을 외면하거나 합의에 실패하면 하도급분쟁조정협의회에 조정을 신청할 수 있다. 하지만 신청은 단 한 건도 없었다. 중소기업으로서는 대기업과 거래하지 않을 각오가 없는 한 현실적으로 조정신청은 불가능하기 때문이다. 도표 9-3은 우리나라 대기업의 불공정행위는 많은 경우 해결되지 못하고 잠재적인 갈등의 원인으로 존재함을 암시하고 있다. 갈등은 장기적으로 유통경로의 효율성을 떨어뜨리므로 대기업이나 중소기업 모두 잠재하는 갈등요인을 줄이는 방안을 모색해야 한다.

공룡들의 충돌: 나이키-풋라커의 갈등

나이키와 풋라커의 갈등은 상호의존하던 두 회사의 전략이 엇갈릴 때 분쟁이 어떻게 일어나는지를 잘 보여준다.

나이키사가 지난달 그들의 베스트 판매제품인 에어조던^{Air Jordan} 3 운동화를 출시했을 때, 한 소년이 엄마와 함께 신발을 사기 위해 상점가를 돌아다녔다. 그러나 풋라커에는 그 신발이 없었다. 품절된 것이라고 생각했던 소년은 더 이상 풋라커에서 나이키 운동화를 판매하지 않을 것이라는 소문을 들었고, 쇼핑객은 더 이상 세계에서 가장 큰 신발체인인 풋라커에서 나이키의 에어조던 3를 찾을 수 없었다.

이러한 변화는 유통경로 파트너로부터 더 많은 것을 원하는 나이키와 풋라커 두 회사 간의 불화의 결과다. 지난 30년간 나이키와 풋라커는 브랜드 운동화시장을 함께 창출했다. 두 회사는 성장을 지속하여 그들의 산업을 압도적으로 지배했고, 이러한 지배력을 바탕으로 다른 유통경로 구성원들에게 압도적인 영향력을 행사했다.

풋라커체인에서 팔리는 신발의 가격과 선택에 있어 나이키의 융통성 없음에 화가 난 풋라커의 경영간부가 스포츠 용품 거대 제조회사인 나이키를 비난하며 "풋라커가 나이키 주문을 줄였다"고 발표한 작년 초에 양사 간의 균열이 시작되었다. 풋라커는 저가의 잘 팔리는 제품인 독일의 푸마^{Puma}, 케이스위스^{K-Swiss} 등의 주문을 늘렸고 나이키의 주문을 줄였다. 풋라커의 경영진은 나이키의 가장 큰 바이어인 풋라커가 나이키로부터 좀 더 낮은 공급가를 얻어내고 나이키의 인기 있는 제품을 좀 더 구매하기를 원했다.

하지만 나이키는 풋라커에 2003년 계획된 선적을 작년 수준의 40%로 줄이는 것으로 응답했다. 그리고 풋라커에 여전히 몇몇 나이키 신발을 공급했지만 나이키의 가장 인기 있는 운동화는 제공하지 않았다. 나이키는 풋라커에서 주문한 물량의 대부분을 피니시라인^{Finish line}이나 풋액션^{FootAction} 같은 다른 소매업체로 돌렸다.

풋라커에게 있어 나이키와의 소원해진 관계는 판매의 감소를 의미고, 더 많은 나이키 신발을 가진 경쟁 소매업체들을 유리하게 만들었다. 오랫동안 나이키의 광고에 의지하여 구매자로 하여금 풋라커의 상점을 이용하도록 해왔기에 풋라커는 커다란 곤경에 직면하게 되었다.

풋라커는 3,600개 아울렛의 판매를 증가시키기 위해 공격적으로 가격을 내리기 시작했다. 그렇게 함으로써 매출증가 트렌드를 이어가고 싶어 했지만, 자사의 신발 가격이 인하하기를 원하지 않은 나이키의 전략과는 맞지 않게 되었다.

협력과 갈등의 역사

두 회사 모두 초창기에
는 운동화 혁명에 앞장섰
다. 두 회사는 서로 성장
하면서 서로의 영향력으
로부터 수익을 얻었다. 나
이키의 호화로운 광고 캠
페인은 신발에 대한 소비
자의 요구를 창출해냈고,
풋라커의 광범위한 네트
워크를 통해 나이키제품

을 찾는 소비자에게 제품을 제공했다. 풋라커는 소비자가 가장 선호하는 소매업체로서 나이
키의 가장 인기 있는 제품의 제공을 보장했다.

풋라커는 나이키의 매출이 증가할수록 경쟁 소매업체들보다 많은 성장을 이룩했다. 풋라
커는 나이키에게 가장 적절한 디스플레이를 제공하고, 나이키는 풋라커에게 새로운 모델을
제일 먼저 제공했다.

풋라커는 2002년에 45억 달러의 판매량을 기록했는데, 이 중 나이키의 제품이 절반을 차
지했다. 나이키의 2002년 판매량의 약 10%가 풋라커를 통한 매출이었다.

나이키의 스포츠 용품제조회사로서의 독보적인 위치는 소매업체에 많은 영향력을 행사하
게 한다. 예를 들어, 나이키는 일반적으로 소매업체들에게 자사의 모든 신발을 살 것을 요구
했다. 단지 잘 팔리는 제품 하나만 구매하는 것이 아니라, 인기 있는 제품을 얻기 위해 소매
업체들은 입증되지 않은 나이키 신발을 포함한 나이키의 모든 제품을 구매해야 한다. 대부분
의 운동화 생산자들은 소매업체들에 약 60%의 마진을 허용하는 반면, 나이키는 오직 42%
만 허용한다. 이는 나이키가 각각의 판매에서 좀 더 많은 이익을 가져감을 의미한다.

풋라커는 월마트적인 접근을 시도하여 그들이 산업에서 차지하는 규모를 이용해 공급업
체에게 가격양보를 밀어붙이면서 "하나를 사면, 하나를 반값으로 얻게 된다"라는 용어인
BOGOH^{Buy One Get One Half}를 이용하여 전례 없는 가격전쟁을 시작했다. 이러한 세일은
소비자에게 한 번에 두 켤레의 신발을 사도록 부추겼고, 신발을 다른 곳에서 살 기회를 줄였

다. 실제로 풋라커는 자사의 위상을 이용해 다른 운동화 체인보다 제조업체들로부터 공급가를 많이 할인받았고 따라서 BOGOH 같은 프로모션을 자주 실시할 수 있었다.

나이키는 이러한 세일이 전체 운동화시장을 특색 없는 일반품^{commodity}화한다고 생각하여 싫어했다. 특히 소수의 운동화 가격을 할인하는 대신에 프리미엄 모델을 포함하여 모든 종류를 세일하는 것을 더욱 꺼렸다. 과거에 나이키는 BOGOH 프로모션을 진행하는 상점에는 인기 있는 운동화 공급을 거절함으로써 이러한 세일을 축소시키려고 시도했다. 이 때문에 나이키가 가격을 고정시키는 데 실제적으로 관여하고 있다는 혐의로 플로리다 주의 정밀조사를 받기도 했다.

한편, 나이키를 불쾌하게 만듦에도 불구하고 풋라커는 50% 세일 프로모션을 지속했다. 그리고 나서 나이키의 주문을 삭감하는 것을 통해 요구의 정도를 높였다. 하지만 나이키는 인기제품의 공급을 줄이면서 반격을 했고, 풋라커는 나이키의 인기제품을 공급받지 못해 고통 받기 시작했다. 그리고 풋라커는 미국 내 상점의 월 판매량이 10% 정도 하락했다고 공식 발표했다. 반면에 피니시라인이나 풋액션 같은 경쟁 소매업체는 큰 폭의 매출액 증가를 나타냈다. 따라서 풋라커의 공격적인 행보는 오히려 나이키의 역습을 받아 큰 곤경에 빠지는 결과를 초래하고 말았다.

갈등의 해결 시도

풋라커의 CEO는 나이키의 본사로 날아가 갈등을 해결하려고 시도했다. 하지만 이러한 시도는 큰 성과를 얻어내지 못했다. 전문가들은 풋라커가 나이키와 자사가 똑같은 정도로 서로 의존하고 있다고 생각하는 실수를 저질렀다고 지적했다. 그들은 나이키가 풋라커가 다시는 잊어버리지 않을 교훈, 즉 나이키의 힘이 풋라커보다 훨씬 크며 유통경로 구성원은 그 힘의 역학에 따라 행동해야 한다는 교훈을 가르쳤다고 말했다.

나이키와의 갈등의 여파는 풋라커의 경영진 구성에 영향을 미쳤다. 갈등을 초래한 풋라커의 CEO가 풋라커의 미국 내 상점의 경영을 포기하고 자회사인 챔프스포츠^{Champs Sports}의 CEO에게 경영이 맡겨졌다. 챔프스포츠는 세일 프로모션을 광범위하게 진행하지 않고 고급제품의 판매에 중점을 두고 있다. 따라서 챔프스포츠는 고급제품의 이미지를 추구하는 나이키의 제품을 판매하는 아울렛으로 적절하다는 점에서 갈등해결의 실마리를 제공하고 있다.

1 유통경로 구성원 간에 발생할 수 있는 갈등의 유형과 원인들에 대해 논하시오.

2 유통경로 구성원 간의 기회주의적 행동에 대해 예를 들어 설명하시오.

3 갈등이 유통 파트너 간의 관계에 미칠 영향에 대해 논하시오.

4 "동네슈퍼와 서울우유의 가격차별 규탄" 사례에서 서울우유가 취할 수 있는 갈등해결 방안에 대해 논하시오.

5 기능적 갈등에 대해 설명하시오.

6 부록 9-1 "공룡들의 충돌: 나이키-풋라커의 갈등"에서 두 회사 간에 발생한 갈등의 원인에 대해 논하시오.

7 부록 9-1 "공룡들의 충돌: 나이키-풋라커의 갈등"에서 풋라커가 선택할 수 있는 단기·장기적 갈등해결방안에 대해 논하시오.

8 힘의 존재를 고려한 갈등해결 유형에 대해 논하시오.

참고문헌

오세조·윤홍근·이수동·변명식·임영균(2005), 『프랜차이즈 경영원론』, 두남.

Coughlan, Anne, Erin Anderson, Louis Stern and Adel El-Ansary(2001), *Marketing Channels*, Prentice Hall Upper Saddle River, New Jersey.

Dant, Rajiv and Patrick Schul(1992), "*Conflict Resolution Processes in Contractual Channels of Distribution*," Journal of Marketing, 56(January).

Tkacik, Maureen(2003), "*In a Clash of Sneaker Titans, Nike Gets Leg Up on Foot Locker*," Wall Street Journal, May 13.

1 나이키와 풋라커 중 힘의 우위를 가지고 있는 회사는(부록 9-1 "공룡들의 충돌: 나이키-풋라커의 갈등"에서)?

① 나이키 ② 풋라커
③ 나이키와 풋라커 두 회사 ④ 없음

2 다음 중 경로 구성원 간 갈등이 나타나는 이유가 아닌 것은?

① 경로 구성원 간 결속력이 낮을 때
② 경로 구성원 간 힘의 분배가 한쪽에 치우칠 때
③ 한 경로 구성원이 자사의 이득만을 생각할 때
④ 경로 구성원 간 정보교환이 활발히 일어날 때

3 나이키와 풋라커의 갈등 원인은(부록 9-1 "공룡들의 충돌: 나이키-풋라커의 갈등"에서)?

① 브랜드 전략의 차이 ② 나이키의 물량 밀어내기
③ 풋라커의 매대 진열 견해차 ④ 풋라커의 고가전략

4 유통경로에서 동일한 계층에 있는 동종의 유통업체 사이에서 발생하는 갈등은?

① 수평적 갈등 ② 산업 갈등 ③ 업종 간 갈등 ④ 수직적 갈등

5 가전제품의 구색을 강화하려는 대형마트와 가전제품 전문점이 경쟁하는 경우에 나타나는 갈등을 무엇이라고 하는가?

① 동업자 간 갈등 ② 업태 간 갈등 ③ 업종 간 갈등 ④ 수직적 갈등

6 유통경로에서 상이한 계층에 속하는 유통경로 구성원들의 갈등을 무엇이리고 하는가?

① 수평적 갈등 ② 업태 간 갈등 ③ 업종 간 갈등 ④ 수직적 갈등

7 유통경로에서 제조업체와 소매업체 사이의 갈등을 무엇이라고 하는가?

① 수평적 갈등   ② 업태 간 갈등   ③ 업종 간 갈등   ④ 수직적 갈등

8 다음 중 마케팅 채널에서 갈등을 야기하는 예로 적절하지 않은 것은?

① 프랜차이즈 본사와 가맹점 사이에 촉진지원에 대한 기대가 다를 때
② 제조업체와 소매업체 간의 제품수명주기에 대한 인식이 일치하지 않을 때
③ 부품업체가 공급가격을 과도하게 부풀릴 때
④ 제조업체와 부품업체 간 결속력이 높을 때

9 제조업체가 소매업체만을 통하지 않고 유통경로를 다각화시키려고 할 때 일어날 수 있는 갈등의 종류는?

① 역할의 불일치   ② 인식의 불일치   ③ 영역갈등   ④ 기회주의적 행동

10 경로 구성원 간의 갈등은 경로성과에 부정적 영향을 미칠 수 있는데, 이를 ( ) 갈등이라고 하고, 유통경로 구성원들이 각자의 성과를 향상시키도록 만드는 것을 ( ) 갈등이라고 한다. 다음 중 ( ) 안에 들어갈 내용으로 알맞은 것은?

① 역기능적, 기능적   ② 기능적, 역기능적
③ 부정적, 긍정적   ④ 중립적, 부정적

11 마케팅 채널에서 순기능적 갈등의 효과는?

① 경로 구성원 간 단기계약을 촉진한다.
② 경로 구성원들이 자주 효과적인 의사소통을 할 기회를 갖게 만든다.
③ 경로 구성원 간 신뢰를 낮춘다.
④ 경로 구성원 간 힘의 사용을 증진한다.

12 힘이 약한 경로 구성원들 사이에 갈등이 일어날 경우의 해결방안은?

   ① 타협   ② 위협   ③ 회피   ④ 순응

13 힘이 약한 경로 구성원과 힘이 강한 구성원 간에 갈등이 일어나는 경우, 힘이 약한 쪽의 해결방안은?

   ① 타협   ② 위협   ③ 회피   ④ 순응

14 힘이 약한 경로 구성원과 힘이 강한 구성원 간에 갈등이 일어나는 경우, 힘이 강한 쪽의 해결방안은?

   ① 타협   ② 위협   ③ 회피   ④ 순응

15 힘이 강한 경로 구성원들 사이에 갈등이 일어나는 경우의 해결방안은?

   ① 타협   ② 위협   ③ 회피   ④ 순응

16 효과적인 마케팅 채널의 갈등관리에 대한 설명으로 옳은 것은?

   ① 경로 구성원들 간의 갈등을 완벽하게 제거하도록 할 수 있다.
   ② 경로 구성원들 간의 갈등은 완전히 제거될 수 없기 때문에 갈등을 줄일 수 있는 메커니즘을 갖는다.
   ③ 채널 효과성에 영향을 주지 않는 정도의 갈등만을 가진다.
   ④ 갈등을 효과적으로 해결하도록 경로 구성원들 간의 계약을 가진다.

---

1 ①   2 ④   3 ①   4 ①   5 ②   6 ④   7 ④   8 ④   9 ③
10 ①   11 ②   12 ③   13 ④   14 ②   15 ①   16 ②

제10장

유통경로 통제 메커니즘

애플 협력사 관리 비결은 발굴·독점·통제

경영진이 직접 나서 뛰어난 협력업체를 찾아내고
독점계약하여 물류망·부품 싹쓸이

1997년 스티브 잡스가 복귀한 후 맞이한 첫 번째 대목인 크리스마스 시즌에 애플^{Apple}은 5,000만 달러를 들여 예약 가능한 비행기 화물칸을 모조리 선점했다. 신제품 아이맥을 운송하기 위해서였다. 애플이 화물칸을 점령하는 바람에 경쟁사 컴팩은 제품 운송에 차질을 빚었다.

생산 단계에 들어서면 물류망과 마찬가지로 부품도 싹쓸이한다. 이때 800억 달러에 이르는 애플의 현금보유액은 강력한 무기가 된다. 대량주문은 원가를 낮출 수 있어 유리

애플의 협력업체 관리 및 부품 수급 성공비결

선정	협력사 직접 찾아나서야
계약	애플만을 위한 회사로
협력	디자이너도 생산라인에
물류	필요 시 화물기도 독점
부품	현금으로 싹쓸이해야
통제	원가명세서라도 받아야
기밀	몰래카메라 달 수도

하다. 애플의 이 같은 전략 때문에 지난해 아이폰4가 출시될 때 경쟁사 HTC는 부품 조달에 어려움을 겪기도 했다.

2006년 애플의 디자인 책임자 조너선 아이브는 맥북에 새로운 디자인을 도입하기로 했다. 카메라가 켜지면 노트북 스크린 위에 녹색 불빛이 들어오는 디자인이었다. 그러나 기술적으로 불빛이 알루미늄을 투과하기란 불가능했다. 아이브는 제조팀과 함께 정밀한 레이저를 이용해 육안으로는 식별이 불가능하지만 빛이 투과되기에 충분한 구멍을 뚫는 방법을 찾아냈다.

가까스로 기술을 찾아냈지만 대량생산되는 제품에 기술을 적용하는 것은 또 다른 과제였다. 수소문 끝에 자재 전문팀은 마이크로칩 제조에 사용되는 레이저 장비를 만드는 회사를 찾았다. 조금만 손보면 애플의 새로운 디자인에 적용할 수 있는 장비였다. 애플은 곧장 독점계약을 맺었다. 애플의 SCM이 디자인 단계부터 적용되는 것을 보여주는 사례다. 아이브가

이끄는 디자인팀은 부품 및 제조업체들과 긴밀하게 협조하기 위해 수개월씩 호텔에서 지내기도 한다.

세계 최고 경쟁력을 갖춘 애플의 SCM은 스티브 잡스에 이어 최고경영자(CEO)에 오른 팀 쿡을 구심점으로 구축됐다. 제조 과정은 '외주' 같지만, 전통적인 외주는 아니다. 700~800여 개에 달하는 아이폰 부품은 애플이 개별 업체와 직접 협상해 조달한다. 세계 최고 수준의 글로벌 공급망 관리체계이다. 자재 조달부터 물류에 이르기까지, 제품 디자인부터 매장 디자인에 이르기까지, 제품을 구성하는 부품 A부터 Z까지 애플은 정교하게 관리한다. '생태학적 시스템ecosystem'이라고 불러도 과언이 아닐 정도다.

애플의 협력사들은 대량수주로 짭짤한 수익을 올리지만 까다로운 애플의 기준을 맞추느라 고전한다. 부품가격이 어떻게 산정되는지 알아보기 위해 자재와 노동비용, 예상이익까지 첨부한 명세서를 요구하기 때문이다. 신제품 출시일이 다가오면 애플은 기밀 유지를 위해 강력한 통제에 들어간다. 중국 조립공장으로 운반되는 부품 박스에 전자장치를 설치해 일일이 추적·감시한다. 애플 제품이 아닌 것처럼 위장하기 위해 토마토 박스에 제품을 실어 보낸 적도 있다.

〈KBS News〉 2021/2/10, 〈Businessweek〉 2001/10/28 기사 편집

1 통제 메커니즘

제품의 유통은 유통경로 상 경로 파트너와의 상호작용을 통해 이뤄지고, 독립적인 경로 구성원들의 능력에 따라 전체 유통경로의 효율성이 결정된다. 따라서 개개의 경로 구성원의 성공은 상당 부분 경로 파트너들의 성과에 의존한다. 따라서 경로 파트너가 약속한 행동이나 결과를 수행하도록 하고, 파트너의 약속 불이행에 대응하여 자신을 보호하기 위해 경로 파트너에 대한 통제를 행사하는 것이 필요한데, 경로 파트너에 대한 통제를 행사하는 방안이 유통경로 통제 메커니즘이다.

유통경로 구성원에 대한 통제가 필요한 이유는 여러 가지가 있다. 첫째, 경로 파트너가 기회주의적으로 자사의 이익만을 위해 행동할 가능성이 있기 때문이다. 이는 경로 구성원들이 자사 이익의 극대화를 추구하는 독립적인 조직이므로 충분히 예상할 수 있다. 시장에 부품공급이 부족할 때, 약속된 물량을 공급하지 않고 그 물량을 높은 구매가를 제시하는 업체에 넘긴 후 현 거래상대방에게는 공급이 부족해 제때 부품을 공급할 수 없다고 거짓말을 하는 경우도 있다. 이런 행위를 막기 위해서는 시장에서의 부품가격과 부품 공급 상황을 파악해야 한다.

둘째, 경로 파트너의 능력에 대해 신뢰할 수 없는 경우다. 납기일을 맞추지 못해왔거나 공급하는 제품의 불량률이 높았던 경우 다른 경로 구성원으로 교체할 수 있다. 하지만 단시일 내에 교체가 가능하지 않은 경우나 과점인 경우에는 제품의 품질을 수시로 체크하거나 사용하는 원재료나 부품의 모니터링 등을 통해 기대수준의 성과(납기일 준수, 품질불량률 감소)를 올려야 한다.

셋째, 경로 파트너가 자사의 전략을 지원하도록 할 필요가 있기 때문에 파트너에 대한 통제가 필요하다. 유통경로 구성원들은 상충되는 목표를 추구하기 쉬운 위치에 있다. 예를 들면, 경로 구성원들 간에 성장성과 수익성 목표에 대한 의견 불일치가 발생할 수 있다. 소비자가격을 책정할 때 대규모 제조업체는 신속한 시장침투를 위해 저가격을 원하나 소형 소매업자들은 수익성 증대를 위해 고가격을 원할 수 있다. 따라서 제조업체는 소매업체가 자사의 전략을 지원하도록 통제할 필요가 있다.

② 통제 메커니즘의 유형

통제를 하기 위해 사용하는 방법을 '통제 메커니즘'이라고 하는데, 통제를 행사하기 위해서는 압력행사, 모니터링, 규범의 적용 등 여러 가지 방법을 이용할 수 있다. 통제 메커니즘은 크게 두 가지로 나눠볼 수 있는데, 일방적 통제 메커니즘과 쌍방적 통제 메커니즘이 있다.

1. 일방적 통제 메커니즘

일방적 통제 메커니즘unilateral control mechanism은 자사의 이익을 극대화하기 위해 경로 파트너의 활동을 일방적으로 통제하는 방법을 말한다. 일방적 통제 메커니즘은 재고 수준, 생산과정, 판매과정 등 경로 파트너의 생산 및 유통과 관련된 의사결정에 일방적인 영향을 미치는 것을 포함한다. 또한 일방적으로 경로 파트너의 활동 및 성과를 감시함으로써 원하는 결과를 얻는 것도 일방적 통제 메커니즘의 한 종류다.

일방적 통제 메커니즘은 몇 가지 특성을 보인다. 첫째, 일방적 통제 메커니즘을 이용하는 경로 구성원은 '자사의 이익'만을

힘에 의존한 일방적 통제

위해 경로 파트너를 통제한다. 예를 들어, 중소기업의 수익성 저하는 주로 대기업의 일방적인 납품단가 인하로 인한 경우가 많다. 대기업에 납품하는 5,328개 중소기업을 조사해 총이익률과 대기업 매출비중 간 상관관계를 조사한 결과, 대기업 매출비중이 1%포인트 높아지면 중소기업의 총이익률은 0.54%포인트 낮아지는 것으로 분석됐다. 반면 다른 중소기업에 대한 판매비중이 1%포인트 높아지면 해당 중소기업의 총이익률은 0.02%포인트 높아졌다. 대기업에 납품하는 경우 상대적으로 낮은 단가로 납품하고 있다는 것을 보여주는 결과다. 이는 상당수의 대기업이 자사의 이익만을 위해 중소 경로 파트너들에게 납품단가를 낮추도록 압박하고 있음을 간접적으로 볼 수 있다.

둘째, 일방적 통제 메커니즘 내에서 경로 구성원들은 '힘에 의존'하여 경로 파트너를 감시하고 통제한다. 일방적인 이익을 추구하기 위해서는 힘이 동반되지 않으면 통제가 가능하지 않다. 그렇지 않으면 이익을 침해당한 경로 파트너의 반발로 인해 통제가 힘들어진다. 따라서 힘의 우위가 전제되지 않으면 일방적 통제 메커니즘은 성립되지 않는다.

우리나라의 경우 일방적 통제 메커니즘은 유통경로 상 주로 구매자가 사용하는 경우가 많다. 근래에 들어서 제조업체와 소매업체의 관계에서 소매업체의 힘이 강해진 이유가 있기 때문이다. 또한 완성품 제조업체와 부품공급업체의 관계에서도 구매자인 완성품 제조업체가 부품 구매의 안정성을 위해 일방적인 통제를 하는 경우가 많다. 물론 인텔의 CPU 경우처럼 부품이 독과점적인 경우에는 구매자의 일방적 통제는 쉽지 않다.

셋째, 일방적 통제 메커니즘은 힘이 강한 경로 구성원이 그 자신의 이익만을 위해 경로 파트너를 통제하므로 힘이 약한 경로 구성원은 이에 저항하기 힘들다. 따라서 자사의 이익이 침해되는 상황을 바꿀 수 없는 경로 구성원은 다른 대안, 즉 다른 경로 파트너를 찾아 자사의 이익을 증진시키려는 노력을 하게 된다. 따라서 일방적 통제 메커니즘은 유통경로 구성원 간의 관계가 길게 지속되지 않고 단기적으로 끝나게 되는 요소의 하나로 작용한다(부록 10-1 "다임러크라이슬러의 부품업체 쥐어짜기" 참조).

2. 쌍방적 통제 메커니즘

쌍방적 통제 메커니즘^{bilateral control mechanism}은 한쪽의 일방적인 통제보다는 쌍방의 '자발적인 자기통제'를 통해 경로 파트너를 통제하는 것을 의미한다. 유통경로 상의 구매업체와 공급업체는 상호의존적인 파트너관계이므로 협력을 통한 자발적인 통제를 할 때 상호이익을 얻을 수 있다. 완성품 제조업체는 완제품 생산에 필요한 부품을 부품공급업체로부터 적기에 안정적으로 공급받고, 공급업체는 안정적인 구매처 확보를 통해 물건을 만들 수 있다. 또한 제조업체가 앞선 기술과 경영노하우를 전수해주면 부품업체의 기술력과 생산성이 높아져 질 좋은 부품을 더 값싸게 공급할 수 있고, 이는 쌍방의 경쟁력 강화로 이어진다. 따라서 쌍방적 통제 메커니즘은 경로 구성원들의 쌍방의 이익을 위한 자발적인 통제를 의미한다.

쌍방적 통제 메커니즘은 경로 구성원들이 '장기적인 이익'을 위해 자발적 통제를 하는 것이다. 쌍방적 통제 메커니즘 아래에서는 경로 구성원 모두의 이익을 추구하게 되고 거래기업 모두의 이익을 추구하므로 미래에도 거래를 계속해서 이익을 얻고자 하는 의도가 있다. 그러므로 쌍방적 통제 메커니즘을 실천하는 경로 구성원들은 단기적인 이익보다는 장기간의 이익을 추구하는 경향이 있다.

쌍방적 통제 메커니즘은 결국 경로 구성원들 간의 동반자적 의식이 선행되어야

쌍방적 통제 메커니즘

가능하다. 삼성전자의 갤럭시노트7의 발화사건으로 인한 조기 단종은 여러 가지 이유 중에서 부품협력사들의 성장을 동반하지 않고 삼성전자가 독주한 결과도 한 원인이라는 지적이 있다(오마이뉴스, 2016/10/11, 한국경제 2017/1/24). 스피드를 중시하여 부품업체들을 독려해 야심차게 제품을 내놓았지만 부품공급업체들의 제조능력이 그만큼 성장하지 못하여 발생한 사건으로 해석된다. 결국 유통경로 파트너 간의 상생을 추구하는 쌍방적 통제 메커니즘을 활용하는 것이 장기적으로 서로 이익이 되고 있음을 경로 구성원들은 인식해야 한다.

쌍방적 통제 메커니즘은 제조업체와 공급자의 활동을 조정하는 두 거래 관계자 모두가 공유한 암묵적인 규범을 바탕으로 이뤄진다. 따라서 거래당사자들이 공동의 이익을 위해 행해야 하는 원칙인 관계적 규범이 중요하게 작용하는데, 거래당사자들이 장기적인 관계 속에서 만들어낸 관계적 규범에 의지하여 거래한다.

 사례   스칸디나비아의 상생 협력

스웨덴의 볼보는 협력업체 수를 감축 및 대형화 유도를 통해 큰 물량을 발주하며 가급적 협력업체에게 많은 양을 발주하려 하고 있다. 2001년 르노Renault 트럭을 인수한 후 협력업체의 수를 줄이기 시작했고 이를 통해 협력업체에 보다 큰 물량을 발주할 수 있게 됐다. 이에 따라 협력업체는 기술개발, EDI 등에 대한 투자, 비용절감을 위한 시설 투자 등이 용이해졌다.

또한 볼보는 자사의 요구를 충족하지 못하는 협력업체에게는 일정한 시간을 주고 협력업체와 공동으로 문제를 해결하려고 노력한다. 이 경우에도 요구를 충족하지 못할 경우 신규 발주를 중단, 거래관계를 단절시킨다. 그러나 이 같은 극단적인 상황은 많지 않아 매년 2~3개 업체에 불과하다.

볼보는 또 기술 수준이 미흡한 중소협력업체의 R&D 지원에도 적극적으로 나서고 있다. 기술력이 미흡한 로컬 협력업체들을 위해 자금 지원, 인력 파견 등의 지원과 함께 이들에게 주문량을 증가시켜 기술개발, 투자 등에 대한 선순환 구조를 형성하고 있다.

핀란드 헬싱키에 본사를 두고 있는 메초^{Metso}사는 제지, 광업, 자동화 분야의 기계 제조업체로 2만 3천여 명의 종업원이 일하고 있다. 협력업체와의 거래에 있어서 협력업체의 전체 매출액 중 40% 이하면 전속거래를 하나 그 비중이 60%를 초과할 경우 해당 업체로부터 구입하지는 않는다. 이는 협력업체의 전속성이 높을 경우 메초사가 불안정할 때 협력업체가 받을 수 있는 위험을 사전에 예방하기 위함이다.

메초사는 협력업체의 설비투자 등에 대한 지원이 있을 경우 서로 협의 과정을 거치고 이 과정에서 보다 나은 설비에 대한 정보를 제공하기도 한다. 또한 신규 협력업체를 선정할 경우 재무상태가 좋지 않더라도 기술력이 뛰어날 경우 다른 요인들을 평가해 선정하기도 한다.

납품가격을 결정하는데 있어서 일반적으로는 협의에 따라 결정하나 일정한 기준을 갖춘 협력업체에 대해서는 미리 확보한 가격 리스트나 쿼터에 따라 결정한다. 가격 결정 과정은 신뢰에 바탕을 둔 장기거래를 의식, 무리한 가격인하 요구는 하지 않는다.

〈중소기업뉴스〉 2021/12/13 기사 편집

3 경로 구성원 간의 관계적 규범

규범^{norm}은 우리가 일상생활에서 따라야 한다고 믿는 일종의 규칙이다. 규범의 종류는 광범위하게 존재하는데, 광의의 규범으로는 문화가 있으며 그 밖에 또래집단에서의 규범, 가족 간의 규범 등 무수히 많은 규범들이 있다. 조상에 대한 제사, 연장자에 대한 인사, 선후배 사이에서의 행동수칙 등 우리는 많은 규범을 따르고 있나.

반면, 사회와 개인의 권리보호를 위해 꼭 지켜야 할 규범은 법^{law}으로 정해진다. 따라서 규범은 법보다 훨씬 광범위하고 폭넓은 규칙이라고 볼 수 있고, 법은

규범의 한 부분이라고 이해할
수 있다.

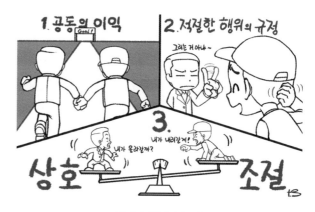

관계적 규범의 특성들

법을 어길 시에는 공적인 제
재를 받게 된다. 하지만 규범의
경우, 이를 어길지라도 공적인
제재를 받지는 않는다. 다만 주
변의 비난을 초래하고 규범에
따르도록 압력을 받는 등 사적
인 제재를 받는다.

관계적 규범relational norms이란 공동의 이익을 달성하기 위해 경로 구성원들
이 경로 파트너들과의 관계에서 지켜야 하는 규범을 뜻한다. 친구 간에도 오랫동
안 친하게 지내면 둘 사이에서 그들만이 지키는 규범이 자연스레 발달한다. 유통
경로 구성원 간의 관계에서도 경로 파트너 간에 지켜지는 관계적 규범을 발달시
키게 된다. 관계적 규범은 말 그대로 경로 구성원 쌍방간에 만드는 것이므로 거
래를 하고 있는 쌍방의 거래당사자들만이 발달시키고 따르는 자발적 규정이다.

사회학적인 개념인 관계적 규범이 유통경로관리에서 중요한 것은 관계적 규범
이 경로 구성원 간의 협력을 구축하여 유통경로 전체의 효율성을 증진시키는 데
매우 중요한 역할을 하기 때문이다. 아래의 관계적 규범의 특징에 관한 설명에서
유통경로의 효율성을 어떻게 증진시키는지 자세하게 다룬다.

1. 관계적 규범의 특징

관계적 규범은 몇 가지 특징을 가지고 있다. 첫째, 관계적 규범은 거래상대방과
의 공동 이익을 추구하는 특징을 지니고 있다. 관계적 규범에 따르면 경로 구성
원들은 자신의 개인적인 목표보다 거래 쌍방의 공동이익을 추구해야 한다. 예를
들어 경로 구성원 간에 발달시킨 정보교환의 규범은 시장에서의 제품 공급상황

이나 제품의 수요에 관한 정보를 제조업체와 소매업체가 수시로 교환하도록 되어 있다.

제조업체의 경우 소매업체로부터 제공받은 소비자 수요 관련 정보를 이용해서 신제품 개발에 사용하거나 원활한 제품 공급을 위해 쓰기도 한다. 소매업체의 경우 제조업체로부터 얻은 부품이나 원재료 수급 상황을 이용해서 재고를 조절하는 데 쓰기도 한다. 따라서 정보교환의 규범은 두 기업의 이익을 향상시키는 데 쓰인다. 관계적 규범은 제조업체와 공급업체가 그들의 공동이익을 위해 행동하도록 영향을 주는 통제 메커니즘으로 작용한다.

둘째, 관계적 규범은 거래당사자들의 적절한 행동을 규정하는 것이다. 관계적 규범은 무엇이 적절한 행위인가 또는 어떠한 행위가 적절치 못한 행위인가에 대해 지침을 제시한다. 공동의 이익에 해가 되는 행위, 부품공급난이 있을 때 공급가를 시장가격 이상으로 올리는 기회주의적 행위는 지양해야 하는 것으로 정의된다. 또 구매업체가 일방적으로 공급업체의 공급가를 낮추는 행위도 적절치 못한 행위로 여겨진다. 따라서 관계적 규범을 발달시킨 거래당사자들은 거래파트너가 이러한 적절치 않은 행동을 하지 않을 것이라는 것을 알고 있고, 파트너의 적절한 행동을 기대하며 그것을 바탕으로 거래에 임하게 된다.

마지막으로 관계적 규범은 불확실한 환경의 변화에 자발적으로 상호 조절하면서 대응하도록 한다는 특징이 있다. 예를 들어 완성품 제조업체의 제품에 대한 소비자의 수요가 줄었을 때, 부품업체 역시 생산량을 줄이고 이미 주문받은 물량도 위약금 없이 자발적으로 취소할 수 있다. 반대로 제조업체가 자사 상품의 소매판매가 여의치 않을 경우, 부품업체에 공급량을 줄여주도록 요청하고 공급업체는 이를 받아들이곤 한다. 이는 경로 파트너가 어려운 상황에 처했을 때 경로 파트너를 돕는다는 관계적 규범이 존재하므로 가능한 일이다. 따라서 관계적 규범의 존재는 불확실한 환경에 처한 경로 구성원들이 환경에 적응하고 대응하는 데 도움이 된다.

단기적인 관점에서 보면 경로 구성원들의 관계적 규범은 선뜻 이해하기 힘들다. 하지만 단기적인 이익을 추구하는 대신 관계적 규범에 따라 서로 도움을 주고 받으며 어려움을 극복하여 장기적인 관계를 유지할 경우, 그 관계에서 향후 이익을 추구할 수 있다는 점에서 관계적 규범의 존재를 이해할 수 있다. 한국의 기업 간 관계가 평균 10년 정도의 장기관계인 경우를 고려해볼 때, 관계적 규범을 만들어내고 이를 통해 경로 구성원 간의 협력적인 관계를 유지할 수 있는 여건은 충분하다고 볼 수 있다.

유통경로 구성권들 간의 협력을 통해 상생해야 하는 유통의 원칙을 고려하면, 경로 구성원들에게 관계적 규범의 존재는 필수적이다. 경로 파트너와의 비공식적인 관계적 규범을 만들어내기 위해서는 경로 파트너에 대한 이해는 물론 경로 파트너가 처한 환경에 대한 이해도 동반되어야 한다. 이러한 이해를 바탕으로 경로 구성원들은 거래파트너와의 협력관계를 구축할 수 있다. 따라서 경로 구성원들은 거래파트너와의 관계에서 관계적 규범을 만들도록 노력해야 한다.

2. 관계적 규범의 종류

관계적 규범은 정보교환의 규범, 유연성의 규범, 갈등해결의 규범 등 여러 가지가 있다. 가장 보편적으로 많이 쓰이고 학계에 보고되고 있는 관계적 규범은 정보교환의 규범과 유연성의 규범이다.

정보교환의 규범the norm of information sharing은 거래당사자들이 거래파트너에게 정보를 제공할 것이라고 기대되는 것을 말한다. 이러한 정보교환은 거래당사자들이 불확실한 환경에 잘 대처하도록 돕는 역할을 하며 긴급사태를 위해 준비하도록 돕는다. 환경은 항상 변화하게 마련이므로 인간은 정보교환을 통해 급변하는 환경에서 발생하는 불안정을 줄여야 한다. 이러한 상황에서 정보교환의 규범은 거래상대방 간의 더 나은 관계와 성과를 형성하는 데 기여한다.

정보교환의 규범에 대한 예를 들어보자. 정보교환의 규범은 시장에서의 제품 공급 상황이나 제품의 수요에 관한 정보를 제조업체와 소매업체가 수시로 교환하도록 한다. 이러한 시장정보는 제조업체가 소매업체의 주문에 적절히 대응하여 제품 공급을 원활하게 함으로써 쌍방의 이익에 도움이 되는 것은 물론이다. 따라서 정보교환의 규범은 거래당사자들이 서로 이익을 창출하게 한다.

유연성의 규범^{the norm of flexibility}은 기업이 환경변화에 유연하게 대응할 것이라고 기대되는 것이다. 인간은 제한된 합리성이 있으므로 처리할 수 있는 정보의 양이 한정되어 있다. 게다가 환경의 변화가 나타내는 모든 경우의 수를 미리 예측할 수 없다. 따라서 경로 구성원들은 환경변화에 적응하기 위해 유연성을 가져야 한다. 환경변화에 대한 적응을 위해 기업 자체가 유연성을 갖추는 것도 중요하지만 경로 파트너와의 관계도 유연성을 갖추는 것이 중요하다.

일본의 SPA^{specialty store retailer of private label apparel}인 WorldCo라는 회사를 예로 들어보자. WorldCo는 신상품을 출시할 경우, 인기가 있어 주문이 폭주할 경우에 대비해서 자사의 신상품을 생산하는 아웃소싱업체에 생산능력을 비축해달라고 요구하고, 아웃소싱업체도 이를 적극적으로 지원한다. 이것은 두 회사가 환경이나 상대의 요구에 유연하게 대응한다는 '유연성'이라는 관계적 규범이 있기 때문에 가능한 일이다. 즉 자신이 유연하게 파트너의 요구에 응하고, 파트너도 유연하게 자신의 요구를 들어준다는 관계적 규범이 두 업체 사이에 존재하는 것이다.

이처럼 환경변화에 대한 대응이 기업 내부의 유연성 능력의 확보에 머무르지 않고 유통경로 구성원 간의 유연성의 규범을 발달시키면 기업의 자체 능력보다 훨씬 더 큰 적응능력을 갖추게 된다. 결국 유통경로 구성원 간의 관계를 협력을 통한 장기상생관계로 발달시키는 것이 궁극적으로 기업의 경쟁력 강화에 도움이 된다.

3. 관계적 규범의 발달

관계적 규범은 몇 가시 요소로 인해 발달하게 된다. 첫째, 경로 구성원들은 경로 파트너와의 지속적인 장기거래를 통해 관계적 규범을 발전시킨다. 지속적인 관계를 통해 거래당사자들이 상대방 회사에 대해 이해하고, 서로의 내부·외부 환경에 대해 이해하게 되며, 개인적인 친분을 쌓으면서 관계적 규범을 발전시킨다. 그러므로 관계적 규범은 일정한 기간 동안 거래가 이뤄진 역사가 있는 경우에 발전된다.

하지만 거래기간이 오래되었다고 해서 반드시 관계적 규범을 발달시킨다는 보장은 없다. 오랜 기간 동안 거래했지만 서로 간의 이해 동반되지 않은 관계는 관계적 규범을 만들기 어렵다. 경로 파트너와 장기간의 관계에 대한 의지를 가진 경로 구성원들은 장기관계를 통해 자사 및 거래파트너의 이익을 추구하여 관계적 규범을 발전시킨다.

둘째, 경로 구성원들 간의 신뢰가 존재해야 관계적 규범을 발달시킬 수 있다. 거래당사자들의 상호신뢰는 효율적인 유통경로를 구성하게 되어 그 혜택을 입는다(제7장 유통경로 구성원 간의 신뢰 참조). 먼저 신뢰는 정보교환을 촉진시키고, 협력적인 문제해결방안을 모색하게 하며, 거래비용(모니터링비용, 계약비용 등)을 줄이는 역할을 한다. 따라서 신뢰로 인한 효율적인 유통경로에 만족한 경로 구성원들은 지속적인 거래를 하게 된다. 지속적인 거래는 거래상대회사와 그 회사의 환경에 대한 이해를 할 수 있는 기회를 제공하여 거래당사자들이 관계적 규범을 발전시킬 확률을 높인다.

셋째, 관계적 규범의 발달에는 거래당사자 간의 힘의 구조가 영향을 미친다. 경로 구성원 간의 관계는 힘의 구조power structure가 생기기 마련인데, 힘의 균형power symmetry에 가까운 관계일수록

경로 구성원 간의 관계적 규범을 발달시키는 요인들

관계적 규범을 발달시키기 쉽다. 힘의 균형이라는 것은 서로가 상대방에 의존하는 정도가 비슷하다는 것을 의미하고, 의존하는 만큼의 거래이익을 기대하고 있다는 것을 의미한다. 따라서 기대이익을 보호하기 위해 힘의 사용을 자제하고 상대방을 배려하는 행위를 하게 되므로 균형 있는 힘을 보유한 거래당사자들은 그렇지 않은 거래보다 관계적 규범을 만들어내기 쉽다.

반대로, 힘의 균형이 없으면 힘이 있는 경로 구성원이 자신의 이익을 위해 힘을 사용할 가능성이 크므로 힘이 약한 쪽의 희생을 강요하게 마련이다. 그러므로 공동의 이익을 추구하는 관계적 규범을 발달시키기 힘들다. 따라서 거래당사자 간의 힘의 불균형power asymmetry이 심할수록 관계적 규범은 발달하기 힘들다. 힘의 불균형이 초래하는 갑을관계가 기업 간의 관계를 규정짓는 사회일수록 관계적 규범의 발달은 쉽지 않다는 것은 힘의 불균형과 관계적 규범의 관계를 통해 쉽게 알 수 있다.

갑을관계가 비교적 명확한 유통업체와 제조업체와의 관계에서 관계적 규범이 발달하기 힘든 것은 쉽게 이해할 수 있다. 참고로, 국내 100여 개 제조회사는 국내 대형 유통업체와의 동반성장에 대해 14점(100점 만점)을 부여하고, 동시에 유통회사들의 갑질에 대해서도 부정적인 평가를 했다(어드벤티지 인터내셔널 2016년 조사). 주변국인 일본과 중국의 조사에서도 우리나라의 경우와 크게 다르지 않았다. 하지만 힘의 우위가 존재하든 존재하지 않든 유통경로파트너와의 공동이익을 위한 협력은 필수적이다. 기업 간 협력이 단기간에 나타나고 사라지는 것이 아니고 장기간의 관계를 통해서 발전시킬 수 있는 관계적 규범을 통해서 실행할 수 있다는 점을 인식하면, 갑을관계를 결정하는 힘의 존재와 힘의 사용에 대한 장기적 계산이 필요함을 알 수 있다.

사례 **이 불황에 의리는 무슨,"거래처 바꿔!"**

조선업계, 비싼 국산 후판 대신 중국산에 눈 돌려
도요타자동차는 포스코에 눈짓

　국내의 한 대형 철강업체는 그동안 고철을 공급받던 일본 거래처와의 계약을 일방적으로 파기했다. 톤당 7만 8,000엔 수준으로 1만 톤을 들여오기로 했지만 아무리 계산해봐도 '답'이 나오지 않았다. 한창 고철이 모자라던 작년 초에 계약한 물량이라 가격이 너무 높았다. 반면 철강제품가격은 작년 4분기 이후 폭락했다. 비싼 원료로 싼 제품을 만들 수는 없는 일. 게다가 현물시장엔 훨씬 낮은 가격의 고철이 즐비했다. 그동안의 신뢰관계를 고려하기엔 상황이 너무 다급했다.

　경기침체의 골이 깊어지면서 장기 거래처와의 '인연'을 끊는 사례가 늘고 있다. 조금이라도 싼 공급처를 찾으면 매정하게 발길을 돌린다. 길게 보면 손해라는 걸 알지만 발등의 불부터 꺼야 한다. 불황의 시대, '의리'는 '사치'가 되고 있다. 장기공급처를 바꾸거나 다각화하려는 모습은 조선업계에서도 나타나고 있다. 작년 말 국내 A조선회사는 주요 해외 선주船主들과 '중국 투어'를 했다. 대형 중국 철강회사들을 돌아보며 선박용 후판厚板 생산과정을 살펴볼 수 있는 자리를 마련했다. 중국 제품에 대한 선주들의 불신을 없애자는 게 주목적이었다. 회사 관계자는 "중국의 기술 수준이 한국과 일본 철강업체에 근접했다는 것을 확인시키자는 취지"라며 "선주들도 만족하는 눈치여서 앞으로 중국산 후판을 대폭 늘릴 계획"이라고 말했다. 한국과 일본에 쏠려 있는 공급처를 중국으로 다각화하겠다는 얘기다.

　B조선회사는 중국 내 철강회사들이 국제인증을 받을 수 있도록 자금과 기술을 적극 지원하고 있다. 값싼 중국산 후판의 사용량을 늘리기 위해서는 선주들을 설득할 근거가 필요하기 때문이다. 회사 관계

자는 "수십 년간 거래해온 한국과 일본 철강업체와의 관계가 걸리긴 하지만 선박 발주가 급감한 상황에서 수익성이라도 높이려면 중국산 제품 사용이 불가피하다"고 설명했다.

도요타자동차는 지난달 "생산비 절감 차원에서 앞으로 일본 내수시장용 차량에 포스코가 생산한 자동차 강판을 사용하겠다"고 발표했다. 미쓰비시 등 다른 일본 자동차업체도 포스코 제품 사용량을 늘리는 방안을 검토 중인 것으로 알려졌다. 그동안 일본 자동차업계와 철강업계는 철옹성 같은 협력관계를 유지해왔다. 일본 자동차업체들이 몇 년 전부터 포스코 제품을 사용하긴 했지만 해외 생산공장에 국한됐다. 내수차량에는 무조건 일본산 철강재만 썼다. '일본 산업계의 자존심'이었다. 그러나 최근 들어 신의를 지키는 데 들어가는 비용이 너무 커졌다. 세계 1위 도요타는 작년 한 해 5조 원이 넘는 적자를 기록했다. 신일본제철 등 일본 철강업체는 큰 충격에 빠졌다. 반면 포스코로서는 모처럼 찾아온 쾌거였다. 도요타의 '배신'이 포스코에는 '기회'가 된 셈이다.

〈한국경제〉 2009/2/11 기사 편집

3. 관계마케팅

관계적 규범에 의지하여 경로 구성원 간 관계를 유지하는 것은 결국 관계마케팅을 추진하는 것을 말한다. 관계마케팅relationship marketing이란 경로 구성원 간에 상호이익이 되는 장기 관계를 추구하는 것을 말하며, 기업 간의 상생전략이라고 표현할 수 있다. 반대의 개념은 한 번의 비즈니스 계약에서 최대한으로 이익을 창출하고 미래의 이익을 고려하지 않는 것으로, 단기적인 단속적 마케팅discrete marketing이다.

단속적 마케팅은 경기불황을 맞이하여 생존을 위협받는 경우나 경쟁이 극심한 경우에 보이곤 한다. GM대우는 유동성 위기를 맞이하여 소매 파트너인 대우자동차판매와 틈이 벌어졌고, 경기불황을 맞은 조선업계도 비용절감을 위해 국내 후판공급회사를 점차 중국 회사로 바꾸는 모습을 보이고 있다(박스 사례 "이 불황에 의리는 무슨, '거래처 바꿔!'" 참조). 이는 관계마케팅보다는 단속적 마케팅에 치중하는 모습이다. 하지만 단기이익만을 추구하여 파트너와 장기 관계를 유지하지 못하고 새로운 경로 파트너를 끊임없이 찾는 것은 관계발전을 통한 장기이익을 포기하는 결과를 낳게 된다.

기업과 소비자(B2C) 관계에서 관계마케팅의 장점을 많이 논의하고 활용하려는 경향을 보이는데, 유통경로 구성원 간의 B2B 관계가 오히려 관계마케팅을 실행하기 쉬운 구조를 가지고 있다. 서로에게 의존함으로써 공동이익을 추구해야 하는 유통거래당사자들의 운명 때문에 상생의 관계마케팅을 추구해야 하는 구조적인 여건이 마련되어 있기 때문이다. 킴벌리 클락과 코스트코의 사례(제8장 부록 8-1)에서 볼 수 있듯이, 제조업체와 유통업체가 서로 의존할 수밖에 없는 상황을 잘 인식한 두 회사는 장기적으로 공동이익의 추구를 통해 자사의 이익 또한 높이는 상생전략을 펼치고 있다.

도요타자동차는 생산원가를 낮추기 위해 부품업체와 서로 협력하고 있다. 먼저, 도요타자동차는 부품업체들끼리 공동구매를 하도록 격려한다. 공동구매를 통해 얻어지는 비용의 절감은 도요타자동차에 공급되는 부품의 공급가를 낮출 수 있는 요인이 되기 때문이다.

도요타자동차는 자사가 지원하여 개발된 신기술로 생산된 부품이 아닌 일반부품인 경우 부품업체가 그것을 경쟁자에게도 판매할 수 있도록 한다. 그 부품업체는 판매량이 늘고 그에 따라 생산량도 늘어 대량생산에 따른 생산비 절감과 원재료구매 시 대량구매할인을 받게 되어 도요타자동차에도 낮은 공급가를 제시할 수 있다. 따라서 매출액의 증가를 가져온 부품업체와 낮은 공급가로 부품을 공급받을 수 있는 도요타자동차 모두 이익을 보는 상생경영을 보여주고 있다.

'글로벌 스타 중소기업' 키우는 유통업체

이마트, 친환경 거름망 등 45개 제품 선발 지원
GS홈쇼핑 '아시아 개척단' 모집… 해외 바이어 연결

국내 유통업체들이 '중소기업 도우미'를 자처하고 나섰다. 대형마트뿐 아니라 홈쇼핑, 편의점까지 제품 개발 단계에서부터 중소기업과 힘을 합치고 있다. 유통업체는 차별화된 상품을 값싸게 납품받아 좋고, 중소기업은 든든한 지원군을 만나 실질적인 도움을 받을 수 있기 때문에 대표적인 상생 모델로 조명받고 있다.

다들 꺼리는 음식물 쓰레기 처리. 부엌 싱크대의 쓰레기를 비닐봉투에 옮겨 담거나 분리수거할 때 손이나 옷에 남은 음식물이 묻는 게 싫어서다. 국내 중소기업 테바는 이런 걱정을 덜 수 있는 신제품을 개발했다. 음식물처럼 자연분해돼 음식물 쓰레기와 함께 버릴 수 있는 친환경 거름망이었다. 문제는 어떻게 파느냐였다. 홍보할 돈도 없고 유통망도 없었다. 이 어려움을 이마트가 해결해줬다. 국내 중소기업 우수상품의 판로를 지원해주는 '이마트 메이드인 코리아 프로젝트'를 통해서다.

이마트는 중소기업청, 중소기업진흥공단, 대중소기업협력재단과 함께 중소기업 스타상품을 개발해 판매하는 '메이드인 코리아 프로젝트'를 벌이고 있다. 첫 단계로 서울 성수동 본사에서 45개 우수 중소기업 상품을 선보이는 행사를 열었다. 각계 전문가 62명의 심사위원이 6개월간 중소기업진흥공단 등이 추천한 900여 개 상품을 심사해 선정한 상품들이다.

음식물 쓰레기를 곧바로 버릴 수 있는 친환경 거름망과 손상된 모발을 회복시켜주는 초간단 헤어캡 등이 대표 제품이다. 국내 최초로 플라스틱 대신 바이오 폴리머를 써 인체에 무해한 유아용 옥수수 칫솔도 호평받았다. 이 상품들은 이마트와 쓱닷컴(SSG.COM) 등에서 시험판매된다. 시장 반응이 좋으면 이마트를 통해 수출될 예정이다.

홈쇼핑 통해 아시아 시장 개척

GS홈쇼핑은 공영홈쇼핑과 힘을 합쳤다. 두 회사는 이날부터 중소기업의 해외 진출을 지원하는 '아시아 홈쇼핑 시장개척단'을 모집했다. 작년 3월 처음 시작한 뒤 이번이 네 번째다. GS홈쇼핑은 공영홈쇼핑과 함께 20개 우수 중소기업을 선정해 해외 진출을 도울 예정이다. GS홈쇼핑이 진출한 태국과 말레이시아, 베트남, 인도네시아, 인도 등에 있는 유통 바이어를 연결해

주는 형태다. 중소기업당 10개 이상의 해외 유통업체와 구매상담을 할 수 있게 할 방침이다. 롯데홈쇼핑은 판로 개척에 어려움을 겪는 중소기업을 지원하기 위해 '해외시장 개척단' 프로그램을 처음으로 진행했다. 국내 중소기업들을 해외로 파견해 현지 유통업체들과 만나게 해주는 이 행사는 롯데홈쇼핑의 동반성장·상생 프로젝트의 하나다.

〈조선일보〉 2017/4/24, 〈한국경제〉 2016/10/26 기사 편집

4. 유통경로 상에서의 관계마케팅 확대

경로 구성원 간의 관계마케팅은 쌍방의 관계에만 국한해서는 그 효과가 제한된다. 관계마케팅의 범위를 쌍방간의 관계에서 위·아래의 유통경로로 확대해야 한다. 예를 들어, 완성품 제조업체와 1차 공급업체는 상생협력을 이뤄야 할 뿐만 아니라 1차 공급업체와 2차 공급업체의 협력관계도 함께 이루어져야 전체적으로 효율적인 유통경로를 구성할 수 있다.

예를 들어 완성품 제조업체의 소매업체로의 적기납품을 위해서는 부품을 생산하는 1차 공급업체의 적기납품이 필요할 뿐만 아니라 원재료를 공급하는 2차 공급업체의 적기납품이 필요하다. 이들 1·2차 업체들의 협력이 없으면 완성품 제조업체는 높은 부품재고 수준을 유지해야 적기에 소매업체로 납품이 가능해진다. 이는 곧 비용의 증가로 인한 유통경로의 효율성을 저해하게 된다. 따라서 관계마케팅은 경로 파트너와의 쌍방관계뿐만 아니라 유통경로 상의 구성원들 전체로 확대시키는 것이 경로의 효율성을 증대시키기 위해 필요하다.

경로 구성원 간의 상생협력을 저해하는 요인은 여러 가지가 있지만, 납품단가가 큰 요인 중 하나로 작용한다. 납품단가로 인한 문제는 특정 경로, 즉 완성품 제조업체와 1차 공급업체 사이에서뿐만 아니라, 1차 공급업체와 2차 공급업체 사이에서 등 유통경로 상의 위치에 상관없이 발생한다.

　유통경로의 한 부문에서 발생한 갈등은 전체 유통경로의 효율을 저하시킨다. 1차 공급업체들은 완성품 제조업체로부터 납품대금을 현금으로 받으면서 2차 공급업체들에는 어음을 끊어주는 것이 대표적 사례다. 이는 완성품 제조업체와 1차 공급업체의 협력관계는 이룰 수 있지만 1차 공급업체와 2차 공급업체 사이의 관계는 악화되어 결국 완성품 제조업체의 성과에 부정적으로 작용한다.

　한 전자회사가 자체 조사한 결과에서 2 · 3차 협력업체들이 60일 이내에 현금화할 수 없는 조건으로 대금을 지급하는 1차 협력업체 비율이 30%나 됐다. 따라서 효율적인 유통경로를 구축하기 위해서는 직접 상호작용하는 경로 파트너와의 관계뿐만 아니라 유통경로 상의 각 구성원들끼리 관계의 질을 높이기 위해 노력해야 할 것으로 보인다.

사례

유통업체들만 신난 '코리아세일페스타'…
납품업체들은 울상

　정부는 지난해 내수활성화를 목적으로 '코리아블랙프라이데이', '케이세일데이$^{K-sale}$
^{Day}' 등을 실시했다. 정부는 코리아블랙프라이데이에 참가한 22곳 주요 참여업체(백화점·대
형마트·온라인 쇼핑몰 등)의 매출실적이 1년 전보다 20.7%(7,194억 원) 오른 것으로 분석했다.
2012년 5.4%, 2013년 2.6%, 2014년 −1.6%로 하락세를 이어온 백화점 매출액은 지난해
코리아블랙프라이데이 행사로 24%나 뛰어올랐다. 올해 이름을 바꿔 시작된 '코리아세일페
스타'도 연장선에 있다.

　하지만 대형 유통업체에 납품하는 중소업체들은 울상을 짓고 있다. 유통업체가 요구하
는 할인폭을 감당하려면 판매수수료 비중도 따라 줄던가, 인건비·판촉행사비·인테리어
비 등 제반 비용이 감소해야 하는데 이는 그대로 둔 채 할인만 강요받기 때문이다. 판매수수
료 40%를 가정했을 때 10만 원짜리 상품을 팔면 백화점이 4만 원, 납품업체가 6만 원을 가
져간다. 코리아세일페스타로 30% 할인을 하고 3%포인트 판매수수료율을 낮추면 백화점이
2만 5,900원, 납품업체가 4만 4,100원을 받는다. 간당간당하게 수익을 내는 납품업체는
"할인폭을 감당할 여지가 크지 않다"며 "부수비용이 대폭 늘거나 제품이 팔리지 않을 경우
부담을 떠안아야 한다는 것도 납품업체의 몫"이라고 전문가들은 지적한다.

납품업체 부담은 소비자 피해로도 전가된다. 코리아세일페스트와 관련한 일부 보도를 보면 "43만 원짜리 머플러를 9만 9,000원에 판다", "8만 8,000원짜리 셔츠가 2만 5,000원" 등의 표현이 등장하지만 원가를 고려하면 불가능한 할인폭이다. 한 중소업체 관계자는 동일한 상품을 할인판매하는 것이 아니라, 다른 제품을 묶어 기획·행사상품으로 대체하거나 질 낮은 원자재를 사용해 내용이 다른 상품을 만들어내는 경우도 빈번하다. 이는 한국 유통업체–납품업체 간 거래관행에선 불가피한 일이다.

실제로 미국의 블랙프라이데이가 높은 할인률을 제시하는데 비해 한국의 코리아세일페스트는 매우 낮은 할인률을 나타내 한국의 소비자들은 불만이 많다. 예를 들어 한 국내 가전사의 동일 TV가 블랙프라이데이에서 47% 할인률로 판매되는데 반해 한국의 코리아세일페스타에서는 할인률이 10%대였다. 심지어는 코리아세일페스타에서 할인된 가격이 미국의 블랙프라이데이에서 할인되기 전 가격보다 더 높은 경우도 있었다. 그래서 블랙프라이데이 시즌마다 우리나라 소비자들이 가전제품들을 해외직구로 구매하는 일도 벌어진다.

유통업체가 파격적 할인으로 재고 부담을 덜어 적자(red)를 흑자(black)로 돌린다는 의미의 미국의 블랙프라이데이 행사와 달리, 한국은 '특약매입거래' 탓에 유통업체가 가지고 있는 재고상품이 사실상 없다. 특약매입거래는 유통업체가 외상거래 형태로 납품을 받으며 상품이 팔리면 대금을 주고 안 팔리면 반품하는 형태의 거래. 유통사는 안 팔린 재고는 제조사에 다시 가져가라고 하면 되니 굳이 할인판매를 할 필요가 없다. 그래서 코리아세일페스타는 유통업체가 재고상품을 할인판매하는 것이 아니라 중소 납품업체가 자사 상품을 할인판매하는 식으로 진행되며, 코리아세일페스타 시즌만 되면 할인을 강요당하는 제조업체들의 고통이 반복되는 것이다.

대형 유통업체와 납품업체 간 거래관행이 개선되지 않은 상황에서 정부는 할인품목 확대, 할인율 확대에만 관심이 있으나, 코리아세일페스타의 성공을 위해서 "특약매입거래 관행, 판촉사원 파견제도, 판촉비용 전가 등 문제를 해결하고 판매수수료를 현실화하는 등 개선이 필요하다

〈더 스쿠프〉 2019/12/11, 〈매경이코노미〉 2019/11/20, 〈경향신문〉 2016/10/11 기사 편집

다임러크라이슬러^{Daimler Chrysler}의 부품업체 쥐어짜기

통제 메커니즘의 두 유형과 관련한 사례로 크라이슬러^{Chrysler}와 다임러벤츠^{Daimler-Benz}의 합병 전 그리고 합병 후 과정을 살펴보도록 하자. 합병 전에는 크라이슬러의 갑작스런 주문에도 부품업체들은 종업원들에게 시간외근무를 시키면서까지 협력을 해왔다. 또한 시장에서의 자동차 수요에 관해 정보를 교환하여 부품업체가 부품의 공급에 대비하도록 서로 협력했다. 부품업체 또한 신차 개발 시 참여해 차에 가장 적합한 부품을 개발하여 공급했다. 이로 인해 크라이슬러는 신차 개발 시 개발비가 줄어드는 효과를 보았고, 부품업체 또한 신차 생산에 소요되는 부품을 공급할 수 있어 서로 도움이 되었다. 그래서 크라이슬러는 1998년 자동차시장의 빅3 중에서 가장 저렴하게 차를 생산하는 회사가 되었다. 이렇듯 합병 전의 크라이슬러는 쌍방적 통제 메커니즘의 예를 보여주고 있다.

그러나 합병 후의 크라이슬러는 달라지게 된다. 1990년대 말 다임러벤츠와의 합병 후 미국 경제는 악화되었다. 소비자의 자동차 수요가 줄어들어 크라이슬러는 심하게 손실을 보기 시작했다. 매출이 줄어들면서 회사의 생존을 위해서는 비용을 줄이는 방법밖에 없었다. 따라서 부품업체에 압력을 가해 공급가를 낮추도록 하는 일방적 통제 메커니즘을 사용하기 시작했다.

부품업체에 협조를 구하는 것이 아니라, 2000년에는 기존 공급가의 6%를 일률적으로 줄이도록 통보했다. 이는 크라이슬러의 이익만을 고려한 것이었고 부품업체를 전혀 고려하지 않은 처사였다. 부품업체는 빈약한 마진에 고통받기 시작했고 크라이슬러와의 관계는 악화됐다. 부품업체들은 기회가 생기면 대우를 좀 더 해주는 다른 자동차 회사로 공급처를 옮기겠다고 나섰다. 그러므로 크라이슬러는 일방적 통제 메커니즘으로 단기간의 이익, 즉 생산원가절감을 이뤘을지 모르지만 장기적으로는 협력적인 부품공급업체를 잃은 결과를 초래했다.

2007년에 벤츠사는 다시 크라이슬러를 한 사모펀드에 팔아버렸고, 2009년 크라이슬러는 법정관리(Chapter 11 Bankruptcy protection)에 들어가고 말았다. 물론 크라이슬러의 비참한 결과는 여러 가지 요인(예: 디자인)이 있었지만 부품업체와의 적대적인 관계로 인한 조악한 품질도 큰 원인이 되었음을 부인할 수 없다.

〈Businessweek〉 2010/2000 기사 편집

---

* 저자 주: 2014년 크라이슬러는 피아트(Fiat)에 인수되어 피아트크라이슬러 오토모빌스(Fiat Chrysler Automobiles)가 되었다.

1　일방적 통제 메커니즘에 대해 논하시오.

2　쌍방적 통제 메커니즘에 대해 논하시오.

3　관계적 규범의 특성에 대해 논하시오.

4　관계적 규범이 발달하기 위한 조건에 대해 논하시오.

5　유통경로 구성원 간의 상생협력에 대해 예를 들어 논하시오.

6　유통경로 구성원 간의 관계마케팅에 관해 논하시오.

7　부록 10-1의 사례 "다임러크라이슬러의 부품업체 쥐어짜기"에서 환경이 통제 메커니즘의 설정에 미치는 영향에 대해 논하시오.

참고문헌

Green, Jeff(2000), "*The Tight Squeeze at Chrysler*," Businessweek, October 9.

Gundlach, T. Gregory and Ravi S. Achrol(1993), "*Governance in Exchange: Contract Law and Its Alternatives*," Journal of Public Policy and Marketing, 12(2).

Heide, Jan B.(1994), "*Interorganizational Governance in Marketing Channels*," Journal of Marketing, 58(January).

Kahn, Gabriel(2003), "*Invisible Supplier Has Penney's Shirts All Buttoned Up*," Wall Street Journal, September 11.

Macneil, Ian R.(1980), *The New Social Contract*, New Haven, CT: Yale University.

Nelson, Emily and Ann Zimmerman(2000), "*Kimberly−Clark Keeps Costco in Diapers, Absorbing Costs Itself*," Wall Street Journal, September 7.

Tkacik, Maureen(2003), "*In a Clash of Sneaker Titans, Nike Gets Leg Up on Foot Locker*," Wall Street Journal, May 13.

Weitz, Barton and Sandy Jap(1995), "*Relationship Marketing and Distribution Channels*," Journal of the Academy of Marketing Science, 23(4).

1 마케팅 채널 맥락에서 통제 메커니즘의 정의로 옳은 것은?

　① 성과를 예측하거나 바람직한 결과를 달성하려는 노력

　② 힘을 사용할 수 있는 능력

　③ 유통경로 구성원을 확보하는 법적 계약의 이용

　④ 경로 파트너로부터 기대되는 성과를 얻기 위해 경로 파트너를 통제하는 방안

2 유통경로 구성원에 대한 통제가 필요한 이유로 적당하지 않은 것은?

　① 경로 파트너가 기회주의적으로 자사의 이익만을 위해 행동할 가능성이 있는 경우

　② 경로 파트너의 능력에 대해 신뢰할 수 없는 경우

　③ 자사의 전략을 경로 파트너가 지원하도록 할 필요가 있는 경우

　④ 경로 파트너가 다른 파트너를 찾으려고 할 경우

3 대기업이 중소기업에게 일방적으로 납품단가 인하를 요구하는 통제 메커니즘의 유형은 무엇인가?

　① 파워 메커니즘　　　　　　② 쌍방적 통제 메커니즘

　③ 일방적 통제 메커니즘　　　④ 갈등해결 메커니즘

4 경로 구성원들의 공동의 이익을 위한 자발적 통제를 의미하는 메커니즘 유형은?

　① 파워 메커니즘　　　　　　② 쌍방적 통제 메커니즘

　③ 일방적 통제 메커니즘　　　④ 갈등해결 메커니즘

5 경로 구성원 간에 발달하며, 거래하고 있는 쌍방의 거래당사자들이 발달시키고 따르는 자발적 규범을 무엇이라고 하는가?

　① 관계적 규범　　② 연관적 규범　　③ 관련적 규범　　④ 경로 구성원 규범

6 다음 중 관계적 규범의 특징이 아닌 것은?

① 거래당사자들이 적절한 행동을 규정
② 거래상대방들과의 공동의 이익 추구
③ 환경변화에 대한 거래당사자들의 상호조절
④ 힘을 사용하여 자사의 이익 추구

7 다음 중 관계적 규범의 종류가 아닌 것은?

① 정보교환의 규범 ② 유연성의 규범
③ 계약의 규범 ④ 갈등해결의 규범

8 변화하는 사업환경에 따라 아웃소싱업체에 생산능력을 비축해달라고 요구하고, 아웃소싱업체도 이런 요구를 적극적으로 지원하게 만드는 관계적 규범의 종류는?

① 정보교환의 규범 ② 유연성의 규범
③ 계약의 규범 ④ 갈등해결의 규범

9 다음 중 관계적 규범을 발달시키는 요소는?

① 경로 구성원 간 힘의 불균형 ② 경로 구성원 간 단기적 거래관계
③ 경로 구성원 간 신뢰의 존재 ④ 경로 구성원 간 자사의 이익 추구

10 경로 구성원 간에 상호이익이 되는 장기 관계를 추구하며, 기업 간의 상생전략이라고 표현될 수 있는 것은?

① 관계마케팅relationship marketing ② 상호마케팅mutual marketing
③ 단속적 마케팅discrete marketing ④ 우호마케팅favorability marketing

11 경로 구성원 간에 한 번의 비즈니스 계약에서 최대한으로 이익을 창출하고 미래의 이익을 고려하지 않는 것을 표현하는 것은?

① 관계마케팅 ② 상호마케팅 ③ 단속적 마케팅 ④ 우호마케팅

12 유통경로의 효율성을 위해 관계마케팅이 이루어져야 하는 유통경로 구성원의 범위는?

　① 완성품 제조업체와 1차 협력업체

　② 1차 협력업체와 2차 협력업체

　③ 완성품 제조업체와 2차 협력업체

　④ 완성품 제조업체, 1차 협력업체 및 2차 협력업체 모두

13 크라이슬러가 벤츠와 합병하기 전에 취한 통제 메커니즘은(부록 10-1 "다임러크라이슬러의 부품업체 쥐어짜기"에서)?

　① 파워 메커니즘　　　　　　② 쌍방적 통제 메커니즘

　③ 일방적 통제 메커니즘　　　④ 갈등해결 메커니즘

14 크라이슬러가 벤츠와 합병 후에 취한 통제 메커니즘은(부록 10-1: "다임러크라이슬러의 부품업체 쥐어짜기"에서)?

　① 파워 메커니즘　　　　　　② 쌍방적 통제 메커니즘

　③ 일방적 통제 메커니즘　　　④ 갈등해결 메커니즘

15 다임러크라이슬러(합병 후)의 통제 메커니즘의 결과에 관해 기술한 것 중 옳은 것은 (부록 10-1 "다임러크라이슬러의 부품업체 쥐어짜기"에서)?

　① 단기적으로 비용절감이 어렵다.

　② 장기적으로 부품업체들의 이탈로 인해 어려움이 예상된다.

　③ 장기적으로 부품업체들과의 관계개선이 전망된다.

　④ 단기적으로 매출의 증대가 예상된다.

---

1 ④　　2 ④　　3 ③　　4 ②　　5 ①　　6 ④　　7 ③　　8 ②　　9 ③

10 ①　　11 ③　　12 ④　　13 ②　　14 ③　　15 ②

PART III

유통경로 구조의 설계

제 11 장

유통경로의
수직적 통합과 아웃소싱

지식의 아웃소싱

지식의 아웃소싱이 회사 경쟁력을 강화하는 중요한 수단으로 떠오르고 있어 외부 지식의 활용은 업계에 널리 확산되고 있다. 아디다스Adidas는 세계적인 디자이너 스텔라 매카트니Stella McCatney와의 제휴를 확대한다. 또한 운동화 업체 반스Vans는 디자이너 마크 제이콥스Marc Jacobs와, 컨버스Convers는 존 바르바토스John Varvatos와 협업collaboration을 통해 수준 높은 제품을 쏟아내고 있다.

지식의 아웃소싱을 통해 극적으로 회생한 푸마Puma의 사례는 외부 지식의 수용이 얼마나 중요한가를 보여준다. 1986년부터 8년 연속 적자에 허덕이던 푸마. 급기야 1993년에 파산 직전까지 내몰렸다. 당시 푸마가 선택한 카드는 30세의 젊은 최고경영자(CEO) 요헨 자이츠Jochen Zeitz. 그가 취임하던 1993년 회사는 3,690만 유로 적자 상태로 나이키, 아디다스, 리복Reebook의 명성에 눌려 있었고 투자할 돈도 없었다.

자이츠는 스포츠 용품에 가장 필요한 지식이 무엇인가를 고민했다. 그가 찾아낸 해결책은 스포츠 용품의 패션 브랜드화였다. 하지만 내부 지식으로 보통의 스포츠 용품을 패션상품으로 탈바꿈시키는 데 한계가 있음을 깨달았다. 외부 지식에 눈을 돌린 자이츠는 독일의 세계적인 패션 디자이너 질 샌더Jil Sander와 협업을 통해 그의 패션 지식을 제품 개발에 본격적으로 활용했다.

나아가 자이츠는 푸마를 '오픈-소스 디자인 기업'으로 전환시키며 프랑스 디자이너 줄리벳Xuly Bet, 일본 디자이너 미하라 야스히로Yasuhiro Mihara와의 협업을 통해 스포츠산업 자체를 패션산업으로 바꿔놓았다. 결과는 대성공이었다. 패셔니스타fashionista(뛰어난 패션 감각과 심미안으로 대중의 유행을 이끄는 사람)들로부터 호평을 받기 시작한 것이다. 회사 밖 지식을 활용해 '소비자 트렌드를 선도하는 패션 브랜드'로 상품을 업그레이드함으로써 기업의 경쟁력을 높일 수 있었다.

이를 통해 푸마는 스포츠 용품 브랜드를 패션 브랜드로 완전히 탈바꿈시키는 데 성공했다. 9년 연속 두 자릿수로 성장하고 있고, 23억 달러의 매출과 업계 최대 이익률을 자랑하고 있다. 스포츠 용품에 대한 사내 제조 지식과 패션 디자이너의 회사 밖 디자인 지식을 결합해 '지식의 대통합' 효과를 거둔 것이다.

이탈리아의 세계적 주방용품 업체 알레시Alessi는 철저하게 아웃소싱을 통해 새로운 아이디어를 활용한다. 유일한 디자인 관련 부서인 알레시 리서치 센터Centro Studio Alessi에서는 세계 각지 디자이너들이 응모한 작품을 검토하며, 여러 대학과 단체에서 워크숍을 진행한다. 알레시와 협력 관계를 맺고 있는 디자이너만 200명이 넘는다.

위의 사례들은 아웃소싱이 단지 부품의 구입에서 그치지 않고 과거에는 당연히 사내에서 비밀시하며 통제하던 지식의 아웃소싱을 통해 효율적으로 기업의 경쟁력을 높이고 있음을 보여주고 있다.

〈워너비뉴스〉 2020/2/4, 〈매일경제〉 2008/5/8 기사 편집

🏪 1 수직적 통합

경로 파트너가 수행하는 기능을 수직통합하여 직접 수행할 것인가 아니면 특정 기능을 아웃소싱으로 구매할 것인가에 관한 결정은 효율적인 유통경로 설계에 중요한 영향을 미친다. 먼저 수직적 통합에 대해 알아보자.

수직적 통합^{vertical integration}이란 한 경로 구성원이 유통경로 상에서 다른 기능을 수행하는 구성원을 소유하여 그 구성원이 수행하던 기능을 직접 실행하는 것으로, 적어도 두 단계의 유통경로를 통합하는 것을 말한다.

수직적 통합은 두 가지 이상의 기능을 동시에 수행해야 하므로 비용이 상당히 많이 드는 단점이 있으나 관련된 기능을 통제할 수 있는 장점이 있다. 예를 들어 제조업체가 소매업체를 수직통합했을 경우, 자사의 완성품을 생산하는 동시에 제품의 판매까지 담당해야 하므로 생산시설에 관련된 시설투자비용 및 운영자금 이외에도 소매업체의 운영에 필요한 비용(가게 임대료, 물류창고비용 등)까지 소모하게 된다. 반면에 자사의 제품을 자사에 속한 소매업체를 통해 최종소비자에게 마케팅하므로 가격, 촉진(인스토어 디스플레이, 쿠폰) 등을 제조업체가 원하는 대로 실시할 수 있다.

수직적 통합 중 전방통합^{forward integration}은 현 유통경로 상의 위치에서 제

품의 공급흐름을 따라 존재하는 경로 구성원을 통합하는 것이다. 예를 들어, 제조업자가 도매상이나 소매상을 소유하거나 도매상이 소매상을 소유하는 것이다. 현대자동차나 기아자동차는 우리나라에서 대리점을 직접 운영하므로 전방통합을 하고 있다고 볼 수 있다. 이들 자동차 제조회사의 전방통합은 소매업을 통합하면서 유통활동에 대한 통제가 가능해진다는 점과 제조업체는 관여하기 어려웠던 유통경로에 접근할 수 있게 된다는 점에서 이점을 가진다고 볼 수 있다. 하지만 경쟁이 격화되고 있는 자동차산업에서 생산과 유통 모두를 수행하는 데 발생하는 여러 가지 단점과 위험 또한 무시할 수 없다(제11장 3절 수직적 통합의 문제점 참조).

후방통합backward integration은 현 유통경로 상의 위치에서 제품의 공급흐름을 거슬러 올라가며 존재하는 경로 구성원을 통합하는 것이다. 예를 들어, 소매상이 도매상을 통합하거나 도매상이 제조업체를 소유하는 것, 또는 완성품 제조업체가 부품업체를 소유하는 것을 말한다. 세계적인 대형유통 체인들은 제품 공급업체를 소유하거나 유통업체 브랜드를 직접 개발하고 판매하는 경우도 있는데, 이는 제조기능을 후방통합하는 좋은 예라 할 수 있다.

🏪 2 수직적 통합의 주요 이유

유통경로 구성원이 수직적 통합을 실행하는 데는 여러 가지 이유가 있다. 첫째, 마케팅 기능의 통제를 위해 수직적 통합을 하는 경우다. 애플의 사례를 살펴보자. 애플은 유통업체 종업원들이 맥Mac의 출고 기능과 편집 기능을 고객에게 잘 설명하지 못하여 매출에 부정적 영향을 미쳤다고 보았다. 그에 따라 애플은 잘 훈련된 자사의 종업원이 제품을 홍보하고 그 기능을 고객에게 효율적으로 전달할 수 있도록 미국 각지에 수백 개의 소매점을 개설하여 소매기능을 수직적으로 통합했다.

둘째, 규모의 경제를 이루기 위해 수직적 통합을 하는 경우가 있다. 한 경로 구성원이 취급하는 제품의 물량이 큰 경우에는 거래상대방이 실시하는 기능을 통합해도 규모의 경제를 이룰 수 있다. 예를 들어, 월마트는 도매기능을 직접 수행한다. 특히 물류수송과 관련해서는 자사가 취급하는 물량이 크므로 운송부서가 자사의 취급물량만 다뤄도 충분한 규모의 경제가 있다. 월마트는 덩치가 크지 않았던 1970년대만 해도 취급물량이 많지 않아 도매업체를 통해 제품을 구매하곤 했다.

셋째, 거래특유투자$^{transaction\ specific\ investment}$가 존재할 경우에도 수직적 통합이 일어날 수 있다. 거래비용이론에 따르면 한 기업 A가 거래특유자산에 투자했을 경우 거래상대방인 기업 B가 기회주의적인 행동을 할 가능성이 발생하고, 따라서 A는 B에 대한 수직적 통합을

다수의 직원이 고객에게 제품을 설명하는 애플 스토어

고려하게 된다. 자세한 내용은 다음의 거래비용이론에서 살펴보도록 하자.

거래비용이론

거래비용이론$^{Transaction\ Cost\ Theory:\ TCA}$은 기업이나 인간은 기회주의적 행동을 통해 많은 이익을 올릴 기회가 생기면 기회주의적으로 행동한다고 전제한다. 이렇게 인간에 대한 부정적인 시각을 가지고 있는 거래비용이론에 의하면, 기회주의적 행동$^{opportunistic\ behavior}$이란 간교한 속임수로 자사의 이익을 챙기려는 행위를 뜻한다. 예를 들어, 거짓말을 하거나 속이거나 계약을 교묘히 위반하는 것을 포함한다. 따라서 거래비용이론은 거래관계자가 상대방을 속여서 큰

이익을 볼 수 있는 기회가
생긴다면 거래상대방을
속이고 자신의 목적을 달
성할 것이라고 주장한다.

거래비용이론에 따르
면, 만약 기업이 거래특유
투자를 가지고 있다면 그
와 거래하는 상대방은 기
회주의적으로 행동할 가능성이 있다. 거래특유투자의 투자자산은 특정한 거래상
대방과의 관계에서만 쓰일 수 있는 자산이다. 그러므로 그 특정 거래상대와 더
이상 거래를 지속하지 않으면 그 거래특유자산은 아무 가치가 없게 된다. 예를
들어, 한 제조업체가 월마트와 거래를 하기 위해 월마트와의 거래에만 쓰일 수
있는 EDI시스템에 투자하면, 이 투자는 그 제조업체가 가지고 있는 거래특유투
자다.

거래특유투자는 현재의 거래에서만 가치가 있는 것이기 때문에 거래특유자
산에 투자한 기업은 현재의 거래를 지속해야 한다. 거래가 지속되지 않으면 거
래특유투자는 가치를 상실하게 된다. 따라서 거래를 지속하기 위해 거래상대방
의 요구를 거절하기 힘들어지므로 거래상대방은 거래특유투자라는 인질^{hostage}
^{problem}을 소유하게 된다. 그리고 그 인질을 이용하여 거래특유투자를 한 거래
상대방을 착취하여 자사의 이익을 극대화하려고 하거나 자사의 이익만을 위해
기회주의적으로 행동할 가능성이 많아지게 된다. 예를 들어 월마트가 전자문서
교환시스템에 투자한 공급업체를 압박하여 공급가를 낮추도록 했을 때, 그 공급
업체는 거래특유투자를 잃지 않기 위해 공급가를 낮출 수밖에 없는 경우가 이에
해당한다.

거래비용이론은 이러한 문제점, 즉 기회주의적인 행동을 피하기 위해서는 거
래상대방을 수직통합, 즉 합병해야 한다고 제안하고 있다. 그러나 자본력이 약한

중소기업의 경우 수직적 통합이 현실적으로 불가능한 것처럼 모든 경우에서 수직적 통합이 가능한 것은 아니다. 따라서 거래비용이론은 수직적 통합이 성립하는 모든 경우를 설명하는 것은 아니고 제한적인 경우에 한해서 수직적 통합의 현상을 설명하고 있음을 알 수 있다.

또한 거래비용이론은 수직통합이냐 독립업체로 남느냐는 이분법만 대안으로 삼고 있어 힘의 우위를 이용한 통제를 통해 수직통합의 효과를 얻는 대안들은 고려하지 못한 단점이 있다(제11장 4절 "수직적 통합의 변종" 참조). 그리고 인간이 항상 기회주의적으로만 행동하지는 않기 때문에 "인간은 기회주의적인 행동을 한다"는 가정에 대한 적절성의 문제 또한 안고 있다. 아울러 경로 구성원 간의 신뢰, 협력 같은 요소들은 무시하는 편협함을 드러내고 있다.

3 수직적 통합의 문제점

수직적 통합은 현실적으로 합병하는 회사에 여러 가지 문제를 가져온다. 첫째, 수직적 통합은 이론적으로 분업의 원리^{division of labor}에 어긋난다. 소매업체는 제품을 구매하여 판매하는 유통에 전문성을 가지고 있는 반면, 제조업체는 제품의 개발 및 생산에 노하우를 가지고 있다. 따라서 이 두 경로 구성원이 통합할 경우, 생산과 유통을 모두 담당하게 되어 분업에 따른 전문화의 이점을 누리기 힘들어진다.

둘째, 수직적 통합은 협력적이어야 할 유통경로 구성원 간의 관계를 서로 경쟁의 관계로 바뀌게 한다. 예를 들어, 애플이 점포형 소매점을 개설하여 직접 자사의 제품들을 소비자에게 팔기 시작하자, 애플의 제품을 공급받아 판매하던 기존의 소매업체는 애플을 경쟁자로 취급하기 시작했다. 애플이 자사의 제품을 많이 판매하면 할수록 기존의 소매업체는 매출에 영향을 받을 수밖에 없으므로 애플과 소매업체들 사이에 갈등의 소지가 생기게 된다. 따라서 수직적 통합은 기존

경로 구성원과의 관계를 전면적으로 재수정하게 만들 수 있다.

셋째, 수직적 통합은 통합하려는 경로 구성원이 많은 자금을 합병에 투입하게 한다. 회사 규모가 커지면, 경기가

수직적 통합의 문제들

좋지 않을 때 회사 규모를 빠른 시일 내에 줄이거나 유연하게 대응하기 힘들어져 매우 불리하다. 예를 들어, 제조업체가 부품업체를 수직통합했을 경우, 경기악화로 완성품에 대한 수요가 낮아진다면 그 제조업체는 생산량을 줄여야 한다. 하지만 통합한 부품업체의 매출도 감소하여 손해를 감수해야 하므로 손실을 쉽게 줄일 수 없다. 일본 샤프사의 경우, TV 조립라인뿐만 아니라 액정패널을 생산하는 부품업체까지 합병했으나, TV 판매가 부진해지자 패널을 생산하는 부품라인의 부실도 겹쳐서 경영위기를 초래하기도 했다.

넷째, 수직적 통합을 실행하는 경로 구성원의 회사 규모가 커지는 현상은 조직의 비대화를 가져와 관료화^{bureaucracy}의 문제를 겪기 쉽다. 수직적 통합은 여러 기능을 한 구성원이 실시해야 하므로 기능에 참여하는 내부인원이 많아지게 된다. 따라서 통합된 회사는 거대한 관료조직을 관리해야 하며 경로 구성원의 전문화된 기능수행뿐만 아니라 조직관리에 많은 비용을 소모하게 되어 경기가 좋지 않을 때는 문제가 되기 쉽다.

4 수직적 통합의 변종

앞서 살펴보았던 수직적 통합은 반드시 소유를 통해서만 효과를 얻을 수 있는 것은 아니다. 다른 방법으로 수직적 통합의 효과를 얻는 예 중 하나가 유연한 수직적 통합soft vertical integration이다. 이는 개별적인 회사들로 이뤄진 전통적인 유통경로관계와 수직적 통합 사이에 존재한다고 볼 수 있다. 외양은 독립적인 경로 구성원들로 이뤄진 전통적인 유통경로관계로 보이지만, 내적으로는 수직적 통합의 효과를 도출하는 시스템이다.

유연한 수직적 통합은 크게 관리형 경로 시스템과 계약형 경로 시스템의 두 형태가 있다. 이것은 경로 구성원 간 계약이 존재하느냐 여부에 따라 나눠지는데, 관리형 경로 시스템은 구성원 간 계약이 존재하지 않는 반면 계약형 경로 시스템은 계약에 의해 수직적 통합의 효과를 얻는다.

관리형 경로 시스템이란 힘을 바탕으로 한 리더십 역할을 통해 경로 구성원을 관리하는 것을 말한다. 관리형 경로 시스템은 전통적 유통경로처럼 개별적 경로 목표를 추구하는 독립적인 경로 구성원들로 구성되지만 구성원들이 전체 경로 지향적 성향을 가지고 있다는 점이 다르다. 전통적으로 관리형 경로 시스템에서는 공급자(제조업체나 도매상)들이 경로리더의 역할을 맡아왔으나 최근에는 대형 소매상(예: 월마트)이 경로리더가 되어 공급업자들의 경로활동을 통제하는 경우가 흔하다.

계약형 경로 시스템이란 계약에 의해 부여된 권한을 바탕으로 경로 구성원을 관리하는 것을 뜻하며, 프랜차이즈가 이에 해당한다. 프랜차이즈 본부는 계약에 의해 가맹점에 대한 통제권을 가지고 있는데, 가맹점이 사인해야 하는 두꺼운 계약서에는 재화나 서비스의 품질관리, 가격정책, 광고 및 프로모션 등과 같이 프랜차이즈 본부의 마케팅과 관련된 권리 등이 명시되어 있는 경우가 많다.

계약형 경로 시스템은 소비자가 본부와 가맹점을 한 회사로 간주하는 경향이 있고, 계약에 의해 본부가 가맹점을 통제하므로 관리형 경로 시스템에 비해 경로 구성원들 간의 통합의 정도가 높으며, 경로 구성원들의 경로활동에 대한 통제가 더 강하다. 계약형 경로 시스템은 소매상 협력그룹, 도매상 협력그룹, 프랜차이즈 시스템의 세 가지 유형으로 나뉘진다. 프랜차이즈 시스템은 제11장에서 자세히 다루도록 하고 여기서는 소매상 협력그룹과 도매상 협력그룹만 설명하도록 한다.

소매상 협력그룹은 소매상이 도매기능을 가진 공동소유의 조직체를 결성하여 이를 공동으로 운영하는 경로조직이다. 이 협력그룹을 형성한 소매상은 공동구매와 공동촉진을 수행함으로써 규모의 경제를 달성하자는 공동의 동기를 갖고 있다. 예를 들어, 미국의 에이스하드웨어^{ACE Hardware}는 홈디포^{Home depot}, 로우스^{Lowe's} 같은 대형 하드웨어체인에 대항하기 위해 소형 철물점들이 뭉쳐 형성한 회사로, 5,000개가 넘는 철물점은 구매그룹을 형성하여 에이스하드웨어를 통해 상품을 구매한다. 에이스하드웨어는 제품 공급뿐만 아니라 회원들의 교육 및 컨설팅도 제공하고 있다.

도매상 협력그룹은 도매상을 중심으로 독립적인 소매상이 수직통합된 경로조직이다. 연쇄점 회원으로 가입한 소매상은 공동구매와 공동촉진 등에 의해 규모의 경제효과를 얻을 수 있으므로 대형 소매업체와 가격경쟁이 가능하다. 미국의 경우, 대형 식품업체인 플레밍^{Fleming}이 주도하여 조직된 IGA(Independent Grocery Alliance)가 가장 대표적인 도매상 협력그룹이다. IGA는 시카고에 본사를 둔 도매상 후원 자발적 연쇄점으로, 33개의 대형 도매상이 협력해 공동으로 광고한다. 또한 소매업체 브랜드 개발을 통해 IGA에 가입한 독립소매상들에게

도매상 협력그룹인 IGA 자료: IGA.com CC BY-SA 3.0; Orderinchaos

대형 슈퍼마켓체인인 세이프웨이^{Safeway} 등과 차별화할 수 있는 요소를 제공하고 있다. 여기서 독립소매상의 이점은 IGA라는 상호의 인지도 및 IGA의 광고혜택을 이용할 수 있으며 제품선택 및 판촉 등에 관한 지원을 받을 수 있다는 것이다. 이러한 이점을 누리기 위해 독립소매상들은 월별 가맹비를 지급하고 있으며 회원점포는 다른 점포와 일정 거리 이상 떨어져 있어야 한다는 조건을 달고 있다.

5 아웃소싱

수직적 통합은 앞서 설명한 몇 가지 문제점으로 인해 그 효용성이 한정되는 단점이 있다. 요즘은 수직적 통합과는 정반대되는 개념으로 아웃소싱이 많이 쓰이고 있다. 아웃소싱은 경로 구성원이 어떤 기능을 직접 시행하는 대신에 다른 경로 구성원으로부터 그 기능을 구매하는 것이다.

아웃소싱^{outsourcing}은 크게 해외아웃소싱$^{offshore\ sourcing}$과 국내아웃소싱$^{domestic\ sourcing}$의 두 가지 유형으로 나누어볼 수 있다. 해외아웃소싱은 해외에서 재화나 서비스를 구매하는 것이고, 국내아웃소싱은 국내에서 활동하는 경로 구성원으로부터 재화나 서비스를 구매하는 것이다.

아웃소싱을 이용하면 고정비를 변동비용으로 전환시킬 수 있다는 장점이 있다고 널리 알려져 있지만, 아웃소싱을 이용하는 가장 큰 이유는 아웃소싱 파트너의 높은 품질과 효율성 때문이다(Economist, 1991/8/31). 그 예로, 세븐일레븐은 아웃소싱을 극단적인 수준까지 이용하여 큰 성과를 거두고 있다(박스 사례 "세븐일레븐, 핵심사업 뺀 모든 분야 아웃소싱" 참조). 세븐일레븐은 고객의 데이터를 분석하여 각 지역에서 판매할 제품을 선정하고 가격을 결정하는 기능만 수행하고 나머지 기능은 거의 모두 아웃소싱을 한다. 제품, 물류관리, 광고 등 다양한 부문에서 자사와 외부업체의 능력을 비교하여 외부업체가 더 효율적으로 특정 기능을 실행한다면 과감히 그 기능을 아웃소싱했다.

사례

세븐일레븐, 핵심사업 뺀 모든 분야 아웃소싱

아웃소싱업체와 창의적인 파트너십… 점포성장률 업계 평균 2배

미국에서 편의점 열풍을 일으키며 시장을 선도해온 세븐일레븐. 1990년대에 들어서면서 세븐일레븐은 중대한 위기에 봉착했다. 메이저 석유회사들이 잇따라 주유소에 소형마트를 설치하면서 시장점유율이 급속히 하락하기 시작한 것이다. 시장이 포화되면서 경쟁이 심해지자 수익성도 떨어지기 시작했다. 세븐일레븐은 더 많은 고객을 끌어들이기 위해 제품과 서비스의 범위를 넓히고 식품류의 신선도를 높이는 데 주력했다. 하지만 이것만으로는 떨어진 수익성을 회복시키기에 충분하지 않았다. 세븐일레븐은 좀 더 근본적인 문제를 찾아야 했다.

세븐일레븐은 우선 비핵심사업을 제거하고 효율적인 운영시스템을 갖추기 위해 전사적인 조사에 착수했다. 세븐일레븐은 자사의 가장 큰 문제가 너무 많은 일을 벌인 데다 그중 어느 하나도 잘하지 못하는 데 있다고 분석했다. 그리고 세븐일레븐의 핵심역량은 가격책정과 포지셔닝, 판촉 등 판매기술이라고 믿었다. 하지만 세븐일레븐은 판매기술에 집중하기보다는 다양한 사업을 벌여놓고 있었다. 가솔린과 캔디, 얼음까지 직접 만들었으며 심지어 우유를 짜내는 소도 갖고 있었다.

이때 세븐일레븐이 주목한 것은 일본 지점의 성공 사례였다. 일본 지점들은 공급자들과 밀접한 파트너십 관계를 유지하는 '계열keiretsu' 모델을 갖고 있었다. 이러한 특별한 관계를 맺고 있는 몇몇 공급자들web of suppliers이 일상 업무의 많은 부분을 대신 수행해주는 것이었다. 일본 지점들은 이를 통해 비용을 절감하고 효율을 높일 수 있었으며, 이는 궁극적으로 빠른 성장과 고수익의 기반이 됐다.

세븐일레븐은 살아남기 위해 일본 모델을 수용하기로 했다. 핵심역량이 아닌 모든 것을 '아웃소싱outsourcing'하기로 한 것이다. 세븐일레븐은 제품유통과 광고, 물품조달 등 다양한 분야에서 자사와 외부업체의 능력을 비교·분석했다. 외부업체가 세븐일레븐보다 더 효율적으로 특정 기능을 제공한다면 그 기업은 아웃소싱 후보가 되었다.

세븐일레븐은 단순반복적인 업무부터 아웃소싱을 진행했다. 업체선정에서는 비용절감과 품질에 중점을 뒀다. 세븐일레븐이 전략적으로 판매하는 제품에서는 단순한 아웃소싱에서 벗어나 긴밀한 협조체제를 구축하여 세븐일레븐만의 특화된 제품을 만들었다.

아메리칸 익스프레스는 세븐일레븐의 점포 안에서 자동입출금기(ATM)를 운영한다. 세계 최대 송금업체인 웨스턴 유니언이 송금선$^{money wire}$을 관리하고 캐시웍스는 수표 교환 서비스를 제공한다. 많은 부분이 아웃소싱을 통해 처리되지만 필수적인 데이터에 대한 통제권은 세븐일레븐이 갖는다. 세븐일레븐만의 경쟁력 확보를 위해서다.

세븐일레븐은 유통업체인 CDC$^{Combined Distribution Centers}$에 대한 아웃소싱을 통해 유통비용을 15%에서 10%로 줄였고 이를 다시 절반으로 줄이려고 노력 중이다. 세븐일레븐이 유통망을 자체적으로 운영할 때에는 신선식품을 1주일에 두 번씩 점포로 배달했다. 하지만 CDC에 이를 아웃소싱함으로써 매일 점포에 신선식품을 배달하는 유통체계를 갖추게 됐다. 더 많은 고객이 세븐일레븐을 찾도록 만드는 것이다.

세븐일레븐은 과감한 아웃소싱을 통해 점포판매$^{in-store merchandising}$와 가격정책, 주문·고객 데이터 분석 같은 핵심역량에 주력할 수 있었다. 또 직원 수를 4만 3,000명에서 3만 1,000명으로 29% 줄이고, 관리자 등급을 12개에서 절반인 6개로 줄이는 등 고정자산과 간접비용을 줄였다. 이를 통해 세븐일레븐 점포매상은 최근 5년 중 4년 동안 플러스 성장을 기록했으며 점포성장률도 업계 평균의 거의 두 배에 달할 정도로 높은 수준을 보였다.

〈뉴데일리〉 2017/2/7, 〈매일경제〉 2007/12/4 기사 편집

1. 아웃소싱을 이용하는 이유

아웃소싱은 경로 구성원에게 몇 가지 장점을 제공한다. 첫째, 아웃소싱을 통해 고정비용을 줄임으로써 변동비용이 늘어나 유연성을 획득할 수 있다는 점이다. 경기가 좋지 않을 때에는 구매를 줄이면 되므로 경기상황에 유연하게 대응할 수 있다.

둘째, 아웃소싱을 이용하면 분업의 원리를 통해 거래상대방의 특화를 이용해 이득을 얻을 수 있다는 점이다. 분업의 원리에 의해 파트너가 특정한 기능을 더 효율적으로 실행하면 그만큼 이익을 볼 수 있다.

셋째, 다른 채널 파트너의 규모의 경제로부터 이익을 얻을 수 있다는 점이다. 다른 경로 구성원이 특정한 기능을 특화하여 자사뿐만 아니라 다른 업체로부터 그 기능에 대한 아웃소싱계약을 맺는다면, 그 경로 구성원은 그 기능에 관하

여 규모의 경제를 얻을 수 있다. 예를 들어, 대만의 콴타스^{Quantas}라는 회사는 델^{Dell}과 HP의 노트북 PC를 아웃소싱계약에 의해 생산한다. 그러므로 델이나 HP가 각각 자체적으로 생산하는 것보다 원재료를 살 때 대량구매 할인혜택을 받을 수 있고, 대량생산 시 발생하는 생산단가의 인하효과를 누릴 수 있어 델과 HP는 콴타스의 규모의 경제로부터 낮은 공급가라는 혜택을 볼 수 있다.

넷째, 아웃소싱 파트너의 혁신과 새로운 기술개발의 혜택을 볼 수 있다. 신기술을 개발한 공급업체를 발견한 경우 경로 구성원은 그 업체로부터 제품을 구매하여 신기술의 혜택을 볼 수 있다. 해당 제품을 사내에서 생산하는 경우 기존의 투자비를 포기해야 하므로 설령 혁신적인 아웃소싱업체를 발견했다 하더라도 쉽게 구매 결정을 내리기 어렵다. GM자동차는 자사의 부품생산을 주로 하는 자회사 델파이^{Delphi}를 분리독립시킨 이후 다른 부품회사로부터 품질이 좋고 저렴한 부품을 공급받을 수 있었다. 똑같은 이유로 포드^{Ford}자동차도 부품자회사인 비스테온^{Visteon}을 독립시켰다.

 사례 **명품업체 'Made in Asia' 고민되네**

세계적인 명품업체들이 '메이드 인 아시아$^{Made\ in\ Asia}$'로 속앓이를 하고 있다. 원가 등을 생각하면 아시아 지역의 생산을 늘려야 하지만 아시아제 명품에 대한 소비자의 거부감이 커 선뜻 아시아산임을 드러내지 못하고 있다. 최근 세계적인 경기부진에도 불구하고 성장세가 꾸준한 명품업체들이 아시아 지역 생산을 늘릴 것인지를 놓고 고민에 빠져 있다고 로이터통신이 23일 보도했다. 원가가 싼 아시아 지역에서 생산을 늘릴 경우 품질은 그대로 유지하면서도 원가를 낮추는 장점이 있는 반면 '메이드 인 아시아'라는 표시에 소비자가 막연한 거부감을 갖고 있기 때문이다.

소비자는 막연히 '이탈리아제'에 대해 맹목적인 신뢰를 보내고 있다. 이러다 보니 명품업체들은 제품 품질보다도 어느 나라에서 만들어진 것인지에 더 신경 쓴다. 이들은 특히 중국이나 인도 등 아시아 지역에서 자신들의 명품이 만들어졌다는 것을 드러내지 않으려 한다. 대신 유럽에서 생산되고 있다는 말을 퍼뜨려 소비자의 관심을 사로잡고자 애쓴다. 하지만 따지고 보면 '이탈리아제'가 '중국제'보다 결코 낫지는 않다. 가방이나 구두에 이탈리아제 라벨이 붙었다고 해도 더 이상 토스카나 작업장에서 디자이너들이 직접 제작한 제품임을 보장해주지 않는다. 이들 이탈리아 공장에 가보면 값싼 임금의 불법 근로자들이 중국산 플라스틱 밑창과 가죽으로 은밀하게 명품을 만들고 있음을 자주 볼 수 있다.

명품업체들로선 내심 중국이나 인도 등 아시아 지역으로 생산공장을 옮기기를 바라고 있다. 아시아 지역의 생산원가가 싸다 보니 더 좋은 섬유를 사용할 수 있고 기술개발실험도 되풀이할 수 있어 궁극적으로는 더 좋은 제품을 생산할 수 있어서다. 게다가 자신들이 자랑하는 디자이너와 아티스트들이 아시아 공장에 상주하면서 제품품질을 유지할 경우 더 나은 명품을 더 싸게 공급할 수 있다는 게 명품업체들의 생각이다. 명품업체들은 디자이너들이 품질에 세심하게 관심을 갖고 있는 한 명품이 세계 어느 곳에서 만들어지는지는 별로 중요하지 않다고 주장하며 아시아 생산을 선호하고 있다. 현재 명품업체들의 아시아 지역 생산비중은 30%를 웃돌고 있다.

문제는 갈수록 명품시장의 '큰손'으로 등장하고 있는 아시아인이 '메이드 인 아시아'를 싫어한다는 점이다. 미국이나 유럽 소비자는 아시아산 명품을 어느 정도 인정하는 편인 반면, 아시아 소비자는 '중국산'이라는 원산지 표시를 본 순간 명품을 거들떠보지도 않는 경향이 있다. 따라서 명품업체들은 아시아 시장에서는 중국이나 아시아제 제품을 내놓을 수 없다며 상당한 고민이 아닐 수 없다고 토로한다.

〈News 1〉 2017/11/5, 〈아시아경제〉 2013/1/31, 〈한국경제〉 2008/6/23 기사 편집

2. 아웃소싱의 단점

아웃소싱을 하게 되면 이점을 즐길 수 있는 반면에 불이익이 발생하는 경우도 생긴다. 첫째, 아웃소싱 파트너가 자사의 경쟁자가 될 가능성이 존재한다. 나이키와 화승의 관계가 좋은 예다. 나이키의 신발을 생산하는 아웃소싱 파트너였던 화승은 나이키가 계약 종료 후 동남아의 생산자들로 아웃소싱 파트너를 교체하자, 독자브랜드인 르까프를 출시하여 한국시장에서 나이키의 경쟁업체가 되었다.

둘째, 아웃소싱 파트너에 대한 통제가 쉽지 않은 단점이 있다. 예를 들어 부품이나 완제품 생산에 아웃소싱 파트너를 이용할 경우, 품질의 통제가 쉽지 않다. 이와 관련한 사례가 때때로 언론에 보도되는 한국 소매업체 브랜드의 저품질에 관련된 문제들이다. 대형 소매업체가 PB를 생산하는 제조업체와 아웃소싱 계약을 맺지만 아웃소싱 제품의 품질을 완벽히 관리하지 못하여 품질과 관련된 문제가 발생하곤 한다.

셋째, 아웃소싱을 하는 경우 제품 원산지효과 country of production effect로 불이익을 볼 수 있다. 제품 원산지효과는 제품을 생산하는 원산지의 이미지가 그 제품 자체의 이미지에 영향을 미치는 것을 말한다. 제품이 경제적으로 덜 발달한 곳에서 생산되면, 저개발국의 이미지가 제품에 투영되어 나타나는 것이다. 많은 기업들이 일자리 해외 이전 offshore sourcing에 의존한 이래로 아웃소싱 기업들이 운용되는 나라의 경제성장수준은 그 제품의 이미지에 영향을 미친다. 예를 들어 미국의 소비자는 중국에서 생산된 제품에 대해 부정적인 이미지를 갖고 있다.

과거에는 '제품 브랜드 효과 Country of Origin Effect'라 하여 브랜드 소유회사의 국적이 소비자가 갖는 브랜드 이미지에 많은 영향을 미

아웃소싱 파트너에 대한 쉽지 않은 통제

쳤다. 예를 들어 예전에는 전기전자제품이 강한 일본의 회사가 소유한 브랜드가 소비자로부터 긍정적인 평가를 받곤 했다. 하지만 많은 제조업체들이 생산지를 자국에서 저임금국가로 옮긴 지금, 어느 나라 브랜드인가는 의미가 없어졌다. 이제는 제품이 어디에서 생산되었느냐가 관심의 대상이다.

'제품 원산지효과'에 의한 부정적 이미지는 브랜드의 소유회사로서는 곤혹스러운 일이 되므로 이들 회사는 여러 가지 방안으로 대응한다. 예를 들어, BMW X3이나 포르쉐 박스터$^{Porsche\ Boxster}$ 같은 고급자동차는 일부가 오스트리아와 핀란드에서 조립되고 있는데, 이들 회사는 이에 대한 언급을 피하는 소극적인 대응을 한다. 한편 이탈리아의 명품브랜드들은 저임금국가에서 생산되는 명품의 장점을 늘어놓고 적극적인 방어자세를 취한다(박스 사례 "명품업체 'Made in Asia' 고민되네" 참조). 어떤 자세를 취하든 제품 원산지효과는 소비자의 부정적인 인식에서 비롯된 것이므로 장기적으로 소비자의 인식을 바꾸는 것이 중요하다.

3. 아웃소싱의 진화

과거에는 아웃소싱은 부품의 외부조달만을 의미했다. 하지만 근래 들어 아웃소싱은 더욱더 정교해졌다. 생산, 마케팅과 재무관리까지 아웃소싱하고 심지어는 핵심 분야로 여겨 제외했던 연구·개발 및 디자인도 아웃소싱의 대상으로 삼고 있다. 아웃소싱의 최근 트렌드에 대해 알아보자.

첫째, 최근 들어 아웃소싱은 온라인에서 진화하는 경향을 보이고 있다. 온라인 카테고리 매니저$^{online\ category\ manager}$는 한 품목에 전문화된 아웃소싱 기업으로 어느 한 품목을 전문적으로 취급하면서 인터넷 소매상에게 해당 제품의 공급기능을 제공하는 회사다. 이들 덕분에 인터넷 소매상은 재고에 대한 부담 없이 구색을 갖출 수 있다.

예를 들어 서킷시티닷컴$^{circuitcity.com}$과 온라인 카테고리 매니저인 얼라이언스^{Alliance}라는 DVD 전문취급회사의 관계를 살펴보자. 원래는 서킷시티닷컴이 재고 관리를 해야 하는데, 온라인 카테고리 매니저인 얼라이언스가 재고(서부영화, 코미디, SF, 액션영화와 시대별 영화)를 관리하므로 재고 걱정 없이 영화에 관한 구색을 갖출 수 있다. 고객이 서킷시티닷컴의 웹사이트에서 DVD 섹션을 클릭하면, 유사한 디자인의 얼라이언스 웹사이트로 옮겨져 얼라이언스의 DVD 서비스를 이용하게 되는 원리로 운영된다. 얼라이언스가 주문 처리를 하여 영수증까지 서킷시티닷컴의 이름으로 인쇄해서 고객에게 배달하기 때문에 고객은 서킷시티닷컴과 거래하는 것으로 여긴다. 따라서 서킷시티닷컴은 재고 걱정 없이 자사 웹사이트의 구색을 갖출 수 있다(부록 11-1 "온라인 소매업체는 어떻게 많은 물품을 관리할까?" 참조).

두 번째 트렌드는 경로 파트너의 아웃소싱을 이용하는 것으로 국내 아웃소싱 기업이 인건비가 낮은 나라에 공장을 설립하고 그 공장에서 생산된 제품을 공급하도록 하는 것이다. 이는 품질에 걱정이 없고 외국의 낮은 인건비를 이용하여 낮은 가격에 부품을 공급받을 수 있다는 장점이 있다. 국내아웃소싱의 품질과 해외아웃소싱의 낮은 공급가라는 두 마리 토끼를 한꺼번에 잡는 효과를 볼 수 있다.

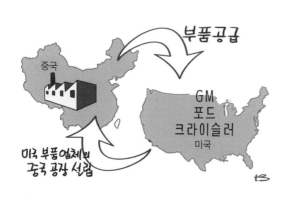

실례로, 미국의 자동차 3사(GM, 포드, 크라이슬러)는 중국의 부품업체로부터 직접 부품을 공급받는 것을 꺼려왔다. 중국으로부터 운송되는 물류비용을 포함하더라도 미국 내 업체로부터 공급받는 것보다

지식의 아웃소싱

20~40% 정도 저렴하긴 하지만 품질에 관한 염려 때문에 3사는 극히 일부 부품만 중국에서 공급받고 있었다. 하지만 경쟁업체에 비해 높은 자동차 제조비용으로 인해 국내아웃소싱만을 고집할 수 없었다. 따라서 국내 부품업체에게 중국에 공장을 설립하여 중국에서 저렴한 인건비로 생산된 부품을 미국의 생산공장에 공급해주도록 했다. 이는 중국의 낮은 인건비와 국내업체의 안정된 품질이라는 두 가지 장점을 이용할 수 있는 전략이다.

세 번째 트렌드는 지식의 아웃소싱이다. 외부로부터 지식을 아웃소싱하여 활용하는 기업들이 늘어가고 있다. 도입사례에서 읽을 수 있듯이, 덴마크 오디오 회사인 뱅앤올룹슨Bang & Olufsen은 신제품을 만들 때 디자인을 먼저 정하고 그 후 기술을 접목시키는데, 디자인 아이디어를 아웃소싱하는 것으로 유명하다. 회사 소속 디자이너가 존재하지 않고 계약직 프리랜서들로 디자인 부서를 운영하는데, 회사의 지시를 따르면 자유로운 디자인이 나올 수 없다는 것이 그 이유다.

국내 가전업체들도 정보기술과 패션디자인 지식을 접목해 부가가치를 높이고 있는데, 삼성전자는 유명디자이너인 앙드레김과 가전제품 디자인 제휴를 맺고 다양한 디자인의 냉장고와 김치냉장고, 에어컨, 세탁기 등을 출시했고, LG 프라다폰, 삼성 아르마니폰 등도 디자인 지식을 아웃소싱한 결과다.

4. 아웃소싱전략

아웃소싱은 단순한 부품조달에서 벗어나 급격히 진화하고 있다. 아웃소싱을 현명하게 이용하기 위해서는 몇 가지 점들을 고려해야 한다.

첫째, 경로 구성원의 가치창출을 위해서는 모든 기능의 아웃소싱 가능성을 고려해야 한다. 흔히 핵심기능을 제외하고 나머지 기능만을 아웃소싱의 대상으로 보는 경향이 있다. 하지만 소비자가 얻는 가치의 증가를 위해서는 핵심기능의 과감한 아웃소싱을 통해 경쟁우위를 강화할 수 있는지 고려해야 한다. 예를 들어, 과거에는 그 중요성으로 인해 디자인 기능은 완성품 제조업체에서 담당하고 아웃소싱하지 않는 경향이 있었다. 하지만 요즘은 창조적인 디자인이 강조됨에 따라 보다 다양한 아이디어의 소싱을 위해 디자인의 아웃소싱이 늘고 있다. 스포츠 용품 제조업체인 푸마는 디자인의 아웃소싱으로 회사 밖의 패션디자이너와의 협업을 통해 스포츠 용품 브랜드에서 패션 브랜드로 완전히 탈바꿈했다. 이처럼 폭넓고 전략적인 관점으로 볼 때 아웃소싱을 통해 많은 것을 얻을 수 있다.

둘째, 경로 구성원은 객관적인 분석을 통해 경쟁우위에 있는 분야와 열위에 있는 분야를 알아내야 한다. 아웃소싱업체들의 능력을 비교·분석하여 경로 구성원이 필요로 하는 기능들을 아웃소싱업체가 더 효율적으로 실행한다면 그 기능은 과감히 아웃소싱해야 한다.

셋째, 열위에 있는 분야를 어떻게 아웃소싱할 것인지 고민해야 한다. 무엇보다도 아웃소싱하는 기능과 기업이 직접 수행하는 기능의 통합이 중요하다. 특히 이를 위해서는 아웃소싱업체들과의 창의적인 파트너십을 구축해야 한다. 서킷시티닷컴과 얼라이언스의 사례(부록 11-1 참조)에서는 재고 관리뿐만 아니라 판매·주문 처리기능은 아웃소싱업체인 얼라이언스가 수행하고, 반품처리는 서킷시티 측에서 담당하는 등 구매·판매·반품 기능의 완벽한 통합을 보여주고 있다.

넷째, 아웃소싱이 성공하기 위해서는 아웃소싱 파트너와의 긴밀한 협력이 필수적이다. 세븐일레븐의 사례처럼 아웃소싱업체가 세븐일레븐을 위해 특화된 제품을 제공하는 것은 세븐일레븐이 다른 편의점이나 슈퍼마켓 같은 경쟁업태와 차별화되기 위해 중요하다. 또한 각 매장에서의 재고데이터를 공급업체와 공유하여 진열되는 상품을 효율적으로 공급받는 것을 볼 때, 파트너와의 협력이 동반될 때 아웃소싱이 좀 더 효율적임을 알 수 있다.

아웃소싱 파트너와의 협력

온라인 소매업체는 어떻게 많은 물품들을 관리할까?

20년 전, 서킷시티의 중역들은 음악CD, Video, DVD를 그들의 자회사인 서킷시티닷컴의 판매 물품리스트에 추가하길 원했다. 그러나 그들은 어떻게 방대한 양의 재고를 관리할 수 있는가에 관한 문제에 직면했다. 예를 들어 영화 분야에 관한 DVD를 추가했을 때, 서킷시티 오프라인 매장에 500~3,000개 정도의 품목을 비치하는 데 비해, 일반 웹 소비자의 평균 기대치에 맞추려면 5만 5,000여 장의 비디오와 DVD를 서킷시티닷컴 온라인 웹사이트 품목 리스트에 올려놓아야 했다.

또 다른 문제는 기존 서킷시티닷컴의 배급모델은 많지 않은 종류의 제품을 대량으로 각 가게에 공급하는 소품종 대량공급모델이지, 각 가정에 많은 종류의 제품을 소량으로 배달하는 데 적합한 모델은 아니었다.

또한 온라인 고객은 최신제품이 아닌 철 지난 상품에 훨씬 더 많이 관심을 가지는 경향을 보이며 이러한 온라인 고객에게 잘 응대하기 위해서는 많은 종류의 제품을 재고로 유지할 필요가 있었다.

이러한 문제에 직면하여 서킷시티닷컴은 Video, CD 혹은 스포츠 용품 같은 특정한 제품 카테고리를 전문적으로 관리하는 제3의 배급관리자인 '온라인 카테고리 매니저online category manager'를 이용하여 문제를 해결했다. 배후에서 재고를 관리하는 온라인 카테고리 매니저는 서킷시티닷컴처럼 판매에 부수적으로 따르는 배급 문제 및 재고 문제에 구애받지 않고 온라인 판매 채널의 매출을 증가시키려는 인터넷 소매상에서 점차 일반화되고 있다.

서킷시티닷컴은 영화와 음악 분야의 수많은 아이템의 재고 문제를 해결하기 위해 엔터테인먼트산업에 풍부한 노하우를 가진 노래 및 영화 도매업자인 얼라이언스 엔터테인먼트 Alliance Entertainment Corporation와 계약했다. 인터넷 시대 속에서 얼라이언스는 음악, 영화 및 게임을 고수익 전자상거래 사이트에 공급하는 것뿐만 아니라 청구서 작성과 거래계약 과정 같은 후방 비즈니스back-end support 부문에서도 전산시스템을 보유하고 있다. 따라서 이 회사는 30만 평방피트의 물류창고에 많은 품목을 보유하며, 다양한 고객(서킷시티닷컴 같은)의 이름으로 제품들을 고객에게 직접 배송하고 있다.

따라서 고객은 자신들이 서킷시티닷컴 같은 소매업체와 거래하는 것으로 알며, 제3자와 거래한다고 느끼지 못한다. 온라인 카테고리 매니저의 활용은 인터넷상에서 아마존닷컴

Amazon.com이 여타 제조업체의 웹사이트에 링크를 걸어놓은 것과는 다른 것이다. 이러한 웹사이트 링크는 웹 쇼핑자 자신이 링크에 연결된 사이트로 이동하고 있음을 알 수 있다.

소매상은 일반적으로 전자상거래시스템 통합에 따른 초기 비용을 지불해야 하지만, 전통적 방식에서 새로운 상품라인 추가에 투입되는 비용이나 어마어마한 양의 새로운 재고품목을 잠정적으로 보유하는 위험에서 자유롭게 된다. 대부분의 경우, 온라인 카테고리 매니저는 재고를 보유한다. 예를 들어 서킷시티닷컴은 그들의 온라인사이트에서 주문 받은 어떤 상품도 얼라이언스 엔터테인먼트에서 구매하지 않는다. 단지 서킷시티닷컴은 얼라이언스에 비용을 지불하고 지불비용보다 더 높은 가격을 웹 고객에게 청구하여 그 차익만큼 이윤을 낸다.

이러한 거래구조는 온라인 소매회사가 고객이 지불하는 저렴한 가격을 책정할 수 있게 한다. 서킷시티닷컴 유통구조의 독특한 점은 얼라이언스가 배송한 상품에 대한 소비자의 불만사항이나 반품을 서킷시티 오프라인 매장에서 회수한다는 것이다.

온라인 카테고리 매니저를 이용하는 매력은 케이마트와 서킷시티 같은 거대 오프라인 매장 운영에 제한이나 영향을 받지 않는다는 것이다. 한 예로, 3,000평방피트의 상점에는 대략 2만 5,000점의 음반을 진열할 수 있는 데 반해, 얼라이언스 엔터테인먼트와의 계약으로 서킷시티는 30만 장 이상의 품목을 온라인상에서 제공할 수 있게 되었다.

한 애널리스트는 2002년 온라인 소매 판매량의 5% 정도는 순수하게 온라인 카테고리 매니저를 통해 이루어질 거라고 예측했다. 다시 말해 지난 몇 년간 온라인 판매가 0%에 가까웠던 것과 달리, 요즘은 단순한 마케팅 가맹점(오프라인 대리점)을 통해서보다는 온라인상으

로 더 많은 주문이 이뤄지고 있다는 의미다.

하지만 일부 애널리스트들은 인터넷 소매 판매액 총 390억 달러 중 5% 정도가 온라인 카테고리 매니저 덕분으로 이룬 것이라고 예측되었을 때, 20억 달러는 별것 아니라며 냉소적인 반응을 보인다. 뿐만 아니라 전자상거래$^{e-commerce}$가 지속적으로 성장하는 것처럼 온라인 카테고리 매니저가 인터넷 판매에서 두드러지게 비중을 증가시킬 수 있을지 의문을 제기한다. 그리고 그들은 대부분의 대형 소매업체에서 온라인 카테고리 매니저는 '비주력제품' 카테고리에 한정적으로 영향력을 미칠 것이라고 판단한다.

그리고 이들은 온라인 소매업체들이 온라인 카테고리 매니저를 사용함으로써 고객이 다양한 제품을 소량으로 구매할 경우 여러 제품이 각각 다른 창고에서 오게 됨에 따라 총 배달비용이 높아져서 이익을 줄인다고 주장한다.

게다가 대다수의 성공한 오프라인 소매업체는 머천다이징^{merchandising}과 고객에 대한 정보수집에 관한 전문가다. 이러한 대형 소매상이 고객경험에 대한 통제력을 포기하거나, 제3자와 고객정보를 공유하는 것은 그들의 고유분야를 포기하는 것과 같아 온라인 카테고리 매니저의 이용을 꺼리게 될 것이라고 애널리스트들은 분석하고 있다.

이 분석가들은 또한 소매업체들의 총매출액에서 특정 온라인 카테고리 매니저가 10% 이상의 비중을 차지하게 된 품목에는 온라인 카테고리 매니저를 제외시키고 소매업체가 직접 담당하는 경향을 보일 것이라는 분석도 곁들이고 있다. 이는 오직 시간만이 진실을 알려줄 것이다.

〈Wall Street Journal〉 2002/6/15 기사 편집

1 두 가지 방식의 수직적 통합에 대해 설명하시오.

2 수직적 통합을 하는 주요 원인에 대해 논하시오.

3 아웃소싱의 장단점에 대해 논하시오.

4 제품 원산지효과에 대해 설명하시오.

5 부록 11-1 "어떻게 온라인 소매업체는 그렇게 많은 물품들을 관리할까?"에서 온라인 카테고리 매니저에 대해 설명하시오.

6 부록 11-1 "어떻게 온라인 소매업체는 그렇게 많은 물품들을 관리할까?"에서 온라인 카테고리 매니저의 발전전망에 대해 논하시오.

7 도입사례 "지식의 아웃소싱"을 읽고, 아웃소싱을 통해 이용할 수 있는 다양한 분야의 지식에 대해 논하시오.

참고문헌

지식 프로세스 아웃소싱 시장 2020-2025 보고서, www.reportsintellect.com
"*G. M. Is Set to Spin Off Parts Division*," New York Times, May 25, 1999.
Shirouzu, Norihiko(2004), "*Big Three's Outsourcing Plan: Make Parts suppliers Do It*," Wall Street Journal, June 10.
"*The Ins and Outs of Outing*," Economist, August 31, 1991.
Williamson, Oliver(1985), *The Economic Institutions of Capitalism*, New York: Free Press.

1 부록 11-1 "온라인 소매업체는 어떻게 많은 물품을 관리할까?"에서 서킷시티닷컴
  이 하는 기능은?

  ① 재고 관리   ② 고객 확보   ③ 주문 처리   ④ 반품처리

2 다음 중 수직적 통합의 설명으로 옳은 것은?

  ① 한 경로 구성원이 경쟁업체 M&A
  ② 다른 경로 구성원이 수행하던 기능을 직접 실행
  ③ 같은 유통경로에서의 경로 파트너 교체
  ④ 오프라인 채널이 온라인 채널 합병

3 다음 중 수직적 통합의 설명으로 옳지 않은 것은?

  ① 두 가지 이상의 기능을 동시에 수행한다.
  ② 상당히 비용이 많이 드는 단점이 있다.
  ③ 제조업체의 소매업체 통합 시 마케팅 기능은 통합하지 않는다.
  ④ 관련된 기능을 통제할 수 있는 장점이 있다.

4 부록 11-1 "온라인 소매업체는 어떻게 많은 물품을 관리할까?"에서 얼라이언스사
  가 하는 기능은?

  ① 고객 확보   ② 재고 관리   ③ 홍보   ④ 반품처리

5 다음 중 후방통합의 설명으로 옳지 않은 것은?

  ① 기존 유통경로 상 제품의 공급흐름을 거슬러 올라간다.
  ② 완성품 제조업체의 경우 부품공급의 안정성을 도모할 수 있다.
  ③ 세계적인 유통체인들은 효율성의 증진을 위해 적극적으로 제조업체를 소유하는
    경향이 있다.
  ④ 유통업체가 자사의 브랜드를 직접 개발하고 판매할 수 있다.

6 다음 중 거래비용이론의 설명으로 옳지 않은 것은?

　① 인간은 이익이 생길 수 있으면 기회주의적으로 행동한다.

　② 기본적으로 인간에 대한 긍정적인 시각을 유지한다.

　③ 거래특유투자를 제안한다.

　④ 기회주의적 행동에 대한 방지대책으로 수직적 통합을 제안한다.

7 다음 중 거래비용이론의 주요 한계점이 아닌 것은?

　① 수직통합이냐 독립 유통경로 구성원이냐 하는 2분법만을 다룬다.

　② 인간은 기회주의적이라는 가정이 적절하지 않다.

　③ 신뢰나 협력 같은 중요한 변수들을 무시하는 경향이 있다.

　④ 채널구조관계에서 장기적인 이슈와 단기적인 이슈 간 구별이 없다.

8 다음 중 수직적 통합을 실행하는 이유로 옳지 않은 것은?

　① 마케팅 기능을 직접 실행하기 위하여

　② 규모의 경제를 이루기 위하여

　③ 거래특유자산을 보호하기 위하여

　④ 환경적응environmental adaptability의 유연성을 얻기 위하여

9 다음 중 수직적 통합으로 인해 발생하는 문제점에 대한 설명으로 맞는 것은?

　① 이론적으로 분업의 원리에 충실하다.

　② 유통경로 구성원 간의 관계가 지나치게 협력적이 되어 효율성이 증가된다.

　③ 통합하려는 경로 구성원이 합병에 많은 자금을 투입하게 한다.

　④ 조직의 슬림화를 가져와 환경적응이 쉬워진다.

10 다음 중 아웃소싱의 이점은?

① 자사의 전문화를 통한 이득

② 통합의 원리

③ 마케팅 기능의 전적인 통제

④ 다른 채널 파트너의 규모의 경제로부터 이익 획득

11 다음 중 아웃소싱의 단점이 아닌 것은?

① 아웃소싱 파트너가 자사의 경쟁자가 될 가능성 존재

② 아웃소싱 파트너에 대한 통제가 쉽지 않음

③ 제품 원산지효과로 인한 불이익 발생

④ 많은 자금이 소요됨

12 제품을 생산하는 원산지의 이미지가 그 제품의 이미지에 영향을 미치는 것을 지칭하는 말은?

① country of origin effect

② country of marketing effect

③ country of production effect

④ country of image effect

13 다음 중 아웃소싱의 최근 동향에 대한 설명으로 틀린 것은?

① 생산, 마케팅, 재무관리까지 아웃소싱하지만 핵심분야인 연구개발 및 디자인 분야는 제외한다.

② 최근 들어 온라인에서 진화하는 경향을 보인다.

③ 경로 파트너의 아웃소싱을 이용하기도 한다.

④ 외부로부터 지식을 아웃소싱하여 활용한다.

14 부록 11-1 "온라인 소매업체는 어떻게 많은 물품을 관리할까?"에서 온라인 소매업체를 위해 최종소비자에 대한 제품선적과 재고 관리를 수행하는 경로 구성원은?

① 온라인 유통업체　　　　　② 온라인 카테고리 매니저
③ 온라인 재고 관리자　　　　④ 온라인 판매관리자

15 미국의 3대 자동차 회사의 아웃소싱전략은?

① 중국의 부품업체로부터 부품 구매
② 중국의 자회사로부터 소싱
③ 미국 부품업체의 중국 공장에서 구매
④ 중국으로부터의 부품 구매 일절 금지

---

1 ②　　2 ②　　3 ③　　4 ②　　5 ③　　6 ②　　7 ④　　8 ④　　9 ③
10 ④　　11 ④　　12 ③　　13 ①　　14 ②　　15 ③

제12장 프랜차이즈

프랜차이즈 고용능력 제조업의 7배

1979년 10월 서울 소공동에 롯데리아 1호점이 문을 열면서 시작된 국내 프랜차이즈 역사는 2020년 말 공정거래위원회에 등록한 프랜차이즈 브랜드 수는 7,094에 이르고 있다. 2014년과 비교해 6년 동안 브랜드는 2,800여 개나 늘었고, 가맹점은 연평균 5.5%대로 꾸준히 증가하여 25만여 개(2019년 기준)에 이르고 있다.

프랜차이즈는 골목상권을 넘어 산업으로 자리 잡고 있으며, 프랜차이즈 산업은 국내총생산(GDP)의 10%를 차지할 정도로 국내 경제에 큰 영향을 미치고 있다.

국내 프랜차이즈 업계를 이끌어가는 선도 업체들의 고용창출 효과는 상당하여, 우리나라 총고용의 4.5%를 차지하고 있다. 베이커리 1위인 SPC그룹의 파리바게뜨를 보면 가맹점과 본사에서 일하는 종사자가 무려 3만 3,200명에 이른다. 본사 근무인력(1만 1,500명) 외에도 3,100개 가맹점 에서 점주를 포함해 평균 7명(총 2만 1,700명)이 일하고 있다. 롯데리아의 경우, 1,345개 매장에서 근무하는 아르바이트 인력만 1만 6,000여 명에 달한다. 파트타임으로 일하는 인력이 많아 점포당 근무인력도 평균 16.7명에 이른다. 실제로 국내의 프랜차이즈 브랜드 1곳이 평균 417명의 고용창출효과가 나타났다.

파리바게뜨 매출과 비슷한 규모의 제조업체인 롯데칠성음료와 롯데제과의 임직원 수가 각각 4,918명과 4,067명인 점을 고려하면 프랜차이즈 산업의 고용창출 효과는 7배 수준에 달한다. 비슷한 매출에 종업원 1,063명인 동서식품에 비해서는 30배가 넘는 인력이 단일 프랜차이즈 브랜드를 삶의 터전으로 삼고 있다.

〈창업&프랜차이즈〉 2019/3/12, 〈아시아투데이〉 2013/11/28, 〈한국경제〉 2012/6/7 기사 편집

① 프랜차이즈

프랜차이즈franchise는 현대적 유통산업에서 큰 부분을 차지하고 있다. 본부가 가맹점 운영을 통제하고 전반적인 사업 포맷을 가맹점에 제공하는 대가로 수입을 얻고, 가맹점은 본부의 브랜드 및 노하우를 이용해 수입을 얻는 구조다.

우리나라의 경우 외식산업과 편의점을 중심으로 프랜차이즈가 빠른 속도로 확산되고 있지만 아직도 전체 유통산업에서 차지하는 비중이 작다. 미국에서는 프랜차이즈가 성숙기에 달해 소매업 매출의 약 40%를 프랜차이즈 시스템이 차지하고 있고, 호주나 뉴질랜드에서는 무섭게 성장하고 있는 산업이다. 반면에 동남아시아에서는 이제 막 프랜차이즈가 도입되고 있는 단계다.

도표 12-1 프랜차이즈 등록 현황

(단위: 개)

구분	2016년	2017년	2018년	2019년	2020년
가맹본부수	4,268	4,631	4,882	5,175	5,602
브랜드수	5,273	5,741	6,052	6,353	7,094
가맹점수	218,997	230,955	243,454	254,040	N/A

* 출처: 공정거래위원회 가맹정보시스템

프랜차이즈 시스템을 어떻게 정의하느냐에 대해서는 많은 이견이 있다. 이러한 정의상의 혼란은 프랜차이즈 계약방식과 시스템 운영의 다양성 때문이다. 본부의 관점으로 본다면, 본부franchisor가 가맹점franchisee에 대해 제품, 서비스, 상호, 상점관리 노하우 등 전체 비즈니스 포맷을 제공하는 대가로 계약금, 로열티, 임대료 등의 수입을 얻는 라이선싱 계약을 말한다.

우리나라 법무부는 가맹점의 관점에서 프랜차이즈가 다음의 조건을 충족해야 한다고 명시하고 있다. "가맹점은 특정 사업에 대한 사업권, 판매권, 경영권 등의 권리를 제공받고, 사업자의 상호, 상표, 로고 등을 사용하여 본부의 경영지도와 통제하에 특정 사업을 배타적으로 영위할 수 있는 권리"라고 정의된다. 한편 소비자는 프랜차이즈 시스템을 회사의 본부와 지점(은행의 지점처럼)을 모방한 시스템으로 인식하고 가맹점을 본사의 지점 정도로 보는 경향이 있다. 가맹점의 서비스가 전체 프랜차이즈의 평판에 영향을 미치므로 가맹점에 대한 본부의 관리가 중요하다.

프랜차이즈 계약은 판매와 관련된 단순한 권리만 부여하는 것이 아니라, 영업권의 설정과 더불어 상호 간의 권리와 의무관계의 설정, 기능과 역할의 분담, 지도와 통제의 수반 등 경영 전반에 걸친 포괄적인 복합계약을 통해 가맹점을 통제하는 특성을 지니고 있다. 여기서 중요한 것은 프랜차이즈 계약에 의해 본부가 시장을 철저히 통제하는 형태의 유통경로다. 프랜차이즈는 계약에 의해 부여된 권한을 바탕으로 경로 구성원을 관리한다. 두꺼운 계약서에 본부의 마케팅과 관련된 권리 등이 명시되어 있어 재화나 서비스의 품질관리, 가격정책, 광고 및 프로모션은 본부가 계약에 의해 통제권을 가지고 있는 경우가 많다.

국내 프랜차이즈 시장 규모는 120조 원(2019년 기준)으로 빠르게 성장하고 있다(2001년 42조 원). 미국, 일본, 호주, 캐나다에 이어 세계 5위권이다. 2019년 프랜차이즈 가맹본부는 5,175개로 증가했고, 정규직 종사자도 124만 명으로 나타났다.

프랜차이즈가 이렇게 성장을

도표 12-2	가맹점 수 기준 주요 프랜차이즈 매출	
업종	**가맹점 수** (개)	**평균 매출** (단위:천 원)
편의점, 마트	26,985	743,836
치킨	24,484	173,556
초·중·고 교육	22,076	219,919
한식/고기/샤브샤브	12,862	420,058
유아/아동 교육	10,710	221,189
커피, 디저트	10,789	171,150
주류, 주점	9,786	277,110
제과, 제빵, 떡	6,678	246,975
분식	6,379	223,375
패스트푸드, 도시락	5,396	308,400

* 자료: 통계청, 소상공인진흥원, 공정거래위원회 2015 기준

한 이유는 소비자가 편의성과 품질의 일관성을 선호하고 보다 잘 알려지고 믿을 만한 브랜드를 구매하고자 하는 성향이 많아지고 있기 때문이다. 프랜차이즈는 동일한 품질의 제품을 편리한 장소에서 구매할 수 있게 해주므로 이러한 소비자의 욕구를 충족시킬 수 있는 시스템이다.

일본의 경우 프랜차이즈 업계는 경기 침체에도 불구하고 지속적인 성장세를 이어왔다. 지난 20년간 일본에서 가장 빠르게 성장한 프랜차이즈 업종은 소매업으로, 특히 편의점 매출이 일본 전체 프랜차이즈 매출의 약 40%를 차지할 정도로 많은 비율을 점유하고 있다. 그 다음이 전체 프랜차이즈 매출의 17%를 차지하는 외식업이다. 서비스업 프랜차이즈의 경우 비중이 비교적 낮은 13%를 나타내고 있다. 하지만 서비스업의 점포 수는 전체의 36.4%에 달해 서비스프랜차이즈가 소규모로 운영됨을 알 수 있다.

2 왜 프랜차이즈를 운영하는가?

프랜차이즈는 모든 점포가 표준화된 서비스와 제품을 사용하고 동일한 브랜드를 사용함으로써 소비자에게 어느 점포에서든지 브랜드가 제공하는 수준의 혜택을 기대할 수 있다는 점에서 소비자 욕구충족에 유리한 사업방식이다. 프랜차이즈 본부는 다음과 같은 몇 가지 이유에서 프랜차이즈를 시작하고 운영한다.

첫째, 가맹점주들이 자금을 투자하여 점포를 확보하고 시설 및 장비를 구입하므로 프랜차이즈 본부의 투자비용이 적다. 이는 시스템을 운영할 때 수반되는 위험부담이 가맹점들에 분산되는 장점이 있다. 따라서 저렴한 투자비용으로 광범위한 지역에 걸쳐 단시간에 유통망을 확보할 수 있다는 장점으로 이어진다.

둘째, 가맹점주들이 본부에 지불하는 가입금과 로열티 등의 수입을 통해 안정적으로 사업을 수행할 수 있다. 미국의 경우, 90% 이상의 프랜차이즈 본부가 매출의 일정 비율을 로열티로 받고 있다. 대부분의 본부가 정률제의 로열티를 받고 있으며, 10% 미만의 본부는 정액제의 로열티를 받고 있다. 정률제인 경우, 업종별로 차이가 있지만 대략 매출의 5% 정도를 부과하고 있다.

우리나라의 경우 상당수의 프랜차이즈 본부가 로열티를 부과하고 있지 않다. 특히 외식 프랜차이즈 분야가 상대적으로 로열티를 부과하지 않는 경우가 많다. 하지만 이들 프랜차이즈는 가입금과 원재료의 판매 등으로 고정적인 수입을 올리고 있다. 우리나라의 프랜차이즈 사업은 아직은 많은 가맹본부가 가맹점포 개설 초기에 발생되는 가맹비나 인테리어비용, 설비비용에서 발생하는 이윤을 중심으로 운영하고 있는 실정이다.

로열티를 부과하는 우리나라의 프랜차이즈 본부는 정액제 방식의 로열티를 부과하고 있는 본부가 다수인 것으로 나타나고 있다. 정률제를 고수하는 본부의 경우 평균 5% 미만을 부과해 미국에 비해 상대적으로 낮은 로열티를 부과하고 있다.

셋째, 프랜차이즈는 이익이 많으면 가맹점이 많은 수입을 올리는 성과위주의 시스템이므로 가맹점주들의 사업의욕을 고취시킬 수 있다. 열심히 일할 수 있는 동기부여가 된 사람들을 가맹점주로 참여시킴으로써 그들의 노력을 이용할 수 있다. 하지만 이를 위해서는 본부가 가맹점에 대한 지도·지원을 위해 지속적으로 투자해야 한다.

직영점의 경우 고용된 직원이 일하므로 가맹점주에 비해 성취의욕이 낮을 수 있다. 따라서 독립사업자인 가맹점주의 점포 운영은 고용된 점포 운영자의 낮은 동기화에 따른 책임회피 및 실적저하를 효과적으로 방지할 수 있는 수단이 된다.

본부가 프랜차이즈를 하는 이유들

3 왜 프랜차이즈에 가입하는가?

가맹점의 관점에서 프랜차이즈에 가입하는 몇 가지 장점이 있다.

첫째, 사업을 새로 시작하는 경우에는 가게의 위치, 크기, 상권분석 등 수백 가지에 달하는 어려운 의사결정을 내려야 한다. 하지만 프랜차이즈 본사가 이미 이러한 어려운 결정들을 바탕으로 비즈니스 모델을 마련해놓았다. 따라서 프랜차이즈 가입 시에는 수백 가지에 달하는 어려운 의사결정을 할 필요가 없다.

둘째, 이미 성공한 비즈니스 모델을 구입하는 것이기 때문에 비교적 빠른 시일 안에 사업을 본궤도에 진입시킬 가능성이 크다. 지명도가 높은 본부의 우수한 상품, 상표 등을 사용하여 사업을 수행하기 때문에 처음부터 효과적인 판매가 가능하다. 실제로 소비자는 일반 독립점포보다 가맹점에서의 구매의사가 높다는 것이 검증되었다.

셋째, 사업에 대한 경험이 없더라도 본부의 경영프로그램, 매뉴얼, 각종 지도에 의해 사업을 수행해 갈 수 있으며 본부가 프랜차이즈 패키지를 개발하고 이에 입각하여 체계적인 지도를 하기 때문에 실패의 위험성이 적다. 미국의 경우, 5년간의 영업을 통해 독립점포가 유지될 확률은 23%인데, 가맹점은 92%로 나타나고 있다. 한국편의점협회의 자료에 의하면 편의점 가맹점들이 창업 후 5년차 폐업률이 25%인데 비해, 국세청이 발표한 자료에 의하면 5년간 자영업자의 창업 대비 폐업 비율은 84.3%이다. 비록 동일한 기간에 의한 비교나 동일사업의 비교는 아니지만 독립창업자들에 비해 가맹점의 폐업률이 훨씬 낮은 것만은 알 수 있다.

넷째, 경영 문제에 대해 본부의 전문가들로부터 원조와 지도를 받을 수 있다. 개인 단독점포로는 접근하기 어려운 법률·경영 전문가를 본부가 스태프로 두고 있기 때문에 그들의 원조와 지도를 받을 수 있다. 또한 가맹점주가 되기 위해서는 본부가 제공하는 여러 가지 교육을 받을 수 있는 장점이 있다. 좋은 프랜차이즈일수록 이러한 교육, 경영지도 등에서 그렇지 않은 프랜차이즈와 차별화되는 경우가 많다. 미국의 가맹점주들이 가장 중요시하는 것은 본부의 교육훈련이고, 그다음이 확고한 브랜드, 리스크가 상대적으로 낮은 투자, 저렴한 투자비용 순으로 나타났다(Peterson and Dant, 1990).

프랜차이즈 가입 시 가맹점이 고려할 점

앞서 설명한 것처럼 프랜차이즈 가입은 사업에 경험이 없더라도 다소 안정적으로 사업을 운용할 수 있다는 장점이 있다. 그러나 여전히 리스크가 존재하므로 가입 시 고려해야 할 여러 가지 사항이 있다.

첫째, 프랜차이즈 가맹점이 일반 독립점포에 비해 항상 유리한 것만은 아니다. 프랜차이즈는 투자 리스크가 적지 않다. 점포비를 포함하면 3~4억 원 이상 들어가는 투자형 프랜차이즈들도 많기 때문이다. 또 2~4년 주기로 인테리어 개·보수비용이 발생한다는 점도 유의해야 한다. 장사가 잘되는 브랜드들의 경우 브랜드파워를 내세워 가맹점주들에게 잦은 인테리어 개·보수를 요구해 분쟁이 일어나는 사례가 많으므로 신중해야 한다.

둘째, 주요 프랜차이즈 브랜드의 경우 기존 점포가 많아 새로 점포를 낼 만한 입지를 고르기가 쉽지 않다는 것도 고려해야 한다. 프랜차이즈 산업 실태조사에 따르면, 가맹점들은 '인근 지역에 신규가맹점 개설'(23.8%), '가맹점에 대한 지원 약속 미이행'(22.2%), '과장된 예상매출액 제시'(21.8%) 등의 순으로 본사에 대한 신뢰성 저하 원인을 지목했다(중복응답 기준). 인근 지역의 신규가맹점 개설이 많다는 것은 그만큼 쓸만한 입지가 많지 않다는 것을 반증하는 것이라 볼 수 있다.

셋째, 가맹점의 구매제품이나 원재료 등이 표준화되어 있고 가격, 점포장식 등 또한 표준화되어 있기 때문에 가맹점주가 더 개선할 수 있는 점을 발견해도 이를 적용하지 못하고 사장되는 경우가 있다. 이는 프랜차이즈가 열심히 일하고자 하는 동기가 있고 이로 인해 운영의 효율성을 살릴 수 있는 기회를 놓치게 만들어 결과적으로 동기저하를 가져오는 결과로 나타날 수 있다. 프랜차이즈의 특징이 표준화된 상품과 서비스를 제공하는 것이긴 하지만, 프랜차이즈 본사의 열린 태도는 프랜차이즈 성장의 중요한 요소임을 간과해서는 안 된다.

넷째, 외부환경도 프랜차이즈의 성패에 영향을 미치므로 외부환경에 대한 면밀한 연구가 필요하다. 예를 들어, 우리나라에서 패스트푸드 프랜차이즈는 거센 웰빙 바람으로 인해 어려운 여건을 맞이하고 있다. 비만을 유발하는 정크푸드로 인식된 데다 다양한 외식업종이 등장하면서 급속히 경쟁력을 잃었다. 또 매출은 부진한데 임대료 부담은 갈수록 커져 패스트푸드업체들의 성장이 힘들어지고 있다. 미국의 경우 정크푸드의 이미지가 덜한 샌드위치 프랜차이즈인 써브웨이 Subway는 3일에 1개의 비율로 가맹점을 늘리며 급성장하고 있다.

다섯째, 프랜차이즈 가맹점의 입장에서 본 프랜차이즈 시스템의 부정적인 면들을 고려해야 한다. 예를 들어, 편의점의 경우 본사가 가져가는 수수료율이 매출이익의 최대 35%에 이를 정도로 높다. 이는 당연히 가맹점주의 수입을 줄이는 결과를 초래해 가맹점의 부실화를 초래한다. 실제로 편의점 본사는 지난 10년 동안 매출은 4배, 순이익은 20배 성장한 반면 가맹점주의 수입은 제자리걸음이었다. 물론 수수료율 이외에 가맹점의 급속한 증가 등 여러 가지 요소가 편의점 본사의 순이익 증가에 영향을 미쳤지만, 높은 수수료율이 본사의 성장에 많은 영향을 끼친 것은 부인할 수 없다.

여섯째, 본부의 사업역량이 약화될 경우, 가맹점의 책임이 없더라도 가맹점은 원조를 충분히 받지 못할 경우가 있다. 따라서 본부가 재정적으로 튼튼한지, 비즈니스 모델이 충분히 성공 가능성이 있는지 체크해야 한다. 또한 본부의 전략이 특정 가맹점과 맞지 않을 수 있으나, 대개의 경우 가맹점은 계약내용을 수정할 수 없다. 따라서 갈등이 발생할 경우 힘이 약한 가맹점이 불리한 경우가 많다.

이러한 문제점 때문에 2008년 정부에서는 가맹점을 보호하기 위해 법적 보호조치를 강화했는데, 본부는 최근 3년간 직영점 숫자 및 가맹점 신규출점 수, 계약해지 현황, 가맹점의 연간평균매출액, 본부의 연간 광고비 및 판촉비 현황을 보고해야 한다.

가맹점은 가입 시 가입비가 본부로 직접 가지 않고 지정 금융회사에 2개월간 예치 후 본부로 가는데, 이것은 본부가 이유 없이 시설공사를 지체하는 등(사기성 본부는 돈을 받은 후 사라진다) 정상적인 영업이 되지 못한 경우, 가맹희망자가 피해를 보지 않도록 하기 위해서다.

가맹점을 보호하기 위해 정부가 법적 보호조치를 강화하는 것은 세계적인 추세다. 최근 중국 정부는 ① 당국에 등록된 기업만 프랜차이즈 사업을 가능하게 하고, ② 최근 5년간 법정분쟁이 있었던 경우는 소송자료를 가맹희망자에게 꼭 알리도록 하며 이를 어길 시에는 등록취소나 벌금을 물리고 있다.

힘이 약한 가맹점과 힘이 강한 프랜차이즈 본부

사례

프랜차이즈 지역보장제도^{encroachment}(제약 제도)와 배달앱

유명 프랜차이즈 간판을 단 제빵·치킨·피자 점포가 동일 상권에 우후죽순 난립하는 사례가 크게 줄어들 것으로 보인다. 기존에 터를 잡은 가맹점주 '영업·생존권'을 보호하기 위해 주요 외식 프랜차이즈 브랜드들이 자발적으로 출점거리 등을 제한하는 '모범거래기준'을 공정거래위원회와 협의해 제정하기로 결정했다.

공정위는 파리크라상(파리바게뜨), CJ푸드빌(뚜레쥬르), 제너시스(비비큐) 등 국내 대표적 12개 외식 프랜차이즈 업체와 최근 자발적 모범거래기준을 만들기 위해 이 같은 방안에 합의했다고 밝혔다. 공정위는 제빵 치킨 등 외식 프랜차이즈 가맹점들이 업종 간 경쟁을 넘어 동일 간판을 내건 가맹점 간에도 영업권을 침해하는 분쟁 사례가 늘고 있다며 기존 점주 영업권을 보장하는 거리 제한(500m 이내에 제과제빵 가맹점이 있는 경우 신규 가맹점 출점 금지)의 필요성을 강조했다. 참석 업체들 역시 이 같은 취지에 공감하며 외식 업종별, 특정 상권별 특수성을 감안한 자발적인 가이드라인을 마련하기로 방침을 정리했다.

가맹점포의 '영업생존권'을 보호하기 위한 노력은 편의점에서도 비슷한 움직임이 일어나고 있다. CU는 기존 점포와 50m(동선 기준) 이내에는 신규 점포 출점을 금지하도록 기준을 정했다. 또한 100m 내 출점 시 인근 점주에게 복수점을 운영할 수 있는 우선 운영권을 부여하기로 했다. CU 측은 신규점 출점 기준을 전국 가맹점에 안내문 형식으로 배포할 계획이다. 경쟁 편의점 업체들도 50m 출점 기준을 지켜오고 있다. GS25와 세븐일레븐 측은 "지자체들이 평균 50m 거리를 두고 담배를 팔 수 있는 권리인 '담배권'을 편의점에 허가해주고 있다"며 "편의점 전체 매출 중 약 40%를 차지하는 담배를 팔기 위해서 50m 출점 제한을 지켜오고 있다"고 말했다.

또한 치킨가맹점의 경우도 반경 800m 이내에 브랜드가 같은 치킨가맹점이 들어설 수 없게 된다. 공정위는 치킨프랜차이즈시장에서 동일 가맹점 간 상권 침해 현상이 심각하다고 보고 신규출점 거리제한 기준을 반경 800m로 설정했다. 상대적으로 상권침해가 덜한 피자 업종은 1,500m 이내에 신규가맹점이 들어설 수 없도록 했다.

공정거래위원회는 업계와의 자발적 협의를 통해 '상생 가이드라인'을 만들어 간다는 계획이다. 공정위가 구상 중인 영업권 보호의 골격은 신규 출점 가맹점으로 인해 기존 가맹점의 영업권이 훼손되지 않도록 거리 제한 가이드라인을 만들고, 기존 가맹점의 동의를 적극 구한다는 것이다. 또 영업권 침해가 발생했을 경우 가맹점주의 대항력을 인정하고 본부가 신속하게 피해구제 조치에 나서는 등의 의무 사항도 강조할 것으로 보인다.

하지만, 일부 가맹점들은 공정위의 기준이 오히려 미흡하다는 반응을 보였다. 한 베이커리 브랜드 가맹점주는 "약 1km 떨어진 곳에 있던 동일 브랜드 가맹점이 얼마 전 문을 닫았다"며 "반경 500m는 굉장히 작은 상권인데, 이 정도로는 영업권 보호에 턱없이 부족하며 적어도 1km 정도는 돼야 한다"고 주장했다.

배달앱 거리제한 무용지물화

배달앱 시장이 커지면서 치킨·피자·햄버거·베이커리 등 프랜차이즈 가맹점들이 경계 없는 경쟁을 벌이고 있다. 경쟁사 브랜드뿐만 아니라 동일한 브랜드 간 경쟁마저 치열해졌다는 것이다. 오프라인 상에선 가맹점의 안정적인 영업을 보장하기 위해 '영업지역'을 보장해주고 있지만, 배달앱 상에선 무용지물인 셈이다.

특히 최근엔 편의점까지 배달앱 시장에 뛰어들었다. CU(BGF리테일)는 배달앱 요기요와 손잡고 현재 3,000여 개(2019년 1월 기준) 점포에서 배달 서비스를 제공하고 있다. 이마트24(이마트)도 지난 1일부터 35개 직영점을 대상으로 배달 서비스(요기요)를 시작하고 가맹점으로의 배달서비스 확대를 추진하고 있다.

프랜차이즈 업계 관계자는 "대표전화나 자체앱으로 주문하는 경우, 영업지역에 따라 가까운 지점을 연결해주고 있다"면서 "하지만 배달의민족이나 요기요 등 배달앱 상에선 배달앱 업체의 룰을 따르고 있어 사실상 영업지역을 지키기 어렵다"고 말했다.

배달의민족(우아한형제들)은 카테고리별로 주문 가능한 반경 거리가 다르다. 치킨의 경우 소비자가 입력한 주소의 반경 1.5㎞ 이내, 패스트푸드는 1.7㎞ 이내, 야식류는 3㎞ 이내의 매장을 보여준다. 카테고리별로 경쟁 강도를 고려해 경쟁이 치열한 치킨은 좀 더 좁게, 야식류는 좀 더 넓게 거리를 적용하고 있다. 문제는 점주가 '울트라콜(정액광고·건당 8만 원)'을 이용하면 1.5㎞ 바깥 지역에서도 고객에게도 상호명을 노출시켜준다는 점이다.

요기요(딜리버리히어로코리아)는 별도의 거리 제한은 두지 않고 있다. 점주가 원하는 지역에 상호명을 노출시켜주는 방식이다. 배달앱 관계자는 "점주나 소비자 모두 가까운 매장에서 주문하는 것을 선호한다"면서 "배달 반경이 넓어진다고 경쟁이 심해지는 것은 아니다"고 말했다. 배달앱의 등장으로 동일 브랜드 간 갈등이 증가하고 있다.

업계의 반응은 엇갈린다. 동일 브랜드 간 경쟁이 치열해지는 만큼 배달앱 상에서도 가맹점의 영업지역을 보장해야 한다는 주장도 많지만, '배달앱 시대'에 당연한 경쟁이란 지적도 숱

하다.

먼저 배달앱 시대에 영업지역을 규제하는 건 시대착오적이란 주장을 살펴보자. 가장 문제가 되는 건 근거 규정이다. 가맹점이 배달앱을 통해 다른 영업지역에서 활동을 하더라도 이를 규제할 법적 근거는 없다. 가맹점의 영업이나 홍보를 가맹본부가 제한한다면 되레 불공정행위로 간주될 수 있다. 영업지역이라는 것이 오프라인 매장의 권역을 설정할 때만 적용된다는 얘기다.

아울러 소비자의 선택권을 보장하기 위해선 가맹점들이 당연히 치러야 할 경쟁이라는 목소리도 많다. 거리가 멀어도, 같은 브랜드여도 맛과 서비스가 좋으면 소비자가 선택할 수 있어야 한다는 것이다.

한 전문가는 배달앱의 등장으로 동일 브랜드 간 갈등이 발생하고 있지만, 새로운 유형의 영업방식을 제도가 따라가지 못하고 있다"면서 "이로 인해 가맹점의 무한·출혈경쟁, 비용 증가에 따른 소비자 후생 감소 등의 문제가 발생하고 있다"고 지적했다. 그는 "영업지역과 같은 모호한 용어를 개선해 온라인 영업활동까지 포괄해야 한다"고 덧붙였다. 당초 영업지역 침해금지 조항을 만든 이유를 되짚어봐야 할 필요성도 있다는 거다.

배달앱이 영업지역 보장이란 법과 제도를 무너뜨리고 있다는 비판이 제기되자 배달의민족은 대책을 내놨다. 이른바 '깃발꽂기'라 불리는 울트라콜을 한 업체당 3개로 제한하기로 결정한 것이다. 배달의민족 관계자 말을 들어보자. "지난해 5월 슈퍼리스트(입찰광고)를 폐지하면서, 자금력 있는 점주들이 울트라콜에 몰렸다. 공정한 경쟁 시스템을 위해 울트라콜을 4월부터 제한할 계획이다."

하지만 법과 제도가 따라주지 않는 상황에서 이런 대책이 얼마나 효과를 거둘 수 있을지는 의문이다. 거의 모든 것이 배달되는 시대, 우리는 무엇을 준비해야 할까. 배달앱이 우리에게 던지는 질문이다.

〈더 스쿠프〉 2020.01.28 〈한국 경제〉 2012/4/9 기사 편집

---

* 저자 주: 2014년 시행되는 새 가맹사업법에 기존의 출점거리제한 대신 영업지역에 따른 신규 입점 제한 규정 (12조 4)을 포함하여 거리제한은 사실상 폐지되었다. 하지만 계약 갱신 시 영업지역을 좁히는 등 본사가 이전보다 불리한 조건을 강요하는 것은 불공정거래행위에 해당돼 금지되기 때문에, 기존 가맹점주는 물론 신규 점주들도 큰 피해를 입지 않을 것이라고 공정위는 예측했다.

5 프랜차이즈의 유형

프랜차이즈 시스템은 크게 상품형태 프랜차이즈와 서비스형태 프랜차이즈의 두 가지 유형으로 나눠진다.

먼저 상품형태 프랜차이즈 product format franchise 는 주로 상품의 판매를 위해 본부와 가맹점의 관계를 맺는 것으로, 제품의 대량생산체제의 도래로 인해 시작되었다. 일반적으로 1858년 아이작 싱어 Isaac Singer 에 의해 개발된 싱어재봉회사 Singer Sewing Center 를 최초의 프랜차이즈 회사라고 하는데, 바로 이 싱어사가 상품형태 프랜차이즈의 대표적 예다.

싱어사는 자신들의 제품을 팔 수 있는 대리인을 임명하면서 프랜차이즈를 시작했다. 그 당시에는 지금과는 달리 대리점의 인테리어, 서비스, 신규직원 교육 등에는 비용을 많이 쓰지 않고, 대량생산라인에서 쏟아져 나오는 상품들을 판매하는 데만 중점을 두었다. 따라서 가맹점사업자들은 가맹본부에서 만든 상품들을 판매하고, 가맹본부들은 상품과 로고를 가맹점사업자에게 사용하도록 허용하지만 그들이 사업을 운영하는 데 필요한 완전한 시스템을 제공하지는 않았다.

상품형태 프랜차이즈는 세 가지 세부유형으로 나눠지는데, 첫 번째로 '제조업체-소매업체 프랜차이즈'가 있다. 제조업체는 가맹점에게 자기상표를 판매할 수 있는 권리를 주며 가맹점은 제조업체가 요구하는 판매, 서비스 제공조건 등을 준수해야 한다. 프랜차이즈 계약을 맺은 의류대리점과 가전대리점, 미국 자동차산업에서의 딜러시스템 등을 예로 들 수 있다.

두 번째 세부유형은 '제조업체-도매업체 프랜차이즈'로, 코카콜라, 펩시, 세븐업 등을 예로 들 수 있다. 제조업체는 음료수 원액을 생산하여 프랜차이즈 계약을 맺은 도매상(보틀러)에게 판매하며 도매업자는 원액에 물을 섞어서 병에 담은 후 완제품을 소매상에게 유통시킨다.

세 번째 세부유형은 '도매업체-소매업체 프랜차이즈'다. 우리나라의 경우에는

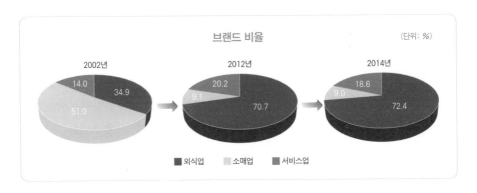

브랜드 비율 (단위: %)

2002년
14.0
34.9
51.0

2012년
20.2
9.1
70.7

2014년
18.6
9.0
72.4

■ 외식업 ■ 소매업 ■ 서비스업

그 예가 많지 않지만 PC 및 주변기기를 판매하는 소매상 체인이나 미국의 경우 의약품 도매상과 약국의 관계, 컴퓨터 도매상과 소매상의 관계 등을 예로 들 수 있다. 미국의 전기전자제품 전문 프랜차이즈인 ComUSA가 이에 해당한다.

서비스형태 프랜차이즈는 서비스 후원본부와 가맹점으로 이뤄진 프랜차이즈다. 이 같은 형태는 프랜차이즈 산업의 대부분을 차지하고 있는데, 외식 프랜차이즈 산업, 미국의 자동차 렌트산업, 인스턴트 외식산업, 숙박산업 등이 그 예다.

서비스형태 프랜차이즈는 상품형태 프랜차이즈에서 한 단계 발전한 것으로, 우리가 실생활에서 쉽게 볼 수 있는 맥도날드, 세븐일레븐 등이 이 형태를 취하고 있다. 상품형태 프랜차이즈와 구별되는 가장 큰 특징으로는 상호 및 재화뿐만 아니라 운영계획이나 서비스 같은 표준들을 지키도록 위임한다는 것이다. 이 표준에는 판매방법과 광고, 정문의 위치와 설치, 직원 모집 및 신입사원 훈련, 직원 유니폼, 고객응대방법, 비품구입요령, 상품준비요령, 고객에게 전달하는 요령, 쓰레기 치우는 절차, 전기 끄는 방법, 문을 닫는 방법까지 세세하게 모든 시스템을 지원받게 된다.

이러한 표준화된 시스템은 결국 일관성을 만들게 되며 그 일관성은 프랜차이즈가 성공하는 데 가장 중요한 근간이 되기도 한다. 한국 사람이 미국 맥도날드에 가서 햄버거를 주문할 때에도 서비스나 메뉴, 직원이 사용하는 주문내용 등이 비슷하게 느껴지듯이, 서비스형태 프랜차이즈는 국내든 해외든 관계없이 모든 매장은 동일하게 보이거나 동일하게 느껴진다는 것이 가장 큰 특징이다.

6 프랜차이즈의 성공 요인

본부의 입장에서 본 프랜차이즈의 몇 가지 성공 요인에 대해 알아보자. 첫째, 프랜차이즈의 성공은 경쟁우위의 지속 가능성에 달려 있다. 경쟁우위는 경쟁 프랜차이즈가 자사의 경쟁우위를 모방할 수 없도록 장벽이 얼마나 잘 형성되어 있는가에 의해 결정된다. 프랜차이즈 시스템은 운영시스템과 기업노하우가 가맹점에 제공되고 있어 경쟁자가 쉽게 모방할 수 있으므로 경쟁우위의 지속이 쉽지 않은 특징이 있다. 예를 들어, 즉석김밥의 효시인 김가네 김밥의 경우, 2004년 프랜차이즈 출시 후 김밥천국, 종로김밥 등 많은 경쟁자들을 즉석김밥 프랜차이즈에 불러들였다. 따라서 본부는 경쟁프랜차이즈에 대해 우위에 있는 경쟁우위의 자원(예를 들어 외식업 프랜차이즈의 독특한 맛이나 능력 있는 가맹점주들을 많이 보유한 딜러망)을 조기에 많이 확보하도록 해야 한다.

둘째, 프랜차이즈 시스템의 경쟁우위는 프랜차이즈 구성원들의 협력을 기반으로 하고 있다. 프랜차이즈 전략은 프랜차이즈 시스템 설계와 시스템 구성원들의 조정을 위한 설계로 나눠진다. 시스템 설계는 상품개발 및

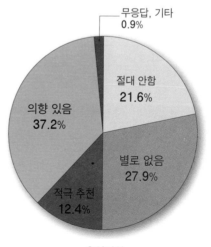

추천의향

가맹점의 선정 및 적정 수의 가맹점 등과 같은 요소로 이루어져 있다. 반면 시스템 구성원들의 조정을 위한 설계는 구성원들의 협력과 통제를 위한 영향력 행사와 갈등관리 등으로 이루어져 있다. 본부는 본부와 가맹점 간의 협력을 위해 본부와 가맹점 간의 갈등해소에 적극적으로 대처해야 한다.

가맹점사업자의 만족도나 가맹본부와의 협력관계를 간접적으로 추정할 수 있는 것으로, 가맹본부를 주변의 친지나 친구에게 추천할 것인지의 '추천의향'을 들 수 있다. 프랜차이즈 실태조사에 의하면 가맹본부를 '추천하지 않을 것이다[절대 추천하지 않을 것이다(21.6%), 별로 추천할 의향이 없다(27.9%)]'라는 부정적 의견은 49.5%로, '추천할 것이다[적극 추천할 것이다(12.4%), 추천할 의향이 있는 편이다(37.2%)]'라는 의견은 49.6%로 비슷하게 나타났다. 보는 관점에 따라 다르겠지만, 이 데이터는 가맹점과 본부가 협력적인 관계를 유지하고 있지 못하다는 것을 간접적으로 나타내고 있다.

셋째, 프랜차이즈 사업에 있어서 본부의 브랜드파워는 본부 및 가맹점의 경영성과 및 가맹본부와 가맹점사업자 간의 우호적인 관계에 긍정적인 영향을 끼쳐 프랜차이즈의 성패에 중요한 요소로 작용한다. 또한 프랜차이즈 브랜드는 본부와 가맹점의 관계에 있어서 매개역할을 담당하여 본부가 설정한 브랜드 아이덴티티brand identity를 가맹점에게 전수함으로써 본부와 가맹점을 동일화시킨다. 갈등이 생성되었을 때에도 동일시가 높은 가맹점은 본부에 대해 적극적이고 긍정적인 자세를 견지한다. 즉, 가맹점 본부에 대한 동일시는 궁극적으로 본부와의 생산적 관계구축과 협력적 관계유지 그리고 재계약에도 긍정적인 영향을 미치는 중요한 요인으로 작용한다.

사례 **좋은 프랜차이즈를 고르는 체크리스트**

프랜차이즈 하면 손쉬운 창업과 안정적인 수익까지 기대하는 사람이 많지만, 프랜차이즈는 절대 손쉽지도, 안정적인 수익을 보장해 주지도 않는다. 지금까지 수십만 명 이상의 가맹점주들이 프랜차이즈 가맹점을 하다가 파산했다. 프랜차이즈 가맹점들의 실패를 줄이고 보다 성공적인 영업을 위해서는 좋은 프랜차이즈를 고르는 것이 매우 중요하다. 이를 위해 몇 가지 요소를 고려해보자.

첫째, 가맹본부와 가맹점 간의 불공정한 계약이 가맹점주들의 성공사업을 방해하는 가장 큰 걸림돌이다. 가맹사업업계에서는 가맹점을 통제하고 가맹본부의 이익을 극대화하기 위해 가맹본부에 유리하게 작성된 계약서가 사용되는 경우가 많다. 그러므로 가맹본부의 정보공개서를 비롯하여 계약서를 꼼꼼하게 체크해야 한다. 정보공개서에는 지역별 가맹점 수와 연간 평균매출 등 중요한 정보가 담겨 있다. 하지만 공정위의 업데이트 작업이 더딘 게 흠이다. 그러므로 과거 몇 년간의 흐름을 체크하면서 최신 정보를 꼼꼼히 챙겨야 한다. 계약서에 가맹점에 일방적으로 불리한 내용이 있는 경우, 그 프랜차이즈는 피하는 것이 좋다.

둘째, 너무 많은 현장서비스의 제공을 약속하는 프랜차이즈는 피해야 한다. 초기 개점지원, 현장교육훈련, 현장운용지원과 같은 서비스는 인력 집약적이기 때문에 특히 신규 프랜차이즈인 경우에는 많은 비용이 소요된다(오세조 외, 2005). 한 프랜차이즈 가맹점주의 경우, "오픈 첫날 주방설비가 도착하지 않은 데다 주방장마저 오지 않아 난감한 경험도 있었으며, 개점 이후에는 가맹본부 사람들이 잘 나타나지도 않았다"고 털어놨다.

셋째, 가맹본부가 가맹점의 운영사항을 수치로 분석 후 개선방향 지도 ▶점포별 경쟁브랜드 분석을 통한 영업지도 실시 ▶예상 매출분석 시스템을 통한 최적 입지선별 프로그램 지원 ▶수퍼바이저의 정기 · 비정기적 매장 방문을 통한 운영지원 프로그램 실시 ▶매장 문제사항 대처를 위한 점포지원 프로그램 구비 및 실시 ▶점주협의체 구성을 통한 브랜드 성장 프로그램 활성화 ▶폐점 지원 프로그램 운영 등을 제공하는지의 여부를 살펴야 한다.

넷째, 유명 프랜차이즈라고 해서, 가맹점이 많다고 해서 그 브랜드가 반드시 가맹점 입장에서의 수익모델이 성공적이라고 볼 수는 없다. 최근에는 공정위에서 제과제빵, 피자, 치킨업종을 비롯해 점차 커피전문점이나 편의점으로 확대해서 상권 중복 출점을 못하도록 영업지역에 따른 신규입점 제한을 하고 있지만, 배달앱의 성장으로 상권보장의 의미가 무색해 지고 있다. 따라서 모바일 앱에 따른 동종브랜드의 경쟁강도를 사전에 확인하는 것이 필요하다.

다섯째, 창업자 입장에서는 프랜차이즈 본부에서 제시하는 수익성이 무엇을 기준으로 한 것인지, 충분히 현실적인지 따져보는 것은 아무리 강조해도 지나치지 않다. 특히 실제적으로 어떤 상권을 기준으로 한 것인지, 또 투자액 대비나 점포 크기 등을 창업자의 투자 가능액과 대비하여 비교를 해보는 것이 현실적이다.

여섯째, 점포형 프랜차이즈에서 직영점 역할은 대단히 중요하다. 직영점은 그 사업의 운영 실태를 한눈

(단위: 만 원)

	원할머니보쌈	장충동왕족발
평수	실평수 30평 기준	30평 기준
가입비	1,000	550
계약이행보증금	300	100
인테리어	4,200	3,000
의·탁자/로스터기	250	–
간판	400	400
주방기기	750	500
초도집기	500	400
POS시스템	310	–
기타	약 500	940 (배달차량)
합계	약 8,210	5,890

에 파악할 수 있고, 고객과의 접점에 있어 고객의 욕구 변화를 사전 감지할 수 있으며, 신상품(메뉴) 개발 시 테스팅을 통해 사후 가맹점사업을 지도 및 지원을 할 수 있기 때문이다. 따라서 직영점이 없거나, 운영이 부실하다면 그 사업은 이미 사후경쟁력에서 취약하다고 볼 수 있다.

일곱째, 대부분 기존 시장이 형성되어 있는 아이템 위주의 전통적인 자영업 창업시장에서 가장 중요한 사업경쟁력은 무엇보다도 객관적인 상품의 경쟁력이다. 잡다하게 상품(메뉴) 구색은 많고 인테리어는 화려하지만 객관적으로 독특한 상품(메뉴)이 하나도 없다면 이미 그 사업은 경쟁력에서 뒤질 수밖에 없다. 그리고 안정적인 프랜차이즈 브랜드라고 하더라도 지속적인 사업경쟁력 향상이 필요하다. 이를 위해서는 신상품(메뉴) 개발과 기존 상품(메뉴)의 업그레이드가 수시로 이루어질 필요가 있다. 따라서 프랜차이즈 본부의 신상품 개발 역량으로 개발 조직이나 시설 등 개발 인프라가 안정적으로 갖추어져 있는지 파악하는 것은 중요하다.

여덟째, 프랜차이즈를 선택하기 전에 적어도 10명 이상의 가맹점주와의 면접을 통해 해당 프랜차이즈에 대한 평가를 직접 들어야 한다. 기존의 가맹점주들은 이미 본부와 함께 일한

경험이 있기 때문에 겉으로 드러나지 않은 장점이나 단점들을 많이 알고 있다. 따라서 기존 가맹점주들의 평가는 매우 중요한 정보가 된다.

아홉째, 예비 가맹점주는 지나친 과신이나 불충분하고 부정확한 지식을 가지고 투자를 결정하기 쉬운데, 본부의 사업모형에 대한 이해와 투자수익률의 예측 등에 대한 면밀한 검토가 필요하다. 예비 가맹점주는 안정성을 최우선으로 정해야 한다. 가진 돈을 '몰빵'해서는 안 되며, 가게를 낼 때까지 적어도 6개월 정도의 철저한 준비기간을 거쳐야 한다. 대박의 환상을 갖는 것도 금물이다. 장사의 세계에선 '10 · 20 · 30의 법칙'이 있는데, 이를 목표로 삼고 점포경영에 임하면 성공확률이 높아질 것이다. 이는 '점포의 월세, 인건비, 재료비'를 각각 '매출의 10%, 20%, 30%'에 맞추면 효율이 극대화된다는 것이다.

마지막으로, 우리나라의 한국프랜차이즈협회^{Korea Franchise Association, KFA}와 같은 프랜차이즈협회의 회원과 정부당국에 등록된 프랜차이즈를 선택하는 것이 바람직하다. 정부당국에의 등록여부는 본부의 품질과 진실성에 대한 믿음을 높여준다.

월간 건축사 2020/3/9, 한국경제 2012/4/9 기사 편집

🏪 7 프랜차이즈 본부의 기능

프랜차이즈 본부의 기능을 원앤원(원할머니보쌈)의 사례로 살펴보자. 먼저, 원앤원은 보쌈 등과 관련된 새로운 메뉴들을 개발하여 시장에 진출했다. 그리고 전국광고 및 지역광고 등을 집행하여 브랜드를 촉진시키고자 했다.

원앤원은 먼저 시장의 인식을 알아보기 위해 시장조사를 실시했다. 고객이 원앤원 가맹점을 이용하면서 느끼는 보쌈에 대한 평가, 가맹점의 서비스 등을 측정하여 고객으로부터 평가를 받고, 이를 경영에 이용했다. 또한 가맹점들의 문제점에 대한 조사를 통해 얻은 자료를 가맹점의 지도에 이용했다.

다음은 경영관리 서비스 전략으로, 원앤원은 지역 가맹점을 위해 재정관리와 전략적 계획을 세우고 미스터리 쇼퍼^{mystery shopper}전략을 통해 가맹점의 품질

을 관리했다. 미스터리 쇼퍼는 본부에 의해 고용된 직원이 손님으로 가장하여 가 맹점의 재화와 서비스에 대한 전반적인 평가(가게의 청결도, 제품의 품질, 종업원의 친절도, 빠른 서비스 정도) 및 본부가 교육시킨 절차대로(매뉴얼에 따라) 서비스를 제공하는지 평가하는 평가자를 말한다. 미스터리 쇼퍼는 한국뿐만 아니라 미국에서도 광범위하게 사용되는데, 적절한 미스터리 쇼퍼를 고용하는 것이 미스터리 쇼퍼의 성공 여부에 큰 영향을 미친다.

성공적인 미스터리 쇼퍼의 전략을 위해서는 첫째, 프랜차이즈의 목표소비자와 같은 인구통계학적 프로필을 갖춘 미스터리 쇼퍼를 고용해야 한다. 둘째, 관찰에 적합한 능력이 있는 미스터리 쇼퍼를 고용해야 한다. 재화와 서비스에 대한 전반적인 평가를 위해서는 뛰어난 관찰능력이 있어야 한다.

원앤원은 가맹점에 재정, 판매, 마케팅과 관련한 교육도 실시한다. 이러한 교육과 관련해서 가장 유명한 프랜차이즈는 맥도날드다. 맥도날드 햄버거대학을 통해 햄버거와 관련된 모든 것을 가르친다. 보통 20년 정도의 장기계약으로 이뤄지는 가맹점주가 되려면 9개월간의 교육과정을 거쳐야 한다. 이 기간 동안 점주는 청소부터 직원관리까지 매장에서 일어날 수 있는 모든 일을 직접 체험하는 교육을 받는다. 1961년 개설된 이 햄버거대학은 매년 3,000여 명의 졸업생을 배출한다. 졸업생이 이수한 18개 과목은 미국 내 다른 대학에서도 학점을 인정할 만큼 전문성을 갖고 있다. 국내 맥도날드 점주들도 이런 과정을 거쳤는데, 우리나라의 프랜차이즈도 이런 교육시스템의 도입을 고려할 필요가 있다.

 **세계로 뻗는 국내 프랜차이즈와 그 문제점들**

국내 시장 규모가 연간 100조 원으로 성장한 프랜차이즈 산업이 이제는 본격적인 '수출산업'으로 떠올랐다. 업체들마다 포화상태인 국내 시장을 넘어 해외에서 'K푸드(음식한류)' 바람을 일으키고 있다. 국내에선 맛과 서비스로 승부하면서, 해외시장에선 현지화에 주력한다는 구상이다. 2019년 현재 국내 350개 프랜차이즈가 50여 개 국가에 진출해 매장을 운영 중인 것으로 나타났다. 진출 국가로는 중국이 52.0%, 미국(20.2%), 말레이시아(13.6%), 일본(12.6%), 필리핀(11.8%) 등의 순으로 나타났다.

CJ푸드빌은 2004년 첫 해외 진출 후 2019년 중국 매장 165점을 개설했다. 미스터피자는 2000년 중국에 진출했으며 총 120여 개의 점포를 베이징과 상해 지역에서 운영하고 있다.

국내 제과·제빵 브랜드들도 적극적인 해외 진출에 나서고 있다. 파리바게뜨를 운영하는 SPC그룹은 2019년 말 기준 400여 개의 파리바게뜨 해외 매장을 운영하고 있는데, 중국 290여 개, 미국 70여 개, 그리고 베트남, 싱가포르, 프랑스 등에서 매장을 운영하고 있다. CJ푸드빌의 뚜레쥬르도 베트남 중국 미국 등 8개국에서 매장을 운영 중이다.

국내 프랜차이즈가 가장 많이 진출한 국가는 지리적·문화적으로 가까운 중국이다. BBQ를 비롯해 파리바게뜨, 롯데리아, 미스터피자, 뚜레쥬르, 놀부, 본죽, 카페베네, 비비고 등이 매장을 열고 있다. 베트남과 싱가포르도 국내 외식브랜드의 진출이 활발한 곳이다. 베트남에는 롯데리아와 BBQ, 뚜레쥬르, 파리바게뜨, 미스터피자 등이 진출해 있다. 롯데리아는 "2000년 이후 5% 이상의 꾸준한 성장률을 기록하는 베트남은 시장 전망이 밝은 나라"라며 "첫 해외 진출국으로 베트남을 선택한 것도 그런 이유에서였다"고 설명했다.

문제점들: 재료 조달·인력 관리 및 합작사와의 관계가 걸림돌

하지만 해외진출 국내 브랜드들은 여러 가지 문제점이 있다. 첫째, 국내 외식브랜드들이 해외에 점포를 낼 때는 현지인의 입맛에 맞춘 메뉴를 개발하고 필요한 식자재를 원활하게 조달할 수 있어야 한다. BBQ 싱가포르 법인장은 "철저한 시장조사가 뒷받침돼야 현지화할 수 있기 때문에 많은 업체들이 어려워한다"고 말했다.

둘째, 한식 브랜드들은 부족한 인력도 걸림돌이라고 지적하고 있다. "한식을 잘 아는 현지

조리사들이 많아야 하는데 현실적으로 어려운 일"이라며 "부족한 인력을 대체할 만한 좀 더 체계적인 한식조리 시스템이 필요하다"고 말했다.

셋째, 합작법인일 경우 중국 합작사와의 관계관리가 중요하다. 최근에 카페베네는 중국 측 파트너와의 관계정립에 실패하여 어려움을 겪고 있다. 2012년 카페베네는 중국 현지 중치투자그룹과 50 대 50 합작법인을 설립하는 승부수를 띄웠다. 출발은 순조로웠으며 최근까지 두 자릿수 성장률을 이어갔다. 중국 내 매장 수는 단숨에 600여 개로 늘었다. 전성기 때는 매월 가맹비 등으로 9,000여만 위안(약 160억 원)을 벌어들였다. 카페베네 특유의 공격경영이 중국에서도 빛을 발했다는 평가가 나왔다.

하지만 곧 이상조짐이 나타났다. 상하이의 인테리어 업체에 공사대금 605만 위안(약 10억 5,600만 원)을 지급하지 않아 논란이 일고 있다는 현지 언론의 보도가 나왔다. 카페베네 중국법인에서 근무한 한 중국인 직원은 "작년 12월 월급을 올 2월에야 받았다"며 "그 많던 돈이 다 어디로 갔는지 직원들이 의아해했다"고 전했다. 그는 "가맹점 개설비용이 너무 높고, 기존 매장의 장사도 안 된다는 소문이 작년 하반기부터 돌았다"고 말했다. 베이징에서 만난 카페베네 한국 본사 관계자도 "중국 사업이 위기에 처한 건 사실"이라고 인정했다.

카페베네의 위기는 중국시장에 진출한 한국 프랜차이즈 회사들이 빠질 수 있는 시행착오의 전형이라는 평가가 나오고 있다. 우선 한국에서의 성공에 도취돼 무리한 외형 확장을 꾀한 것이 화근이 됐다는 지적이다. 카페베네는 점포 개설 희망자에게 가맹비 50만 위안을 받아낸 직원에게 2만 7,000위안의 보너스를 지급하는 방식으로 확장을 시도해왔다. 덕분에 가맹점이 빠르게 늘었지만 지원 유통망이나 관리조직은 제대로 갖추지 못했다. 이 때문에 커피 원두나 여러 식재료가 제대로 공급되지 않아 영업에 차질을 빚는 매장이 속출했다.

합작 형태로 진출한 것 자체가 패착이라는 진단도 나온다. 베이징의 한 한국인 사업가는 "중국 측 파트너를 통제하기란 사실상 불가능에 가깝다"며 "현대자동차 같은 글로벌기업을 빼면 합작으로 성공한 한국 회사는 거의 없다"고 설명했다.

카페베네 중국법인 대표는 2013년 한국인이었지만, 작년부터 중치투자그룹 측 인사로 바뀌었다. 이후 카페베네는 경영에서 사실상 배제됐다. 한국 카페베네 관계자는 "양측 인사 3명씩으로 이사회가 구성돼 있었지만 이사회가 유명무실해지더니 작년 하반기부터 중국 측 인사들을 중심으로 회사가 운영되기 시작했다"고 전했다. 그는 "무리한 매장 확장이나 방만한 지출 등에 대해 여러 차례 문제를 제기했지만 그때마다 '믿어달라'는 대답만 들었다"고 덧붙였다.

카페베네 중국법인은 재무상황을 개선하기 위해 중치투자그룹 주도로 투자자를 물색 중이다. 한국 본사의 추가 투자 여력이 바닥나 새 투자자가 필요하다는 판단에서다. 상하이의 한 한국인 사업가는 "중국시장을 만만하게 보고 진출했다간 좋은 한국 브랜드만 죽이고 국가 이미지도 덩달아 나빠지기 십상"이라고 말했다.

〈프랜차이즈월드〉 2019/4/11, 〈식품음료신문〉 2016/12/14, 〈한국경제〉 2015/6/3, 2012/6/12 기사 편집

8 프랜차이즈 본부의 수입원

원앤원 프랜차이즈 사례를 통해 프랜차이즈 본부의 수입원에 대해 살펴보자. 원앤원의 경우, 초기 프랜차이즈 비용이 1,000만 원으로 전체의 약 2%를 차지한다. 많은 본부가 새로운 가맹점을 대상으로 초기비용을 부과하고 있으며 이 비용은 장소, 교육, 관리시스템 등에 쓰인다. 성공적인 프랜차이즈 시스템일수록 초기비용이 높다.

원앤원 본부의 주요 수입원은 원재료(김치, 돼지고기)의 가맹점에 대한 판매로서 전체의 72%를 차지한다. 참고로 국내 프랜차이즈본부의 평균물류마진(원재료의 매입가와 가맹점에 제공하는 공급가 차이 금액)은 본부 수입의 80% 정도를 차지하고 있다. 따라서 프랜차이즈본부는 가맹점에 원재료와 신선한 제품을

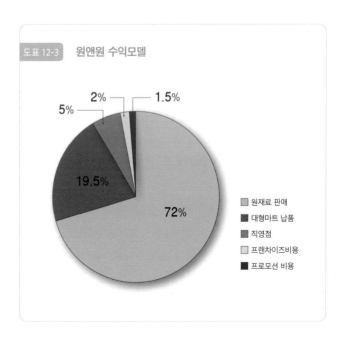

도표 12-3   원앤원 수익모델

2%   1.5%
5%
19.5%
72%

■ 원재료 판매
■ 대형마트 납품
■ 직영점
■ 프랜차이즈비용
■ 프로모션 비용

공급하는 도매상의 기능을 많이 수행한다.

많은 본부가 가맹점의 판매량의 증가에 따라 로열티를 부과한다. 그러나 원앤원을 포함한 많은 한국의 요식업 프랜차이즈는 로열티를 부과하지 않는다. 이는 여러 가지 이유가 있지만 가장 큰 요인은 가맹점에 대한 본부의 지원과 교육이 로열티를 지불할 정도의 수준이라고 인정되는 규모 있는 사업자가 많지 않기 때문이다.

또한 가맹본부가 급속한 성장을 원하는 경우 가맹점을 많이 모집하기 위해 로열티를 부과하지 않는다. 한편, 미국의 경우 보편적으로 매출액의 5% 정도를 로열티로 부과하고 맥도날드의 경우 4%의 로열티를 받는다.

로열티를 부과하지 않으면 가맹점이 유리한 것처럼 보이지만 실상은 그렇지 않다. 로열티를 부과하지 않은 많은 본부들이 매장 리뉴얼비용의 과다책정을 통한 수입을 통해 로열티를 대신하는 행태를 보이기 때문이다. 따라서 한국의 프랜차이즈 산업은 합리적인 형태의 로열티를 가맹점에 부과하고 이를 수입원의 하나로 취하는 방안을 추구해야 할 것으로 보인다.

프랜차이즈 본부는 종종 임대료나 렌탈비를 부과한다. 그러나 원앤원의 경우 조리기구에 그다지 많은 비용이 들지 않으므로 가맹점이 직접 구매하며, 맥도날드의 경우 조리기구가 많은 비용을 차지하므로 임대를 통해 매출액의 8.5%를 부과하고 있다.

본부는 원재료를 대형마트에 납품함으로써 수익을 올리기도 하는데, 원앤원의 경우 유통사업이라는 이름하에 김치, 돼지고기 등의 원재료를 대형마트에 납품하며 이것으로 전체 수입의 21%를 얻는다.

또한 원앤원의 직영점(4개점)이 5% 수입을 차지하고 있으며, 프로모션 비용으로 원재료 판매의 1.5%를 부과한다. 그리고 많은 경우는 아니지만 컨설팅서비스를 제공하고 컨설팅 비용을 받는 프랜차이즈 본부도 있다.

9 다점포 프랜차이즈의 유형

다점포 프랜차이즈(다점포 가맹점, multi-unit franchising)란 한 지역에서 본부의 기능을 대신하는 가맹점을 말한다. 이러한 다점포 프랜차이즈는 급격히 성장하고 있다. 외국에 진출하는 경우 해당 지역 파트너의 그 지역에 대한 전문성과 네트워크를 이용하기 위해 파트너에게 가맹점 물색과 통제 등 본부 고유의 권한을 주는 경우가 많다.

특히 미국의 경우, 다점포 가맹점주가 상당수를 차지하고 있다. 2015년 미국 내의 4만여 다점포 점주가 20만 개 이상의 점포를 운영 중인 것으로 파악되고 있다. 특히 프랜차이즈 외식업의 77%는 다점포 가맹점주에 의해 운영될 정도로 다점포 프랜차이즈가 많다. 수십 개 혹은 수백 개에 이르는 가맹점을 운영하는 메가 프랜차이즈mega franchise가 급성장하고 있다. 예를 들어, NPC인터내셔널은 피자헛 점포만 900여 개를 운영하고 있다. 일부에서는 한 프랜차이즈 브랜드의 메가 프랜차이즈의 비율을 통해 그 프랜차이즈의 매력도를 평가하기도 하나 학문적으로 검증된 것은 아니다. 이러한 다점포 프랜차이즈는 세 가지 형태로 분류된다.

마스터 프랜차이즈master franchise는 마스터 프랜차이지franchisee가 특정 지역에서 프랜차이즈 가맹점주를 모집하거나 직영점을 낼 수 있는 독립적인 판매조직으로서의 기능을 한다. 새로운 가맹점으로부터 로열티와 프랜차이즈 초기비용을 일정 부분 받게 되며 미국의 던킨도너츠Dunkin' Donuts와 계약을 맺은 한국 SPC그룹의 비알코리아가 이에 해당한다.

국내의 주요 프랜차이즈업체들도 마스터 프랜차이즈 형태로 해외에 진출하는 사례가 늘고 있다. 국내 프랜차이즈업체들이 마스터 프랜차이즈 방식을 선호하는 이유는 직접 진출하는 경우에 비해 현지 사정에 밝은 파트너사와의 협약을 통해 상권분석 및 유통정보 파악의 시행착오를 크게 줄일 수 있기 때문이다. 또한 물류시스템 구축이나 까다로운 현지규제, 인력 활용 등의 문제도 걱정할 필요가 없다는 장점을 이용하려는 의도가 있기 때문이다.

지역개발자area developer는 특정한 영역 내에서 프랜차이즈 가맹점(지역개발자 입장에서는 직영점)을 경영·관리하고 새로 가맹점(직영점)을 낼 수 있는 권리를 준다. 프랜차이즈를 가맹점주에게 팔 수 있는 권한은 없으나 로컬파트너가 일정수의 점포를 출시할 수 있다. 미국의 스타벅스 본사와 지역개발자계약을 맺은 한국 스타벅스가 한국 내에서의 로컬파트너의 역할을 하고 한국스타벅스 직영점을 개설하여 운영하고 있다.

마지막으로 지역대표자area representatives는 큰 회사의 중간관리자 같은 역할을 한다. 가맹점이 매일매일 경영지원을 하고, 가맹점주를 물색하여 본부에 추천할 수 있다.

🏪 10 프랜차이즈의 갈등

프랜차이즈 시스템의 갈등은 본부와 가맹점의 상이한 목표에서 나온다. 프랜차이즈 본부의 목표가 매출의 극대화인 데 반해 가맹점의 목표는 이익의 극대화다. 특히 한국의 많은 요식업계는 가맹점의 매출을 기반으로 한 로열티가 없고 가입비 및 원재료 판매량이 본부의 매출에 많은 비중을 차지하고 있다. 따라서 본부가 가입비 및 재료판매량 증대를 위해 가맹점을 많이 늘리고자 하는 데 반해, 가맹점이 많을수록 상대할 고객이 분산되므로 가맹점은 가맹점을 늘리는 것에 반대한다.

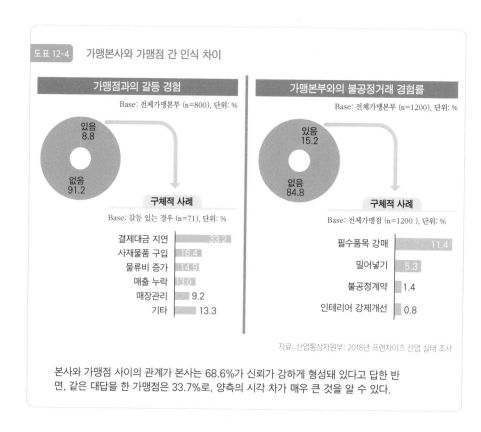

도표 12-4 가맹본사와 가맹점 간 인식 차이

가맹점과의 갈등 경험

Base: 전체가맹본부 (n=800), 단위: %

있음
8.8

없음
91.2

구체적 사례

Base: 갈등 있는 경우 (n=71), 단위: %

결제대금 지연	33.2
사재물품 구입	16.4
물류비 증가	14.9
매출 누락	13.0
매장관리	9.2
기타	13.3

가맹본부와의 불공정거래 경험률

Base: 전체가맹본부 (n=1200), 단위: %

있음
15.2

없음
84.8

구체적 사례

Base: 전체가맹점 (n=1200), 단위: %

필수품목 강매	11.4
밀어넣기	5.3
불공정계약	1.4
인테리어 강제개선	0.8

자료: 산업통상자원부: 2018년 프랜차이즈 산업 실태 조사

본사와 가맹점 사이의 관계가 본사는 68.6%가 신뢰가 강하게 형성돼 있다고 답한 반면, 같은 대답을 한 가맹점은 33.7%로, 양측의 시각 차가 매우 큰 것을 알 수 있다.

프랜차이즈 산업 실태조사 중 가맹점사업자의 가맹본부에 대한 만족도 조사에 따르면 가맹본부에서 제공하고 있는 경영서비스에 대해 '만족한다(27.8%)[대체로 만족하는 편이다(21.4%), 매우 만족하고 있다(6.4%)]'라는 의견보다 '불만족한다(36.4%)[대체로 만족하지 않는 편이다(19.8%), 전혀 만족하지 않는다(16.6%)]'라는 의견이 조금 높게 나타났다. 또한 5점 척도 평가 시 2007년 전체 경영 서비스 만족도는 2.81점으로 다소 낮은 수준으로 나타났다. 이 자료에 따르면 한국의 프랜차이즈 가맹점 만족도가 낮은 것으로 나타나 만족도에 영향을 미치는 여러 가지 갈등요소가 있음을 보여준다.

1. 본부가 초래하는 갈등

영역침범

첫째, 본부가 기존 가맹점과 인접한 곳에 새로운 가맹점을 출점시켰을 경우에 갈등이 발생할 수 있다. 이를 영역침범encroachment이라고 하는데, 프랜차이즈에서 가장 대표적인 갈등의 원인이다. 우리나라의 경우, 배타적 영업지역을 설정하여 영역침범을 하지 않는 프랜차이즈 본부의 비율이 30% 정도에 불과하다.

미국의 경우, 영업지역보호 자체가 독점금지법에 의해 불법이었었다. 하지만 근래에 들어서 합리성의 원칙에 의해 불법성 여부가 판명되는 추세가 지속되어 불법이 아니다. 실제로 미국의 전체 프랜차이즈 중 약 70% 정도가 가맹점에 배타적 영업지역을 제공하고 있다. 반면에 미국의 외식 프랜차이즈들은 상대적으로 낮은 50% 정도만 배타적 영업지역을 제공하고 있다.

배타적 영업지역을 제공하지 않는 경우 미국의 프랜차이즈는 ① 기존 가맹점과 인접한 곳에 새로운 점포를 낼 수 있는 권한을 기존 가맹점에 부여하기도 하고, ② 기존 가맹점에 신규 점포의 출점을 알려서 기존 가맹점이 그에 대해 이의신청할 수 있는 기회를 준다. 이를 통해 본부와 가맹점과의 갈등을 줄이려는 것이다.

배타적 영업지역을 설정하지 않는 경우에는 신생 가맹점 모집에 어려움을 겪을 수 있어 신생 프랜차이즈의 경우에는 생존에 어려움을 주는 요인이 된다고 학계에 보고되고 있다(Azoulay and Shane, 2001). 따라서 대형 프랜차이즈의 경우 배타적 영업지역 설정에 소극적이고 신생 프랜차이즈일수록 더 적극적임을 추론할 수 있다. 실제로 맥도날드의 경우 처음에는 배타적 영업지역을 설정했으나 성장하면서 점점 배타적 영업지역 설정에 소극적으로 응하면서 결국 더 이상 배타적 영업지역 설정을 하지 않고 있다.

배타적 영업지역의 설정은 가맹점과의 갈등을 줄이는 면에서도 필요하시만, 더 나아가 본부의 생존권에도 연결되는 중요한 요소로 작동하므로 프랜차이즈 본부는 배타적 영업지역 설정에 적극적으로 나서야 할 필요가 있다.

일방적 계약해지

두 번째 갈등요인은 본부의 일방적인 프랜차이즈 계약의 해약이다. 보통 가맹점의 권리는 10년이지만 본부는 운영방침과 절차를 준수하지 않은 가맹점과의 계약을 종결할 수 있다. 가맹점주가 해약을 원하거나 상호합의하에 해약을 하는 경우에는 갈등이 일어나지 않지만, 가맹점주가 갱신을 원함에도 본부가 계약연장을 하지 않는 경우에는 갈등의 소지가 있다.

본부가 초래하는 갈등들

미국의 경우, 일방적인 해약은 평판에 좋지 않은 영향을 미치므로 잘 일어나지 않는다. 실제로 갱신계약 중 전체의 1.5% 정도만이 가맹점주가 원함에도 본부에 의해 계약이 거절되고 있다. 90% 이상의 계약이 갱신되고 있고 나머지는 가맹점주가 해약을 원하거나 상호합의하에 해약을 하고 있다. 하지만 우리나라의 경우, 국내의 유명 프랜차이즈가 계약을 일방적으로 종결하여 가맹점과 갈등을 일으킨 경우도 있다.

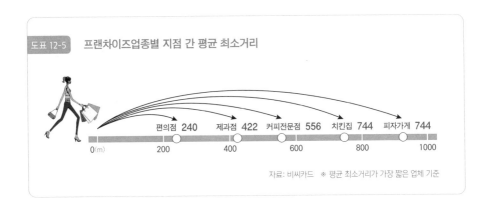

도표 12-5 프랜차이즈업종별 지점 간 평균 최소거리

편의점 **240**　제과점 **422**　커피전문점 **556**　치킨집 **744**　피자가게 **744**

0(m)　　　200　　　400　　　600　　　800　　　1000

자료: 비씨카드　※ 평균 최소거리가 가장 짧은 업체 기준

끼워팔기

세 번째 갈등요인으로 본부의 끼워팔기$^{tying\ agreement}$ 전략이 있다. 예를 들어 에이비스^{Avis}나 버짓^{Budget}의 경우 자동차딜러에게 인기 차에 덜 인기 있는 차를 끼워팔도록 하는 사례를 들 수 있다. 국내에서는 한 외식 프랜차이즈가 저급한 품질의 광고 판촉물을 가맹점에 구매하도록 강요하여 갈등을 빚은 경우도 있다.

끼워팔기는 인기 프랜차이즈에서 발생하는 경우가 많다. 브랜드의 인기를 이용한 대표적인 갑질 중 하나로 본부와 가맹점 사이에 장기적인 협력관계를 유지해야 할 프랜차이즈 시스템의 특성을 고려해볼 때, 가맹점주와의 갈등을 초래하는 요인이므로 절대 해서는 안 될 행위 중 하나다.

불공정거래행위

네 번째는 힘 있는 프랜차이즈 본부가 가맹점에 일방적으로 불리한 약관을 강요하여 갈등을 초래하기도 한다. 유명 치킨 프랜차이즈인 BBQ치킨의 가맹본부가 가맹점에 일방적으로 불리한 약관을 적용하다가 적발되기도 했다. 공정거래위원회는 BBQ치킨 가맹본부와 가맹점이 맺은 계약서에서 본부의 기준에 따라 시설을 교체할 때 비용을 전액 가맹점이 부담하도록 하는 등 가맹점에 일방적으로 불리한 19개 조항을 적발해 수정하거나 삭제하도록 했다.

공정거래위원회는 여타 프랜차이즈 본부들에도 가맹점에 일방적으로 불리한 불공정약관을 수정·삭제하도록 조치했는데, 주요 불공정조항은 가맹점에만 시설교체비용을 부담하도록 하는 조항, 가맹점 양수인에게 가입비를 다시 부담 지우는 조항, 겸업 금지 조항, 가맹본부의 영업 양도 시 가맹점 동의 간주조항 등 가맹점에 일방적으로 불리한 내용이 다수 포함되어 있다.

또한 프랜차이즈 본부가 가맹점에 광고비·판촉비를 '묻지 마' 식으로 떠넘기는 경우가 종종 있어 갈등의 원인이 되었다. 지금까지는 프랜차이즈 가맹점주가 가맹본부에 매달 광고비 등을 납부하면서도 본부가 실제 광고를 집행했는지 여부를 알기 어려웠기 때문이다. 따라서 공정거래위원회는 프랜차이즈 가맹본부는 매년 사업연도가 끝난 3개월 이내 가맹점주들에게 당해 연도 광고·판촉 행사 세부 내역과 행사별 비용, 가맹점주 부담액 등을 공개해야 한다고 명시했다.

2. 가맹점이 초래하는 갈등

첫째, 가맹점의 낮은 품질로 인해 갈등을 빚기도 한다. 소비자는 가맹점을 본부의 지점으로 보는 경향이 있기 때문에 한 가맹점의 수준 낮은 서비스는 전체 프랜차이즈의 평판에 영향을 미친다. 한 가맹점의 낮은 서비스가 삽시간에 인터넷을 통해 퍼져 본부가 이를 수습하느라 상당히 애를 먹는 경우도 종종 보게 된다. 따라서 본부는 이런 가맹점을 조기에 발견하여 서비스의 개선을 유도해야 하는 시스템을 갖춰야 한다. 앞에 언급한 원앤원의 미스터리 쇼퍼의 이용은 가맹점의 서비스 향상을 위한 제도 중 하나다.

고정고객이 없는 점포의 경우 서비스가 낮아질 우려가 많은데, 여행객이 많이 들러 이들이 다시 올 가능성이 많지 않은 휴양지 근처의 점포가 이에 해당한다. 또는 고속도로 주변 점포의 경우 여행객이 지나다가 우연히 들르는 경우가 많기 때문에 단골이 되기 어렵다는 이유로 서비스를 대충하는 경향도 있다. 따라서 이런 위치에 있는 점포의 경우, 프랜차이즈 본사는 직영점으로 운영하여 서비스품질을 유지하려는 성향을 보이고 있다.

둘째, 가맹점의 부정직한 판매량 보고에 의해 본부와 갈등을 빚기도 한다. 판매량에 따라 정률제의 로열티를 지불해야 하는 경우에는 가맹점이 판매량을 줄여 보고해야 할 동기가 생긴다. 예를 들어, 미국의 자동차 경정비 프랜차이즈인 프리시즌 튠Precision Tune의 가맹점들은 7%대의 정률제 로열티를 덜 내기 위해 본부에서 브레이크 패드를 공급받는 것보다 지역 로컬마켓에서 구입하려는 경향을 보인다. 로컬마켓에서 구입하여 정비에 사용하는 경우에는 당연히 본부에 보고되는 매출이 축소되어 로열티를 적게 내기 마련이다. 이렇듯 판매량을 부정직하게 보고하려는 동기 때문에 판매량과 상관없이 일정 금액의 정액제로 로열티를 부과하는 미국의 프랜차이즈 본부들도 많다.

3. 갈등의 해결

프랜차이즈 시스템은 근본적으로 본부가 가맹점에 대해 힘의 우위에 있는 불균형적인 시스템이다. 그럼에도 불구하고 가맹점주는 자신이 자율적인 사업가로 인식되기를 원한다. 따라서 본부의 입장에서는 가맹점주가 자신의 자율성을 본부가 위협한다고 느끼지 않게 하면서 영향력을 행사하는 것이 중요하다. 이는 관리자로 하여금 강압보다는 외교술이나 설득을 통해 갈등을 해결하고 상호 호혜적인 방향으로 문제를 해결할 것을 요구한다.

하지만 갈등이 합리적으로 해결되고 있지는 않다. 한국공정거래조정원의 프랜차이즈 연도별 분쟁조정실적을 보면 2007년경까지 200여 건 정도였던 것이 2008년에는 300건을 넘었으며 2011년에는 710건이 넘었다. 프랜차이즈 산업이 지난 10년 동안 급속히 성장하고 있음을 고려할 때, 급성장에 따른 부작용이 클 수밖에 없다. 따라서 본부와 대리점 간의 분쟁 건수가 늘어날 수밖에 없는 상황이다. 분쟁 건수의 급격한 증가는 프랜차이즈 업계가 지속적인 성장을 위해 해결해야 할 문제가 그만큼 많아졌다는 것을 의미한다.

분쟁의 증가로 인한 폐해를 줄이고자 최근 공정거래위원회가 적극적으로 개입하고 있다. 예를 들어, 공정거래위원회는 로열티를 부과하지 않은 일부 프랜차이즈 본사들이 점포리뉴얼을 수입원으로 취하여 평균 비용 7,000만 원에 달하는 리뉴얼을 가맹점에 수시로 강요하고 있다는 판단에 따라 공정거래위원회는 가맹점들의 리뉴얼 공사를 영업시작 5년 내에는 할 수 없도록 금지했다. 또한 가맹점들이 본사 지시로 리뉴얼에 들어갈 때는 인테리어 공사와 간판설치 비용의 20~40% 이상을 본사가 지원토록 했다. 공정거래위원회의 적극적인 개입은 이렇게 힘이 약한 가맹점을 보호하려는 방향으로 나타나고 있다.

🏪 11 프랜차이즈의 주요 이슈들

1. 본부의 직영점 유지

프랜차이즈 시스템에서 본부가 가맹점 외에도 직영점을 유지하는 데는 몇 가지 이유가 있다. 첫째, 무임승차의 위험성을 줄일 수 있기 때문이다. 소비자는 가맹점을 본부의 지점으로 보기 때문에 한 가맹점의 수준 낮은 서비스는 전체 프랜차이즈의 평판에 영향을 미친다. 그러므로 낮은 서비스를 제공할 여지가 있는 장소는 본부가 직영점을 유지하는 것이 좋다. 예를 들어, 미국의 고속도로 주변의 외식 프랜차이즈 점포는 지나가는 여행객이 많아 재방문할 가능성이 낮다. 따라서 가맹점이 높은 수준의 서비스를 제공할 동기가 그만큼 낮아진다. 이러한 장소의 경우, 미국의 프랜차이즈 본부는 직영점을 운영하여 적절한 수준의 서비스를 유지하려고 한다.

둘째, 본부가 직영점을 운영함으로써 고객정보를 직접적으로 얻을 수 있기 때문이다. 프랜차이즈 사업은 철저한 고객지향적 접근을 요구한다. 따라서 고객이 원하는 재화와 서비스가 무엇인지를 고객의 관점에서 이해하고 이를 효율적이고 효과적으로 충족시킬 수 있어야 한다. 이러한 고객에 대한 정보는 직접 고객과 접촉하여 얻을 수 있다. 직영점을 운영하면 고객의 반응을 직접 측정할 수 있다.

본부가 직영점을 유지하는 이유 가맹점 확보에 유리

셋째, 본부는 직영점을 통해 신제품에 대한 시험판매를 실시할 수 있다. 가맹점은 판매량이 낮을 가능성이 큰 신제품 판매를 꺼리는 경향이 있다. 특히 시험판매인 경우 낮은 브랜드 인지도 및 고객의 신제품 사용률 등에 영향을 받는다. 따라서 본부가 가맹점을 설득하여 시험판매를 하는 것보다 직영점을 통해 신제품을 테스트하는 것이 필요하다.

넷째, 직영점을 통해 장소의 권리를 확보할 수 있다. 상권이 좋은 지역에 위치한 가맹점이 계약만료 후 경쟁 프랜차이즈로 옮겨갈 경우 본부는 그 위치를 상실하게 된다. 따라서 미국의 경우 본부가 장기 대여방식^{lease}을 통해 장소의 권리를 확보하고, 이 장소를 다시 가맹점에 대여해주는 방법^{sublease}을 쓰기도 한다.

다섯째, 직영점을 유지하는 경우 가맹점을 모집하기가 수월해질 수 있다. 대부분의 프랜차이즈는 본부가 직영점을 운영하는 것으로 시작하는데, 이는 직영점이 없는 경우에는 가맹점의 모집이 쉽지 않기 때문이다. 직영점이 있는 경우 직영섬이 성공적인 모습을 보여줌으로써 쉽게 가맹점주를 모집할 수 있다.

2. 본부의 성장속도

프랜차이즈 시스템을 어느 정도 빠르게 성장시킬 것인가는 사업 초기에 본부가 결정해야 할 중요한 의사결정사항이다. 여기서 빠른 성장이란 많은 가맹점을 단기간에 모집하는 것을 의미하는데, 대부분의 프랜차이즈 본부는 빠른 성장을 추구한다. 빠른 성장은 마케팅, 구매, 관리 활동의 평균비용을 감소시키고 필요한 재원을 확보할 수 있다는 장점을 지니고 있기 때문이다.

프랜차이즈의 성장은 브랜드 자산형성에 있어 매우 중요하기 때문에 성장률이 높은 프랜차이즈는 성장률이 낮은 프랜차이즈보다 브랜드를 촉진함에 있어서 더 효율적이다. 점포의 숫자가 많을수록 규모의 경제로 인한 평균광고비는 낮아지고, 많은 점포는 그 자체가 광고의 역할을 하기 때문이다.

미국의 샌드위치 프랜차이즈인 써브웨이의 경우, 1980년 150개의 가맹점을 유지했으나 25년간 2만 개의 가맹점을 추가했다. 이는 비교적 소규모의 점포를 요구하여 가게 임대료 및 인건비 등에서의 낮은 사업비가 가맹점을 빠르게 늘릴 수 있었던 원인이 되었다. 물론 햄버거나 도넛 등에 비해 샌드위치가 더 건강한 음식이라는 소비자의 인식도 빠른 성장을 가능하게 했다.

하지만 기본적으로 가맹점 수의 증가는 본부의 매출과 이익은 증가하지만 기존 가맹점의 수익과 이익을 감소시키는 결과로 나타나기도 한다. 특히 빠른 성장이 고객의 높은 잠재수요에 의한 것이 아닌 경우, 무리한 성장전략으로 인해 여러 가지 문제에 직면하게 된다. 가맹점 입장에서는 본부의 빠른 성장이 초래하는 다음과 같은 문제를 직시해야 한다.

첫째, 빠르게 성장하는 프랜차이즈일수록 지원해야 할 가맹점이 늘어나거나 감시할 가맹점이 늘어나 재화나 서비스 품질의 저하를 가져오고 이는 경쟁력의 약화로 이어지기 쉽다. 파리바게뜨의 경우, 중국의 상하이 지역에 진출해서 상당 기간 직영점 위주의 운영을 했다. 빠른 가맹사업이 가져오는 서비스 품질의 저하 등을 염려했기 때문이다. 프랜차이즈의 특성이 표준화라는 점을 감안하면 가맹점주들이 표준화된 서비스와 제품제공이 가능하지 않는 경우에는 오히려 가맹점을 천천히 늘리는 느린 성장전략이 필요하다.

둘째, 빠르게 성장하는 만큼 시장포화에 이르는 시기가 빨라져 가맹점이 매출 감소로 인한 어려움을 겪을 가능성이 크다. 빠르게 성장하는 만큼 시장이 확대될 경우에는 문제가 없지만, 시장포화에 이르면 당연히 영업지역을 보장해주더라도 그 영역이 축소되기 쉽다. 따라서 가맹점주는 프랜차이즈의 가맹점 모집상황과 더불어 해당 프랜차이즈의 시장창출능력 등을 면밀히 검토하여 가입 여부를 결정하는 것이 좋다.

셋째, 빠른 성장은 그만큼 신생 가맹점이 좋은 상권을 보장받기 힘들어진다. 좋은 입지는 이미 다른 가맹점이 선점하고 있을 가능성이 많기 때문이다. 따라서 가맹점주가 프랜차이즈를 선정할 때, 현재의 경쟁력도 중요하지만 미래의 성장 잠재력이 있는 프랜차이즈를 찾아내어 해당 프랜차이즈의 초기단계에 가입하는 능력이 필요하다. 하지만 초기단계일수록 그만큼 위험도가 커지는 것은 당연하다.

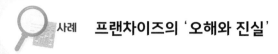

사례 프랜차이즈의 '오해와 진실'

프랜차이즈 산업을 놓고 벌이는 논쟁 중 하나는 프랜차이즈 시스템이 가맹본사의 이익만 극대화하는 구조냐 아니냐는 것이다.

공정거래위원회가 최근 베이커리업종에 대해 기존 점포로부터 500m 이내 출점을 금지하고, 매장 인테리어를 새로 할 때 비용의 20~40%를 본사가 부담하도록 한 것은 본사의 이익극대화라는 시각이다. 공정위는 종래 가맹본사들이 인테리어 재시공 때 비용 일체를 가맹점에 부담시키는 것은 '수익자 부담원칙'에 반하는 것이라고 지적했다. 재시공 뒤 가맹점에 손님이 늘면 본사도 당연히 이익이 늘어나므로 양자가 인테리어 비용을 분담하는 게 맞다는 논리다.

업계의 주장은 다르다. 베이커리업체 관계자는 "기본적으로 프랜차이즈는 가맹본사와 점주가 상생하지 않고선 굴러갈 수 없는 구조"라며 "인테리어만 하더라도 본사에 등록된 40여개 인테리어 협력업체 중 하나를 가맹점주가 선택하도록 하고 있다"고 강조했다. 그는 "심지어 광고판촉비를 본사가 100% 부담하는 곳도 있고 선진국에 일반화된 로열티를 받지 않는 본사도 많다"고 덧붙였다.

둘째, 프랜차이즈 가맹점이 동네상권을 잠식하는 주범인가 하는 문제에 대해 의견이 엇갈린다. 예를 들어, 공정거래위원회가 제과점 신규 출점 때 기존 매장에서 500m 떨어진 곳에 가게를 내도록 거리제한을 뒀지만 같은 회사 제과점에만 해당해 동네빵집은 큰 도움을 받지 못하는 게 대표적인 사례다. 공정한 경쟁이 이뤄지려면 대형 프랜차이즈의 신규

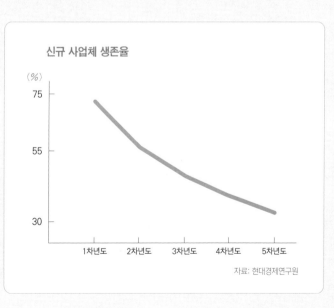

신규 사업체 생존율

(%)

75

55

30

1차년도 2차년도 3차년도 4차년도 5차년도

자료: 현대경제연구원

출점 자제, 제과업의 중소기업 적합업종 선정, 이동통신사의 대형 프랜차이즈 빵집 할인혜택 폐지 등이 필요하다는 입장도 밝혔다. 대형 프랜차이즈 관계자는 "개인 빵집 수가 줄어든 것은 국내 경기 불황 때문이지 대형 프랜차이즈 빵집 탓이 아니다"라는 입장을 견지했다.

가맹점의 동네상권 진출은 막을 수 없는 것이고, 자영업소의 프랜차이즈화는 세계적 추세인 만큼 자영점의 경쟁력을 높이는 것만이 해법이라는 주장이 있다. 공정위 관계자는 "동네 상권에서 가맹점과 자영점이 경쟁하는 것은 불공정한 일이 아니라 지극히 자연스런 현상"이라며 "다만 약자를 돕는다는 차원에서 정부가 자영점의 경쟁력을 높여주기 위해 각종 지원책을 마련하는 것"이라고 말했다.

업계 전문가들은 "100년 이상 역사를 가진 프랜차이즈 산업의 고용창출 효용성은 이미 미국 등 선진국에서 입증된 사실"이라고 강조했다. 그리고 "해외 자영업 시장에서도 독립 자영점이 프랜차이즈 가맹점으로 전환하는 추세이며 우리나라도 그런 방향으로 가는 것이 바람직하다"고 덧붙였다.

셋째, 가맹점 창업은 안전한가 하는 문제는 독립 자영점과 비교해 봐야 한다는 지적이다. 가맹점이 갈수록 늘어나는 것은 상대적으로 창업이 손쉬운 데다 사업의 안정성이 높기 때문이란 게 전문가들의 견해다. 중소기업부가 발표한 '동네빵집 실태조사'에 따르면 자영점의 $3.3m^2$당 월 매출이 24만 7,000원인데 비해 중소 가맹점은 33만 1,000원, 대형 가맹점은 55만 9,000원으로 가맹점의 생산성이 높았다.

통계청 자료에 따르면, 우리나라의 자영업자의 생존율은 3년에 40% 정도이고 5년 후에는 30%까지 떨어진다. 반면 프랜차이즈 가맹점의 경우, 3년 생존률은 63%, 5년 생존률은 51%로 나타났다. 미국의 경우, 자영업은 우리보다 생존률이 더 떨어진 창업 후 5년 동안 자영점의 생존율은 23%에 그쳐 우리보다 생존률이 더 떨어진 반면, 가맹점의 경우 창업 후 5년 동안 가맹점의 92%가 생존하여 가맹점의 생존률이 매우 높게 나타났다(미국프랜차이즈협회(IFA)와 미 상무부 자료).

〈통계청〉 2020 자료, 〈한국경제〉 2012/6/7, 〈한겨레신문〉 2012/12/6 기사 편집

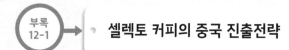
셀렉토 커피는 대한민국 커피 프랜차이즈 기업이다. 2012년 1월에 1호점을 개설한 이후 지속적인 성장을 통해 2019년 12월 현재 가맹점수 214개, 연매출액 180억 원 규모의 중견 기업으로 성장하고 있다. 국내시장의 성장에 힘입어 2016년에는 중국 쑤저우에 1, 2호점을 개설하여 명실상부한 글로벌 기업으로의 도약을 꾀하고 있다. 본 사례는 셀렉토 커피의 중국 진출전략을 분석하고 성공하기 위한 요인들을 유통의 관점에서 조명한다.

최근 3년 셀렉토 커피 국내 가맹점 수 현황

연도	2014년	2016년	2021년
가맹점수	40개	190개	243개

셀렉토 커피 수익구조

셀렉토 커피의 사업형태는 프랜차이즈로서, 프랜차이즈의 수익구조는 크게 가맹비$^{Initial Fee}$와 로열티로 구성되며, 메뉴 개발부터 인테리어까지 본사의 경영노하우 및 지식서비스를 가맹점에 이전해주는 대가를 받는 구조로 요약할 수 있다.

셀렉토 커피의 사례를 좀 더 구체적으로 살펴보면 다음과 같다. 먼저 본사와의 가맹계약 시 최초로 납부하는 가맹비, 이른바 이니셜 피$^{Initial Fee}$가 최초 발생하는 수익이며, 셀렉토 커피의 경우 가맹점당 800만 원을 책정하고 있다. 이니셜 피와 더불어 주된 수익원은 로열티^{Royalty}로, 월 매출액의 2%로 책정하고 있는데, 본사의 축적된 경영노하우에 대한 지식서비스에 대한 대가의 성격이 짙다. 그 외 수익원으로는 커피, 시럽 등 원재료 물류수수료가 있는데, 이는 셀렉토 커피의 브랜드 동질성을 유지하는 데 핵심적인 부분이다.

셀렉토 커피 수익구조

가맹비	로열티	재료 물류비	개설수수료
최초 가입 시 800만 원	월 매출액의 2%	원두, 시럽 등	인테리어, 집기 등

중국 커피시장 일반 현황 및 전망

중국의 커피 소비량은 2014년 기준 연간 50만 톤이며, 시장 매출액은 600억 위안에 달한다. 컨설팅사 닐슨에 의하면 2020년에는 시장 규모가 3,000억 위안까지 성장할 것으로 예측된다. 또 다른 분석에 따르면 2015년 중국의 커피시장 규모가 9,122만 달러이며, 2018년에는 77.21% 증가한 1억 6,166만 달러에 달할 것으로 전망된다. 대체적인 전망은 중국 커피시장이 지속적으로 성장할 것으로 예측된다.

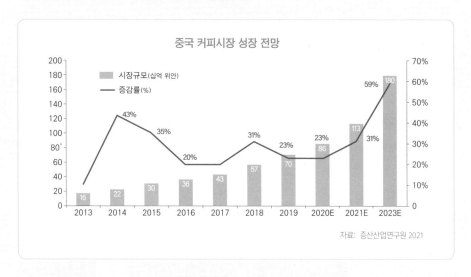

중국 커피시장 성장 전망

자료: 증산산업연구원 2021

1. 중국 커피시장 특징 1 : 가정 내 소비 증가

최근 중국인의 생활수준이 향상되고 새로운 라이프스타일의 확산으로 중국 가정 내 커피 소비가 증가하고 있으며, 가정용 커피머신의 시장 규모도 확대되고 있다.

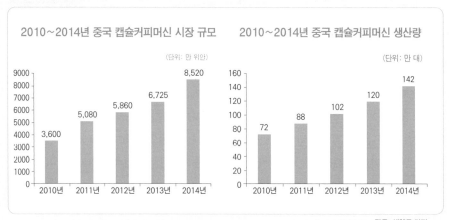

2010~2014년 중국 캡슐커피머신 시장 규모

2010~2014년 중국 캡슐커피머신 생산량

자료: 셀렉토 커피

2. 중국 커피시장 특징 2: 커피전문점 개점 수 증가

커피에 대한 중국 내 관심도 증가하고 긍정적 인식이 커짐에 따라 중국 내 커피전문점의 개점 수 증가율이 차전문점의 개점 수에 비해 크게 증가하고 있다. 주요 브랜드로는 스타벅스, 코스타, 상도, 태평양 등이 있으며, 지속적으로 경쟁이 치열해지고 있다.

중국 내 커피전문점 vs. 차전문점

구분	2007년	2018년	증가율
커피 전문점	15,898	144,000	1000%
차 전문점	48,842	51,400	5%

3. 중국 유통구조

중국 커피시장의 유통구조를 살펴보자. 중국 내 커피 유통시장은 수출기업, 중간 유통채널, 소비자의 3단계로 구성되어 있으며, 유통채널은 도매업체인 대리상과 소매업체인 하이퍼마켓과 슈퍼마켓 등이 있고, 카페를 통한 유통, 온라인을 통한 유통 등이 있다.

중국 커피시장 유통구조

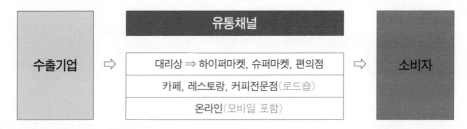

4. 중국 커피시장 종합분석

중국 커피시장은 경제 고속성장, 새로운 라이프스타일의 확산 등에 힘입어 급격한 성장세를 기록하고 있으며, 향후 성장세가 지속될 것으로 전망되고 있다. 이러한 외형적 성장뿐만 아니라 한류문화 선호 현상, 커피전문점의 증가 등에서 보여지는 커피 소비의 고급화 경향은 내수시장의 질적인 변화도 동반하고 있다고 판단된다. 즉 차와 같이 가정 내 소비도 증가하고 있지만, 커피전문점을 통한 고급화 경향도 함께 증가하면서 전반적인 커피시장이 고급화 기반의 확장기조를 지속할 것으로 분석된다.

중국시장 진출전략

1. 중국 진출 위치선정: 왜 쑤저우인가?

중국시장은 하나의 시장으로 단순화할 수 없을 만큼 드넓고 지역마다 특색이 다르다. 우선 중국시장의 거시적인 특징을 간단히 분석해보자면, 무엇보다도 경제성장이 지속적으로 이뤄지고 있다는 점을 들 수 있다. 중국 내 인구수를 고려할 때 내수시장의 규모 또한 무시할 수 없는 수준이다.

우리나라 기업이 또 하나 주목해야 할 점은 바로 한류다. 중국 정부는 제조업 육성에 이어 〈문화2.0〉이라고 불릴 만큼 문화산업 융성을 위한 노력을 기울이고 있으며, 최근 중국 벤치마킹단의 한국 방문 시 가장 관심을 많이 보인 분야가 바로 문화산업이다. 외식사업은 중국 내 문화산업 육성정책에 부합하여 중국 내에서 지속적인 성장이 이뤄지고 있으며, 국내 외식 프랜차이즈의 중국 진출이 늘어나고 있는 것도 이에 힘입은 결과라고 볼 수 있다.

셀렉토 커피가 진출한 쑤저우는 중국 내 화동 경제권이다. 화동권은 글로벌 비즈니스 중심지로 자동차, IT, 환경, 금융, 유통 등 다양한 사업이 발달해 있으며, 한국기업의 최다 투자지다. 대표적인 도시로는 상하이가 있다.

셀렉토 커피가 선택한 쑤저우는 중국의 2선도시로 상하이라는 큰 1선도시가 인접해 있어 충분한 구매력을 가지고 있는 점, 부동산 임대료 부담이 1선도시에 비해 상대적으로 적어 중국 진출의 교두보로서의 역할이 가능하다는 점에 따른 것이다.

셀렉토 커피 중국 쑤저우 지사 오픈식

중국 장쑤성-쑤저우 위치

2. 중국 진출 형태는 마스터 프랜차이즈 : 타산지석의 교훈

셀렉토 커피는 중국 대리상과의 마스터 프랜차이즈^{Master Franchise} 계약을 체결하여 중국에 진출했다. 이 형태는 한국 본부의 입장에서 보자면 제한된 시간에 현지화에 대한 파악이 부족한 상태에서 현지 파트너와의 계약을 통한 비즈니스 계약을 체결함으로써 리스크를 최소화하는 이점이 있다. 다만 마스터 프랜차이즈에 많은 것을 의존하게 되면 유통채널 내에서 힘의 균형이 무너질 수 있고, 가맹점에 대한 통제력이 낮으며, 직접투자에 비해 수익성이 다소 떨어지는 단점도 있다.

한편 중국 현지기업과의 조인트벤처(합작투자) 방식은 중국 현지 기업과 합작투자를 통해 중국 내 프랜차이즈 가맹점을 모집하는 방식이다. 마스터 프랜차이즈 방식에 비해 가맹점에 대한 통제력이 높다는 장점이 있지만, 현지 자본과의 융화 문제가 발생할 가능성이 높은 리스크를 안고 있다. 카페베네의 경우에도 중국 파트너와의 협력관계가 매끄럽게 전개되지 못하여 낭패를 본 선례가 있다.

매우 드물긴 하지만 중국에 직접투자하는 방식도 있다. 파리바게뜨가 이 경우에 해당하는데, 이 방식은 가맹점에 대한 매우 강력한 통제가 가능하나 직접투자에 대한 리스크도 높은 방식이다. 파리바게뜨는 직영점을 위주로 비교적 느리게 성장하는 중국 진출전략을 사용하고 있다.

한국 프랜차이즈 기업의 중국 진출 사례

구분	장점	단점
마스터 프랜차이즈(MF) 계약	초기 진출 시 현지화 부담 최소화	MF에 지나치게 의존, 힘의 균형 문제
조인트벤처	가맹점에 대한 다소 높은 통제력	현지 자본과의 융화 문제
직접투자	높은 수익률, 강력한 통제력	직접투자에 대한 리스크

셀렉토 커피가 선택한 마스터 프랜차이즈 방식은 현지에 대한 제한된 정보 속에서 리스크를 최소화하기 위한 의사결정이었다고 판단된다. 더욱이 현지 자본과의 합작투자 후 좋지 않은 결과를 초래한 카페베네의 사례에서 볼 때 셀렉토 커피가 초기 진입장벽이 낮은 마스터 프랜차이즈 계약방식을 선택한 것은 나름 합리적으로 보인다.

3. 중국사업 수익구조

셀렉토 커피는 중국 진출 초기에 리스크를 최소화할 수 있는 수익구조를 취하고자 했다.

아직까지는 중국 내 유통구조 내의 신뢰관계가 형성되었다고 볼 수 없기 때문이다. 가맹비와 로열티, 물류수수료 등 일반적인 프랜차이즈 수익구조를 기본으로 하지만, 현지 매출의 직접적 통제가 불가능한 상황이었기 때문에 통상 매출액 기반으로 책정하는 로열티를 매장 면적 기준으로 책정하기로 했다. 이는 현지 유통구조 내의 신뢰가 명확하지 않은 현실을 반영한 안으로 봐야 할 것이다.

중국 셀렉토 커피 수익구조

가맹비	로열티	재료 물류비	개설수수료
중국MF 이니셜 피의 50%	면적 기준	원두, 시럽 등	인테리어, 집기 등

4. 목표고객 및 구색

비즈니스 현장에서 체감하는 중국과 한국의 격차는 약 5~6년 정도인 것으로 파악되었다. 한국의 경우 현재는 누구나 원두커피를 즐기지만 5~6년 전에는 그렇지 않았다. 중국의 경우도 현재는 소비층이 20~30대 초반에 한정되어 있는 편이지만 향후 폭발적인 성장이 기대되고 있다. 셀렉토 커피는 쑤저우 지역 등 도심지역 중심으로 확대되는 커피소비층을 주요 타깃으로 설정하고 있다.

한국 셀렉토 커피의 전략은 '골라먹는 아메리카노'로 요약할 수 있다. 중국의 경우는 아직 원두 커피시장이 골라먹는 단계까지 성장한 것은 아니기 때문에 한국과는 다른 전략이 필요했다. 중국인은 자국 내 음식에 대한 불신이 높은 편이며, 건강에 대한 관심도가 매우 높은 편이다. 이에 착안하여 중국 셀렉토 커피의 주된 포지션은 '한국의 프리미엄 디저트카페'로 설정했다. 이의 실행을 위해 일반적인 정제설탕보다 건강에 좋은 오키나와 무정제당이 들어가는 오키나와 흑설탕라테 라인과 오미자차와 대추차 등 웰빙음료 라인으로 메뉴를 구성했다.

프리미엄 디저트카페로 포지션을 정한 만큼 가격은 한국보다 다소 비싸게 책정되었다. 스타벅스보다 200~300원 정도 저렴한 3,000원대 초반으로 가격이 형성되어 있으며, 쑤저우 중산층의 구매력을 고려한 가격 책정이다.

5. 현지화와 셀렉토 커피의 정체성 확보

쑤저우에 약 100개 정도의 커피전문점 매장이 치열하게 경쟁하고 있으며, 셀렉토 커피가 살아남기 위해서는 무엇보다 현지화 역량 제고가 필요하다. 이를 위해서는 역설적이게도 셀렉토 커피의 특색과 정체성의 정립과 유지가 선행되어야 하는데, 한국 본사에서도 이러한 품질관리(QC)의 중요성을 인식하고 있다.

품질관리는 제조단계, 물류단계, 매장판매단계별로 매뉴얼화되어 있는데, 프랜차이즈의 특성상 각 단계별 본사의 간접통제 방식에서 오는 한계점을 극복하기 위해서는 지속적인 모니터링과 교육이 필요하다. 따라서 셀렉토 커피는 중국 진출 시 품질관리에 관한 부분을 MF 계약 체결 시 명문화해놓은 상태다.

성공적인 중국시장 정착을 위해 가장 우선적으로 추진해야 할 부분은 결국 현지화다. 한국에서는 최근 트렌드를 파악하기 위해 직원들을 직접 현장에 파견하여 시장의 분위기를 직접적으로 알 수 있지만, 중국은 그렇지 않은 것이 문제다. MF를 통한 현지 동향 파악에는 아무래도 한계가 있기 때문이다.

셀렉토 커피는 이러한 한계를 철저한 정체성 확립으로 극복해갈 계획이다. 어설픈 현지화는 현지인에게 특색 없는, 그저 그런 브랜드로 인식될 뿐이기 때문이다. 커피라는 글로벌한 메뉴에 한국적 특색을 가미하기 위한 고민이 계속되고 있다.

결론

한국 프랜차이즈 기업의 중국시장 진출은 리스크가 따른다. 중국은 이미 글로벌 경쟁의 장이기 때문에 철저한 사전준비와 적절한 리스크관리가 필수적이다. 더욱이 자금의 여력이 충분치 않은 중견기업의 경우 그 중요성이 더욱 크다고 할 수 있다. 직접투자를 통한 성장을 꾀하기에는 한계가 있다.

이런 의미에서 셀렉토 커피의 마스터 프랜차이즈를 통한 중국 진출전략은 의미가 있다고 생각된다. 중국시장은 하나의 경제권으로 분류될 수 없을 만큼 특성이 명확히 구분되는 다른 시장이 여럿 존재하는 특성이 있다. 이러한 특성에 비춰볼 때 직접투자 및 현지 자본과의 합작투자는 큰 리스크가 수반되며, 중견기업의 경우 실패했을 때 리스크를 감당하기에 부담스러운 부분이 존재한다.

따라서 중국 진출 초기 마스터 프랜차이즈 형태로 지속 추진하되 브랜드의 정체성 유지를 위한 품질관리에 역점을 두는 현재의 진출전략을 유지할 필요가 있다고 판단된다. 약육강식의 세계에서는 자신의 DNA를 확실히 지키는 것이 곧 번성하고 생존할 수 있는 강력한 전략이 될 수 있을 것이다.

---

* 저자 주: 자료제공 및 인터뷰에 아낌없는 협조를 해주신 (주)셀렉토 커피의 황규연 대표님과 자료수집 및 분석에 열의를 보여주신 성균관대 경영전문대학원 원우들(이민섭, 공혜준, 조수경, 이승후)께 감사드립니다.

1 프랜차이즈의 이점에 대해 본부와 가맹점의 입장에서 각각 설명하시오.

2 프랜차이즈 본부^{franchisor}의 주요 수입원에 대해 설명하시오.

3 프랜차이즈에서 발생하는 주요 갈등에 대해 논하시오.

4 프랜차이즈 본부가 직영점을 유지하는 이유를 설명하시오.

5 다점포 프랜차이즈^{multi-unit franchising}의 세 가지 종류에 대해 설명하시오.

6 사례 "프랜차이즈의 오해와 진실"을 읽고, "해외 자영업시장에서도 독립자영
점이 프랜차이즈 가맹점으로 전환하는 추세이며 우리나라도 그런 방향으로
가는 것이 바람직하다"라는 주장에 대해 찬반을 논하시오.

7 사례 "프랜차이즈의 오해와 진실"을 읽고, "약자를 돕는다는 차원에서 정부
가 자영점의 경쟁력을 높여주기 위해 각종 지원책을 마련하는 것"이라는 주
장에 대해 찬반을 논하시오.

8 부록 12-1 "셀렉토 커피의 중국 진출전략"을 읽고 셀렉토 커피의 프랜차이즈
성장전략의 적절성에 대해 논하시오.

참고문헌

같은 파리바게뜨라도 팥빙수 가격 제각각, 왜?, 〈아시아경제〉, 2011. 7

공정위 강압에 흔들리는 프랜차이즈, 〈매일경제〉, 2012. 4

김경민 · 나준희 · 이영찬(2006), "프랜차이즈시스템에서 브랜드자산, 내부브랜드활동, 갈등 및 관계해지의 구조적 관계에 관한 탐색적 연구", 『유통연구』, 12(1).

남태현(2008), 『프랜차이즈회사가 당신에게 알려주지 않는 진실』, 웅진윙스.

뚜레쥬르의 반격, 매장서 빵 반죽 직접 만든다, 2010. 8

박유식 · 강봉희 · 김석원(2002), "소비자의 점포지각 차이에 관한 연구", 『산업과 경영』, 14(2).

박주현(2009), 『프랜차이즈 경영의 이해』, Global.

변명식(2006), 『유통과 프랜차이즈』, 학문사.

빵 공장에 'X 레이 검색대'는 왜 있어? 〈머니투데이〉, 2012. 5

서민교(2010), 『프랜차이즈 경영론』, 벼리커뮤니케이션.

오세조 · 윤홍근 · 이수동 · 변명식 · 임영균(2005), 『프랜차이즈 경영원론』, 두남.

유재은(2009), 『한국시장의 프랜차이즈 전략』, 한국생산성본부.

윤홍근(2004), 『프랜차이즈 경영원론』, 한국프랜차이즈협회.

윤홍근(2006), 『BBQ 원칙의 승리』, 중앙M&B.

이행순 · 이수범(2006), "외식 프랜차이즈 선택동기, 지원 서비스, 브랜드 자산이 LMX의 질과 재계약에 미치는 영향에 관한 연구", 한국관광레저학회, 『관광레저연구』, 18(2).

장재남 · 안성식 · 이훈영(2010), "업종별로 가맹점의 선택속성이 가맹점 성과의 만족도와 성공 · 실패에 미치는 영향연구", 한국유통학회 동계학술대회 발표논문집.

정유경 · 민은아(2011), 베이커리 브랜드의 컨셉 재활성화에 관한 연구—파리바게뜨 사례를 중심으로, 관광학연구 제35권 제8호, p. 261-281

조준상(2011), 프랜차이즈 기업의 신제품 개발 및 마케팅 전략: 파리바게뜨 사례, KBR 제14권 제3호, p. 215-250

"[창업기획] 동일본사 다브랜드 간 영업권 분쟁", 이데일리, 2007.6.11. (http://efn.edaily.co.kr/ Brandnews/ NewsTotalRead.asp?sub_cd =DJ&newsid= 02476406583160736).

카페베네 매장관리 안 되니 커피 맛 떨어져, 〈오마이뉴스〉, 2011. 5

파리바게뜨, 뚜레쥬르 기존 가맹점 보호 500m 내 신규 점포 못 낸다, 국민일보, 2012. 4

파리바게뜨, 상권 쪼개는 공격적 출점 논란, 〈뉴스토마토〉, 2011. 1

파리바게뜨 샤니, 빵업계 1위 SPC의 고민은, 〈머니투데이〉, 2010. 8

Azoulay, Pierre and Scott Shane(2001), "*Entrepreneours, Contracts, and the Failure of Young Firms*," Management Science, 47 (3), 337-358.

Lal, Rajiv(1990), "*Improving Channel Coordination Through Franchising*," Marketing Science, 9(4).

Peterson, A. and R. P. Dant(1990), "*Perceived advantages of the franchise option from the franchisee perspective: Empirical insights from a service franchise*," Journal of Small Business Management 28(July), 46-61.

SPC 그룹 밀사업 진출 가공업체 밀다원 인수, 〈파이낸셜뉴스〉, 2008. 7

Special Report, 성공사례 (2)- 파리바게뜨, 〈매일경제〉, 2007. 7

1 셀렉토 커피가 중국시장 진출에 사용한 전략은(부록 12-1 "셀렉토 커피의 중국 진출 전략"에서)?

① 마스터 프랜차이즈
② Area Developer
③ Area Representatives 고급화
④ 직접투자

2 우리나라 프랜차이즈에 관한 설명 중 적절하지 않은 것은?

① 프랜차이즈 고용률은 제조업보다 훨씬 높다.
② 가맹점 신규 출점에 거리제한을 두는 점이 주요 이슈다.
③ 성숙기에 들어서 차분한 성장을 하고 있다.
④ 외국에 진출하는 프랜차이즈 본부가 늘고 있다.

3 우리나라의 프랜차이즈 본부가 프랜차이즈를 시작하고 운영하는 주된 이유는?

① 적은 자본투자로 빠른 판매망 확보
② 가맹점주들이 지불하는 로열티의 안정적 확보
③ 가맹점주들의 다양한 아이디어 획득
④ 본부의 지원을 위한 지속적인 투자 불필요

4 다음 중 프랜차이즈 가맹점에 가입하는 이유가 아닌 것은?

① 새로운 사업을 시작하는 경우 어려운 의사결정에 도움을 받기 위해
② 이미 성공한 비즈니스 모델을 구입함에 따른 안전성 확보를 위해
③ 새로운 비즈니스 모델을 성공적으로 안착시키기 위해
④ 경영 전반의 문제에 대해 본부 전문가들로부터 원조와 지도를 받기 위해

5 다음 중 프랜차이즈 가입 시 가맹점이 고려할 점에 관하여 옳은 것은?

① 프랜차이즈 가맹점이 일반 독립점포에 비해 오래 생존한다.

② 주요 프랜차이즈 브랜드의 경우 새 점포를 낼 만한 입지는 찾기 쉽다.

③ 구매제품이나 원재료가 표준화되어 더 개선할 여지가 없다.

④ 외부환경에 대한 면밀한 연구가 필요하지 않다.

6 다음 중 프랜차이즈 가맹점의 이점이 아닌 것은?

① 다양한 사업아이디어의 시도　　② 본부의 전문지식에 의존

③ 본부의 경영지원　　④ 법적 문제에 대한 본부의 도움

7 다음 중 프랜차이즈의 유형에 대한 설명으로 옳은 것은?

① 크게 상품형태 프랜차이즈와 제조형태 프랜차이즈로 구분된다.

② 상품형태 프랜차이즈는 제조업체-소매업체, 제조업체-도매업체, 도매업체-소매업체로 구분된다.

③ 제조형태 프랜차이즈는 제조본부와 가맹점으로 이뤄진다.

④ 프랜차이즈 표준화 시스템은 일관성과 다양성을 보장한다.

8 다음 중 프랜차이즈의 성공 요인에 대한 설명으로 옳지 않은 것은?

① 본부 입장에서 경쟁우위의 지속 가능성　② 프랜차이즈 구성원들의 협력

③ 프랜차이즈 시스템의 다양화　　④ 프랜차이즈 본부의 브랜드파워

9 다음 중 프랜차이즈 본부가 초래하는 갈등이 아닌 것은?

① 기존 가맹점과 인접한 곳에 새로운 가맹점을 출범시켰을 때

② 본부의 일방적인 프랜차이즈 계약의 해약

③ 가맹점의 낮은 품질로 인한 본부와의 갈등

④ 본부의 끼워팔기 전략

10 프랜차이즈 본부가 기존 가맹점과 인접한 곳에 새로운 가맹점을 개설하는 것을 무엇이라고 하는가?

① 밀접한 배치^{close opening} ② 치밀한 유통^{close distribution}

③ 영역침범^{encroachment} ④ 다점포 전략^{multi-shop strategy}

11 다음 중 프랜차이즈 본부가 직영점을 유지해야 하는 주요 이유가 아닌 것은?

① 시장정보를 얻기 위해

② 신제품을 테스트하기 위해

③ 좋은 위치를 확보하기 위해

④ 가맹점에게 상품이나 서비스의 예를 보여주기 위해

12 본부로부터 특정 지역에서 프랜차이즈 가맹점주를 모집하거나 직영점을 개설하는 권한을 갖는 다점포 프랜차이즈는?

① 지역개발자^{area developer} ② 지역대표자^{area representative}

③ 마스터 프랜차이즈^{master franchisee} ④ 주요 개발자^{main developer}

13 특정 지역에서 프랜차이즈 가맹점을 직접 개설하여 경영할 권리를 갖지만, 프랜차이즈 가맹점주를 모집할 수 있는 권한이 없는 다점포 프랜차이즈는?

① 지역개발자

② 지역대표자

③ 프랜차이즈 지역 가맹점^{local franchisee}

④ 주요 개발자

14 큰 회사에서 중간관리자 같은 역할을 하는 다점포 프랜차이즈로서 가맹점이 경영지원을 하고 가맹점주를 물색하여 본부에 추천할 수 있는 경우는?

① 지역개발자

② 지역대표자

③ 프랜차이즈 지역 가맹점

④ 주요 개발자

15 가맹점의 입장에서 본부의 빠른 성장이 초래하는 문제점이 아닌 것은?

① 지원해야 할 가맹점이 늘어나거나 감시해야 할 가맹점이 늘어나 재화와 품질의 저하를 야기한다.

② 시장포화에 이르는 시기가 빨라져 가맹점들의 매출 감소를 야기한다.

③ 빠른 성장으로 인한 좋은 상권 확보의 어려움을 야기한다.

④ 표준화 시스템 구축에 따른 경직성을 야기한다.

16 다음 중 프랜차이즈에 관해 적절하지 않은 설명은(사례: '프랜차이즈의 오해와 진실'에서)?

① 창업 후 3년이 지난 후, 가맹점의 생존율이 자업업자의 생존율보다 높다.

② 창업 후 5년이 지난 후, 가맹점의 생존율이 자업업자의 생존율보다 낮다.

③ 창업 후 5년이 지난 후, 미국의 가맹점 생존율이 한국의 가맹점 생존율보다 높다.

④ 동네 빵집의 경우, 가맹점의 매출이 자영점보다 전반적으로 높았다.

---

1 ①　　2 ③　　3 ①　　4 ③　　5 ①　　6 ①　　7 ②　　8　　　③ 9 ③
10 ③　　11 ④　　12 ③　　13 ①　　14 ②　　15 ④　　16 ②

제13장 유통경로 구조의 설계

'마트와 약국 사이' 박카스 딜레마

대형 유통업체들이 박카스 등 48개 의약외품 판매를 시작하면서 박카스가 품귀 현상을 빚고 있다. 대형 유통업체들은 "물량을 달라"고 요청하고 있지만 동아제약은 직접 공급할 수 없다는 입장이어서 시장에서 '박카스 쟁탈전'이 벌어지고 있다.

사연은 이렇다. 박카스D를 생산하는 동아제약은 현재 약국 수요량에 맞춰 생산라인을 풀가동하고 있고, 물량 대부분을 전국 약국에 직접 공급하고 있다. 따라서 대형 유통업체는 동아제약과 공식계약을 맺지 못한 채 알음알음 도매상을 통해 공급받고 있는 실정이다.

박카스의 연간 생산량은 3억 6,000만 병. 이 중 90%(3억 2,400만 병)는 동아제약이 전국 22개 지점에서 직접 약국으로 배달하고 있다. 나머지 10%는 직접 공급이 어려운 도서지역 약국 공급을 위해 도매상에 넘긴다. 도매상에 풀리는 물량은 연간 3,600만 병이다. 이 가운데 50~60%가 도서지역 약국으로 들어가는 것을 고려하면 대형마트와 편의점 등 유통업체가 취급할 수 있는 물량은 연간 1,500만 병에 불과하다. 동아제약 관계자는 "천안공장에서 생산하는 박카스는 생산라인이 풀가동 중"이라며 "시간과 비용이 많이 드는 만큼 공장 증설이나 신축은 아직 고려하지 않고 있다"고 밝혔다.

박카스는 대형 유통업체에서 의약외품을 판매한 이후 가장 인기를 끌고 있는 품목이다. 홈플러스 영등포점에서 판매를 시작한 박카스는 엿새 동안 6,700병 팔렸다. 홈플러스 측은 의약외품 전체 매출 중 60% 이상을 박카스가 차지한다고 밝혔다. GS25는 전 매장에서 의약외품 판매를 시작했으나 물량 확보가 어려워 박카스는 취급하지 못하고 있는 상황이다.

대형마트들은 박카스 공급 때문에 발을 동동 구르고 있다. 이마트 관계자는 "도매상을 통해 물건을 공급받고 있어 원활한 수급에 어려움이 있다"며 "박카스의 경우 물량 차질에 대비해 하루 10박스 내외로 분할해 매장에 진열 중"이라고 말했다. 현재 대형마트에서 박카스 1병은 약국보다 50원 싼 450원에 판매하고 있지만 물량이 달리다 보니 판매를 늦게 시작한 편의점들은 약국과 같은 500원에 팔고 있다.

동아제약이 박카스 생산량 확대에 선뜻 나서지 못하는 데는 나름의 이유가 있다. 먼저 주공급처인 약국의 눈치를 보지 않을 수 없다는 점이다. 또 박카스의 유통업체 판매가 장기적으로는 매출 증대에 도움이 되지 않는다고 판단하기 때문이다. 대형 유통업체와 공급계약을 맺고 물량을 대량으로 공급할 경우 가격이 붕괴될 가능성이 크다.

동아제약은 박카스의 유통업체 판매가 일본판 박카스인 다이쇼제약의 '리포비탄'의 전철을 밟게 될 것을 우려하고 있다. 리포비탄은 1999년 당시 의약외품으로 분류돼 편의점으로 진출하게 됐다. 판매 초기에는 매출이 늘었지만 에너지·건강음료 등 다른 음료와 경쟁으로 오히려 매출이 연간 100억 엔 이상 줄어들었다. 리포비탄이 편의점에 진열되면서 스포츠 기능성 음료 등과의 경쟁으로 가격이 붕괴됐고, 약국에서도 예전의 높은 가격을 유지할 수 없게 됐다.

업계에서는 "동아제약의 고민은 당장은 박카스 판매량이 늘겠지만 향후 유통매장의 다른 음료와의 경쟁에 치이고 약국에서도 관심이 멀어지면서 매출 감소로 연결될 수 있다는 점"이라고 지적했다. 실제로 온라인 채널에서 박카스D가 저가(약국공급가)에 판매되며 일부 약사들이 반발하고 있다.

한편 동아제약은 슈퍼마켓 공급용으로 의약외품 허가를 받은 박카스F를 편의점에는 직접 공급하고 있다. 박카스F는 박카스D에 비해 용량은 약간 크지만 타우린 함량은 절반 정도이다.

〈데일리팜〉 2019/3/14, 〈머니투데이〉 2011/9/7, 〈매일경제〉 2011/7/28, 〈한국경제〉 2011/8/5 기사 편집

1 유통경로의 설계

제조업체 간의 경쟁은 치열해지고, 거대화된 유통업체들은 제조업체에 더 높은 마진을 요구하거나 촉진활동의 많은 부분을 제조업체가 부담하도록 요구하고 있다. 이에 따라 많은 제조업체들이 기존의 기능 이외에 마케팅활동을 고려한 효율적인 유통경로를 구축하려는 경향을 보이고 있다. 예를 들어, 제조업체의 직영점 개설은 마케팅과 관련된 통제력을 높일 수 있는 한 방안이지만 많은 투자를 필요로 하며 기존의 유통업체들로부터 반발을 살 가능성이 높다. 따라서 제조업체는 새로운 유통경로를 구축하거나 기존의 유통경로를 수정하는 등 체계적으로 유통경로를 설계할 필요가 있다. 이 장에서는 제조업체의 관점에서 경로 구성원이 각자의 주어진 기능을 적절히 수행할 수 있도록 하기 위한 유통경로의 설계과

정을 살펴본다.

적절한 유통경로의 설계는 제품의 성공에 큰 영향을 미친다. 북한산 청바지인 '노코진스Noko Jeans'의 사례를 살펴보자. 이 청바지는 스웨덴의 백화점에서 약 25만 원 정도의 고가에 판매를 시작했다. 그러나 "왜 소비자가 비슷한 가격대의 게스Guess나 리바이스Levi's 등 유명 청바지를 놔두고 노코진스를 사야 하는가?"에 대한 설득과 근거를 제시하지 못했다. 또한 북한의 노동환경을 문제 삼은 백화점 측에 의해 해당 백화점에서 철수해야 했다(〈동아일보〉, 2010/1/23). 하지만 노코진스는 스톡홀름의 한 아울렛매장으로 판매 채널을 바꾸고 저가의 가격을 제시한 후에는 잘 팔리게 되었다. 노코진스의 사례는 판매자가 제품의 적절한 가치를 반영한 가격을 제시하고 그에 적합한 채널을 선택할 경우에만 제품의 성공적인 판매를 이끌어낼 수 있다는 예를 보여주고 있다.

유통경로의 설계는 유통경로 구성원의 관점에 따라 달라지지만, 제조업체의 관점에서는 유통경로 설계에 관하여 다음과 같은 결정을 해야 한다. 먼저 최종소비자에게 제품을 전달하기 위해 필요한 기능들을 결정해야 한다. 그리고 직접채널을 이용할 것인지 간접채널을 이용할 것인지를 결정해야 한다. 필요한 기능을 제조업체가 직접 하는 것이 효율적이라고 판단되면 직접채널을 이용해서 고객에게 상품을 판매하고, 만약 필요한 기능을 소매업체나 대리점이 좀 더 효율적으로 수행할 수 있다면 간접채널을 이용한다. 간접채널을 이용할 경우, 필요한 기능을 각 경로 구성원에게 할당해야 한다. 즉, 어떤 유통업태를 통해 제품 판매를 할 것이며 소매업체가 어떤 기능을 실행하도록 할 것인가를 결정해야 한다. 직접채널의 경우에도 온라인이나 카탈로그 등 여러 채널 중에서 어떤 채널을 통해 판매할 것인가를 결정해야 한다. 또한 직접 및 간접 채널을 동시에 이용하는 복수채널multi channel의 사용 여부도 결정해야 한다. 복수채널은 매출액의 증가를 가져올 수 있지만 채널 간의 갈등관리 등 여러 가지 복잡한 문제의 해결이 필요하다는 것을 염두에 두어야 한다.

② 유통경로 설계의 원칙

소매업태와 프랜차이즈 가맹점 등을 이용한 간접채널과 온라인 채널, 카탈로 그 채널 등의 직접채널들은 대면접촉의 정도 여부와 거래당 비용의 두 가지 요 소에 따라 분석할 수 있다. 고객과의 대면접촉의 정도가 높은 하이터치 채널^{high} touch channel은 고객에게 제품에 대한 설명뿐만 아니라 제품의 사용교육 등을 실시하고, 가격 및 애프터서비스 등의 제반 구매조건 등에 대해 협상할 수 있다. 반면에 대면접촉의 정도가 낮은 로우터치 채널^{low touch channel}은 구매자와 판 매자 사이의 직접적인 상호작용이 매우 낮은 정도로 이뤄지므로 주로 표준화된 제품의 판매에 사용된다.

direct sales force는 제조업체의 직원(인센티브를 주 수입원으로 하는 직원이 아닌 월급 및 보험혜택을 받는)이 최종소비자를 대상으로 직접 판매를 실시하는 것이다. 제품에 대한 전문적인 지식을 가지고 제품사용교육 및 가격, 구매 후 서비스에 관한 협상 등의 여러 가지 서비스를 고객에게 제공하므로 대면접촉의 정도가 매 우 높다. 하지만 직원이 상대할 수 있는 고객의 수가 한정되어 있고 상대적으로 높은 임금과 혜택을 제공하는 회사직원을 이용하므로 direct sales force는 비 용이 많이 드는 단점이 있다.

대리점은 프랜차이즈 시스템의 판매 채널로 계약을 맺은 제조업체의 제품만 을 취급한다. 대리점은 여러 회사와 계약이 가능하고 가맹점은 한 회사만을 대표 한다는 차이점을 강조하는 분류가 있긴 하지만, 이 책에서는 통상 대리점과 가맹 점을 한 회사만을 대표하는 한 가지 개념으로 취급한다. 한 제조업체의 제품만 을 취급하고 판매하므로 그 제조업체를 대표하여 소비자를 상대하는 역할을 한 다. 일반 소매업체에 비해 상대적으로 전문적인 지식을 가지고 고객을 상대하며 구매조건에 대한 협상 등의 밀접한 상호작용을 한다. 따라서 비교적 높은 거래당 비용을 초래한다. 자동차 딜러가 자동차판매를 위해 고객과의 관계에서 수행하

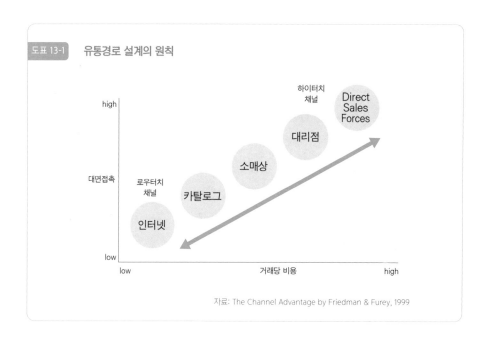

도표 13-1 유통경로 설계의 원칙

자료: The Channel Advantage by Friedman & Furey, 1999

는 역할 등을 고려하면 쉽게 이해할 수 있다.

소매상 채널은 제조업체가 유통업체의 유통망을 이용하여 제품을 판매하는 채널이다. 소매업체는 한 제조업체를 대표하지 않고 여러 제조업체로부터 제품을 구매하여 구색을 형성하고 판매한다. 여러 회사의 제품을 취급하므로 특정 제조업체의 제품에 대한 지식이 대리점이나 direct sales force에 비해 적고, 제품사용교육이나 구매 후 서비스 같은 고객과의 상호작용이 낮은 수준에서 이뤄진다. 이에 따라 거래당 비용이 낮은 장점이 있다.

카탈로그는 제조업체가 소비자에게 카탈로그를 보내고 소비자는 그것을 보고 전화나 메일로 제품을 주문하는 채널이다. 고객과의 상호작용은 주로 전화로 이뤄지므로 대면접촉의 정도가 상당히 낮다. 대신에 거래당 비용이 저렴한 장점이 있다.

인터넷 채널은 제조업체가 온라인 홈페이지를 통해 직접 고객에게 판매하는 채널이다. 고객이 인터넷을 통해 제품을 구매하므로 판매자와 구매자 간의 상호작용은 인터넷상으로 제한된다. 따라서 대면접촉은 구매 후 불만처리 서비스 정도이므로 매우 낮은 정도의 상호작용이 이뤄진다. 사람이 거래에 관여하는 정도가 매우 낮으므로 거래당 비용이 가장 적은 채널이다.

낮은 거래당 비용은 고객에게 낮은 가격을 제공할 수 있는 원천이 된다. 따라서 현재 주력채널이 무엇이든지 간에 되도록이면 고객에게 거래당 비용이 낮은 채널을 이용하도록 유도하는 것이 유통경로 설계의 기본원칙이다. 이는 가장 낮은 거래당 비용을 사용하는 인터넷 채널만을 이용해야 한다는 것은 아니다. 각 채널의 장단점을 고려하여 거래비용이 낮은 채널을 최대한으로 이용하는 것이 중요하다는 것이다.

예를 들어, 카탈로그를 통해 고객의 관심을 획득한 후에 전화로 주문을 접수하기보다는 카탈로그에 온라인 홈페이지 주소를 인쇄하여 고객이 인터넷을 통해 주문을 하도록 유도하는 것이 전화 주문보다는 낮은 비용으로 판매가 가능하다. 고객의 관심을 끄는 고객 확보 기능은 카탈로그가 담당하고, 주문 처리기능은 카탈로그보다 저비용(더 효율적)인 인터넷 채널을 이용하는 것이다(제14장 6절 "복수 유통경로의 통합을 통한 옴니채널의 구축" 참조). 결론적으로, 가능한 한 고객으로 하여금 거래비용이 낮은 채널을 이용하도록 하는 것이 중요하다.

③ 유통경로 설계과정

유통경로 설계과정은 다섯 단계로 이루어져 있다. 첫째, 유통경로 설계에 대한 필요성을 인식한다. 둘째, 유통경로 구성원은 최종소비자를 이해해야 한다. 소비자의 욕구를 파악하여 적절한 유통경로를 설계해야 한다. 셋째, 유통경로 설계에 영향을 미치는 요소들을 구체화한다. 넷째, 유통경로 구조를 개발한다. 다섯째, 유통경로 구성원들을 선택한다. 이 다섯 단계의 유통경로 설계과정을 구체적으로 살펴보자.

단계 1: 유통경로 설계의 필요성 인식

유통경로 설계과정의 첫 단계는 유통경로 설계에 대한 필요성을 인식하는 것이다. 유통경로 구성원은 다음과 같은 여러 경우에 새로운 유통경로를 설계할 필요성을 느낀다.

첫째, 기업이 새로운 제품을 출시했을 때 새로운 유통경로 설계의 필요성을 인식하게 된다. 만약 다른 제품들을 위한 기존의 유통경로들이 신상품에 적합하지 않다면 새로운 유통경로를 설계하거나 기존 유통경로를 수정하는 것이 필요하다. 예를 들어, 주요 제품인 PC시장에서 극심한 경쟁에 시달리던 컴팩(HP와 합병하기 전의 컴팩)은 PC 생산보다 컴퓨터 관련 서비스를 주요 상품으로 추진하겠다고 전략을 수정했다. 재화인 PC와 서비스인 컴퓨터 관련 서비스는 전혀 다른 상품이다. 서비스상품은 서비스를 생산하는 강한 필드서비스 제공자가 필요하기 때문에 능력 있는 서비스에이전트나 직접 서비스망의 구축이 요구된다. 따라서 PC를 팔기 위해 설계한 기존의 간접채널 위주 전략의 수정이 요구되었다.

둘째, 기존의 제품을 새로운 시장에 출시했을 때 역시 유통경로 설계에 대한 필요성을 느끼게 된다. 예를 들어 코카콜라가 중국시장에 진출하고자 결정했을 때, 중국의 유통시스템이 서양만큼 발달하지 못했고 공산주의 정권하의 정부가 소매업에까지 일일이 관여했기 때문에 비효율적인 면이 많았다. 따라서 기존의 유통경로를 이용하기보다는 효과적인 유통경로를 확보하기 위해 코카콜라는 새로운 유통경로를 설계할 필요성을 느끼게 되었다.

셋째, 경쟁자가 도전했을 때 이를 물리치기 위해서도 유통경로를 수정할 필요가 있다. 예를 들어, 1980년대에 우편주문 채널을 통해 델이 PC의 시장점유율을 급속히 늘리자,

이에 대응하여 1990년대에는 IBM 역시 기존 채널에 우편주문 채널을 추가했다.

넷째, 새로운 유통경로가 개발되었을 때 유통경로를 변경할 필요성을 느낀다. 인터넷은 1990년대 중반부터 유통의 한 채널로 등장했고, 한국에서도 온라인 채널은 주요 채널로 각광받고 있다. 온라인 채널은 미국의 음반산업에 많은 영향을 끼쳤는데, 특히 미국 음반업계는 MP3 음악파일의 온라인 유통으로 인한 CD판매량의 저하로 침체를 벗어나지 못하고 있다.

도표 13-2에서 볼 수 있듯이, 2000년의 최고치를 끝으로 CD판매량이 꾸준히 떨어지고 있다. 이는 인터넷을 통해 MP3 파일이 유통되면서 부피가 커서 가지고 다니기 불편하고 비싸다고 인식되는 CD가 고객의 관심에서 점점 멀어지고 있기 때문인 것으로 보인다.

음반업계의 침체는 새로운 유통채널로 등장한 인터넷에 대한 업체들의 소극적인 대응이 가장 큰 원인으로 작용했다. 소니^{Sony}, 워너뮤직$^{Warner\ Music}$, 비벤디 유니버셜$^{Vivendi\ Universal}$ 같은 음반업체들은 인터넷이 음반산업에 미치는 영향

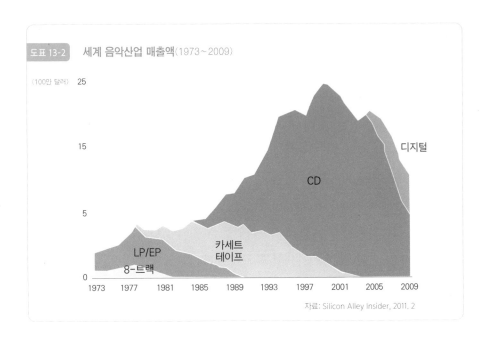

도표 13-2 세계 음악산업 매출액(1973~2009)

(100만 달러)

자료: Silicon Alley Insider, 2011. 2

을 긍정적으로 받아들이고 하나의 채널로서 적극적으로 활용하는 대신에 폐쇄적인 온라인 유통정책을 추진했다.

당시 10달러 정도 하는 CD의 판매는 음반업계의 주요 수입원이었기 때문에 낱개로 파는 MP3 파일을 달갑지 않게 여긴 대형 음반회사들은 편리성이라는 인터넷의 주요 특성을 무시하고 오히려 고객이 사용하기 불편한 인터넷 유통채널을 만들었다. 예를 들어 30일마다 재구매를 해야 하고, 한 번 다운받으면 그 디바이스에서만 음악을 들을 수 있으며, 다른 디바이스로 옮겨 저장하려면 음반회사의 허락을 받거나 다시 돈을 지불해야 하는 매우 비현실적인 정책을 추진했다. 당연히 고객은 대형 음반회사들의 웹사이트를 외면하게 되었고, 결국 MP3 음악 파일의 온라인 채널은 애플의 아이튠스^{iTunes}와 월마트 등이 석권하게 되었다.

어려움에 처한 음반업체들은 서로 인수합병을 통해 위기를 극복하려는 시도를 했으나 MP3 음악파일의 판매주도권을 빼앗긴 상태에서 인수합병은 잠시 위기를 잊게 해주는 임시방편에 불과하다. 음반업계의 MP3 유통사례는 새로운 유통채널이 등장했을 때, 이를 적극적으로 수용하지 않으면 시장에서 도태된다는 것을 극명하게 보여주는 예라 할 수 있다.

마지막으로 유통경로 파트너의 정책변화에 적응하기 위해 유통경로를 변경할 필요성을 느끼게 된다. 예를 들어, 우리나라 대형마트들은 유통업체 브랜드(PB)의 비율을 늘리는 전략을 취하고 있다. 이에 따라 제조업체들이 점점 불리한 상황에 몰리고 있는데, 이에 대응하여 제조업체들이 유통경로 전략을 수정할 필요가 있다. 대형마트의 PB에 대응하여 제조업체 브랜드(NB)를 팔 수 있는 소형 소매체인을 공급경로에 추가한다든지 다른 유통업태(예를 들어 편의점)의 비율을 높여서 유통구조 채널의 변화를 시도할 필요가 있다. 아니면 극단적으로 일부 식품업체처럼 본사 직영온라인몰을 통해서 D2C^{Direct to Conumer}로 소비자에게 직접 판매하는 대안도 고려할 수 있다(제5장 사례 "유통 공룡 안 거치고 직접 판매하는 D2C 시대" 참조).

단계 2: 마켓 특성이 유통경로 설계에 미치는 영향의 고려

경로 구성원들은 유통경로 구조를 설계하기 위해 경로 설계에 영향을 미치는 몇 가지 요인을 고려해야 한다. 이러한 요소들은 최종소비자에 대한 이해, 시장밀도, 시장지리, 시장크기, 소비자의 특성 및 행동, 구매자, 구매센터 등이다.

최종소비자에 대한 이해

마케팅 4P 중 하나인 유통 역시 고객만족을 통해 이익을 추구하기 때문에 최종소비자를 염두에 두고 유통경로를 설계해야 한다. 그러므로 고객의 욕구가 무엇인지를 파악할 필요성이 있으며, 선호하는 유통경로를 파악하고 설계해야 하므로 유통경로와 관련하여 고객을 이해하는 것이 필요하다.

고객을 이해하기 위해서는 먼저 시장을 세분화해야 한다. 시장세분화란 시장을 별개의 마케팅믹스를 요구하는, 서로 다른 특징을 가진 뚜렷이 구별되는 구매자 그룹으로 나누는 것이다. 원래 고객 개개인의 욕구가 각각 다르기 때문에 고객을 만족시켜야 할 판매자는 각각 다른 제품을 고객 개개인에게 제공해야 하지만, 개개인에게 맞춤화된 상품과 유통경로를 제공하는 것은 높은 비용으로 인해 실용성이 없다. 그러므로 판매자는 비슷한 특성과 욕구를 지닌 고객을 묶어 그 고객을 위한 제품과 유통경로를 제시하는 시장세분화를 먼저 시행해야 한다.

시장세분화는 나이, 성별, 연령 같은 인구통계학적 특성을 바탕으로 하는 경우도 있지만, 소비자가 제품의 사용을 통해 얻고자 하는 이익이나 제품의 사용경위 등을 바탕으로 한 행동특성으로도 나눌 수 있다. 예를 들어 PC사용에 있어 게임을 주로 하기 위한 것인가 아니면 인터넷 정보검색을 위해 주로 사용하는가에 따라 PC의 사양과 주요 판매경로가 달라진다. 게임을 위주로 하는 고객이 충분

게임팩과 PC의 연관상품 진열

히 많으면 게임팩을 판매하는 전기전자제품을 전문으로 취급하는 전문점이나 카
테고리 킬러에서 게임팩과 PC를 연관상품 진열cross category merchandising로
판매하는 것도 한 방안이 될 수 있다.

경로 구성원은 고객을 세분화한 후 각각의 세분화된 시장의 매력을 평가하고
진출하고자 하는 표적시장을 선정해야 한다. 표적시장 선정 후, 표적시장이 주로
이용하는 유통채널을 파악하고 이 채널을 통해 제품을 공급해야 한다. 예를 들어
20대를 표적시장으로 선정한 PC제조업체는
20대가 인터넷을 통해 PC를 많이 구매하므로
온라인 채널을 주요 유통경로로 사용해야 한
다. 하지만 주의할 점은 표적시장의 선호채널
이 고정되어 있는 것이 아니라 여러 요소의 작
용으로 바뀔 수 있다는 것이다. 예를 들어, 노
트북 PC의 경우 20대도 직접 보고 구매하려
는 소비자가 많으므로 경로설계에 점포형 소
매업을 위주로 한 간접채널을 설계하는 것이
필요하다.

식빵과 쨈의 연관상품 진열

시장밀도

시장밀도^{market density}란 지리적 영역단위당 구매자의 수를 말한다. 시장밀도가 높으면 운송, 창고, 협상 같은 몇몇의 기본적인 유통과업들을 효율적으로 촉진할 수 있다. 시장밀도가 높으면 한정된 유통시설을 이용해 많은 고객을 상대할 수 있기 때문에 소매에 관련된 비용이 적다. 그러므로 시장밀도가 높은 지역에서는 제조업체가 유통기능을 직접 실행하더라도 밀도가 낮은 지역에서의 직접유통보다 비용 면에서 훨씬 효율적일 수 있다.

시장밀도가 높은 지역에서는 제조업체가 소매기능의 수직통합을 통해 효율적인 유통망을 구축할 가능성이 높지만, 소매업은 소비자를 위한 상품 구색을 갖추고 대량으로 제품을 구매하여 소비자가 필요한 양만 소량으로 구매할 수 있도록 하는 기능을 제공한다. 또한 소매상으로서 고객 확보 및 고객응대 등 여러 가지 독특한 업무들이 있다. 따라서 낮은 비용으로 많은 고객에게 접근할 수 있는 높은 시장밀도라는 이유 하나만으로 소매업의 수직통합을 정당화할 수는 없다.

시장지리

시장지리^{market geography}는 생산자로부터 소비자까지의 물리적인 거리 차이로 정의된다. 지리와 관련한 유통의 기본적인 과업은 어떻게 하면 적절하게 시장을 커버할 것인가 하는 점이다. 제조업체와 목표시장 간의 거리가 멀수록 직접적인 유통경로에 비해 유통업체의 이용이 더 효율적일 확률이 높다. 생산자가 담당할 마켓의 거리가 길수록 운송과 창고 등의 로지스틱스와 관련된 비용이 많아지므로

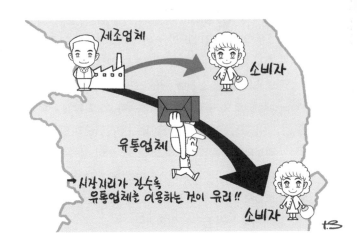

이와 관련하여 특화된 기능을 하는 유통업체를 이용하는 것이 유리하다.

목표고객이 제품 구매를 위해 장거리도 감내하는가 아니면 단거리를 선호하는가에 관한 것도 고려해야 할 중요한 요소다. 목표고객의 다수가 단거리를 선호할 때에는 장거리/단거리의 거리편의성이 목표고객의 만족도에 미치는 영향이 커진다. 편의점과 창고형 클럽은 고객의 거리편의성이 중요한 영향을 미치는 유통업태들이다(2장 점포형 소매업 참조).

 사례

월마트 매장에서 델 PC관리까지, 이마트 매장에서 팬택서비스

세계 최대의 유통업체 월마트와 세계 2위의 PC제조업체 델이 손을 잡고 전자제품 유통경로의 변화를 시도한다. 두 회사는 미국 텍사스 주 댈러스 시 안에 있는 15개의 월마트 매장에 PC 설치와 수리 등을 받을 수 있는 서비스센터를 오픈하기로 했다. '솔루션 스테이션스'라 명명된 이 코너는 델이 운영을 맡아 PC용 소프트웨어 설치와 사후관리 등 각종 기술 관련 서비스를 담당할 예정이다.

판매에서부터 AS까지 '원스톱'

두 회사가 그리고 있는 비즈니스 모델은 고객이 원하는 것을 구매에서부터 사후관리까지 즉각 해결한다는 것이다. 월마트 매장을 방문하여 PC를 구매한 고객이 그 자리에서 필요한 소프트웨어를 설치해 가정으로 직접 갖고 간다. 문제가 생기면 고객이 직접 인근의 월마트 매장으로 가져와 각종 기술지원과 AS를 받게 된다.

이 같은 모델은 월마트에는 PC판매량의 증대와 관련 수익을, 델에는 오프라인 고객접점 확보와 사후관리비용 축소 등 윈-윈이 될 수 있다는 판단이다. 미국 2위의 전자전문 유통업체 서킷시티의 경우, 지난해에만도 전자제품 설치 등과 관련한 매출이 2억 6,900만 달러, 보증수리와 관련한 매출은 전체 매출의 7%나 되는 8억 2,500만 달러에 달한다. 사후관리가 바로 돈이 된다는 방증이다.

두 회사가 이 같은 협력모델을 구축한 데는 또 다른 노림수가 있다. 지난해 초저가 평판TV를 내세워 전자유통에서 크게 재미를 본 월마트는 그 성과를 배가하기 위해 대상품목을 PC로 확대하겠다는 전략이다. 또 '숍 인숍Shop In Shop(매장 내 매장)' 개념으로 휴대폰 등을 판매하고

개통하는 코너도 대폭 확충할 계획이다.

델 역시 이처럼 좋은 파트너는 없다. 온라인 주문제작방식에서 오프라인 판매로 유통전략을 급선회한 만큼 최대 유통업체인 월마트와 손을 잡으면 삽시간에 고객접점을 만들 수 있다는 판단이다. 월마트는 이를 통해 베스트바이·서킷시티 등 전자유통 전문업체들을 제치고 이 분야에서도 최고의 자리를 차지하겠다는 목표다. 델은 유통망의 한계로 HP에게 빼앗긴 PC시장의 주도권을 탈환하겠다는 희망을 품고 있다. 이 때문에 현지에서는 두 회사가 이번 초기 협력 프로젝트에서 성공하면 서비스 관련 합작사를 세울 것이라는 관측도 나온다.

우리나라의 팬택 역시 델과 유사한 전략을 취했던 적이 있다. 팬택은 연말까지 김포공항점 외 이마트 14개 지점에 서비스센터를 입주시켰다. 팬택은 품질은 업계 최고 수준으로 올려놨지만 사후 서비스(AS)센터가 약 80여 곳으로 삼성전자나 LG전자보다 크게 적어 판매량 확대에 애를 먹어왔다. 따라서 팬택은 이마트와의 협업을 통해 서비스에 대한 취약점을 상당 부분 보완할 수 있을 것이라고 기대했던 것이다.

더 나아가 팬택은 제품 성능에 비해 서비스가 약한 단점을 이마트 서비스센터를 통해 보완하면 판매량 확대로도 이어질 것으로 기대했다. 이마트에 팬택 서비스센터가 설치됨에 따라 팬택 소비자는 휴대전화 수리를 맡기고 기다리는 시간에 쇼핑과 문화생활을 즐길 수 있어 양사가 서로 보완관계가 될 것을 노렸던 것이다.

〈Walmart.com〉 2019, 〈경향신문〉 2013/10/13, 〈전자신문〉 2008/7/19 기사 편집

시장크기

시장크기^{market size}는 시장을 구성하는 소비자의 수에 의해 결정된다. 만약 제조업체가 직접채널에 의해 담당할 시장의 크기가 크다면, 많은 수의 개별 소비자와 직접 접촉해야 한다. 따라서 거래의 횟수가 많아져 비용의 증가가 발생한다. 이 경우에는 높은 거래비용 때문에 유통업체를 이용하는 것이 더 유리하다(1장 제2절 4. 거래횟수의 감소 참조).

시장이 작은 경우에는 고객의 수가 많지 않아 직접채널에 의한 제품 공급도 하나의 대안이 된다. 시장이 작고 시장밀도가 높은 경우에는 소수의 목표고객이 제한된 지역에 몰려 거주하므로 프랜차이즈 가맹점이나 본사 직영점포도 가능하다. 예를 들어, 최고급 외제 자동차의 경우 고객들의 수는 많지 않고 서울과 부산 등지에 목표고객들이 위치하는 경향이 많으므로 본사 직영의 소수 점포로 고객을 응대할 수 있을 것으로 보인다. 반면 시장이 작고 시장밀도가 낮은 경우에는 직접채널 중에서도 인터넷 채널이나 우편주문 채널이 적절한 경로가 된다.

소비자의 특성 및 행동

경로 구성원들은 유통경로를 설계하기 위해 최종소비자에게 도달할 수 있는 가장 효율적이고 효과적인 방법을 결정해야 한다. 소비자는 각자의 특성에 따라 다양한 방법을 통해 제품을 구매한다. 개개의 소비자는 언제, 어디서 그리고 무엇을 구매하는지에 대한 서로 다른 유통경로에 대한 선호를 가진다. 소비자의 다양한 욕구 및 특성으로 인해 여러

다양한 최종소비자

가지 요소를 동시에 고려한 유통경로의 설계가 요구된다.

최종소비자가 언제 구매할 것인가 하는 것은 중요한 문제다. 구매주기(매일, 매주, 계절별 등)에 따라 구매하는 장소도 달라지기 때문이다. 매일 구매하는 제품은 편의점이나 슈퍼마켓을 이용하고, 매주 구매하는 제품은 창고형 클럽이나 대형마트를 이용하며, 계절에 따라서는 아울렛을 이용하는 경향이 있다.

소비자가 어떤 채널에서 구매할 것인가도 유통경로 설계에 있어 중요한 문제다. 소비자가 구매를 결정하기 위해 선택하는 채널을 중심으로 유통경로를 설계해야 한다. 예를 들어, 주요 소비자의 식료품 구매 장소가 대형마트인지 아니면 동네슈퍼마켓인지를 파악하는 것이 식료품제조회사의 유통경로 설계에 도움이된다.

최종소비자의 상품규모에 대한 요구 역시 유통경로 설계에 영향을 미치는 요소다. 대량단위의 상품을 구매하도록 요구받는다면 저장공간이 부족한 고객은 보통 불편을 느낀다. 하지만 소량단위의 제품 구매보다 낮은 가격에 구매할 수 있는 장점이 있기 때문에 상대적으로 저장공간이 풍부한 고객은 대량구매를 선호한다. 따라서 목표고객의 구매량에 대한 선호도의 측정은 적절한 유통채널의 선정에 영향을 준다.

최종소비자의 대기시간, 즉 소비자가 제품을 주문하고 그 제품을 획득하기까지 걸리는 시간 역시 유통경로 설계에 중요한 요소다. 보통 대기시간이 길수록 소비자는 불편함을 느끼게 된다. 하지만 대기시간이 길더라도 저렴한 가격으로 제품을 구입하고자 하는 목표고객이 많을 경우, 인터넷 채널이나 우편주문 채널 같은 무점포형 소매업체를 통한 경로설계가 적절하다.

최종소비자의 특징 역시 유통경로 설계에 영향을 미친다. 예를 들어 한국 소비자와 비교할 때 일본 소비자는 현금을 선호하고 신용카드 사용을 회피하는 경향이 있다. 따라서 한국에서는 신용카드에 의존한 인터넷 유통경로 설계가 대부분이지만, 일본에서는 신용카드 사용을 전제로 한 인터넷 유통경로 설계는 바람직하지 않다.

구매자(누가 실제로 구매하는가?)

기업의 제품을 누가 구매하는가에 관한 문제도 유통경로 설계에 영향을 미친다. 주요 구매자가 개인인 소비재시장은 실제 구매자의 특성이 유통경로 설계에 많은 영향을 미친다. 일반적으로 여성은 남성보다 백화점을 더 선호하며, 많은 경우에 남성들이 사용하는 물건(가령 남성복)이 아내에 의해 구매되는 것으로 나타난다. 따라서 이 경우에는 남성복 판매경로를 남자들의 선호채널이 아닌, 여자들의 선호채널을 중심으로 설계하는 것을 고려해야 한다.

유통경로에서 이뤄지는 기업 간 판매도 개인소비자 판매와 마찬가지로 구매회사에 대한 이해를 바탕으로 하고 있다. 구매회사가 저가를 선호하는지, 더 나은 서비스지원을 선호하는지, 아니면 좋은 품질을 중요시하는지에 관한 파악이 무엇보다 선행되어야 한다. 구매회사가 중요시하는 요소를 중심으로 유통경로를 설계하여 구매회사의 만족도를 높이도록 해야 한다. 예를 들어, 빠른 서비스지원을 선호할 경우에는 비용이 추가되지만 서비스기능을 실행할 수 있는 촘촘한 딜러망을 구축하도록 경로구조를 설계해야 한다. 반면에 가격을 중시하는 경우에는 인터넷 채널을 통한 주문을 유도하는 경로구조를 설계해야 한다(박스 사례 "볼보 GM Heavy Truck Corporation 표적시장 만족전략" 참조).

사례

볼보 GM Heavy Truck Corporation의 표적시장 만족전략

표적시장의 만족은 경로 구성원의 유통경로 설계에 가장 중요한 목표 중 하나다. 볼보 Volvo GM의 딜러들은 경쟁업체에 비해 점점 시장점유율을 잃고 있었다. 그 주된 이유는 딜러나 근처 재고창고에 부품이 없어out of stock 주요 고객인 트럭운전자가 필요로 하는 부품을 제때 공급하지 못한 것이다.

매일 트럭을 운전해야 하는 고객으로서는 부품을 제때 구하지 못해 운행하지 못하는 것은 큰 문제이기 때문에 비용이 높게 들더라도 제때에 부품을 공급받고 차를 고치는 것이 중요했다. 하지만 각 딜러들은 부품에 대한 수요를 정확하게 예측하지 못해 부품을 제때 공급하지 못했다.

볼보 GM은 철저한 시장조사를 통해 표적시장의 요구를 이해하기 시작했다. 볼보 GM은 고객이 두 가지 상황에서 부품을 필요로 한다는 것을 발견했다. 첫 번째 상황은 소모품의 교체 같은 정규적인 정비다. 정규적인 정비에 필요한 부품은 수요변화가 크지 않아서 볼보 GM의 유통망이 잘 대처하고 있었다. 문제는 사고로 인해 급히 부품이 필요한 두 번째 상황이다. 신속한 수리를 필요로 하는 수요에 대해서는 볼보 GM의 유통망이 수요예측을 정확히 할 수 없어 적절히 대응하지 못하고 있었다.

신속수리를 원하는 고객은 적시에 수리를 받는 것을 중요시하고 비용에 대해 크게 염려하지 않고 있었다. 볼보 GM은 택배회사인 페덱스^{FedEx}와 계약을 맺은 후 페덱스의 본부가 있는 테네시 주 멤피스에 창고를 짓고 모든 부품을 창고에 재고로 남겨두었다. 그리하여 딜러가 급히 어떤 부품을 원하면 페덱스가 창고의 부품을 꺼내 자체의 항공 및 지상 택배망을 이용하여 당일에 배달하는 시스템을 구축했다.

볼보 GM의 사례는 표적시장인 트럭운전자들의 욕구를 파악하고 이를 만족시키기 위해 택배 전문업체의 배달 및 창고관리의 전문성을 이용하여 독특한 유통망을 구축한 사례다.

Coughlan et al.(2012), *Marketing Channels*

구매센터

일반 소비자시장과 달리 구매회사는 사용자, 영향력을 미치는 자, 의사결정자, 구매자 등 다양한 사람들이 속해 있는 집단에 의해 영향을 받는다. 소비자의 구매활동은 소비자 한 사람의 행동으로 나타나지만, 기업의 구매활동은 구매센터 buying center라고 하는 다양한 사람들이 속해 있는 집단 내의 상호작용에 의해 나타난다.

구매회사에 구매부서, 제품품질비교부서 그리고 사용부서가 각각 따로 있는 경우, 이 모든 부서가 제품의 구매 결정에 관여하게 된다. 예를 들어 항공사가 비행기를 구매할 때, 사용자인 비행사, 영향력을 끼치는 정비공, 결정권자인 CEO, 구매자인 구매부서 팀장들이 개입하게 된다. 즉, 구매센터 구성원들의 다양한 역학관계 및 상호작용에 따라 구매를 결정하는 데 영향을 받는다.

구매센터의 참여자들은 각각의 역할에 맞는 기대치를 가지고 있다. 예를 들어 구매타당성을 검토할 때의 구매부서는 안정적이고 정확한 배송에 큰 관심을 가지고 있다. 이 경우, 경로설계는 배송 및 재고 관리에 전문성을 지닌 3자 물류회사를 부가회사로 경로에 추가하여 설계하는 것도 고려할 수 있다. 결론적으로, 구매센터 구성원들의 역할에 따른 욕구를 고려하여 유통경로를 설계해야 한다.

구매센터의 구성원들이 구매에 개입

단계 3: 상품의 특성 및 환경이 유통경로 설계에 미치는 영향

상품의 영향

❶ 상품형태: 유통경로 설계에 영향을 미치는 상품유형을 살펴보도록 하자. 전

문품은 소비자가 시간과 비용을 들여 구매하는 상품으로, 보통 매우 비싼 가격의 프리미엄브랜드를 지칭한다. 전문품 브랜드는 그 자체의 독특한 가치가 있으므로 고객은 보통 다른 브랜드와 비교하지 않는다. 고가의 상품이므로 소비자는 판매자가 특별한 서비스를 해주기를 바라고, 따라서 소비자와 판매자 사이의 상호작용이 많다. 예를 들어 고급승용차의 경우 시승식은 물론 고장수리 시 대체차량을 제공하는 서비스를 제공한다.

도표 13-3 상품의 형태와 유통채널

	전문점	선매품	편의점
제품	자동차, 귀금속	가전제품	치약, 세제
채널특성	대면채널 선호(강) 제조사 유통망 전속적(exclusive) 유통	대면채널 선호(중) 카테고리 킬러 선택적(selective) 유통	대면채널 선호(약) 유통업체의 유통망 집중적(intensive) 유통

전문품은 대체로 고가이므로 고객의 수가 한정되어 있어 일정 지역에 하나의 소매업체만을 통해 제품을 공급한다. 하나의 소매업체가 일정 지역에서 독점적 (혹은 배타적)인 판매권을 가지고 판매하는 것을 '전속적 유통'이라 한다(제13장 경로 커버리지 전략 참조). 소매업체는 고급 프리미엄브랜드의 특성과 서비스를 제공할 수 있는 능력을 지녀야 한다. 고객의 수가 소수이므로 제조업체가 직접 소매점을 직영하며 판매를 하기도 한다.

선매품은 고객이 시간과 비용을 들여 브랜드를 비교하여 구매하는 상품으로, 비교 시 판매자의 도움을 얻기도 하므로 고객은 대면채널을 선호한다. 따라서 판매자와 구매자 사이에 어느 정도의 상호작용이 있는데, 주로 가전제품이 이에 해당한다. 선매품은 전문품보다 저가격인 경우가 많다.

선매품은 브랜드의 포지셔닝과 부합하는 소매업체를 통해 판매하므로 적절한 소매업체를 선정하여 상품을 공급하는 선택적 유통경로 전략을 사용한다. 선택적 유통은 소수의 소매업체를 선택하여 제한된 판매망을 활용하는 전략이다. 예를 들어, 삼성전자는 미국에서 전자전기제품 전문소매업체(카테고리 킬러)인 베스트바이를 통해 고급 LED TV를 공급하고 있다. 삼성전자가 이 같은 전략을 사용하는 이유는 프리미엄브랜드 이미지와 고급브랜드 공급업체로 포지셔닝을 하고 있는 베스트바이의 이미지가 서로 어울리기 때문이다.

편의품은 치약, 칫솔과 같이 소비자가 자주 구매하는 상품으로 구매에 시간과 비용을 들이지 않는다. 습관적으로 구매하는 상품이므로 구매 시 다른 브랜드와 비교하지 않고 판매자의 도움도 거의 받지 않는다.

편의품은 되도록이면 고객과의 접촉점을 늘려 많은 고객에게 판매하기 위한 상품이므로 집중적 유통경로 전략을 사용한다. 집중적 유통은 상품을 가능한 한 많은 소매업체들을 통해 고객에게 공급하는 유통방법이다. 따라서 대형마트나 슈퍼체인처럼 대형 유통업체의 유통망을 통해 공급하여 고객이 어디에서든지 쉽게 구매하게 하고 있다. 예를 들어, 치약과 칫솔은 대형마트나 슈퍼마켓뿐만 아니라 편의점과 창고형 클럽을 통해서도 쉽게 구매할 수 있어 집중적 유통을 하는 대표적인 상품이다.

❷ **제품수명주기**^{product life cycle} : 제품수명주기는 시간의 경과에 따라 제품의 매출과 이익이 어떻게 변화하는가를 보여준다. 유통경로 전략은 제품수명주기의 각 단계에 따라서도 달라진다. 제품수명주기이론에 따른 각 단계에 적절한 유통경로는 비용과 대면접촉 정도를 이용한 유통경로 설계원칙(도표 13-1)을 이용해서 설계할 수 있다.

도입기에는 조기수용자^{early adopter}나 위험수용자^{risk taker}만이 구매를 하므로 고객층이 매우 낮다. 또한 신제품이므로 고객이 잘 알지 못하여 사용법 및 특성에 대한 교육 및 애프터서비스가 필요하다. 따라서 적은 수의 고객에 대한 많

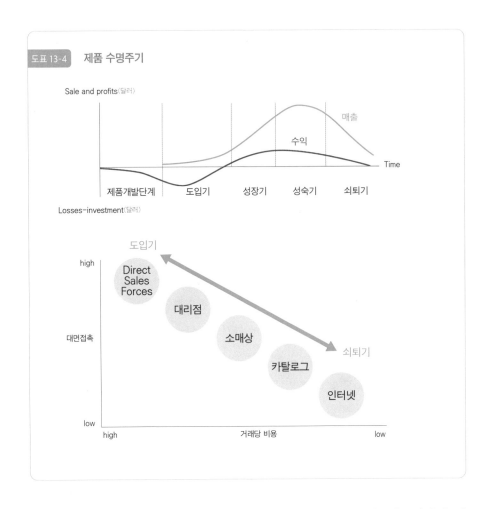

도표 13-4 제품 수명주기

Sale and profits(달러)

매출

수익

Time

제품개발단계　도입기　성장기　성숙기　쇠퇴기

Losses-investment(달러)

도입기

high

Direct Sales Forces

대리점

소매상

대면접촉

카탈로그

쇠퇴기

인터넷

low

high　　　　　거래당 비용　　　　　low

은 서비스를 요구하므로 유통업체의 유통망은 사용하기 힘들다. 제조업체의 직원은 제품에 대해 잘 알고 있어 높은 수준의 교육이 가능하며, 고객의 수가 많지 않으므로 고객당 충분한 서비스를 제공할 수 있다. 그러므로 제조업체가 직접 판매하는 direct sales force나 특정 제조업체의 제품만 취급하는 대리점 등이 도입기 제품의 주요 유통경로로 이용될 수 있다.

성장기에는 다수의 조기수용자가 본격적으로 제품을 구매하므로 직접 판매 이외의 유통경로를 추가해야 한다. 아직 신제품이므로 고객이 제품을 잘 알지 못해 사용법 및 특성에 대한 교육이 필요하다. 따라서 이 제품을 잘 알고 교육시킬 수 있는 세일즈 에이전트나 프랜차이즈 가맹점(대리점)이 하나의 대안이 될 수 있다.

성장기에는 제조업체의 전략에 따라 다른 유통경로 전략을 쓸 필요도 있다. 목표가 매출액이나 시장점유율을 올리는 경우에는 되도록 많은 채널을 사용하도록 노력해야 한다. 반면에 목표가 최대로 이익을 올리는 경우에는 수요와 공급이 일치하는 포인트에서 가격을 선정한다. 이렇게 선정된 가격은 제한된 고객층만이 감당할 수 있으므로 고객층에 적합한 유통업태와 업체의 선정, 즉 선택적 유통이 중요하다.

성숙기에는 후기다수자$^{late\ majority}$가 구매를 시작하여 대부분의 고객이 상품을 구매한다. 제조업체로서는 다수 고객에게 제품을 공급하기 위해 고객과의 접점을 최대한으로 늘릴 필요가 있다. 그러므로 대형마트나 백화점 등 유통업체의 유통망에 의한 집중적 유통을 이용하여 제품을 판매하는 것이 적절하다.

쇠퇴기는 고객이 이탈하기 시작하는 시기이므로 고객층이 현저히 줄어든다. 이 시기에는 비용이 소모되는 활동(예를 들어, 제품디자인 변경)은 되도록이면 지양하고 모든 측면에서 비용을 줄이는 노력이 필요하다. 유통과 관련된 비용 역시 절약할 필요가 있다. 따라서 상대적으로 적은 비용이 드는 인터넷, 카탈로그 같은 유통경로를 통한 판매가 선호된다.

제품수명주기이론의 각 단계의 적절한 유통경로는 비용과 대면접촉 정도를 이용한 적절한 경로설계의 각 단계와 반드시 일치하지는 않는다. 하지만 단계를 거쳐 갈수록 거래비용이 적은 채널을 이용해야 한다는 주요 원칙은 일관적으로 적용된다.

❸ 상품의 특징: 상품의 특징도 유통경로 설계에 영향을 미치는 요소다. 따라서 유통경로 설계는 상품의 특징에 따라 달라져야 한다. 여러 가지 상품의 특징 중에서 경로설계에 영향을 미치는 요소는 기술성, 맞춤화 정도, 기술, 크기/무게 등이다.

기술적으로 복잡한 상품은 기술적 서비스를 요구하거나 상품에 대해 잘 아는

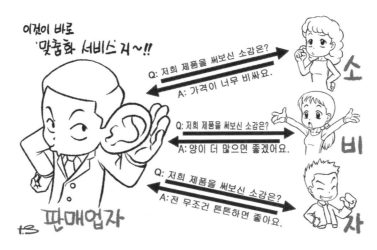

이것이 바로
'맞춤화 서비스지~!!'

Q: 저희 제품을 써보신 소감은?
A: 가격이 너무 비싸요.

Q: 저희 제품을 써보신 소감은?
A: 양이 더 많으면 좋겠어요.

Q: 저희 제품을 써보신 소감은?
A: 전 무조건 튼튼하면 좋아요.

판매업자

소
비
자

맞춤화된 상품을 위한 고객과 판매자 사이의 많은 상호작용

판매원을 필요로 하므로 직접유통경로를 사용하거나 제조업자가 요구하는 조건 들을 충족시킬 수 있는 능력 있는 대리점을 통해 판매하는 것이 바람직하다. 애 플의 경우 2010년 기준으로 317개의 매장을 가지고 있다. 또한 2009년부터 2010년까지 총 1만 2,000명을 채용했는데, 이 중 1만 명이 애플 매장에서 근무 하며 고객에게 수준 높은 서비스를 제공하고 있다.

개별 고객을 위해 '맞춤화된 상품'을 제공할 때에는 제품사양이라든지 맞춤화 된 서비스에 대한 논의 등 고객과 판매자 사이의 많은 상호작용이 있어야 한다. 그러므로 대면접촉이 많은 채널의 이용이 바람직하며, 따라서 제조업체가 직접 유통경로를 통해 서비스를 제공하는 것이 좋다. 예를 들어 맞춤화된 제품의 판매 가 많은 산업재는 대개 제조업체가 고객사에 직접 제품을 제공하고 향후 서비스 를 책임지고 있다.

신기술을 이용한 신제품일수록 공격적인 촉진을 통해 제품을 알리고 수요를 촉진할 필요가 있다. 제품수명주기이론에 의하면 신제품은 제품에 대한 수요가 많지 않은 도입기에 속한 상품이다. 따라서 간접채널을 이용할 경우, 판매량이 한정되어 있으므로 유통경로에 참여한 모든 구성원들로부터 공격적인 촉진을 얻기가 쉽지 않다. 신제품에 대한 기술적 지원이 많아야 하고 해당 제품에 대해 잘 알고 있는 직접유통경로가 바람직하다고 할 수 있다.

제품의 크기와 무게에 따라서도 유통경로 설계가 달라져야 한다. 무겁고 부피가 커서 다루기 힘든 제품들은 유통경로가 길수록 취급관련 비용이 증가하므로 일반적으로 짧은 유통경로를 통해 판매된다. 또한 깨지기 쉬운 제품인 경우에도 취급에 따르는 비용을 감소시키기 위해 제품의 거래횟수를 최소화하는 유통경로를 사용하는 것이 바람직하다.

환경이 유통경로 설계에 미치는 영향

유통경로를 설계하기 전에 법적 환경과 정보기술환경을 모두 고려해야 한다. 법적 환경은 경로 구성원들의 선택의 여지 없이 적응해야 하는 데 반해, 정보기술환경은 경로 구성원들이 적절히 이용할 수 있는 자원을 제공한다.

❶ **법적 환경**: 법적 환경은 유통경로 설계에 절대적으로 영향을 미친다. 이와 관련한 적절한 예가 술의 주^{state} 간 거래와 관련된 법에 따라 유통경로 설계에 많은 변화를 겪었던 미국의 와인산업이다. 미국 법 규정에 따르면, 미국 주정부는 주류에 대한 법을 규정할 권리가 있다. 뉴욕, 미시간 등의 몇몇 주들은 다른 주의 와인제조업체가 자기 주의 소비자에게 직접 와인을 판매할 권리를 허용하지 않았다. 따라서 캘리포니아 와인제조업체들은 뉴욕 주의 주류도매허가증을 가지고 있는 도매업체를 통해서만 뉴욕의 소비자에게 판매할 수 있었다.

그러나 주와 주 간의 거래에 관한 규정은 연방정부의 관할이었고 연방정부법은 주와 주 간의 상품교역에 대해 소비자 직접 판매를 허용하고 있어서 연방정부법과 주법 사이에서 갈등이 발생했다. 이에 따라 직접 판매를 원했던 캘리포니아 와인제조업체는 연방대법원에 소송을 했고, 이 소송에서 승리했다. 이 소송결과는 이들의 유통경로 설계변경에 결정적인 영향을 미쳤다(박스 사례 "온라인 와인 채널: 법적 투쟁" 참조).

화장품제조업체인 에이본은 미국에서 독특한 다단계판매로 유명하다. 그러나 에이본이 중국시장에 처음 진출했을 때, 중국 정부는 에이본이 화장품을 판매하기 위해 하위유통업자^sub-distributor를 고용하는 것을 허용하지 않았다. 중국에서는 1998년 피라미드 사기 문제로 피라미드 판매가 불법화되면서 직접 판매도 함께 금지됐기 때문이다. 따라서 에이본은 점포형 상점을 통해 상품을 팔아야 했다. 하지만 중국 상무부는 세계무역기구(WTO) 가입 시 약속한 유통시장 개방 일정에 따라 2005년 12월 피라미드 판매는 계속 금지하는 대신 직접 판매를 허용하는 '직접 판매관리조례'를 발효시켰다. 이에 따라 에이본은 2006년부터 직접 판매(방문판매) 허가권을 획득하여 방문판매를 실시했다. 법규정은 이처럼 유통경로 설계 및 구조에 많은 영향을 미친다.

❷ **정보기술환경**: 정보기술의 도입은 효율적 재고 관리에 의한 경쟁우위 확보에 기여했다. 재고 관리는 제조업체만의 문제가 아니라 경로 전체 차원에서 관리되어야 할 경로기능이므로 경로 구성원 간의 효율적인 소통이 매우 중요하다. 즉, 제조업자와 유통업체들이 상호 간에 다른 경로 구성원들의 재고량과 저장장소의 변동에 대해 알고 있을 때만이 재고 문제를 잘 통제할 수 있다.

정보기술을 이용한 재고 관리는 제조업체의 생산계획과 유통업체의 구매계획에 도움을 줌으로써 고객의 대기시간을 단축하고 재고량을 감소시키는 데 기여한다. 예를 들어, POS(Point of Sale: 판매시점에 즉각적으로 판매 자료를 수집·처리하여 경영활동에 이용하는 시스템), 전자정보교환(EDI) 같은 IT를 기반으로 하는 발달한 커뮤니케이션을 통해 좀 더 효율적인 유통경로를 구축할 수 있다.

또한 네이버나 11번가 같은 오픈마켓에서 소규모로 온라인 판매를 하는 seller들이 손쉽게 제품을 관리하고 판매할 수 있는 쇼핑몰 통합관리 솔루션^Selling Tools 등의 발달은 온라인 판매의 진입장벽을 낮춰주어 온라인 채널의 발전을 촉진하게 하고 있다. 이러한 쇼핑몰 관리 솔루션은 제품의 가격 및 판매량 등의 정보축적이 가능하게 되어 제조사들의 유통경로관리에 도움이 될 수 있다.

온라인 와인 채널: 법적 투쟁

온라인 채널이 활성화된 이후에 캘리포니아의 소규모 와인제조업체들은 온라인 판매의 제약을 겪어야만 했다. 와인제조업체들은 미국 여러 주의 술에 관한 법률 때문에 거의 국가 절반에 가까운 곳에 와인의 직접 판매를 할 수 없었다. 예를 들어, 미시간은 다른 주의 포도주 양조장에서 직접적으로 소비자에게 판매하는 것을 금지하는 11개 주 중 하나다. 반면에 미시간 주에 위치한 와인제조업체들의 직접 판매는 허용하고 있다. 와인제조업체들은 이러한 법 시행이 불합리하다고 불평하며 미시간 법원에 소송을 제기했다.

원고인 와인제조업체들은 "헌법이 주가 아닌, 연방정부에 주 간의 거래를 규제하는 권리를 부여한다"고 주장한 반면, 피고인 주들은 1933년의 미국 헌법 수정 21조의 예를 들며 주에 알코올 판매의 절대적인 권리를 주어야 함을 주장했다.

1933년 이전에는 소비자에게 직접 와인을 판매하는 주는 거의 없었다. 그러나 1933년 이후부터 지역적인 와인 비즈니스가 확산되고, 이 11개 주는 내부의 양조장에 호의적인 법을 만들었다. 한 연구결과에 의하면 온라인을 통한 와인의 직접 판매는 소비자의 이익을 증진시키는 것으로 나타난다고 한다. 가장 큰 이유 중 하나는 가격이다. 온라인 와인판매업자는 오프라인 상점보다 8~21% 저렴한 가격을 제공한다. 또 다른 이익은 선택권에 있다. 미국에는 3,700개의 양조장이 있지만, 제일 좋은 제품은 소비자의 손에 닿을 수 없다. 왜냐하면 전통

적인 도매업자들은 작은 규모의 포도원과는 거래하기 어렵기 때문이다.

다른 한편으로, 직접거래를 경계하는 이유가 존재한다. 몇몇 주와 주류도매업자들은 주 간의 거래경계를 허무는 것이 상인들에게 있어 판매와 관련된 세금을 회피하기 쉬워질 것이라고 주장한다. 실제로 온라인 책, 차의 판매에서 볼 수 있는 것과 같이, 다른 주에서의 판매허용으로 인한 세금징수는 어려움을 겪고 있다. 따라서 세수의 감소를 염려하는 주들과 자신들을 거치지 않고 판매되는 와인으로 인한 매출의 감소를 우려하는 주류도매업체의 주장이 몇몇 주에서는 강하게 반영되고 있었다.

하지만 대법원은 최종적으로 미시간을 비롯한 몇몇 주에서 실시하고 있는 와인의 직접 판매금지는 불법이라고 판시하여 캘리포니아의 소규모 와인제조업체들의 손을 들어주었다. 이로써 주 간의 온라인 와인판매는 미국의 어디에서나 허용되게 되었다.

〈Wall Street Journal〉 2005/5/17, 〈Businessweek〉 2004/11/29 기사 편집

단계 4: 유통경로 구조 개발

경로 커버리지 전략

유통경로 구성원은 유통경로의 목표를 달성하기 위해 어떤 유통업태를 이용하고, 얼마나 많은 유통업체의 점포들이 필요하며, 각 유통업체는 어느 정도의 경로서비스를 제공해야 할지를 결정해야 한다. 이때 경로 커버리지 전략에 대한 결정이 필요한데, 경로 커버리지 전략은 특정 지역에서 자사제품을 취급하는 점포의 수를 말한다.

제조업자가 선택할 수 있는 경로 커버리지 전략에는 전속적 유통, 선택적 유통, 집중적 유통이 있다.

❶ 전속적 유통: 전속적 유통exclusive distribution은 어떤 지역에서 제품의 판매에 가장 적합하다고 판단되어 독점적인 권리를 갖는 단 하나의 유통업체만을 이용하여 제품을 판매하는 전략이다. 기업이 이러한 유형의 시장 커버리지 전략을

채택하는 이유는 유통경로 구성원에 대한 통제가 용이하기 때문이다. 따라서 이 전략은 고급 가구 같은 전문품에 적합하다.

소매상이 독점적 판매 권한을 가질수록 소매상 간의 브랜드 내 경쟁intra brand competition이 줄어들고, 대신에 해당 브랜드에 대한 판매노력이 증가하므로 브랜드 간 경쟁 interbrand competition이 증가하게 된다. 소매업체

끼리의 브랜드 간 경쟁의 증가는 다른 제조업체의 브랜드와 경쟁하는 제조업체에 우호적인 환경으로 작용한다.

전속적 유통은 소매상과 제조업체가 친밀한 관계를 갖도록 한다. 일정 지역에 독점적인 판매권리를 부여했으므로 소매상은 제조업체에 우호적이며 제조업체 역시 독점소매상만을 통해 매출이 이뤄지므로 한정된 자원을 집중하여 지원할 수 있다. 또한 제조업체도 브랜드 간 경쟁에 따른 이점을 누릴 수 있다. 따라서 전속적 유통은 제조업자와 유통업자 간의 유대를 강화시킬 수 있는 여건을 제공하고 있다.

기업 간 유통경로 관리에 대한 대부분의 문헌은 제조업체와 유통경로 구성원들 간의 친밀한 관계개발의 필요성을 인정하고 있다. 위에서 언급했듯이 이러한 친밀감은 유통집약도와 관련되어 있는데, 집약도가 제조업체와 경로 구성원들 간의 구축해야 할 관계의 친밀도를 결정하는 유일한 요소는 아니다. 목표시장, 제품타입, 유통업체 등 많은 요소가 영향을 미친다.

❷ 선택적 유통: 선택적 유통selective distribution은 제품을 판매하는 데 유능하

고 적절하다고 생각되는 유통업체들을 선택하여 제품을 판매하는 전략으로, 집중적 유통과 전속적 유통의 중간 형태를 띠는 경로 커버리지 전략이다. 즉, 특정 지역 내에 자사제품을 적극적으로 취급하기를 원하는 유통업체 중 일정한 자격을 갖춘 소수의 유통업체만 자사제품을 취급하도록 한다. TV, 화장품 등이 여기에 속한다.

선택적 유통경로 내에서의 경로 구성원들은 전속적 유통경로와 집중적 유통경로의 중간 수준인 중간 정도의 친밀성을 유지하고 있다. 즉, 전속적 유통처럼 유통업체에 독점적 권리를 부여하지 않으므로 선택적 유통은 전속적 유통보다는 낮은 수준의 친밀성을 유지할 수 있는 반면에, 동일제품을 경쟁 업체나 업태를 통해서도 판매하는 집중적 유통보다는 높은 수준의 친밀성을 기대할 수 있다.

❸ **집중적 유통:** 집중적 유통intensive distribution은 가능한 한 많은 유통업체들을 이용하여 제품을 판매하는 전략이다. 고객이 자주 구매하며 구매 시 최소의 노력을 원하는 편의품을 생산하는 기업들은 집중적 유통전략을 택하는 경우가 많다. 그리고 유통업체의 푸시push보다는 소비자의 풀pull전략에 의해 판매되는 제품에 적합하다(제13장 유통경로 구성원의 촉진전략 참조). 담배, 비누, 껌, 휘발유, 세제, 문구류 등이 그 예다.

대부분의 소비자는 일상품을 구매하기 위해 여러 점포를 방문하려고 하지 않는다. 편의품의 경우 소비자는 쉽게 접근할 수 있는 곳에서 제품을 사는 경향이 있다. 따라서 제조업체가 자사의 제품을 가능한 한 많은 판매점에 유통시킨다면 판매수익을 신장시킬 것이다.

집중적 유통경로 설계 시 유통경로 구성원들은 다음과 같은 질문을 해야 한다. 첫째, 유통업체들은 집중적 유통경로를 선호하는가? 유통업자들은 독특한 상품 구색을 제공하는 것으로부터 차별화된다. 집중적 유통은 유통업체의 경쟁자가 같은 브랜드를 가지고 있기 때문에 한 유통업체만의 독특함을 가지기 어렵다. 따라서 최종소비자가 특정 소매상을 방문할 이유가 거의 없으므로 유통업체들은 집중적 유통경로를 선호하지 않는다고 할 수 있다.

둘째, 집중적 유통경로를 어떻게 유지할 것인가? 집중적 유통경로는 계약과 풀 전략에 의해 유지될 수 있다. 제조업체는 유통업체와 계약을 체결할 필요가 있고 특정 기간 동안 일정 양을 구매하도록 요구된다. 그리고 제조업체는 최종소비자에게 직접 어필하여 소비자가 소매 점포에서 제조업체 제품을 찾을 수 있어야 한다. 따라서 소비자를 대상으로 한 홍보 및 인센티브 제공전략이 요구되기도 한다. 많은 소비자가 특정 제조업체의 브랜드를 유통업체의 점포에서 구매하고자 하는 경우, 유통업체들은 해당 제조업체의 브랜드를 구비하여 판매해야 할 이유가 있다.

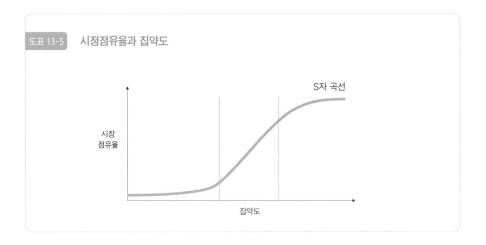

도표 13-5 시정점유율과 집약도

집중적 유통은 제조업체가 단기간에 제품을 노출시킬 수 있는 장점이 있다. 하지만 집중적 유통전략의 사용은 몇 가지 단점이 있다. 첫째, 집중적 유통이 매출액 증가에 반드시 바람직한 것은 아니다. 집중적 유통은 매출액 증가에 긍정적인 영향을 주기는 하지만 매출이나 시장점유율이 집약도에 비례하여 증가하지는 않는다. 일정 수준에 이르기까지는 제품을 판매하는 유통업체의 점포 수가 늘어날수록 시장점유율이 증가하지만, 일정 수준을 넘어서면 시장점유율은 체감적으로 완만하게 증가한다. 즉, 집약도와 시장점유율은 S자 형태를 보이게 된다.

셋째, 제품을 공급하는 유통업체가 많아질수록 유통업체 간의 경쟁이 치열해져 브랜드 내 경쟁intra-brand competition의 문제가 커진다. 똑같은 제품을 취급하는 다른 업체들과의 차별화를 위해서는 저렴한 가격이 가장 쉬운 수단이 된다. 따라서 경쟁은 치열한 가격경쟁으로 변화하게 되고 유통업체들은 저마진에 시달리게 된다.

저마진 상황을 해결하기 위해 유통업체들이 해당 제품을 생산하는 제조업체에 공급가 인하를 요구하면 제조업체 또한 낮은 마진에 시달리게 되어 궁극적으로 집중적 유통을 통한 이익의 증대는 바랄 수 없게 된다. 또한 저마진과 더불어 적절한 판매량을 달성하지 못한 유통업체가 재고를 줄이기 위한 바겐세일을 단행할 경우에는 다른 유통업체의 가격인하 도미노 현상을 초래해 해당 제품의 브랜드포지션이 손상되는 사례도 생길 수 있다.

집중적 유통은 일정 지역에서 다수의 소매상을 통해 제품이 판매되므로 제조업체와 소매상 간에 친밀한 관계를 구축하기 힘들다. 따라서 집중적 유통경로에서의 경로 구성원들은 매우 느슨한 관계를 가지고 있다.

유통경로 구성원의 촉진전략

유통업체는 최종소비자에 대한 촉진을 실시한다. 우리나라의 경우, 소비자를 대상으로 하는 소매업체의 판매촉진을 제조업체에 떠넘기는 경우가 많다. 예를 들어, 대형마트의 매장 내 판촉은 상당 부분 제조업체가 파견한 판촉사원에 의해 시행된다. 제조업체가 판촉사원에 대한 인건비를 지불하므로 대형마트는 비용을 절감할 수 있기 때문이다. 힘의 열세인 제조업체는 유통업체의 판촉사원 요청을 쉽게 거절할 수 없는 실정이다.

유통경로 상 제조업체의 촉진전략은 크게 소비자에게 직접 어필하는 풀전략과 유통업체와의 협력을 바탕으로 제품 판매를 촉진하는 푸시전략으로 나눌 수 있다. 최근에는 제조업체들이 풀전략보다 푸시전략에 더 의존하는 경향을 보이고 있다. 따라서 제조업체의 촉진전략의 성과는 유통업체의 협력 여부에 의해 영향을 받는다. 이 책에서는 제조업체의 두 가지 촉진전략에 대해 주로 알아보도록 한다.

❶ **풀전략**: 풀^{pull}전략은 제조업체의 제품에 대한 소비자의 강한 수요를 창출함으로써 소매업체가 제품 판매를 위해 제조업체와 접촉하여 제품을 구매하게 하는 전략이다. 주로 광고를 이용하여 소비자에게 브랜드 인지도를 높이는 방법을 사용한다.

풀전략은 소매업체에 대한 제조업체의 힘의 열세를 줄여줄 수 있는 방법의 하나로 볼 수 있다. 소비자가 제조업체의 제품을 구매하고자 하는 만큼 소매업체는 해당 제품을 매장에 비치해야 하기 때문이다. 따라서 소비자의 구매

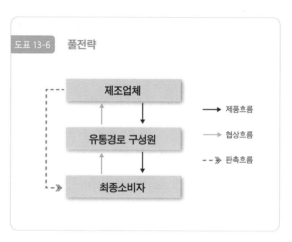

도표 13-6 풀전략

의도만큼 제조업체의 소매업체에 대한 힘이 증가한다.

하지만 광고에 의존하여 고객의 수요를 촉진한다는 것은 쉽지 않다. 광고를 통해 수요를 진작하는 것은 물론이고, 소비자의 주의와 관심을 끌어내는 것조차 쉽지 않기 때문이다. 따라서 풀전략은 제품에 대한 소비자의 인지도가 높거나 높은 구매 욕구를 보이는 경우에 상대적으로 성공확률이 높다.

❷ **푸시전략**: 푸시^{push}전략은 제조업체가 여러 촉진전략을 이용하여 소매업체에 자사제품의 판매를 종용하는 것이 아니라 제조업체와 소매업체가 협력하여 제조업체의 제품 판매를 촉진하는 것이다. 주로 쓰이는 푸시전략은 유통업체에 대한 할인, 판매량 대비 인센티브 제공 및 점포 내 촉진 등이 있다.

제조업체는 할인기간을 정하여 유통업체에 할인된 가격으로 제품을 공급함으로써 유통업체가 소비자 가격을 할인하도록 판매촉진을 한다. 하지만 유통업체는 할인기간 동안에 필요한 양보다 더 구매한 후 할인기간 후에도 소비자에게

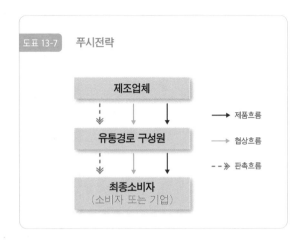

도표 13-7   푸시전략

제조업체

유통경로 구성원

최종소비자
(소비자 또는 기업)

⟶ 제품흐름

⟶ 협상흐름

--⟶ 판촉흐름

는 정상가격으로 판매하는 선물구매^{forward buying}를 하곤 한다. 주로 판촉할인율이 높고 주문비와 재고비가 저렴한 경우에 선물구매가 이뤄진다. 또는 유통업체가 할인가격으로 구매한 제품을 소비자에게 할인된 가격으로 판매하지 않는 기회주의적인 행동을 보이기도 한다. 따라서 제조업체의 유통업체에 대한 할인정책이 매출액 증대에 미치는 영향은 사례별로 다양하다.

제조업체의 유통업체 대상 촉진은 많은 경우에 유통업체의 판매량을 바탕으로 한 인센티브에 의존하고 있다. 예를 들어, 미국 자동차업계는 딜러가 할당된 양의 차를 판매했을 경우 총판매량의 일정률을 인센티브로 제공하곤 한다.

푸시전략에 많이 쓰이는 것으로 구매시점광고와 스페셜 디스플레이가 있다. 구매시점광고^{POP: Point of Purchase}는 제품이 진열되어 있는 곳 근처에 광고물이나 LCD 패널을 이용하여 제품광고를 하는 것을 말한다. LCD 패널 값이 많이 내린 요즘에는 LCD를 이용한 구매시점광고가 널리 이용되고 있다. 소비자가 특정 브랜드에 시선을 주는 것이 평균 0.3초에 불과하다는 것을 감안하면 구매시점광고는 효과적인 방법이다.

제조업체는 고객의 시선을 쉽게 끌 수 있는 위치, 특히 통로 중간에 스페셜 디스플레이를 제공한다. 스페셜 디스플레이는 해당 제품의 매출을 40% 이상 증가시키는 것으로 나타나고 있다. 하지만 POP나 스페셜 디스플레이는 매장을 비좁

게 하므로 유통업체가 설치하기를 꺼리는 경향이 있다. 따라서 유통업체와 제조업체 모두 혜택을 볼 수 있도록 스페셜 디스플레이를 설계하는 것이 필요하다(안광호 외, 촉진관리).

이외에도 점포 내 촉진^{in-store promotion}의 하나로 샘플을 제공하거나 점포 내에 할인쿠폰을 배치하는 방법이 있다. 쿠폰은 매출액의 증가에 긍정적인 작용을 하지만, 복잡하지 않아야 한다. 소매업체는 다양한 조건의 많은 쿠폰들 때문에 쿠폰들이 어느 정도 매출액과 이익에 영향을 주는지 정확히 알지 못해 불평을 하는 경우가 많다. 시장선도 제조업체의 경우, 소비자를 대상으로 하는 판매촉진이 판매량을 증대시키기보다는 수익성을 악화시키는 경향이 있기 때문에 경쟁업체의 소비자판촉에 대한 방어용으로 쓰는 등 적극적으로 사용하기를 꺼리는 경향이 있다.

격자형 디스플레이 사이에 위치한 스페셜 디스플레이

❸ 입점비: 유통경로 구조에서 유통업체를 이용하는 데 소요되는 비용 역시 항상 고려되어야 한다. 그 비용 중 하나가 입점비다. 입점비slotting fee는 제조업체가 자사의 제품을 점포에 진열하여 판매하는 대가로 소매업체에 지불하는 돈이다. 입점비

는 푸시촉진의 한 형태로 미국의 식료품산업에서는 많이 활성화되어 있고 현재 책, 의류, 컴퓨터 등 다른 산업으로 확산되고 있는 상황이다.

우리나라의 경우 화장품처럼 경쟁이 심한 상품은 일부 유통업체에서 처음 입점할 때 입점비를 내는 경우도 간혹 있으나, 제조업체가 판매수수료를 내는 조건으로 매장을 임대하여 들어오는 형태가 일반화되어 있어 입점비는 거의 존재하지 않는다.

입점비는 입장에 따라 제조업체와 소매업체가 매우 다른 관점을 가지고 있다. 제조업체는 입점비를 감당하기 힘든 소형 제조업체를 차별하기 위한 수단으로 쓰이고 있다고 비판하고 있다. 반면에 소매업체는 잘 팔릴지 알 수 없는 신제품을 구매하여 판매하므로 그 위험을 보상하는 의미로 입점비를 받아야 한다고 주장한다. 또한 입점비라는 일종의 비용을 지불하기 때문에 제조업체의 입장에서는 매장에서 잘 팔릴 만한 제품을 골라서 판매하려고 할 것이므로 소매업체들은 입점비가 일종의 긍정적 스크리닝 역할을 한다고 주장한다.

제조업체는 입점비를 소매업체에 판매하는 제품의 가격에 더하여 최종가격을 제시하므로 결국 높은 가격을 지불하고 제품을 살 수밖에 없는 소비자가 희생된다고 주장한다. 반면에 소매업체는 입점비로 인해 소매업체가 소비자에게 제시할 수 있는 가격이 낮아지므로 결국 소비자는 손해를 보지 않는다고 주장한다.

이러한 논쟁 때문에 미국의 연방거래위원회Federal Trade Commission(FTC)는

입점비에 대해 조사를 지속하고 있고, 2000년에는 미 상원 중소기업위원회^{Small} Business Committee 역시 조사를 했으나 뚜렷한 결론은 내리지 못했다. FTC는 입점비가 일종의 불법적인 뇌물이 아닌지에 중점을 두고 조사했는데, 불법이라는 판단은 하지 않고 있다.

유통업체의 기능

유통경로에서 유통업체를 이용할 때 고려해야 할 것은 무엇이며, 유통업체 이용이 유통경로 설계에 미치는 영향에 대해 살펴보자.

첫째, 유통업체의 판매능력은 유통경로 설계에 영향을 미친다. 예를 들면 애플 컴퓨터의 경우, 소매업체의 세일즈맨들이 홈비디오 편집이나 책 출판기능 같은 자사제품의 독특한 기능을 소비자에게 적절히 설명하지 못하고 있다고 느껴 직접 소매업에 진출했다.

둘째, 유통업체가 제조업체에 제공하는 서비스는 유통경로 설계에 중요한 영향을 미친다. 예를 들어, 소비자가 원하는 시기에 원하는 양을 구매할 수 있도록 충분한 재고 수준을 유지하는 것이다. 짧은 대기시간과 소량단위 제품을 소비자에게 제공하는 경우, 유통업체가 일정 재고 수준을 유지해주면 제조업체가 감당해야 할 재고 부담은 크게 줄어든다. 그렇지 않으면 제조업체는 재고 관리를 담당하는 경로 구성원을 경로설계에 넣거나 자사가 직접 재고 관리기능을 담당하도록 경로를 설계해야 한다.

유통업체가 제조업체 제품의 수리와 기술적인 지원을 제공하는 역할을 하는 경우 제조업체는 애프터서비스를 위한 서비스망을 따로 구축할 필요가 없다. 특히 인터넷 같은 무점포형 소매업을 주요 유통경로로 이용하여 제품을 제공하는 제조업체는 애프터서비스나 기술지원을 위한 서비스망의 유지가 부담스럽다. 델 컴퓨터가 미국 남부에서 월마트에 판매 및 서비스를 위한 부스를 마련한 것은 서비스를 위한 유통경로 구조에 변경을 가져오는 것으로 보인다(박스 사례 "월마트 매장에서 델 PC관리까지" 참조).

특정 유통업체만을 위한 제품개발

제조업체가 특정 유통업체만을 통해 소비자에게 제공하는 제품을 제작하는 것을 특정 유통업체만을 위한 제품개발^{channelizing a product}이라고 한다. 이는 제조업체가 특정 제품을 특정 유통업체만을 통해 제공하는 독점제품에서 한 발 더 나아가 아예 제품개발과정에서 특정 유통업체를 염두에 두고 그 유통업체의 주요 고객의 특성을 고려하여 제품을 개발하는 것이다.

특정 유통업체만을 위한 제품개발은 유통업체의 매출액이 충분히 커서 제조업체의 제품개발비와 제반비용을 충분히 소화하고 이익을 올릴 수 있을 경우에만 가능하다. 월마트와 HP는 협력적인 관계를 구축하고, HP가 월마트의 고객을 대상으로 한 제품을 공급하기로 전략적 제휴를 맺었다. 월마트의 매출규모가 크기 때문에 HP는 오로지 월마트만을 통해 충분한 양의 PC를 판매할 수 있었고, 따라서 월마트만을 위한 제품개발이 가능했다.

특정 유통업체만을 위한 제품개발은 제품개발 후 제품을 제공하기 위한 유통경로를 설계하는 통상적인 절차에서 벗어나야 한다. 먼저 제품을 유통할 유통업체를 먼저 고려하고, 그 유통업체의 주요 고객에 대한 분석을 통해 고객이 원하는 제품을 개발해야 한다. 월마트-HP의 사례에서, HP는 월마트의 저가의 포지셔닝 전략을 위해 당시로는 매우 저렴한 399달러의 노트북 PC를 개발했다. 목표가격에 맞추기 위해 PC에 사용되는 부품선정도 영향을 받았음은 물론이다. 따라서 특정 유통업체만을 위한 제품개발은 유통경로 선정→제품개발이라는 역절차를 밟는다.

특정 유통업체만을 위한 제품개발은 유통업체의 대형화로 인

Wal-Mart's H-P Elves

월마트에서만 팔리는 독점제품인 HP의 399달러짜리 노트북을 사기 위해 몰려든 사람들

한 제조업체에 대한 힘의 우위를 나타내는 여러 가지 현상 중 하나다. 한 제조업체가 특정 유통업체만을 위해 제품개발을 하면 해당 제품의 매출을 전적으로 한 유통업체에 의존하므로 그 유통업체는 제조업체에 대해 힘의 우위를 갖는다. 따라서 유통업체가 해당 제품을 충분히 지원(점포 내 스페셜 디스플레이, 대외광고 등의 촉진)하지 않으면 제조업체가 사용할 수 있는 경로관리전략은 제한된다.

갑과 을의 '동거' 손잡은 이마트와 풀무원…
상품개발에서 판매까지 함께

신세계 이마트와 풀무원이 상품개발에서부터 판매에 이르기까지의 과정을 공동 추진하는 '조인트 비즈니스 플랜(JBP)' 협약을 체결했다. JBP란 1980년대 미국의 세계 최대 유통업체 월마트가 3M · 코카콜라 · 네슬레 · 존슨&존슨 등 제조 대기업들과 손잡고 선보인 제휴방식이다. 제품 출시 이전부터 유통 · 제조회사가 함께 소비자 욕구를 읽어내 시장전략을 수립한다. 유통단계에서 발생하는 비용거품을 없애 품질 및 가격경쟁력을 높이겠다는 것이다.

JBP 유통업체와 제조업체가 개발단계부터 협력해 제품을 만든다는 점에서, PB에 비해 두 회사의 협력도가 더 높다고 볼 수 있다. 기존 PB의 경우 개별 상품단위의 협력이라면, JBP는 유통사와 제조사 간의 회사 간 협력으로, 소비자 취향 등 여러 정보를 바탕으로 함께 제품을 만들어 판매하는 것이다.

대형마트인 이마트는 매장의 고객 손길에서 파악한 세세한 구매 트렌드를 풀무원과 공유해 소비자가 원하는 상품을 공급한다. 식품업체인 풀무원은 기술개발과 제품생산을 맡는다. 이렇게 나온 제품은 이마트에만 독점 공급된다. 마케팅 · 물류 · 재고 관리는 양사 공동이다.

이마트 측은 "소비자 취향이 날로 까다로워지는 가운데 유통 · 제조 모두 윈-윈하는 생존전략"이라고 설명했다. 풀무원 측은 "소비자 반응을 즉각 알기 힘든 제조업체의 취약점을 보완할 수 있게 됐다"고 말했다.

이마트-풀무원 JBP 상품의 상품가는 10%쯤 낮추는 게 목표다. 또한 풀무원은 11번가와 JBP 협약을 맺고 이커머스 식품시장 확대에 나서 11번가 내에서 풀무원 단독전용상품을 확대하고 11번가의 동영상 리뷰서비스 등 여러 가지 다양한 마케팅 툴을 활용한 공동마케팅을 하고 있다. 풀무원은 11번가의 3,400만 소비자 빅데이터를 활용해 목표고객의 소비패턴을 분석하고 차별화된 제품을 제공한다.

　G마켓과 옥션 역시 아모레퍼시픽과 JBP 체결, 아모레퍼시픽 브랜드 제품을 폭넓고 다양하게 판매하고 있다. 아모레퍼시픽과 묶음배송 서비스 스마트배송 등 공동마케팅에 주력하며, 아모레퍼시픽 온라인 전용상품을 선보이기도 했다. 또한 11번가는 남양유업 및 롯데푸드와 JBP 체결을 맺고 우유, HMR 분야에서 전용상품 판매 및 공동마케팅을 진행했다.

〈Pigpeople.net〉 2020/2/3, 〈이코너빌〉 2017/6/12, 〈아시아경제〉 2008/1/30 기사 편집

단계 5: 유통경로 구성원 선택

　유통경로설계자는 도매상이나 소매상과 같이 어떤 유통경로 구성원이 제품이나 서비스를 전달할 것인지를 결정해야 한다. 유통경로 구성원 선택 시, 필요충족요건 리스트를 작성한다. 유통경로 구성원을 선택하는 주요 요소는 명성, 상품라인, 유통업체의 점포 이미지 등이 있다.

　경로설계자는 유통업체의 명성을 반드시 확인해야 하며, 유통업체의 다른 공급자 및 고객으로부터 관련 정보를 얻을 수 있다. 펩시는 베네수엘라에서 프랜차이즈 보틀러 시스네로스^{Cisneros} 그룹의 경로이탈, 즉 배신으로 인해 많은 손실을 감수해야

중요한 유통경로 구성원 선택

했다(박스 사례 "펩시의 베네수엘라 유통 파트너 이탈" 참조). 따라서 유통경로 구성원의 신용과 관련된 명성은 반드시 확인해야 한다.

유통경로 구성원과의 관계는 기계적이거나 경제적인 것이 아닌, 인간관계로 간주해야 한다. 따라서 제조업체는 유통경로 파트너를 찾을

제조업체와 소매업체의 이미지 합치

때, 제조업체의 이익에 관심을 갖는 신뢰할 수 있는 경로 구성원을 선택해야 한다. 신뢰하는 거래는 상호협력을 바탕으로 하는 장기거래로 이어지기 쉬워 여러 가지 이점을 지니고 있다(8장 유통경로 구성원 간의 신뢰 참조).

거래하는 경로 파트너의 이미지는 제조업체의 이미지와 동일시된다. 따라서 거래상대방의 이미지도 경로 파트너를 선택하는 데 중요한 요소가 된다. 만약 이미지가 합치되지 않는 유통업체를 선택하면, 최종소비자가 제조업체 이미지와 제품 이미지의 불일치로 인해 혼란을 겪을 수 있기 때문에 조심해야 한다.

사례 **펩시의 베네수엘라 유통 파트너 이탈**

베네수엘라는 펩시의 글로벌시장에서 톱10 안에 들 만큼 큰 시장이었다. 1996년 탄산음료시장의 40% 이상을 차지할 만큼 베네수엘라의 시스네로스^{Cisneros}그룹은 북미시장에서 펩시의 첫 번째 독립파트너로서 1940년 이후 꾸준히 좋은 관계를 유지하고 있었다. 펩시의 CEO와 시스네로스의 CEO는 친구관계 또한 지속적으로 유지하고 있었다. 또한 시스네로스는 베네수엘라 소다시장의 유명브랜드로서 45%의 시장점유율을 차지하고 있었다. 반면 코카콜라는 베네수엘라에서 10% 정도의 시장점유율만을 차지하고 있었다.

하지만 놀랍게도 시스네로스그룹은 1996년 8월 16일 제휴사를 바꿔 코카콜라와 새로운 제휴를 시작하겠다고 공표했다. 코카콜라는 45%의 점유율을 자랑하는 시스네로스의 히트 음료상품을 포함하여 시스네로스그룹의 지분 50%를 인수하기로 동의했다. 글로벌 음료시장에서 하루아침에 파트너를 바꾼다는 것은 좀처럼 보기 드문 사례다.

이에 따라 하루아침에 4,000대의 배달트럭과 18개의 공장을 포함하는 베네수엘라의 펩시유통망은 무너졌다. 이로 인해 펩시는 소다시장의 시장점유율 또한 잃게 되었다. 이 사건이 있기 전, 베네수엘라에서 펩시의 연간 영업매출은 4억 달러에 이르렀고, 연간 1억 달러의 수익을 냈다. 하지만 시스네로스그룹의 배반으로 펩시는 음료 파트너뿐만 아니라 전체 음료시장에서의 위치를 모두 잃게 되었다.

어쩔 수 없이 펩시는 베네수엘라시장에서 새로운 파트너를 찾아야 했다. 1996년 11월 13일, 펩시는 새로운 조인트벤처 파트너를 발표했다. 내수 맥주시장에서 큰 비중을 차지하고 있는 '폴라^{Polar}'라는 회사로, 펩시가 30%, 폴라가 70%의 지분을 갖는 조건으로 파트너십을 새로 만들었다. 새로운 파트너는 펩시가 다시 내수시장에서 자리매김하기 위해서는 적어도 2년 이상의 기간이 걸릴 것이라고 인정했다.

펩시는 계속적으로 시스네로스그룹의 독과점을 반대하는 주장을 펼쳤으며 국제중재위원회 또한 펩시의 주장에 손을 들어주는 견해를 발표했다. 결국 시스네로스그룹은 임의로 파기한 계약의 대가로 펩시에 9,400만 달러를 배상하게 되었다.

Coughlan et al.(2012), *Marketing Channels*

유통경로 구성원 선택 사례

유통경로 파트너를 선택하는 것은 매우 중요한 문제다. 적절한 유통경로 구성원 선택에 성공한 사례와 실패한 사례를 함께 살펴보자.

경로 파트너를 선택하기 위해서는 먼저 소비자의 마음속에 브랜드가 위치하도록 지원하는 적절한 유통경로 구성원을 확인하는 것이 중요하다. 채널 포지셔닝의 주요 요소는 장기적으로 제조업체에 뛰어난 혜택을 제공하는 파트너십이나 전략적 제휴

유통경로별로 다양한 하위브랜드 전략을 사용하는 리바이스
Wall Street Journal, 2002. 10. 31

로서의 경로 구성원들과의 관계를 보는 것이다. 따라서 유통경로 구성원들은 판매하고자 하는 제품의 이미지와 일치하는 적절한 유통경로 구성원을 선택해야 한다. 제조업체의 관점에서 보면, 자사와 자사제품의 포지션을 고려하여 유통경로 파트너를 선택해야 한다. 나이키와 풋라커의 사례(부록 9-1)에서 볼 수 있듯이, 자사의 포지셔닝과 부합하는 경로 파트너를 구하는 것이 중요하다.

경로 구성원 선정의 대표적인 성공 사례로는 리바이스를 들 수 있다. 리바이스는 각각의 유통경로 구성원들을 대상으로 하위브랜드$^{Sub-Brand}$ 전략을 구사했다. 가격대가 145~200달러 정도인 리바이스 빈티지$^{Levi's\ Vintage}$를 출시하여 니만마커스$^{Neiman\ Markus}$ 같은 고급 백화점을 통해 팔았다. 리바이스 레드 탭 $^{Levi's\ Red\ Tab}$(27~35달러 정도의 트렌디한 제품)은 중간 정도 수준으로 메이시와 시어스 같은 중간 수준의 백화점을 통해 팔았다. 또 저가 라인인 리바이스 스트라우스$^{Levi's\ Strauss}$(30달러 미만인 베이직 제품)는 월마트를 통해 팔았다. 이것이 리바이스가 하위브랜드와 소매상의 이미지를 일치시키고자 한 적절한 전략이다.

경로 구성원 선정의 실패 사례에는 타미힐피거$^{Tommy\ Hilfiger}$가 있다. 타미힐피거의 주 타깃은 젊은 층이며 가격은 200달러 이상이기 때문에 중고가 브랜드

라고 할 수 있다. 이러한 값비싼 브랜드를 위한 적절한 유통경로는 중상위 수준의 백화점이다. 그러나 타미힐피거는 박리다매로 유명한 월마트를 통해 의류를 팔았다. 하지만 타미힐피거는 월마트와의 관계시작에 신중했어야 했다. 저가의 월마트 이미지와 중고가의 타미힐피거 이미지는 서로 상충되었기 때문이다. 타미힐피거와 월마트의 브랜드 이미지가 일치하지 않아 타미힐피거는 판매율이 급격히 떨어지는 처참한 결과를 맞았다(박스 사례 "타미힐피거의 문제" 참조).

유통경로 구성원 유지

유통경로 내에서 경로 구성원들이 만들어낸 가치에 따라 각각의 유통경로 구성원들에게 보상함으로써 경로 구성원들을 유지할 수 있다. 제조업체가 유통경로 구성원들을 유지하기 위해서는 수익성이 있는 제품라인의 판매로부터 얻는 이익을 경로 파트너에게 강조해야 한다. 제조업체는 잠재적인 경로 파트너인 특정 유통업체가 다루고 있는 제품라인을 확인하고 파트너가 자사의 제품라인에 파트너의 상품을 추가하도록 설득한다. 물론 제조업체의 제품이 유통업체의 상품 구색을 강화시킨다는 것을 주지시켜야 함은 물론이다.

경로 구성원을 자사의 유통경로 파트너로 유지하기 위해서는 공정한 거래를 하고 친밀한 관계를 유지하는 관계마케팅이 필요하다. 경로 구성원들은 상호의존적이기 때문에 장기간 상호이익이 되는 관계를 유지할 필요가 있다. 관계마케팅은 장기간 동안 거래파트너와 강한 관계를 유지하는 것이다. 유통경로 구성원들은 각 개별 거래에서의 이윤을 최대화하는 대신에 경로 파트너들과 상호이익이 되는 관계를 구축하고 그들과의 관계를 통해 장기적인 이윤을 추구해야 한다. 제조업체와 경로 구성원들의 강하고 친밀한 관계가 상당한 전략적 이점을 제공함은 TAL과 J.C. 페니의 관계(부록 8-2 참조)에서 명확히 드러난다.

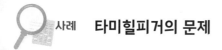

가장 멋진 상표 중 하나였던 타미힐피거가 실패브랜드의 아이콘처럼 취급당한 때가 있었다. 가장 인기 있는 랩 스타들이 타미힐피거의 레드, 화이트, 블루의 옷을 입었을 때 타미힐피거는 히트를 쳤다. 지금은 롤링 스톤즈나 브리트니 스피어스 같은 이들을 광고에 이용하고 있으나, 불행하게도 타미힐피거는 12~20세 사이의 남성들의 주의를 얻는 데 실패했다. 따라서 이 회사는 매출액이 줄었고 경영상의 이익은 예상치보다 낮게 나왔으며, 따라서 주가도 계속 떨어졌었다.

타미힐피거는 개강 및 개학으로 인한 계절적 구매 증가로 인해 위와 같은 위기들을 극복할 것이라고 주장하고 있었지만, 문제는 타미힐피거의 주요 표적마켓인 10대들은 타미힐피거 브랜드가 10대들의 관심을 끌기에는 가망이 없다고 생각한다는 점이었다. 10대들 사이에서 타미힐피거는 오래되고 구식인 브랜드로 여겨졌고, 대신에 10대들은 머드Mudd, 아이스버그Iceberg, 웻실Wet Seal, 보스Boss 같은 브랜드를 좋아하고 있었다.

타미힐피거가 주력으로 하고 있는 10대들은 변덕스럽고 다른 연령대에 영향력이 크며 경쟁이 치열한 마켓 중 하나이다. 이 마켓은 유행에 민감한 갭Gap이나 에버크롬비 앤피치 Abercrombie & Fitch 같은 의류업체들이 존재하여 타미힐피거를 극심한 경쟁에 시달리게 하고 있다.

타미힐피거는 브랜드에 차별적으로 유행에 민감하면서도 깔끔한 도시룩을 부여했고, 캘빈클라인이나 랄프로렌의 성장전략을 모방하여 몇 년 전부터 향수 같은 다른 품목으로 브랜드를 확대했다. 하지만 성인의류라인부터 유아복까지 모든 것에 자사의 상표를 붙임으로써, 타미힐피거는 목표고객인 10대 소비자들로부터 점점 멀어져 갔다. 이 그룹의 소비자들은 그들이 좋아하는 브랜드를 베이비 부머나 유아들이 입는 것을 원하지 않았기 때문이다.

타미힐피거는 미국의 백화점 매장은 물론 심지어는 대형마트까지 진출했다. 타미힐피거의 주요 고객인 10대들은 심지어 가격을 포지셔닝 전략으로 삼는 대형마트에서도 타미힐피거를 판다며 타미힐피거의 유통정책에 불만을 표시하고 있다.

〈Business Week〉 기사 편집

사회적 기업 '아름다운 커피'의 유통전략

I. 서론

커피가 기호식품에서 하나의 문화로 자리 잡으면서 커피산업은 외식산업의 성장과 함께 커지고 있는 추세다. 40년을 맞이하고 있는 한국의 커피시장 규모는 2013년 기준 약 2조 3,000억 원에 달하고 있다.

한국인 한 사람당 연간 484잔을 마시고 있다는 이야기다. 보통 커피전문점의 커피 한잔이 4,000~5,000원인 것에 비해 그 원가는 약 300원 정도밖에 되질 않는다. 그러므로 가격경쟁이 일어나기 매우 쉬워 보이나 소비자는 커피 가격에 민감하지 않다. 우리가 커피를 마시며 지불하는 돈에서 커피를 생산하는 재배농가에게 돌아가는 돈은 단지 1%에 불과하며, 세계 20여 개국의 커피생산자들이 대부분 영세농이라는 사실은 우리에게 큰 시사점을 준다. 이런 문제점의 원인 중 하나가 불공정한 거래이며, 정당한 권리와 적정한 이윤을 보장하고 소비자게 더 질 좋은 커피를 제공하고자 하는 것이 공정무역이다.

공정무역 자체는 일반 기업과는 다른 이윤체계로 인해 마진율이 낮을뿐더러 낮은 인지도로 인해 많은 공정무역업체들이 경제적으로 매우 힘든 상황에 처해 있다. 본 사례에서는 이런 힘든 상황에서 유일하게 흑자를 기록하며 공정무역의 확대를 이끄는 아름다운 커피의 유통전략 분석을 통해 그들의 성공 원인을 분석하고, 몇

ⓒ 아름다운커피

가지 제언을 통해 앞으로 나아가야 할 방향을 모색하고자 하다.

아름다운 커피는 한국 최초로 공정무역을 시작한 '아름다운 가게'에서 시작한 국내 최초 공정무역 커피기업으로 2009년 4개의 직영매장 개설과 다수의 판매처를 잇따라 확보하여 한국사회에 윤리적 소비의 새로운 전형을 만들고 있으며, 커피뿐만 아니라 초콜릿, 차 등 공

정무역 제품군의 확산에도 크게 기여하고 있다. 초기의 많은 어려움을 극복하고 공정무역으로 유일하게 흑자를 기록하며 공정무역을 이끄는 구심점이자 다른 공정무역업체의 롤모델이 되고 있다.

아름다운 커피는 일반 상업적인 이익을 목적으로 하는 제품의 마케팅과는 달리 공정무역을 통한 생산자의 정당한 권리확보라는 다른 목적을 지니고 마케팅을 실시하고 있다. 일반 커피와는 다른 공정무역 커피만의 독특한 마케팅전략의 분석을 통해 공정무역제품의 적절한 마케팅전략을 도출해보고자 한다.

II. 본론

아름다운 커피는 아름다운 가게에서 주관하는 공정무역 파트들 중 하나로, 2003년 출범 이후 준비를 거쳐, 2006년 대한민국 처음으로 공정무역 커피를 판매하기 시작했다. 2006년 첫 상품인 히말라야의 선물을 출시한 후 2008년, 페루의 원두를 사용한 안데스의 선물, 2009년 아프리카의 우간다에서 유기농으로 생산한 공정무역커피 킬리만자로의 선물을 연달아 출시하면서 커피 세계 3대 산지인 아시아, 아프리카, 남아메리카의 커피를 성공적으로 출시했다. 커피의 질 또한 신제품 킬리만자로의 선물이 2008년 영국에서 금메달을 수상할 정도로 인정받고 있다.

경로 구성원과의 협력

아름다운 커피의 특징은 성장배경에 존재하는 외주 협력사와의 관계다. 아름다운 커피는 공정무역을 지지하는 NGO단체이며, 초기의 수동적인 마케팅활동과 더불어 낮은 인지도, 공정무역 커피라는 이미지로 인해 커피시장에 진출하는 것이 매우 힘들었다. 따라서 믿을 만한 외주 협력사(외주 가공업체)들의 도움이 없었다면 지금의 아름다운 커피는 존재하지 않을지도 모른다.

아름다운 커피는 공정무역을 하는 사회적 기업으로서 유통경로 파트너들과 특유의 협력관계를 이룩하고 있다. 아름다운 커피의 외주 협력사들은 기회주의적인 행동을 하거나 자신의 이익만을 추구하며 행동하는 것이 아니라 아름다운 커피와 공정무역의 뜻을 함께하기 때문에 물량이 적을 때도 적극적으로 아름다운 가게와 거래하고 있다. 거래비용이론Transaction Cost Theory(Williamson, 1985)에 의하면, 유통경로 구성원은 기회가 생길 경우 기회주의적인 행동을 하기 때문에 경로 파트너를 통제해야 한다고 추천하고 있다. 하지만 아름다운 커피와 협력업체들은 공정무역이라는 도덕성의 강조로 인해 기회주의적인 행태를 보이지 않고 장기거래를 지속하고 있다. 공정무역이라는 도덕적인 개념이 기업 간의 장기관계에 미치는 영향에 대한 논문이 부재한 현실을 고려해보면, 아름다운 커피의 독특한 경로관계를 볼 수 있다.

경로 파트너 선정에 있어 사회적 기업의 독특한 선택기준이 적용된다. 아름다운 커피는 거래 파트너 선정의 중요성을 깨달았고 파트너 선정 시 여러 가지 사항을 고려하고 있지만, 가장 중요한 기준은 파트너회사가 공정무역의 뜻을 함께할 것인지가 중요하다. 이외에 거래 파트너의 이미지나 명성도 중요한 고려사항이 된다. 공정무역기업의 파트너로서 이미지가 아름다운 커피와 어울리지 않으면 파트너로 선정하지 않는다. 파트너 선정의 기준이 자사 브랜드의 이미지인 것은 기존의 유통경로 구성원의 선정기준과는 많이 다른 것으로, 공정무역기업들의 독특한 파트너십을 엿볼 수 있다.

현지공동체와의 협력관계

아름다운 커피는 생산자와의 관계강화를 위해 네팔에 직접 팀장급의 직원을 파견하여 1) 투명성 확보를 위해 저개발국가 협동조합이 구성한 내부통제망과 공급사슬망을 감사하고, 2) 파트너십 강화를 통한 혁신디자인 개발 및 3) 시장진출 장애요인 극복을 위한 공동의 노력을 하고 있다. 이를 통해 지역사회의 지속 가능한 발전과 변화를 견인하고자 한다.

현지 네팔에 상주하며 이 같은 일을 하고 있는 생산자 파트너십 팀장 한우정 씨는 "소비자에게 저개발국가의 농업 문제가 당면한 상황에 대한 인식을 제고시키고, 구매한 커피가 지역사회에 어떻게 도움이 되고 있는지 객관적으로 설명하고 있으며, 이러한 점은 윤리적 소비를 추구하는 고객에게 설명 가능성accountability을 확보하는 중요한 포인트가 된다"고 강조했다. 또한 "현지에서의 식품안정성에 대한 철저한 감사를 통해 푸드 마일리지가 긴 제품에 대한 소비자의 식품안정성에 대한 염려를 상쇄시키고 있다"고 설명했다. 이 같은 식품안정성은 유기농 제품을 소비하는 고객에게 매우 중요한 요소로 작용하고 있어 현지에서 아름다운 커피의 이 같은 노력은 제품의 품질에 대한 고객의 신뢰도 확보에 매우 중요한 요소로 작용하고 있다.

아름다운 커피의 유통전략

아름다운 커피는 공정무역을 지지하는 NGO단체이기 때문에 일반 기업들처럼 기업의 이윤을 추구하며 적극적인 마케팅활동을 펼치지 않았다. 대신 발로 직접 뛰는 홍보전략을 펼쳤으며, 공정무역 커피에 관심이 있는 유통업체들이 먼저 아름다운 커피에 연락을 취함으로써 거래를 시작하는 경우가 대부분이었다. 출시 당시 아름다운 커피의 초기 유통전략은 존재하지 않았다고 볼 수 있다.

커피 생산지에서 벌어지는 거대자본의 생산자 착취 및 기업들의 불공정거래가 이슈화되면서 공정무역 커피에 대한 관심이 높아졌다. 이를 계기로 아름다운 커피의 공정무역은 언론매체에서 이슈화되며 보도되었다. 언론에 보도된 '아름다운 커피'의 깨끗하고 맑

네팔 현지에서 활동 중인 아름다운 커피

은 이미지가 소비자를 사로잡으면서 아름다운 커피를 찾는 소비자가 늘어나게 되고 유통망이 점점 넓어지게 되었다. 현재 아름다운 커피는 초기의 수동적인 마케팅 활동 및 전략에서 벗어나 국내 공정무역 커피 브랜드에서 독보적인 위치를 차지하면서 소비자에게 공정무역의 중요성을 알리고자 적극적인 마케팅을 펼치려고 시도하고 있다.

일반적으로 커피의 유통은 '원산지 – 무역상 – 제조/도매 – 원두가공 – 소매'의 구조를 띤다. 이 과정에서 거대자본에 의한 불공정거래가 빈번히 발생하게 된다. 이에 생산자의 권리와 이익을 보장하고 돕고자 나온 것이 바로 공정무역이다. 이러한 공정무역 커피를 판매하는 아름다운 커피는 유통에 대한 몇 가지 원칙을 갖고 있다.

아름다운 커피는 직거래 방식을 취하고 있다. 아름다운 커피가 '생산자 직거래 방식'을 이용하는 이유는 바로 생산자와 소비자 모두에게 이익을 주기 위해서다. 즉, 생산자와의 직거래를 통해 생산자의 희망을 일궈나갈 수 있는 정당한 가격을 지불하고, 소비자에게는 거품을 뺀 정직한 가격을 제시하고자 한다. 커피 유통과정 중 생산자로부터 소비자까지 150개까지의 유통단계를 거치는 경우가 있다고 한다. 유통을 한 단계, 한 단계 거칠 때마다 소비자가 지불해야 할 가격은 상승하게 된다. 즉 1kg의 커피로 생산자가 받는 가격은 단 100원, 소비자가 구매할 때 지불하는 가격은 이의 200배다.

예를 들어, '스타벅스' 커피 가격이 통상 4,000원이라 하면 생산자가 가져가게 되는 이윤은 소비자가격의 0.5%인 20원밖에 되지 않는다. 만약 생산자와 소비자 사이의 유통과정을 줄인다면 소비자는 저렴한 비용을 지불할 수 있다. 아름다운 커피는 이러한 논리를 '직거래

방식'에 접목시키고자 했다. 더 나아가, 줄어든 유통과정에서 나오는 이익을 생산자에게도 돌려주는 방식을 시행했다.

아름다운 커피는 NGO단체라는 점에서 입점수수료 등과 관련하여 다른 커피 브랜드와 다른 유통전략을 구사하게 한다. 일반 커피 브랜드의 평균 판매수수료가 대략 45%, 물류비와 판매장려비가 15~20% 정도이며, 인스턴트커피의 제조원가는 판매가의 25% 미만이다. 아름다운 커피의 경우 초기에는 비교적 유리한 조건으로 입점했으나 현재는 다른 경쟁브랜드와 동일한 조건에서 입점하고 있다.

유통채널 입점 조건은 결국 판매수수료가 최대 관건이다. 그러나 아름다운 커피는 "생산자에게 희망을, 소비자에게 기쁨을!"이라는 슬로건으로 고객에게 공정무역을 알려오면서 공정무역 제품의 원가구성에 따른 판매가 책정은 기존 커피업계와 달라야 했고 업계에서 요구하는 관행적 수수료와 원가 개념과는 많은 차이가 있다. 일반적인 커피 제품군의 경우 기업의 규모와 브랜드에 따라 판매수수료 외에도 판매장려비와 도입장려비 등의 특별입점조건을 요구하고 납품업체에 연간 할인행사와 시음행사를 요구한다. 이러한 유통업체의 관행적 요구는 결국 판매가에 반영되어 소비자에게 부담을 안겨주게 된다. 따라서 이는 아름다운 커피의 공정무역 취지에 맞지 않아 아름다운 커피는 무리한 요구를 하는 유통업체에는 입점하지 않고 있다. 보통 대형마트의 매장에 입점하기 위해 많은 불이익을 감수하는 제조업체의 일반적인 행위를 고려해볼 때, 아름다운 커피의 힘 있는 유통업체와의 유통거래는 매우 독특한 현상으로 비춰진다. 관행적인 수수료가 소비자판매가의 상승을 초래한다는 점에서 소비자가 얻게 되는 가치의 축소로 이어진다. 따라서 고객의 가치증진을 추구한다는 면에서 아름다운 커피의 수수료 거부는 공정무역업체 특유의 보기 드문 유통정책이다.

III. 결론

아름다운 커피는 한국의 대표적인 공정무역 기업이자 성공적인 사례를 보이고 있다. 하지만 대기업들의 커피시장 진출이 지속적으로 이뤄지고, 이들의 과열경쟁으로 인해 국내 커피시장은 '커피전쟁'으로 불리고 있다. 경쟁업체들과 차별화된 유통경로 개발전략과 공정무역의 인지도를 높이는 것이 이들이 해결해야 할 과제일 것이다.

한 가지 제안을 하자면, 아름다운 커피의 인터넷 채널을 대형마트나 유통업체의 유통망을 위한 정보 제공처로 사용하여 인지도를 제고할 수 있다. 예를 들어, 미국의 자동차 제조업체들은 인터넷 채널을 기존의 프랜차이즈딜러망을 보완하는 역할로 사용하고 있다. 포드는 포드닷컴에서 포드자동차 소유주에게 자동차에 대한 정보를 제공하고 대도시 교통정보를 제공한다. 또 정비서비스 예약 등의 서비스를 통해 기존 유통채널인 딜러들의 서비스를 보완하는 역할을 하고 있다. 아름다운 커피는 인터넷 채널을 활용하여 커피에 대한 전문적인 지식 홍보나 커피 제조법 등의 노하우가 담긴 동영상 등을 제작하여 소비자의 아름다운 커피에 대한 관심을 증대시키고 있으며, 커피의 로스팅 과정 공개 및 해당 매장 내 제품의 로스팅 일정 등을 알려 대형마트나 유통업체의 판매를 촉진시킴과 동시에 인지도를 높인다.

아름다운 커피의 브랜드들은 각 유통업체가 모두 똑같은 제품라인과 종류를 판매하고 있어 채널 간의 브랜드 내 경쟁Intra-brand competition의 위험이 존재하고 있다. 따라서 각각의 유통라인별로 다른 제품라인을 제시할 필요가 있다. 현재 거의 모든 유통채널이 3개의 브랜드를 비슷한 가격대에 팔고 있다. 차별화된 제품 구색을 통해 자사의 차별화를 추구하는 유통업체의 특성상 같은 제품을 판매하는 것은 유통업체와의 협력적인 관계구축에 도움이 되지 않을 것으로 보인다. 따라서 유통업체별로 차별화된 브랜드를 공급하는 것이 상생의 협력관계를 만들어내는 데 기여할 것으로 보인다.

마지막으로 아름다운 커피의 네팔 현지에서의 내부통제망과 공급사슬망의 감사 및 지역공동체와의 파트너십 강화를 통한 혁신디자인 개발 및 시장진출을 위한 공동의 노력 등의 활동은 기업의 사회적 책임이 무엇인가를 보여주는 모범사례라고 볼 수 있다. 특히 창출한 이익을 나누는 자선활동이 아닌, 현지공동체의 자립능력을 키우고 제품 및 유통경로 개발 노력은 결국 아름다운 커피의 경쟁력 강화로 귀결될 것으로 보여 유통경로는 협력의 패러다임을 통해 그 효율성을 증가시킨다는 평범한 진리를 아름다운 커피가 여실히 보여주고 있다.

* 저자 주: 자료제공에 아낌없는 협조를 해준 (재)아름다운 커피와 인터뷰에 흔쾌히 응해주신 아름다운 커피의 네팔 현지 생산자 파트너십 한수정 팀장님께 감사드립니다.

1 유통에서의 풀전략에 관해 논하시오.

2 유통에서의 푸시전략에 대해 논하시오.

3 입점비에 대해 설명하고, 입점비에 대한 제조업체와 소매업체의 주장에 대해 논하시오.

4 유통 파트너에게 부과하는 가격정책에 영향을 미치는 요소들에 대해 논하시오.

5 특정 유통업체만을 위한 제품개발에 대해 설명하시오.

6 제품수명주기 상 각 단계별 유통 파트너 관리전략에 대해 논하시오.

7 유통구조를 설계하는 데 있어 하이터치(로우터치) 채널과 관련된 주요 원칙을 설명하시오.

8 유통구조 설계의 각 단계를 간단히 기술하시오.

9 유통구조의 필요성을 느끼게 하는 요소들을 논하시오.

10 시장밀도와 유통구조의 관계에 대해 논하시오.

11 시장크기와 유통구조의 관계에 대해 논하시오.

12 최종소비자의 시간과 장소에 따른 유통구조를 논하시오.

13 일본의 인터넷소매의 유통구조를 설명하시오.

14 채널믹스^{Channel mix}에서의 세 가지 경로 커버리지 전략을 설명하시오.

15 집중적 유통^{intensive distribution}을 유지하는 주요 방법을 논하시오.

16 박스 사례 "타미힐피거의 문제"에서 타미힐피거가 취할 수 있는 대안에 대해 논하시오.

17 도입사례 "마트와 약국 사이 박카스의 딜레마"에서 박카스가 취할 수 있는 대안에 대해 논하시오.

18 부록 13-1 "아름다운 커피의 유통전략"에서 아름다운 커피의 채널 간의 브랜드 내 경쟁을 줄이기 위한 대안을 고민하시오.

참고문헌

강죽형 · 성윤영(2010), "정보기술 발전에 따른 패션산업 프로세스 혁신과 경쟁력 강화에 관한 연구—ZARA를 중심으로", 『한국의류학회지』, 한국의류학회.

김주헌 · 이상윤(2009), "글로벌 SPA 의류 브랜드의 한국시장 진출: 유니클로(Uniqlo)와 자라(ZARA)", 『국제경영리뷰』, 제13권 제4호, 한국국제경영관리학회.

박종석, "의류산업의 타임 투 마켓 성공사례", 『LG Business Insight』, 2008.11.

안광호 · 김동훈 · 유창조(2010), 『촉진관리』, 학현사.

이호정 · 정송향(2010), 『SPA SUCCESS STRATERY(SPA성공전략)』, 패션인사이트.

전동균 · 신용필 · 오은주 · 백승혜(2009), 『B2B 마케팅 원리』, 학현사.

천종숙 · 노윤지(2006), "캐주얼 의류 브랜드의 상품공급 특성에 관한 연구—SPA 특성을 중심으로", 『복식문화연구』, 복식문화학회.

콘텐츠비즈니스연구회(2010), 『유니클로와 SPA브랜드 스토리』, 미래를 소유한 사람들.

Bravin, Jess(2005), "*The Court Removes Barriers to Online Wine Sales*," Wall Street Journal, May 17.

Brown, James and Sherman Timmins(1981), "*Substructural Dimensions of Interorganiza—tional Relations in Marketing Channels*," Journal of the Academy of Marketing Science, 9(3).

Cardwell John(1968), "*Marketing and Management Science—a Marriage of the Rocks?*," California Management Review, Summer.

Coughlan, Anne, Erin Anderson, Louis Stern and Adel El-Ansary(2001), *Marketing Channels*, Prentice Hall Upper Saddel River, New Jersey.

Friedman, Lawrence and Timothy Furey(1999), *The Channel Advantage*, Butterworth-Heinemann, Boston, USA.

Mei Fong(2006), "*China Approves Avon Direct Sales In Step That ends an 8—Year Ban*," Wall Street Journal, February 28.

Narus, James and James Anderson(1996), "*Rethinking Distribution*," Harvard Business Review, July—August.

Rosenbloom, Bert(2004), *Marketing Channels: A Management View*, 7th ed., Thomson, South-Western, Canada.

Spencer, Ante(2004), "*Online Wine Pull out the Stopper*," Businessweek, November 29.

White, Chris, Lisa Troy, and Nicholas Gerlich(2000), "*The Role of Slotting Fees and Introductory Allowance in Retail Buyers' new Product Acceptance Decisions*," Journal of the Academy of Marketing Science, Spring.

http://bntnews.hankyung.com/apps/news?popup=0&nid=02&c1=02&c2=02&c3=00&nkey=2010043 01035023&mode=sub_view

http://blog.naver.com/pec0234?Redirect=Log&logNo=120055011954

http://btnnews.hankyung.com/apps/news?popup=0&nid=02&c1=02&c2=02&c3=00&nkey=2010022 22041163&mode=sub_view

http://www.daejonilbo.com/news/newsitem.asp?pk_no=884697

http://doyoubest.tistory.com/279

http://itnews.inews24.com/php/news_view.php?g_serial=459503&g_menu=022600

http://news.mk.co.kr/outside/view.php?year=2009&no=456063

http://weekly.hankooki.com/lpage/coverstory/201003/wk20100331094941105450.htm

http://www.fashionbiz.co.kr/BR/?cate=2&idx=115759

http://www.kmarketing.or.kr/

http://www.munhwa.com/news/view.html?no=2009070701031624316002

1 아름다운 커피의 유통경로관리를 적절하게 기술하지 않은 것은(부록 13-1 "아름다운 커피의 유통전략"에서)?

① 생산자와의 협력   ② 외주협력사의 관계관리

③ 채널 간 경쟁위험 상존   ④ 브랜드 간 경쟁위험 상존

2 동아제약이 박카스F를 편의점에 제공하고 박카스D를 약국에 공급하는 전략은 무엇을 이용한 유통전략인가(도입사례 "마트와 약국 사이 박카스의 딜레마"에서)? 가장 적절한 답을 고르시오.

① Joint Business Plan   ② Private Brand 전략

③ multi-brand 전략   ④ Sub-brand 전략

3 유통경로 설계의 일반적인 원칙은 (   )을 줄이기 위해 주요 유통경로를 (   )로 푸시하는 것이다. 다음 중 (   ) 안에 들어갈 내용으로 옳은 것은?

① 유통채널, 로우터치 채널

② 비용, 로우터치 채널

③ 비용, 하이터치 채널

④ 유통채널, 하이터치 채널

4 타미힐피거의 유통전략 상 문제점은(박스사례 "타미힐피거의 문제"에서)?

① 높은 가격   ② 대형마트 진출

③ 대리점 체제의 붕괴   ④ 백화점만을 고집

5 계약을 맺은 제조업체의 제품만을 취급하고 판매하는 판매 채널은?

① 직접채널   ② Direct sales force

③ 대리점   ④ 인터넷

6 제조업체가 자사의 온라인 홈페이지를 통해 고객에게 판매하는 채널은?

① 직접채널   ② Direct sales force

③ 대리점   ④ 오픈마켓 채널

7 유통경로 관리자가 유통경로 설계를 위해 세 번째 단계에 해야 할 일은 무엇인가?

① 유통경로 설계에 대한 필요성 인식

② 유통경로 구조 개발

③ 유통경로 구성원 선택

④ 유통경로 설계에 영향을 미치는 요소 구체화

8 월마트 매장에서 델의 숍인숍 매장은 델의 어떤 점을 보강하기 위한 것인가?

① 유통세분화   ② 서비스관리   ③ 경로관리   ④ 생산관리

9 일반적으로 유통밀도$^{distribution\ intensity}$가 높을수록 채널관계의 친밀함도 더 (　)
것이다. 다음 중 (　) 안에 들어갈 내용으로 옳은 것은?

① 가까워질   ② 세련될   ③ 느슨해질   ④ 강렬해질

10 다음 중 유통경로 설계전략과 관련한 시장의 특성은?

① 시장경쟁   ② 위치편리성   ③ 시장명성   ④ 시장강도

11 시장지리에 대한 설명으로 옳은 것은?

① 제조업체와 시장 간의 거리가 멀수록 물류비용이 낮아진다.

② 제조업체와 시장 간의 거리가 멀수록 간접유통이 바람직하다.

③ 제조업체와 시장 간의 거리가 멀수록 직접유통이 바람직하다.

④ 제조업체와 시장 간의 거리가 멀수록 물류에 특화된 기능을 하는 유통업체는 바람직하지 않다.

12 시장밀도에 관한 설명으로 옳은 것은?

① 시장밀도가 높으면 소매에 관련된 비용이 적다.

② 시장밀도가 높으면 소매에 관련된 비용이 많다.

③ 지리적 영역 내 중간상의 수가 시장밀도에 영향을 미친다.

④ 도매상에 대한 소매업체 비율이 시장밀도에 영향을 미친다.

13 시장밀도에 관한 설명으로 옳은 것은?

① 시장밀도가 높을수록 제조업체의 소매기능에 대한 아웃소싱이 바람직하다.

② 시장밀도가 높을수록 생산과 유통이 분리되는 것이 옳다.

③ 시장밀도가 높을수록 제조업체의 소매기능에 대한 수직통합이 효율적이다.

④ 시장밀도와 제조업체의 아웃소싱은 관계가 없다.

14 시장크기에 관한 설명으로 옳은 것은?

① 시장크기가 클수록 물류비용이 낮아진다.

② 시장크기가 클수록 간접유통이 바람직하다.

③ 시장크기가 클수록 직접유통이 바람직하다.

④ 시장크기가 클수록 물류에 특화된 기능을 하는 유통업체가 바람직하다.

15 입점비에 대한 설명으로 옳은 것은?

① 신제품 판매와 관련된 제조업체의 위험을 보상하는 돈이다.

② 제조업체는 입점비가 소매상에 더 큰 힘을 부여한다고 믿는다.

③ 입점비는 신제품에 대한 촉진수단으로 쓰일 수 없다.

④ 입점비는 중소업체에 비해 거대 제조업체에 불리하다.

---

1 ④　　2 ④　　3 ②　　4 ②　　5 ③　　6 ①　　7 ④　　8 ②　　9 ③

10 ②　　11 ②　　12 ①　　13 ③　　14 ②　　15 ②

복수유통경로와 옴니채널

제 **14**장

소비자는 온·오프 넘나드는 '멀티쇼핑'
유통업계는 옴니채널 시도

최근 유통업계에 '멀티쇼핑족' 열풍이 거세다. 오프라인이면 오프라인, 온라인이면 온라인 채널만 이용하던 과거 소비 행태와 달리 여러 유통채널을 동시에 이용하는 고객이 늘어나고 있다. 기존에 존재하던 유통채널의 '탈脫경계화'가 급격하게 이뤄지는 양상이다.

이마트 고객 분석팀에서 지난 5월 한 달 동안 이마트 포인트카드 가입

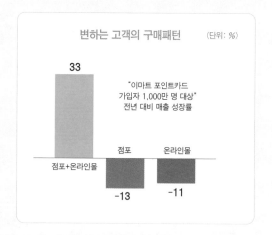

변하는 고객의 구매패턴 (단위: %)

33
"이마트 포인트카드 가입자 1,000만 명 대상" 전년 대비 매출 성장률

점포 온라인몰
점포+온라인몰
-13 -11

자 1,000만 명을 조사한 결과 점포와 온라인몰을 동시에 활용하는 고객은 전년 대비 33%나 증가했다. 반면 점포만 찾거나 온라인몰만 이용하는 고객은 각각 13%, 11% 줄어들었다. 특히 점포와 온라인몰을 동시에 이용하는 고객 중 20~40대 여성 비중이 67%로 가장 높게 나타났다. 점포만 이용하는 고객 중 20~40대 여성 비중(50%)보다 높다. 이 같은 결과는 대형마트 주요 고객이 20~40대 여성인 점을 고려하면 온·오프라인을 같이 이용하는 패턴이 일상적인 소비경향으로 자리 잡고 있다는 사실을 보여준다.

소비자 구매 패턴이 이미 변하기 시작한 이상 향후 멀티채널 쇼핑은 막을 수 없는 대세이다. 따라서 대형마트, 백화점 등 기존 유통 강자들이 온·오프라인이 융합된 유통모델에 대한 투자를 강화하고 있다. 온라인과 오프라인 경계를 허물고 각 유통채널의 특성을 이용한 통합적 옴니채널을 앞세워 불황 극복을 시도하고 있다.

롯데마트는 노원구 중계점에 대형마트 최초로 '드라이브 앤 픽 서비스'를 오픈했다. 롯데그룹 측이 강조하는 '옴니채널'을 마트에도 구현했다. 모바일 앱이나 PC로 상품을 주문한 뒤 수령 가능 날짜와 시간을 선택하고, 매장 내 마련된 드라이브 앤 픽 데스크를 방문해 물건을 받는 신개념 옴니채널 서비스다. 국내 햄버거 가게 등 패스트푸드점에서 주로 사용되던 드라이브 스루(승차구매)처럼 운전 중인 자동차 밖으로 나가지 않고도 주문한 상품을 바로 건네받을 수 있는 것이 특징이다.

롯데백화점 관계자는 "주문은 온라인백화점에서 하고 물품은 저녁 늦게 인근 편의점 무인점포에서 찾아가는 '옴니채널'도 곧 활성화할 것"이라며 "온·오프라인을 통합한 '하이브리드 쇼핑'시대가 찾아올 것에 대비하고 있다"고 말했다.

신세계도 원하는 상품을 온라인과 모바일을 통해 '간편·저렴·당일수령'이 가능한 옴니채널 서비스 '매직픽업'을 강화하고 있다. 신세계 통합 온라인 쇼핑몰 'SSG 닷컴'에서 백화점 판매상품을 구매하면 배송을 기다리지 않고 시간에 맞춰 찾을 수 있다. 홈플러스 역시 온라인에서 미리 주문 후 퇴근 시간 이후 등을 활용해 물건을 받는 '픽업 서비스'를 강화하는 옴니채널서비스를 실시하고 있다.

유통업계가 옴니채널 강화에 적극 나서는 이유는 시간에 쫓기는 현대인들이 늘어나면서 소비패턴이 변하고, 새로운 유통 서비스에 대한 요구가 늘고 있기 때문이다. 예전에는 대형마트 방문이 이것저것 살펴보면서 물건을 사는 '쇼핑개념'이 강했지만 최근에는 동네 곳곳에 늘어난 기업형 슈퍼마켓과 온라인몰 등에서 제품을 구매하는 경향이 두드러진 점이 고려됐다.

특히 맞벌이 부부나 1인 가구 증가로 쇼핑 시간을 투자할 수 없거나 온라인 주문을 통해 간편하게 쇼핑을 하더라도 상품 수령을 위한 시간이 일정치 않은 소비자들이 늘어난 점도 옴니채널 활성화 요인으로 지목된다. 맞벌이 부부와 1인 가구 비중이 높고, 선진화된 유통 시스템을 가진 유럽과 북미 대형마트 시장에서는 2000년대 초반부터 옴니채널 관련 서비스를 상용화하고 있다. H&M의 경우, 뉴욕 맨해튼에 팝업스토어를 개장해 소비자들이 옷을 입어보거나 컨설팅을 받고 온라인으로 주문하면 2~3일 이내에 무료 배송하는 온·오프 통합 옴니채널을 구축하고 있다.

〈디지털 인사이트〉 2021/4/8 〈머니투데이〉 2015/9/1 〈아시아경제〉 2013/12/10 기사 편집

1 복수유통경로

복수유통경로는 유통경로 구성원이 다양한 채널을 이용하여 재화와 서비스를 고객에게 제공하는 것으로, 즉 소비자에게 도달하기 위해 하나 이상의 유통경로를 이용하는 것을 말한다. 점포형 소매업 및 무점포형 소매업을 동시에 이용하여 고객에게 정보의 제공 및 구매 전 시험 등의 기능을 각각 다른 채널을 이용하여 제공하는 복수채널의 이용이 높아지고 있는 추세다.

과거에는 대부분의 기업이 단일시장을 위한 하나의 유통경로를 이용했으나, 최근에는 시장세분화가 가속화되고 다양한 유통경로의 활용이 가능해짐에 따라 많은 기업들이 각 세분시장에 진출하기 위해 우편주문, 인터넷, 소매상 등을 혼합한 복수유통경로를 채택하고 있다.

인터넷 상거래의 발달로 소비자들은 이제 온라인을 통해 쉽게 정보를 찾고 편리하게 제품을 구매할 수 있게 되었다. 하지만 인터넷 쇼핑의 등장 초기에 온라인 쇼핑이 오프라인 쇼핑을 대체할 것이라는 예측은 일어나지 않고 있다. 오프라인 채널의 시장 규모는 온라인 채널보다 4배 이상 크다(통계청 2020). 온라인 채널의 약진에도 불구하고 고객들은 여전히 오프라인 채널에서 훨씬 더 많이 소비를 하고 있는 것이다.

단일유통경로에서 복수유통경로로 이동하는 이유는 간단하다. 단일유통경로만을 이용할 때의 한계점을 줄이고 기업의 시장 커버리지를 증가시킬 수 있기 때문이다. 시장에는 다양한 유형의 소비자가 존재하여 단일유통경로는 이용 가능한 거래량의 절반 이상을 차지하지 못한다. 따라서 세분화된 시장의 다양한 소비자를 만족시키기 위해서는 복수유통경로를 이용하는 것이 유리하다.

온라인마케팅의 성장과 더불어 유통경로 구성원들은 인터넷을 이용하여 소비자에게 재화와 서비스를 직접 제공하거나, 정보제공의 채널로 온라인 채널을 이용하여 기존의 점포형 및 무점포형 소매업을 지원하는 등 다양한 형태의 복수유

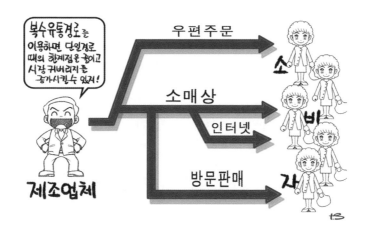

통경로를 이용하고 있다.

　중요한 것은 복수유통경로들이 서로 간에 시너지를 창출해야 한다는 것이다. 예를 들어, 인터넷의 영향이 지속적으로 늘어 조만간 전체 소비 중 50% 이상이 온라인상 정보검색에 영향을 받을 것으로 예상된다. 따라서 소비자에게 온라인 채널을 통해 유용한 정보를 제공하고 점포형 및 무점포형 소매업(온라인 채널 포함)을 통해 구매하게 하는 복수유통경로 전략도 유용한 전략의 하나가 되겠다. 유통경로 구성원의 복수유통경로의 이용은 크게 유통업체의 복수채널 제공과 제조업체의 복수채널 이용으로 나누어볼 수 있다.

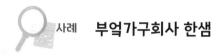

부엌가구회사 한샘의 복수유통채널 전략

국내 부엌가구시장에서 대기업 브랜드의 점유율은 15~20%에 불과하다. 나머지는 중소
사업자들이 차지하고 있는 이른바 비#브랜드시장이다. 한샘이 매출액 5,000억 원의 벽을
극복하려면 전체 시장의 약 80%에 해당하는 중저가시장의 점유율 확대가 필수적이었다. 한
샘은 2000년대 들어 '밀란', '인텔' 등 중저가 부엌가구 브랜드를 선보였다. 하지만 기존 대
리점 체제를 고수하는 바람에 가격경쟁력에서 우위를 확보하지 못했다.

한샘은 2008년 본격적인 중저가시장 공략을 위해 핵심역량인 대리점 중심 유통시스템을
대대적으로 손보는 '필승 카드'를 꺼냈다. 본사가 대리점을 거치지 않고 인테리어 전문점을
상대로 직접 영업하는 'IK(Interior Kitchen)사업'이었다. 이 결과 유통채널이 '본사-대리점-
인테리어 전문점'에서 '본사-인테리어 전문점'으로 단순해졌다. 저가제품과의 가격 격차도
10%대로 줄었다.

한샘은 IK사업이 정체를 보이자 새로운 혁신을 시도했다. IK사업 성장 정체의 원인이 본사
의 고객 상담 프로세스 내 '병목현상'에 있다는 결론을 내렸다. 고가 제품을 판매하던 방식
으로 인테리어 전문점을 상대하다 보니 영업사원의 업무 부담이 급증했고, 매출성장세도 둔
화되는 부작용이 나타난 것이다. 한샘 TF는 국내 아파트 거주자의 80%가 20~30평형대에
살고 있으며 중소형 아파트의 부엌구조는 대부분 'ㄱ자'나 'ㄷ자'형이라는 사실에 주목했다.
고객의 부엌 치수를 입력하고 적합한 부엌가구 세트를 컴퓨터에서 고를 수 있게 만든다면
영업사원의 고객상담 프로세스를 크게 줄일 수 있었다.

한샘은 30년 부엌가구 제조 경험을 통해 국내 아파트 부엌에 맞는 4,800가지 부엌가구
세트 모듈을 개발했다. 생산공정도 이 모듈에 맞게 단순화했다. 한샘은 이를 토대로 올해 7
월 '한샘이노INNO' 브랜드를 선보였다. 고객이 컴퓨터 화면에서 7, 8회 클릭하면 원하는 부
엌가구 세트를 골라 곧바로 견적상담까지 할 수 있게 됐다. 시공에 품이 많이 들어가는 군더
더기 제품 디자인도 없앴다. 그 결과 상담부터 시공까지 사나흘이면 끝났다. 시공시간도 8시
간에서 6시간 정도로 줄었다. 정오에 작업을 시작해도 오후 6시면 작업을 끝낼 수 있어 고객
의 저녁시간을 방해하지 않게 됐다.

한샘은 이 같은 핵심역량과 IK사업, 급성장하는 온라인 사업, 인테리어 직매장 사업의 3대

성장동력을 통해 연매출 1조 원 시대에 도전하고 있다. 한샘은 당분간 생산라인에 투자할 계획이 없고 생산직보다 유통 서비스 담당 직원이 더 많은 인테리어 가구 및 건자재 유통회사를 지향하고 있다.

한샘의 시장확대 전략

구분	밀란	인텔	네오(NEO)	IK(인테리어키친)	한샘INNO(한샘이노)
출시시점	2001년	2004년	2006년~현재	2008년~현재	2010년 7월
유통구조	한샘-대리점-소비자	한샘-대리점-인테리어 제휴점-소비자		한샘-인테리어 제휴점-소비자	
목표고객	상위 10%(브랜드시장)		상위 30%(브랜드시장)	상위 40%(브랜드시장)	상위 50%(브랜드시장)
특징	한샘 역대 베스트 부엌제품	인테리어 업체 제휴 시스템 도입	가격혁신 통한 시장확대	유통혁신 통한 시장확대	비즈니스 프로세스 제품, 가격혁신
단점	원가경쟁력 저하	유통구조가 복잡하고 대리점, 제휴점, 소비자 모두의 만족도 떨어짐		비즈니스 프로세스 전반의 혁신부족으로 원가 및 업무부담 상승	-
목표시장	소비자시장(부엌가구만을 교체하는 수요)			리모델링시장(리모델링 공사의 일부로 부엌 공사)	

〈뉴스토마토〉 2018/5/10, 〈동아일보〉 2010/8/28 기사 편집

2 복수유통경로 설계 시 고려사항

복수유통경로를 이용하려면 여러 가지 점을 고려해야 한다. 첫째, 각 채널 간 영역의 구분을 고려해야 한다. 예를 들어 직접 판매 채널과 무점포형 채널을 이용한다면, 무점포형 채널을 통해 판매하는 제품과 직접채널이 차별화된 제품을 제공할 것인지, 아니면 겹치는 제품을 제공하여 경쟁을 유발할 것인지 구색에 관한 결정을 해야 한다.

미국의 최대 서점인 반스앤노블의 경우, 오프라인 매장에는 인기 있는 주력상품 위주로 배열하고 온라인매장에는 비주력상품을 배열하는 차별화된 제품을 제공하는 전략을 취하고 있다. 1년에 몇 권 팔리지 않는 많은 수의 비주력제품을 진열공간의 제한이 없고 운영경비가 저렴한 인터넷 채널이 담당하는 것은 합리적인 전략으로 보인다. 실제로 비주력제품의 매출비중이 주력제품의 매출비중에 버금가기 때문에 온라인과 오프라인을 동시에 이용하며 채널별로 차별화된 제품 구색을 제공하는 것은 채널의 시너지를 증진시킬 수 있는 방안으로 보인다.

둘째, 만약 겹치는 제품을 제공하는 경우, 가격은 어떻게 책정할 것인가 하는 문제를 고려해야 한다. 같은 가격으로 제공할 것인가, 아니면 다른 가격체계를 적용할 것인가의 결정이다. 같은 가격으로 제공할 경우 각 채널 간의 브랜드 내 경쟁intra brand competition 문제나 이로 인해 발생하는 수직적 갈등(제조업체-소매업체)을 해결하는 방안 또한 모색해야 한다.

셋째, 채널 간 경쟁 유발을 자제해야 할 경우 채널들의 통합 정도를 고려해야 한다. 예를 들어, 인터넷에서 정보를 찾은 후 다른 채널을 이용하여 구매하게 하여 인터넷 채널을 다른 무점포형 채널의 보완적 역할을 하도록 하는 것이 있다. 이 경우, 유통경로 설계 시 인터넷을 적극적으로 이용할 필요가 있다. 따라서 각 채널의 통합 정도를 결정해야 한다.

넷째, 각 채널의 장단점 및 기능의 효율성을 분석하여 각 채널이 효율적으로 할 수 있는 기능만을 모아서 유통경로를 설계할 수 있는가를 고려해야 한다. 단일채널에 모든 기능을 실행하도록 하는 유통경로를 구성할 경우에는 많은 비용이 소모되거나, 모든 기능을 효과적으로 실행할 수 없는 단점이 있다. 예를 들어, 카탈로그 채널은 고객획득에는 효율적이지만 판매 및 서비스 제공에는 적합하지 않다. 따라서 판매 및 서비스에 적합한 채널과 카탈로그를 이용한 유통경로를 설계하면 좀 더 효율적으로 고객에게 상품을 제공할 수 있다. 따라서 한정된 기능을 효율적이고 효과적으로 할 수 있는 채널들을 통합하여 유통경로를 설계할 수 있는지 모색해야 한다.

3 복수유통경로의 형태

1. 유통업체의 복수유통경로 이용유형

복수유통경로의 유형은 크게 점포형 채널과 무점포형 채널의 결합, 무점포형 채널 내에서의 복수채널, 그리고 점포형 채널 내에서의 복수채널 등 세 가지로 구분할 수 있다. 첫번째 유형은 전통적인 점포형 소매점이 무점포형 채널을 추가하거나 순수 무점포형 소매점이 점포형 소매업으로 진출하는 경우다. 미국의 대부분의 백화점들은 카탈로그를 발행한다. 카탈로그의 목표소비자는 부유한 그룹의 사람들이다. 따라서 메이시백화점은 카탈로그를 통해 매우 값비싼 브랜드를 전시·판

카탈로그와 인터넷의 복수채널을 사용하는 델.

매하고 백화점 매장에서는 상대적으로 값싼 브랜드를 판매한다. 그러나 무점포형과 점포형 소매업은 서로 다른 구조로 인해 통합과 조정에 많은 시간과 비용이 소요되며 채널 간 갈등이 발생할 가능성이 높은 단점이 있다. 예를 들어 아모레퍼시픽이 온라인 채널에서만 판매하는 온라인 전용 화장품을 아모레퍼시픽의 오

프라인 가맹점에서 찾는 고객들이 많아지면서 가맹점주들이 해당 상품의 공급을 요청했으나 본사에서는 이를 거절하여 갈등이 발생하기도 했다(MBC 뉴스데스크 2020/1/11).

두 번째 유형은 무점포 소매업체의 멀티채널전략으로 무점포형 채널을 추가하는 경우다. 예를 들어, 방문판매기업이 인터넷 쇼핑에 진출하거나, TV 홈쇼핑 업체가 카탈로그와 인터넷 판매에 나서는 경우를 들 수 있다. 무점포 소매업체는 무점포형 소매의 노하우를 가지고 있으므로 적은 비용으로 새로운 무점포형 채널을 추가할 수 있다. 1990년대 말 인터넷 쇼핑의 붐이 꺼져 수많은 인터넷 소매업체들이 사라져갈 때, 이전에 무점포형 소매업의 노하우 및 인프라를 이미 구축하고 있었던 카탈로그 소매업체들은 많은 수가 살아남을 수 있었다.

반대로 인터넷 소매업체로 출발하여 무점포형 채널이나 점포형 채널을 추가하는 경우가 있다. 예를 들어, 카탈로그를 추가하여 복수유통경로를 활용하는 소매업체도 있는데, 바로 아마존닷컴이 대표적인 기업이다. 아마존닷컴은 순수 인터넷기업이지만 고객 유치$^{lead\ generation}$를 위해 카탈로그를 사용한다. 예를 들어, 나무나 화분 같은 상품들의 판매를 시작할 때에는 카탈로그를 만들어 예상고객에게 보낸다. 이들 상품의 사진들이 고객의 관심을 끄는 데 효과적이기 때문이다.

또한 아마존은 미국의 동네서점들과 제휴하여 전자책리더 '킨들'을 판매하고 있다. 킨들을 동네서점에 아마존 소매가에서 35% 할인된 가격에 판매하여 동네서점은 아마존과 똑같은 가격에 판매하거나 조금 할인된 가격에 판매할 수 있도록 했다. 또한 향후 동네서점에서 킨들을 구매한 고객이 아마존에서 전자책을 구매한 경우에 아마존은 수수료로 동네서점에 소매가의 10%를 지불하도록 했다. 이러한 아마존의 정책은 그동안 약했던 점포형 소매채널을 대폭 강화시키는 결과를 가져왔다.

세 번째 유형은 점포형 유통 내에서의 채널을 다변화하는 경우다. 영국의 대표적 대형마트인 테스코는 'Fresh & Easy'라는 세미 디스카운트 스토어를 선보이고, 국내의 대형마트인 롯데마트, 홈플러스, 이마트 등은 기업형 슈퍼마켓(SSM)

을 신규 출점시키면서 대형마트가 수용하지 못하는 고객을 흡수하고 있다. 롯데마트와 홈플러스가 공격적으로 기업형 슈퍼마켓을 출점시키는 반면, 신선식품을 저가에 판매하여 고객을 끌어들이는 전략을 쓰고 있는 이마트는 기업형 슈퍼마켓 출점에 상대적으로 소극적인 태도를 보이기도 했다.

2. 제조업체의 복수유통경로 이용형태

제조업체의 복수유통경로의 가장 일반적인 형태는 고객을 법인고객과 일반소비자로 나누어 기업고객은 직접 판매 채널이 담당하고 일반소비자는 대리점이나 유통업체의 유통망을 통해 판매하는 유형이다. 대부분의 대규모 제조업체들이 이 유형을 이용하고 있다.

일반소비자를 대상으로 한 복수유통경로는 점포형(프랜차이즈 가맹점, 유통업체의 유통망)과 무점포형(인터넷, 카탈로그 및 홈쇼핑)을 조합하여 여러 가지 형태로 나타나고 있다. 나이키는 인터넷과 유통업체의 유통망을 이용해 제품을 제공하고 있다. 델은 인터넷 채널을 통해 상대적으로 저렴한 브랜드를 팔고 고가 브랜드는 카탈로그 채널을 통해 제공하고 있다.

인터넷과 대리점의 복수채널을 이용하는 제조업체로는 삼성전자가 있다. 삼성전자는 카테고리 킬러나 대형판매점과 같이 유통업체의 점포망을 이용하는 것뿐만 아니라 인터넷과 대리점을 이용하여 제품을 제공한다.

🏪 4 복수유통경로의 어려움

복수유통경로는 단일유통경로의 단점들을 보완하여 시장 커버리지를 증가시키고 경로비용 감소 등의 이득을 제공하고 있다. 그러나 제조업체의 복수유통경로는 소매업체의 복수유통경로의 이용과는 달리 경로관리에 여러 가지 어려움을 안고 있다(참조 부록 14-1 "유통채널 변화의 어려움: 타파웨어" 참조).

첫째, 복수유통경로 이용 시 채널 간의 브랜드 내 경쟁은 갈등을 불러일으킬 수 있다. 서울우유는 대형마트에는 직접 납품하는 직접채널을 이용하고, 슈퍼마켓에는 자사의 대리점을 통해 공급하는 복수유통경로를 이용하고 있다. 대리점을 통해 공급받는 슈퍼마켓은 대리점의 마진 때문에 대형마트보다 높은 구매가를 지불해야 하므로 서울우유와 갈등을 빚고 있다(제9장 박스 사례 "슈퍼마켓협동조합, 서울우유의 가격차별 규탄" 참조).

둘째, 복수유통경로의 무임승차효과라는 문제가 있다. 무임승차free riding란 매우 적은 서비스를 제공하면서 많은 서비스를 제공하는 경로 구성원의 노력에 기대어 상품을 판매하려는 유통경로 구성원의 행동을 말

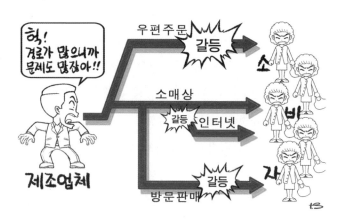

복수유통경로 관리의 어려움

한다. 복수유통경로의 경로 구성원들은 다른 구성원들과 의무를 공유하지 않고 운영할 수 있다. 예를 들어 온라인 쇼핑몰의 경우, 신용카드 할인혜택과 포인트 적립 등을 통해 할인된 가격을 누릴 수 있기 때문에 오프라인 매장에서 먼저 물건을 확인한 후, 온라인에서 구매하는 소비자가 늘고 있다(박스 사례 "백화점에서 구경하고 구매는 인터넷에서" 참조).

셋째, 복수유통경로 이용 시 각각의 유통경로를 관리하고 통제하는 것이 어렵다. 대부분의 기업들이 복수유통경로를 이용하고 있지만 문제는 경로 구성원들과의 관계를 관리하는 것이 어렵다는 것이다. 경로를 아무리 잘 설계하고 관리한다고 하더라도 독립적인 사업체들의 이해관계는 항상 일치하지 않는다. 각 유통경로 구성원이 경쟁업체에 소비자를 뺏길 수 있다는 위협을 느낀다면 그 경로 구

성원들은 경쟁업체와 거래하는 경로 파트너와 경로갈등을 일으킬 것이다. 소매업체의 경우 복수채널을 직접 소유하여 운영하는 경우가 많아 이러한 갈등의 소지가 상대적으로 적다.

사례 백화점에서 구경하고 구매는 인터넷에서 vs 인터넷 구매 후 백화점 픽업 서비스

백화점이나 일반매장에서 제품을 확인하고, 실제 구매는 온라인 쇼핑몰에서 하는 쇼루밍족이 늘고 있다. 같은 제품이라도 쿠폰 등을 활용하면 백화점보다 10%가량 싼값에 물건을 살 수 있는 장점이 있어 최근 관심이 높아지고 있다.

상품수령 후 낭패를 보는 일이 잦았던 온라인 구매의 한계를 극복하기 위해, 일반매장에서 유사한 상품을 직접 착용해보는 등 상품 확인 과정을 거쳐 불안감을 해소하고 상품구매에 확신을 얻고자 하는 소비자가 늘면서 이 같은 현상이 두드러지게 나타나고 있는 것이다. 특히 온라인 쇼핑몰 구매 시 매장에서는 적용이 안 됐던 타사 제휴카드 할인이나, 포인트 및 적립금 사용을 통해 시중가격보다 할인된 가격과 부가 혜택을 누릴 수 있는 점은 합리적인 소비자들의 쇼핑을 부추기고 있다.

백화점 전자제품 브랜드 매장의 샵마스터들은 최근 들어 방문고객의 제품 구매 비율이 예년 대비 20% 정도 줄어들었다고 밝혔다. 상품 확인이나 문의는 이전보다 훨씬 자세하고 까다로워진 반면에 정작 구매율은 떨어지고 있다는 것. 쇼핑번화가에서 의류매장을 운영하고 있는 매니저들도 "많은 상품을 바꿔 착용해보고 어울리는 소품까지 모두 꺼내 살펴보더니 결국 가격만 물어보고 매장을 떠나는 고객이 부쩍 늘었다"며 하소연했다. 온라인 쇼핑을 즐기는 고객들은 "온라인상의 정보만 보고 구매했던 상품이 기대와 달랐던 적이 있어 최근에는 구매 전에 매장에서 유사상품들을 한 번씩 확인해 보는 편"이라고 말한다.

이전까지의 인터넷 쇼핑몰 이용자들이 저렴한 가격과 쇼핑편의를 가장 최우선으로 여겼다면 최근엔 수고를 감수하더라도 좋은 품질의 상품을 저렴한 가격으로 구매하고자 하는 합리적 소비가 늘고 있는 것이다. 소비자들의 이 같은 쇼핑패턴 변화로 일반매장은 다양한 할인 행사와 방문고객 이벤트 등이, 온라인 쇼핑몰은 간접체험 극대화를 위한 다각도 상품 정보제공 방안을 모색하기 위한 노력이 더 요구되고 있다

최근 소비 트렌드 중 하나인 쇼루밍에 대응하기 위한 한 대응책으로 일부 유통업체들은 온·오프라인을 이용한 통합 매장전략을 도입했다. 온라인으로 주문한 제품을 해당 매장에서 찾아갈 수 있는 소위 역쇼루밍 서비스를 제공하기 시작한 것이다. 이는 오프라인 매장에서 제품을 보고 온라인에서 최저가 상품을 구입하는 현상이 심해지면서 관련 수요를 잡기 위한 시도로 해석된다.

미국의 월마트와 타겟은 온라인으로 주문하고 매장에서 픽업해 가는 픽업시스템을 빠르게 확대하고 있는데 월마트의 미국 내 4,700여 매장 중 3,450매장에서 픽업 서비스를 제공하고 있으며, 타겟도 그로서리 픽업서비스를 전국적으로 확대했다.

갤러리아백화점은 최근 화장품, 국내 패션, 스포츠 등 일부 매장에서 '픽업 스토어' 서비스를 시작했다. 픽업 스토어란 소비자가 할인쿠폰 등을 이용해 온라인 몰에서 구매한 제품을 해당 매장에서 찾아가도록 만든 서비스를 뜻한다. 롯데백화점도 비슷한 서비스를 도입하고 점차 전면적으로 확대하고 있다. 온라인몰 '엘롯데' 제품 배송방법 중 매장 픽업 서비스를 포함시켰다.

한화갤러리아 관계자는 "쇼루밍은 백화점으로선 오프라인에서 온라인으로 고객 동선이 이동한 후 끊긴다는 단점이 있다"며 "픽업 스토어는 이를 한 번 더 매장으로 끌어들여 관련 수요를 일으키려는 목적이 있다"고 설명했다.

〈신세계그룹〉 2020/9/10, 〈매일경제〉 2013/12/4, 2013/1/30, 2009/5/21 기사 편집

[5] 복수유통경로 사용 시 발생하는 갈등의 축소방법

유통경로 구성원 전체의 통합된 노력이 있어야만 경로의 성과를 증진시킬 수 있다. 이러한 유통의 특성을 고려해볼 때, 복수유통경로 이용 시 발생할 수 있는 갈등을 줄여야만 유통경로 구성원 모두가 이익을 볼 수 있다. 복수유통경로를 사용할 경우에 발생하는 갈등의 축소방법에 대해 알아보자.

1. 유통경로 간 다른 제품을 취급하는 방법

나이키는 인터넷을 통해 상대적으로 비싼 프리미엄브랜드를 팔고 저가브랜드는 오프라인 스토어를 통해 팔고 있다. 예를 들어, 나이키는 인터넷 채널을 프리미엄브랜드의 주요 통로로 사용하고, 유통업체의 점포는 상대적으로 저가제품의 판매통로로 이용하고 있다. 유통경로 간 판매되는 브랜드 유형이 조금 다르기 때문에 나이키는 잠재적인 유통경로 간의 갈등을 줄일 수 있다.

어린이용 비디오게임을 파는 회사인 해즈브로^{Hasbro}(Video Case)는 비디오게임을 만들어 복수의 점포형 소매상을 통해 판매한다. 소형 소매점은 대형 소매점에 비해 대량구매 시 얻을 수 있는 구매가격할인효과를 기대하기 힘들므로 대형 소매점과의 직접적인 경쟁 시 불리하다. 그러므로 토이저러스, 월마트나 타겟 같은 대형 판매점에는 게임팩, 플레이어, 가방 등을 따로 판매하게 하고, 소규모 장난감 소매상에게는 이를 하나로 묶어서 묶음제품^{bundled product}으로 판매하도록 하고 있다. 소매상은 각기 파는 제품이 다르므로 고객은 가격의 차이를 인식하기 어렵다.

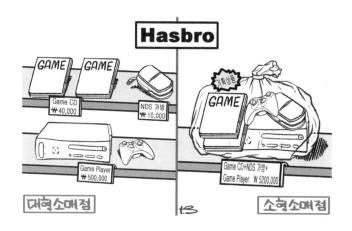

2. 한 채널을 다른 채널의 보조용으로 사용하는 방법

제조업체가 운영하는 채널이 대리점이나 유통업체의 유통망을 보조하는 역할을 하는 경우 서로 경쟁할 필요가 없으므로 갈등이 없다. 오히려 제조업체의 채널이 유통경로 파트너의 사업을 돕는 역할을 하기 때문에 협력을 증진하는 매개체가 되기도 한다.

미국의 자동차 제조업체들은 인터넷 채널을 기존의 프랜차이즈 딜러망을 보완하는 역할로 사용하고 있다. 포드는 포드닷컴에서 포드자동차 소유주에게 자동차에 대한 정보와 대도시 교통정보를 제공한다. 또 정비서비스 예약 등의 서비스를 통해 기존 유통채널인 딜러들의 서비스를 보완하는 역할을 하고 있다. 그리고 포드자동차를 구매하려는 고객이 포드닷컴을 통해 가까운 딜러를 찾는데 정보를 제공한다.

이처럼 각 채널이 서로 협력하는 기능을 통해 유통경로의 효율성을 증진시키는 것을 '복수유통경로의 통합'이라고 한다. 복수유통경로의 통합에 대해 알아보자.

6 복수유통경로의 통합을 통한 옴니채널의 구축

복수유통경로의 통합^{channel integration}을 통해 옴니채널을 구축하는 것은 효율적인 유통경로를 구축하고자 하는 유통경로 구성원들의 중요한 과제다. 옴니채널은 각 채널의 장점들을 이용하여 복수의 채널이 한 번의 판매^{sale}에 동원되는 것을 의미한다. 옴니채널은 현재 주력채널이 무엇이든지 간에 되도록이면 고객이 거래당 비용이 낮은 채널을 이용하도록 유도한다는 유통경로 설계의 기본원칙을 응용한 것이다(제13장 2절 "유통경로 설계의 원칙" 참조).

예를 들어, 카탈로그를 통해 고객의 관심을 획득한 후에 전화로 주문을 접수하기보다는 카탈로그에 온라인 홈페이지 주소를 인쇄하여 고객이 인터넷을 통해 주문을 하도록 유도하는 것이 전화 주문보다는 낮은 비용으로 판매가 가능하다. 고객의 관심을 끄는 고객 확보 기능은 카탈로그가 담당하고, 주문 처리기능은 카탈로그보다 더 효율적(저비용)인 인터넷 채널을 이용하는 것이다. 카탈로그 채널이 인터넷 채널에 비해 고객 확보 기능은 더 효율적이고 주문 처리기능은 인터넷 채널이 카탈로그 채널보다 더 효율적이기 때문에 이 두 채널의 장점만을 결합하여 옴니채널을 구축하는 것이다.

복수유통경로의 통합을 위해 먼저 소비자를 단일채널 이용자와 복수채널 이용자로 나누어보자. 도표 14-1은 유통경로를 대리점이나 유통업체의 점포를 이용하는 소비자와 인터넷을 이용하는 소비자 등 두 개의 카테고리로 나누어 소비자의

도표 14-1 다양한 채널 이용자

이용자	카테고리	%
단일채널 이용자	점포 정보탐색–점포 구매	48.0
단일채널 이용자	인터넷 정보탐색–인터넷 구매	7.6
복수채널 이용자	점포 정보탐색–인터넷 구매	8.8
복수채널 이용자	인터넷 정보탐색–점포 구매	35.6
	합계	100.0

자료: 최자영 논문, 소비자학 연구

단일채널 및 복수채널 이용행태를 분석한 것이다.

단일채널 이용자는 두 형태로 나눌 수 있다. 점포 정보탐색-점포 구매 소비자는 점포만 이용하는 단일채널 이용자로 전통적인 소비자를 말한다. 인터넷 정보탐색-인터넷 구매 소비자 역시 온라인만 이용하는 단일채널 이용자이며 충성스러운 인터넷 구매자이다.

복수채널 이용자는 두 형태로 나눌 수 있다. 점포 정보탐색-인터넷 구매 소비자는 복수채널 이용자로 일종의 무임승차자$^{free\ rider}$라고 할 수 있다. 마지막으로 인터넷 정보탐색-점포 구매 소비자는 리서치 쇼퍼$^{Research\ Shopper}$라고 불리는데, 인터넷 같은 채널에서 제품에 대한 정보를 획득하고 구매는 점포에서 한다. 역시 복수채널 이용자이다.

도표 14-1에서 볼 수 있듯이 단일채널 소비자는 정보탐색과 제품 구매를 오프라인 상점에만 의존하거나 인터넷 채널에만 의존하고 있다. 탐색과 제품 구매를 인터넷 채널에만 의존하는 소비자는 늘고 있는 상황이다. 많은 고객이 복수채널을 이용하고 있는데, 이들 복수채널 이용자를 위해 통합된 유통경로를 제시할 필요성이 있다.

많은 복수채널 소비자는 정보탐색을 위해 인터넷을 이용하며, 제품 구매는 오프라인 상점을 이용하는 것으로 나타났다. 이를 ROPO$^{Research\ Online\ Purchase}$ ^{Offline}라고 하는데, ROPO는 전 세계적으로 동일한 현상으로 나타나고 있다(도표 14-2 참조).

도표 14-2에서 볼 수 있듯이, 대부분의 나라에서 ROPO의 비중이 인터넷 채널의 비중보다 크다. 이는 인터넷이 단순한 소매 유통채널로만 기능하기보다는 정보제공 채널로서의 역할이 막중함을 나타내고 있다. 따라서 인터넷을 이용한 통합된 복수 유통채널의 구성이 적절한 유통경로 전략이라 할 수 있다.

복수채널의 통합을 통한 효율적인 옴니채널을 구축하지 못한 경우에는 하나의 채널만 사용하는 것만 못할 수도 있다. 파산한 글로벌 패션 브랜드 포에버21은 온·오프라인 몰을 연계해 통일된 가격 정책으로 판매하는 것이 아닌 온라인몰

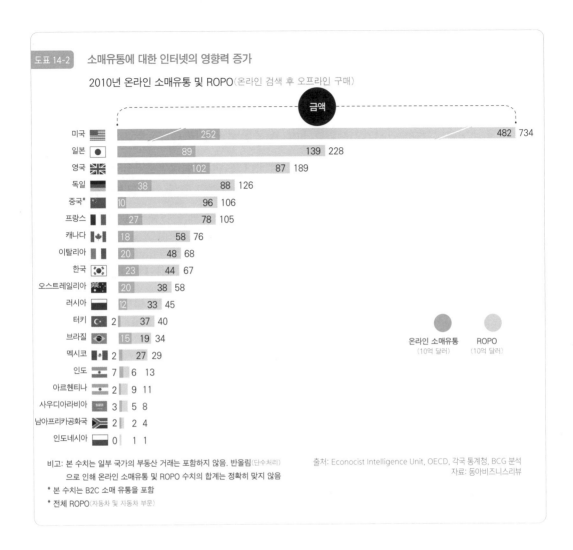

도표 14-2 소매유통에 대한 인터넷의 영향력 증가

2010년 온라인 소매유통 및 ROPO(온라인 검색 후 오프라인 구매)

금액

국가			
미국 🇺🇸	252	482	734
일본 🇯🇵	89	139	228
영국 🇬🇧	102	87	189
독일 🇩🇪	38	88	126
중국* 🇨🇳	10	96	106
프랑스 🇫🇷	27	78	105
캐나다 🇨🇦	18	58	76
이탈리아 🇮🇹	20	48	68
한국 🇰🇷	23	44	67
오스트레일리아 🇦🇺	20	38	58
러시아 🇷🇺	12	33	45
터키 🇹🇷	2	37	40
브라질 🇧🇷	15	19	34
멕시코 🇲🇽	2	27	29
인도 🇮🇳	7	6	13
아르헨티나 🇦🇷	2	9	11
사우디아라비아 🇸🇦	3	5	8
남아프리카공화국 🇿🇦	2	2	4
인도네시아 🇮🇩	0	1	1

온라인 소매유통
(10억 달러)

ROPO
(10억 달러)

비고: 본 수치는 일부 국가의 부동산 거래는 포함하지 않음. 반올림(단수처리)
으로 인해 온라인 소매유통 및 ROPO 수치의 합계는 정확히 맞지 않음
* 본 수치는 B2C 소매 유통을 포함
* 전체 ROPO(자동차 및 자동차 부문)

출처: Econocist Intelligence Unit, OECD, 각국 통계청, BCG 분석
자료: 동아비즈니스리뷰

을 잘 팔리지 않은 이월 상품의 재고 팔이 수단으로 활용했다. 온라인몰과 오프라인 매장을 연계하는 통합전략을 사용하지 않았기 때문에 오프라인 매장과 온라인몰 가격 차이가 커 오프라인 매장을 찾는 소비자는 줄고 제품은 낮은 가격에 주로 판매돼 매출도 줄어드는 상황에 처하게 되었다.

7 옴니채널의 유형

멀티채널을 통합하여 옴니채널을 제공하는 환경으로 조성되면서 옴니채널을 이용한 소비자들은 옴니채널을 통한 구매를 유용한 소비행동으로 인식하여 구매 후 만족도는 멀티채널 이용자보다 높았다(전상민, 2013). 이러한 만족도는 매출로 연결되어 옴니채널을 이용하는 고객은 싱글채널을 이용하는 고객보다 구매량이 월등히 많았다.

도표 14-3 미국의 옴니채널조사를 보면, 옴니채널 이용자는 전체의 7%에 불과하지만 구매량은 전체의 27%을 차지하여 온라인만 이용하는 44%의 고객의 구매량 24% 더 많은 구매량을 나타내고 있다. 이는 유통업체들이 옴니채널 이용자를 대상으로 하는 옴니채널를 구축할 충분한 이유를 보여주고 있다(도표 14-3 참조).

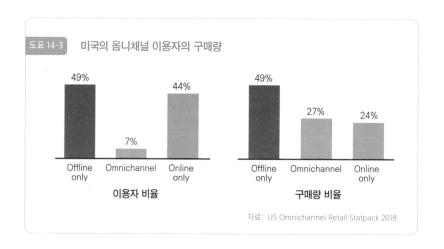

옴니채널의 유형은 크게 점포형 소매업 간의 옴니채널, 무점포형 소매업들 간의 옴니채널, 그리고 점포형 소매업과 무점포형 소매업 간의 옴니채널 등 세 가지 형태로 나타난다.

1. 점포형 소매업을 이용한 옴니채널

편의점(lead generation, 고객 유치)-Direct Sales Force(판매)

편의점을 이용한 고객 확보는 다양한 제품에서 실시되고 있다. GS25는 이전에는 용량이 커서 편의점에 비치하기 힘든 제품은 판매하지 않았다. 하지만 요즘은 스쿠터나 고급승용차 및 고급요트까지 판매하고 있는데, 엄격히 말해 이들 제품 판매를 위한 고객 유치(고객 유인) 기능만을 수행하고 있다.

구매하고자 하는 고객을 확보하기 위해 매장에 해당 제품의 안내지를 비치하고, 비치된 안내지를 보고 고객이 연락처를 남기면 전문상담원이 연락해 상담 및 시승 등을 한 후 구입할 수 있도록 하고 있다(박스 사례 "통 커진 인터넷몰, '주택건설 서비스도 팝니다~'" 참조).

 사례　**통 커진 인터넷몰,"주택건설 서비스도 팝니다~"**

온라인몰의 기세가 갈수록 커지고 있다. 코로나19 장기화로 거리 두기가 일상화되면서 생필품은 물론 고기와 야채, 과일 등 신선식품을 넘어 TV와 건조기 등 가전제품까지 단독으로 직접 기획한 상품을 인기리에 팔고 있다.

또한 최근 할리데이비슨 · 우주여행권 등 '오프라인 전용'이었던 상품이 인터넷몰에서 팔리기 시작하면서 '주택' 거래까지 등장했다. 이번 판매를 통해 국내에서도 온라인 쇼핑을 통한 주택구매시장이 열릴지 주목되고 있다. SK텔레콤 오픈마켓 11번가는 '주택건설 서비스'를 제공하고 있다.

11번가는 건설부지가 있는 고객을 대상으로, 165.34m²(50평)대 주택을 단독으로 공급한다. 총 건설금액은 2억 7,670만 원이다. 11번가를 통해 20~30% 계약금만 납부하면 계약이 체결되며, 잔금 납부는 사용자 옵션에 따라 분할 및 일시불로 선택할 수 있다.

주문 신청 후 담당사원의 부지 방문, 상품 및 설계 협의, 계약 등에 대한 상담이 진행된다.

11번가의 '주택건설 서비스'는 일명 '모듈러Moduler 주택'이라고 불리는 거수형 주택으로, 시공이 편리한 것이 장점이다. 조립식 주택과 비슷한 개념으로 기본 골조와 전기배선, 온돌 등 주택 자재의 80~90%를 공장에서 제작해 현장에서 마무리하는 방식이다. 계약 후 추가비용에 대한 발생이 없는 것도 장점으로 꼽힌다.

모듈러 주택

SK D&D에서 시공을 맡는다. 11번가는 "주택건설 서비스는 인터넷몰 최초로 도입되는 서비스로 11번가가 추구하는 무형서비스 강화 차원에서 도입됐다"며 "앞으로 침체된 건설시장의 성장을 위해 이동식 주택서비스 및 아파트 분양서비스까지 영역을 확대할 것"이라고 밝혔다. 11번가에서는 무상AS 기간도 최장 10년까지 보장해주는 서비스를 제공한다.

〈경향신문〉 2020/11/5 〈조선비즈〉 2010/8/4 기사 편집

2. 무점포형 소매업을 이용한 옴니채널

카탈로그(고객 유치)-인터넷(판매)

판매업체가 고객에게 카탈로그를 보내고, 고객이 카탈로그에 나와 있는 인터넷사이트에 접속해서 제품을 구매하는 형태다. 관심 있는 상품에 관한 카탈로그를 받은 고객은 그 카탈로그를 소지할 가능성이 높다. 또한 비싼(평균 1달러) 프린트 비용으로 고급화된 카탈로그를 쉽게 쓰레기통에 버리기 힘들다. 그러므로 카탈로그는 집안에서 오랫동안 돌아다니게 되고 고객이 그 카탈로그를 한 번 더 볼 확률이 많다.

따라서 카탈로그가 고객 유치에 효율적인 채널이고, 전화 주문을 위해 고용된 전문화된 직원들로 높은 초과비용을 초래할 수 있는 카탈로그보다 인터넷이 주

문 처리에 더 효율적인 점을 이용한 통합유형이다. 예를 들어 아마존닷컴은 정원용 화훼를 새로운 상품으로 판매할 때 정원용 화훼 카탈로그를 만들어 소비자에게 보낸다. 카탈로그를 이용하여 새로운 소비자를 얻고, 그 소비자가 카탈로그에 인쇄된 온라인 홈페이지 주소(인터넷)를 통해 제품을 주문하도록 하는 것이다.

카탈로그를 이용하여 고객의 관심을 획득하고 판매는 인터넷에서

3. 무점포형 소매업과 점포형 소매업을 이용한 옴니채널

무점포형 소매업과 점포형 소매업 간에 다양한 기능을 나누어 시행하는 형태로 나타나며, 이러한 유형은 근래 들어 많이 시도되고 있다.

카탈로그(고객 유치)-점포형 매장(판매)

롯데홈쇼핑은 잠실역에 있는 '롯데홈쇼핑 스튜디오샵'의 서비스를 한 단계 높였다. 제품을 직접 만져보고 착용해본 뒤 바로 TV 모바일 앱(응용프로그램)을 통해 구매, 원하는 장소로 배송받을 수 있다. 롯데홈쇼핑의 방송, 제품, 서비스에 대한 의견이나 건의사항을 매장을 통해 직접 제안할 수도 있다.

　인테리어 업체인 니토리반손 쇼핑은 고객이 매장을 둘러보다가 마음에 드는 상품이 있으면 상품에 있는 바코드를 스캔하여 매장에서 구매하기도 하지만 앱을 이용하여 온라인으로 구매하도록 하는 시스템을 갖추고 있다.

　중국의 식품유통업체 허마는 매장을 판매하는 제품의 질을 고객의 눈으로 확인할 수 있는 중요한 공간으로 취급하고 있다. 허마의 매장은 해산물, 반조리 식품을 취급하는 공간이 넓게 차지하고 야채, 과일, 해산물 등의 신선도를 직접 보고 구매할 수 있다. 허마의 오프라인 매장에서 제품의 품질을 확인하고 구매한 고객 중 50% 이상은 이후 허마를 믿고 모바일 앱으로 주문하여 집으로 배송받는다.

사례 **가전유통도 '초대형 프리미엄' 매장 경쟁**

가전유통 업계는 지난해 하반기 경기 침체 속에서도 초대형 매장, 온라인 연계 등을 강화하며 매출 성장에 성공했다. 롯데하이마트는 2018년 처음 도입한 옴니스토어를 올해 2배 늘리기로 했다. 전자랜드는 전체 매장 가운데 약 절반을 체험형 프리미엄 매장 '파워센터'로 전환한다. 삼성과 LG전자도 지역 거점형 초대형 점포를 확충한다. 주요 가전유통 전문 업체는 올해 초대형 프리미엄 매장을 경쟁적으로 늘렸다. 핵심 상권에 랜드마크 수준의 플래그십 매장을 구축하고, 쾌적한 쇼핑 환경과 체험 강화로 고객 유입 확대를 노리는 것이다.

롯데하이마트의 옴니스토어는 온라인 주문을 할 수 있는 옴니존을 비롯해 전시장 같은 쾌적한 전시, 넓은 휴식공간, 체험기획 확대 등이 특징이다. 지난해 구리점을 시작으로 총 12개 옴니스토어를 만들었고, 신규 옴니스토어를 20개 이상 구축할 계획이다. 고객 방문이 많은 핵심 매장 중심으로 옴니스토어 전환에 박차를 가한다.

전자랜드도 체험형 프리미엄 매장인 '파워센터' 확대에 속도를 낸다. 2017년 전자랜드 용산본점을 파워센터 1호점으로 신장개업한 것을 시작으로 총 34개 매장을 파워센터로 전환했다. 그리고 올해 안에 20~25개 매장을 파워센터로 리뉴얼할 계획을 세웠다. 이를 통해 연말까지 파워센터를 50개 이상으로 대거 늘리는 것이 목표다. 전자랜드 전체 매장 120여 개 가운데 절반 가까이 되는 수치다.

LG전자는 연초부터 LG베스트샵 거점 매장을 프리미엄 옴니 매장으로 바꿔 가고 있다. 지난달 마산본점을 기존 규모보다 약 2배 확장시킨 초대형 매장으로 재 오픈했다. LG베스트샵은 초대형이 아닌 일반 매장도 전시와 구성을 체험형으로 전환하는 리뉴얼 작업을 병행한다.

〈전자신문〉 2019/5/27 기사 편집

카탈로그(lead generation, 고객 유치)-점포형 매장(판매)

이 유형은 카탈로그를 통해 관심 있는 고객을 확보하고, 판매를 위한 상담은 점포형 매장에서 담당하는 것이다. 카탈로그가 고객 유치에 효율적인 채널인 점을 이용한 통합된 유통경로 전략이다.

고급자동차업체의 딜러들은 고객정보를 이용하여 고가의 자동차를 구매할 수 있는 구매파워를 갖춘 고객들에게 주기적으로 카탈로그를 발송한다. 카탈로그를 받은 고객 중 흥미를 느끼는 고객이 딜러에게 연락하면 해당 딜러는 자동차 시승 및 상담을 제공한다.

인터넷 채널(판매)-점포형 매장(pick up)

이 형태는 인터넷으로 판매 시 택배로 고객에게 제품을 배송하던 것을 고객이 직접 판매점에 방문하여 제품을 수령하는 형식을 이용한다. 온라인 쇼핑몰은 점포형 소매업체와 연계해 우유나 과일 같은 신선식품을 이들 점포에 갖다놓았다. 고객이 온라인 상품을 직접 살펴볼 수 있도록 하기 위해서다. G마켓은 고객이 구입한 물건을 택배로 배송하지 않고, 판매자의 오프라인 매장에서 직접 확인 후 수령하는 서비스를 운영하고 있다. 고객이 매장을 직접 방문해 상세한 설명을 듣고, 노트북과 디지털카메라 등 6만여 가지의 제품을 구매하도록 하고 있다.

이마트 또한 인터넷과 점포의 통합을 이용한 유통경로를 설계했다. 이마트는 가정주부가 인터넷 이마트몰에서 주문한 상품을 남편이 퇴근길에 가까운 이마트 점포에 들러 자동차에 탄 채 수령해가는 서비스를 실시하

고 있다. 미국 월마트도 일부 매장에서 이 서비스를 시행하고 있다. 한 번 주문에 3,000~4,000원씩 줘야 하는 배송비가 인터넷 슈퍼의 단점인데, 이 제도는 고객이 직접 배송기능을 실행하게 함으로써 배송비 절감을 통한 가치창출을 시도한 것이다.

이마트24는 사용자가 앱에서 레드/화이트 와인 60여 종을 주문하면 다음날 집 근처 가까운 이마트24에서 픽업하는 방식을 도입했다. 점포에서 와인을 수령할 때 모바일 앱 주문 바코드와 신분증을 제시한 후 결제한다. 주류는 법에 의해 인터넷을 통한 통신 판매가 불가능하고, 대면 판매만 가능하기 때문에 와인을 구매하러 전문매장에 갈 시간이 없는 고객을 위한 옴니채널 서비스를 도입한 것으로 보인다.

인터넷 채널(고객 유치)-점포형 매장(판매)

고객들이 정보를 찾는데 주력으로 쓰이는 채널이 인터넷이므로 제조업체의 인터넷 홈페이지에서 제품에 대한 정보를 제공하고 구매 욕구가 있는 고객은 프랜차이즈 가맹점으로 보내, 가맹점이 판매를 하게 하는 것이다. 인터넷이 정보획득과 제품 판매의 기능을 하지만 인터넷 채널을 정보제공의 소스로만 이용하는 것이다.

제조업체가 인터넷 채널의 판매효율성은 인식하지만 인터넷 채널을 활용하여 직접 제품을 판매할 경우에 나타날 수 있는 가맹점과의 갈등을 고려하여 본사의 인터넷 채널을 가맹점의 판매보조로 이용하여 가맹점과의 협력적 관계를 구축하는 전략이다(박스 사례 'Dell Myth: 유통업자는 사라지지 않는다. 참조).

온라인(판매)-점포형 매장(반품)

무점포형 소매업의 단점 중 하나는 반품이다. 반품은 고객이 구매한 제품의 반품을 위해 제품을 포장하고 택배기관에 배달기능을 의뢰해야 하는 불편이 있다. 이러한 반품의 불편은 고객이 무점포형 소매점으로부터 구매를 망설이게 하는 원인으로 작용하고 있다.

홈쇼핑 채널은 제품 판매를 전담하고, 제품의 반품은 점포형 매장에서 취급하게 하는 기능의 분업을 통해 고객의 편의를 제공한다. 사진의 롯데홈쇼핑은 한때 롯데의 자회사인 한국세븐일레븐을 통해 반품을 수령하는 통합적 경로전략을 사용하기도 했다.

월마트 역시 자사 온라인 몰에서 구매한 상품을 오프라인 월마트 매장에서 반품하는 모바일 익스프레스 리턴스'라는 프로그램을 출시하여 반품의 불편함을 줄이며 고객편의성을 강화했다.

인터넷/카탈로그 채널(판매)-점포형 매장(서비스)

인터넷 채널의 약점 중 하나는 서비스다. 판매에는 매우 효율적인 인터넷 채널은 판매 후 애프터서비스는 인터넷으로 제공하기 쉽지 않다. 이를 극복하기 위해 오프라인에서 서비스를 제공하는 사례도 생겨나고 있다.

델은 기존의 무점포형 소매채널만을 이용한 기존의 정책에서 벗어나 월마트 내에 부스를 차리고 제품 판매와 서비스를 제공하고 있다. 월마트를 통한 서비스 및 제품의 제공은 무점포형 소매업에만 집중해온 델의 유통전략이 점포형 소매를 첨가하여 무점포-점포형 소매업의 통합된 유통경로로 바뀌고 있음을 의미한다. 델은 서비스망의 지역별 아웃소싱에 따른 서비스품질의 불안정과 점포에서 제품을 확인 후 구매하고자 하는 고객층을 공략할 수 있는 장소(월마트)를 확보할 수 있는 이점을 노리고 있다(박스 사례 참조).

Dell Myth: 유통업자는 사라지지 않는다

인터넷시대에 들어와 복잡해진 유통채널로 인해 고민하던 제조업체는 마침내 해결책을 찾았다. 소비자에게 인터넷으로 PC를 직접 판매하는 모델을 통해 1위 자리에 등극했던 델 컴퓨터(제조업체)의 사례로 인해 사람들은 인터넷이 오프라인 유통채널을 불필요한 존재로 전락시킬 수 있다고 여기기도 했다. 인터넷 붐이 일었던 1990년대 후반에는 모두가 전통적인 유통채널을 거치지 않고 소비자에게 직접 재화와 서비스를 제공할 수 있다고 믿었다.

하지만 소비자는 자신들이 주로 이용하고 자신들이 얻을 수 있는 가치를 증가시켜줄 수 있으며 편리함까지 제공해주는 기존의 오프라인 유통채널을 신뢰했다. 또한 대부분의 제조업체는 유통을 직접 실행할 만큼의 전문적인 지식이나 제반 시설을 갖추고 있지 못하다는 것을 깨달았다. 전통적인 유통채널은 고객에게 가치를 제공했고, 델의 사례는 보편적으로 발생하는 현상이 아니라 극히 예외적인 하나의 사례에 불과한 것임을 깨달았다.

이제 제조업체는 기존의 유통채널을 도외시하지 않으면서도 인터넷을 판매 채널로 사용할 수 있는 방법을 찾았다. 그 방법은 소매상을 비롯한 유통업자가 주문접수, 포장, 배달 및 서비스 등의 기능수행을 통해 제조업체에 기여하는 것이다. 이를 통해 제조업체는 브랜드 충성도를 높이고 소비자에 관한 정보를 얻으며 마케팅을 더 효과적으로 할 수 있었다. 몇몇 제조업체의 사례를 알아보자.

메이텍의 인터넷 유통경로 설계

메이텍Maytag Corp.은 한 번도 소비자에게 직접 판매를 해본 적이 없는 제조업체다. 이 회사는 1만 개가 넘는 점포(대리점 및 유통업체의 점포)를 통해 미국 전역에 제품을 공급하고 있다. 하지만 한 달에 40만 명이 넘는 소비자가 메이텍의 웹사이트를 방문하여 제품관련 정보를 얻고 있으며, 일부는 직접 상품을 구매하려는 의사를 보이기도 했다.

메이텍은 이들 고객을 일반 유통업체의 점포로 보내어 유통업체가 다른 경쟁사의 제품을 권유하는 상황을 피하고자 했다. 따라서 이들 고객으로 하여금 자사제품만 취급하는 대리점을 통해 구매하도록 하는 유통채널을 설계했다. 메이텍 웹사이트에서 구매하고자 하는 소비자는 원하는 제품을 선택한 후 자신들이 살고 있는 곳의 우편번호를 입력하도록 했다. 메이텍 웹사이트는 해당 소비자에게 근처의 대리점을 소개하고, 소비자는 대리점의 판매가와 재고를 확인할 수 있도록 했다. 소비자는 원하는 대리점의 웹사이트로 가서 대금을 지불하고, 해당 대리점은 물건을 배달하고 향후 서비스를 담당하는 시스템을 구축했다.

이 같은 시스템은 메이텍에 몇 가지 이점을 가져다주었다. 첫째, 메이텍은 고객의 쇼핑패턴 및 나이, 수입 등 인구통계학적 변수에 관한 정보를 얻을 수 있다. 둘째, 소비자에 대한 직접유통에 따르는 비용(예: 개개의 주문을 취급하기 위한 창고 및 주문 처리시설의 확충)을 지불할 필요가 없다. 셋째, 직접 유통 시 발생할 수 있는 기존의 유통경로 파트너들과의 경쟁 및 갈등관계를 피할 수 있다는 것이다. 메이텍은 매출의 5% 정도가 자사의 웹사이트로부터 발생한 것이고, 기존 고객이 아닌 새로운 고객이 웹사이트를 통해 고가 제품들을 주로 구매했다고 밝혔다. 이 같은 사실은 인터넷이 새로운 고객을 유인하는 채널의 하나로서 기능하고 있음을 보여준다.

가와사키모터의 인터넷 유통경로 설계

가와사키모터Kawasaki Motor는 메이텍에 비해 좀 더 복잡한 인터넷 유통경로를 설계했는데, 기존 대리점과의 협력적인 관계를 구축한다는 점에서는 메이텍의 인터넷모델과 다르지 않다. 가와사키모터는 오토바이와 헬멧, 재킷, 가방 등의 액세서리를 판매하는 대리점망을 구축하고 있었는데, 대리점들은 가와사키모터가 제공하기 힘든 애프터서비스를 제공하고 있었다. 가와사키모터가 자사의 웹사이트를 통해 제품을 판매한다고 발표했을 때, 대리점주들은 가와사키모터가 자신들의 고객을 뺏어가지 않을까 우려했다. 이러한 대리점들의 우려를 파악한 가와사키모터는 자신의 웹사이트에서 판매하는 제품의 마진을 대리점들과 나누어 갖는 다소 복잡한 시스템을 구축했다.

이 시스템에 따르면, 고객이 특정 대리점의 웹사이트를 통해 가와사키모터의 웹사이트로 와서 구매하면 그 대리점이 구매와 관련된 마진의 일부를 갖는다. 만약 고객이 대리점의 웹사이트를 거치지 않고 가와사키모터의 웹사이트로 와서 구매하면, 그 고객에게 지난 2년간 판매한 경력이 있는 대리점이 가와사키모터와 이익을 공유한다. 위의 두 사례에 해당하지 않으면, 구매고객에게 거주지 근처에 있는 3개의 대리점 중 하나를 선택해달라고 하여 선택된 대리점 판매이익의 일부를 제공한다.

가와사키모터의 인터넷 유통채널의 또 다른 특징은 가와사키모터의 웹사이트의 제품가격은 할인이 가능하지 않은 권장소비자가인 반면에, 대리점은 할인을 할 수 있어 가와사키모터보다 싼 가격에 판매할 수 있다는 점이다. 따라서 대리점은 가와사키모터를 경쟁상대로 생각하지 않고 협력할 대상으로 여겼다.

〈Wall Street Journal〉 2013/10/17, 2002/9/16 기사 편집

8 세 가지 이상 복수 유통채널의 통합을 이용한 옴니채널 구축

세 가지 이상의 복수 유통채널을 이용하여 옴니채널을 구축하는 것은 한 채널만 이용해서 한 고객에게 재화와 서비스를 제공하는 것이 아니라 여러 채널을 통합하여 한 번의 판매를 완성하는 것을 말한다. 유통경로의 통합을 통해 각 채널의 기능을 적절히 분배하고 통합하여 한 명의 고객을 만족시키는 것이다.

세 가지 이상의 복수 유통채널을 이용한 옴니채널의 구축은 각 채널의 장점만 살림으로써 단일 유통채널만을 이용한 경우보다 좀 더 효율적(적은 비용)으로 고객을 만족시키고자 한다. 복수 유통채널을 통합적으로 이용하지 않고 단일채널을 이용할 경우에는 많은 비용이 소모되거나(대리점만을 이용하여 각 기능을 실행할 경우), 적은 비용이 소모되지만 효과적인 기능을 할 수 없는(카탈로그만을 이용할 경우) 단점이 있다. 따라서 각 채널이 효율적이고 효과적으로 수행할 수 있는 기능만 수행하고 이러한 채널들을 적절하게 통합하여 이용하는 것이 좀 더 효율적인 유통경로라는 논리에 바탕을 두고 있다. 각 채널의 장점 및 실행해야 할 기능을 살펴보자.

카탈로그^{catalog}는 새로운 고객 유치^{lead generation}에 가장 효과적인 채널이다. 카탈로그는 한 명의 고객획득에 평균 14달러가 소요되는 데 반해, 전통적인 오프라인 점포는 34달러, 인터넷은 55달러가 필요하다. 경로 구성원은 고객의 데이터 분석을 통해 고객이 관심을 가질 만한 상품에 관한 카탈로그를 제공한다. 이를 본 고객은 상품에 대한 관심이 있는 경우, 카탈로그에 적힌 전화번호로 제품에 관한 문의를 한다.

텔레채널^{Telechannel}은 전화를 건 고객이 상품을 살 만한 경제적인 능력이나 진짜로 살 의사가 있는지 확인하는 기능을 한다. 예를 들어, 고급자동차 판매의 경우, 구매의사뿐만 아니라 고객이 자동차를 구매할 능력이 있는가를 확인할 필요가 있다. 그렇지 않을 경우, 다음 채널인 에이전트는 구매할 수 없는 고객을 상대해야 하므로 전체 유통경로의 효율성 저하를 초래한다.

대리점은 고객을 직접 만나 제품을 보여주고 가격 및 서비스에 대해 협상하는 기능을 하며, 판매 후 서비스 제공도 담당할 수 있다. 예를 들어, 미국의 경우 딜러가 자동차에 대한 서비스를 하고, 한국은 자동차 제조사가 서비스를 제공하는 기능을 하고 있다.

도표 14-4 다양한 유통채널과 효율성

	고객 유치	고객검증	상담	판매	서비스
카탈로그	○	△	×	×	×
텔레채널	△	○	×	×	○
대리점	△	△	○	○	○

○: 가장 효율적 △: 효율적 ×: 비효율적

자료: The Channel Advantage by Friedman & Furey

유통경로의 통합을 위해 각 채널의 기능을 적절히 분배하여 할당하는 것이 중요하다. 이때, 각 채널이 수행해야 하는 기능은 명확하게 기술되어야 한다. 그렇지 않은 경우, 각 채널이 중첩된 기능을 행하여 전체적인 유통경로의 효율성이 떨어진다. 예를 들어, 텔레채널에서 구매할 의사가 있는 고객만을 대리점에 보내야 하는데 고객을 충분히 거르지 않고 대충 보낼 경우, 고객을 직접 만나 상담해야 하는 대리점은 과부하가 걸리게 된다. 따라서 진짜 구매할 의사가 있는 고객에게 충분한 상담을 할 수 없는 상황이 발생하게 된다. 따라서 각 채널이 맡겨진 기능을 충실히 이행할 경우에만 세 가지 이상의 복수 유통채널이 통합되고 효과적으로 실행된다.

통합된 유통경로가 효율적으로 작용하기 위해서는 각 채널의 책임회피 문제를 해결해야 한다. 이를 위해서는 고객책임채널account ownership을 배정하는 것이 중요하다. 각각의 경로 구성원들이 각자의 일을 독립적으로 수행하기 때문에 누군가는 전체적인 책임을 져야 한다. 또 전 판매과정에서 나타나는 문제들을 해결해야 하며 미래의 판매성장률을 책임지는 범위 내에서 새로운 판매기회를 발견해야 한다. 그렇지 않으면 고객의 문제를 서로 다른 채널의 책임이라고 미루기 쉬우며, 이는 고객만족을 저하시키고 아울러 전체 유통경로의 효율성을 저하시키는 원인으로 작용한다.

유통채널 변화의 어려움: 타파웨어

타파웨어^{Tupperware}는 세계적인 고품질 가정용품 판매업자다. 회사의 중심 생산라인은 플라스틱 보관용기로 매우 유명하다. 타파웨어는 제품라인업으로 "전자레인지 사용 가능 용기, 금속용기, 아동용 완구, 식탁용 식기류, 조리기구 등"을 생산하고 있다. 모든 제품은 평생 품질보증이 되며 새로운 디자인을 꾸준히 선보이고 있다.

타파웨어

이 회사는 단순히 음식보관용기 제조업체로 유명할 뿐만 아니라, 직접 판매하는 것으로 널리 알려져 있다. 타파웨어는 '컨설턴트(영업사원)'라고 불리는 사람을 고용하여 직접 고객에게 판매한다. 컨설턴트는 물론 일대일로 판매하기도 하지만 대부분 이미 판매한 고객의 지인들을 주축으로 한 '타파웨어 파티'라는 모임을 통해 판매하고 있는데, 판매수익의 35%를 커미션으로 받고 있다. 그들은 종종 다른 컨설턴트를 영입하거나 추천하기도 하며, 만약 추천한 컨설턴트가 우수한 성적을 내면 거기에 따른 보상도 받게 된다.

이러한 유통시스템은 매우 적은 비용으로도 비즈니스 활동을 할 수 있다는 큰 장점이 있다. 그리고 컨설턴트는 회사의 정식직원이 아니므로 월급이나 다른 혜택 또한 주지 않아도 된다. 유통의 중심전략이 직접 판매를 주축으로 이뤄지기 때문에 홍보비용도 많이 필요로 하지 않는다. 게다가 판매가 주로 친구, 지인, 주변 인물들로 이루어져 마켓 확장을 위한 비용 또한 거의 들지 않는다. 이러한 전략으로, 타파웨어는 1997년 현재 12억 5,000만 달러의 매출을 올리고 있으며, 전 세계 100여 개국에서 100만 명의 컨설턴트를 통한 네트워크를 구축했다.

하지만 1998년에는 매출이 11.9%나 감소하여 11억 달러를 기록했다. 하락하게 된 이유로는 아시아 경제위기 등 다양한 요인이 있지만 그중에서도 지난 15년간 지속적으로 주춤해온 미국시장의 저조한 실적이 가장 큰 영향을 미쳤다. 미국시장의 실적이 저조한 이유는 미국 여성들의 라이프스타일이 예전과는 많이 달라졌기 때문인 것으로 보인다. 미국에서는 계속적으로 많은 여성들이 일자리를 갖게 되어 집에서 활동하고 머무는 시간이 현격히 줄어들었기에 타파웨어 파티 같은 모임을 지속하기에 어려운 환경으로 변화했다.

이러한 문제는 상품 자체의 문제가 아니라 시대의 흐름에 따른 변화이기에 타파웨어는 좀 더 빠르고 쉽게 고객이 구매할 수 있는 방안을 마련하고자 했다. 예를 들어 인터넷 검색엔진에서 타파웨어를 조회하면 많은 컨설턴트의 링크로 바로 연결할 수 있어 그들에게 빠르고 저렴하게 구매할 수 있는 방안 등이 등장했다. 또한 1998년 크리스마스 시즌에 회사는 시카고, 샌디에이고, 올랜도 등지에 있는 쇼핑몰에 키오스크를 설치하여 새로운 판매방안을 마련했다.

1999년에 타파웨어는 또 다른 유통망 2개를 더 추가했다. 하나는 1999년 5월부터 시작한 TV 홈쇼핑 채널인 HSN 채널을 통한 판매로, 기존의 타파웨어 파티처럼 한 가정에서 지인들끼리만 즐기는 것이 아니라 방송을 통해 미국 전역에 방송되므로 새로운 고객도 창출하는 마켓 확장 효과 또한 얻게 되었다.

두 번째 전략은 1999년 8월부터 쌍방향 웹사이트를 론칭하여 단순히 정보만을 주는 것이 아니라 고객과 바로바로 소통하고 인터넷에서 직접 결제 및 구매할 수 있는 시스템을 구축했다. 회사에서는 인터넷을 통한 이러한 직접적인 판매가 컨설턴트에 의한 판매나 파티를 방해하기 위함이 아니라 새로운 타깃마켓을 확보하기 위한 전략이라고 주장했으나 많은 반발과 반대 입장을 겪게 되었다. 지금까지 타파웨어는 컨설턴트가 자신의 웹사이트에서 직접 판매하는 것을 금지해왔기에 이러한 논란이 더 커지게 되었다. 물론 모든 사람이 타파웨어 파티에 참가하는 것을 원하지는 않기에 이러한 채널도 구축되어야 하겠지만 기존의 컨설턴트 입장에서 손실은 어쩔 수 없는 문제다.

많은 소비자는 여전히 좀 더 가까이에서 접할 수 있는 컨설턴트를 통해 가장 인기 있는 상품과 상품 정보를 얻거나 직접 세일을 통한 정보를 제공받기 원했다. 따라서 타파웨어는 인터넷과 컨설턴트 간의 경쟁이 아닌 보완적인 의미로 인터넷 채널을 이용하는 전략을 사용했다. 즉 모든 제품라인을 온라인을 통해 판매하지는 않았고, 웹사이트는 소비자에게 좀 더 다양하고 많은 정보를 제공하는 채널로 이용했다. 인터넷을 통해 상품에 관한 정보뿐만 아니라 조리법을 제공하고 그것을 다른 소비자와 공유할 수 있게 이메일 등을 주고받게 도와주었으며 가족고객에게 유용한 팁, 타파웨어 파티 참여방법, 초대권, 프로모션행사 등 최대한 많은 부분에서 고객가

1950년대의 타파웨어 파티(The Blogway Baby)

치를 형성하고자 노력했다. 더 나아가 소비자뿐만 아니라 컨설턴트도 웹사이트를 통해 성공적인 컨설턴트로서 성장할 수 있도록 도와주었다.

15년간의 하락세를 지나 2002년경 타파웨어는 최근 3년간 판매량의 상승세를 보였다. 실적 호전은 쇼핑몰 내 점포 개점, 인터넷을 통한 판매, 좀 더 업그레이드된 타파웨어 파티 등 다양한 노력을 통해 이뤄졌다.

하지만 시간이 지날수록 더 많은 여성들은 시간에 쫓길 것이므로 파티를 통한 직접적인 판매가 힘들어질 것은 누구도 예상할 수 있는 일이었다. 따라서 타파웨어는 매출의 90%를 차지하는 컨설턴트를 보조하고자 2002년 1,148개의 매장을 보유한 미국의 대형마트체인 '타겟'에 진출했다. 타겟에 타파웨어의 부스를 차려 컨설턴트가 상주하면서 제품을 판매하는 방식을 도입한 것이다. 타겟을 고객과의 만남의 장소로 이용하는 시도는 파티가 힘들어지는 만성적인 문제에 대한 해답으로 보였다. 즉, 요즘처럼 바쁜 시대에 어떻게 고객과 직접적인 대면으로 효율적인 판매를 이끌어낼 수 있는지에 관한 방법으로 보였다.

그러나 타겟으로의 진출로 타파웨어는 가장 큰 위기를 맞이하게 됐다. 타파웨어를 쉽게 접할 수 있게 되자 타파웨어에 대한 관심이 급락하게 되었고 자연스레 예전과 같은 타파웨어 파티가 줄어들게 되면서 매출 감소와 새로운 영업사원의 영입도 힘들어졌다. 컨설턴트는 계속 줄어드는 파티와 직원에 어쩔 수 없이 좌절을 느낄 수밖에 없었다. 그리고 타겟에서 자발적으로 일했던 컨설턴트도 그만두는 경우가 허다했으며 심지어 타파웨어를 그만두는 사례도 생겼다.

대부분의 타겟 고객은 단순히 자신들에게 필요한 식기의 위치 정도만 물었을 뿐 그 이상은 원치 않아 타파웨어 파티 등의 행사를 함께하기엔 힘든 환경이었다. 결국은 훌륭한 많은 영업사원들만 잃게 되는 사태를 초래했다.

또한 평소 2배 이상의 카탈로그 판매의 주문취소 사태가 발생했다. 원인은 타겟에서 카탈로그 판매와 똑같은 가격에 제품을 살 수 있으므로 배송비까지 지불하며 굳이 번거로운 카탈로그 판매를 이용하지 않으려는 소비자가 늘었기 때문이다.

결국 9월에 타파웨어는 타겟에서의 판매를 중지하게 되었으며 손해는 만만치 않았다. 2002년 북미시장의 매출액은 결국

타파웨어와 동일한 컨셉인 한국의 락앤락 용기

17% 정도 떨어졌고, 해외시장에서의 선전에도 불구하고 수익은 47%나 떨어졌다.

타파웨어는 이를 큰 재앙이라 여기며 앞으로 최소 2년이 걸려야 타겟에 진출하기 전 수준의 매출액과 수익을 회복할 수 있을 거라고 예상했다. 그리고 다시는 어떤 소매유통업체를 이용하는 일은 없을 것이라고 천명했다. 그러나 사실 영업 인력을 다시 모집한다는 게 쉬운 일은 아니다. 예전과는 달리 타파웨어와 비슷한 방식을 모방한 형태의 기업이 10여 개 등장했으며, 심지어 억만장자 투자가인 워런 버핏까지도 2002년에 그의 회사 '버트셔 해스웨이 Berkshire Hathaway'를 통해 타파웨어 같이 모임을 주선하여 쿠킹용품을 판매하는 '팸퍼드 셰프 Pampered Chef'라는 회사를 사들였다.

타파웨어는 이에 대해 예전과 같이 파티는 열지만 단순한 판매를 위한 자리가 아닌 여성들을 위한 하나의 소셜이벤트나 네트워크 구축에 힘을 기울이고자 노력했다. 예를 들어 타파웨어 용기에 간식이나 요리 등을 준비해서 가기도 하고 함께 요리를 하면서 구매 전에 즐겁게 사용해보고 직접 느낄 수 있는 좀 더 적극적인 자리를 마련해 구매 욕구를 끌어냈다.

타파웨어의 유통전략구조의 변화는 변화하는 환경에 대응하고자 하는 회사들의 고심을 잘 보여주는 사례다. 시간에 쫓기는 여성들과 효율적이고 효과적으로 접촉할 수 있는 직접 판매 채널을 만들어내는 것은 쉬운 일이 아니다. 직접 판매를 보완할 수 있는 채널의 이용도 고려해야 할 것으로 보인다. 예를 들어, 인터넷상에서의 커뮤니티가 발달하는 추세에 맞춰 인터넷을 이용한 좀 더 효율적이고 생산적인 유통구조의 형성도 고려할 필요가 있다. 결국 미래에 어떠한 유통전략을 이용할 것인지는 타파웨어가 풀어야 할 숙제다.

Coughlan et al.(2012), *Marketing Channels*, 〈Wall Street Journal〉 2004/2/18 기사 편집

1 유통경로의 통합에 대해 설명하시오.

2 복수채널multiple channels을 유지하는 주된 이유를 설명하시오.

3 복수채널 운영 시 파생되는 문제점을 논하시오.

4 복수채널의 운영으로 발생하는 갈등을 줄이는 방법들에 대해 논하시오.

5 쇼루밍에 적합한 제품군을 나열하고 그 효과에 대해 논의하시오.

6 부록 14-1 "유통채널 변화의 어려움: 타파웨어"의 사례에서 타파웨어가 위기에 처한 원인을 분석하고 이를 극복하기 위한 유통경로 전략을 제시하시오.

참고문헌

서문식·이지은(2008), "쇼핑동기에 따른 멀티채널효과 분석", 2008년 한국경영통합학술대회, 한국경영학회.
전종근·주영혁·양석준(2004), "유통채널의 전략 및 관리: 다채널 전략과 고객관계관리", 2004 한국유통학회 춘계학술대회 발표논문집, 한국유통학회.
Brooks, Rick(2004), "*A Deal with Target Put Lid on Revival at Tupperware*," Wall Street Journal, February 18.
Coughlan, Anne, Erin Anderson, Louis Stern, and Adel El-Ansary(2012), *Marketing Channels*, Prentice Hall Upper Saddle River, New Jersey.
Friedman, Lawrence and Timothy Furey(2001), *The Channel Advantage*, Butterworth- Heinemann, Boston, MA.
Neuborne, Ellen(2001), "*Coaxing with Catalog*," Businessweek, August 6.
Totty, Michael(2002), "*The Dell Myth: The Middleman is not Dead After All*," Wall Street Journal, September 16.

1 유통경로관리자가 하나 이상의 유통경로를 선택하는 주된 이유는?

① 매출을 늘리고자 하는 부품업체의 압력으로

② 제품에 대한 소비자의 인지도를 최대화하기 위해

③ 마켓 커버리지를 증가시키기 위해

④ 소비자의 서비스를 강화하기 위해

2 타파웨어의 독특한 유통모델인 파티 시스템이 위기에 처한 가장 주된 원인은(부록 14-1에서)?

① 싱글족의 증가 　　　　　② 대형유통업의 발달

③ 직장여성의 증가 　　　　　④ 전자상거래의 급격한 발달로

3 복수유통경로와 관련한 요즈음의 트렌드가 아닌 것은?

① 유통채널의 탈경계화 　　　② 오프라인점포만 이용하는 고객 감소

③ 멀티쇼핑족의 증가 　　　　④ 온라인몰만 이용하는 고객 증가

4 복수유통경로 설계 시 가장 주의해야 할 요소는?

① 소비자가 어디서 쇼핑해야 할지 헷갈려하는 것

② 유통경로 간의 힘의 우위가 나타나는 점

③ 유통경로 간 갈등을 일으킬 수 있는 점

④ 인터넷 정보탐색 후 오프라인 매장에서의 구매행위

5 매우 적은 서비스를 제공하면서 많은 서비스를 제공하는 경로 구성원의 노력에 기대어 제품을 판매하는 경로 구성원의 행동을 (　　)(이)라 한다. 다음 중 (　　) 안에 들어갈 내용으로 옳은 것은?

① 경로갈등 　　② 경로침범 　　③ 무임승차 　　④ 경로활용

6 복수유통경로 사용 시 발생할 수 있는 갈등을 축소하는 방법은?

① 한 가지 제품만 판매한다.

② 간접채널을 사용하지 않는다.

③ 간접채널과 직접채널을 모두 사용한다.

④ 채널별로 다른 제품을 취급하게 한다.

7 복수유통경로 사용 시 발생할 수 있는 갈등을 축소하는 방법은?

① 여러 가지 제품을 각 채널에서 판매한다.

② 직접채널의 가격을 고정하지 않고 상황에 따라 책정한다.

③ 한 채널을 다른 채널의 보조로 사용한다.

④ 채널별로 한 가지 이상의 제품을 취급하게 한다.

8 온라인으로 정보를 탐색하고 오프라인 매장에서 구매하는 소비자는?

① 무임승차자　　　　　　　② 리서치 쇼퍼

③ 정보사용자　　　　　　　④ 현명한 쇼퍼

9 오프라인 매장에서 정보를 탐색하고 온라인매장에서 구매하는 소비자는?

① 무임승차자　　　　　　　② 리서치 쇼퍼

③ 정보사용자　　　　　　　④ 현명한 쇼퍼

10 다음 중 고객 유치(고객 확보)에 가장 효율적인 채널은?

① Direct Sales Force　　　② 인터넷

③ 카탈로그　　　　　　　　④ 대리점

11 각 채널의 장점을 이용하여 복수의 채널이 한 번의 판매^{sale}에 동원되는 것을 무엇이라고 하는가?

    ① 두 가지 유통경로^{two distribution}   ② 채널조합^{channel composition}

    ③ 옴니채널^{Omni channel}   ④ 제품유통^{product distribution}

12 복수유통경로의 통합^{channel integration}을 통해 옴니채널을 구축하는 주된 이유는?

    ① 다양한 고객을 만족시키기 위해   ② 다양한 상품을 유통시키기 위해

    ③ 효율적인 유통을 위해   ④ 유통업체를 통합하기 위해

13 복수유통경로의 통합을 통한 옴니채널 구축에서 고객검증에 가장 효율적인 채널은?

    ① 인터넷   ② 텔레채널   ③ 카탈로그   ④ 대리점

14 복수유통경로의 통합을 통한 옴니채널 구축에서 시행되어야 할 요건이 아닌 것은?

    ① 각 채널이 중첩된 기능을 잘 수행해야 한다.

    ② 각 채널의 기능을 적절히 분배해야 한다.

    ③ 각 채널의 기능을 명확하게 기술해야 한다.

    ④ 고객책임 채널을 배정하는 것이 필요하다.

15 인터넷 채널을 통해 판매하고 구매물품은 직접 수령하는 옴니채널의 이점이 아닌 것은?

    ① 배송비 절감을 통한 가치의 창출

    ② 배송시간의 절약을 통한 가치의 창출

    ③ 온라인 상품을 직접 살펴볼 수 있는 것

    ④ 고객이 제품에 관한 설명을 들을 수 있는 것

---

1 ③   2 ③   3 ④   4 ③   5 ③   6 ④   7 ③   8 ②   9 ①
10 ③   11 ③   12 ③   13 ②   14 ①   15 ②

제15장 O2O 서비스 채널

 국내 O2O(온라인 투 오프라인) 서비스 시장이 비약적으로 커지고 있다. 2019년 O2O 시장의 거래액은 약 97조 원에 달하는 것으로 집계됐었고, 이에 힘입어 O2O 서비스 기업의 매출액은 약 3조 5천억 원(2020년)으로, 매년 30% 정도 성장한 것으로 나타났다(정보통신산업진흥원 2020년).

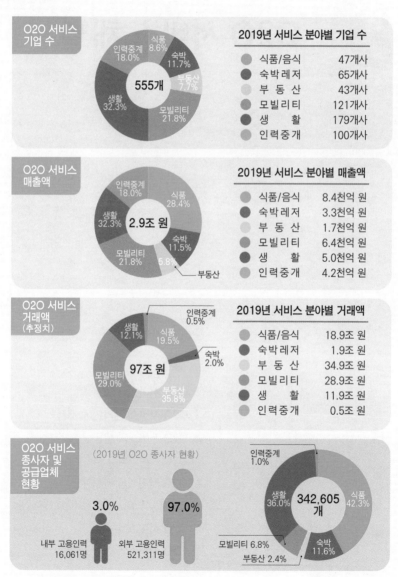

O2O 서비스 기업 수		
인력중계 18.0%	식품 8.6%	
	숙박 11.7%	
555개	부동산 7.7%	
생활 32.3%	모빌리티 21.8%	

2019년 서비스 분야별 기업 수
- 식품/음식   47개사
- 숙박 레저   65개사
- 부 동 산   43개사
- 모 빌 리 티   121개사
- 생   활   179개사
- 인 력 중 개   100개사

O2O 서비스 매출액

2.9조 원
- 인력중계 18.0%
- 식품 28.4%
- 숙박 11.5%
- 부동산 5.8%
- 모빌리티 21.8%
- 생활 32.3%

2019년 서비스 분야별 매출액
- 식품/음식   8.4천억 원
- 숙박 레저   3.3천억 원
- 부 동 산   1.7천억 원
- 모 빌 리 티   6.4천억 원
- 생   활   5.0천억 원
- 인 력 중 개   4.2천억 원

O2O 서비스 거래액 (추정치)

97조 원
- 인력중계 0.5%
- 생활 12.1%
- 식품 19.5%
- 숙박 2.0%
- 부동산 35.8%
- 모빌리티 29.0%

2019년 서비스 분야별 거래액
- 식품/음식   18.9조 원
- 숙박 레저   1.9조 원
- 부 동 산   34.9조 원
- 모 빌 리 티   28.9조 원
- 생   활   11.9조 원
- 인 력 중 개   0.5조 원

O2O 서비스 종사자 및 공급업체 현황

(2019년 O2O 종사자 현황)

3.0%   97.0%

내부 고용인력 16,061명   외부 고용인력 521,311명

342,605개
- 인력중계 1.0%
- 생활 36.0%
- 식품 42.3%
- 숙박 11.6%
- 부동산 2.4%
- 모빌리티 6.8%

자료: 과학기술정보통신부

O2O 서비스는 휴대폰 애플리케이션(앱) 등을 통해 음식 주문과 택시 · 렌터카 호출, 숙박 · 레저 예약, 부동산 계약, 가사도우미 요청 등의 분야에서 실시간으로 공급자와 이용자를 연결해주는 서비스를 말한다. 생활 서비스 분야의 기업 수가 179개로 가장 많았고, 모빌리티 · 물류(121개), 인력중개(100개), 숙박 · 레저(65개), 식품 · 음식(47개), 부동산(43개) 등의 순이었다. 거래액 순으로 보면 부동산 분야가 34조 9천억 원(35.8%)으로 가장 많았다. 이어 모빌리티 · 물류(29.0%), 식품 · 음식(19.5%), 생활 서비스(12.1%), 숙박 · 레저(2%), 인력중개(0.5%) 등의 순이었다.

O2O 서비스 기업의 매출 발생 형태는 수수료, 광고료, 이용료, 판매 매출, 정기 사용료, 가입비 등으로 구성됐다. 대부분의 기업은 이 가운데 2개 이상의 수익 모델을 갖고 있었다. 서비스 분야별 매출은 식품 · 음식 분야가 8천 400억 원(28.4%)으로 가장 많았으며, 그 뒤를 모빌리티 · 물류(22.5%), 생활 서비스(17.4%), 인력 중개(14.4%), 숙박 · 레저(11.5%), 부동산(5.8%) 등이 이었다.

O2O 서비스 시장에 종사하는 근로자와 업체 수도 비약적으로 늘어났다. 2019년 기준 O2O 서비스 종사자는 약 53만 7천 명, O2O 플랫폼에 서비스를 공급하는 업체는 약 34만 2천 개로 추정된다.

플랫폼 노동자로 분류되는 외부 서비스 인력은 약 52만 1천 명으로 전체 인력의 97%를 차지했고, 내부 고용 인력은 약 1만 6천 명(3%)이었다. 서비스 공급 업체는 식품 · 음식 분야가 약 14만 5,000개(42.3%)로 가장 많았고, 생활 서비스(12만 3,000개, 36%), 숙박 · 레저(3만 9,700개, 11.6%), 모빌리티 · 물류(2만 3,300개, 6.8%), 부동산(2.4%), 인력중개(0.6%), 기타(0.4%) 순이다.

출처: 과학기술정보통신부 2020

O2O란 2010년 알렉스 램펠$^{Alex\ Rampell}$(2010)에 의해 처음 언급된 용어로서, 'Online to Offline'의 줄임말로 온라인에서 오프라인이 연결되는 것을 의미하는 것이다. O2O 서비스란 소비자들을 온라인 플랫폼을 통해 오프라인 공급자들과 유기적으로 연결시켜주어, 소비자들에게 편리성과 효율성을 통한 가치를 제공하는 서비스라고 정의할 수 있다. 주로 소비자가 스마트폰, 태블릿, PC와 같은 단말기로 인터넷을 이용하여 상품을 주문하면 공급자가 오프라인으로 이를 제공하는 서비스를 일컫는다(Chi et al., 2016).

램펠은 미국의 인터넷 비즈니스가 오프라인 업체 및 그 서비스에 대한 정보를 온라인을 통해 소비자에게 제공하고 이와 더불어 예약, 결제, 거래관리 등의 부가 서비스를 제공하면서 성장했으며, 온라인과 오프라인이 서로 경쟁하는 것보다는 온라인을 통해 오프라인 상거래의 활성화되는 온·오프라인의 통합이 이루어질 것을 예측했다. 2011년부터 국내에서 본격적으로 출시된 O2O 서비스는 최근 빅데이터와 인공지능(AI) 등 신기술과 접목해 소비자 편의성을 더욱 높이면서 새로운 부가가치를 창출해가고 있다.

1 O2O 서비스의 개념

미국과 유럽에서는 O2O 서비스를 온디맨드$^{on\ demand}$ 산업이라 칭하며, 공급보다는 소비자의 수요를 중시하여, 소비자가 원하는 상품이 있으면 그 즉시 원하는 시간과 장소에서 서비스가 제공되도록 하는 것을 온디맨드 산업으로 개념 짓고 있다. 즉 온디맨드 개념을 충족시키는 비즈니스로 O2O 서비스가 도입되어 소비자가 원하는 시간과 장소에서 서비스를 공급해주는 것으로, O2O 서비스는 소비자의 위치정보와 공급자의 즉각적 공급 능력을 필수로 하고 있다.

광의의 O2O 서비스 개념에서는 오프라인에서 온라인으로의 연결 또는 온라인에서 오프라인으로의 연결 모두를 O2O 서비스라고 하고 협의의 O2O 서비스는 온라인에서 고객을 유치하여 오프라인에서 상품을 판매하는 것을 의미한다.

광의의 O2O 서비스 개념은 인터넷이 개입된 모든 옴니채널을 포함하게 된다. 이 경우 O2O 서비스는 온라인 채널이 개입되는 모든 영역을 포함하여 그 범위가 너무 광범위해지면서 O2O 서비스의 고유한 특성들을 기술하기 힘들어진다. 예를 들어, 온라인 채널은 가상공간이라는 특징 때문에 고객 확보에 있어서 다른 채널에 비해 낮은 효율성을 보이고 있으나, O2O 서비스는 고객의 위치정보와 오프라인 매장의 위치정보를 이용하여 온라인 플랫폼이 고객 확보의 기능을 제공하여 오히려 고객 확보에 유리한 특성을 지니고 있다. 따라서 광의의 O2O 서비스 개념을 채용할 경우에는 고객 확보에 경쟁력이 있는 O2O 서비스를 적절히 설명할 수 없는 문제점이 발생한다.

협의의 O2O 서비스는 offline to online은 포함하지 않고 online to offline에 한정하여, 소비자들이 온라인 플랫폼을 통해서 공급자들로부터 서비스를 구매하는 것을 의미한다. 협의의 O2O 서비스는 고객이 위치정보를 이용하여 자신이 원하는 서비스를 제공할 수 있는 공급자를 탐색해 소비할 수 있도록 한다. 위치기반 정보는 스마트폰이 효율적으로 제공할 수 있기에 O2O 서비스의 발달은 스마트폰의 도입 및 확산과 무관하지 않다.

스마트폰을 통해 근처의 다양한 공급자를 탐색할 수 있다는 것은 곧 소비자가 다양한 구색을 즐길 수 있다는 것으로 O2O 서비스의 강점을 돋보이게 한다. 스마트폰의 도입 이전에는 적절한 오프라인 서비스 제공자를 찾는 것이 쉽지 않았다. Offline to Online은 이러한 구색의 강점과 고객확보의 효율성을 제공하는 O2O 서비스를 적절히 설명할 수 없다. 따라서 이 책에서는 협의의 O2O 서비스 개념을 채용하여 O2O 서비스를 설명한다.

2 O2O 서비스 온라인 플랫폼

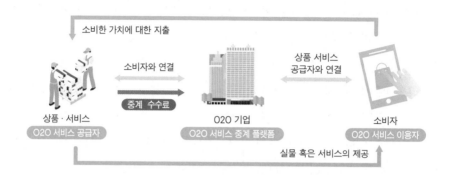

O2O 서비스는 온라인을 통해 서비스를 구매하고 오프라인을 통해 구매한, 서비스를 이용하는 '소비자'와 고객이 이용하는 서비스를 제공하는 '공급자', 그리고 소비자와 공급자를 연결하는 O2O중계 온라인 플랫폼으로 이루어져 있다. 온라인 플랫폼은 인터넷을 통해 다수의 소비자와 다수의 공급자 간의 상호작용을 통해 거래를 매개하는 가상공간이다.

온라인 플랫폼은 코드 통제성, 개방성, 공존 생태계 등의 세 가지 특성을 지니고 있다(송태원 2018). 첫째, 코드 통제성은 플랫폼이 정보 제공자, 정보 이용자, 및 정보 매개자로 이루어져 있어, 정보 제공자들이 제공하는 양질의 정보를 정보 이용자들이 찾기 쉬운 방향으로 정보 매개자들의 규율이 진화함을 의미한다. 즉 플랫폼 제공자가 정보의 유통을 촉진시키는 방향으로 규정과 지침을 제정하고 플랫폼 내에서 이들 규정과 지침이 정보 제공자와 정보 이용자에게 적용되어진다. 둘째, 개방성은 플랫폼이 정보의 매개체로서 플랫폼이 개방적일수록 플랫폼에서 연결시키는 정보네트워크가 많아지고 이를 통해 플랫폼이 유통시키는 정보의 양이 증가한다는 의미이다. 셋째, 공존 생태계란 소비자와 공급자, 그리고 플랫폼 사업자가 상생할 수 있도록 구성되어 있어야 한다. 플랫폼의 세 참가자 중 어느 한 당사자라도 적절한 가치배분을 받지 못한 경우에는 그 플랫폼은 작동할 수 없다. 따라서 플랫폼은 모두가 공정한 수익배분을 받는 공존 생태계를 만들어야 한다.

온라인 플랫폼은 공급자가 적은 비용으로 소비자를 확보할 수 있게 되어 많은 공급자들을 모을 수 있다(김민주 2019). 이러한 비용 감소를 통한 효율적인 고객 확보 기능은 O2O 서비스에 비전문적 공급자들도 참여할 수 있게 만든다. 예를 들어, 숙박 공유나 승차 공유에 자산을 공급하는 공급자들은 일반인들의 비중이 상당히 크다. 실제로 숙박 공유에 대한 시장조사에서, 약 38%의 공급자들이 남은 유휴공간을 활용한 추가소득에 대한 기대로 플랫폼에 가입하고, 약 36%의 고객은 O2O 서비스에 대한 호기심으로 가입했다고 응답했다(한국개발연구원 2016. 11).

O2O 서비스 플랫폼에 비전문 공급자가 많아지면 이들 공급자가 공급하는 자산도 다양해지는 효과를 거둘 수 있다. 예를 들어, 쿠키 컷터형의 정형화된 택시만 이용하던 소비자들은 일반인들이 소유한 다양한 종류의 차량을 이용할 수 있는 기회를 얻을 수 있다. 또한 공유숙방형 O2O 서비스는 기존 프랜차이즈 호텔이 제공하는 표준화된 서비스 대신 다양한 종류의 일반 하우스에서 머무를 수 있는 기회를 얻을 수 있다. 이러한 비표준화된 독특한 자산들의 제공은 소비자들에게 선택의 폭을 넓혀주어 O2O 서비스 플랫폼의 매력도를 증가시킬 수 있다. 에어비앤비의 숙박 가능한 공간은 2백만 개 이상으로, 매우 다양한 숙박 공간을 제공하고 있다.

보통 O2O 서비스는 다수의 고객과 다수의 공급자가 존재하며, 플랫폼 사업자가 소비자나 공급자와 관련 없는 제3의 존재이다. 하지만 다수의 소비자와 한 명의 공급자가 존재하는 경우도 존재하는데, 이 경우에는 대개 오프라인 공급자가 플랫폼을 직접 운영하며 소비자들에게 서비스를 제공한다. 예를 들어, SPG의 경우 메리어트, 쉐라톤 호텔 체인 등이 속한 스타우드그룹에서 운영하고 있다. 따라서 SPG는 스타우드그룹에 속한 호텔들에 대해서 예약 및 결제를 진행한다.

위의 경우처럼 오프라인 공급자가 새로운 유통채널로 등장한 인터넷을 이용하기 위해서 만들어진 경우도 있고, 오프라인의 전통적인 강자들이 온라인 업체의 급성장에 대응하기 위해서 O2O 서비스를 제공하는 경우도 있다. CU는 배달 애플리케이션 '요기요', 메쉬코리아의 배달대행 서비스 '부릉'과 손잡고 편의점 상품 배달서비스를 제공한다. 이용자가 요기요에 접속하면 GPS를 기반으로 반경 1.5㎞ 이내 위치한 CU 매장 내 도시락, 삼각김밥 등 200여 개 상품 재고를 확인한 뒤 주문할 수 있다. 이후 부릉 라이더가 매장에서 물건을 받아 배달해주는 모델이다. 그중 CU 모델은 고객이 온라인을 통해 상품을 확인하고 주문하고 배달을 통해 공급받는 형태여서 기존의 온라인 쇼핑과 차이점이 많지 않아 보이지만, 근거리 매장의 상품을 탐색하고 온라인 쇼핑에 비해 주문 즉시 상품을 공급받아 소비가 가능하다는 점에서 O2O 서비스의 특징을 드러내고 있다.

 사례 **쉽지 않은 O2O 서비스 사업**

홈조이의 실패 사례

미국 홈클리닝 서비스인 홈조이Homejoy의 사례를 살펴보면 O2O 산업의 근본적인 문제점을 알 수 있다. 지난 2012년 설립된 홈조이는 청소 인력과 고객을 연결해주는 서비스로 사전 인터뷰를 통해 경험 많고 자격증을 보유한 전문인력을 투입하며 홈클리닝 시장을 공략했다. 실제로 창의적인 사업 아이템과 소비자를 공략하는 서비스에 시장으로부터 호평 받은 홈조이는 4000만 달러에 이르는 투자금액을 유치했는가 하면 영국, 프랑스, 캐나다까지 서비스 지역을 넓히기도 했다.

그러나 계약 노동자를 정규직원으로 전환하라는 소송이 발생하면서 수익성 하락 우려가 커졌다. 서비스를 제공하는 직원들은 대개 개인사업자 신분이지만, 실상은 기업에 종속된 노동자 신분이기 때문에 비정규직 노동자 양산 문제와 더불어 기업들의 인건비 부담 상승 요인으로 작용할 우려가 있다. 이에 따라 추가 투자자 확보에 어려움을 겪으며 홈조이는 결국 폐업까지 이르게 됐다.

홈조이의 가장 큰 문제는 높은 수수료로부터 나왔다. 고객들로부터 시간당 25달러 요금을 받는 홈조이가 이 중 25%를 수수료로 가져가는데, 이렇게 비싼 수수료 때문에 소비자와 청소 인력 모두 홈조이를 거치지 않고 거래하기를 바랐다. 특히 서비스를 반복적으로 이용하기를 원하는 소비자가 홈조이를 거치지 않을 경우 더 저렴하게 서비스를 이용할 수 있고 청소 인력 역시 더 많은 수익을 거둘 수 있게 된다.

홈조이의 또 다른 문제점은 서비스 만족도에 대한 지적이었다. 소비자들의 리뷰만으로는 개개인의 만족도를 보장하지 못한다는 점이 어려움으로 작용하는 것이다. 따라서 고객들과 대면하는 직원 및 제품의 품질에 대한 각 업체의 관리 필요성이 강조되어 이 또한 비용을 초래하게 하고 있었다.

카카오의 O2O 고전

카카오는 2015년 이후로 O2O 사업에 집중적으로 투자했다. O2O 서비스 분야가 기술면에서 차별성을 가져오기 쉽지 않으므로 자금력과 브랜드 파워를 바탕으로 고객을 많이 모을 수 있는 카카오에게 유리한 점이 많기 때문이다. 카카오는 카카오 택시, 카카오 드라이버(대리운전), 헤어샵 예약(미용실 예약 서비스) 등 다양한 O2O 서비스를 출시했다. 하지만 카카오는 O2O 분야가 쉽지 않은 영역임을 느끼며 고전하고 있다.

카카오가 심혈을 기울인 대리운전 서비스 '카카오 드라이버 서비스가 우상향하고 있고, 카카오 택시의 경우 하루 평균 40~50만 콜을 받을 만큼 성과를 내고 있으나 수익모델을 만드는 데 실패했다. 카카오 택시는 택시기사들의 수입을 평균 13% 증가시키고 탑승 승객수는 9% 증가하여 7,500억 규모의 가치를 창출시키는 좋은 결과를 낳았지만 정작 카카오는 콜당 수수료를 과도하게 올렸다 여론의 반발에 콜당 수수료를 받지 못하고 있다.

카풀 서비스를 도입해 모빌리티 사업을 확대하려 했던 전략은 업계 반발로 정상적인 운영을 하지 못하고 있다. 가사도우미(홈클린) 등 여러 서비스는 부진 끝에 접어야만 했다. 카카오는 O2O 사업에 직접 모든 것을 하는 것은 비효율적이라는 결론을 내리고 향후 O2O 사업은 플랫폼을 제공하는 역할에 집중할 것이라고 밝혔다.

한편 카카오가 벤치마킹하고 있는 중국의 위챗은 QR코드 결제로 택시와 카풀, 자전거 대여 등을 포함 주차비 결제와 고속도로 통행 결제, 범칙금 결제 등 다양한 교통환경의 결제를 지원하며 O2O 사업과 모빌리티 사업에서 성공적인 결과를 내고 있다.

〈헤럴드경제〉 2021/8/4, 〈조선일보〉 2019/2/22, 〈중앙일보〉 2017/9/22,

〈초이스경제〉 2015/10/20 기사 편집

③ O2O 서비스의 발달

해외에서는 1990년대 들어 웹의 본격적인 보급 및 인터넷 산업의 발달에 이어 2000년대 들어와 디지털 산업이 성장하면서 점차 오프라인을 잠식하기 시작했다. 하지만 2010년대에는 스마트폰의 대중화 및 발달로 인해 온라인이 오프라인을 대체하기보다는 온라인이 고객을 유치하여 오프라인 매장으로 고객을 유치하는 O2O 서비스가 발달하기 시작했다(Chen et al., 2013).

국내에서는 2014년 하반기 카카오 및 SK플래닛 등이 O2O 서비스에 진출했고, 2015년부터는 O2O 서비스 관련 스타트업에 대한 투자가 1조 원 이상씩 집행되고 있다. 음심배달 및 홈서비스 분야의 O2O 서비스가 발달하기 시작하여 모빌러티 및 자동차 등과 같은 영역으로 확대되고 있다. 국내 O2O 시장 규모는 2018년 594조 원에서 2019년 831조 원, 그리고 2020년 1081조 원으로 해마다 높은 성장이 예상된다(한국인터넷진흥원 2019).

이렇게 국내의 O2O 서비스가 발달하게 된 원인으로는 1인 가구의 증가로 인한 편리성을 추구하는 소비자 심리의 확대, ICT 기술의 발달, 스마트폰의 사용자 증가 등에 기인하는 바가 크다.

외식이 어렵거나 직장일로 가사가 힘든 경우가 많은 1인 가구는 O2O 서비스의 주요 고객 중 하나이다. 실제로 1인 가구의 62%가 'O2O 서비스를 이용한 적이 있다'고 답하여 1인 가구의 O2O 서비스 이용률이 높았다(아이보스 2019/4/30). 1인 가구는 이사나 청소 쪽의 O2O 서비스의 이용율이 높고, 특히 가구별 배달음식 이용 비중을 보았을 때, 1인 가구의 배달음식 이용률은 가구별 비중에서 가장 높다(농림축산식품부 2020).

ICT 기술은 소비자들에게 시공간의 제약을 없애 주고 전 세계의 소비자를 대상으로 서비스를 제공할 수 있는 바탕을 만들어주어 O2O 서비스 발달의 기폭제가 되었다. 모바일 앱에서의 신용카드 간편결제, 승차 공유사업에서의 GPS를 이용한 운행거리 실측 등 IT기술을 활용한 O2O 서비스가 지속적으로 등장하고 있다. 과거에는 개인이 소유하고 있는 자산을 다른 사람과 공유하는 것은 협소한 지리적 위치로 제한되었다(예, 두레,). 두레는 농촌공동체에서 노동력을 하나로 모아 모내기와 김매기 등의 작업을 공동으로 진행하여 구성원들의 전체작업을 완수하는 시스템으로, 혼자서 각자의 일을 하는 경우의 노동력의 총합보다 구성원들이 함께 일할 때의 노동력 총합이 적은 이점을 이용한 것이다. 하지만 ICT 기술의 발전으로 시간과 장소에 얽매이지 않고 다수의 공급자와 다수의 소비자들을 하나의 플랫폼에 모을 수 있게 되었다.

스마트폰의 대중화는 스마트폰의 위치기반 기능을 바탕으로 공급자를 탐색할 수 있게 만들어 O2O 서비스의 발달에 지대한 영향을 주었다. O2O 서비스의 핵심이 소비자가 원하는 상품이 있으면 그 즉시 원하는 시간과 장소에서 서비스가 제공되도록 하는 것임을 감안하면 언제 어디서나 인터넷 접속을 가능하게 해주는 스마트폰의 역할은 매우 중요하다고 할 수 있다. 예를 들어 위치기반 서비스를 이용하여 내 주변에서 주차할 곳을 찾아주는 '주차장'이나 택시 예약 서비스인 '카카오 택시' 등은 스마트폰의 위치기반 기능과 인터넷 접속을 동반하지 않고는 성립되기 힘든 비즈니스 모델이다. 따라서 컴퓨터보다는 스마트폰에서의 서비스 이용이 훨씬 더 많은 비중을 차지하고, 이 때문에 O2O 서비스는 M2O$^{mobile\ to\ offline}$로 불리기도 한다.

O2O 서비스가 가장 발달한 곳은 중국이다. 중국은 O2O 서비스가 매년 20% 이상의 성장률을 보이고 있다. 중국의 O2O 서비스는 다른 나라에 비해 상대적으로 모바일을 통한 인터넷 사용이 우세하였고, QR 코드 등을 이용한 핀테크의 발전, 그리고 무엇보다도 중국 정부의 지원정책에 힘입은 바가 크다(김향덕 2019). 특히 기업의 창의적 사업시도를 '방임'하고 향후 문제 발생 시 규제를 도입하는 중국의 네거티브 방식 산업육성은 중국의 O2O 서비스 발전에 큰 영향을 미치고 있다.

4 O2O 서비스의 기능

O2O 서비스는 기본적으로 온라인을 통한 고객 확보와 오프라인을 통한 서비스를 제공하는 옴니채널의 하나이다. 앞서 제14장에서는 한 기업(공급자)이 중심이 되어 각각 다른 기능을 제공하는 복수의 채널을 이용하여 소비자들에게 한 재화를 판매하는 옴니채널을 기술했다. 반면 O2O 서비스는 플랫폼 사업자가 중심이 되어, 온라인 채널(고객 확보)과 오프라인 매장(판매)의 두 개의 복수 채널을 이용하여 서비스를 제공하는 옴니채널이라 설명할 수 있다.

O2O 서비스는 유통의 여러 가지 기능 중에서 탐색^{search} 기능을 중심으로 장소(거리) 및 구색(형태)의 기능을 제공하는 비즈니스 모델로 이루어져 있다(제1장. 유통의 기능 참조). 온라인 플랫폼에 접속한 소비자가 스마트폰이나 PC를 이용하여 공급자를 탐색하고 공급자는 소비자가 원하는 서비스를 제공한다. 즉 플랫폼은 탐색기능의 제공을 통해 고객을 확보하고 확보된 고객에게 제공되는 서비스는 오프라인(택시나 식당)업체가 제공하는 모델이다. 고객 확보는 유통의 중요한 기능 중 하나로 여행산업과 항공서비스 산업에서는 고객 확보를 주 기능으로 하는 인터넷 업체들, 즉 익스피디아닷컴$^{expedia.com}$, 호텔스닷컴$^{hotels.com}$ 등이 성장을 거듭하고 있다(1장 도입 사례 '미국 온라인 여행사 – 항공사 사투' 참조).

O2O 서비스는 플랫폼이 구색의 기능도 제공한다. 플랫폼에 등록된 공급자의 수가 많을수록 구색은 늘어날 수밖에 없다. 배달의 민족의 경우 다양한 음식을 제공하는 30여 만 가맹점을 확보하여 지역별 고객에게 제시하는 구색(식당 및 음식 종류)은 매우 다양하다. 이전에는 소비자가 접근할 수 있는 공급자가 한정적이라 고객의 선택권이 좁았던 반면, 현재는 플랫폼을 통해 플랫폼에 가입된 수많은 공급자별 가격과 상품 구성까지 비교할 수 있다. 대표적으로 숙박 예약 플랫폼인 '야놀자'와 '여기어때'에 올라온 동일한 숙박시설을 비교하여 더 혜택이 크고 저렴한 가격의 상품을 구매할 수 있다.

O2O 서비스는 또한 장소의 기능도 제공한다. 소비자가 주문한 서비스를 공급자가 배달(식당, 택시)하거나 방문하여 서비스(청소, 이사 등)하는 것이다. 또는 장소의 기능을 소비자가 직접 수행하는 경우(호텔, 공유숙박)도 존재한다. 참고로 중국의 O2O 서비스는 외식, 영화, 숙박, 여행과 같은 매장 방문형 O2O가 전체 시장의 80% 정도를 차지하고 있고, 음식 배달, 가사 도우미와 같은 자택 방문형 O2O이 나머지 20%를 차지하고 있다.

장소의 기능과 관련하여 라스트마일^{Last mile delivery} 배송의 중요성이 떠오르고 있다. 라스트마일 배송이란 상품을 물류거점에서 최종목적지(소비자)까지 배송하는 것을 의미한다. 라스트마일 배송은 온라인 채널과 O2O 서비스의 성장과 밀접한 연관이 있다. 온라인 채널은 오프라인 매장을 이용하지 않으므로 라스트마일 배송에 전적으로 의존할 수밖에 없으며, O2O 서비스 중 자택방문형 모델(예, 음식 주문 O2O 서비스)의 경우에는 더더욱 중요한 요소 중 하나이다. 특히 O2O 서비스는 즉각 공급하는 즉시성의 성격이 중요한 만큼 라스트마일 배송의 중요성은 한층 더 커지며, 이에 따라 라스트마일 배송 관련 산업은 급격히 성장하고 있다.

라스트마일 배송은 배송밀도에 따라 배송비용이 차이가 나는데, 배송밀도가 낮은 경우에는 배송거리가 증가하여 배송단위당 비용이 높으나, 우리나라처럼 배송밀도가 높은 곳은 배송비용이 낮으나 상하차 작업이나 주차관련 제약 요인이 발생할 수 있어 자동차 이외의 스쿠터와 같은 다양한 배송수단의 도입이 필요한 경우가 있다(임옥경 2019).

라스트마일 업체들의 음식배달 스쿠터들

5 O2O 서비스의 가치창출

O2O 서비스는 다양한 측면에서 고객과 공급자의 가치상승을 추구하며, 이를 통해 성장한다. 고객의 가치상승은 고객이 지불하는 비용감소나 고객이 얻는 혜택의 증진을 통해 이루어진다. 반면 O2O 서비스는 공급자가 얻는 가치를 통해서도 비즈니스 모델을 만들 수 있다.

첫째, O2O 서비스는 소비자가 거래에 지불해야 하는 비용의 감소를 통해 성장한다. O2O 서비스를 통하지 않은 기존의 거래에서와 똑같은 혜택을 얻는다는 것을 가정할 때, 고객은 단위당 거래에 지불할 비용의 감소만큼의 가치를 얻는다. 예를 들어 카카오 택시의 경우, 승객이 택시를 잡으려고 기다리는 시간을 줄여줄 수 있어 줄어든 시간만큼의 비용이 감소하는 효과를 얻을 수 있다.

둘째, O2O 서비스는 소비자가 거래에서 얻는 혜택의 증가를 추구한다. 예를 들어, 예전에는 심야시간에 집으로 타고 갈 대안 교통 수단이 마땅치 않았고, 목적지에 따라 택시를 잡기 힘들었던데 비해, 승차 공유 플랫폼 타다는 고객에게 편리한 교통서비스를 제공함으로써 고객의 혜택을 증가시켰다. 물론 타다의 이용비용이 일반택시보다 비싸긴 했지만, 많은 고객들이 치러야 할 비용보다 더 많은 혜택을 받았다고 인식함으로써, 타다는 승차 공유시장의 성장성을 증명했다 (15장 부록 1 '불법화된 타다' 참조).

셋째, O2O 서비스는 공급자가 지불해야 할 비용의 감소를 추구한다. 공급자는 O2O 서비스 플랫폼에 리스트하여 과거에 비해 홍보비용을 절감할 수 있다. 예를 들어, 과거 광고전단지를 이용하여 매장을 홍보하던 음식점은 음식 주문 플랫폼을 이용하여 결과적으로 전단지를 모바일화하여 홍보비용을 줄이는 효과를 누렸다.

넷째, O2O 서비스는 공급자가 얻는 혜택을 통해 제공한다. O2O 서비스 플랫폼의 유저로 등록한 소비자들을 대상으로 공급자는 이전보다 많은 잠재고객을 상대할 수 있다. 물론 상권의 확대를 통한 잠재고객의 증가는 반대로 공급자 간 경쟁의 증가로 인한 과당경쟁을 초래할 수 있다(12장 프랜차이즈 사례 '프랜차이즈 지역보장제도와 배달앱' 참조). 하지만 경쟁자와의 차별화를 통해 많은 잠재고객을 주요고객으로 만들 수 있는 기회를 얻을 수 있으며 스마트폰의 위치기능을 통한 고객유입이 가능하다는 측면에서 O2O 서비스는 공급자에게 매력이 있다.

6 3가지 타입의 O2O 서비스

O2O 서비스는 크게 재화, 자산임대형, 서비스 연계형 등 거래의 대상을 중심으로 3가지 종류의 O2O 서비스(아래 참조)가 이론적으로 존재한다(인터넷 진흥원 2020).

1. 재화형 O2O 서비스

재화형 O2O 서비스는 제14장에서 다루었던 옴니채널의 여러 가지 종류 중 주로 재화를 온라인에서 주문 후 오프라인 매장에서 수령하는 것을 의미한다(사례 14장 소비자는 온·오프 넘나드는 '멀티쇼핑'. 유통업계는 옴니채널 시도 참조). 재화의 특성상 상품이 재고로 존재하는 것이 가능하여, 소비자가 온라인을 통해 상품을 탐색한 후에 군이 오프라인을 통해 공급자와 접촉하여 제품을 수령할 이점이 많지 않다. 기존의 온라인 유통처럼 공급자로부터 배송 받는 형태에 비해 오프라인에서의 직접수령은 편의성 측면에서 불리하다.

쇼루밍의 확산으로 인한 매장 매출의 감소에 대응하여 오프라인 업체들이 도입한 리버스 쇼루밍Reverse Showrooming을 재화형 O2O 서비스의 일종으로 간주할 수 있다. 리버스 쇼루밍은 온라인에서 구매하고 오프라인에서 상품을 픽업하므로 고객을 매장으로 끌어들여 타상품의 구매를 유도하기를 기대하지만, 국내에서는 리버스 쇼루밍이 대체로 성공적이지 못했다.

2. 자산임대형 O2O 서비스

자산임대형 O2O 서비스는 부동산(코자자, 에어비앤비), 자동차(쏘카, 우버), 공간(스페이스 클라우드) 등 소비자가 자산의 일시적인 공유를 스마트폰으로 예약하고 공급자의 해당 자산을 일정시간 사용하는 서비스를 말한다. 이는 흔히 말하는 공유경제에 속하는 O2O 서비스의 일종으로, 기존에 존재하지 않았던 '자산의 공유'를 통해 소비자 편익을 향상시킴으로 소비자의 자산공유에 대한 수요를 창출하고 자산의 공급자도 기존 자산의 활용을 통한 이익을 얻는 모델이다.

공유경제라는 단어는 로렌스 레시그[Lawrence Lessig](2008)가 처음으로 도입하여 한 고객이 구매한 제품을 여러 고객이 공유하면서 소비하는 협력적 소비[collaborative consumption]의 경제라고 설명했다. 공유경제에서는 공급자가 소유한 자산에 대한 사용권을 타인과 공동으로 소비함으로써 새로운 이익을 얻고, 사용자는 자신이 필요한 자산을 굳이 구매하지 않고 적절한 가격에 이용할 수 있는 합리적인 소비를 한다. 따라서 공급자와 소비자 모두 자산의 공동소비를 통한 가치창출이 가능한 협력적 소비의 모델이 성립한다.

공유경제는 자원의 판매와 소비보다는 유휴자원을 소비자 간의 공유를 통해 소비효율성을 늘려 자원의 경제적 가치를 증진시키는데 그 의미가 있다. 또한 자원의 낭비를 줄일 수 있어 공유경제는 대량생산과 대량소비를 기반으로 하고 소비가 미덕으로 여겨지는 현 자본주의 경제와는 일정 부분 대비되는 개념이다(Lessig 2008). 실제로 북미 지역에서는 승차 공유 서비스를 이용하는 집단에서는 차량 소유율이 50% 감소했다는 연구결과가 나와 승차 공유의 파급효과가 만만치 않을 것임을 보여주고 있다(Shaheen et al., 2012)

위의 몇 가지 사례와 더불어 자전거, 전동킥보드 등 유형자산뿐 아니라 노동력(가사도우미), 지식 등과 같은 무형의 자산 및 돈(클라우드 펀딩)까지 공유경제의 대상을 활용하여 공유경제를 실현하는 비즈니스 모델이 지속적으로 출현하고 있다. 우버의 경우, 유형자산인 자동차뿐만 아니라 무형자산인 우버 기사의 유휴시간 역시 공유의 대상으로 하는 사업모델이다. 여러 가지 법적인 제약이 있는 우리나라보다는 미국, 서유럽, 및 중국 등에서 급속한 성장을 보이고 있다.

우리나라의 공유경제는 공공영역에서의 참여가 활발하다는 특징을 보이고 있다. 서울시는 2012년에 공유촉진조례를 제정하여 공유도시 서울을 선언하고 서울시, 각 자치구, 그리고 공유기업과의 협력을 바탕으로 공유 경제를 추진하고 있다. 이 밖에도 경기도, 부산시, 광주시 등 우리나라 대부분의 도시들이 공유경제를 추진하고 있으나, 대부분 공공주도의 성격이 강하여 민간 분야의 창조적인 창업을 어렵게 만드는 경우도 있다(김대호 2018).

자산임대형 O2O 서비스는 많은 경우에 개인간 자산을 공유하는 형태가 아닌 O2O 서비스 플랫폼을 운영하는 회사의 자산을 대여하는 형태로 존재하고 있다. 이는 자산의 공급자가 개인이냐 아니면 O2O 서비스 플랫폼을 운영하는 사업자이냐에 따라 구분되어지는 것이다. 해외에서 운영되는 우버의 경우 주로 개인이 차를 제공하고, 국내의 카쉐어링 형태(타다)는 플랫폼 공급자가 차를 제공하고 있어 차이가 있다. 엄밀히 말해 플랫폼 사업자가 자산을 제공하는 경우는 공유경제라 칭하기 힘들지만 실제로 현장에서는 이를 구분하지 않고 둘 다 공유경제를 실현하는 것으로 표현하고 있다.

자산임대형 O2O 서비스는 수요자와 공급자를 연결하여 이전에는 유휴자원으로 남아 있던 부분에 추가적 경제적 가치를 부여하고 있다는 점에서 향후 다양한 영역에서 서비스 영역이 확장될 가능성이 크다.

구분	전통경제	공유경제
소비 방식	개인적 소비	협력적 소비
거래 체계	시장 매커니즘	플랫폼 매커니즘
거래 방식	B2C	C2C or B2C
거래 기반	경쟁	신뢰
결과	자원 고갈, 환경오염	자원 절약

자료: 이중원(2016)

3. 서비스 연계형 O2O 서비스

서비스 연계형 O2O 서비스는 O2O 서비스 플랫폼 사업자가 오프라인에서 이루어지는 각종 서비스를 제공하는 공급자와 각종 오프라인 서비스에 대한 정보를 제공받고 예약 및 구매를 하는 소비자를 중계해주는 형태를 띠고 있다. 우리나라에서 가장 대표적인 O2O 서비스인 배달음식 주문서비스(배달의 민족, 요기요)와 숙박예약 서비스(야놀자, 여기어때), 택시호출 서비스(카카오 택시), 부동산 매물정보 서비스(직방, 다방) 및 청소위탁 서비스(클린벨), 생활도우미(홈생홈사) 등이 이러한 형태를 띠고 있다.

서비스 연계형 O2O 서비스는 이외에도 자동차수리, 포장이사, 주차장 안내 등에 이르기까지 전방위로 그 영역을 확장하고 있다. 온라인 강자인 아마존 역시 음식배달 서비스를 개시하고 자동차 수리 방문교육 등의 분야로 확장하며 본격적으로 O2O 서비스에 뛰어들었다.

재화를 이용한 온·오프라인 통합서비스는 제14장의 옴니채널에서 다루었고, 재화형 O2O 서비스는 순수 온라인 채널에 비해 비교우위를 가져오기 힘들어 그 사례가 많지 않다.

서비스는 재고로 존재할 수 없어 서비스가 생산되는 시점에만 가치가 존재하고 시간이 흐르면 그 가치는 없어지는 특성이 있다. 서비스가 공급되는 순간 소비자와 공급자는 같은 장소에 함께 존재해야 하므로, 위치기반 기능을 바탕으로 공급자를 탐색하여 소비하는 O2O 서비스의 장점을 서비스 산업에서 잘 살릴 수 있다. 그러므로 소비자들이 많이 이용하는 O2O 서비스가 대부분 서비스를 이용한 모델이 대부분이고, 서비스를 이용한 O2O 서비스가 전방위로 확산되고 있는 추세이다. 따라서 이 책에서는 자산임대형과 서비스 연계형만을 대상으로 논의하고자 한다.

 사례

대상네트웍스,
정육점 O2O 플랫폼 '고기나우' 시범 운영

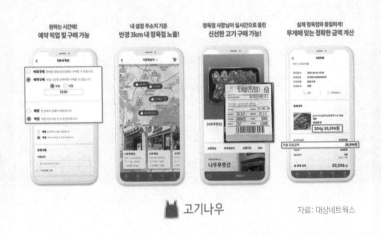

고기나우

자료: 대상네트웍스

대상네트웍스는 정육 온·오프라인 연계(O2O) 플랫폼 '고기나우'의 시범 서비스를 시작했다. 이용자는 거주지에서 반경 3㎞ 이내에 위치한 정육점의 제품 가격을 비교하고 주문과 결제까지 할 수 있고 1시간 이내에 고기를 받을 수 있다.

온라인으로 고기를 구매할 때 품질을 직접 확인하기 어렵고, 원하는 대로 중량이나 두께 조절이 어렵다는 점에 착안해 고기나우를 개발했다. 정육점 점주가 직접 고기 사진을 찍어 등록하기 때문에 고기의 상태를 확인할 수 있다. 주문 시 원하는 고기의 용도나 중량, 두께 등을 상세하게 요청할 수 있다. 고기에 칼집을 내거나 비계가 적은 부위로 달라는 등의 요청 도 가능하다.

조선비즈 2021/11/8

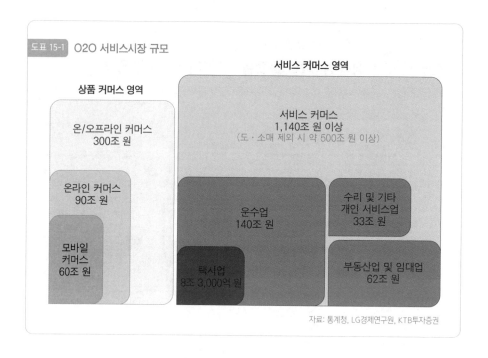

7 O2O 서비스의 특징

O2O 서비스는 네 가지 특징을 지니고 있다. 첫째, 온라인 채널은 그동안 가상공간이라는 특징 때문에 고객 확보에 있어서 낮은 효율성을 보이고 있었으나, O2O 서비스는 고객의 위치정보와 오프라인 매장의 위치정보를 이용하여 온라인 플랫폼이 고객 확보의 기능을 하고 있다. 예를 들어, 휴대폰의 지리적 위치 파악 기능을 이용하여 고객은 자신의 근처에 있는 여러 서비스 브랜드(식당, 미용실, 공연)들을 인식하고 예약 및 방문할 수 있다. 이 같은 서비스는 저장이 가능하지 않고 이용자와 서비스가 동일시간에 동일한 장소에 존재해야 하므로 소비자가 이동하는 장소에서 브랜드를 탐색하고 즉시 소비할 수 있는 편리함을 제공하여 O2O 서비스는 서비스 브랜드의 고객 확보에 효율적인 기능을 제공한다.

둘째, O2O 서비스는 사용자의 소비정보(지역, 구매액수, 이용브랜드, 구매상품 재사용율 등)와 인구통계학적 정보(나이, 성별, 직업 등)와 결합된 중요한 정보를 획득할 수 있다. 이러한 정보는 O2O 서비스사의 마케팅 전략뿐만 아니라 소비되는 브랜드나 점포의 마케팅 전략에 유용하게 사용될 수 있다.

기존의 서비스 산업에서는 소비자 및 소비자의 소비정보를 얻기가 쉽지 않았다. 하지만 O2O 서비스를 통해 얻는 정보를 이용하여 서비스 공급자는 매출 증진 및 고객만족도를 높일 수 있다. 예를 들어, 소비자의 구매 행태를 분석하여 쿠폰 및 할인제도 등의 제공을 통해 고객의 서비스 이용 증진을 꾀할 수 있다. 기존의 정보를 이용한 새로운 서비스나 맞춤형 서비스 등의 제공을 통해 얻어지는 새로운 정보를 수집하여 빅데이터를 만들어 내고, 이러한 빅데이터는 소비자들을 더 이해하게 되는 도구가 되어 궁극적으로 소비자의 만족도 증진을 꾀할 수 있다.

세째, O2O 서비스는 롱테일 시장의 구현이 가능하다. 롱테일 상품은 크게 수익이 나지 않은 상품군을 의미한다. 기존의 시장에서는 인기 많은 상위 20%의 제품이 80%의 매출을 담당한다는 파레토 법칙이 적용되는 시장인데 반해, 롱테일 시장은 인기가 낮은 하위 80%의 제품(롱테일 상품)이 20% 이상의 매출을 올리는 시장이다(Anderson 2006). 오프라인 매장에서는 공간 부족 등의 한계가 있었지만, O2O 서비스의 플랫폼은 가상공간인 온라인에서 다양한 공급자로부터 다양한 상품을 다양한 기간 동안 리스트할 수 있어 롱테일이 가능하게 된 것이다.

롱테일 시장의 형성이 가능한 이유는 온라인 채널의 저비용 구조와 관련이 있다. 기존의 오프라인 매장은 매장 임대료 및 물리적인 공간의 한계로 인하여 진열할 수 있는 제품이 한계가 있으므로 매출을 극대화하기 위해서는 인기 있는 상품 위주로 구색을 갖출 수밖에 없다. 하지만, 온라인 채널은 임대료는 물론 진열 공간의 한계가 매우 낮고 지역의 한계를 넘어 많은 소비자들을 고객으로 확보할 수 있으며, 무엇보다도 판매가 일어날 때 비용(주문 처리비, 배송비, 및 판매 후 서비스 비용)이 발생하는 구조로 되어 있어 거래가 없을 경우 발생할 수 있는 고정비용은 물류창고비 및 홍보비(고객 확보 비용) 정도로 낮춰버렸다. 더구나 O2O 서비스는 순수온라인 채널에 비해서 고객 확보비용이 더 효율적이어서 롱테일의 가능성을 더 높여 주었다.

네째, O2O 서비스의 영역인 서비스커머스는 상품커머스에 비해 몇 배나 큰 시장이고 음식, 운수, 부동산, 자동차 서비스 등 매우 다양한 영역에서 O2O서비스 모델을 제시할 수 있어 결과에 따라서는 엄청난 성장을 할 수 있는 잠재력이 있다. 따라서 한 영역에서 성공한 O2O 서비스 모델을 이용하여 브랜드 확장(brand extenstion) 전략을 통해 다른 유망한 분야로 진출하는 전략이 가능하다. 예를 들어, 다음카카오는 카카오 내비를 이용하는 고객들을 대상으로 카카오 택시, 카카오드라이버, 카카오헤어샵 등으로 영역을 넓혀가고 있다.

따라서 대부분의 O2O 서비스 업체는 초기 시장을 선점하여 후발주자의 진입 장벽을 형성하기 위해 이익보다는 서비스 가입업체 및 소비자 수 확보에 주력하는 모습을 보이고 있다. 이들의 전략은 의도된 적자를 통해 성장에 집중하는 것으로, 투자자들로부터 동원한 현금으로 사용자를 확보하고 시장점유율을 늘려 규모의 경제가 작동하는 독점기업처럼 되겠다는 것이다. 그러면 현재 손실을 덮고 남을 만큼 더 큰 수익이 미래에 돌아온다는 계산이다.

하지만 많은 O2O 서비스 기업들은 심한 경쟁과 열악한 수수료, 과도한 홍보비 지급으로 적자의 늪에서 헤어나오지 못하고 있다. 자사의 플랫폼으로의 트래픽을 증가시키기 위해 막대한 자본을 투자하고 마케팅비를 쏟아 부으면서 손실을 내고 있는 것이다. 이는 90년대 말 엄청난 광고비와 고객서비스를 위한 투자비용을 지불하고도 적절한 수익을 내지 못해 사라져간 수많은 인터넷 업체들의 모습을 연상케 하고 있다. 미국의 제2의 승차 공유사인 리프트는 운행 당 손실은 1.4달러로 고객 1명 태울 때마다 1.4달러의 돈을 잃고 있다. 리프트사 역시 설립 초기부터 매년 순손실을 겪고 있으며 앞으로도 수익성을 달성하거나 유지할 수 없을지 모른다고 시인하고 있다.

대분류	중분류	서비스 내용	서비스(기업명)
모빌리티 자동차	차량 공유	모바일 앱을 통해 차량 공유 및 예약, 결제하는 서비스	쏘가, 그린카, 유카, 피플카, 시티카, 카썸, e-bus, 타다
	승차 공유	모바일 앱을 통해 출퇴근 승차 혹은 학원 차량 공유를 예약, 결제하는 서비스	플러스, 벅시, 셔틀타요, 옐로우버스, 모두의 셔틀
	택시 대리호출	모바일 앱을 통해 택시 호출, 예약, 결제하는 서비스	카카오택시, 티맵택시, 이지택시, 어니스트티켓, 백기사, 카카오드라이버, 컴백홈
	주차	모바일 앱을 통해 주차 공간 검색, 예약, 결제하는 서비스	모두의 주차장, 파킹클라우드, 아아파킹, 마이발렛, 파크히어, 파킹브라더
	차량 구매	차량 구매, 판매, 정비 관련업체 조회, 비교 견적, 예약, 결제하는 서비스	망고서비스, 카닥, 헤이딜러, 첫차, 겟차, 조인스오토, 카수리, 꿀카, 세차왕, 조앤워시, 와이퍼, 카페인모터큐브, 디오너
음식 배달	음식 주문	온라인으로 음식을 주문 예약, 배달하는 서비스	배달의 민족, 요기요, 배달통
	배달, 심부름, 이사	음식 기타 물품 배달, 이사, 심부름 등 배달 지원 서비스	부릉, 바로고, 배민라이더스, 푸드플랑이, 배달365, 비행접시, 이사모아, 짐싸, 센디, 퀵퀵, 띵동, 도와도, 나우픽, 인타임퀵, 짐타
	신선식품, 식자재	신선식품, 식자재 등 식품 전문상 거래 서비스	마켓컬리, 육그램, 셀푸드, 마켓보로, 아내의 식탁
	푸트테크 솔루션	레스토랑 및 식음료 전문점 관련 테크, 솔루션	사이렌오더, 해피오더, 나우웨이팅, 식권대장, 위쿡, 플레이팅, 스택포, 집반찬연구소, 렛츠피자, 커피패스

대분류	중분류	서비스 내용	서비스(기업명)
홈 서비스 예약	숙박 예약 공유 숙박	모바일 앱을 통해 호텔, 모텔, 펜션 등을 조회, 예약, 결제하는 서비스	에어비앤비, 야놀자, 여기어때, 호텔타임, 호텔나우, 지냄, 핫텔, 코자자, 데일리호텔
	부동산 거래	주거용, 상업용 부동산 매물검색, 조회, 예약을 중개하는 서비스	직방, 다방, 방구, 방콜, 한방, 두꺼비세상, 부동산114, 네모, 집토스, 앞집, 오피스픽, 리퍼블릭
	부동산 관리	모바일 앱을 통해 주거용, 상업용 부동산 관리를 중개해주는 서비스	홈버튼, 리스맨
	공간 공유	모바일 앱을 통해 도심 사무실 공실 및 창고 공간 등을 조회, 예약 결제하는 서비스	공감, 핀스팟, 스페이스클라우드
	인테리어 리모델링	인테리어, 리모델링 업체와 수요자 간 중개하는 서비스	인포테리어, 집수리, 닥터하우스, 집닥, 인테리어브라더스, 인스타워즈
	홈디자인 가구	홈디자인 관련 콘텐츠 공유, 가구 등 홈디자인 소품 상거래 서비스	러브하우스, 집꾸미기, 오늘의 집
	가사 서비스	청소, 세탁 등 가사 관련서비스 제공, 유휴 인력을 중개하는 서비스	대리주부, 청소연구소, 미소, 리화이트, 세탁특공대, 세탁의 신, 워시온, 홈마스터, 와홈, 아내의 휴일
	정기렌탈 배송	정기렌탈 및 정기배송 서비스	잉크와오피스, 쏘시로, 레츠고
레저 콘텐츠	아웃도어 레저 여행	여행, 아웃도어 액티비티, 기타 레저 상품 조회, 결제하는 서비스	다이어리트래블, 트립스토어, 프립, 트립비토즈, 요트탈래, 마이리얼트립, 와그, 가자고
	콘텐츠 이벤트	콘텐츠, 이벤트 관련 정보 검색, 예약 결제하는 서비스	플라밍고, 식신, 혼밥의 만찬, 디너의 여왕, 찍검, 비블리, 왓챠, 애드오피, 화제인, 캔고루
	교육 육아	교육 및 육아 관련 정보 검색, 예약 결제하는 서브스	핑크퐁, 튜터링, 소셜라인, 점프, 비네이티브, 디비스쿨, 모꼬지, 직톡
펫 패션	패션	패션 관련 수요에 즉각 대응할 수 있는 서비스 전반	바이수미, 스타일닷컴, 링크샵스, 푸처웍스, 하다컴퍼니, 히어로네이션, 셔츠버틀러, 지그재그
	뷰티 헬스	뷰티 및 헬스 관련 정보 검색, 예약 결세하는 서비스	애포터, 헤이뷰티, 큐쌀롱, 티엘, 엑스, 굿닥, 닥터의견적, 똑딱, 강남언니, 헬스온조이, 홈핏, 펀라이프, 클래스픽, 컷앤컬
	반려동물	반려동물 관련 수요에 즉각 대응할 수 있는 서비스 전반	21gram, 펫닥파트너, 포옹, 도그메이트, 펫미업, 펫뷰, 인투펫, 페팸, 페티앙, 펫트너, 펫츠고, 페오펫, 고펫

📇 8 O2O 서비스의 성공 요인

O2O 서비스가 성공하기 위해서는 몇 가지 요인을 고려해야 한다. 첫째, O2O 서비스에 공급을 하는 업체들 간의 경쟁이 많고 특히 공급이 과잉된 분야이어야 한다. 예를 들어, 음식배달시장의 경우 음식점들이 난립해 공급이 과잉되고 있다. 특히 자체적으로 투자 및 마케팅할 여력이 없는 경우가 많아 고객 확보를 위해 O2O 서비스를 이용할 가능성이 많은 것이다.

둘째, 소비자가 반복적으로 구매하는 분야이어야 한다. O2O 서비스는 중계수수료를 기반으로 하는 수익구조를 가지고 있으므로 가능한 주기적으로 구매가 발생해야 한다. 카카오 택시의 경우 일상생활에서 주기적으로 구매가 일어나고 있다. 음식배달 서비스 시장의 경우도 말할 것이 없다.

셋째, 단기적인 출혈경쟁을 하기보다는 O2O 서비스 업체들은 고객이 얻는 가치를 증진시키는 방안을 이용해 경쟁업체와 차별화를 이루어야 한다. 배달앱 업체들이 배달앱의 정보의 양을 높인다든지 정보의 질을 보다 좋게 하거나. 부실한 음식점 업주들을 걸러내어 소비자에게 질 높은 제품을 제공하도록 하는 역할을 하는 방식 등을 통해 소비자들의 혜택을 증진시키는 방향으로 경쟁우위를 확보해야 한다. 결국 소비자가 수평적 경쟁자들의 승자를 결정하기 때문이다.

넷째, 유통은 경로 구성원과의 협력의 패러다임을 구축해야 한다는 점에서 O2O 서비스 업체들은 제품이나 서비스를 제공하는 업체들에도 가치(이익)를 제공해야 한다. 경로파트너에게 고객 확보 기능을 제공하면서 수취하는 수수료가 너무 많아 그 파트너들의 이익이 침해되는 경우에는 지속가능한 장기 관계를 맺기가 쉽지 않아 경쟁사에 유능한 파트너를 뺏기기 쉽기 때문이다. 음식 배달앱시장에서의 음식점들에 대한 플래폼들의 과도한 수수료 부과는 결국 공급하는 음식의 품질에 영향을 미치기 쉬워 결국 고객불만족으로 이어지기 쉽다.

다섯째, O2O 서비스의 플랫폼에 대한 소비자의 신뢰를 얻어야 한다. 예를 들어, O2O 서비스를 이용한 소비자가 공급자의 서비스에 대한 이용 후기와 평가를 플랫폼에 제공하면, 다른 소비자들은 이 정보를 바탕으로 다수의 공급자들을 평가하여 적절한 공급자를 선택할 수 있으므로 플랫폼 이용도를 높게 만들어 O2O 서비스의 중요한 성공 요인으로 작용한다. 실제로 많은 소비자들이 이용 후기를 주고받음으로써 후기가 타인의 상품구매에 큰 영향을 미치고 있다. 이 때문에 논란이 일어난 상품이나 문제에 대한 공급업체나 플랫폼의 대처가 미흡했을 경우, 소비자들의 신뢰를 잃기가 쉽고 떨어진 신뢰를 되찾기는 쉽지 않다. 따라서 공급자는 고객 후기에 매우 민감하게 반응하게 되었다.

 사례 '리뷰'의 막강파워

"음식 주문 O2O 플랫폼에서는 좋은 리뷰와 평점이 무척 중요하다. 리뷰와 별수에 따라 주문이 좌지우지되므로 음식매장의 매출과 연계되기 때문이다. 따라서 각종 음식 주문 O2O 서비스에 의존하는 많은 자영업자들이 리뷰 하나하나에 목을 매게 된다. 한 음식점주는 음식 주문 O2O 서비스가 급격하게 성장하면서 업체들의 '리뷰경쟁'이 치열해졌다고 말한다. "리뷰 하나를 받기 위해 메뉴에 더 신경 쓰고 서비스를 제공하는 등 다방면의 노력을 하고 있죠. 그렇게 해봐야 1년에 리뷰 100개 얻기가 하늘의 별따기에요. 안 좋은 리뷰가 달리고 평점 1점만 떨어져도 매출에 바로 영향을 받습니다."

앱에 등록된 리뷰와 별점이 음식점을 판단하는 지표로 사용되다 보니 일부 업주들은 리뷰를 써주는 조건으로 서비스를 제공하거나 1000원 할인쿠폰을 제공하는 등 이벤트를 하는 업체도 적지 않다. 하지만 업주 입장에선 번거로운 이벤트 과정을 거쳐도 만족할 만한 리뷰 얻기가 어려운 상황이 오고 있다.

좋은 리뷰 50개, 100개가 올라온다면 매장의 높은 매출을 기록하기 쉽다. 한 점주에 따르면 주문량의 70% 이상을 음식 주문 O2O 서비스가 차지하고 있다며, 전화 주문은 10% 미만이라 전한다. 리뷰가 이처럼 중요해지면서 한 사람이 하루에 여러 번 음식을 시켜먹고 리뷰를 많이 올리거나 적극적으로 후기를 조작해 칭찬일색으로 만드는 등 리뷰 관련 불합리한 현상도 나타나고 있다.

배달의민족(배민)이 독점적 배달 플랫폼으로서 지위를 확고히 하면서 배민의 '리뷰'와 '별점 기능'을 활용한 변종 광고 업체가 활개를 치고 있다. 플랫폼이 장기적으로 신뢰도 높게 운영되려면, 리뷰의 신뢰도는 필수라는 점을 잘 알고 있는 배민은 앱 내에서 가짜 리뷰를 올려주는 댓가로 부당이득을 취하던 다수의 리뷰 조작 업체들을 적발하고 형사 고발했다. 현행 법상 리뷰를 조작하는 행위를 처벌할 조항은 없다. 하지만 배민은 가짜 리뷰의 경우 업무방해죄를 적용할 수 있다고 봤다. 배달 플랫폼 업무의 공정성을 방해한다는 것이다. 형법상 업무방해죄가 인정되면 5년 이하의 징역이나 1500만 원 이하의 벌금형을 받게 된다.

배민에 따르면 해당 리뷰 조작업체는 1건당 5000원에서 1만 원을 받고 가짜 리뷰를 작성했다. 예를 들어 리뷰 조작업체가 업주에게 2만 5000원을 받고 실제 주문인 것처럼 2만 원 상당의 음식을 주문한다. 이때 실제 배달은 이뤄지지 않고 업주는 업체에게 음식 사진만 전송한다. 리뷰 조작업체는 해당 사진으로 가짜리뷰를 남긴 뒤 음식값을 제외한 나머지 5000원의 수고료를 받는 형식이다.

한편 리뷰의 중요성이 강해지면서 불만족스러운 리뷰에 대한 일부 점주들의 선을 넘는 반응도 문제가 되고 있다. 심한 경우에는 불만족 후기를 남긴 소비자에게 항의전화를 하거나 명예훼손 혹은 영업방해혐의로 고소하겠다는 협박을 하기도 하는 사례가 있다. 하지만 음식 주문 O2O 서비스앱 내에서 공유되는 후기는 음식점을 이용하는 사람에게 참고하라고 올리는 것이므로 문제가 되지 않는다.

〈소비자보호원 정책연구〉 16-20, 〈머니S〉 2019/12/13, 2020/3/30. 기사 편집

O2O 서비스 이용 고객으로부터의 정보제공을 통한 신뢰 확보뿐만 아니라 O2O 서비스 플랫폼의 적절한 정책 및 정책이행을 통해 서비스의 품질을 증진시키기 위한 노력 또한 중요하다. 개인이 유휴공간을 빌려주는 O2O 서비스인 에어비엔비는 공간공급자가 자신의 SNS ID를 인증정보로 등록하게 해서, 소비자

가 그 SNS 정보로 여러 가지 정보를 확인하고 사용 여부를 결정하게 하여 신뢰성을 높이고 있으며 많은 자산형 공유 플랫폼 공급자의 자산에 대한 심사제도, 에스크로^escrow 시스템 및 리뷰 제도 등을 통해 플랫폼에 대한 신뢰를 높이고 있다. 또 많은 가사노동 서비스홈 업체들이나 청소업체들은 서비스 제공자들에게 가사일에 대한 교육을 제공한 다음 이를 이수하고 시험을 통과한 사람들에게만 서비스를 공급할 수 있는 자격을 부여하고 있다.

하지만 음식 주문 O2O 서비스 중 일부 업체는 사용자들의 불만족스러운 이용 후기를 비공개하거나 거짓 후기 작성 등의 리뷰 조작으로 공정거래위원회로부터 시정조치를 요구당하기도 했다(정영훈, 이금노 2016). 이는 O2O 서비스 플랫폼에 대한 신뢰를 저하시키는 것으로 투명한 정보제공만이 사용자의 신뢰를 획득할 수 있는 요소임을 알아야 할 것이다.

여섯째, 우리나라의 O2O 서비스는 외부 환경 중 다양한 법적 환경 즉 법적규제를 고려해야 한다. 예를 들어, 숙박공유업체인 에어비앤비^airbnb의 경우 국내에서 등록 숙소 1만 1천여 개에서 연간 20만 명에 육박하는 여행객이 이용하고 있다. 하지만 법원은 에어비앤비를 통해 오피스텔이나 개인주택을 제공한 사람에게는 공중위생관리법 위반혐의로 불법이라 판시했다. 숙박업을 하려면 미리 신고해야 한다는 게 현재 규정이다. 2013년 한국 시장에 발을 들여 놓은 공유경제의 선두주자 우버^Uber 역시 우리나라에서 여객자동차운수사업법 위반혐의로 우버 택시 관계자들이 입건되는 경우도 발생했다. 한국에서는 여객자동차운수사업법에 따라 자가 승용차량의 유상 운송이 금지되기 때문이다. 이런 법적 환경으로 인해 1년 글로벌 투적 누자액 기준 상위 70%의 스타트업 모델이 한국 법에 저촉돼 시작조차 할 수 없는 것으로 나타났다(맥킨지코리아 '스타트업 코리아 2018).

이러한 '규제'는 해외 O2O 서비스의 국내 진출에만 적용되는 것은 아니다. 복잡하게 얽혀 있는 규제가 국내 O2O 스타트업의 성장을 막고 있다. 우리도 네가티브 규제로 정책을 바꿔 '할 수 없는 것만 지정'하여 이를 피하여 여러 가지 창의적인 O2O 서비스 사업모델을 구상하고 실행할 수 있도록 해야 한다. 지금의 포지티브 정책, 즉 '할 수 있는 것만을 지정'하는 것은 다양한 O2O 스타트업의 출현을 저해한다(Ch.15장 부록 '타다' 사례 참조).

일곱 번째, O2O 서비스는 아이디어에서 출발한 비즈니스 모델을 구축하기 때문에 특허로 보호하기 어려워 '시장 선점'이 무척 중요하다. 시장 선점을 위해 많은 O2O 서비스 플랫폼이 과다한 홍보비를 소모하며 이용자와 공급자 확보를 하는 경우가 많아 매출 성장이 곧 과다한 비용의 증가로 이어지는 것이 많다. 이는 곧 서비스 플랫폼이 지속적인 자금 확보를 하지 못할 경우 생존하기 힘든 상황으로 내몰릴 수 있다는 점을 고려해야 한다.

 사례 내국인 공유숙박 서울서 첫 허용

2020년 상반기 중 서울 지하철역 반경 1㎞ 내에 있는 본인 거주 주택의 빈방을 내·외국인에게 숙소로 제공할 수 있는 길이 열린다. '호스트' 4,000명에 한정된 작은 규모이지만, 국내 기업들에 사실상 막혀 있던 '도심 내 내국인 공유숙박'이 허용되는 첫 사례여서 주목된다.

공유숙박 앱 '위홈'은 외국인은 물론 내국인에게도 서비스할 수 있는 공유숙박 플랫폼을 허가해달라며 규제 샌드박스 심의를 신청했다. 과학기술정보통신부는 27일 ICT 규제 샌드박스 심의위원회를 열고 이 같은 내용의 공유숙박 서비스를 심의·의결했다.

정부는 위홈이 신청한 호스트 1만 명 규모를 4,000명으로 제한하고 본인이 거주하는 주택에 한해 연간 180일만 영업할 수 있도록 제한된 실증특례를 허용했다. 현실적으로 에어비앤비 등 해외 플랫폼 기업의 영업을 막을 수 없는 상황에서 국내 기업들에 대한 역차별을 해소해야 한다는 주장을 일부 받아들인 것이다. 이번 조치로 자신이 살고 있는 집의 빈방을 활용해 수익을 창출할 수 있게 됐다. 다만 세입자는 집주인, 공동주택은 이웃의 동의를 얻어야 한다. 정부는 지하철역 근처 관광·외식업도 활성화시킬 수 있을 것으로 보고 공유숙박을 허가했으며, 서비스 확대 과정에서 불거질 수 있는 안전문제와 개인정보보호 관련 시스템을 갖춘 후 사업을 개시하라는 조건을 달았다.

업계에서는 관련 법률인 관광진흥법 개정안이 수년째 국회에 발목이 잡혀 있고, 외국계 정보기술(IT) 공룡인 에이비앤비가 관련 시장을 사실상 독식하고 있는 현실에서 내국인 공유숙박 시범사업을 시작할 수 있다는 데 의미를 부여했다. 내국인에게 도시 내 공유숙박을 허용하는 내용의 관광진흥법 개정안은 2016년 이후 두 차례 발의됐지만 숙박업계 반발로 논의가 지지부진한 상황이다. 조산구 위홈 대표(한국공유경제협회 회장)는 "도시 내 내국인 공유숙박을 금지한 현행 법안은 8년 동안 한 줄도 바뀌지 않았다. 답답한 상황에서 규제 샌드박스 허가를 받아 첫발을 뗄 수 있게 된 것"이라며 "이러한 규제 완화 기조가 관광진흥법 개정안 통과까지 이어지길 기대한다"고 밝혔다.

정부가 ICT 규제 샌드박스 심의위원회에서 공유숙박을 일부 허용하면서 서울 도심 객실 공급이 크게 늘어날 것으로 예상된다. 시범사업에 선발된 호스트는 본인이 살고 있는 방을 제외한 모든 빈방을 제공할 수 있어 공급 객실은 1만 5,000~2만 개에 달할 것으로 보인다. 서울 1~9호선 지하철역 반경 1㎞ 이내 위치한 단독·다가구·다세대·연립주택과 아파트로 제한되며, 연면적이 230㎡를 넘어서는 안 된다.

이에 대해 호텔 업계는 소비자 선택권을 넓힌다는 취지에는 공감하면서도 이미 포화상태인 숙박 업계에 내국인을 상대로 하는 공유숙박업까지 허용한다는 점에 대해 우려를 나타냈다. 2012년 160개였던 서울 지역 관광숙박시설이 2019년 2분기 현재 450개로 폭증했을 정도로 공급이 단기간에 증가한 상황이기 때문이다.

한국호텔업협회 관계자는 "특급호텔을 찾는 고객과는 수요가 달라 호텔 업계에 미치는 영향이 크지 않을 것"이라면서도 "부대시설이 취약하거나 등급이 낮고 오래된 숙박업소들이 타격받을 가능성이 높다"고 했다.

〈매일경제〉 2019/11/27 편집

불법화된 '타다': 승차 공유혁신의 끝?

차량호출 서비스 '타다'를 둘러싼 논쟁은 타다의 본질을 택시로 볼 것이냐, 아니면 기존에 없던 혁신 서비스로 볼 것이냐에 따라 판단이 갈린다. 국내에서는 이미 2014년 우버가 승차 공유 서비스로 택시업계와 충돌하였고, 당시 서울시는 여객자동차운수사업법 제34조를 위반했다며 우버를 검찰에 고발했다. 그리고 우버의 시도는 실패로 돌아갔다.

법률상 자동차대여사업자의 자동차를 빌려 유상으로 남에게 대여하거나 운전자를 주선해 줘선 안 되고 자동차대여 사업자는 사업용 자동차를 사용해 유상으로 사람을 나르거나 운전자를 연결해줘서는 안 된다. 하지만, 승차정원 11인승 이상 15인승 이하인 승합자동차를 빌리는 사람에게는 운전자를 소개(알선)시켜줘도 무방하다는 예외조항을 이용하여 타다는 11인승 카니발을 빌려 이용자에게 운전자를 매칭시켜줬다. 법망을 우회하기 위해 타다 운전자는 10여 곳의 파견업체로부터 공급받았다.

2019년 2월 택시업계는 타다 운행이 불법이라며 검찰에 고발했다. 그해 10월 검찰은 타다가 현행법을 위반했다고 판단하고 이재웅 대표와 박재욱 대표를 불구속 기소했다.

타다는 운전자들을 타다 소유의 11인승 승합차 차고지로 출근하게 한 뒤 승합차를 배정하기로 했다. 출근한 운전자들은 전철역 인근 등 여객이 많을 것으로 예상되는 지역으로 이동해 대기했다. 승객이 '타다' 앱을 실행시키면 해당 승객과 가까운 곳에 있는 운전자에게 승객의 위치를 발송해 승객과 운전자를 연결시켜 줬다. 목적지에 다다른 승객은 '타다' 앱에 미리 저장한 신용카드로 요금을 결제했다. 이를 종합하면 '타다'의 영업은 사실상 현재 있는 콜택시들의 영업과 별다른 바가 없었고, 이용자들 역시 차를 빌리기보다는 택시를 타듯 '타다'를 이용했다는 것이 검찰의 시각이다.

타다 측은 자신들이 '파견업체의 운전자를 이용자에게 매칭만 시켜주는 사업'이라고 선을 그었다. 그러나 검찰은 실질적으로는 타다가 '타다 드라이버' 전용앱을 통해 인력공급업체로부터 공급받은

운전자들의 출퇴근, 휴식, 운행차량 배정, 승객 대기지역 이동 등을 관리감독했다고 봤다. 프리랜서 형태의 개인사업자들인 타다 기사들을 사실상 관리감독했다는 것이다. 따라서 검찰은 타다가 운전자 '알선'만 한 것이 아니라 실질적으로 운전자를 고용해 직접 돈을 받고 승객을 실어 날랐다고 판단했다.

반면 검찰의 이런 입장에 타다 측은 물론 스타트업계 관계자들은 황당하다는 반응을 보였다. 이들은 검찰의 기소로 합의점을 찾아가던 정부와 스타트업계 간 논의가 완전히 멈춰섰다고 비판했다. 한국공유경제협회는 "타다와 같은 차량 공유 플랫폼 스타트업들은 기존 택시 영업의 한계점을 보완하고 소비자들의 선택지를 넓힌 것 자체로 혁신을 만들어냈다"고 평가했다. 한국스타트업포럼 측도 "타다는 기존 법과 규제에서 렌터카와 기사 제공 등에 대한 예외조항을 집중적으로 파고들어 출범한 플랫폼"이라면서 "검찰이 타다와 콜택시가 다르지 않다고 판단한 것은 승차 공유 플랫폼에 대한 이해 자체가 부족한 것"이라고 지적했다. 업계에서는 공유 플랫폼에 대한 '불법 딱지'가 타다뿐 아니라 공유사업 전반으로 확대되지 않을까 불안해하고 있다. 타다는 기존 법과 규제의 예외조항을 파고들어 출범한 서비스인데, 결국 법의 심판을 받게 됐다는 것 자체가 업계 전체를 위축시킬 수 있다는 얘기다.

1심 재판부는 타다의 무죄를 선고했다. 타다 이용자는 임대차 계약에 따라 '초단기 렌트'를 요구한 것이다. 그러므로 타다 서비스를 할 때 '여객 사업자' 면허가 따로 필요하지 않다. 모빌리티 서비스는 초단기 렌트와 드라이버 알선이 동시에 이뤄진다. 이 특수성을 고려하면, 타다 측이 직접 돈을 받고 승객을 실어 나른 것은 아니다. 타다 측이 중간에서 운전자를 중개만 해줬다라는 주장이 옳다고 판단한 것이다. 재판부는 타다 서비스가 분 단위 예약으로 필요한 시간에 주문형 렌트를 제공하는 계약관계로 이뤄진다고 판단했다. 재판부는 타다를 '모바일 애플리케이션 기반 렌터카 서비스'로 정의하고 이용자와 타다 사이에 법적으로 초단기임대차 계약이 이뤄진다고 봤다. 2019년 서울시 택시 통계에 따르면 타다 출시 후 요금이 인상된 점을 고려하더라도 매출은 약 3.5% 늘어난 점도 무죄 판단의 근거로 봤다. "혼자여도 비싼 요금을 내고 호출하는 타다는 시장의 선택"이라고도 덧붙였다.

타다 문제를 현행 제도의 틀 내에서 해결할 수 있다는 의견도 나왔다. "내국인에게 공간을 대여하는 '공유숙박'의 경우 기존 법 체계에서는 불법이었지만 정부가 도입했던 '규제 샌드박스' 제도를 통해 해결책을 찾은 좋은 선례"라며 "정부가 실정법 위반 등을 가지고 꼬투리를 잡을 것이 아니라 타다와 택시가 모두 각자의 자리에서 혁신을 도모할 수 있는 사회적 합의안이 나와야 한다"고 지적했다.

한편, "타다는 합법"이라며 1심 무죄 판결을 내린 이후, 국회는 일명 '타다금지법'을 1년여 넘는 격렬한 진통 끝에 2020년 3월 '타다 베이직' 운행을 불법화하는 조항을 수정 없이 그대로 국회를 통과시켰다. 타다가 달리기 위해서는 타다 차량 1,500대에 대한 기여금을 내거나 차량과 운행 방식 등 서비스를 변경해야 한다. 타다는 유예기간인 1년 6개월 후에는 현재 방식으로 운행할 수 없게 된다.

타다는 성명서를 내고 "조만간 '타다 베이직' 서비스를 중단하겠다"고 선언했다. 예상치 못한 '타다 셧다운'으로 기사 1만 2,000명의 생계도 막막해졌다. 타다 프리미엄 등 다른 서비스 향방은 결정되지 않았지만 사업모델 수정이 불가피하다.

법안은 운송플랫폼 업체에서 관광 목적으로 11~15인승 차량을 빌리되 6시간 이상 사용하거나 대여·반납 장소가 공항 또는 항만일 때만 사업자가 운전자를 알선할 수 있도록 하는 내용을 골자로 한다. 특히 법원이 "타다 합법"이라는 판단을 내린 이후 '플랫폼 사업자가 차량과 운전자를 직접 확보해야 한다'는 조항을 빼고 '대여사업용 자동차를 임차한 경우(렌터카)'를 신설했다. 타다 측은 "혁신을 금지한 정부와 국회는 죽었다"며 극렬 반발했다.

타다의 승차 공유 서비스가 도입되기 전과 비교해볼 때, 소비자들이 새롭게 알게 된 몇 가지 사실이 있다. 1)택시가 잘 잡히지 않는 심야시간에도 집으로 타고 갈 대안 교통 수단이 있다는 것. 2)목적지가 택시기사에게 매력적이지 않은 곳이더라도 마음 놓고 호출할 수 있다는 것. 3)택시 기사의 비위(원치 않는 대화, 골목길 안 하차 요구 등)를 맞추지 않고도 편히 탈 수 있는 교통수단이 있다는 것. 4)그런 서비스를 위해서는 내 지갑을 더 열어도 상관없다라는 것이다.

하지만 타다금지법은 통과됐고 타다는 멈추었다. 타다금지법에는 △렌터카를 이용한 사업 △모바일 플랫폼을 활용한 이용자–택시 간 매칭 등 그동안 타다가 해왔던 사업을 합법적으로 할 수 있는 방법을 명시해놨다. 단, 국토부의 허가 아래서만 뭐든 할 수 있다. 이제 택시업계와 모빌리티 업계는 2019년 7월 발표된 상생안을 중심으로 움직이게 될 것이다. 새로운 형태의 모빌리티가 추가되는 만큼 택시 감차가 이루어져야 한다. 택시 한 대를 감차하려면 7,000만~8,000만 원의 비용이 필요하다. 타다가 원했던 운행 대수인 1만 대를 충족하려면 7,000억 원 이상의 투자금이 필요하고, 현 타다의 운행 수준인 1,500대를 운행하려 해도 1,000억 원 이상이 필요하다.

이런 상황에서 일반인이 체감할 수 있을 정도의 승차 혁신이 일어나려면 얼마나 오랜 시간이 걸릴지, 과연 혁신으로 귀결될 수 있을지는 확실하지 않다. 이 결과의 책임이 어느 측에 있는지는 중요하지 않다. 결과적으로 500억 원의 투자금으로 1,500여 대의 승합차를 운영하던 타다는 폐업을 해야 했고, 타다가 이렇게까지 성장하는데 빌미를 제공했던 택시의 민낯도 드러났다. 또한 기존 산업의 보호라는 프레임에 갇혀 신산업을 죽인 정부와 국회는 무능을 드러냈고, 당분간 이동권의 다양성을 보장받지 못할 소비자는 최대의 피해자가 되었다.

〈국민일보〉 2019/11/3, 〈중앙일보〉 2020/02/23, 〈매일경제〉 2020/3/6, 〈T Times〉 2020/3/6 기사 편집

1 O2O 서비스의 특징에 대해 논하시오.

2 일곱 가지의 O2O 서비스의 성공 요인들에 대해 설명하시오.

3 O2O 서비스의 주요 플레이어들에 대해 논하시오.

4 O2O 서비스의 주요 기능에 대해 설명하시오

5 O2O 서비스가 창출하는 가치에 대해 분석하시오.

6 세 가지 타입의 O2O 서비스에 대해 분류하시오.

7 공유경제에 대해 설명하시오.

8 승차 공유 서비스 '타다'의 해법을 소비자 복리후생 관점에서 논하시오.

9 O2O 서비스에서 롱테일 시장의 구현이 가능한 이유에 대해 논하시오.

참고문헌

김대호(2018), 공유경제: 커뮤니케이션 총서, Communication Books

김민주(2019), 공유경제에 대한 공법적 규제에 관한 연구, 서울대학교 대학원 논문

김향덕(2019), 모바일 O2O 서비스 유형별 서비스 품질이 가치지각과 고객만족에 미치는 여향에 관한 연구, 건국대 박사학위 논문

송태원(2018), 인터넷 플랫폼 시장에서의 공정경재 확보에 관한 법적 연구, 고려대 박사학위 논문

이중원(2016), 공유경제 플랫폼 성과에 영향을 미치는 요인, 고려대 대학원 논문

임옥경(2019), 모바일 센터를 활용한 라스트마일 배송 네트워크 최적화에 관한 연구, 인하대 대학원 논문

정영훈, 이금노(2016), O2O 서비스에서의 소비자 문제와 개선방안 연구, 한국소비자원 정책연구

Anderson, Chris(2006), The Long Tail, Hyperion.

Chen, Y.C., Hsieh, H.C. & Lin, H.C.(2013), "Improved Precision Recommendation Scheme by BPNN Algorithm in O2O Commerce", International Conference on E-Business Engineering, 33(1), 324-328.

Chi Y.S, Kang, M.Y, Han K.S., and CHoi J.I.(2016) "A Study on the Discontinuance Intention on O2O Commerce with a Foucs on the Mediating Effects of Perceived Risk and User Resistance", Advance Science and Technology Letters, 114, 45-50.

Lessig, L.,(2008), Remix: Making Art and Commerce Thrive in the Hybrid Economy, London: Penguin Books

Rample, Alex(2010), Why Online2Offline Commerce is a Trillon Dollar Opportunity, Teach Crunch, techcrunch.com.

Shaheen, Susan, Mark Mallery, Karla Kingsley(2012), "Personal Vehicle Sharing Services in North America," Research in Transportation Business & Management, Vol 3.

1 우리나라의 O2O 서비스에 대한 설명으로 옳지 않은 것은?

① 상품커머스에 비해 몇 배나 큰 시장이다.

② 온라인 플랫폼이 고객 확보 기능을 한다.

③ 다수의 O2O 업체들이 초기에 이익을 내고 있다.

④ 브랜드 확장전략이 가능하다.

2 O2O 서비스의 성공을 위해 고려해야 할 주요한 요인은?

① 소비자가 간헐적으로 구매하는 상품이어야 한다.

② 과잉수요가 아주 높아야 한다.

③ 경쟁의 패러다임을 구축해야 한다.

④ 법적 환경을 중점적으로 고려해야 한다.

3 O2O 서비스에 대해 적절하지 않은 기술은?

① 고객으로부터 신뢰 확보가 중요하다.

② 우리나라는 O2O 서비스를 도입하기 어려운 규제가 존재한다.

③ 우리나라에 다양한 O2O 서비스를 도입하기 위해서는 외국처럼 포지티브 정책
　이 필요하다.

④ 공급이 과잉된 분야가 O2O 서비스의 성공에 중요하다.

4 온디맨드^{on demand} 산업에 대해 가장 잘 기술한 것은?

① 소비보다는 공급을 중시한다.

② 소비자가 원하는 장소에서 서비스를 제공해주는 것이다.

③ 소비자가 원하는 시간에 서비스를 제공해주는 것이다.

④ 소비자가 원하는 상품을 소비자가 원하는 시간과 장소에서 제공해주는 것이다.

5 협의의 O2O 서비스란?

① Online to Offline에 한정한다.　② Online to Online에 한정한다.

③ Offline to Online에 한정한다.　④ Offline to Offline에 한정한다.

6 온라인 플랫폼의 주요 특징이 아닌 것은?

① 통제성　　　② 수직통합성　　③ 개방성　　　④ 공존생태계

7 O2O 서비스가 우리나라에서 발달하게 된 원인이 아닌 것은?

① 배달기술의 발달　　　　② 스마트폰 사용자의 증가

③ ICT 기술의 발달　　　　④ 1인 가구의 증가

8 O2O 서비스가 제공하는 주요 기능이 아닌 것은?

① 탐색　　　　　　　　② 장소

③ 거래횟수의 감소　　　　④ 구색

9 O2O 서비스에서 롱테일 시장의 구현이 가능한 이유는?

① 온라인 채널의 소비자 정보 분석기능

② 온라인 채널의 저비용 구조

③ 오프라인 채널의 장소의 기능

④ 오프라인 채널의 적시성

10 타다금지법의 통과로 인한 최대의 피해자는 누구인가(15-1 부록 "불법화된 타다: 공유혁신의 끝"에서)?

① 택시기사   ② 국회의원

③ 검찰   ④ 소비자

---

1 ③   2 ④   3 ③   4 ④   5 ①

6 ②   7 ①   8 ③   9 ②   10 ④

찾아보기